U0516508

国家出版基金项目
NATIONAL PUBLICATION FOUNDATION

出土戰國文獻字詞集釋

曾憲通　陳偉武　主編

王輝　陳鴻　編撰

卷七

中華書局

卷七部首目録

卷 七

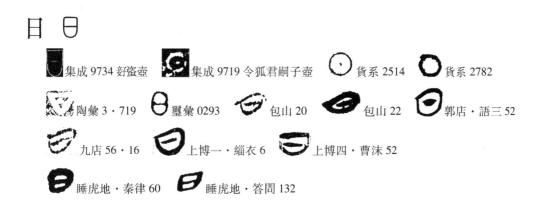

日　日

集成 9734 舒盨壺　　集成 9719 令狐君嗣子壺　　貨系 2514　　貨系 2782

陶彙 3・719　　璽彙 0293　　包山 20　　包山 22　　郭店・語三 52

九店 56・16　　上博一・緇衣 6　　上博四・曹沫 52

睡虎地・秦律 60　　睡虎地・答問 132

○**鄭家相**(1958)　文曰日。《説文》：“日，實也，太陽之精不虧。”取材貨充實之義。

《中國古代貨幣發展史》頁 41

○**何琳儀**(1991)　(編按：貨系 1209)“日”，讀“涅”。“涅”據《説文》“從水、土，日聲”可資佐證。“涅”，見《水經注・濁漳水》引《竹書紀年》：“梁惠成王十二年，鄭取屯留、尚子、涅。”即《地理志》上黨郡“涅氏”，在今山西武鄉西北。戰國屬韓，也一度屬趙。尖足布“日”爲趙幣，方足布“涅”則爲韓幣。類似現象除上引尖足布“襄洹”(趙)與方足布“斂垣”(韓)外，還有方足布“長子”(趙)與“尚子”(韓)，方足布“平陰”(趙)與“坪陰”(燕)。這顯然是由於國別不同所致。

《古幣叢考》(增訂本)頁 118,2002；原載《陝西金融・錢幣專輯》16

○**黃錫全**(1993)　(編按：貨系 2502)璧。

《先秦貨幣研究》頁 356,2001；原載《第二屆國際中國古文字學研討會論文集》

○**黃錫全**(1995)　(編按：貨系 702)這個“○”字，或以爲即數字符號“零”(如《大系》)，或以爲是“紀事物的日”(《古錢新探》29 頁)。但多以爲是紀數。(中略)尖足空首布的“○”，似應釋爲日。日即太陽，古本作○，象形，後來中開加一點，又由一點演變爲一橫。其形加點與不加點不別，古璽、古幣文中的“日”字就有加點或橫或不加點或橫的。(中略)平首尖足布上與空首尖足布的“⊙”與“○”應是同一地名。由此可知，空首“日”布也應爲趙氏所鑄。

《先秦貨幣研究》頁 8,2001；原載《陝西金融・錢幣專輯》23

○**何琳儀**（1998）　齊陶日,姓氏。

《戰國古文字典》頁 1092

【日司寇】陶彙 3·718

○**何琳儀**（1998）　齊陶"日司寇",掌管測日之職官。《周禮·天官·大司徒》:"以土圭之法,正日景求地中。"

《戰國古文字典》頁 1092

【日夜】集成 9734 舒龢壺

○**何琳儀**（1998）　中山王圓壺"日夜",見《左·襄廿五》"日夜思之"。

《戰國古文字典》頁 1092

【日月】包山 248　上博五·天子甲 5

○**何琳儀**（1998）　包山簡"日月",見《書·益稷》:"日月星辰。"

《戰國古文字典》頁 1092

【日月星辰】上博三·中弓 19

△**按**　上博三《中弓》簡 19"山有崩,川有竭,日月星辰猶差,民無不有過"。

【日述月相】上博二·民之 11

○**濮茅左**（2002）　"述",《説文·辵部》:"述,聚斂也。"《玉篇·辵部》:"述,匹也,合也。"今本作"就"。"相",《説文·目部》:"相,省視也。"《爾雅·釋詁下》:"相,導也。"《群經音辨》:"相,共也,共助曰相。"今本作"將",意日聚月扶。今本"日就月將",亦見於《詩·周頌·敬之》:"日就月將,學有緝熙于光明。""日述月相",或讀爲"日就月將"。

《上海博物館藏戰國楚竹書》(二)頁 171—172

○**季旭昇等**（2003）　日述月相:每天都有進步、每個月都有助益。句見《毛詩·周頌·敬之》而用字不同:"敬之敬之,天維顯思,命不易哉,無曰高高在上。陟降厥士,日監在茲。維予小子,不聰敬止。日就月將,學有緝熙于光明。佛時仔肩,示我顯德行。"《毛詩·序》:"敬之,群臣進戒嗣王也。"這是群臣進戒剛即位的天子,最後四句是説:"每天都有進步、每個月都有所奉行,爲學應該繼續不已以進至於光明。群臣輔弼我擔當這個重責大任,並且示我光明的德行。"西周晚期銅器史惠鼎上也説:"惠其日邉(就)月叵(將)。"李學勤先生以爲即"日就月將"(《史惠鼎與史學淵源》)。馬瑞辰《毛詩傳箋通釋》釋《詩經》"日就月將"爲"日久月長",放在簡文來看,太過空泛,顯然不是很好的解釋。

　　本簡"日述月相"看起來跟《詩經》"日就月將"很像,但個別字詞的解釋還是不太一樣。述,《説文》:"斂聚也。从辵,求聲。《虞書》曰:'旁述屛功。'"引申也可以有"進益"的意思,與《毛詩》作"就"意近。《説文》:"就,就高也。"在某個建物上增加建物爲"就",因此"就"有"增益"的意思。"就"(疾僦切)上古音屬從紐幽部,"述"(巨鳩切)上古音屬群紐幽部,韻部相同,聲母雖有從、群之異,但是上古音應該很有關係,如从"今"聲有"黔"(巨淹切,群紐侵部),又有"黔"(徂慘切,從紐侵部)。是"述、就"應該是音義俱近的異文。

相,本義是"省視",但是經典多釋爲"助",如《詩經·大雅·生民》:"有相之道。"毛傳:"相,助也。""月相"就是每個月都有助益。"相"(息良切,心紐陽部),"將"(即良切,精紐陽部),二字韻部相同,聲爲旁紐,聲義俱近。據此,"日述月相",字面也很有意義,與"日就月將"同義,但是未必要用通假讀爲"日就月將"。

《〈上海博物館藏戰國楚竹書(二)〉讀本》頁 20—21

○**林素清**(2004)　"日述月相",整理者讀以本字,引《説文》本義解作"日聚月扶";又引《詩·周頌·敬之》"日就月將,學有緝熙于光明",以爲"或讀爲'日就月將'"。按,後説可從。述、就兩字同屬幽部,一在群紐,一在從紐;相、將兩字同屬陽部,一在心紐,一在精紐;皆音近可通。《説文》:"就,就高也。"即登高。西周金文册命辭常見"申就乃命"一語,申,重複;就,疊加、增高。"就"字的用法同於《詩經》,可以視爲先秦恆詁。"將",毛傳"行也",鄭箋"日就月行,言當行之以積漸也",顯然《毛詩》以行走攀登來譬喻進德修業。對照上下文,可以發現簡文與《毛詩》的措詞無別,只是用以寫詞的字不同,《毛詩》用本字,簡文用借字,這種現象常見於古書,自東漢末年鄭玄以下,歷代學者論之綦詳,已經是衆所周知的常識了。簡文這句話是説:把握禮的精義,日日攀登,月月前進;也就是説:把握禮的精義,隨時都有進步。

《上博館藏戰國楚竹書研究續編》頁 234

○**黎廣基**(2005)　"述",當讀爲"求"。考"述"字从"求"得聲,二字古音並屬幽部群紐,雙聲疊韻,古書多通用。《爾雅·釋訓》云:"速速、蹙蹙,惟述鞫也。"邵晉涵《爾雅正義》云:"述,與求同。"《經典釋文》云:"'惟述',本亦作'求'。"是其證。而簡文"日求"之"求",當訓爲"終"。《爾雅·釋詁下》云:"求,終也。"又《詩·大雅·下武》"世德作求",鄭箋云:"求,終也。"是"求"字有"終盡"之義。故本文"日求",猶言"日終",即日没終盡之謂。至於"月相"之"相",當依今本讀爲"將"。"相、將"古韻俱屬陽部,其聲則心、精旁紐,韻同聲近,可得通假。朱駿聲云:"《尚書大傳》:'羲伯之樂舞將陽。'注:'言象物之秀實動搖也。’按猶相羊也。”是“相、將”二字古通。“將”，《廣雅·釋詁一》云：“行也。”《玉篇·寸部》與此同。而《詩·周頌·敬之》“日就月將”，毛《傳》亦云：“將，行也。”可見訓“將”爲“行”，於古有徵。“月將”猶言“月形”。“日就月將”，即日終月行、晝夜不捨之義。

《漢字研究》1，頁485—486

△按　《詩·周頌·敬之》“日就月將”之語亦見於《清華（叁）·周公》，作“日臺月㪱”，西周史惠鼎作“日躉月匠”。《詩》孔穎達疏曰：“日就，謂學之使每日有成就；月將，謂至於一月則有可行。言當習之以積漸也。”

時　時　峕

○**強運開**（1935）　張德容云：《廣雅》云：伺也。此正作伺訓，與《論語》“孔子時其亡也”同義。《説文》中有一字而古文異用者如叙，下云古文以爲賢字之類，此當是籀文，以爲伺字，从寸，寸，手也，與古文時从日、㞢者不同。運開按：張氏此説是也。

《石鼓釋文》甲鼓，頁15

○**羅福頤等**（1981）　時　與《説文》古文同。

《古璽文編》頁165

○**郭沫若**（1982）　（編按：石鼓文）時假爲塒。

《郭沫若全集·考古編》9，頁61

○**荊門市博物館**（1998）　（編按：郭店·性自15）讀爲詩。

《郭店楚墓竹簡》頁179

○**何琳儀**（1998）　石鼓文時，讀是。《書·堯典》“黎民於變時雍”，傳：“時，是也。”秦璽時，姓氏。齊有賢人時子箸書，見《孟子》。《新論》有時農。見《通志·氏族略》。秦陶“好時”讀“好畤”。

《戰國古文字典》頁45

○**陳劍**（2004）　（編按：上博二·容成48）讀爲持。

《上博館藏戰國楚竹書研究續編》頁331

△按　戰國文字“時”或从之从日，与《説文》古文同。

【時會】睡虎地·爲吏 11

○**睡簡整理小組**（1990）　時會，《周禮·大行人》：“時會以發西方之禁。”注：“時會，及時見也，無常期。”此處時會應指一種朝見的典禮。

《睡虎地秦墓竹簡》頁 171

早　　　曓　杲

集成 2840 中山王鼎　　　郭店·語三 19　　　郭店·語四 12　　　郭店·老乙 1

郭店·語四 13　　　上博四·曹沫 32

集成 11310 越王者旨於賜戈　　　睡虎地·秦律 5

○**朱德熙、裘錫圭**（1979）　（編按：中山王鼎）曓（早）。

《朱德熙古文字論集》頁 102，1995；原載《考古學報》1979-1

○**李學勤、李零**（1979）　（編按：中山王鼎）从日从棗的字，是早字的形聲寫法。

《考古學報》1979-2，頁 155

○**于豪亮**（1979）　（編按：中山王鼎）曓，从棗聲，讀爲早，湖北雲夢秦簡甲種《日書》：“利棗不利莫。”早正作棗，知曓讀爲早。

《考古學報》1979-2，頁 172

○**張政烺**（1979）　（編按：中山王鼎）曓，从日，棗聲，讀爲早。

《古文字研究》1，頁 224

○**趙誠**（1979）　（編按：中山王鼎）暴，《説文》作曓，从日从出从廾从米會意。《中山鼎》从日从來會意，來即麥。《後漢書·高鳳傳》“曝麥於庭”；《方言》“脯，曬晞，暴也”，“暴五穀之類”。則从日从米與从日从麥同意，即現在所謂的曬糧食。這裏用爲暴猝之意。《廣雅·釋詁二》“暴，猝也”，倉猝、突然之意。暴棄群臣，突然抛棄群臣，即突然閒死去的委婉説法。張政烺同志以爲此字从日棗聲，是早字的異體，早棄即早死的一般説法。

《古文字研究》1，頁 254—255

○**徐中舒、伍仕謙**（1979）　（編按：中山王鼎）暴棄，暴，秦會稽刻石及嶧山刻石均作曓，與此形同。

《中國史研究》1979-4，頁 89

○**張頷**（1981）　（編按：中山王鼎）但“曓”字的本身只是“早”字的音假字。從前面所談及的"鑄、鐘"二字爲例，"日"字亦當爲附飾。假"棗"之音賦"早"之義古有常例，如《國語·魯語》"夫婦贄不過棗栗"，韋注"棗取蚤（早）起"之義。《穀梁傳》莊公二十四年"棗栗瑕脩"，范注："棗取其早自矜莊……"

《古文字研究》5，頁 90

○商承祚（1982）　（編按：中山王鼎）曩从日，早聲。《儀禮·士昏禮》："婦摯舅，用棗栗。"疏："以早自謹飾爲義。"棗，早也，故又从日示意，當爲早字的原始字。

《古文字研究》7，頁 49

○陳邦懷（1983）　（編按：中山王鼎）"早棄群臣"，早作曩，从旦爲義符，以棗爲音符。周敢簋有早字，鼎文不用早字而創曩字。

《天津社會科學》1983-1，頁 62

○何琳儀（1998）　秦簡早，晨。或旱之訛。

《戰國古文字典》頁 227

○吳振武（2002）　（編按：集成 11310 者旨於賜戈）若去其頂部裝飾性筆畫，明顯是"早"字。舊釋"王"或"子、皇"，字形上均難過關。以東周兵器銘文中的習見句式"×××之造"例之，此"早"字自當讀作"造"。漢代銅鏡和漆器銘文中屢見借"早、草"爲"造"，是其佳證。

《古文字研究》23，頁 100

○李朝遠（2003）　（編按：《上博三·中弓》14）"杲"，从日从束。"杲"，《郭店楚墓竹簡·老子乙》有"是以杲備"，今本《老子》第五十九章作"是以早服"，故"杲、早"相通。《郭店楚墓竹簡·語叢二》、《語叢四》有上从日、下从二束的"曩"字，从日，棗聲。《説文·束部》："棗，羊棗也，从重束。""棗、早"同音。从束之"杲"當是从棗之"曩"的異體。

《上海博物館藏戰國楚竹書》（三）頁 273

△按　戰國文字"早"从日，棗聲，棗或省作束。睡虎地秦簡"早"字形表示"皂"一詞，"早"一詞用"棗、蚤"表示。

昧　㫘

上博四·内豊 8　　 璽彙 3303

△按　上博四《内禮》8"時昧攻繁"，"昧"即昧爽；古璽"㫘"，人名。

睹 睹

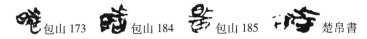

包山 173　　　　包山 184　　　　包山 185　　　　楚帛書

○李零（1985）　睹。

《長沙子彈庫戰國楚帛書研究》頁 108

○饒宗頤（1985）　字从日从者，即睹字。《説文》：“睹，且明也。”（從段注，各本作旦明）即曙字，睹亦取昭明之義。《廣韻·十姥》：“睹，詰朝欲明。”

《楚帛書》頁 78

○連劭名（1990）　（編按：楚帛書）“出睹”，讀爲“出署”。《姤》卦當夏至之節，古代凡夏冬二至，皆休假，官吏不治事，故曰“出署”。

《考古》1990-9，頁 851

○劉彬徽、彭浩、胡雅麗、劉祖信（1991）　（編按：包山 185）暑。

《包山楚簡》頁 31

△按　《説文》：“睹，旦明也。从日，者聲。”楚文字“暑”不从者，見下文。包山簡 185 人名用字釋“暑”非是，與簡 184“睹”爲同一人名。

昭 昭

郭店·緇衣 11　　　　睡虎地·爲吏 50 叁

△按　《説文》：“昭，日明也。从日，召聲。”

【昭王】睡虎地·編年 1

○睡簡整理小組（1990）　昭王，秦昭王。《韓非子》《史記·六國年表》作昭王，與簡文同；《史記·秦本紀》作昭襄王。

《睡虎地秦墓竹簡》頁 8

晉 晉 䣍

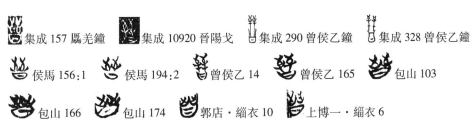

集成 157 驫羌鐘　　集成 10920 晉陽戈　　集成 290 曾侯乙鐘　　集成 328 曾侯乙鐘

侯馬 156:1　　侯馬 194:2　　曾侯乙 14　　曾侯乙 165　　包山 103

包山 166　　包山 174　　郭店·緇衣 10　　上博一·緇衣 6

陶彙 6·64　　　貨系 906　　　貨系 947　　　貨系 1419

望山 2·23　　郭店·緇衣 22　　總集 7933 大府鎬　　上博一·緇衣 12

○**滕壬生**（1995）　（編按：望山 2.23）晉。

《楚系簡帛文字編》頁 565

○**何琳儀**（1998）　晉，甲骨文作**臸**（拾一三·一）。从日从臸（至之繁文），會光陰似箭之意。臸亦聲（即至聲）。晉爲至之準聲首，參至字。西周金文作**臸**（格伯簋），春秋金文作**臸**（晉公盦）。戰國文字承襲商周文字。齊系文字日旁訛作**◇**形。晉系文字日旁或訛作**日**、**▽**、**∨**，臸旁訛變尤烈，或省臸爲至。楚系文字日旁或訛作**日**、**目**形，臸旁作**址**、**址**形。（中略）以進釋晉屬聲訓。小篆𦥔乃臸之誤。（中略）

楚璽晉，姓氏。晉，大厦之墟也，堯之所都平陽，其國曰唐。及叔虞封於唐，其子燮父嗣封改爲晉，以其地有晉水也。見《通志·氏族略·以國爲氏》。

《戰國古文字典》頁 1153

○**李家浩**（1999）　（編按：總集 7933 大府鎬）古代"晉、薦"二字音義皆近，可以通用。上古音"晉"屬精母真部，"薦"屬精母文部，二字聲母相同，真、文二部字音關係密切。《史記·五帝本紀》"薦紳先生難言之"，裴駰《集解》引徐廣曰："薦紳，即縉紳也，古字假借。"又《孝武本紀》"元年……薦紳之屬皆望天子封禪改正度也"，司馬貞《索隱》於"薦紳"下説："上音搢。搢，挺也。言挺笏於紳帶之閒，事出《禮·内則》。今作'薦'者，古字假借耳。""縉、搢"二字皆从"晉"得聲。《爾雅·釋詁》："薦、晉，進也。"據此，"晉鎬"應該讀爲"薦鎬"，指進獻食物用的鎬。《周禮·天官·庖人》"凡其死生鮮薧之物，以共（供）王之膳與其薦羞之物"，鄭玄注："薦亦進也。備物品曰薦，致滋味乃爲羞。"

《著名中年語言學者自選集·李家浩卷》頁 121—122，2002；
原載《語言學論叢》22

○**沈培**（2002）　（編按：上博一·緇衣 6）現在，已經有比較多的材料表明"晉"字有兩種寫法。在"晉"通常的寫法中，它的上面从"臸"。但是，在戰國文字中，"晉"字上部所从的偏旁常常寫成**𢆶倒**形。郭店楚簡《緇衣》篇中這兩種"晉"字就同時出現。這説明"臸"與"𢆶倒"關係密切。再看**𢆶倒**出現的辭例。郭店簡从"**𢆶倒**"的"晉"字用於"晉公"一名中，李學勤先生認爲就是"祭公"。上博簡《緇衣》篇這個字就寫成"𰀀倒"。前面已經指出過，上博簡《孔子詩論》中已經出現了寫成𰀀的"矢"字，因此，基本可以肯定𰀀倒不是"矢"字。𰀀倒既然不是"矢"，但又作"晉"的聲旁，並且又讀爲"祭"，這怎麽解釋呢？這要回過頭來看看"銍"字。西周金文《師湯父鼎》"矢銍"連用，孫詒讓認爲"銍"當讀爲"箭"。我們前面也説過，"銍"和"𰀀倒"都可以作"晉"的聲旁，關係密切。聯繫這些情況來看，"𰀀倒"很可能就是"箭"字。"晉"以"箭"爲聲旁，並不奇怪。前述孫詒讓文就曾引古書注解"古文箭爲晉"。把"𰀀倒"釋爲"箭"，其讀爲"祭"，就是元部和月部（祭部）陽入對轉的關係。

《語言學論叢》26，頁239

【晉席】曾侯乙70

○**裘錫圭、李家浩**（1989）　以簡文常言"紫席"例之，疑"晉席"之"晉"讀爲"縉"。《後漢書·朱景王杜馬劉傅豎馬列傳》"遂使縉紳道塞"，李賢注："縉，赤色也。"

《曾侯乙墓》頁519

○**李家浩**（1999）　"晉席"似應該讀爲"薦席"。《釋名·釋車》："薦版在上，如薦席也。"此與上引《説文》"薦，薦席也"，都是"薦席"連言，簡文與之相同。因"薦"是席的一種，故與"席"連言，組成並列結構的複合詞。

《著名中年語言學者自選集·李家浩卷》頁124，2002；原載《語言學論叢》22

【晉公】郭店·緇衣22

○**荊門市博物館**（1998）　𰀀，今本作"葉"。（中略）《禮記·緇衣》鄭注："葉公，楚縣公葉公子高也。臨死遺書曰顧命。"孫希旦云："葉當作祭。""祭公之顧命者，祭公謀父將死告穆王之言也。今見《逸周書·祭公解篇》。"（《禮記集解》）

《郭店楚墓竹簡》頁134

○**李學勤**（1998）　郭店簡上相當祭的那個字相當特別，乍看時容易認爲是晉字，不過簡同篇上文就有晉字（簡號一〇），寫法完全不一樣。整理者對該字没有隸定釋讀，是很謹慎的。

　　我的意見是，該字上部從𰀀，應隸寫爲𰀀。《説文》没有𰀀字，惟在彗字下説："掃竹也。從又持𰀀。"並云：彗字或從竹作篲，古文則從竹、習作篲。（中略）《説文》説的𰀀，是彗、羽的变形，當視爲省又的彗。這樣我們知道，郭店簡我們談的那個字，實際是從彗聲。祭是精母月部，從彗聲的字也屬月部，或爲精母，或爲心母，與祭通假是很自然的。

《文物》1998-7，頁45

○李家浩(1999)　　《緇衣》篇的"祭公"之"祭",原文寫法與大府鎬的"晉"相似,也應該釋爲"晉"。楊樹達説"晉"是"箭"的古文(《積微居小學金石論叢》增訂本13—14頁,中華書局1983年)。"箭"從"前"聲。古書中有從"前"聲之字與"淺"通用的例子(高亨《古字通假會典》195—196頁,齊魯書社1989年)。郭店楚簡"淺、察"二字所從聲旁相同。"察"從"祭"聲。於此可見,"晉"可以讀爲"祭"。

《著名中年語言學者自選集·李家浩卷》頁124,2002;原載《語言學論叢》22

○陳高志(1999)　　就字形來説,簡本應隸作"晉"。在上古韻部中,晉在真部,與祭懸遠,唯聲母同近。晉,《廣韻》音即刃切,中古屬精紐。祭,《廣韻》音子列切,又側界切。一在精紐,一屬莊系,上古精莊互用。因此,祭、晉可謂雙聲通假。

《張以仁先生七秩壽慶論文集》頁367

○孔仲温(2000)　　個人疑🔣即"晉"字。考甲骨文"晉"作🔣(《拾13.1》),金文作🔣(周姬簋)、🔣(晉公簋),晉侯馬盟書則作🔣(156.1)、🔣(67.4)、🔣(16.3),此外滕壬生《楚系簡帛文字編》指望山楚簡二號墓編號23號簡中之🔣即"晉"字。從這些字形的演變,我們可以看出在侯馬盟書裏,這"晉"字形上部"至"的筆畫有拉直分書的情形,而望山簡的情形更爲明顯,因此個人推斷🔣爲"晉"字。且簡文云:

　　晉公之募(顧)命員(云):"毋以少(小)悔(謀)敗大惇(作),毋以卑(嬖)御息(塞)妝(莊)句(后),毋以卑(嬖)士息(塞)大夫、卿事(士)。"

今《逸周書·祭公》的內容,與簡文相較,除了句子先後略異外,大致相同,其內容作:汝無以嬖御固莊后,汝無以小謀敗大作,汝無以嬖御士疾大夫卿士。

莊述祖《尚書記》以爲本篇名爲《祭公》,就是《祭公之顧命》。其要旨是祭公謀父,爲周公之孫,穆王時,祭公以老臣當國,告以懿德守位之道。而《禮記·緇衣》以爲"葉公",蓋字之誤。又"晉"字的上古音讀屬精母,真部,"祭"屬精母,月部(編按:擬音略),二者是聲母相同,韻部爲旁對轉的關係,因此"晉"應爲"祭"的假借。總之,簡文"晉文公之顧命",如孫希旦《禮記集解》所説,就是《逸周書》裏"祭公之顧命"。

《古文字研究》22,頁247—248

○王輝(2001)　　我以爲C即晉字。晉字古字作"🔣"(晉人簋)、"🔣"(鄂君啟節)、"🔣"(楚大府鎬)、"🔣"(曾侯乙鐘),與C極其接近,特別是曾侯乙鐘

“晉”字與 C 完全一致。故 C 爲晉無疑。上古音晉字真部精紐，祭字月部精紐，二字一聲之轉，應可通用。古文獻晉與齊通，《易》有“晉”卦，《釋文》：“晉，孟作齊。”嚌與祭通，《儀禮・士冠禮》：“加俎嚌之。”鄭玄注：“嚌當爲祭，字之誤也。”

至於 C 字《禮記・緇衣》作“葉”者，大概是漢人的誤會。C 與“𣍍”字字形相近，故有此誤。“𣍍”見秦盄龢鐘及晉公螽，鐘銘：“丕顯曰𣍍邦。”“𣍍”徐中舒師釋叶，云：“叶，金文作𣍏，或作𣍍，从丰从卜，即象契刻與結繩形……讀與葉同。”今本《禮記・緇衣》是漢人根據戰國資料整理而成，這種整理有隸定，有改寫，也有誤寫。簡本《緇衣》抄寫於戰國中期，已誤“祭”爲“晉”，所引《祭公之顧命》字句及順序已與《祭公解》不全同，而漢人又誤“晉”爲“葉”，也就不值得奇怪了。

《簡帛研究二〇〇一》頁 172—173

○**徐在國**（2001）　我們認爲緇衣 22 中的“𣑐”字與上引 b（**編按**：指大府鎬和望山 2.23文）形近，亦應該釋爲“晉”。（**中略**）“晉”字本像二倒矢插入器形，爲箭字古文。後來二倒矢訛爲㚅，成爲晉字聲符，下器形訛爲日。祭字古音屬精母月部，箭字爲精紐元部，二字聲紐相同，月、元對轉，而“晉”字爲“箭”字古文，故簡文“晉公”可以讀爲祭公。

《簡帛研究二〇〇一》頁 182

○**李零**（2002）　“祭”原作二倒矢形，郭店本亦上从二倒矢，李學勤先生指出，簡文所引出自《逸周書・祭公》，“祭公”即西周銅器銘文中的“𥄂公”，我很贊同，但字形分析還值得討論。李先生認爲，西周金文中的“𥄂”字是从彗得聲，我則懷疑，此字像手持雙矢，乃“射”字異構，不同處只在一持弓，一持矢（“射”本从弓不从身，異體作“躲”）。“祭公”，今本作“葉公”。楚“葉公”之“葉”，古讀正與“射”字相近（“射”是船母鐸部，“葉”是書母葉部字，讀音相近）。

《上博館藏戰國楚竹書研究》頁 411—412

△**按**　祭公，《清華（壹）・祭公》作“𥄂公”，整理者（李學勤主編《清華大學藏戰國竹簡》［壹］175 頁，中西書局 2011 年）謂“𥄂”从丰聲，見母月部，與“祭”通假。

【晉冬】郭店・緇衣 10

○**荊門市博物館**（1998）　晉，簡文从“㚅”省。《汗簡》“晉”字與簡文形同。

《説文》：“晉,進也。”

《郭店楚墓竹簡》頁 133

○**李零**(1999)　讀爲資。

《道家文化研究》17,頁 482

○**廖名春**(2000)　“晉、資”音同,故可通用。《周易·旅》九四：“得其資斧,我心不快。”馬王堆帛書《易經》“資”作“濬”,帛書易傳《昭力》第 13 行云：“旅之濬斧。”“濬斧”即“資斧”。鄭玄注：“資當爲至,齊、魯之語,聲之誤也。”其説是。《説文·日部》：“晉,進也,日出而萬物進。從日從臸。”段玉裁注：“臸者,到也。以日出而作會意,隸作晉。”“晉”有“到”義,足證鄭玄“資當爲至”説之確。“晚書”《君牙》其字作“咨”,乃由“資”字而來；而歸上讀,“怨咨”連言,更是望文生義。依“晚書”《君牙》,“夏日暑雨”句去掉一“日”字,以與“冬祁寒”相對；“咨”歸上讀,故下句“怨”後也得增一“咨”字,方能與上句相稱。這一調整,實際是没有認清“資”字的本義是至、到。楚簡作“晉”,説明“晚書”《君牙》以“咨”歸上讀,下句“怨”後增一“咨”字是完全錯誤的,可爲今本“晚書”《君牙》爲後人僞造説又添一新證。

《郭店楚簡國際學術研討會論文集》頁 112

△**按**　楚簡《緇衣》引《君牙》“晉冬旨滄”,今本《緇衣》作“資冬祈寒”,鄭玄注：“資當爲至。”上博八《李頌》簡 1 有“牌冬之旨寒”,參見本卷“牌”字條。

【晉長】上博二·容成 16

○**李零**(2002)　即蓁長,指生長茂盛。

《上海博物館藏戰國楚竹書》(二)頁 262

○**何琳儀**(2003)　按,《説文》：“晉,進也。日出而萬物進。從日從臸。《易》曰,明出地上,晉。”

《學術界》2003-1,頁 91

○**孟蓬生**(2004)　“晉長”即進長,古音晉、進聲通。《周易·晉》之《釋文》：“晉,彖曰：進也。”《文選·幽通賦》“盍孟晉以迨群兮,辰倏忽其不再”,李善注引曹大家曰：“孟,勉也；晉,進也。”《尚書·禹貢》“草木漸苞”,傳：“漸,進長也。”

《上博館藏戰國楚竹書研究續編》頁 475

【晉陽】集成 10920 晉陽戈【晉膓】曾侯乙 165

○**何琳儀**(1998)　趙器“晉易(陽)、晉陽”,趙國前期都城。《左·定十三》：“趙鞅入晉陽以叛。”在今山西太原。(中略)

隨縣簡“晉㬉”,疑讀“晉陽”,地名。

《戰國古文字典》頁 1153

晹

包山 187

○**何琳儀**(1998)　包山簡晹,讀陽,姓氏。陽,古國名。周惠王時,齊人遷陽,子孫以國爲氏。見《姓考》。

《戰國古文字典》頁 663

△**按**　《説文》:“晹,日出也。从日,易聲。”

昫 昫

昫秦封泥彙考 1434

△**按**　《説文》:“昫,日出温也。从日,句聲。北地有昫衍縣。”

【昫衍道丞】秦封泥彙考 1434

○**傅嘉儀**(2007)　《漢書·地理志》:“北地郡……縣十九……昫衍。”注引應劭曰:“昫音煦。”同郡中有除道、略畔道、義渠道。據此封泥可知秦時已置昫衍道。其置官同於縣置,有令、丞、尉。今在寧夏鹽池縣境。

《秦封泥彙考》頁 228

晏 晏

晏郭店·五行 40　　晏睡虎地·日甲 161 正貳

○**荊門市博物館**(1998)　(編按:郭店·五行 40)晏,帛書本作“罕”。“晏”“罕”兩字音近。

《郭店楚墓竹簡》頁 154

○**劉信芳**(2000)　(編按:郭店·五行 40)簡文作“晏”,謂事既簡練矣,則得其大要而清楚明白也。《説文》:“晏,天清也。”《淮南子·繆稱》:“暉目知晏,陰諧知雨。”《注》:“晏,無雲也。天將晏清,暉目先鳴。”晏有“安”義,參第二十七章

296 行解詁,然此處以釋清爲義長。

《簡帛五行解詁》頁 131

△按　睡虎地《日甲》161"辰,朝見,喜;請命,許。晏見,悅",晏當指傍晚時分。

晧　晧

包山牘 1

○**何琳儀**(1998)　包山牘晧,讀皓。《小爾雅·廣詁》:"皓,素也。"

《戰國古文字典》頁 172

○**李家浩**(2003)　(編按:包山牘 1)"晧、錯"二字皆从"告"聲。"告、臼"二字古音相近。"告"屬見母覺部,"臼"屬群母幽部。見、群二母都是牙音,幽、覺二部陰入對轉。疑"晧面、錯面"即"臼面"的異文,"晧、錯"二字也應當像"臼"字一樣皆讀爲"舊"。

《古籍整理研究學刊》2003-5,頁 5

昃　旲

○**顧廷龍**(1936)　旲,甲骨文作，羅振玉説从日从人側象日昃之形,即《説文解字》之旲。徐鉉云,今俗別作吳,非是。今以卜辭證之,作吳者正是旲之古文矣。按亦从日从人側,與卜辭同。

《古匋文舂録》卷 7,頁 1,2004

○**丁福保**(1938)　吳　吳爲夫差之國。【錢匯】

又面文一字曰吳。按,吳《説文》从夨,此从大,古通。或作省,或作，从夫,夫亦通大,秦石刻大夫作夫=。【文字考】

右字作即古文虞字。桓十年杜注:虞國在河東大陽縣。【錢略】

《古錢大辭典》頁 1258—1259,1982

○**羅福頤等**(1981)　　昃。與滕侯昃戟昃字形近。

　　　　　　　　　　　　　　　　　　　　《古璽文編》頁166

○**黃錫全**(1993)　(編按：貨系373)昃。

《先秦貨幣研究》頁350,2001;原載《第二屆國際中國古文字學研討會論文集》

○**蔡運章**(1995)　　【昃・平肩空首布】春秋中晚期青銅鑄幣。鑄行於周王畿。屬大型空首布。面文"昃",無背文。

　　　　　　　　　　　　　　　《中國錢幣大辭典・先秦編》頁131

○**王人聰**(1996)　　昃。

　　　　　　　　　　　　《香港中文大學文物館藏印續集一》頁166

○**劉釗**(1997)　　按印文第二字从"日"从"大",不从"矢",字應釋爲"昊"。《古璽文編》166頁放在昃字下不誤。

　　　　　　　　　　　　　　　　《中國篆刻》1997-4,頁47

○**荊門市博物館**(1998)　(編按:郭店・語四12)昃(側)。

　　　　　　　　　　　　　　　　《郭店楚墓竹簡》頁217

○**何琳儀**(1998)　　包山簡昃,讀側。《儀禮・士冠禮》"側尊一甒醴",注:"側,猶特也。無偶曰側。"

　　　　　　　　　　　　　　　　　《戰國古文字典》頁96

○**陳佩芬**(2002)　(編按:上博二・昔者1)"昃",日西斜時。《說文・日部》:"昃,日在西方時側也。"《周禮・地官・司市》:"大市日昃而市。""聖"即"聽"。"聽",等候。《周禮・地官・大司徒》:"正歲,令于教官曰,各共爾職,脩乃事,以聽王命。""昃聽"不能讀爲"側聽",因爲"側聽"屬於非禮,《禮記・曲禮上》"毋側聽",鄭玄注:"嫌探人之私也,側聽,耳屬於垣。"文意爲太子朝君而君未能臨朝,太子自早朝待命至日西時。

　　　　　　　　　　《上海博物館藏戰國楚竹書》(二)頁242—243

○**陳嘉凌**(2003)　(編按:上博二・昔者1)昃聖:讀爲"側聽",即"傾耳而聽"。(中略)嘉凌按:"聖"釋讀爲"聽"無疑。然"昃聽"未見於文獻典籍中,而"側聽"一詞,除"偷聽"外,亦有"傾耳而聽"的意思,如《文賦・陸機〈赴洛道中作詩二首之二〉》:"頓轡倚嵩巖,側聽悲風響。"於此與下段簡文連貫而通順。《上博(二)・民之父母》作"奚耳而聽"。

　　　　　　　　　　《〈上海博物館藏戰國楚竹書(二)〉讀本》頁90

△**按**　"昃"甲骨文作　、　,春秋金文作　(滕侯昃戟)。裘錫圭認爲字以像人形的"大"旁和"日"旁的相對位置表示日已西斜的意思,後來"大"被改爲

形近的"矢"，就變成從"日""矢"聲的形聲字了(《裘錫圭學術文集·甲骨文卷》頁150，復旦大學出版社2012年)。戰國文字"昃"沿襲甲骨的寫法，從"大"從"日"，"日"形或訛爲"口"。楚簡"昃"多讀爲側。

【昃梱】包山266

○劉彬徽、彭浩、胡雅麗、劉祖信(1991)　昃，讀如仄。《廣雅·釋詁一》："仄，陿也。"

《包山楚簡》頁64

○李家浩(1994)　《禮記·玉藻》説："大夫側尊，用棜；士側尊，用禁。""昃、側"古通。例如《周禮·地官·司市》"大市日昃而市"，《禮記·郊特牲》"朝市之於西方"鄭玄注、《後漢書·孔奮傳》"市日四合"李賢注引，"昃"皆作"側"。不知道簡文"昃梱"之"昃"與《禮記》"側尊"之"側"是否有關。

《國學研究》2，頁526

○劉信芳(1997)　昃梱，"昃"從仄聲，夭、仄古本同誼。《左傳》《國語》諸注多訓"夭"爲短折，疑"昃梱"即"折俎"，《國語·周語中》："體解節折，而共飲食之，於是乎有折俎加豆。"《儀禮·特牲饋食禮》："薦脯醢，設折俎。"《疏》云："凡節解牲體皆曰折，升於俎，故名曰折俎。"

《包山楚簡解詁》頁289，2003；原載《中國文字》新23

○李家浩(2002)　"昃"字原文作"吳"，即"昃"字的異體。"昃"從仄聲，故"吳、昃"與"仄"可以通用。例如《周易·離》九三"日昃之離"，陸德明《釋文》"昃"作"吳"，注引王嗣宗本作"仄"。"仄"在古代有狹窄之義。《廣雅·釋詁一》："仄，陿(狹)也。"《後漢書·袁閎傳》："居處仄陋，以耕學爲業。"字或作"側"。《文選》卷二張衡《西京賦》："狹百堵之側陋，增九筵之迫脅。"疑簡文"昃梱"應該讀爲"仄梱"，指面板狹窄的梱。

《著名中年語言學家自選集·李家浩卷》頁224

昏 昬

陶彙4·122　　郭店·唐虞23　　郭店·太一10　　上博二·子羔9

睡虎地·日乙156

△按　楚簡"昏"字記録昏、問、聞、岷、昧等詞(參看陳斯鵬《楚系簡帛中字形與音義關係研究》19—20頁，中國社會科學出版社2011年)；秦簡"氏"旁或

訛爲民形,作"昏"。郭店簡《太一》簡 10"青昏其名",整理者讀"青昏"爲請問,後有多種不同説法(參看陳偉等《楚地出土戰國簡册》[十四種]161 頁,經濟科學出版社 2009 年),李天虹等引上博五《季庚》簡 2"青昏"讀爲請問,證明整理者原説正確(《楚地出土戰國簡册》[十四種]161—162 頁)。

【昏死】上博四・昭王 8

○陳佩芬(2004)　昏(聞)死。

　　　　　　　　　　　　　　　　　　　　《上海博物館藏戰國楚竹書》(四)頁 189

△按　上博四《昭王》簡 8"或昏死言",陳劍(《上博竹書〈昭王與龔之腉〉和〈柬大王泊旱〉讀後記》,簡帛研究網 2005 年 2 月 15 日;收入《戰國竹書論集》,上海古籍出版社 2013 年)讀爲昧死,猶冒死,可從。

【昏昏】上博三・亙先 3 正

△按　上博三《恆先》簡 3"昏昏不寧,求其所生",昏昏即昏沉。

【昏正】陶彙 4・122

○何琳儀(1998)　燕陶"昏正",見《左・莊廿九》"水昏正而栽",注:"謂今十月定星昏而中,於是樹板幹而興作。"

　　　　　　　　　　　　　　　　　　　　《戰國古文字典》頁 1311

晦　晦　晦

楚帛書　　上博三・亙先 9　　上博五・鬼神 8
秦封泥彙考 1458　　睡虎地・封診 73

○饒宗頤(1958)　督從日從母即晦字,此讀作海。

　　　　　　　　　　　　　　　　　　　　《長沙出土戰國繒書新釋》頁 7

○睡簡整理小組(1990)　(編按:睡虎地・封診 73)晦,《左傳》昭公元年注:"夜也。"

　　　　　　　　　　　　　　　　　　　　《睡虎地秦墓竹簡》頁 160

○曹錦炎(2005)　(編按:上博五・鬼神 8)"晦",即"晦"字。古從每之字或從母旁,如"海"或作"洖",見郭店楚簡《老子》、上海博物館藏戰國楚竹書《容成氏》及包山楚簡;《老子》十七章"其次侮之",馬王堆帛書本"侮"作"母";又,《説文》:"姆讀若母。""晦",暗昧。

　　　　　　　　　　　　　　　　　　　　《上海博物館藏戰國楚竹書》(五)頁 328

△按　楚文字"晦"從日從母,帛書"四晦"讀爲四海;上博三《恆先》"先有晦,後有明",晦即夜晚。

【晦陵】秦封泥彙考 1458

○**王輝**(1993)　　昬(晦,之曉)讀爲海(之曉),雙聲疊韻。

《古文字通假釋例》頁 10

○**傅嘉儀**(2007)　　《漢書·地理志》臨淮郡有海陵縣。王先謙《漢書補注》:"戰國楚地海陽,見《楚策》吳注……《一統志》:故城今泰州治。"依其説,海陵初名海陽,漢始改爲海陵。由此封泥看,則秦時已置縣,名晦陵或海陵。

《秦封泥彙考》頁 235

旱　旱

上博二·魯邦 1　　　　睡虎地·日甲 51 背叁　　　　陶録 6·287·5

△按　《説文》:"旱,不雨也。從日,干聲。"

昌

集成 10998 昌城右戈　　　陶彙 5·86　　　陶彙 4·79　　　璽彙 4977

璽彙 4997　　　璽彙 4999　　　璽彙 5390　　　貨系 2335　　　貨系 2505

郭店·緇衣 30　　　郭店·成之 9　　　上博五·三德 10　　　上博五·三德 18

睡虎地·日甲 120 正貳

○**顧廷龍**(1936)　　昌。

《古匋文香録》卷 7,頁 1,2004

○**荆門市博物館**(1998)　　(編按:郭店·緇衣 30)昌,與簡文相同的字形亦見於蔡侯盤,於此借作"倡"。

《郭店楚墓竹簡》頁 135

○**何琳儀**(1998)　　齊刀昌,見《廣雅·釋詁》二:"昌,盛也。"(中略)燕吉語璽昌,昌盛。(中略)晉璽昌,姓氏。黃帝之子昌意之後。見《通志·氏族略·以名爲氏》。晉吉語璽昌,昌盛。

《戰國古文字典》頁 654

○**李零**（2005）　（編按:上博五・三德18）“昌”,似爲明義。

《上海博物館藏戰國楚竹書》（五）頁301

△按　《説文》:“昌,美言也。从日从曰。”甲骨文作🔲,从日从口,裘錫圭以爲“唱”之初文,指日出時呼唤大家起身幹事（《裘錫圭學術文集・金文及其他古文字卷》頁411）。春秋蔡侯申盤作🔲,日形或移於口形内。戰國形體各有變化,“口”形或訛爲甘形,或訛爲曰形,“日”形或訛爲“口”形。《説文》籀文作🔲仍保留从“口”之形。

【昌國】集成2482 四年昌國鼎

○**何琳儀**（1998）　四年昌國鼎“昌國”,地名。《史記・樂毅列傳》:“封樂毅於昌國,號爲昌國君。”正義:“故昌城在淄州縣東北四十里也。”燕將樂毅後降趙,故昌國君封地非山東淄博之“昌城”,而應是河北冀縣之“昌城”。

《戰國古文字典》頁654

【昌餤】璽彙0301

○**何琳儀**（1998）　魏璽“昌餤”,讀“昌邑”,地名。《史記・高祖本紀》:“遇彭越昌邑。”在今山東金鄉西北。

《戰國古文字典》頁654—655

【昌平君】睡虎地・編年28

○**睡簡整理小組**（1990）　昌平君,楚公子,曾任秦相國,參預攻嫪毐,見《史記・秦始皇本紀》及《索隱》。

《睡虎地秦墓竹簡》頁10

【昌文君】睡虎地・編年30

○**睡簡整理小組**（1990）　昌文君,據《史記・秦始皇本紀》曾與昌平君同時爲秦臣,參預攻嫪毐。

《睡虎地秦墓竹簡》頁10

【昌城】集成10998 昌城右戈

○**何琳儀**（1998）　昌城戈“昌城”,地名。《史記・趙世家》惠文王“二十五年,燕周將攻昌城、高唐,取之”。在今山東淄博。

《戰國古文字典》頁654

昍　暀

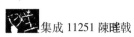集成11251 陳暀戟

○**何琳儀**(1998)　　晆,从日,坴聲,晆之省文。《集韻》:"晆,《説文》光美也。或省。"陳晆戟晆,人名。

《戰國古文字典》頁 633

暑　晶　屒

屒 郭店・緇衣 9　　　　狠 上博一・緇衣 6　　　　屒 上博二・容成 22　　　　暑 睡虎地・日甲 50 背壹

○**荆門市博物館**(1998)　　(編按:郭店・緇衣 9)俗,簡文右旁與《汗簡》"容"字作 者形同。俗,讀作"溶"。《説文》:"溶,水盛貌。"溶雨,雨盛。此句今本作"夏日暑雨"。

《郭店楚墓竹簡》頁 133

○**袁國華**(1998)　　(編按:郭店・緇衣 9)字實从"尸"从"卣",乃"處"之繁體。包山簡有"房 "。而信陽楚簡有"房 "等詞,(中略)若將" "與楚簡讀同"期"的"卣"字字形比較,便可知其實" "即"卣"字的異體。(中略)包山楚簡簡 238 有"凶左尹坨遞遝處"句,"處"的寫法作 ,若與 參照對比,亦可證明" "字,係"處"字的繁形異構。故將"屒"釋爲"處"應無可疑。"處"古音屬昌母魚部;"暑"古音屬禪母魚部,故"處""暑"二字可通假。

《中國文字》新 24,頁 140—141

○**黃德寬、徐在國**(1998)　　(編按:郭店・緇衣 9)我們認爲此字右部所从" "絶非"容"字。" "亦見於信陽簡" "字中,舊多誤釋,李家浩先生改釋爲"几"(《包山二六六號簡所記木器研究》,《國學研究》2 卷,北京大學出版社 1994 年),甚確。如此,此字當分析爲从"尸"从"几",隸作"屍",釋爲"處"。楚簡"處"字習見,或作 、 (《簡帛編》1007 頁),並从"尸"从"几"。古音"處"屬昌紐魚部,"暑"屬書紐魚部,故"處"字可讀爲"暑"。緇 9"日處雨"而今本正作"日暑雨"。由此可反證李家浩先生釋" "爲"几"是正確的。

《新出楚簡文字考》頁 5,2007;
原載《吉林大學古籍整理所建所十五周年紀念文集》

○**李零**(1999)　　(編按:郭店・緇衣 9)按此字是从仉(古處字)从日,乃楚"暑"字("處"是昌母魚部字,"暑"是書母魚部字,讀音相近)。

《道家文化研究》17,頁 485

○**李家浩**(1999)　　(編按:郭店・緇衣 9)從表面上,這個字確實很像"俗"字,如果

認真分析就會發現,B所從右旁與本墓竹簡"容"字的寫法是有區別的:C
《郭店》七八·一四。第一,B的右旁從"日",C從"口"字形。第二,B的右旁
所從"八"字形寫得較平,位於左右兩豎之下側;C所從"八"字形寫得較直,位
於左右兩豎之內側。根據這兩點區別,B的右旁當非"容"字。其實B的右
旁,不論是作爲獨體字還是作爲合體字的偏旁,都見於楚簡:

　　　《包山楚簡》圖版一一四·二六六

　　　《信陽楚墓》圖版一二一·二一〇八

我們曾經指出,這兩個字應該分別釋寫作"旮、柫",即"几、机"(原注:李家浩《包山
二六六號簡所記木器研究》,《國學研究》第二卷 534—536 頁,北京大學出版社 1994 年)。據此,B
應該釋寫作"屌",即"尻"字。"屌"與"尻"的關係,跟"旮"與"几"、"柫"與
"机"的關係相同。上引注釋[三一]指出,"日尻雨"句今本作"夏日暑雨"。
上古音"尻、暑"都是魚部字。據今本,簡本"日尻雨"當讀爲"日暑雨",其前
並漏寫一"夏"字。

　　　　　　　　　　　　　　　　　　　　《中國哲學》20,頁 347—348

○劉信芳(2000)　(編按:郭店·緇衣9)字從日,"尻"聲,所從之"尻"與包238"踐
復尻"、九店56·45"尻之安、壽"之"尻"字形同,知"屌"即"暑"之異構。

　　　　　　　　　　　　　　　　　《郭店楚簡國際學術研討會論文集》頁 168—169

○陳偉武(2003)　(編按:郭店·緇衣9)"俆"從"日""仇"聲,爲"暑"之專字。

　　　　　　　　　　　　　　　　　　　　　　　　　　《華學》6,頁 101

△按　《説文》:"暑,熱也。從日,者聲。"秦簡從"日"從"者"爲上下結構,與
小篆同;楚簡從日尻聲,"暑"字異體。

侯馬67:36　　侯馬67:3　　中山王墓神獸西庫:58

上博一·詩論6　　上博二·從乙1　　上博四·曹沫38　　上博四·曹沫40

上博五·鬼神8

○湯餘惠(1986)　(編按:中山器)按"昷"即"㬎"之省文,今作"㬎"。字見《説文》
日部:"從日中視絲。古文以爲顯字。"古文"糸"可省作"幺","絲"亦可省作
"丝"。沁陽盟書"不顯晉公"一語數見,或省作,張頷先生釋"㬎",可以互證。

　　　　　　　　　　　　　　　　　　　　　　《古文字研究》15,頁 12

○何琳儀（1998）　西周金文作■、■（克鼎"顯"作■、■），从日，■聲（或省作絲形）。春秋金文作■（秦公簋"顯"作■）。戰國文字承襲兩周金文。（中略）天星觀簡㬎，讀韅。《説文》：“韅，著掖鞾也。从革，顯聲。”亦作靻。《左·僖二十八》“韅靷鞅靽”，注：“在背曰韅。”馬腋之革。

《戰國古文字典》頁 1038—1039

△按　《説文》謂“㬎”“古文以爲顯字”，楚簡“㬎”多用爲顯。

昔 昔

■集成 2840 中山王鼎　　■集成 9734 䍄鎣壺　　■郭店·緇衣 37　　■上博二·子羔 1

■睡虎地·日甲 29 背壹

○丁佛言（1924）　古鉢：矤易料昔給廩之鉢。許氏説：昔，乾肉也。籀文从肉。

《説文古籀補補》頁 32,1988

○睡簡整理小組（1990）　（編按：睡虎地·日甲 29 背）昔（藉）　藉，《荀子·王霸》注：“踐也。”

《睡虎地秦墓竹簡》頁 212、216

【昔者】集成 2840 中山方鼎

○何琳儀（1998）　中山王器“昔者”，往日。《論語·泰伯》：“昔者吾友嘗从事於斯矣。”

《戰國古文字典》頁 586

【昔肉】睡虎地·日乙 120

○睡簡整理小組（1990）　昔，《説文》：“乾肉也。”字亦作腊。

《睡虎地秦墓竹簡》頁 242

△按　《説文》謂“腊”爲“昔”之籀文。

昆 昆

■郭店·六德 28　　■郭店·六德 29　　■璽彙 5311

○裘錫圭（1998）　（編按：郭店·六德 28）“弟”上一字不識（《尊德義》篇有以之爲

聲旁的从"心"之字），但可知其在此必當讀爲"昆弟"之"昆"。

《郭店楚墓竹簡》頁 189

○**李家浩**（1999）　《汗簡》《古文四聲韻》所引古文"昆、混"或作如下之形：

　　　 祥《汗簡》卷中之一日部引《碧落碑》"昆"　　 單《古文四聲韻》卷一魂韻引《碧落碑》"昆"

　　　 單《古文四聲韻》卷三混韻引《古老子》"混"　　 牌《古文四聲韻》卷三混韻引《古老子》"混"

（**中略**）《六德》的 A，與上錄古文"昆"十分相似，唯簡文 A 中閒的頭部寫作實筆而已。不過這個字在楚國文字中，也有中閒的頭部不寫作實筆的，如望山二號墓 6 號簡一個字所从的偏旁： 貅《望山》2·6

此字所从偏旁的寫法，跟《古文四聲韻》所引《碧落碑》的"昆"更爲相似。據此，《六德》的 A 顯然是古文"昆"。

在楚墓竹簡里，古文"昆"有時不寫一橫，如上錄《六德》古文"昆"的第三種寫法。衆所周知，戰國文字往往在豎形之類的筆畫上加一橫畫。根據戰國文字的這一特點，古文"昆"當以沒有一橫畫的寫法爲正體，有一橫畫的寫法爲異體。

《著名中年語言學家自選集·李家浩卷》頁 307—309，2002；

原載《中國文字》新 25

○**黃德寬、徐在國**（1999）　我們認爲" 電 "字應徑釋爲"昆"。《汗簡·日部》引《碧落文》"昆"字作 祥 ，《古文四聲韻·魂韻》引《碧落文》"昆"字作 單 ，《古文四聲韻·混韻》"混"字引《古老子》作 單 、 牌 ，均爲其證。上引傳抄古文"昆"（或从"昆"之字）字的形體略有變化，但其源頭應是楚簡中的" 電 "字。關於" 電 "字的構型，似乎可分析爲从臼从云聲。包山楚簡"邧"字或作 孔 、 孔 、 引 （《簡帛編》542—543 頁），鄂君啓舟節"邧"字作 孔 ，所从"云"均與" 電 "字所从" 弌 "形近。古音昆屬見紐文部，云屬匣紐文部，二字聲紐同屬喉音，韻部相同，故"昆"字可以"云"爲聲符。

《新出楚簡文字考》頁 21，2007；原載《江漢考古》1999-2

△**按**　《説文》："昆，同也。从日从比。"西周金文作 昆 （《金文編》458 頁），秦系文字承襲之。楚文字"昆"形體仍可探討，从"昆"之字的釋讀可參看上引李家浩、黃德寬文。

晐　晞

陶彙 5·95

○**何琳儀**（1998）　秦器晐，人名。

《戰國古文字典》頁 7

△**按**　《説文》:"晐,兼晐也。从日,亥聲。"

曈　曈

曈 璽彙 2264

○**羅福頤等**（1981）　曈。

《古璽文編》頁 167

△**按**　《説文新附》:"曈,曈曨,日欲明也。从日,童聲。"古璽曈,人名。

旨

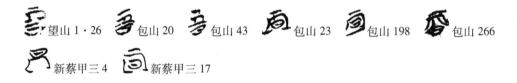

望山 1·26　　包山 20　　包山 43　　包山 23　　包山 198　　包山 266

新蔡甲三 4　　新蔡甲三 17

○**劉彬徽、彭浩、胡雅麗、劉祖信**（1991）　期,簡文作爭,从几从日,與《説文》古文期字从丌从日不盡相同,應是期字的異體。

《包山楚簡》頁 42

○**劉彬徽、彭浩、胡雅麗、劉祖信**（1991）　（編按:包山 266）旮（丙）。

《包山楚簡》頁 38

○**李家浩**（1994）　（編按:包山）這種用法的"旨"字顯然是作爲《説文》"期"字的古文"晉"來用的。"晉"从"丌"聲。"丌、几"二字在古代不僅字形相似,而且聲母相同,都是見母,疑"旨"應當是"晉"字的訛體。但是根據信陽簡和望山簡,"房旨"之"旨"卻是作爲"几"字來用的。

　　信陽簡和望山簡説:

　　（10）一鈔（繅）席,羍綿（繰）之純。一房栺。《信陽》圖版一二一·2-08

　　（11）一房机。《文物》1966 年 5 期圖版伍第二簡,52 頁圖二四第二簡

（10）"房栺"之"栺"所从"旨"旁的寫法與 A1 相近,（11）"房机"之"机"所从"几"旁的寫法與 A4 的偏旁相近。根據（11）,（10）的"栺"顯然是"机"字的

異體,而(1)的"旮"則是"机"字的異文。"机"是"几"字的異體,即在"几"字上加注意符"木",所以古代的"几"字往往以"机"爲之。例如:馬王堆一號漢墓 216 號"木變机一",《庄子·齊物論》"南郭子綦隱机而坐",《大戴禮記·武王踐阼》"于机爲銘焉"。古人生活習慣,先在室内地上鋪席,然後在席上設几,人就屈膝坐在席上,坐累了可以靠在几上休息。由於席、几用途相關,所以古書中往往席、几連言。例如《周禮·春官·司几筵》:"設莞筵紛純,加繅席畫純,加次席黼純,左右玉几。"(10)"繅席、房机"連言,與《周禮》文例相似。可見"房机、房旮"皆應當讀爲"房几"。因"旮"從"几",所以又讀爲"几"。

《著名中年語言學家自選集·李家浩卷》頁 237—238,2002;
原載《國學研究》2

○袁國華(1995)　"期"字古音屬群紐之部;"几"字,古音屬見紐脂部,由此可見,"期、旮"二字古音有別,二字還沒有成爲"異體字"的充分條件。然而由包山楚簡"旮"字的用例來看,"旮"與"期"同義,則是可以確定的。

《第六屆中國文字學全國學術研討會論文集》頁 187

○朱德熙、裘錫圭、李家浩(1995)　"旮"字從"日""几"聲。信陽楚墓竹簡二〇八號"一房机(几)","机"字寫作𣜩。右旁所從即"旮"字。又望山二號墓四七號簡"𩲡"字所從疑亦"旮"字。"几、季"古音極近,"旮"當是季節之"季"的專字。"季中"指一季三個月的時間之内。一説"旮"爲"晉"之訛體,當釋爲"期"。"期中"指卜筮所問的時間之内。

《望山楚簡》頁 93

○何琳儀(1998)　旮,從日,几聲。晉之異文。几、丌雙聲可通。《老子》六四"常於幾成而敗之",漢帛書幾作丌。《荀子·哀公》"俛視几筵",《孔子家語·五儀》几作機。是其佐證。晉,期之古文。(中略)楚簡晉,多讀期。"晉宷",讀"期中"。期,一晝夜。《左·昭廿三》"叔孫旦而立,期焉",注:"從旦至旦爲期。"包山簡 266 旮,或作𣛵,讀几。

《戰國古文字典》頁 1190—1191

○白於藍(1999)　第二、三形從日從几,几、期音異,韻部相隔甚遠,故此兩種從几的字釋期可疑。從辭例上看,"旯"字無一例外地均用作人名,而"𡇾(或晉)"卻從未見有用作人名者,絶大多數都出現在"受𡇾(或晉)"的辭句中,可見"𡇾(或晉)"與"旯"絶非一字,不當釋爲期,應隸作旯,於日部另立字頭

（從林澐師説）。

○裘錫圭（2006）　可以理解爲“期”的“昍”字絶不可能是“昇”（期）的異體，也不可能是“昇”的訛體。那麽，究竟應該把它釋讀爲什麽字呢？我認爲應該釋讀爲訓作“期”的“幾”（音“機”）。

先秦漢語中有可以理解爲“期”的“幾”字。《詩·小雅·楚茨》：“苾芬孝祀，神嗜飲食，卜爾百福，如幾如式。”《毛傳》：“幾，期；式，法也。”《鄭箋》：“卜，予也……今所以與汝百神之福，其來如有期矣，多少如有法矣。”《墨子·尚同中》：“春秋祭祀，不敢失時幾。”俞樾《諸子平議·九·墨子一》：“幾者，期也。詩楚茨篇‘如幾如式’，毛傳訓幾爲期，是也。不敢失時幾者，不敢失時期也。”《左傳·定公元年》：“子家子不見叔孫，易幾而哭（哭指哭魯昭公）。”楊伯峻注據沈欽韓説，認爲“易幾”之“幾”亦應訓“期”。（中略）“昍”字從“日”“几”聲，應該是爲訓“期”的“幾”而造的專字。

○李家浩（2006）　葛陵村楚簡也常見“昍”字，零 336、341 號與“昍”相當的字作“畿”，從“日”、“幾”省聲。“几、幾”古通，故從“几”聲的“昍”可以寫作從“幾”省聲的“畿”，“畿”不可能是“吾”的訛體。與“期”同義的“昍”或“畿”，傳世文獻作“幾”。

【昍中】包山 198

○湯餘惠（1993）　{字}，同期，從日，几聲；期中，指前文所卜之期。

○朱德熙、裘錫圭、李家浩（1995）　“几、季”古音極近，“昍”當是季節之“季”的專字。“季中”指一季三個月的時閒之内。一説“昍”爲“吾”之訛體，當釋爲“期”。“期中”指卜筮所問的時閒之内。

○何琳儀（1998）　“昍宷”，讀“期中”。期，一晝夜。

○陳偉等（2009）　指貞問一年的時閒之内。

映

包山 173

○劉彬徽、彭浩、胡雅麗、劉祖信（1991）　昃。

《包山楚簡》頁 30

○滕壬生（1995）　映《説文》所無。

《楚系簡帛文字編》頁 567

○何琳儀（1998）　映，从日，宎聲。包山簡映，人名。

《戰國古文字典》頁 281

○李零（1999）　从日从夭，不从宎。

《出土文獻研究》5，頁 147

朷

包山 133　　朷包山 135　　朷包山 150

○劉彬徽、彭浩、胡雅麗、劉祖信（1991）　朷。

《包山楚簡》頁 26

○何琳儀（1998）　朷，从日，刃聲。《篇海》：“朷，眩瀎也。”包山簡朷，人名。

《戰國古文字典》頁 1344

△按　施謝捷所作《包山楚簡釋文》（word 版）釋此字爲“朷”。

昊　杲　杲

昊信陽 1·23　　杲上博一·詩論 6　　杲璽彙 0965　　杲安徽錢幣 1997-4

吳秦陶 404　　杲考古與文物 2007-6，頁 56 二年平陶令戈

杲石鼓文·田車　　杲上博一·詩論 6“昊天”合文

○吳大澂（1884）　昊　杲从日从大，古昊字，小篆作昊，許氏説：“春爲昊天，元氣昊昊。”石鼓。

《説文古籀補》頁 42，1988

○**羅振玉**（1916）　（編按：石鼓文）昊，篆曰，昊从日从大。商人卜辭昄作▢，▢从日从矢。或作▢、▢，从日从大，蓋象日在人側之形。此作▢，日在人顚上而微側，殆亦昄字，與各、射、趚韻亦協也。

《羅振玉學術論著集》1，頁 523—524，2010

○**張政烺**（1934）　（編按：石鼓文）昊，章《注》：“郭云恐是‘臭’字，古老反，大白澤也。白澤，獸名。”

《張政烺文史論集》頁 19，2004；原載《史學論叢》1

○**强運開**（1935）　昊　▢石鼓，《説文》所無。《玉篇》：“徒來切，音臺，日光也。”（編按：最後一個“日”字疑是“也”字之誤）

《説文古籀三補》頁 34，1986

○**强運開**（1935）　薛尚功、趙古則均作“昇”，誤。鄭疑爲“思”字。楊升庵釋作“澤”。郭云：“大白澤也，獸名。”張德容云：“《説文》本作：‘大白也，古文以爲澤字。’當是本訓。大白古亦以爲澤字。後人傳寫誤以澤字入大白下，郭氏因以大白澤爲獸名，取以證鼓。”吳東發又以爲“昇”字，殊不類，皆强古人以就我耳。羅振玉云：“昊，从日从大。商人卜辭昄作▢，从日从矢。或作▢、▢，从日从大，蓋象日在人側之形。此作▢，日在人顚上而微側，殆亦昄字，與各、射、趚韻亦協也。”運開按：昊字雖不見《説文》，而《玉篇》云：“徒來切，音臺，日光也。”《篇海》：“音影，大也。”是从日从大，固有其字矣。此篆雖上下文俱泐，然非句末一字，且應有重文，羅氏叶韻之説未可信也。

《石鼓釋文》丙鼓，頁 12—13

○**羅福頤等**（1981）　昇　▢0965　與單伯昇生鐘昇字同。

《古璽文編》頁 258

○**唐蘭**（1981）　“昊”字異構最多，作▢（見昊生鐘，又見召伯虎簋昄字偏旁），或變▢（見自昊父簋及汧陽刻石，又見帥鼎昄字的偏旁），或變▢（見鄧伯氏鼎），▢或誤爲▢（見夨白多父盤昄字偏旁。大矢古多混亂），▢或變▢（見《説文》。按《説文》从夰的偏旁，並由大誤），這就是現存的“昇”（昊）字。

《古文字學導論》（增訂本）頁 233

○**高明、葛英會**（1991）　昊　牆盤有昊字作▢，此匋文與之近似。

《古陶文字徵》頁 119

○**何琳儀**（1998）　昊，金文作▢（牆盤）。从日从天，會天日廣大之意。戰國文字承襲金文。小篆訛天爲夰。或據《説文》昊从夰聲，而屬見紐，非是。《説文》：“昦，春爲昦天，元氣昦昦。从日从亢，亢亦聲。（胡老切。）”（十下七）《群經正義》：“今經典作昊，从日从天。於六書之義無所依附，古無此字。《九經字樣》以爲隸首，其實乃俗儒不識亢字。”本末倒置。

《戰國古文字典》頁 288

○李守奎（2003） （編按：信陽 1·23）昊 《廣韻·皓韻》：“昊，《說文》作昦。”

《楚文字編》頁 422

○王輝、王沛（2007） “𣇴”疑爲昊字。牆盤：“昊照亡吴（斁）。”“昊”作“𣋴”；又《璽彙》0965 有人名“肖昊”，“昊”作“𣋴”。戈銘“昊”日在右旁，不過古文字偏旁位置本不固定，是可以的。

《考古與文物》2007-6，頁 55

○滕壬生（2008） （編按：信陽 1·23）昊 《廣韻·皓韻》：“昊，《說文》作昦。”

《楚系簡帛文字編》（增訂本）頁 649

△按 “昊”字《說文》篆文作昦，見於亢部：“昦，春爲昦天，元氣昦昦。从日、亢，亢亦聲。”據古文字“昊”从天从日，可知其所據小篆形體有訛誤。參下黃錫全（1997）。

【昊陽】安徽錢幣 1997-4

○黃錫全（1997） 與布文𣋴形體相近者有下列之字：

𣋴牆盤　　　昊《古璽彙編》0965

牆盤的這個字，諸家均釋爲“昊”是正確的，⊡乃日形之省（古日本有作“○”，○即太陽）。古璽昊無疑是昊字。我們討論的布文𣋴與牆盤類同，當是昊形省變。

古幣文中⊡形省變作▽形多見，如下列諸字：

是　昰空首布　　　陽𣉩尖足布　　　涅𣉙方足部

昰昰昰空首、方足布　　　𣉩尖足布　　　𣉙方足步

“天”變作天，如同“夫”字作夫，或可作夫。如善夫吉父匝的“夫”便作夫，十一年蒽鼎“大夫”合文作夫（見《金文編》709 頁）。河北滄縣肖家樓出土弧背刀背文“天”就有作天、天者（可參考張頷《古幣文編》25 頁）。秦陶文有昊字（高明、葛英會編《古陶文字徵》119 頁），當即昊字。

因此，昊的演變關係當爲：昊→昊昊→𣋴

《說文》昊字正篆作昦，所從的亢當是由天形訛變，類似爽字又作㸑（《金文詁林補》5 册 3219 頁引唐蘭説）。《說文》誤以爲从“亢”聲。昊从日从天，當

爲會意字。昊是否如唐蘭先生所云原本从大从日,还有待研究。

先秦古地名中不見有"昊陽"。考昊古與皋通。如《左傳》僖公三十二年"夏后皋",《竹書紀年》皋作昊。皋又或作高和咎。如《爾雅·釋天》"五月爲皋",《釋文》:"皋,本或作高。"《書》"皋陶謨",《尚書大傳》《説文》引作"咎繇謨"。而古地名咎奴即高奴。古地名中未見皋陽或咎陽等,而有高陽。因此,昊陽有可能即爲高陽。

戰國燕地有高陽,見《戰國策·趙策四》:"燕封寧人榮蚠爲高陽君,使將而攻趙。"其地在今河北高陽縣東。但此布不具燕布特點,故此地應排除。河南杞縣西有高陽,見《漢書·高帝紀》"沛公西過高陽",顔注引文穎曰:"聚邑名,屬陳留圉。"臣瓚曰:"《陳留傳》在雍丘西南。"《後漢書·蔡邕傳》:"蔡邕字伯喈,陳留圉人也。"初平元年,"封高陽鄉侯"。《水經·睢水注》:"睢水出陳留縣西蒗蕩渠,東北流。""又東逕高陽故亭北,俗謂之陳留北城,非也。蘇林曰:高陽者,陳留北縣也。按在留使鄉聚名也。"

河南杞縣之高陽,戰國時當有此名,秦時"沛公西過高陽",説明高陽之名早已存在。高陽離雍丘不遠。雍丘本春秋杞都,即今河南杞縣,後入鄭,其後又入韓。《史記·韓世家》:"景侯虔元年(前 409 年),伐鄭,取雍丘。"魏遷大梁(前 361 年)後,大梁(今河南開封)東南之地逐漸爲魏所有。方足小布乃戰國中後期流通貨幣,故"昊(高)陽"布應是魏國的貨幣。

《先秦貨幣研究》頁 115—116,2001;原載《安徽錢幣》1997-4

【昊天】上博一·詩論 6

○**馬承源**(2001)　"昊"字下有合文符號,爲"昊天"二字。

《上海博物館藏戰國楚竹書》(一)頁 134

【昊昊】信陽 1·23

○**中大楚簡整理小組**(1977)　昊昊呆呆,比喻光明偉大。

《戰國楚簡研究》2,頁 10

○**何琳儀**(1998)　信陽簡"昊昊",廣大之貌。《爾雅·釋天》疏:"夏萬物盛壯,其氣昊昊。"

《戰國古文字典》頁 288

○**李零**(2002)　"昊昊",爲合文,義同"皓皓",是明亮的意思。

《揖芬集》頁 313

○**劉信芳**(2011)　昊昊,猶皓旰、顥顥、皓皓。《爾雅·釋天》"夏爲昊天",郭注:"言氣皓旰。"《釋名·釋天》:"其氣布散顥顥也。"《詩·唐風·揚之水》:

"白石皓皓。"《史記·河渠書》:"皓皓旰旰。"

《楚系簡帛釋例》頁 350

晰

璽彙 0329

○吳振武(1983)　朝。

《古文字學論集》(初編)頁 492

○吳振武(1984)　此字从日从舟,應釋爲晰。古璽舟旁作 形者習見,參本文[五一七]條。晰字見於《玉篇》。

《〈古璽文編〉校訂》頁 250,2011

○何琳儀(1998)　晰,从日,舟聲。《玉篇》:"晰,光也。"燕璽"晰悗",地名。疑讀"壽光",見《漢書·地理志》北海郡,在今山東壽光東北。公元前 284 年,燕將樂毅攻占齊國七十餘城,長達五年之久。故"壽光"一度屬燕。

《戰國古文字典》頁 185

㫫

陶彙 3·524

○丁佛言(1924)　或疑㫫。姚華以爲㫫字。

《説文古籀補補》頁 74,1988

○顧廷龍(1936)　㫫　《説文》所無。

《古匋文舀録》卷 7,頁 1,2004

○何琳儀(1998)　㫫,从日,弗聲。《廣雅·釋詁》:"㫫,曝也。"齊陶㫫,人名。

《戰國古文字典》頁 1294

旾

陶彙 3·1123

○何琳儀(1998)　旾,从日,己聲。齊陶旾,人名。

《戰國古文字典》頁 29

△**按**　戰國文字“己”多贅加口作“己”。

昖

望山 2 · 6　望山 2 · 23

○**中大楚簡整理小組**(1977)　(編按:望山 2 · 6)昖即晐,古文亥與豕同,《説文》有晐無昖,云“兼昖也”。此簡之昖(晐)或讀作核。核,《説文》:“蠻夷以木皮爲篋,狀如籢尊。”是一器物名。

《戰國楚簡研究》3,頁 47

○**朱德熙、裘錫圭、李家浩**(1995)　(編按:望山 2 · 6)此字右旁作,45 號簡“一檂”與“一牛檂”“一羊檂”並列,故定爲“豕”字。《説文》“豩”之古文奇字作“㞋”,亦从“日”,不知“昖”字是否與之有關。

《望山楚簡》頁 118

○**何琳儀**(1998)　昖,从日,豕聲。疑彖之異文,亦作豙。《字彙補》:“彖,同豙。”《集韻》:“豙,豕屬。”望山簡昖,讀溜。《説文》:“溜,青黑色。从水,畱聲。”

《戰國古文字典》頁 1474

旱

璽彙 3042

○**羅福頤等**(1981)　晘。

《古璽文編》頁 167

○**何琳儀**(1998)　旱,从日,辛聲。晉璽旱,人名。

《戰國古文字典》頁 1159

晵

璽彙 0074　璽彙 1077　璽彙 1687

○**羅福頤等**(1981)晵。

《古璽文編》頁 168

○吳振武（1984）　此字隸定作暑誤，應隸定爲崔。古璽中隹或隹旁往往加口作隽、隽形。隽、隽即隽之變，而隽則又是隽的進一步演化。古璽蠹字所从之隹既作隽，又作隽，可爲其證。本條下所録○六七二號璽文原璽全文作“長隽”，古璽中又有“長隽（崔）”（《彙》○六七一），隽、隽一字無疑。古璽中還有一個从鳥从崔的隽字，可參看。崔字不見於後世字書。

《〈古璽文編〉校訂》頁 93—94，2011

○何琳儀（1998）　暑，从日，君聲。

《戰國古文字典》頁 1340

【暑亥】璽彙 0074

△按　《璽彙》0074“暑亥司寇”，“暑亥”地名。

嫠

上博四·昭王 9

○陳佩芬（2004）　“嫠”，《説文》所無。《上海博物館藏戰國楚竹書（三）·周易·大垚（畜）》“曰班車嫠”與本册《逸詩》“以自爲嫠”字皆从爻从戈。“嫠”字从曰，上部相同，假借讀“慧”或“衛”，敏、智之義。

《上海博物館藏戰國楚竹書》（四）頁 190

△按　上博四《昭王》9“楚邦之良臣之所嫠骨”，陳劍《上博竹書〈昭王與龔之脽〉和〈柬大王泊旱〉讀後記》（簡帛研究網 2005 年 2 月 15 日；收入《戰國竹書論集》）認爲字从爻聲，讀“嫠”爲暴，引《國語·越語上》“暴露百姓之骨於中原”爲證，其説可從。

晙

璽彙 0344　　晙璽彙 3513

○羅福頤等（1981）　晙　陳猷釜陵作，偏旁與此形近。

《古璽文編》頁 168

○何琳儀（1998）　晙，从日，夋聲。古璽晙，人名。

《戰國古文字典》頁 153

暴

暴 璽彙 1453

○**何琳儀**（1998）　暴，从日，录聲。《廣韻》：“暴，日暗。”晉璽暴，人名。

《戰國古文字典》頁 382

晗

晗 九店 56·29　晗 九店 56·33

○**李家浩**（2000）　“會日”之“會”，秦簡《日書》甲、乙種楚除皆作“陰”。《説文》以“陰”爲陰陽字，以“霒”爲陰晴字，“会”即“霒”的古文。這三個字在文獻中多寫作“陰”。《集韻》卷四侵韻“霒”字重文或作“霠”。“霠”是將“霒”所从的“云”旁改作“日”旁的一種寫法。簡文“會”从“日”从“含”聲，而“含”从“今”聲。此字當是“霠”所从“晗”字的異體，而“晗”也就是“霠”字的異體。“霠”與“晗”的關係跟“霒”與“会”的關係同類。《玉篇》日部：“晗，丘錦切，明也。”此訓爲“明也”的“晗”與“霠”所从“晗”似非一字。

《九店楚簡》頁 86—87

○**李家浩**（2000）　“盦”，从“日”从“云”从“含”聲。上二九號簡“陰日”之“陰”原文作“會”，从“日”从“含”聲。“盦”當是“會”的繁體，即在“會”之上又加注形旁“云”而成。

《九店楚簡》頁 93

△**按**　晗、晗，古書作“陰”。

【晗日】九店 56·33

【晗日】九店 56·29

△**按**　九店 56·29“午、未、申、酉、戌、亥、子、丑、寅、卯、辰、巳，是謂晗（陰）日”，簡 56·33“戌、亥、子、丑、寅、卯、辰、巳、午、未、申、酉，是謂晗（陰）日”。

帝

帝 璽彙 0397　帝 璽彙 2294

○**吳振武**（1984）　一六八二等號璽文帝、帝从日从帝，可隸定爲帝。古璽帝字

作👉或👉、👉形,正與此字甬或甬旁同。帠字不見於後世字書。

《〈古璽文編〉校訂》頁 250,2011

○何琳儀(1998)　帠,從日,帝聲。疑帝之繁文。晉璽帠,人名。

《戰國古文字典》頁 749

晅

包山 8　　包山 165　　包山 189

○劉彬徽、彭浩、胡雅麗、劉祖信(1991)　晅。

《包山楚簡》頁 17

○何琳儀(1998)　晅,從日,舀聲。加人爲飾。包山簡晅,人名。

《戰國古文字典》頁 177

畿

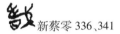
新蔡零 336、341

○賈連敏(2003)　畿(期)。

《新蔡葛陵楚墓》頁 219

△按　字從日,幾聲。

【畿中】新蔡零 336、341

△按　《新蔡》零 336、341"畿中"即包山簡中常見的"舀中",參本卷【舀中】條。

䏻

新蔡甲三 22、59

【䏻日】新蔡甲三 22、59

○徐在國(2004)　我們懷疑此字應分析爲從"日","能"聲,讀爲"翼"。"能、台"二字古通。如:《禮記·樂記》:"故人不耐無樂。"鄭注:"耐,古書能字也。古以能爲三台字。"《文選·月賦》:"增華台室。"李注:"《史記》曰:'中宫文昌魁下六星,兩兩相比,名曰三能。'能古台字也。""異、哈"二字古通。如:《楚辭・九章》：“又衆兆之所咍。”《考異》：“或曰衆兆之所異。”因此，“翼”可以“能”爲聲符。“翼日”即第二天。古文字、典籍均習見。《書・武成》：“越翼日癸巳。”或作“翌日”。

《新出楚簡文字考》頁 249,2007；原載《中國文字研究》5

○**何琳儀**（2004）　《説文》：“曧，埃曧，日無光也。從日，能聲。”曧，疑讀爲“若”。有關“能”與“若”聲系可以通假，王念孫有精密的考證。王引之曰：“若，猶及也，至也。《書・召公》曰，越五日甲寅，位成，若翼日乙卯。言及翼日乙卯也。”簡文“曧日癸丑”與《書》“若翼日乙卯”句式基本相同。另外，曧的這一用法典籍亦作“該”。“能”與“該”亦可相通。《釋名・釋言語》：“能，該也。”是其佐證。《文選・吳都賦》“耳目之所不該”，注：“李周翰曰：曧，及也。”或讀曧爲“翼”，亦通。

《安徽大學學報》2004-3,頁 6

△**按**　《新蔡》甲三 22、59“曧日”，李天虹《新蔡楚簡補釋四則》（簡帛研究網 2003 年 12 月 17 日）讀爲“一日”，“曧日癸丑”即過了一日到了癸丑。

晉

睡虎地・日乙 217　　睡虎地・日乙 221

△**按**　睡虎地《日乙》217 壹“冬三月，甲乙死者，必兵死，其南晉之”，221 壹“壬癸死者，有恴，南室有亡子，且晉之”等，“晉”均讀爲惡。

曂

𣇵璽彙 0671　　𣇵璽彙 1682　　𣇵璽彙 3204

○**吳振武**（1984）　此字從日從隹，可隸定爲曂。古璽隹或隹旁往往從口作𦥑、𦥑形。

《〈古璽文編〉校訂》頁 250,2011

○**何琳儀**（1998）　曂，從日，售聲。晉璽曂，人名。

《戰國古文字典》頁 1209

暲

璽彙 0963　　璽彙 1272　　璽彙 1709

○ **强運開**（1933）　　鼄。

《説文古籀三補》頁 34,1986

○ **羅福頤等**（1981）　　暈。

《古璽文編》頁 168

○ **何琳儀**（1998）　　暲,从日,章聲。《玉篇》:"暲,明也。"晉璽暲,人名。

《戰國古文字典》頁 650

曒

石鼓文 · 吾水

【曒日】石鼓文 · 吾水

○ **羅振玉**（1916）　　此字从日,他半作,其下半如鼠,初不知爲何字,以商人卜辭中昱日之昱作、盂鼎"雩若昱乙酉"作考之,知此亦昱字也。《説文》:"昱,明日也。从日,立聲。"段注云:"昱字多叚借翌字爲之。"《釋言》曰:"翌,明也。"是也。凡經傳子史"翌日"皆"昱日"之假借。"翌"與"昱"同爲立聲,故相假借,其作"翼"者誤也。鼓文从,雖不能知爲何字,而此字之爲"昱"則可信也。

《羅振玉學術論著集》1,頁 536—537,2010

○ **徐寶貴**（2008）　　石鼓文字,是以"日"爲形旁,以增加"以"聲的"翼"爲聲旁的形聲字。

《石鼓文整理研究》頁 803

△ **按**　石鼓文《吾水》"曒"字下有合文符號,當爲"曒日",即"翌日"。

旦　旦

陶彙 5 · 300　　璽彙 0962　　璽彙 0409　　璽彙 5583　　侯馬 179:3

包山 32　　上博五 · 姑成 1　　上博五 · 三德 1　　睡虎地 · 日甲 64 正壹

○**山西省文物工作委員會**（1976）　旦　宗盟類參盟人名。

《侯馬盟書》頁 303

○**吳振武**（1984）　此字從日從丁，羅福頤先生過去在《古璽文字徵》中釋爲旦是正確的。《説文》謂：“旦，明也。從日見一上。一，地也。”旦字較原始的寫法見於莒縣陵陽河大汶口文化晚期遺址陶文中，字作⊙，象日在雲氣上或地上（《大汶口》118 頁，于省吾先生釋）。金文旦字作𣅊形者仍保存了這種古老的寫法。容庚先生《金文編》謂“象日初出未離于土也”（《金》364 頁）。但是，從甲骨文旦字作𣅊（《甲》288 頁）來看，旦字也確實從很早起就由表意結構轉向“從日丁聲”的形聲結構了。侯馬盟書旦字作𣅊或𣅊（助字所從），古璽或作𣅊（168 頁及 164 頁邨字所從），皆從日丁聲，和此字同。旦字由𣅊變𣅊，猶如良字由𣆃變𣆃（變從亡聲，參本文［六〇三］條），呈字由呈變呈（變從壬聲，看《金》355 頁邨字所從及本書 27 頁呈、148 頁邨字所從），朝字由朝變朝（變從舟聲，看《金》365 頁及本書 169 頁）。

《〈古璽文編〉校訂》頁 251，2011

○**睡簡整理小組**（1990）　（編按：睡虎地·日甲 64 正）旦，疑讀爲殫。《荀子·儒效》：“武王之誅紂也，行之日，以兵忌東面而迎太歲。”注：“《尸子》云：武王伐紂，魚辛諫曰：歲在北方不北征。”《漢書·天文志》：“歲星所在，國不可伐，可以伐人。”

《睡虎地秦墓竹簡》頁 191

○**何琳儀**（1998）　包山簡旦，姓氏。周公旦之後。齊桓公之後，桓氏避仇改爲亙氏、旦氏。見《姓氏考略》。或説旦爲低級職官。待考。

《戰國古文字典》頁 1019

△**按**　戰國文字“旦”或從丁聲。

【旦夕】上博五·姑成 1

△**按**　上博五《姑成》1“旦夕治之”，“旦夕”即日夜，每天。

朝　𣆃

集成 157 虘羌鐘	集成 11345 八年新城大令戈	侯馬 1:45	璽彙 2333	璽彙 2338
璽彙 2371	璽彙 4064	包山 75	九店 621·14	上博二·容成 24
上博五·三德 5	上博六·平王 1	璽彙 2805	璽彙 2815	璽彙 2835	璽彙 2086

○**丁佛言**（1924）　古鉢韓訢韓从𢎵从韋，此省韋。

《説文古籀補補》頁 25，1988

○**劉節**（1931）　（編按：集成 157 驫羌鐘）釋爲鴋。參看【韓宗】條。

○**唐蘭**（1932）　靪銘文作▨，余舊釋鴋，與劉、吳二君同，馬衡先生則據古印韓姓多如此作，謂當釋爲靪，讀若韓。聞徐君中舒所釋同馬説，今按釋靪是也。王孫鐘“中𩫖叔揚”，沇兒鐘“中𩫖叔陽”（又見薛氏《鐘鼎彝器款識》許子鐘及馮氏《金索》徐王子旃鐘），其偏旁與此作▨正同。彼文當讀爲中翰且揚。翰猶翼，故有高義。《易·中孚》曰：“翰音登於天。”翰，高也。古人以翰喻音，故諸鐘下文均云“元鳴孔皇”也。《説文》：“靪，日始出光靪靪也，从旦，㑁聲。”凡㑁字古文多變屮，則知▨即靪字。至易之古文，雖閒作𢏌（貉子卣，又他器偏旁）末筆多彎曲，靪鴋二字，易於混淆，差以毫釐，失之千里矣。韓宗即晉卿韓氏之宗也。

《唐蘭先生金文論集》頁 2，1995；原載《國立北平圖書館館集》6 卷 1 號

○**徐中舒**（1932）　（編按：集成 157 驫羌鐘）靪即韓之本字。《説文》：“靪，日始出光靪靪也，从旦，㑁聲。”此説於形聲俱失。靪即幹之本字，象形。（中略）靪爲姓氏字，故知即韓之本字。

《徐中舒歷史論文選輯》頁 213，1998

○**山西省文物工作委員會**（1976）　韓　宗盟類參盟人名　詛咒類人名姓氏。

《侯馬盟書》頁 351

○**羅福頤等**（1981）　韓　不从韋，與驫羌鐘韓字同。靪孳乳爲韓。

《古璽文編》頁 119、169

○**劉彬徽、彭浩、胡雅麗、劉祖信**（1991）　旙。

《包山楚簡》頁 21

○**吳振武**（1984）　（編按：璽彙 0053）此字从早从㑁，應釋爲靪（韓）。原璽從風格上可以確定爲燕璽，而燕璽中的靪（韓）氏之靪皆作𩫖或𠦙，正與此字極近，參本文［六一九條］。在戰國文字中，日、田二形亦往往互訛，𩫖、𠦙之作𩫖，猶如古璽借字既作𦡸，又作𥙶（均出燕璽，參本文［五四二］［二四八］條），秋字既作𥝩，又作𥝪（178 頁），黃字既作𦳊，又作𦳷（330、331 頁）。

《〈古璽文編〉校訂》頁 239，2011

○**吳振武**（1984）　（編按：璽彙 2805 等）此字丁佛言在《説文古籀補補》中釋爲執（韓），甚是。執字小篆作𓎬，《説文》謂"从旦㚔聲"，林義光在《文源》中根據金文改爲"从早㚔聲"，其説可信。驫羌鐘"執（韓）宗"之執作𓎬（《金》364頁），三晉璽執（韓）氏之執作𓎬（119、120 頁及 169 頁），皆从早从㚔聲作。𓎬即𓎬之變，㚔旁由𐦼變𐦼，猶如老旁由𐦼變𐦼（看《金》卷八老部）。𓎬字在原璽中皆用作姓氏，而且都出於燕璽，可知其爲燕國韓氏之韓的特有寫法。

　　　　　　　　　　　　　　　　　　　《〈古璽文編〉校訂》頁 239，2011

○**何琳儀**（1993）　（編按：包山 75）應隸定"執"。其豎筆上短横爲飾筆。"干"本作"𐦼"形。與"𐦼"有明顯區別。楚帛書"榦"作"𐦼"，可資參證。

　　　　　　　　　　　　　　　　　　　　　　《江漢考古》1993-4，頁 61

○**劉釗**（1998）　（編按：包山 75）按此字應釋爲"執"，即"韓"字。驫羌鐘"韓"字作"𐦼"（《金文編》358 頁），古璽作"𐦼"（《古璽彙編》2337）、"𐦼"（《古璽彙編》4064），與簡文形體相同。"韓"字在簡文中用爲人名。

　　　　　　《出土簡帛文字叢考》頁 12，2004；原載《東方文化》1998-1、2

○**李家浩**（2000）　"執"，疑應該讀爲乾燥之"乾"。《説文》説"乾"从"執"得聲，故二字可以通用。

　　　　　　　　　　　　　　　　　　　　　　　　《九店楚簡》頁 144

○**陳偉**（2010）　（編按：上博六・平王 1）幹、乾通假字。成公幹即《説苑》所記成公乾。

　　　　　　　　　　　　　　　　　　　　　　《新出楚簡研讀》頁 282

△**按**　上博七《君人》簡 2"吾執有白玉三回而不戔哉"，"執"爲疑問副詞，陳偉讀爲安（《新出簡帛研讀》頁 312，武漢大學出版社 2010 年）。上博八《李頌》簡 1"旊冬之旨寒"，郭店簡《緇衣》引《君牙》"晉冬旨滄"，今本《緇衣》作"資冬祈寒"，鄭玄注："資當爲至。"

【**執鮱**】上博二・容成 24

○**徐在國**（2003）　第二字應讀爲"乾"。《集韻・寒韻》："乾，燥也。"乾爲乾燥義。

　　第三字从魚，昔聲，没有什麼疑問。此字似應讀爲"粗"。典籍中从"昔"聲的字常和从"且"聲的字通假。如：《周禮・秋官・序官》"蜡氏"，鄭注："蜡讀如狙司之狙。"《周禮・地官・遂人》："以興鋤利氓。"鄭注："鄭大夫讀鋤爲藉。”因此,此字可讀爲“粗”。《説文》:“粗,疏也。”引申指粗糙。

《學術界》2003-1,頁 100

○**孟蓬生**(2004)　　“㫍”當讀爲乾或皯(黚),“鰖”當讀皵。“乾皵”指面部皮膚乾燥粗糙,“皯皵”指面部皮膚烏黑粗糙,核之傳世文獻,似以後者更爲近之。

《上博館藏戰國楚竹書研究續編》頁 476

○**陳秉新**(2004)　　本簡趴當讀作皯。《説文》:“皯,面黑氣也。”《楚辭・漁父》:“顏色憔悴。”王逸注:“皯黴黑也。”面皯,指面容黧黑。《廣韻・藥韻》:“鰖,魚名,出東海。”簡文鰖,讀爲蹠,鰖與蹠,清、照鄰紐,鐸部疊韻。《淮南子・氾論》:“體大者節疏,蹠距者舉遠。”高誘注:“蹠,足也。”

《江漢考古》2004-2,頁 91

△按　　上博二《容成氏》簡 23—24 説禹“面趴鰖”,蘇建洲(《初讀〈上博九〉札記》[二],簡帛網 2013 年 1 月 14 日)指出“趴鰖”與上博九《舉治》簡 31 説禹“身鯩鰖”之“鯩鰖”相對應。

【趴宗】集成 157 㠱羌鐘

○**劉節**(1931)　㫍宗即陽宗。甲骨文字陽字从昜,宓白鼎作昜,貉子卣作昜,泉幣亦作昜。王孫鐘、沇兒鐘,及宋人所著録之許子鐘,皆有中㯼虘語,㯼字所从之㫍即瘍字,與此同,借爲陽。《秦策一》:“陰燕陽魏。”高誘注:“陽,大也。”則陽宗實即大宗。《荀子・禮論》“大夫士有常宗”,楊注:“常宗百世不遷之大宗。”可證常宗、陽宗、大宗,皆一義也。叔鐘有“用昭大宗”及“用享大宗”之文。古者國君皆於明堂大廟施政,故《周官・大宰》:“宗以族得民。”《左傳・昭公二十八年》:“梗陽人有獄,魏戊不能斷,以獄上其大宗。”《詩・采蘋》傳:“宗室,大宗之廟也。”然則,陽宗者,即國君之廟,亦即施政之所,故又曰:“賞於陽宗。”

《古史考存》頁 87—88,1958;原載《北平圖書館館刊》5 卷 6 號

○**唐蘭**(1932)　　韓宗即晉卿韓氏之宗也。

《唐蘭先生金文論集》頁 2,1995;原載《國立北平圖書館館集》6 卷 1 號

【趴宣】貨系 632

○**黃錫全**(1993)　　韓宣(垣)　　陝西韓城縣西南。

《先秦貨幣研究》頁 352,2001;原載《第二屆國際中國古文字學研討會論文集》

【趴熙】新鄭兵器

○**黃茂琳**(1973)　　按韓熙是韓國要人,見於《戰國策・韓策》:

建信君輕韓熙,趙敖爲謂建信侯曰……今君之輕韓熙者,交善楚、魏也。秦見君之交反善於楚、魏也,其收韓必重矣。從則韓輕,橫則韓重,則無從輕矣。秦出兵於三川,則南圍鄢,蔡、邵之道不通矣。魏急,其救趙必緩矣。秦舉兵破邯鄲,趙必亡矣。故君收韓,可以無豐。

建信君是趙國的相邦,《戰國策》中有好幾條關於建信君的記載,韓熙僅見此條,並未交代他的身分,但從上下文意不難看出,他在韓國的地位和建信君在趙國正是相當,肯定是當時掌握韓國政權者,所以輕他不得。據我們考證,建信君所相是趙孝成王,傳世有建邲君三年至八年督造的兵器,建邲君就是建信君,趙孝成王三年到八年(公元前 263—前 258 年)建信君爲趙相邦時,正當韓桓惠王十年到十五年。至於韓熙除了上述三年由他督造的戈外,過去還出土過六年由他督造的戈:

六年,奠(鄭)命韓熙,右庫工帀(師)司馬鴟,冶狄《三代》19·52·1(圖一,3)。

(中略)據上述我們所作考證,韓桓惠王十年到十五年左右,韓熙已是韓國相邦一類的掌權者,上引《戰國策·韓策》正是他掌握韓國大權時事,時閒正相合,可以證實《戰國策·韓策》中所記的韓國要人的韓熙就是韓鄭兵器銘刻中的韓熙,由鄭令上升爲相邦一類掌權者,正合乎官職發展,時閒又恰在王九年以後,同一時閒韓國都鄭不可能有兩個這樣高官職而又同名的人,所以由鄭令韓熙所督造的三年戈與六年戈肯定是韓桓惠王三年與六年所造。

《考古》1973-6,頁 376—377

○**黃盛璋**(1974)　《新鄭兵器》8 號戈銘爲:"王三年奠(鄭)命(令)韓熙、右庫工帀(師)史狄、冶□。"同爲鄭令韓熙監造,自是一人。韓熙見《戰國策·韓策》,與趙孝成王相邦建信君同時,此"王三年"與"六年",應是韓桓王三年與六年(公元前 270 與前 267 年)。

《考古學報》1974-1,頁 14

朝 鼂

朝 集成 11182 朝歌右庫戈　　鼂 陶彙 5·215　　鼂 璽彙 2657　　鼂 璽彙 4065

鼂 包山 145　　朝 郭店·窮達 5　　朝 上博二·昔者 1　　朝 上博六·用曰 15

朝 睡虎地·日甲 159 正壹　　朝 睡虎地·日乙 159

○**丁佛言**（1924）　古鉢：朝陽。朝字反文。

《説文古籀補補》頁 32，1988

○**强運開**（1933）　（編按：璽彙 4065）朝。

《説文古籀三補》頁 34，1986

○**羅福頤等**（1981）　（編按：璽彙 4065）此與朝訶右庠戈朝字略同。

《古璽文編》頁 169

○**高明、葛英會**（1991）　朝。

《古陶文字徵》頁 123

○**吳振武**（1996）　（編按：璽彙 4065）按其右邊所从，若從字形上看，亦可能是“泉”旁。“朝”（潮）字从“泉”，可有兩種解釋：一，義符更替；二，形近訛寫。實情究竟如何，有待進一步研究。這裏需要説明的是，此字出自三晉璽，如其所从確是“泉”旁的話，寫法上當是受燕地影響。這種現象在戰國文字資料中是屢見不鮮的。信陽楚簡 1-048 號殘簡中有“㳂”字，“泉”旁的寫法跟前揭三晉“泉”旁極近，便是一例。

《華學》2，頁 49

○**何琳儀**（1998）　齊金朝，朝見。見《詩・小雅・雨無正》“邦君諸侯，莫肯朝夕”。《周禮・夏官・道僕》注：“朝見曰朝，暮見曰夕。”諸侯相見。

《戰國古文字典》頁 187

△**按**　“朝”甲骨文作𦨶、𣄶、𩅓，羅振玉謂“此朝暮之朝。日已出艸中，而月猶未没，是朝也”（參看《甲骨文字詁林》第 1346 頁，中華書局 1999 年）。西周金文作𦨶、𣄶、𩅓等形，一般認爲即“潮”之初文。戰國文字或从舟，皆承襲金文而寫訛。

【朝訶】集成 11182 朝歌右庫戈、郭店・窮達 5

○**黃盛璋**（1974）　朝歌春秋屬晉，《左傳》襄二十三年“齊伐晉取朝歌”可證。戰國屬魏，《史記・秦本紀》“始皇六年伐魏，取朝歌”，自此始入於秦。朝歌故城據《淇縣志》“在今縣北關西社”。

《考古學報》1974-1，頁 29

△**按**　《郭店・窮達》簡 5 吕望“行年七十而屠牛朝訶（歌）”。

【朝夕】上博六・用曰 15

△**按**　《上博六・用曰》簡 15“宧于朝夕，而考於左右”。

韶

璽彙 0559　　 璽彙 3310

○吳振武(1984)　此字可釋爲朝。朝字《説文》作，許愼謂"从倝舟聲"，我們從漢代金石銘刻中的朝字作(《石刻》七‧五)、(《漢徵》七‧四及《漢補》七‧一)等形來看，小篆朝字應該是从卓舟聲。朝字西周金文作或(《金》365 頁)，本不从舟聲，但到東周時，確已變爲从舟聲作，如朝歌右庫戈朝字作(《金》365 頁)，古璽或作(169 頁)。石鼓文"朝夕"之朝右側雖已殘泐，但左側从舟亦很明顯。此字从召，當是以召聲代舟聲。召本从刀聲，漢"朝陽右尉"印朝字作(《漢徵》七‧四)，漢華山廟碑碑額廟字所从之朝作(《石刻》九‧一四)，可爲其證。召、刀、朝同屬端系宵部，古音極近。故此字應入 169 頁朝字條下。

《〈古璽文編〉校訂》頁 96—97,2011

旗 　羿 斿 旗

璽彙 3268　　 璽彙 4570　　 璽彙 4569　　 陶彙 9‧95　　 曾侯乙 6　　 曾侯乙 80

陶彙 5‧111　　 睡虎地‧日乙 93 叁　　 璽彙 0606　　 郭店‧尊德 2

上博二‧從甲 15　　 上博二‧容成 20　　 上博五‧競建 10

○顧廷龍(1936)　旗。

《古匋文香録》卷 7，頁 1,2004

○裘錫圭、李家浩(1989)　(編按：曾侯乙 6)旗。

《曾侯乙墓》頁 490

○裘錫圭(1998)　(編按：郭店‧尊德 2)"羿"字疑讀爲"基"。

《郭店楚墓竹簡》頁 174

○何琳儀(1998)　齊璽斿，讀旗，姓氏。出自姜姓，齊惠公孫灶，字子雅，生欒施，字子旗，子孫以王父字爲氏。見《風俗通》。

秦陶旗，人名。

《戰國古文字典》頁 25、27

○張光裕（2002）　（編按：上博二·從甲 15）"䲻"，可讀爲"基"。

《上海博物館藏戰國楚竹書》（二）頁 229

○李零（2002）　（編按：上博二·容成 20）"䲻"即"旗"。

《上海博物館藏戰國楚竹書》（二）頁 265

△按　戰國文字"旗"从㫃，聲符作其、亓或䢀。"䲻"爲"旗"之異體，羽、㫃作爲形符互換使用者，又如㫃（曾侯乙 33）或作䚟（包山 273）、䚟（隨縣 65），或作䚟（包山 28）。楚簡"䲻"或讀爲期，如《上博二·從政甲》簡 15"命無時，事必有䲻（期）"；《上博五·競建》10"驅逐畋弋，無䲻（期）度"（參看季旭昇《上博五芻議》[上]，簡帛網 2006 年 2 月 18 日）。

㫃 㪱 䐺

㫃 曾侯乙 33　　㫃 曾侯乙 68　　䐺 包山 269　　䐺 包山 273

○裘錫圭（1979）　（編按：曾侯乙）古代作戰時一般以兵車載旆置於軍前。《左傳·宣公十二年》"令尹南轅反旆"，杜注："旆，軍前大旗。"載旆的先驅兵車本身也可以稱爲旆。《左傳·哀公二年》"陽虎曰：吾車少，以兵車之旆與罕、駟兵車先陣"，杜注："旆，先驅車也。"簡文"旆"字正用此義，"旆"和"殿"是相對的。《左傳·僖公二十八年》："城濮之戰，晉中軍風於澤，亡大旆之左旃。"過去解釋《左傳》的人把大旆理解爲旗名，文義難通，其實《左傳》的大旆跟簡文的大旆一樣，也是車名。"亡大旆之左旃"就是丟失了主要先驅車上插在左邊的旃旗的意思。

《裘錫圭學術文集·金文及其他古文字卷》頁 349，2012；原載《文物》1979-7

○劉彬徽、彭浩、胡雅麗、劉祖信（1991）　䐺，讀如巾，似指矛鞘外包裹的巾。

《包山楚簡》頁 65

○李家浩（1995）　（編按：包山）按包山簡有一個從"巾"的"幀"字，凡三見，所從"巾"旁之上都沒有像 D 那樣的一橫，可見 D 的下半不是"巾"字。從 D2 的中間一豎與上面一橫相連來看，應當是"市"字的變體。因此 D 可以隸定作"䐺"，從"羽"從"市"聲。《説文》說"旆"從"宋"聲，但是曾侯乙墓竹簡寫作從"市"聲，上引望山簡（4）將"旆"徑寫作"市"。以簡牘文字"旌"作"䐺"例之，"䐺"應當是旆旗之"旆"的異體。

《著名中年語言學家自選集·李家浩卷》頁 264，2002；

原載《第二屆國際中國古文字學研討會論文集續編》

△按　《説文》："旆，繼旐之旗也，沛然而垂。从㫃，宋聲。"楚簡"旆"从市聲。羽、㫃作爲形符互換使用。

旌 旌　旍 鶄

秦印文字彙編，頁129　　　曾侯乙65　　　望山2·13　　　包山28

○**裘錫圭、李家浩**（1989）　"旌、青"皆从"生"聲，故"旌"字可作"旍"。上面注113提到的望山二號墓竹簡和馬王堆漢墓帛書"旌"作"鶄"（《馬王堆漢墓帛書（壹）·老子乙本及卷前古佚書圖版》一○四下），《集韻》"旌"字異體作"鶄"，亦从"青"声。

《曾侯乙墓》頁518—519

○**朱德熙、裘錫圭、李家浩**（1995）　《集韻》"旌"字有異體"鶄"，故知"鶄"即"旌"字。馬王堆漢墓帛書《老子》乙本卷前佚書《正亂》篇有"蚩尤之旌"語，"旌"字亦作"鶄"（《馬王堆漢墓帛書——經法》61頁）。

《望山楚簡》頁120—121

○**何琳儀**（1998）　旍，从㫃，青聲。隨縣簡旍，讀旌。

《戰國古文字典》頁822

旟 鶵

璽彙3430

○**何琳儀**（1998）　晉璽旟，人名。

《戰國古文字典》頁542

○**李家浩**（2010）　陳邦懷先生説鎛銘"旟"借爲"旅"。按陳説甚是。上古音"旟"屬餘母魚部，"旅"屬來母魚部，二字韻部相同，聲母相近，都是舌頭音，可以通用。《左傳》成公二年"君子謂華元、樂舉於乎不臣"，《吕氏春秋·安死》高誘注引此，"樂舉"作"樂吕"。陳奇猷説："吕、舉音同通假（皆隸魚部）。《史記·蔡澤傳》'唐舉'，《索隱》'《荀卿書》作唐苴'，可證。"按其説甚是。《説文》"膂"字正篆作"吕"。"旟""舉"皆从"與"聲，"膂"从"旅"聲。此是"旟、旅"可通的例子。所以，"師"可以讀爲"師旅"。（中略）既然叔弓鎛銘文"旟"應該讀爲"旅"，那麼上録璽印文字"旟"也應該讀爲"旅"。（中略）從文意來看,在(1)至(5)印文中的"旟(旅)"只能是有司之名,而不是士卒之名。

《安徽大學漢語言文字研究叢書·李家浩卷》頁114—117,2013;
原載《紀念徐中舒先生誕辰110周年國際學術研討會論文集》

旂 㫃

厈 集成 10008 樂書缶　　　　㫃 集成 9719 令狐君嗣子壺　　　　旂 璽彙 2386　　　　旂 璽彙 2391

旂 璽彙 2390　　　旂 曾侯乙 68　　　旂 信陽 2·11　　　旂 望山 2·45

○**馬國權**(1964)　　"厈"字金故僅見,以辭意考之當是祈字。"齊鎛""祈"作
"剆","邾公釛鐘""祈"作"剆",此則反置之,而省"齊鎛"之"單",去"邾公釛
鐘"之"止"。

《藝林叢録》4,頁 247

○**中大楚簡整理小組**(1977)　　(編按:信陽 2·11)旂。

《戰國楚簡研究》2,頁 26

○**劉信芳**(1997)　　信二·一一:"一厚奉之旂,三彫旂。""旂"亦讀如"斦"。
該墓出土漆木匜一件(標本一:八二〇),器口的形狀與包山二號墓所出帶流
杯相近,口沿内外以紅、黄、紫、銀四色彩繪出精緻的變形雲紋,此所以稱"彫
旂"。該器已殘,出土擾土内。至於"厚奉之旂",出土器物未之見。上述包山
二號墓所出帶流杯,有橢圓形柄及足座,"厚奉"謂此類足座(説參"厚奉"
條),"厚奉之旂"應是與"帶流杯"類似的器物。

望山簡二·四五記有"二旂",器形未詳。

《中國文字》新 23,頁 86

○**朱德熙、裘錫圭、李家浩**(1995)　　信陽二一一號簡有"一厚奉之旂,三彫
旂",與此簡之"旂"當爲同類物,應是飲食器而非旌旗。或謂此字從"止"從
"斤",即《説文》"近"字古文之㢟,《汗簡》斤部引馬日磾《集群書古文》㫃。簡
文"近"疑當讀爲"卺"。《禮記·昏義》"合卺而酳",孔疏:"卺謂半瓢,以一瓠
分爲兩瓢謂之卺。"信陽楚墓出土匜形陶器一件(標本一-七二六),報告謂
"黑色,斂口,鼓腹,平底,略似瓢形",又形制相似的漆器一件(標本一-八二
〇),疑即二一一號簡所記之"近"。

《望山楚簡》頁 123—124

○**何琳儀**(1998)　　樂書缶㫃旁作厂,由广省簡。

齊器旂,姓氏。見《姓苑》。又齊璽"旂福",諧音"祈福"。《禮記·月令》:"以爲民祈福。"

晉璽旂,姓氏。見《姓苑》。令狐壺旂,讀祈。《廣雅·釋詁》三:"祈,求也。"

欒書缶旂,讀祈。

《戰國古文字典》頁 1319

△按　《説文》:"旂,旗有衆鈴以令衆也,从㫃,斤聲。"欒書缶"㫃"省作"厂"。"旂"金文多讀爲祈,西周及春秋金文多寫作从旂从單。

旞　䢫

秦封泥彙考 1148　 睡虎地·封診 32　 睡虎地·爲吏 41 叁

○**睡簡整理小組**(1990)　(編按:睡虎地·雜抄 26)旞(遂)　遂,《説文》:"亡也。"即逃掉。

《睡虎地秦墓竹簡》頁 85、86

○**睡簡整理小組**(1990)　(編按:睡虎地·答問 196)旞,讀爲遂,《廣雅·釋詁一》:"行也。"道一署遂,經由一處看守地段通行。

《睡虎地秦墓竹簡》頁 140

【旞過】睡虎地·爲吏 41 叁

○**王輝**(2008)　按楊樹達《詞詮》卷六:"遂,副詞,終竟也。"簡當爲此義。

《古文字通假字典》頁 585

△按　《睡虎地·爲吏》41 叁"須身旞過",整理者(《睡虎地秦墓竹簡》171頁)讀爲"懦身遂過",謂此句大意是不敢糾正自己的錯誤。

【旞大夫】秦封泥彙考 1148

○**王輝**(2001)　此枚封泥亦著録於《秦封泥集》236 頁,但已殘,"夫"下無合文號,"旞"字上部也不很清楚。所以該書隸作"隧夫"。傅氏藏封泥甚清楚,其爲"隧大夫"應該無疑。旞本爲古代導車旗杆上的裝飾物,此讀爲遂。(中略)《周禮·地官》有遂大夫,云:"遂大夫各掌其遂之政令,以歲時稽其夫家之衆寡……三歲大比,則師其吏而興甿……"遂大夫爲一遂之長。

《陝西歷史博物館館刊》8,頁 51

旃 旃 旜

旃 曾侯乙 46　　旃 曾侯乙 86　　旃 郭店・語三 2

○**裘錫圭、李家浩**（1989）　　“旃”字原文作旃，“丹”下加“口”，與徐王子旃鐘之
“旃”作旃者（《金文編》471 頁，原書誤釋爲“旃”）所從“丹”旁相同。“丹”上
從“羽”，與簡文“旗”字所從“丌”上加“羽”同例。

《曾侯乙墓》頁 516

○**荆門市博物館**（1998）　　旃。

《郭店楚墓竹簡》頁 209

○**湯餘惠**（1998）　　此字見於傳寫古文字書，夏竦《古文四聲韻》“戰”字所收
《古老子》二形作：

井　　　旃卷四第 23 頁去聲線韻

後面一例與簡文字完全相同，前例則顯然是其隸變。應該說，該書所收《古老
子》的這兩例字形材料，爲我們正確解讀簡文提供了重要線索。

　　不過，從寫法上看它和“戰”字的構形不相瓜葛，我們尚難將其視爲從單
從戈的“戰”的本字，而很有可能是其異體或假借字。究爲何者，尚待進一步
考實。

　　此字上部從㫃，㫃爲旗斿，從㫃之字不少和旌旗有關，如旒、旛、旆、旌等均
是。頗疑“旃”即“旃”，所從“井”旁乃“丹”之訛寫（古文井、丹形體相近易
混）。“旃”與“戰”古音並屬章紐、元部，係同音字。故《釋名・釋兵》說：“通
帛爲旃。旃，戰也。”用“戰”爲“旃”字作音訓。所以上引《古老子》二例，應是
“旃”，假借爲“戰”，而非“戰”之本字。

　　上揭郭店簡文中的“旃”亦應是“旃”。《說文》㫃部：“旃，旗曲柄也，所以
旌表士衆。從㫃，丹聲。《周禮》曰：‘通帛爲旃。’旜，旃或從亶。”旃之爲物，以
通帛爲之，色赤，柄曲，故古書又稱“曲旃、橈旃”。明確了旃旗的特點，簡文的
含義就不難理解了。這兩支竹簡大意是說，父親對兒子來說，是無惡可言的，
君臣如同父子，也是談不上惡的，這正如三軍將帥所用的曲旃，旗柄雖是橈曲
的，卻無損於功用，可說是雖曲猶正。從內容看，簡文所反映的主旨與儒家的
忠、孝思想是完全一致的。

《吉林大學古籍整理研究所建所十五周年紀念文集》頁 66—67

○黄德寬、徐在國(1998)　　《古文四聲韻·線韻》引《古老子》"戰"字作"[字]",
與"[字]"形體完全相同。《玉篇·止部》"戰"字古文作"[字]",與"[字]"同。所以
"[字]"字似可釋爲"戰"。構形待考。簡文"猷(猶)三軍之戰也,正也"。

　　　　　　　　　　《吉林大學古籍整理研究所建所十五周年紀念文集》頁108

○顔世鉉(1999)　　按,其形作[字],从㫃从井,字當讀作"旌"。曾侯乙墓竹簡从
"㫃"之字,"㫃"多作[字]之形。旌、井均爲精紐耕部,生爲山紐耕部。《説文》:
"旌,游車載旌,析羽注旌首也,所以精進士卒也。"《周禮·春官·司常》:"凡
軍事,建旌旗。"《楚辭·九歌·國殤》:"旌蔽日兮敵若雲,矢交墜兮士爭先。"
曾侯乙墓竹簡六五有"朱旍(旌)",望山二號墓竹簡一三有"秦高(縞)之𡧞睪
(旌)"。青爲清紐耕部,青、生、井古音相近,作爲聲符,可互換。

　　　　　　　　　　　　　《張以仁先生七秩壽慶論文集》頁396

△按　《郭店·語叢三》簡1—2"夫無惡,君猶父也,其弗惡也,猶三軍之[字]也,
正也",[字]釋"旌"是。傳抄古文"戰"从丹聲,邯鄲之"鄲"侯馬盟書(156:21)
即从丹聲。

施 [字]

[字]睡虎地·爲吏16肆　　　[字]睡虎地·爲吏45肆

○睡簡整理小組(1990)　　(編按:睡虎地·爲吏49叁)施,疑讀爲弛。

　　　　　　　　　　　　　　《睡虎地秦墓竹簡》頁172

　　(編按:睡虎地·爲吏51叁)施,施舍。

　　　　　　　　　　　　　　《睡虎地秦墓竹簡》頁172

○陳偉武(1998)　　(編按:睡虎地·爲吏49叁)"施"有施捨義,又有遺失義,合乎詞
義相生的原理。

　　　　　　　　　　　　　　《胡厚宣先生紀念文集》頁209

△按　睡虎地《爲吏》49叁"毋施當",整理者讀爲"毋弛當",謂此句意爲不要
廢弛應經常遵守的原則(《睡虎地秦墓竹簡》172頁),陳偉武(1998)如字讀,
解釋爲不可失當(《胡厚宣先生紀念文集》209頁)。

游 [字] 遊 迂

[字]新收815高陵君鼎　　　[字]秦封泥彙考1372　　　[字]陶彙5·384　　　[字]睡虎地·日甲49背貳

曾侯乙 120　　　包山 181　　　郭店・性自 33　　　上博二・子羔 7

郭店・語三 9　　　郭店・語三 51　　　包山 277　　　上博五・三德 21

○吴大澂（1884）　　古游字作㫃　石鼓。

《説文古籀補》頁 28,1988

○强運開（1935）　　趙古則釋作"㫃"。楊升庵釋作遊。張德容云：此籀文也，古文作𨖒。《説文》作游者，蓋小篆也。此字惟見於《周禮》釋文本亦作游。運開按：《説文》游，旌旗之流也，从㫃汙聲。𨖒古文游，《周禮》弁師説弁冕之㫃作㫃，正是。籀文游訓旗流引申爲出游嬉游字。此二句有二讀。趙古則讀爲君子鼎=遡=。鼎㫃則宜作旗流解。楊升庵讀爲君子云遡云遡，云㫃則㫃宜作出㫃解。二讀當以升庵爲長。

《石鼓釋文》甲鼓，頁 6—7

○李家浩（2003）　　(編按：包山 277)"迀"見於《古文四聲韻》卷二尤韻，是古文"遊"，在此當讀爲"㫃"。"㫃"或作"旒"，是古代旌旗旗幅末端的下垂飾物。

《安徽大學漢語言文字研究叢書・李家浩卷》頁 142,2013；
原載《古籍整理研究學刊》2003-5

○湯餘惠（1993）　　(編按：包山 277)《説文》游字古文作𨖒，實即遊字，字从古文子。《六書通》引《云臺碑》游作𨖒，亦从子。簡云"綮組之～"，用爲旗㫃字。

《考古與文物》1993-2，頁 78

○何琳儀（1998）　　(編按：包山 277)迀，从辵，汙省聲（或㫃省聲）。遊之異文。

《戰國古文字典》頁 215

△按　《説文》游之古文作𨖒，即遊之寫訛。《郭店・性自》簡 33"㕧，遊哀也；噪，遊樂也；啾，遊聲［也］；蠹，遊心也"，"游"李零（《郭店楚簡校讀記》110 頁，北京大學出版社 2002 年）讀爲流，劉釗（《郭店楚簡校釋》99 頁，福建人民出版社 2003 年）讀爲由。《上博五・三德》簡 21—22"善遵者於梁下"，"遵"當是游水之游的專用字，參見卷二止部"遵"字條。

【游士】睡虎地・雜抄 4

○睡簡整理小組（1990）　　游士，專門從事游説的人。

《睡虎地秦墓竹簡》頁 80

【游車】曾侯乙 120

○裘錫圭、李家浩（1989）　　《國語・齊語》"戎車待遊車之裂"，韋昭注："遊車,遊獵之車也。"《周禮‧春官‧司常》"斿車載旌",鄭玄注:"斿車,木路也,王以田以鄙。"

《曾侯乙墓》頁 521

【游陽】秦封泥彙考 1372

○周曉陸、路東之、龐睿(1998)　《漢志》失載。《水經‧淮水注》:"淮水於縣枝分,北爲游水……《地理志》曰:游水自淮浦北入海。"游水所流經秦東海郡,則游陽當在此,約在今江蘇省東北部。

《考古與文物》1998-2,頁 57

【遊宮】包山 7、集成 12110 鄂君啟車節

△按　"遊宮"一詞楚簡多見,即行宮。

旋 旋

旋 睡虎地‧封診 64　　旋 睡虎地‧封診 65

○睡簡整理小組(1990)　(編按:睡虎地‧封診 64)旋,讀爲縼。

《睡虎地秦墓竹簡》頁 159

△按　《睡虎地‧封診式》簡 64—65"以枲索大如大指,旋通繫頸,旋終在項",整理者譯文作"用拇指粗的麻繩做成繩套,束在頸上,繩套的繫束處在頸後部"(《睡虎地秦墓竹簡》頁 159)。

旌 旌 罞

罞 包山牘 1　　旌 睡虎地‧爲吏 26 叁

○何琳儀(1998)　罞,从羽,毛聲。《方言》十三:"罞,好也。"《玉篇》:"罞,毛濕也。"包山牘罞,讀旌。

《戰國古文字典》頁 329

△按　包山牘"罞",旌之異體。

旛 旛

石鼓文‧田車

【旛旛】石鼓文·田車

○**强運開**（1935）　有重文。《説文》：“旛，胡也。謂旗幅之下垂者，从㫃，番聲。”段注云：“旛胡蓋古語，如甈瓹之名甈瓳，見《廣雅》，漢堯廟碑作墦瑚，玉曰璠璵，艸木盛曰絲廡，皆雙聲字。凡旗正幅謂之縿，亦謂之旛胡。《廣韻》云：‘旛者，旗旂總名。’古通謂凡旗正幅曰旒，是則凡旗幅皆曰旛胡也。吳語建肥胡，韋注：肥胡，幡也。幡即旛字，與許互相發明，旛胡即肥胡，謂大也。”據此，則旗幅之縿可謂之旛，馬之驂亦可謂之旛旛，壯其肥大也。

《石鼓釋文》丙鼓，頁 3—4

○**馬敍倫**（1935）　旛旛狀馬之壯也。蓋借爲驎。驎音並紐，旛音敷紐，古讀歸滂，旁紐雙聲。《説文》：“驎，馬盛也。”

《石鼓文疏記》頁 20

○**商承祚**（1935）　當讀如字。旛即幡，音義同。《釋名·釋兵》：“旛，幡也。其貌幡幡然也。”《詩·小雅·瓠葉》“幡幡瓠葉”，幡幡猶翩翩。亦見《巷伯》“捷捷幡幡”傳。又飛揚貌，見《史記·司馬相如傳》“落英幡灑”索隱。石碣兼此兩義，不必因下辭“右驂騝騝”，其字從馬而改爲驎。

《石刻篆文編》頁 30

△**按**　章樵《古文苑注》謂“旛旛，取其輕舉貌”。徐寶貴（《石鼓文整理研究》上册 813 頁，中華書局 2008 年）以爲商承祚説優。

旅 旅　遊 旟

集成 11634 郾王職劍　　包山 4　　曾侯乙 119　　上博三·周易 53

睡虎地·效律 41　　古陶文字徵，頁 116　　璽彙 2335　　璽彙 3439

○**羅福頤等**（1981）　保㚲母簋旅字作，家尊簋作，从㫃从車，與璽文同。

《古璽文編》頁 170

○**裘錫圭、李家浩**（1989）　“遊”亦見於金文（《金文編》467 頁），从“辵”从“旅”，即“旅”的異體。

《曾侯乙墓》頁 521

○**高明、葛英會**（1991）　旅。

《古陶文字徵》頁 116

○**何琳儀**（1998）　燕璽旅，姓氏。周大夫子旅之後。見《風俗通》。

包山簡旅，姓氏。見 b。

睡虎地簡旅，甲之札葉。

《戰國古文字典》頁 565

△**按**　“旅”字《説文》古文作荪，所从之“从”訛與“衣”下部同，燕王職劍、睡虎地秦簡“旅”亦如是作。《集成》11634 燕王職劍“旅劍”，“旅”即陳列之義。《集成》11643、《近出》1221 之燕王職劍作“鏃”，讀爲旅。

【旅人】睡虎地·答問 141

○**何琳儀**（1998）　睡虎地簡“旅人”，見《易·旅》：“旅人先笑後號咷，喪牛于易，凶。”

《戰國古文字典》頁 565

△**按**　睡虎地《答問》簡 141：“何謂‘旅人’？寄及客，是爲‘旅人’。”譯文（《睡虎地秦墓竹簡》頁 141）作“寄居和外來作客的人，稱爲‘旅人’”。

【旅衣】睡虎地·效律 41

○**吳振武**（2000）　按“旅”字本不从“衣”，但秦簡“旅”字右側既已訛爲“衣”形，那麼“旅衣”合文自然可作𧘪（參李學勤《秦簡的古文字學考察》）。

《古文字研究》20，頁 316

△**按**　睡虎地《效律》簡 41“甲旅札贏其籍及不備者，入其贏旅衣札，而責其不備旅衣札”，旅衣即作戰時穿的甲。

【遬易公】包山 4

○**劉彬徽、彭浩、胡雅麗、劉祖信**（1991）　魯易公，易通作陽。《淮南子·覽冥訓》：“魯陽公與韓構難，戰酣日暮，援戈而撝之。”高誘注：“魯陽，楚之縣公……《國語》所稱魯陽文子也。楚僭號稱王，其守縣大夫皆稱公，故曰魯陽公，今南陽魯陽是也。”

《包山楚簡》頁 39

△**按**　“遬”即旅之繁構，讀爲魯，《説文》謂旅“古文以爲魯衛之魯”。遬易公，曾侯乙簡 162 作“魯膚公”，195 作“遬膚公”。有關魯陽公的問題可參看何浩《魯陽君、魯陽公及魯陽設縣的問題》（《中原文物》1994 年 4 期），李學勤《論包山楚簡魯陽公城鄭》（《清華大學學報》2004 年 3 期），鄭威《楚國封君研究》（109—115 頁，湖北教育出版社 2012 年）。

【遬公】曾侯乙 119

○**裘錫圭、李家浩**（1989）　此簡“旅公三乘路車”，跟見於下面 C 類 195 號簡的“旅陽公之路車三乘”應是一事，“旅公”即“旅陽公”之省。

《曾侯乙墓》頁521

族 檊

集成287曾侯乙鐘　集成11289宋公差戈　陶彙9・61　聖彙3412

侯馬85:23　包山3　郭店・語三14　上博五・姑成2

○山西省文物工作委員會（1976）　族　宗盟類參盟人名。

《侯馬盟書》頁329

△按　曾侯乙編鐘“大族”讀爲大簇，《史記・律書》：“正月律中泰簇。泰簇者，言萬物簇生也。”

劧

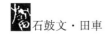聖彙3166　聖彙3168

○何琳儀（1998）　劧，从力，尕聲。疑勒之省文。《集韻》：“勒，勤也。”

《戰國古文字典》頁969

△按　古璽劧，姓氏。

旂

石鼓文・田車

○何琳儀（1998）　旂，从尕，申聲。石鼓“又旂”，讀“有申”，申申然。《楚辭・離騷》“申申其詈余”，注：“申申，重也。”

《戰國古文字典》頁1120

○徐寶貴（2008）　“又（有）旂”當視爲重言“旂旂”，“其趨又（有）旂”即“其趨旂旂”，與《車工》篇的“其來趡趡、其來遺遺”同，均描寫獵物奔逃的狀態。

《石鼓文整理研究》頁819

噡

曾侯乙213

○**何琳儀**（1998）　訡，从言，叿聲，疑訾之省文。故亦可隸斤聲。兹暫隸叿聲。

《戰國古文字典》頁 967

△**按**　簡文"訡"用爲人名。

旟

集成 85 楚王酓章鎛　　集成 11381 楚王酓璋戈　　集成 11043 周旟戈　　文物 2011-9,封底 2 景畏矛

曾侯乙 1　　曾侯乙 119

○**何琳儀**（1998）　旟，从叿，昜聲。楚器"西旟、邱旟"，地名，旟均讀陽。楚王酓璋戈旟，讀揚，舉也。隨縣簡旟，姓氏。

《戰國古文字典》頁 670

△**按**　酓璋戈"卲旟"讀爲昭揚，景畏矛"用旟文德武烈"，"旟"亦讀爲揚。九店 56·96"弅旟"讀爲陰陽。

【旟城君】曾侯乙 119

○**裘錫圭、李家浩**（1989）　"陽城君"亦見於下面 C 類簡（166 號、193 號）。《吕氏春秋·上德》有"陽城君"，曾參與謀害吳起事件。這件事發生在楚悼王剛死的時候，上距曾侯乙之死約四十二年，不知簡文的"陽城君"跟楚悼王時的"陽城君"會不會是一個人。

《曾侯乙墓》頁 521

△**按**　"陽城"及"陽城君"具體可參看鄭威《楚國封君研究》（122—127 頁,湖北教育出版社 2012 年）。

斿

集成 1349 向斿子鼎　　集成 11361 四年相邦樛斿戈

石鼓文·汧殹　　石鼓文·吾車

○**何琳儀**（1998）　斿，甲骨文作 ▨（鐵一三二·一）。从叿从子，會意不詳。旒之初文。

《戰國古文字典》頁 214

△按　戰國文字"斿"多讀爲游。《石鼓文・吾車》"斿夑"或讀爲游傿(參看《石鼓文整理研究》795—796頁),然後一字不能確釋,具體意思待考。

旟

曾侯乙 11

○何琳儀(1998)　旟,从扒,黃聲。隨縣簡旟,不詳。

《戰國古文字典》頁 637

○劉信芳(2006)　簡文"旟"應讀爲"纊",絮也。(中略)絮用於引火。

《簡帛》1,頁 6

㪅

集成 9735 中山王方壺　　璽彙 3477

○朱德熙、裘錫圭(1979)　(編按:集成 9735 中山王方壺)㪅(故)。

《朱德熙古文字論集》頁 100,1995;原載《文物》1979-1

○徐中舒、伍仕謙(1979)　(編按:集成 9735 中山王方壺)㪅(故)。

《徐中舒歷史論文選輯》頁 1332,1998;原載《中國史研究》1979-4

○李學勤、李零(1979)　(編按:集成 9735 中山王方壺)㪅(故)。

《考古學報》1979-2,頁 149

○張政烺(1979)　(編按:集成 9735 中山王方壺)㪅,从扒,古聲,字書不見,讀爲故。

《古文字研究》1,頁 218

○趙誠(1979)　(編按:集成 9735 中山王方壺)㪅,借爲故。㪅、故皆从古聲,故可通。

《古文字研究》1,頁 252

○何琳儀(1998)　中山雜器"㪅器",讀"故器"。《周禮・春官・典同》注:"和,謂調其故器也。"

　　古璽㪅,讀故,姓氏。見《姓苑》。

《戰國古文字典》頁 477

△按　中山王方壺"燕㪅君子噲,新君子之","㪅"與"新"相對,讀故是。

㳂

貨系 2340　　貨系 2341

【㳂刀】貨系 2340

○**鄭家相**（1958）　 文曰封化。按此布爲近今發現，予細審其文字，爲封化二字，與封甫少化空首布，可以互證。注參見空首布。

　　　　　　　　　　　　　　　　　　《中國古代貨幣發展史》頁 105

○**李家浩**（1992）　先説第一個字。在古文字中，从“㲋”之字作如下之形：

　　族《盟書》329　　軼《盟書》351　　旗《璽文》169·4058　　旆《璽文》170·2387

將幣文第一個字與此比較，顯然應當隸定作“㳂”，从“木”从“㲋”，我們認爲即“幹”字的簡體。戰國中山玗䵼壺銘文“幹”作：　《金文編》396 頁

　　《説文》説“幹”从“木”，“㲋”聲，又説“㲋”从“旦”，“㲋”聲。但是林義光《文源》根據古文字“㲋”的寫法，認爲从“早”。上録壺銘“幹”字是將“木”旁寫在“㲋”旁下面，“早”與“木”的豎畫公用。因爲“㲋”从“㲋”聲，所以从“㲋”之字可以寫作从“㲋”。例如戰國文字中的“戟”有下面兩種寫法：

　　　璽印《璽文》293·2374　　　　兵器《文物》1972 年 10 期 39 頁圖二一

第一個“戟”字的結構與壺銘“幹”字相同，是將“戈”旁寫在“㲋”旁下面，“早”與“戈”的豎畫公用。第二個“戟”字是簡體，即从“㲋”。幣文“㳂”與壺銘“幹”的關係，跟兵器文字“戟”與璽印文字“戟”的關係相同，可以比較。（中略）

　　“幹”與“寒”、“刀”與“號”古音相近，可以通用。《吕氏春秋·勿躬》“寒哀作禦”，《世本》作“韓哀作禦”。《文選》卷二十七曹子建《名都篇》“寒鱉炙熊蹯”，李善注：“《鹽鐵論》曰‘煎魚切肝，羊淹雞寒’。劉熙《釋名》曰‘韓羊、韓雞，本出韓國所爲’。然‘寒’與‘韓’古字通也。”“幹、韓”二字都从“㲋”得聲。《説文》食部：“饕，貪也。从食，號（簡化字作“号”）聲。叨，饕或从口，刀聲。”此是“幹”與“寒”、“刀”與“號”可以通用的證明。據此，疑幣文的“幹刀”就是王肅所説的“寒號”。寒號城在今河北固安縣東南，戰國時位於燕國的疆域之内。可見將幣文的“幹刀”定爲寒號城，與該幣的形態所反映的國別是一致的。若此，王肅所説的“寒號”應當是幣文“幹刀”的音訛。因“寒號”與“韓侯”音近，故又訛誤爲“韓侯”，謂“寒號城”爲“韓侯城”，並在此基礎上

進一步附會爲《詩・大雅・韓奕》所説的韓侯之韓城,從而又謂之"韓城"。東漢時的王符《潛夫論》只泛指韓近燕,而到了曹魏時的王肅《毛詩注》卻具體説韓城即當時涿郡方城縣的韓侯城。從這一情況看,其附會的時代大概在東漢末年到曹魏初年之閒。

《著名中年語言學家自選集・李家浩卷》頁 188—192,2002;
原載《中國錢幣學會成立十周年紀念文集》

○**何琳儀**(1992)　按,右字從"扒"從"木",應隸定爲"㭍"。"扒""㚔"爲一字分化,早在甲骨文"旋"字偏旁中已可見其互換的現象:

偟後編 2・35・5　　　㐌拾掇 2・130

《説文》:"旋,從扒從疋。疋,足也。"其實這是許慎的誤解。"旋"本從"止",或從"㚔"聲,或從"扒"聲。小篆從"疋",乃誤合"㚔"之"日"旁與"止"旁爲一體。類似"㚔"與"扒"互換的現象,在戰國文字中也可找到若干例證:

㚔　㚔璽彙 2371　　　㚔貨系 633　　　看　㚔《説文》或體　㚔中山 70

㦮　㦮大良造鞅戟　㦮鄭右庫戈　　　㭍　㭍中山 69　　㭍貨系 2341

以上平行演變的異體,證明"㭍"即"榦"。《説文》:"榦,築牆耑木也。從木,㚔聲。"字亦誤作"幹"。

《汗簡》中 1・34"牆"之古文作:㭍

此字從"扒"從"木",無疑是上文所討論的"㭍"(榦)。《汗簡》以"牆"釋"㭍"屬聲訓。牆,匣紐月部;榦,見紐元部。匣、見爲準雙聲,月、元對轉。

"榦"與"韓"均從"㚔"得聲,可以通用。《説文》:"韓,井垣也。"即《莊子・秋水》"井榦",可資佐證。(中略)

燕布"㭍"(榦)與《詩・大雅・韓奕》之韓有關。顧炎武引《水經・聖水注》"聖水又東南逕韓城東。《詩・韓奕》章曰:'溥彼韓城,燕師所完……王錫韓侯,其追其貊。奄受北國。'鄭玄曰:'周封韓侯,居韓城爲侯伯,言爲獫夷所逼,稍稍東遷也。'王肅曰:'今涿縣方城有韓侯城,世謂寒號,非也。'"以及《潛夫論・志氏姓篇》"昔周宣王亦有韓侯,其國也近燕,故《詩》云'溥彼韓城,燕師所完'",遂定其地在河北固安。上引《水經注》文前尚有"東徑方城縣故城,李牧伐燕取方城也",然則"方城"所轄"韓侯城"戰國屬燕,殆無疑義。顧氏之説確不可移。

王肅謂"韓侯城"又名"寒號",殊堪注目。按,"寒號"即"㭍(韓)刀"之音轉。首先,"寒、韓"音近可通。《左傳・襄公四年》"寒浞",《漢書・古今人表》作"韓浞"。《世本》"韓哀",《吕覽・勿躬》作"寒哀"。《史記・游俠列傳》“韓孺”,《漢書·游俠傳》作“寒孺”。《吕覽·觀表》“寒風”,《淮南子·齊俗》作“韓風”。均其佐證。其次,“號、刀”音近可通。《左傳·文公十八年》“饕餮”,《書·多方》正義作“叨餮”。《説文》“饕或作叨”。均其佐證。

　　“旅刀、寒號”均爲借字,本字當作“韓皋”。《史記·趙世家》悼襄王“二年,李牧將攻燕,拔武遂、方城……城韓皋”。“號、皋”音近可通。《周禮·春官·樂師》“詔來瞽皋舞”,注:“皋之言號。”是其佐證。關於“韓皋”的地望,舊注未了,實則“寒號”之音轉,即“韓奕”之“韓”。“韓皋”之“皋”義近“澤”,爲地名後綴,如“棗皋、平皋”等。上引《趙世家》李牧“拔武遂、方城”與“城韓皋”之閒雖夾述“秦召春平君”一段文字。但“城韓皋”似與趙伐燕有關。這也是“韓皋”即“韓侯城”的旁證。

　　　　　　　　《古幣叢考》(增訂本)頁 41—43,2002;原載《中國錢幣》1992-2

曑　曑　星　星

曑 璽彙 2745　　曑 楚帛書　　星 上博三·中弓 19　　曑 上博五·競建 1　　星 睡虎地·日乙 41 貳

○何琳儀(1998)　晉璽星,姓氏。宋司星子韋之後。見《姓苑》。
　　　　　　　　　　　　　　　　　　　　　《戰國古文字典》頁 816

△按　“星”篆文作曑,从晶,省作星。

曑　曑　參　參　厽　晶

曑 集成 2840 中山王鼎　　曑 集成 980 魚鼎匕　　曑 璽彙 1520　　曑 璽彙 2932

曑 璽彙 0673　　曑 陶彙 3·1064　　曑 楚帛書　　參 郭店·語三 67　　曑 上博五·三德 5

曑 上博五·姑成 1　　參 睡虎地·秦律 55　　曑 陶彙 3·6　　曑 陶彙 3·10

曑 集成 2451 梁上官鼎　　厽 貨系 576　　厽 包山 12　　品 郭店·六德 30

厽 郭店·語四 3　　晶 璽彙 0841　　晶 曾侯乙 122

○裘錫圭、李家浩(1989)　(編按:曾侯乙 122)簡文“參”和“驂”所从之“參”皆寫作“晶”。“參”本从“晶”,戰國文字多以“晶”爲“參”。字或作品。《玉篇·厽部》“厽”字下注云:“《尚書》以爲‘參’字。”用爲“參”的“厽”即品的訛變。
　　　　　　　　　　　　　　　　　　　　　《曾侯乙墓》頁 522

○何琳儀（1998）　齊璽“參毋”，疑讀“三烏”，複姓。有三烏大夫，因氏焉。見《通志・氏族略・以邑爲氏》。魚顛匕參，讀摻。《廣雅・釋詁》一：“摻，取也。”（中略）睡虎地簡參，二十八星宿之參。

《戰國古文字典》頁 1419

△按　數詞“三”古文字作“參、曑、晶、厽”等形體，均用爲“三”。林清源（《釋“參”》，《古文字研究》24 輯 286—290 頁，中華書局 2002 年）對“參”字本義及相關問題有詳細討論。

【厽相】璽彙 0305

○吳振武（1983）　三臺。

《古文字學論集》（初編）頁 491

○曹錦炎（1996）　（三臺）係戰國時趙、燕邊界上之城邑。顧祖禹《讀史方輿紀要》直隸容城縣條：“三臺城在縣西南，《城冢記》：‘燕、趙分易水爲界，築三臺，並置城於此。’”地在今河北容城縣西南。

《古璽通論》頁 165

○饒宗頤（1968）　（編按：楚帛書）暜字从日从辰，讀爲辰。

《史語所集刊》40 本上，頁 10

○睡簡整理小組（1990）　（編按：睡虎地・日甲 77 正壹）毋晨，疑讀爲無脣。

《睡虎地秦墓竹簡》頁 193

○劉彬徽、彭浩、胡雅麗、劉祖信（1991）　脣（辰）。

《包山楚簡》頁 20

○何琳儀（1998）　暜，从日，晨聲。

　　帛書“暜禕”，讀“辰緯”，星辰經緯。《宋書・拓跋氏傳》：“嘉謀動蒼天，精氣貫辰緯。”亦作“星緯”。

　　脣，从日，辰聲。晨之異文。《集韻》：“晨，或作脣。”

楚簡唇,讀辰,地支用字。包山簡一五二唇,讀辰,姓氏。見唇字。帛書唇,讀辰。《太玄·玄捝》"星辰不相觸",注:"辰,北極也。"

《戰國古文字典》頁 1333

○**李家浩**(2000)　　"唇"字常見於楚國文字,从"日"从"辰"聲。《古文四聲韻》卷一真韻引《籀韻》"晨"字與此寫法相同。同書又引王存乂《切韻》"辰"(原文誤作"辰")作𠤩,當是"唇"的訛誤。楚國文字"唇"多用爲時辰之"辰",與王存乂《切韻》相同。

《九店楚簡》頁 64

○**李朝遠**(2003)　　冐₌(日月)星唇(辰)。

《上海博物館藏戰國楚竹書》(三)頁 277

【暋褘】

○**何琳儀**(1986)　　(編按:楚帛書)"晨褘"即"辰緯",《宋書·拓跋氏傳》:"嘉謀動天地,精氣貫辰緯。"亦作"星緯",本指星辰的經緯。

《江漢考古》1986-2,頁 82

○**陳秉新**(1988)　　(編按:楚帛書)晨借爲震,訓怒。褘借爲違。

《文物研究》4,頁 190

○**湯餘惠**(1993)　　(編按:楚帛書)晨褘,即震晦,指雷電和霧氣。

《戰國銘文選》頁 167

○**何新**(2002)　　(編按:楚帛書)晨緯,即讖緯,星相也。《宋書》:"精氣貫辰緯。"

《宇宙的起源》頁 229

△**按**　　古文字中"唇"當爲"晨"之異體,見卷三晨部"晨"字條。

月

○**何琳儀**(1998)　　戰國文字承襲商周文字。月、夕形義相關(音則迥異),故戰國文字往往借夕爲月(偏旁中尤爲習見)。月與肉形亦易混,故月或作𠂆,肉或作𠂇,分別於左下、右上加斜筆以示區別。

《戰國古文字典》頁 912

朔

集成 2746 梁十九年亡智鼎　　璽彙 3092　　璽彙 3185　　璽彙 3558

包山 63　　包山 98

○**吳大澂**（1884）　　朔　古鉢文。

《説文古籀補》頁 28，1988

○**吳振武**（1984）　　（編按：璽彙 3558 等）此字从手从月，應釋爲捇。古璽捇（引）字作（468 頁第三欄），《古文四聲韻》引《南嶽碑》捇（引）字作，所从手旁皆與此字旁或旁同。參本文[六三四]條。捇字見於《説文·手部》。

《〈古璽文編〉校訂》頁 244—245，2011

△**按**　《説文》：“朔，月一日始蘇也。从月，屰聲。”戰國文字“屰”或寫作（參看陳劍《釋上博竹書〈昭王毀室〉的“幸”字》（《戰國竹書論集》頁 134—145）。

【朔旁】集成 2746 梁十九年鼎

○**李學勤**（1983）　　“朔方”詞見《詩·出車》，傳云：“朔方，北方也。”《釋訓》也解釋爲北方。

《新出青銅器研究》頁 207，1990；原載《古文字論集》1

○**黃盛璋**（1989）　　朔方在今河套地區内，魏屬上郡。

《古文字研究》17，頁 4

○**何琳儀**（1998）　　梁十九年亡智鼎“朔旁”，讀“朔方”。《書·堯典》“宅朔方”，傳：“北稱朔。”

《戰國古文字典》頁 513

朏

侯馬 16：3

○**何琳儀**（1998）　　侯馬盟書朏，見《書·召誥》“三月惟丙午朏”，傳：“朏，明也。月三日明生之名。”

《戰國古文字典》頁 1237

△**按**　《説文》：“朏，月未盛之明。从月出。”每月初三日的月相名，又爲初三日的代稱。

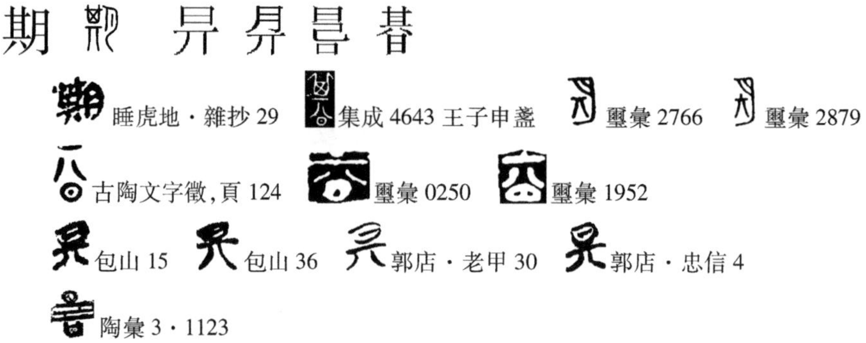

期　𦠊　　异　昇　昌　旹

期　睡虎地·雜抄 29　　　集成 4643 王子申盞　　　璽彙 2766　　　璽彙 2879

古陶文字徵,頁 124　　　璽彙 0250　　　璽彙 1952

异　包山 15　　　包山 36　　　郭店·老甲 30　　　郭店·忠信 4

陶彙 3·1123

○丁佛言(1924)　(編按:璽彙 1952)疑期字。古文作旹。

《説文古籀補補》頁 68,1988

○吳振武(1983)　(編按:璽彙 1952)期。

《古文字學論集》(初編)頁 502

○高明、葛英會(1991)　期。

《古陶文字徵》頁 124

○劉彬徽、彭浩、胡雅麗、劉祖信(1991)　异,從日從丌,似爲期字異體。

《包山楚簡》頁 41

○葛英會(1992)　(編按:陶彙 3·1123)此陶文中部所從偏旁,爲三條平直的粗筆,其閒以短而細的豎筆連接,按此即古文己字。《説文》己篆文下所附古文己字作圖九·3 所錄之形,《汗簡》己字與《説文》古文同,忌、基(圖九·4、5)等字所從己字亦同。如圖九·1,此陶文由日、己、口三部分組成,是一個從日昌聲的形聲字。《侯馬盟書》有一個以昌爲聲的字(圖九·6),這個字在盟書中亦作亟或恆,其聲符昌與亟應當是互通的。古亟爲職韻字,己爲紙韻字,音近互通,可知圖九·6 的盟書文字乃己聲字。同時,我們也認爲圖九·1 之陶文也是一個以己爲聲符的字,下部的口字,乃是一個附加成分。在先秦文字中,己與丌與其音讀全同。見於商周彝器銘文,其侯諸器之其字作圖九·7 之形,亦從己聲作圖九·8 之形;其伯盨之其字,既作圖九·9 之形,也作圖九·10 之形。一從己聲,一從丌、己聲。這是一個象形字加聲符而成的形聲字,附加的聲符與原象形字的音讀一致。因此,該陶文從日己聲,也可以視爲從日其聲者。而日與月皆可引申爲時限表義字,可義近互作,故該陶文可釋爲期字。陶文有期字別作圖九·2 所錄之形,《説文》月部"旹,古文期",從日丌聲,正與此從日、己者相得益彰。

　　圖九

1  2  3  4  5  6  7  8  9  10 

1.《古陶文彙編》3·1123　2.《德九藏陶》4·35　3.《説文解字》己部
4、5.《汗簡》己部　6.《侯馬盟書》宗盟類　7.其侯父己簋
8.其侯父戊簋　9、10.其伯盨

《文物季刊》1992-3,頁53—54

○**何琳儀**(1998)　旮,从日,丌聲。期之異文。

朋,从月,丌聲(或旮聲)。期之省文。《集韻》:"朋,或作期。"晉璽朋,人名。

《戰國古文字典》頁23、24

△**按**　《説文》:"期,會也。从月,其聲。旮,古文期,从日、丌。"戰國文字"期"意符或爲日或爲月,聲符或作其,或作亓,或作邑。

【昇韋】郭店·老甲30

○**荆門市博物館**(1998)　期(忌)韋(諱)。

《郭店楚墓竹簡》頁113

○**劉信芳**(1999)　忌諱謂卜筮擇日,選吉去凶之類。

《荆門郭店竹簡老子解詁》頁38

○**顏世鉉**(2000)　"忌諱",指嚴苛的政令。

《郭店楚簡國際學術研討會論文集》頁102

○**裘錫圭**(2001)　不過我在那裏(**編按**:指《道家文化研究》17輯《郭店〈老子〉簡初探》)"懷疑'期韋'當讀爲'期違'","指約期和違期",又懷疑"畔""是'貧'的音近訛字",則都是不對的。"期韋"仍應據各本讀爲"忌諱"。《淮南子·天文》:"虹蜺、慧星者,天之忌也。"高誘注:"忌,禁也。""天多忌諱而民彌叛"的意思是説,天頻繁地以特殊的天象示警於下民,下民反而更不聽話。《説文·三上·言部》:"誋,誡也。""諱,誋也。"我傾向於把《淮南子》和《老子》的"忌"都讀爲"誋"。"誋"和"誋諱"都是教誡、警誡的意思。

《裘錫圭學術文集·簡牘帛書卷》頁340,2012;
原載《北京大學中國古文獻研究中心集刊》2

△**按**　郭店簡《老子甲》簡30"夫天多昇韋而民爾(彌)畔","昇韋",各本作"忌諱"。

 璽彙1210

○丁佛言（1924）　陳簠齋謂似耒。按古鉢从宀之字，宀亦作月。此疑从宀从耒，或是宋字之異文。

《説文古籀補補》頁 72，1988

○吳振武（1983）　㫑。

《古文字學論集》（初編）頁 497

△按　璽文"㫑"用作人名。

胡

侯馬 92：22

○山西省文物工作委員會（1976）　胡　宗盟類參盟人名

《侯馬盟書》頁 326

羪

璽彙 2061　　　璽彙 3791

○羅福頤等（1981）　羪。

《古璽文編》頁 173

△按　璽文"羪"用作人名。

朤

信陽 1・23

○劉雨（1986）　朤。

《信陽楚墓》頁 125

○何琳儀（1998）　朤，从三月，會月光之意。晶之異文。《篇海類篇》："朤，音晶。"信陽簡朤，讀晶，光明。

《戰國古文字典》頁 816

○李零（2002）　字从三月，可能是"月"字的異體。

《揖芬集》頁 313

△按　信陽簡 1-23"昊昊冥冥有朤日"，"朤"字待考。

觛

○**曹錦炎**(1983)　這個字,應該是从月、盉聲的字,似可看成是"觛"字的省體。《説文》有殰字,云:"胎敗也,从歺,賣聲。"殰字或體作牘、贕,《管子・五行篇》"毛胎者不殰",《禮記・樂記》作"胎生者不殰",《淮南子・原道》則作"獸胎不贕"。據此,則牘字應从肉,與觛字从月不同,非一字,觛字待考。

《史學集刊》1983-3,頁 89—90

○**何琳儀**(1998)　膟,从月,辜省聲。或釋"辜月"合文。晉璽膟,人名。

《戰國古文字典》頁 402

觔

近出 1148 趙朔之御戈

○**張崇寧**(1994)　這一戈銘中的"觔"字所从之"盉",下部也絕不是"日",而仍是"目"字,故其左半部也正是"眚"字。(中略)根據上述月生爲朔的資料可以印證該銅戈第二字"觔"正是从月从眚(生),故應釋爲"朔"字。

《華夏考古》1994-1,頁 111—112

○**陶正剛**(1995)　第 2 字右旁爲月;左旁下半部似目,上半部似生或少,據古璽文也有讀爲牛。似應隸定爲眚或省。但據侯馬盟書文字的書寫方法,下半部應是"日"。如侯馬盟書"明"字作、、、等,共 35 例。上半應讀爲草(屮)符。此字當爲"萌"。始生曰萌。《周禮・占夢》:"乃舍萌于四方。"杜子春讀萌爲明,又云其字當爲明。明即孟,同音相轉。

《文物》1995-2,頁 64—69

○**陳秉新**(2000)　此字左旁上下兩部結合緊密,與盉眚簋"眚"字結構完全相同,明是"眚"字,且在右旁"月"字的半包圍之中,不應拆爲"目"和草符兩部分,以己意對整個字的構形作違反一般規律的解釋。何況"眚"字在上部作"屮",古文字用於上部偏旁的"生"字多如此作,絕非草符。因此,陶先生釋"萌"是不能成立的。

"附記"中説有的學者將戈銘第二字隸定爲牘,當是隸定爲牘(从肉)之誤。但此字不從肉，左旁亦非賣，無論是釋犢還是釋牘，都與字形不合，勿庸置辯。

至於説學者或隸定此字爲"眚"，謂即趙朔，亦有可商。按此字從月從眚，當隸定爲腈，不當隸定爲眚。眚與朔音義遠隔，無由相通，故此戈不可能是趙朔的遺物。

腈字不見於後世字書和古代文獻。其字從月，與天象有關，從眚當與字音、字義有關。《説文》："眚，目病生翳也。"古稱日月蝕爲"眚"乃由"目病生翳"引申而來。《左傳·莊公二十五年》："非日月之眚，不鼓。"杜預注："月侵日爲眚。"按《左傳》文義，月蝕亦稱眚。眚是借字，腈字當是日月蝕稱"眚"的專字，從月、眚，眚亦聲，讀音與眚同。

"腈"字在戈銘中用爲人名，應讀爲省，當是趙簡子之子趙襄子無恤之名。《爾雅·釋詁》："省，察也。"邢昺疏："省謂視察。""無"乃語首助詞，無義（王引之《經傳釋詞》、楊樹達《詞詮》）。"恤"義爲"體恤"，省察與體恤義相因。趙省字無恤，符合王引之《經義述聞·春秋名字解詁敘》所説"五體"中"三曰連類"之例。據史載，只有趙襄子無恤及其父趙簡子曾以晉陽爲其政治活動中心，襄子死後葬在晉陽是完全有可能的。金勝村 251 號春秋大墓位於春秋晉陽故城北 2.5 公里處，墓主人内棺附近出土趙腈之御戈，亦即趙腈生前用戈，由此推知，墓主即爲趙腈，而這個趙腈則非史載之趙襄子無恤莫屬。《史記·趙世家》記載，晉出公十七年（公元前 458 年），趙簡子卒，其子毋卹（即無恤）代立，是爲襄子。襄子爲晉正卿，活動於春秋晚期，立二十三年（公元前 425 年）卒，這與簡報所述金勝村 251 號墓的時代、墓主身份都是相吻合的。

《東南文化》2000-5，頁 80—81

○**周海華、魏宜輝**（2000）　銘文第二字𩖕釋作"孟"是有問題的，此字從眚從月，當隸定作"腈"。（中略）我們認爲𩖕讀作"成"，器主爲晉卿趙成，即趙景子。"眚、生"皆爲耕部生母字，"成"爲耕部禪母字，聲近可通。文獻中雖無眚、成相通之文例，而有從"生"得聲之字與從"成"得聲之字相通之例：《戰國策·趙策三》："誠聽子割矣。"《新序·善謀》誠作清。《吕氏春秋·具備》："三月嬰兒，慈母之愛諭焉，誠也。"《淮南子·繆稱》誠作情。青從生得聲，可與從成之誠通假，證"眚"亦可與"成"相通。

《東南文化》2000-5，頁 82—83

有

集成 128 者汈鐘　陶彙 5・73　侯馬 16:36

望山 2・45　包山 123　郭店・成之 6　上博五・三德 6　青川木牘

○**中大楚簡整理小組**（1977）　（編按：望山 2・45）"一有"即一盋。盋，小甌也。

《戰國楚簡研究》3，頁 47

○**劉信芳**（1997）　（編按：望山 2・45）按《説文》："盋，小甌也。從皿，有聲。""甌"本指小盆，然古亦以之爲"康瓠"名。《爾雅・釋器》："康瓠謂之甈。"《方言》卷五："甂謂之盌……自關而西謂之甂，其大者謂之甌。"是古稱"康瓠"爲"甌"之證。《説文》又云："甈，康瓠，破罌也。"舊注謂"罌已破矣，無所用之，空之而已"。按此注不確，"破罌"者，製康瓠之胚時，先製成罌，再破之以爲康瓠，非破碎也，其製如破瓠以爲瓢。是"康瓠"乃瓢名，古或稱之爲"甌"。"甌、有"一音之轉。

《中國文字》新 23，頁 89

○**何琳儀**（1998）　因肎錞有，陳侯午敦作又，均讀佑。

侯馬盟書有，或作又，連詞。參又字。

望山簡有，讀盋。《説文》："盋，小甌也。從皿，有聲。"者汈鐘有，連詞。見 c。宋公䌛匡"有殷"，見《書・召誥》："今相有殷。"有爲語首助詞，無義。

《戰國古文字典》頁 12

○**李零**（2005）　（編按：上博五・三德 6）有（祐）。

《上海博物館藏戰國楚竹書》（五）頁 292

△**按**　《上博五・三德》簡 6"民之所喜，上帝是有"，簡 20"民之所欲，鬼神是有"，二"有"均讀爲"祐"。秦漢文字"有"或讀爲"又"。

朙  明 朙

貨系 2885　貨系 4128　貨系 4124　貨系 3800　貨系 2343

陶彙 6・112　璽彙 4392　璽彙 5077　璽彙 5084　璽彙 4394

侯馬 156:1　侯馬 67:29　侯馬 1:20　侯馬 1:53　侯馬 156:17

集成 9734 舒鲞壺　集成 9735 中山王方壺　集成 10372 商鞅量

郭店·老乙 10　　 郭店·太一 2　　 上博三·亙先 13

睡虎地·日乙 206　　 睡虎地·語書 9　　 睡虎地·爲吏 44 貳

○**丁福保**（1982）　明　面明字。（中略）此刀盡出直隸，其爲趙明邑之物無疑。
【錢匯】

　　按明从日、月爲文，即明字。以此爲貨刀之識，必地名也。説者以爲《漢志》平明屬北平郡，列國時爲燕地。竊考左國史漢，凡載邑名多用上一字，地名則全書之，甚少用下一字者。《史·秦紀》曰：“昭襄王二十五年，拔趙二城，與韓王會新城，與魏王會新明邑。二十六年，赦罪人遷之。”蓋曰新明邑者，謂新拔趙之明邑爲己有，故赦罪人遷此也。事在秦惠行錢五十餘年之後。按此形制，知非秦物。據其文曰明，是趙之明邑，非平明也。【文字考】（中略）

　　按明，古盟字也。（中略）據此可定刀面爲盟之古文，並知此物爲古代盟會之用。

　　　　　　　　　　　　　　　　　　　　《古錢大辭典》頁 1294—1298

○**陳松長**（1991）　明　直徑 1.2 釐米，高 1.3 釐米。明字璽印《彙編》收有 9枚，與此枚款式同者有兩枚（5076、5084）。明，察也、智也、才也。《老子》“知常曰明”，“見小曰明”。《賈子·道術》：“知道者謂之明。”此類印章，概佩之以自勉用。

　　　　　　　　　　　　　　　　　　　　　《湖南博物館文集》頁 110

○**黃錫全**（1996）　我們認爲，燕刀的“**刀**”應讀爲从○、月聲的“眼”。（中略）就是我們今天研究這類刀銘，很多學者也都承認其“象眼睛”之形這一客觀事實。燕刀一律書“**刀**”字，這個字的讀音就是燕之國名“匽（燕）”。

　　刀从月聲，月屬疑母月部。匽（燕）屬影母元部。（中略）月、眼音近前已論述。眼、匽音也相近。眼，疑母文部。匽，影母元部。文、元二部音近，典籍中通轉之例不勝枚舉。（中略）可見，明（月聲）、眼、匽的讀音是相近的。所以，从月聲的“明（眼）”可讀與燕國之“匽”同。

　　　　　　　　　　《先秦貨幣研究》頁 272, 2001；原載《安徽錢幣》1996-1

○**何琳儀**（1998）　燕方足布“右明辝罰”，讀“右明司錭”。錭爲貨幣，故明應是與其相關之機構。其詳待考。（中略）行氣玉銘明，讀萌。《廣雅·釋詁》四：“明，發也。”（中略）韓陶明，姓氏。姬姓，虞仲之後也。見《通志·氏族略·以字爲氏》。

　　　　　　　　　　　　　　　　　　　　　《戰國古文字典》頁 723

△按 《説文》“明”從月從囧,古文作從日從月。燕明刀之“明”,另有“莒、召、泉、易、匽、邑、同”等多種釋法,從字形上看均難以信從,不一一具引,黄錫全(《燕刀“明”字新解》,《先秦貨幣研究》268 頁,中華書局 2001 年)對舊説有詳細評述。然“明”之具體意思則仍待研究。

【明上】璽彙 4375
○葉其峰(1983) “明上”。尊上。《禮記·禮運》:“故君者所明也。”同書《大傳》:“明其宗也。”文中的“明”均訓“尊”。明上亦可釋明君。《晏子春秋·景公問下》:“明上之所禁也。”張仲如注:“明上即明君。”此外,明上亦可能是《詩·小明》“明明上天”之省,鄭箋:“喻王者當光明如日之中也。”

《故宫博物院院刊》1983-1,頁 77

○王人聰(1997) 明上,指明主或明君。《管子·明法解》:“下得明上。”《晏子春秋·内篇問下》“明上之所禁也”,錢熙祚云:“荀子注作‘明主’。”《管子·君臣》“上明下審”,《韓非子·飾邪》“明主在上,則人臣去私心行公義”。《晏子春秋·内篇問》:“身無以與君,能無以勞民,飾徒處之義,揚輕上名,謂之亂國。明君在上,三者不免罪。”是知《古璽文編》“明上”即是“明主在上”或“明君在上”之義。這裏需要指出,《彙編》將編號 4401—4403 三璽釋爲“明下”,這是不正確的。此三璽亦應釋“明上”,三方璽文之“上”字爲倒書,璽文有倒書之例,如編號 4482—4483 兩方“千金”璽,千字倒書,編號 4732“土君子”璽,子字倒書,即是其例。

《故宫博物院院刊》1997-4,頁 52

【明神】秦駰玉版
○李零(1999) “明神”,經典多見,是神靈的尊稱。

《國學研究》6,頁 533

○曾憲通、楊澤生、蕭毅(2001) “明神”,可能指聖明之神或神明、神靈,《左傳·襄公十四年》:“仰之如日月,敬之如神明。”

《考古與文物》2001-1,頁 52

○王輝(2001) “明神”即神明,神靈也。《易·繫辭下》:“陰陽合德,而剛柔有體,以體天地之變,以通神明之德。”《孝經·感應》:“天地明察,神明彰矣。”亦稱“明祇”,《舊唐書·音樂志三》:“大饗明祇,永綏多佑。”

《考古學報》2001-2,頁 149

【明組】睡虎地·日甲 11 正貳

○**睡簡整理小組**（1990） 盟詛，在古籍中常見，《書・呂刑》：“罔中于信，以覆詛盟。”《周禮・詛祝》：“詛祝掌盟詛類造攻説澮禜之祝號。”注：“盟詛主於要誓，大事曰盟，小事曰詛。”疏：“盟者盟將來……詛者詛往過。”

《睡虎地秦墓竹簡》頁 182

盟 盟 盟 界

睡簡・爲吏 48 叁　 集成 102 邾公釦鐘　 信陽 2・3　 上博五・競建 7

侯馬 1:28　 侯馬 77:7　 侯馬 195:7

上博二・子羔 2　 上博二・子羔 7　 上博五・季庚 10

近出 74 王孫誥鐘　 包山 123　 包山 23　 上博一・詩論 7

○**郭若愚**（1994） （編按：信陽 2・3）盟，從皿，明聲，庚韻，假爲罃。《説文》：“罃，備火長頸瓶也。從缶熒省聲。”《廣雅・釋器》：“罃，瓶也。”《方言・五》：“周洛韓鄭之閒，甀或謂之罃。”柜，亦作櫃，通作柜，蘇人呼爲柜。《六書故》：“今通以藏物器之大者爲匱，次爲匣，小爲匵。”此謂一盛放罃瓶之櫃。

《戰國楚簡文字編》頁 68

○**蔡運章**（1995） 【盟・平肩空首布】春秋中晚期青銅鑄幣。鑄行於周王畿。屬大型空首布。面文“盟”，倒書。背無文。“盟”爲地名，春秋屬周。《左傳・隱公十一年》載：周桓王與鄭人蘇忿生之田“向、盟、州”，杜預注：“盟，今孟津。”在今河南孟津縣東北。

《中國錢幣大辭典・先秦編》頁 155

○**何琳儀**（1998） 侯馬盟書“盟亟”，讀“明亟”，嚴明其罰。

《戰國古文字典》頁 724

○**馬承源**（2002） （編按：上博二・子羔 2）“晶”讀爲“温”，言堯德澤温厚。

《上海博物館藏戰國楚竹書》（二）頁 186

○**劉信芳**（2003） 盟，簡 137 反稱爲“盟證”。《周禮・秋官・司盟》：“有獄訟者，則使之盟詛。凡盟詛，各以其地域之衆庶，共其牲而致焉。既盟，則爲司盟共祈酒脯。”賈公彦《疏》：“謂將來訟者，先使之盟詛，盟詛不信，自然不敢獄訟，所以省事也。”

《包山楚簡解詁》頁 38

○何琳儀（2003）　（編按：上博二·子羔2)按，當釋“盟”，即“盟”之初文，簡文中可讀作“明”。

《新出楚簡文字考》頁157,2007;原載《學術界》2003-1

○濮茅左（2005）　“盟”，同“盟”。(中略)讀爲“礛”。《集韻》：“礛，擊也，石轉突也。通作輡。”《漢書·陳遵傳》：“爲覺所輡。”施威、打擊，乃至兇猛暴虐，必無親。

《上海博物館藏戰國楚竹書》(五)頁217

○陳劍（2008）　（編按：上博五·季庚10)其中“盟則無親”與《從政》的“悥(猛)則無親”對應，“盟”字跟《上博(二)子羔》簡2用爲“德明”之“明”的“盟”，和《上博(四)曹沫之陳》簡31用爲“明日”合文之“盟”當爲一字異體，在此顯然也應當讀爲“猛”。參看陳劍《談談〈上博(五)〉的竹簡分篇、拼合與編聯問題》(簡帛網2006年2月19日)。

《簡帛研究二○○五》頁42

△按　盟，《說文》作“盟”，“盟，篆文从明。盟，古文从明”。或从示，明聲，詳見卷一示部“祡”字條。

【盟王】上博二·子羔7

△按　《上博二·子羔》簡7，陳偉(《〈上海博物館藏戰國楚竹書(二)〉零釋》，簡帛研究網2003年3月17日)認爲上部或許是“囧”字訛體，當釋爲盟，“不弄盟王”讀爲不逢明王。

【盟祀】集成102 邾公鈍鐘

△按　邾公鈍鐘“用敬恤盟祀”，“盟祀”即盟誓與祭祀。

夕 ㄋ

石鼓文·吳人　　集成9735 中山王方壺　　璽彙1723

九店56·71　　上博四·柬大9　　上博六·競公3　　睡虎地·秦律55

○吳振武（1984）　（編按：璽彙1723)此字釋月不確，應釋爲夕。在戰國文字中，月、夕二字儘管在用法上有時相通，尤其是在用作偏旁時往往可以互代，但字形卻早已分化。從古璽來看，月字一般作ㄋ、ㄋ、ㄋ形，而夕字則作ㄋ、ㄋ、ㄋ、ㄋ形，兩者明顯不同。中山王嚳諸器銘文中从月和从夕的字較多，其月字作ㄋ或ㄋ，夕字則作ㄋ或ㄋ，區別亦十分明顯。此字作ㄋ(可能是ㄋ形之殘)顯然應釋爲夕。中山王嚳方壺“氏(是)以遊夕歙飲(食)”之夕作ㄋ(《中》5頁)，正與此字同。原璽全文作“事（史）夕”，漢印中有“郭夕印”（《漢徵》七・七），可見古有以“夕”爲名者。夕字《説文》立爲部首。

《〈古璽文編〉校訂》頁 94—95，2011

○**饒宗頤**（1983）　　先談“夕”的三個月份。秦的十月在楚名爲冬夕，又作中夕，秦的十一月在楚名爲屈夕，秦的十二月在楚名爲援夕。

　　所謂“夕”，秦漢之際五行家言的一套説法保存於《尚書大傳》（卷三）洪範五行傳中：

　　　　凡六沴之作，歲之朝、月之朝、日之朝，則后王受之；歲之中、月之中、日之中，則公卿受之；歲之夕、月之夕、日之夕，則庶民受之。其二辰以次相將，其次受之，星辰莫（暮）同。

　　鄭玄注云：

　　　　自正月盡四月爲歲之朝，自五月盡八月爲歲之中，自九月盡十二月爲歲之夕。上旬爲月之朝，中旬爲月之中，下旬爲月之夕。平旦至食時爲日之朝，禺中至日昳爲日之中，下側（昃）至黃昏爲日之夕。

　　又曰：

　　　　二辰謂日月也。假令歲之朝也，日、月中則上公受之……莫，夜也。星辰之變，夜見，亦與晝同，初昏爲朝，夜半爲中，將晨爲夕。或曰將晨爲朝，初昏爲夕也。

由伏生之説，一年之閒，得作爲“朝、中、夕”三段劃分，日月星辰亦然。鄭玄注説得更清楚，一日、一月、一夜都可用朝、中、夕三段來加以劃分。楚代月名中的中夕、屈夕、援夕，正在年終的十月、十一月、十二月。所謂夕，當即鄭玄所謂“自九月盡十二月爲歲之夕”，只是差一個九月。

　　　冬夕（中夕）　　　冬，四時盡也（見《説文》）。

　　　屈夕　　　　　　屈，詘也。

　　　援夕　　　　　　援有“接援”之意。

三個月份相連在一年之終，故得稱爲夕，它的命名含義，大可推敲，意思是在歲之夕，這是很可理解的。

《中國語言學報》1，頁 168—169

○**蔡運章**（1995）　【夕・平肩空首布】春秋中晚期青銅鑄幣。鑄行於周王畿。屬大型空首布。面文“夕”。背無文。

《中國錢幣大辭典・先秦編》頁 159

○**陳偉**（2010）　（編按：上博六・競公 3）夕，指傍晚晉見君王，與“朝”相對。《左傳》成公十二年："百官承事,朝而不夕。"孔穎達疏:"旦見君謂之朝,莫見君謂之夕。"《左傳》昭公十二年:"右尹子革夕,王見之。"

《新出楚簡研讀》頁 261

夜

集成 9735 中山王方壺　　集成 9734 䈪鎣壺　　集成 11546 七年宅陽令矛

新收 572 平夜君成戈　　璽彙 2946　　曾侯乙 67　　包山 168

上博三·亙先 11　　包山 113　　郭店·老甲 8　　上博二·民之 8

睡虎地·爲吏 33 肆

○**朱德熙、裘錫圭**(1979)　(編按:集成 9734 䈪鎣壺)此字從"火""夕"聲,"夕"與"夜"古音相近,銘文當讀爲"夜"。(編按:已有學者指出"火"實爲"亦"之省,"夜"本從"亦"聲。)

《朱德熙古文字論集論集》頁 105,1995;《文物》1979-2

○**張政烺**(1979)　(編按:集成 9734 䈪鎣壺)《説文》夜字從夕,亦省聲。此處亦旁移在下,省去上部一横畫,竟似從火。

《古文字研究》1,頁 236

○**李學勤、李零**(1979)　(編按:集成 9734 䈪鎣壺)炙(夕)。

《考古學報》1979-2,頁 159

○**何琳儀**(1998)　晉器夜,姓氏。絜(編按:當作挈)壺氏掌夜官者之後,漢洛陽有此姓。見《漢書·五行志》。

《戰國古文字典》頁 552

○**陳嘉凌**(2003)　(編按:上博二·昔者 4)夜,讀爲斁。《説文》:"斁,解也。"《詩》曰:"服之無斁。"斁,厭也。解,懈也。厭,倦也。《尚書·洛誥》:"我惟無斁其康事,公勿替刑。"意思是説:成王説:"我會不懈怠地學習政事,公不要停止示範。"夜、斁二字同音,上古音都屬余紐鐸部,應該可以通假。

《上海博物館藏戰國楚竹書(二)讀本》頁 100

○**陳偉**(2010)　(編按:上博二·昔者 4)夜、赦二字,爲鐸部疊韻,喻、審旁紐,在上古音中讀法相近,或可通假。"夜"從亦得聲。《説文》"赦"下有"攼"字,説解云:"赦或從亦。"《古文四聲韻》卷四"赦"字下收録有出自《汗簡》的"亦"字。

在西周金文《儠匜》和雲夢睡虎地秦簡《法律答問》《封診式》以及《爲吏之道》中,赦即作"赦"。這些可以看作夜、赦相通的閒接證據。

《新出楚簡釋讀》頁 142—143

△按　上博二《昔者君老》簡 4"發命不夜",陳偉(2010)讀爲"廢命不赦",可從。清華壹《耆夜》"夜爵"之夜或讀爲舉、舍、詫。參看裘錫圭《説"夜爵"》(《出土文獻》2 輯 17—21 頁,中西書局 2011 年)。

夢

 秦封泥彙考 1037　　楚帛書　　上博三·互先 2　　上博四·柬大 8

睡虎地·日乙 193 壹

【夢夢】上博三·互先 2

【夢夢墨墨】帛書甲

○蔡季襄(1944)　《説文》云"不明也"。段注:"《小雅》'民今方殆,視天夢夢',傳曰:'王者爲亂,夢夢然。'《釋詁》云:'夢夢,亂貌。'"

《晚周繒書考證》頁 4

○商承祚(1964)　夢夢昧昧,猶言精神恍惚,如今語懵懵懂懂。

《文物》1964-9,頁 15

○嚴一萍(1980)　夢夢重文,猶芒芒也。《文選·陸士衡〈歎逝賦〉》"何視天之芒芒",李注:"猶夢夢也。"

《甲骨古文字研究》3,頁 288

○董楚平(2002)　夢,讀作瞢。雲夢秦簡《日書》夢作瞢。《天問》"冥昭瞢闇",洪興祖補注云:"瞢,目不明也。"

《古文字研究》24,頁 348

△按　上博三《恆先》簡 2"若㴱㴱夢夢",馬王堆帛書《道原》"濕濕夢夢",《爾雅·釋訓》:"夢夢、訰訰,亂也。"

夤

 集成 4315 秦公簋　　陶彙 3·488　　陶彙 5·129

△按　秦公簋"嚴恭夤天命",《説文》:"夤,敬惕也。"

外 外

集成 9735 中山王方壺　璽彙 3215　璽彙 0365

貨系 3032　貨系 3022

曾侯乙 142　包山 217　郭店・尊德 30　九店 56・31

上博二・昔者 3　上博五・競建 8　睡虎地・答問 129

○**白於藍**（2012）　《日甲・叢辰》："可以穿井、行水、蓋屋、飲樂（藥）、外（禬）除。"按，"外"似當讀作"禬"。《周禮・天官・女祝》："掌以時招梗禬禳之事。"鄭玄《注》："除災害曰禬，禬猶刮去也。"

《戰國秦漢簡帛古書通假字彙纂》頁 527

【外妻】睡虎地・秦律 142

△**按**　睡虎地《秦律十八種》簡 142"隸臣有妻，妻更及有外妻者，責衣"，整理小組注（《睡虎地秦墓竹簡》53 頁）："有外妻，指其妻身份自由。"

【外臣邦】睡虎地・答問 180

○**睡簡整理小組**（1990）　外臣邦，臣服於秦的屬國。

《睡虎地秦墓竹簡》頁 136

【外狡士】睡虎地・答問 189

△**按**　睡虎地《法律答問》簡 189："何謂'宮狡士'、'外狡士'？皆主王犬者殹。"見《睡虎地秦墓竹簡》頁 138。

【外陽日】睡虎地・日甲 8 正貳

△**按**　睡虎地《日甲》簡 8 正貳："外陽日，利以建野外，可以田獵。以亡，不得，□門。"

【外害日】睡虎地・日甲 9 正貳

△**按**　睡虎地《日甲》簡 9 正貳："外害日，不可以行作。之四方野外，必遇寇盜，見兵。"

【外陰日】睡虎地・日甲 10 正貳

△**按**　睡虎地《日甲》簡 10 正貳："外陰日，利以祭祀。作事、入材，皆吉。不可以之野外。"

【外虡】貨系 3022

○鄭家相（1958）　文曰"外虔"。按：虔，舊釋丑金、壬金、酉金、亥金，實皆"虔"字，虍頭筆畫之增省，或漫夷，而誤識也。虔爲鑪省文，外鑪者，明紀其鑪座也。

《中國古代貨幣發展史》頁 164

夙 𠈅　逌 傻

集成 10822 夙戈　　睡虎地·秦律 184　　睡虎地·日甲 78 背

集成 2840 中山王鼎　集成 9735 中山王方壺　　上博五·季庚 10

上博二·民之 8　　上博三·周易 37　　璽彙 2553　　璽彙 2554

○睡簡整理小組（1990）　（編按：睡虎地·日甲 39 背貳）夙（縮）。

《睡虎地秦墓竹簡》頁 213

○劉釗（1998）　其中"𠈅"字《古璽彙編》不釋，《古璽文編》入於附錄。"𠈅"字《古璽彙編》隸作"傻"，《古璽文編》以不識字列於人部後。按此兩字乃一字，不應作不同處理。字從人從"𠈅"或"𠈅"，"𠈅"或"𠈅"應即"憂"字。金文憂字作"𠈅"（無憂卣）、"𠈅"（毛公鼎），包山楚簡優字作"𠈅"（二二七）、"𠈅"（二二九）、"𠈅"（二三三），仰天湖簡作"𠈅"，望山簡作"𠈅"。上揭楚簡"𠈅""𠈅"同楚璽"𠈅""𠈅"的差別只是從"心"與不從"心"的不同，應是一個字的繁簡兩體。憂字本不從心，從心是後起所纍加的義符。如此"𠈅""𠈅"二字亦應釋爲"優"。優字見於《説文》，在璽文中就用爲優姓之"優"。古有優姓，見於《史記》的楚樂人優孟就是人人皆知的一個例子。

《古文字考釋叢稿》頁 194，2005；原載《考古與文物》1998-2

○徐在國（2000）　（編按：集成 10822 夙戈）釋"夙"是正確的。"夙"應讀爲"宿"。"夙、宿"二字古通，《儀禮·士昏禮》："夙夜毋違命。"《白虎通·嫁娶》引夙作宿。《吕氏春秋·用民》："夙沙之民，自攻其君。"《淮南子·道應》夙沙作宿沙。《左傳·襄公六年》："季孫宿如晉。"《禮記·檀弓下》鄭注引宿作夙。晉侯蘇鐘"伐夙夷"之"夙"作，夙亦讀爲"宿"。宿爲古國名，《春秋·隱公元年》："九月，及宋人盟於宿。"杜預注："宿，小國，東平無鹽縣也。"《左傳·僖公二十一年》："任、宿、須句、顓臾，風姓也，實司大皞與有濟之祀，以服事諸夏。"宿先屬宋國，後又屬齊國，其地在今山東東平縣稍東二十里。

《古文字研究》22，頁 116

○濮茅左（2002） （編按：上博二·民之8）"迺"，从辵从丙，讀作"夙"。

《上海博物館藏戰國楚竹書》（二）頁 166

○施謝捷（2002） （編按：璽彙2553）現在看來，此姓氏字應隸定作"傻"或"窶"，是一個"从夕個聲"的字，也就是前面討論的"夙"字異構。古有"夙"姓，《廣韻》屋韻："夙，……又姓。魯大夫季孫夙之後。"《姓觿》："夙，《姓考》云：晉荀氏食采於夙，因氏。《千家姓》云：魯郡族。"可證。不過，"宿、夙"二字往往通用，姓氏字"夙"讀爲"宿"的可能性也應該是存在的，因在秦漢印章及傳世文獻中"宿"姓頻見，而"夙"姓則罕見。

《古文字研究》24，頁 382

○李守奎（2004） 李運富先生把包山楚簡的"窶"隸作"窶"，釋爲"宿"也是有道理的。此字用爲姓氏，李先生指出即《通志·氏族略二》中的"宿氏"，極是。《古璽彙編》2533 號與 2534 號的"窶"也用爲姓氏，亦當如李運富先生所釋。

《新出土文獻與古代文明研究》頁 348

○李守奎等（2007） 迺 按：借筆字。

《上博一——五文字編》頁 354

△按 《説文》："夙，早敬也。从丮。持事，雖夕不休，早敬者也。"古文作"佴、個"。秦簡"夙"从月。《睡虎地·日甲》39 背貳"一室之人皆夙筋"，整理小組讀"夙筋"爲縮筋，即抽筋（《睡虎地秦墓竹簡》217 頁）。

【嬰夜】集成 2840 中山王鼎　集成 9735 中山王方壺

【迺夜】上博二·民之8

△按 中山王鼎"嬰夜不解"、中山方壺"嬰夜匪懈"、上博二《民之》簡8"迺夜基命宥密"，"嬰夜、迺夜"均讀爲"夙夜"。

【夙莫】睡虎地·秦律184

【夙莫】集成 144 越王者旨於賜鐘

△按 "夙莫、夙莫"讀爲夙暮，義同"夙夜"。

【嬰興夜床】上博五·弟子22

【嬰嬰夜㝏】上博五·季庚10

△按 "嬰嬰夜㝏、嬰興夜床"均讀爲"夙興夜寐"。

夢 夢

包山 58　夢 包山 63

△按　《説文》:"寢,宋也。从夕,莫聲。"包山簡用爲執事人之名。《楚地出土戰國簡册》(十四種)連上讀爲"早暮",意即早晚、隨時(32 頁),非是。文書簡無此類修飾語。

彔

郭店·魯穆 6　　 郭店·魯穆 7　　 上博四·曹沫 21　　 上博四·曹沫 50

○荆門市博物館(1998)　彔(禄)。

《郭店楚墓竹簡》頁 141

○李零(2004)　彔(禄)。

《上海博物館藏戰國楚竹書》(四)頁 256

△按　清華壹《尹至》簡 1"惟尹自夏徂亳,彔至在湯",郭永秉(《清華簡〈尹至〉"彔至在湯"》,《清華簡研究》1 輯 48—52 頁,中西書局 2012 年)認爲"彔"用法同甲骨文的時稱名"彔、中彔",指夜間某個時候,其説甚是。"彔"字又見於清華叁《周公之琴舞》簡 13"余彔思念",整理者(《清華大學藏戰國竹簡》[叁]頁 139)讀爲逯,謹也。

㢪

包山 139

○劉彬徽、彭浩、胡雅麗、劉祖信(1991)　㢪。

《包山楚簡》頁 27

○巫雪如(1996)　或係"弼"字異體。弼氏可能即費氏。

《包山楚簡姓氏研究》頁 131

○李運富(1997)　從系統中諸字形的相互關係來看,簡文㑑、㢪只能釋爲異構的同一字符"宿",但簡文並非用其本義,而是用爲姓氏字。《通志·氏族略二》:"宿氏,風姓,伏羲之後,武王封之,使主太昊與濟水之祀,宋人遷之,不復見……後漢有宿仲談。"宿姓蓋與古之宿國有關,《春秋·隱公元年》:"及宋人盟於宿。"杜預注:"宿,小國,東平無鹽縣也。"而"弼",史書未見有此姓,此亦簡文㑑、㢪二形必當釋宿而不應釋弼之旁證。

《楚國簡帛文字構形系統研究》頁 124

○何琳儀(1998)　㢪,从弼,勹爲疊加音符。疑弼之繁文。包山簡㢪,讀茀,姓氏。

△按　"𩁹"上部即楚簡"弼"字,郭店《老子甲》簡 36 讀爲"費"之字作𩁹,从弼。包山簡用爲姓氏,或與簡 35"弼"姓同。

多　多

集成 9715 朼氏壺　　石鼓文·鑾車　　璽彙 3585

包山 271　　郭店·成之 10　　郭店·語一 89　　郭店·緇衣 38

上博一·詩論 2　　上博四·曹沫 62　　睡虎地·效律 1

○**廖名春**(2000)　(編按:郭店·六德)多,當訓爲賢、美、好。《吕氏春秋·謹聽》:"聽者自多而不得。"高誘注:"自多,自賢也。"《史記·樗里子甘茂列傳》:"天子不以多張子而賢先王。"

○**顔世鉉**(2000)　(編按:郭店·六德)"以忠事人多"爲"多"讀爲"爾",是語氣詞;多爲端紐歌部,爾爲日紐脂部,準旁紐旁轉,《古文四聲韻》卷三"侈"字引崔希裕《纂古》作𢔅、𦘕。

○**顔世鉉**(2001)　(編按:郭店·六德)今則將簡文"多"改讀爲"衹",從典籍上,可見"多、衹"兩字同音相通的關係。

○**沈培**(2002)　(編按:郭店·六德)總結以上情況,可知在楚方言中"多"與"夥"、"多"與"可"都有同義換讀的可能。也就是説,有時候"多"很可能有"夥"或"可"的讀音。"夥、可"讀爲"何"應當没有問題,既然如此,"多"就有可能讀爲"何"。這種用法的"何",意思是"爲什麽",在《六德》篇中或單獨成句,或與"也"連用,這在古書也很常見。

○**林素清**(2003)　(編按:郭店·六德)讀爲"也"。

○**沈培**(2006)　(編按:郭店·六德)上述例子説明,"多"與从"氏"得聲的字相通,"是"與从"多"得聲的字相通。而古書和出土文獻中"氏""是"直接相通的例子更是舉不勝舉。在以往我們所見的大量的"是、氏"相通的例子中,大多數是表示姓氏之"氏"以及用作主語或修飾語的代詞的"是"。在新出上博簡中,我們還可以看到"氏"用來表示"江、河、淮、濟是也"那種用作謂語的"是"。例如《孔子詩論》第 4 號簡"《邦風》氏也"、第 5 號簡"《訟》氏也"、第 27 號簡"賓贈氏巳"的"氏"。

有了這些大量的例證,雖然還沒有找到"多"與"是"直接相通的例子,但是我們完全有理由相信,在戰國時代的人有時候用"多"來表示"是"。

從句法位置來看,把上舉句子中的"多"讀爲"是"也是很合適的。(中略)

我們把《六德》中的八個"多"都讀爲"是",但是《六德》篇中本有"是"字,例如第 19 號簡、第 39 號簡、第 40 號簡的"是古(故)",第 33 號簡、第 44 號簡的"是以",第 46 號簡的"然後是也"。對於這種現象,我們認爲也許是有原因的。不難看出,在"VP 是(也)"的句子中,"是"的含義要比"是故、是以"的"是"明確和實在,更何況後者的"是"已經是詞內的構詞成分,在當時人的心目中,很有可能就是把它們當作不同的"是"的。至於"然後是也"的"是"當是"正確"之義,含義與"VP 是(也)"的"是"不同,則更容易被人當作不同的"是"。大概由於這樣的原因,當時的人分別使用"多"和"是"這兩個不同的字來表示後代統一用"是"字來表示的詞。

《21 世紀的中國語言學》(二)頁 389—399

○**顧史考**(2006)　　(編按:郭店・六德)粗略看上舉的幾句也不難看出,"者也"若放在"多"字所居的位置乃再合理不過,全段的基本意義便容易瞭解。若再看《大戴禮記・本命》及《禮記・郊特牲》對夫德與婦德的相當文句,則前者爲"謂之知,所以正夫德者"及"謂之信也,所以正婦德也",後者則是"夫也者,以知帥人者也"及"婦人,從人者也",與本段攸關句子形式極近。以聲音求之,"者"字爲章紐魚部,"也"字爲餘紐歌部,則二字的合音該是章紐歌部。"多"則恰好爲端紐歌部,與"也"字疊韻,與"者"字聲紐則幾乎一樣(準雙聲關係),可見其借爲"者也"二字之合音的可能性頗大。

然則爲何上列末句"信從人多"後還另加"也"字呢,難道古代漢語中有"……某者也也"的詞例嗎?然此一難題亦不難,因爲公認常借爲"之乎"二字合音的"諸"字,亦往往有後面多加一個"乎"字的現象,如"有諸乎"?此道理與"多也"之道理相同,並不足怪。(中略)此段中"親此多也"三句不易理解,然如將其中"多"字讀爲"者也"的合音,則意思或者即是:六德之道既已寓於《詩》、《書》、禮、樂、《易》、《春秋》等六藝之教當中,那麼,此六藝之教是何種經典、何種傳統呢？自然就是"親近、敘述及美化此六德之道者也"。

誠然,此"多"之讀爲"者也"相當獨特,傳世先秦文獻中似未曾見過相同的例子。然《六德》篇本來即比較獨特,如其中"焉"一詞有時寫成"言"字,亦是極其罕見的。"者也"二字,《六德》篇亦未見其一起出現過,而於其似乎該出現的幾處,卻都出現一個"多"字,抑或可説明後者確實借爲前者的可能性。

《清華大學學報》2006-1,頁88

○陳劍(2008)　(編按:郭店·六德) 如果將這些"多"字都换成"者"字來讀,可以説是再通順不過了。我現在傾向於認爲,《六德》篇中這幾個"多"字,都可以就直接解釋爲指示代詞,意爲"……的(人或東西)",跟"者"字的部分用法相類。但問題在於,這類用法的"多"字古書中似乎找不到;它跟同類用法的"者"字到底是什麼關係,也難以解釋清楚。亦只能志此存疑以待後考。

《中國文字學報》2,頁65

△按　《郭店·六德》簡13—17"使之足以生,足以死,謂之君,以義使人多。義者,君德也。非我血氣之親,畜我如其子弟,故曰:苟濟夫人之善🏹,勞其股肱之力弗敢憚也,危其死弗敢愛也,謂之臣,以忠事人多",簡25—26"親此多也,密此多[也],美此多也",簡32—33"啟之爲言也,猷啟啟也,少而臾多也"。"多"字用法奇怪。陳劍(《戰國竹書論集》105頁)指出"小而臾多也"的"多",跟《郭店·五行》簡40"小而軫者也"的"者"字相對應;單育辰(《楚地戰國簡帛與傳世文獻對讀之研究》291頁,中華書局2014年)則直接讀"多"爲"者"。李家浩(《關於郭店竹書〈六德〉"仁類薑而速"一段文字的釋讀》,《出土文獻研究》10輯50—51頁,中華書局2011年)贊同單説,舉"奢"和"夅"通、"爹"與"奢"通爲證。《大戴禮記·曾子大孝》"夫仁者,仁此者也;義者,宜此者也……彊者,彊此者也",與"親此多也,密此多也,美此多也"句式很像,將"多"若替换爲"者",無疑是很合適的。

【多鞏】包山271

○劉彬徽、彭浩、胡雅麗、劉祖信(1991)　多,它簡作移,借作"轉"。鞏,疑讀作笭。《廣雅·釋室》:"笭,閣也。"此指車轉内用小木條縱横相隔成格,以插矛、戈、戟、殳等兵器。

《包山楚簡》頁66

○劉信芳(2003)　"多"牘1作"移",並讀爲"軧",《説文》:"軧,礙也,从車,多聲。"礙車之物稱"軔",《説文》:"軔,礙車也。"《離騷》:"朝發軔於蒼梧兮。”王逸《章句》：“楛，論木也。”洪興祖《補注》：“軔，止車之木。”

《包山楚簡解詁》頁 303

【多寡】集成 9715 枨氏壺

△按　枨氏壺“多寡”，多少。

錢典 65

【貫丘】《錢典》頁 324 圖 65

○丁福保（1938）　此左讀曰毌邱。《史記》宣公四十九年“伐衞取毌邱”，《正義》引《括地志》云：“故貫城，即古貫國，今名蒙澤城，在曹州濟陰縣南五十六里。”毌即古貫字也。【遺篋錄】

《古錢大辭典》頁 1179，1982

○鄭家相（1958）　文曰毌丘，毌爲貫省。《史記》：“宣公四十九年伐衞，取毌丘。”《正義》引《括地志》云：“故貫城，即古貫國，今曹州濟陰縣南五十六里。”春秋及戰國初屬宋，後屬魏。

《中國古代貨幣發展史》頁 105

○何琳儀（2002）　“毌它”（《辭典》65），讀“貫地”，即“貫”。《春秋·僖公二年》：“齊侯、宋公、江人盟於貫。”亦作“貫丘”。見《田陳世家》：宣公四十九年“伐衞取貫丘”。在今山東曹縣。

《古幣叢考》（增訂本）頁 214

函　函

璽彙 2271　　璽彙 5269

○羅福頤等（1981）　函。

《古璽文編》頁 175

△按　璽文“函”或爲單字，或用作人名。

甬　甬

集成 3636 曾侯乙簠　　集成 2840 中山王鼎　　集成 9710 曾姬無卹壺

包山 77　郭店·老甲 29　郭店·成之 1　郭店·性自 32

上博一·詩論 4　　上博二·容成 30　　上博三·亙先 7　　睡虎地·效律 3

睡虎地·秦律 194

○**睡簡整理小組**（1990）　（編按：睡虎地·秦律 194）甬（桶）。

《睡虎地秦墓竹簡》頁 63、69

○**何琳儀**（1998）　侯馬盟書甬，讀通。姓氏。

《戰國古文字典》頁 423

○**李零**（2003）　（編按：上博三·亙先 7）"甬"讀"庸"，這裏是"乃"的意思。

《上海博物館藏戰國楚竹書》（三）頁 294

○**湯志彪**（2005）　（編按：上博三·彭祖 6）按，"甬"在此似當讀爲"通"。"通"從
"甬"聲，故"甬"當可讀爲"通"。"通"有貫通、通曉義。《説文·辵部》："通，
達也。"《易·繫辭上》："往來不窮謂之通。"《易·繫辭上》："曲成萬物而不
遺，通乎晝夜之道而知。"孔穎達《疏》："言通曉於幽明之道，而無事不知也。"
《釋名·釋言語》："通，洞也，無所不洞貫也。"

《江漢考古》2005−3，頁 90

△按　楚簡"甬"多讀爲用。

【甬智】集成 2840 中山王鼎

○**張政烺**（1979）　甬，讀爲通，未通智，知識未開。

《古文字研究》1，頁 224

○**朱德熙、裘錫圭**（1979）　甬（通）智。

《朱德熙古文字論集》頁 102，1995；原載《文物》1979−1

○**李學勤、李零**（1979）　通智一詞，見《淮南子·主術》和《繆稱》。

《考古學報》1979−2，頁 155

○**于豪亮**（1979）　甬讀爲通，《淮南子·主術》："孔子之通智過於萇弘，勇服
于孟賁。"

《考古學報》1979−2，頁 172

栗　栗　橐

璽彙 0233　　石鼓文·作原　　包山 257　　包山竹籤 12　　璽彙 3101

○强運開（1935）　　薛尚功、趙古則釋作栗。張德容云：按此籀文也。《説文》卤籀文作鹵。桌籀文作鹵。可證。運開按：《説文》桌从卤，其實下垂，故从卤。鹵古文桌从卤从二卤。徐巡説：木至西方戰栗也。段注云：古鍇作籀，今依大徐。籀文卤从三卤，則籀文桌亦當从三卤，《玉篇》：“鹵，籀文。”是也。據此，則鼓文作鹵正是籀文也。按，此字上闕三字。

《石鼓釋文》己鼓，頁 7—8

○羅福頤等（1981）　　栗。

《古璽文編》頁 175

○劉彬徽、彭浩、胡雅麗、劉祖信（1991）　　栗，栗字古文作鹵，簡文作鹵，爲从栗字古文省。

《包山楚簡》頁 60

○何琳儀（1998）　　包山簡栗，栗木果實。《周禮・天官・籩人》：“饋食之籩，其實栗。”古璽栗，姓氏。古栗陸氏之後。見《尚友録》。

《戰國古文字典》頁 1094

△按　“栗”《説文》古文作“鹵”，“西”爲“卤”之譌。

粟　桌

璽彙 0160　　璽彙 0276　　璽彙 0287　　璽彙 3100　　璽彙 3410

璽彙 5549　　璽彙 5550　　睡虎地・雜抄 14　　睡虎地・秦律 74

○何琳儀（1996）　　《璽彙》0284“枹潬郄（都）粟鉨”其中第四字、第五字有一相同的偏旁。據《説文》米作米形，應是米。據睡虎地簡《效律》24“禾粟”作“粟”，桌釋“粟”似亦非臆測。《周禮・地官・舍人》：“掌米粟之出入，辨其物。”燕璽“米粟鉨”，可能是掌管穀物機構所用之璽印。

　　值得探討的是，粟何以从“田”。（中略）如果參照《璽彙》粟字作鹵（5549）、鹵（3613），疑“田”爲“角”之變體。粟、角古韻屬侯部，故粟有可能是“从米，角聲”的形聲字。由“田”而“甶”，由“甶”而“卤”，大概都因譌變所致。“角”譌作“西”形，亦可參《璽彙》3666，“婁”（从角）作“鹵”，《貨系》1049 尖足布西作鹵形。至於《璽彙》“桌”（3100）、“桌”（0160），下从禾，上从角，疑爲“粟”之異體。“粟”之从“禾”，猶戰國文字“稟”亦从米作“鹵”。

　　《璽彙》燕私璽“粟市”（3371、3410），首字可以有兩種隸定，即“栖”或

“桷”,均見字書,采用前説,“栖帀(師)”可讀“栖疏”(《戰國策·趙策》“黃金師比”,《史記·匈奴列傳》作“黃金胥紕”,是其佐證)。複姓,見《路史》。采用後説,“桷帀(師)”可讀“斛斯”(《左·文十一》“獲長狄緣師”,《史記·魯世家》引“師”作“斯”。是其佐證)。亦複姓,見《通志·氏族略·代北複姓》:“其先居廣牧,世襲莫弗大人,號斛斯部,因氏。”考慮🔶與🔶上部應有統一的隸定,即均釋“角”,似乎後説的可能性較大。

《安徽大學漢語言文字研究叢書·何琳儀卷》頁 319,2013;
原載《于省吾先生百年誕辰紀念文集》頁 224—225

△**按**　《説文》:“粟,嘉穀實也,从卤从米。”籀文作“𥼺”。戰國文字“粟”多从米或禾,秦漢文字上部訛爲“西”。

【粟客】璽彙 0160、5549

○**羅運環**(1991)　楚粟客一職不見於先秦古籍。《史記》和《漢書》載秦漢之際韓信曾任此職。

《漢書·高惠高后文功臣表》“淮陰侯韓信”欄云:韓信離棄項羽投奔劉邦之初,曾任官職有“票(粟)客”。《史記·高祖功臣侯者年表》“淮陰”欄作“典客”,唐司馬貞索隱認爲是“粟客”字誤,李家浩説“大概是由於後人不知道‘粟客’之義而臆改的”。

《史記》《漢書》表中的“粟客”,《史記·淮陰侯傳》《漢書·韓彭英盧吳傳》均作“治粟都尉”。“治粟都尉”即“騪(搜)粟都尉”,漢武帝時設立的軍官,主管軍糧,不常置。任此職者僅見桑弘羊。“粟客”,是劉邦在楚漢戰爭時期所置,漢王朝正式建立後,不見此官名,此名當已廢除。《史記》傳裏不見“粟客”,只見“治粟都尉”,是二者職掌和地位相等;表中直書“粟客”。則保存了劉邦當年的職官名稱。

韓信不知名時任連敖,受滕公賞識以後,任治粟都尉,即粟客。故粟客地位當在連敖之上。

“郢粟客”當爲郢都掌管糧食的職官。

《古璽彙編》0160 號楚璽,有“粟客”,其文爲:

“群桌(粟)客鉨。”

古代,“米、禾”形旁意義相近,可互相通用。此“客”可能就是上面所説的“粟客”,也係楚國掌管糧食的職官。

《楚文化研究論集》2,頁 284—285

齊　齊

集成 11367 六年漢中守戈　　新收 1327 大府鎬　　陶彙 3·1326　　璽彙 0608

集成 4595 陳曼簠　　集成 4646 十四年陳侯午敦　　信陽 2·13　　包山 7

郭店·窮達 6　　上博一·緇衣 13　　上博五·三德 1　　睡虎地·封診 66

睡虎地·日甲 82 背　　陶彙 3·328　　陶彙 3·629　　璽彙 1597　　璽彙 2511

貨系 2577　　貨系 2578

○**朱活**（1965）　　齊即齊都臨淄，在今山東臨淄。今臨淄故城常有齊刀範出土。

《文物》1965-1，頁 39

○**李學勤、祝敏申**（1989）　　“齊”，《史記·平準書》集解云：“皆也。”與“大”意近。

《文物春秋》1989-創刊，頁 14

○**郭若愚**（1994）　　齊，《玉篇》：“整也。”《正韻》：“無偏頗也。”《荀子·富國篇》：“必將修禮以齊朝，正法以齊官，平政以齊民。”注：“齊，整也。”

《戰國楚簡文字編》頁 81

○**陳偉武**（1995）　　（編按：陶彙·3·27 等）檮字當釋爲“齊”，作前引數形實係齊字三豎畫交錯並加飾點而成，飾點閒或變爲曲筆。《古文字類編》録金文齊字作 🔸（齊巫姜殷描）、璽文作 🔸（《有竹齋藏璽印》），中豎稍短並少一飾筆罷了。若從文例看，“昌齊”與他器言“丘齊、碧齊”正相類。

《中山大學學報》1995-1，頁 126

○**于嘉芳**（1997）　　“齊之法化”“齊之化”中之“齊”指齊城臨淄；“齊返邦㳽法化”“齊法化”中之“齊”指齊國。同一齊字而指意不同，是戰國時期的地理學的一大特色。戰國時期是中國由城邦國家的後期，即王廷與群僚階段，向領主制國家階段過渡的時期，即墨、臨淄作爲城市名稱剛剛在歷史上出現，不見於戰國以前的文獻資料。城邦國家的一個重要特點就是以中心城市爲主體加上所控制的勢力範圍，組成一個政治實體，即國家，中心城市與國名相同。

《管子學刊》1997-1，頁 95—96

○**荆門市博物館**（1998）　　（編按：郭店·緇衣 38）齊，《詩·小雅·小宛》“人之齊聖"傳:"正也。"今本作"質"。

《郭店楚墓竹簡》頁 136

○**裘錫圭**(1998)　(編按:郭店·緇衣 38)"齊""質"古音相近。

《郭店楚墓竹簡》頁 136

○**劉信芳**(2000)　(編按:郭店·緇衣 38)齊　今本作"質",鄭玄注:"質猶少也。"按"齊"謂度量而選擇之,《周禮·天官·亨人》:"以給水火之齊。"鄭玄注:"齊,多少之量。"孔子弟子楚任不齊字子選。秦漢之際傳《緇衣》者或讀"齊"爲"劑",劑乃券書之名,此所以今本作"質"歟?

《郭店楚簡國際學術研討會論文集》頁 177

○**李家浩**(2000)　(編按:九店 621·14)此字原文筆畫稍有殘泐,與下一五號、一六號兩簡的"齊"比較,當是"齊"字。《周禮·天官·亨人》"掌共鼎鑊以給水火之齊",鄭玄注:"齊,多少之量。"《吕氏春秋·本味》"湯得伊尹……説湯以至味……凡味之本,水最爲始。五味三材,九沸九變,火爲之紀……調和之事,必以甘酸苦辛鹹,先後多少,其齊甚微,皆有自起",高誘注:"齊,和分也。"疑簡文"齊"與上引《周禮》《吕氏春秋》的"齊"同義。此種用法的"齊",後世作"劑"。

《九店楚簡》頁 144—145

【**齊客**】望山 1·1　包山 7

○**中大楚簡整理小組**(1977)　齊客,來自齊地的客。

《戰國楚簡研究》3,頁 32

○**劉彬徽、彭浩、胡雅麗、劉祖信**(1991)　齊,今山東境内的諸侯國。客,使臣。

《包山楚簡》頁 40

【**齊城**】集成 11815 齊城右戟

○**杜宇、孫敬明**(1992)　戈銘之"齊城",即齊國都城臨淄。在今淄博市臨淄區(辛店)北二十里。建國以來山東省文博部門,即在此進行考古調查、鑽探或試掘,初步探出齊城的規模、布局和有關宫殿、手工業作坊及墓葬的分布情況。並發現數量衆多的青銅兵器,其中有不少帶銘者。

《管子學刊》1992-2,頁 90

○**林仙庭、高大美**(1995)　"齊城"可能是指齊都臨淄。

《文物》1995-7,頁 77

○**陳偉武**(1996)　"齊城、高唐"均爲齊國都邑,在此用作"齊城大夫、高唐大

夫”的縮略語。整理小組謂簡文和刀銘的“齊城”可能即指臨淄。漢有虎符稱
“齊郡大(太)守”,治所在臨淄,則戰國“齊城”猶如漢之“齊郡”。

《華學》2,頁 83

【齊齊】郭店·性自 66　　上博五·君子 8　　上博五·三德 3

〇**李零**(1999)　　兩“齊齊”,是恭敬之義,見《大戴禮·四代》和《禮記》的《玉
藻》《少儀》《祭儀》。

《道家文化研究》17,頁 511

〇**濮茅左**(2002)　　齊齊,《集韻》:“齊,齊齊,恭愨貌。”

《上海博物館藏戰國楚竹書》(一)頁 262

〇**張光裕**(2005)　　“齊齊”,整肅貌。

《上海博物館藏戰國楚竹書》(五)頁 259

〇**李零**(2005)　　齊﹦節﹦　重文,讀爲“齊齊節節”,疑即《大戴禮記·四代》
“齊齊然,節節然”,從文義看似是形容整齊有序。

《上海博物館藏戰國楚竹書》(五)頁 290

〇**陳偉武**(2005)　　“齊齊、濟濟、臍臍”爲疊音摹狀詞,本是一個詞的不同寫
法,其詞根是“齊”,“整齊”爲其本義,使整齊即敬戒之義,由“整齊”義引申而
來。李零先生認爲“臍臍、齊齊”意思似乎不同,確實如此。筆者以爲,“齊齊”
表賓客之禮中的儀容,指整齊、端莊而言;祭祀之禮中的心態,用“臍臍”表示,
指恭敬、肅靜而言。在這一具體的文例中,“齊齊”與“臍臍”略有區別。而在
傳世文獻中,“齊齊”常表恭敬義,如《禮記·玉藻》:“凡行,容惕惕;廟中,齊
齊。”鄭玄注:“齊齊,恭愨貌也。”“臍臍”表恭敬義屬首見,爲《漢語大詞典》
等辭書所無。“齊齊”或作“齊如”,《論語·鄉黨》:“食不言,寢不語,雖疏
食菜羹,瓜祭,必齊如也。”何晏注引孔安國曰:“齊,嚴敬貌。”《性情論》簡十
五:“觀《賚》《武》,則㥈如也斯作。”原書釋“㥈”爲“惰”訓“怒”恐誤,竊疑
“㥈”爲表敬義之“齊”之專字。“㥈如”同《論語》之“齊如”,“如”是形容詞
詞尾。

《語言文字學研究》頁 6—7

【齊競公】上博六·競公 1

△**按**　即齊景公。

【齊逗】郭店·窮達 6

△**按**　“齊逗”讀爲齊桓,即齊桓公。

【齊㑴】上博五·三德 1

○**李零**（2005）　　“齊宿”，《孟子・公孫丑下》：“弟子齊宿而後敢言。”《史記・秦本紀》：“於是繆公虜晉君以歸，令於國：‘齊宿，吾將以晉君祠上帝。’”“齊”通“齋”，是恭敬之義。“宿”通“素”，是預先之義。兩字連讀是預爲齋戒之義。參看《孟子》趙岐注和清焦循《孟子正義》的解釋。

《上海博物館藏戰國楚竹書》（五）頁 288

△**按**　　陳劍（《談談〈上博（五）〉的竹簡分篇、拼合與編聯問題》，簡帛網 2006年 2 月 19 日；收入《戰國竹書論集》）讀爲“齊肅”，孟蓬生（《〈三德〉零詁》［續］，簡帛網 2009 年 3 月 21 日）有補證。

束

陶彙 3・993　　璽彙 5416　　貨系 0126　　包山 167　　郭店・老甲 9

郭店・老甲 14

○**鄭家相**（1958）　　文曰束。按束爲棘省，即大棘，見宣二年，宋地，在今河南寧陵縣西南七十里，睢州南三十五里。又棘澤，見襄二十四年，在今河南長葛縣東，爲鄭地。此布屬鄭屬宋，頗難確定，姑列於宋焉。

《中國古代貨幣發展史》頁 46

○**郝本性**（1972）　　束讀作刺，實即矛，《説文》於束字下，許慎云：“束，木芒也，象形……讀若刺。”段玉裁云：“束，今字作刺，刺行而束廢矣。”《周禮・考工記》冶氏職文云：“戟廣寸有半寸，内三之，胡四之，援五之，倨句中矩，與刺重三鋝。”郭沫若同志於《説戟》一文中云：“故余意戟之異於戈者必有‘刺’，此固毫無可疑；而‘刺’則當如鄭玄所云‘著秘直前，如鐏者也’。此物當如矛頭，與戟之胡、援、内分離而著於秘端，故記文言‘與’。”郭説雖早已爲世所公認，然未見矛自銘爲“束（刺）”者，而在這批兵器中有矛銘文曰“旅（戟）束”，矛形而稱束（刺），正爲郭説添一佳證。

《考古》1972-10，頁 37

○**黃錫全**（1994）　　過去，我們曾主張空首布的“束”作爲地名可讀爲“棘”。河南汲縣南 7 里有古地名“棘津”，春秋屬衛。河南新鄭縣東南近長葛有古地“棘城”或“棘澤”，春秋屬鄭。如考慮到空首布多爲周王畿内鑄幣，則“束”可讀爲“訾”。束，清紐錫部。訾從此聲，此屬清紐支部。束、訾古音相近。如典籍剌或作庇,積、漬(賁从朿聲)或作眦等。"訾"爲春秋周邑,在河南鞏縣西南。《左傳》昭公二十三年:"夏四月乙酉,單子取訾。"又二十四年:"王子朝用成周之寶珪於河。甲戌,津人得諸河上。陰不佞以温人南侵,拘得玉者……王定而獻之,與之東訾。"杜注:"訾在河南鞏縣西南。"

《先秦貨幣研究》頁2,2001;原載《陝西金融·錢幣專輯》22

○劉釗(1998)　(編按:包山167)按字釋"朿"不確,字應釋爲"束"。

《出土簡帛文字叢考》頁23,2004;原載《東方文化》1998-1、2

○荆門市博物館(1998)　(編按:郭店·老甲14)朿(靜)。

《郭店楚墓竹簡》頁111、112

○何琳儀(1998)　朿,甲骨文作㤡(乙八七二三),象矛類兵器置於架上之形。刺之初文。《淮南子·氾論訓》"脩戟無刺",注:"刺,鋒也。"指戟所附之矛鋒。西周金文作㤡(朿卣),春秋金文作㤡(秦公簋賁作㤡)。戰國文字承襲商周文字。六國文字⊢旁繁化爲⊨,與三體石經《君奭》㤡形吻合。或作㤡,右上加一短橫爲飾。或雙鉤矛鋒作㤡,或收縮矛秘作㤡,或省矛鐏作㤡。秦國文字作㤡、㤡、㤡,變異尤巨。後者爲小篆所承襲。(中略)韓兵"戎朿",讀"戟刺",戟所附矛之部分。二年窞右庫劍"五朿",讀"禦刺",禦劍。

《戰國古文字典》頁767

○張桂光(1999)　(編按:郭店·老甲14)"朿"之讀"次",主要據二字清紐雙聲,而"朿"字所屬之錫韻與"次"字所屬之脂韻可相通轉,故得通用。《尚書·秦誓中》:"惟戊午,王次於河朔。"孔安國傳:"次,止也。"

《古文字論集》頁173,2004;原載《江漢考古》1999-2

○劉信芳(1999)　(編按:郭店·老甲14)按"朿"應讀如"湜",《詩經·邶風·谷風》:"涇以渭濁,湜湜其止。"毛傳:"湜湜,持正貌。"《説文》:"湜,水清見底也。"从"朿"、从"是"之字古音相近,如"帝"釋作"諟"(《廣雅·釋詁》),"紫"字經典多作"是","寔"與"蹟"同訓爲"止",而"蹟"或作"速",字从"朿"得聲。

《中國古文字研究》1,頁104—105

△按　郭店簡《老子》兩見"朿",今本均作"靜"。

棗　㡀

㤡集成10922酸棗戈　　㤡集成11112宜乘戟　　㤡古幣文編202　　㤡睡虎地·日甲14正貳

睡虎地・日乙 67

○唐蘭（1958）　（編按：集成 11112 宜乘戟）棗。

《五省出土重要文物展覽圖録》頁 7

○李學勤、李零（1979）　（編按：集成 11112 宜乘戟）讀爲造。

《考古學報》1979-2，頁 155

○睡簡整理小組（1990）　（編按：睡虎地・日甲 14 正貳）棗（早）。

《睡虎地秦墓竹簡》頁 183

○何琳儀（1998）　宜無戟棗，讀造。《穀梁・莊廿四年》“棗栗殷脩”，注：“早取其早自矜莊。”《爾雅・釋水》“天子造舟”，釋文：“造或作早。”

《戰國古文字典》頁 227

○吳振武（1998）　（編按：集成 10922 酸棗戈）中山王𰋂鼎“早棄群臣”之“早”作（《金文編》456 頁），學者多認爲字從“日”“棗”聲，是“早”字的形聲寫法。“棗、造、早”並爲精系幽部字，故戟銘可以借“棗”爲“造”，“早”字可以用“棗”作聲符。由此可證，戈銘第二字必是“棗”字無疑。

《容庚先生百年誕辰紀念文集》頁 552—553

○徐在國（2000）　（編按：近出 1146 比城戟）從殘存筆畫看，此字似與山西長治分水嶺 14 號戰國墓出土的“宜乘之棗（造）戟”中的“棗”字同，似釋爲“棗”，讀爲“造”。戈銘“比城之棗（造）戟”與“宜乘之棗（造）戟”辭例相同。

《古文字研究》22，頁 119

△按　《説文》“棗”從“重朿”，與甲骨、金文合，戰國秦漢文字“朿”訛作“來”。

棘 棘

棘 睡虎地・日甲 36 背壹　　棘 睡虎地・日甲 38 背壹　　棘 睡虎地・日甲 51 背壹

△按　《説文》：“棘，小棗叢生者。从並朿。”

版 版

版 睡虎地・秦律 131

○**睡簡整理小組**(1990) 版,書寫用的木板,其形扁平,與方不同。

《睡虎地秦墓竹簡》頁 51

牒 牒

睡虎地・秦律 35

○**睡簡整理小組**(1990) 牒,薄小的簡牘。

《睡虎地秦墓竹簡》頁 28

牖 牖

睡虎地・日甲 143 背

△**按** “牖”秦漢文字右上均从日,小篆从“户”或爲訛形。

牏 牏

睡虎地・秦律 125

△**按** 《説文》:“牏,築牆短版也。”

鼎 鼎 鎮 𥁰

集成 2782 哀成叔鼎 集成 2574 鄲孝子鼎 集成 2305 坪夜君成鼎

集成 2106 君夫人鼎 璽彙 0321

信陽 2・14 信陽 2・27 包山 254 包山 265

集成 2101 稟里鼎 集成 2307 右廩宫鼎 集成 2623 楚王酓前鼎

○**胡光煒**(1934) (**編按**:集成 2623 楚王酓前鼎)从皿从貞(或鼎)省,爲鼎之異文。

《胡小石論文集三編》頁 180,1995;原載《國風》第 4 卷第 6 期

○**李學勤**(1957) “鎮”即鼎。

《文物》1959-8,頁 61

○**黄盛璋**(1989) (**編按**:集成 2106 君夫人鼎)其字上从“人”,中作“四”,下从

“火”，當是“鼎”字異構，東周與楚，鼎皆用“貞”字，但結構皆與此不同，此下從火，只能是“鼎”，而非“貞”字，“貞”字從貝，可簡寫從目，但決不下從火。“鼎”字如此寫法，故爲僅見。

《文博》1989-2，頁31

○**湯餘惠**（1993）　（編按：集成2397壽春鼎）貞，用爲鼎，銘文寫作，即金文、（新版《金文編》卷七，492頁）形的訛變。楚文字上作卜形的字，每訛作形，包山楚簡有不少這類例子，如步旁作，睿旁作，均不止一見。又簡文貞字數見，繁簡不一，或寫作，或省下作，或遞變爲（參看《包山楚簡》265號）。另外曾侯乙墓竹簡貞字繁作，字上卜旁的寫法亦相類似。舊或釋鼎銘此字爲“𦣞”，以爲倉官之名，似不可從。

《戰國銘文選》頁20

○**朱德熙、裘錫圭、李家浩**（1995）　（編按：望山2・46）簡文“鼎”字及偏旁“鼎”皆作“鼎”，實即“貞”字古體。“貞、鼎”音近，春秋、戰國時人多以“貞”爲“鼎”。

《望山楚簡》頁124

○**劉信芳**（2003）　簡文字形從火，貞聲（參簡197“貞”之字形）。按楚系文字凡從火貞聲之形皆應隷作“鼎”，視作“鼎”之古文可也。

《包山楚簡解詁》頁257

【**鼎胡苑**】秦封泥彙考1025

○**傅嘉儀**（2007）　鼎湖，位於陝西省藍田縣焦岱鎮西南。相傳黃帝采首山銅鑄鼎之處。《漢書・郊祀志》：“黃帝采首山銅，鑄鼎於荊山下。鼎既成，有龍垂鬍髯下迎黃帝……故後世因名其處曰鼎湖。”故此可知鼎湖爲秦時著名禁苑之一。今年考古發現，陝西省藍田縣焦岱鎮有秦漢胡宮遺址，更加證明此説爲是。

《秦封泥彙考》頁146

望山2・53

○**朱德熙、裘錫圭、李家浩**（1995）　簡文此字右旁作，據蔡侯墓銅鼎銘文“鼾”字定爲“升”，蔡侯墓之鼾爲平底鼎（《壽縣蔡侯墓出土遺物》圖版肆）。

此墓出陶製平底"爬獸鼎"二件（頭一三八、一五三號），形制與蔡侯墓之鯔相似，當即簡文所記之器。

《望山楚簡》頁 129

虒鼎

集成 2551 襄鼎　　　　望山 2·55

○**朱德熙、裘錫圭、李家浩**（1995）　襄鼎自稱"磚虒"（看《金文編》728 頁"沱"字），此墓出一大陶鼎，疑即虒。一說此"虒"字與楚王酓肯鉈鼎之"鉈"同。該鼎有流，形制合匜、鼎於一體，"鉈"似應讀爲"匜"。此墓未出匜鼎，但有二陶匜（頭四五號），一大一小，簡文以"虒"與"盤"並列，也可能即指陶匜。

《望山楚簡》頁 129

鼎

望山 2·47

○**朱德熙、裘錫圭、李家浩**（1995）　此字从"鼎""合"聲（"合"字見於一號墓二六號簡），其義待考。

《望山楚簡》頁 125

齎鼎

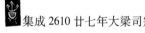集成 2610 廿七年大梁司寇鼎　　集成 2308 半齎鼎　　集成 2240 十年弗官容齎鼎

珍秦金吳 169 王二年垣戟

○**沈之瑜**（1962）　"齎"不是鼎名，應是齎字的假借。《玉篇》云："黍稷在器曰齎，亦作粢。"齎、粢二字在經典中通作盛或齊。如《周禮·天官·九嬪》"贊玉齍"，注："玉齍，玉敦，受黍稷器。"《周禮·春官·小宗伯》"辨六齍之名物與其用"，注："齍，讀爲粢……"

《文匯報》1962-10-14

○**馬承源**（1972）　盒（即齎的簡寫）。（中略）庸四分齎，是容四分的粢。

《文物》1972-6，頁 18—19

○**丘光明**（1981）　鼐是一種專用的計容單位名稱，一鼐約合 7200 毫升。銘文中容半、容三分、容四分指容二分之一、三分之一、四分之一鼐而言。但"鼐"與其他計容單位没有進位和退位關係，只是一個特定的量，不具備度量衡單位的特點。目前所見實物以"鼐"爲計容單位的僅限於銅鼎，這類銅鼎均只是記有一定量的容器，而不是常用的量器。

《文物》1981-10，頁 66—67

○**黄盛璋**（1989）　魏一鼐之值據器量表列如下：

器名	自記量	實測	一鼐
弗官鼎	鼐	7190	7190
大梁半鼐鼎	半鼐	3570	7140
卅五年瘐鼎	半鼐	3600	7200
梁陰鼎	半	3614	7228
梁上官鼎	三分	2381	7143
上樂鼎	三分	2480	7440
大梁四分鼎	四分	1800	7200
平安君鼎	四分鼐	1400	5600

平均一鼐之值約爲 7200 毫升，平安君鼎屬特殊之例，或有他故，待查。

《古文字研究》17，頁 35—36

○**何琳儀**（1998）　鼐，從鼎（或省作目形），齊聲（或省作 ✧ 形）。魏金鼐，讀秭。《書・禹貢》"達于濟"，《漢書・地理志》濟作泲。（中略）《説文》："秭，五䅮爲秭。"《儀禮・聘禮》："四秉曰筥，十筥曰稯，十稯曰秅。"故一秭爲禾二百秉。

《戰國古文字典》頁 1271

△按　"鼐"從鼎，齊聲，"鼎"或省寫爲"目"，"齊"或省寫爲 ✧。"鼐"是魏國獨有的量制單位，所見記容銘文有"鼐、半鼐、三分（三分之一鼐）、四分（四分之一鼐）"。

克　夒

夒 集成 2840 中山王鼎　　夒 璽彙 3507　　夒 曾侯乙 45　　夒 郭店・緇衣 19　　夒 郭店・老乙 2

㝵 上博一·緇衣 11　　**㝵** 上博四·曹沫 14

○**吳振武**(1983)　(編按：璽彙 3507)克。

《古文字學論集》(初編)頁 516

△按　陳斯鵬(《説"凷"及其相關諸字》,《中國文字》新 28 期 163—165 頁,藝文印書館 2002 年)謂"克"字本从肩負凷,會克任之意。

录 㒼

㒼 曾侯乙 2　　**㒼** 曾侯乙 13　　**㒼** 郭店·六德 14　　**㒼** 上博一·詩論 9　　**㒼** 上博一·詩論 11

㒼 上博二·容成 32

○**裘錫圭、李家浩**(1989)　录(綠)。

《曾侯乙墓》頁 490

△按　楚簡"录"多讀爲禄。

禾 ↑

禾 集成 12110 鄂君啟車節　　**禾** 集成 10374 子禾子釜　　**禾** 集成 3939 禾簋

禾 陶彙 5·263　　**禾** 璽彙 4104　　**禾** 璽彙 4280　　**禾** 璽彙 5119　　**禾** 貨系 301　　**禾** 貨系 2620

禾 上博二·民之 13　　**禾** 上博二·容成 7

○**鄭家相**(1942)　布文曰禾。在左。按禾爲和省,即菟和,見哀四年彙纂,今商州東有菟和山。

《泉幣》11,頁 34

○**俞椒**(1944)　即禾字,(按殷有禾侯)亦殷國名也。

《泉幣》24,頁 3

○**鄭家相**(1958)　文曰禾。二象形。《説文》:"禾,嘉穀也,二月始生,八月而熟,得時之中,故謂之禾。"

《中國古代貨幣發展史》頁 41

○**睡簡整理小組**(1990)　(編按：睡虎地·秦律 33)禾,此處爲狹義,即穀子。

《睡虎地秦墓竹簡》頁 28

○**王輝**（1990） （**編按**：集成 10384 高奴禾石權）禾本指穀子，也泛指糧食。《詩・豳風・七月》：“十月納禾稼，黍稷重穋，禾麻菽麥。”疏：“苗生既秀謂之禾，禾是大名，非徒黍、稷、重、穋四種，其餘稻秫苽粱皆名禾，唯麻與麥菽無禾稱，故總言禾以總之。”戰國時期，秦開始以禾作爲租稅。《史記・六國年表》記簡公七年（公元前 407 年）“初租禾”，“禾石”權可能是用來徵收租稅的。

《秦銅器銘文編年集釋》頁 49

○**馬承源**（1990） （**編按**：集成 3939 禾簋）禾　即田太公和。禾、和古通，田和之和，金文但作禾。

《商周青銅器銘文選》（四）頁 554

○**何琳儀**（1998）　晉吉語璽禾，讀和。《廣韻》：“和，不堅不柔也。”魏橋型布和，讀和，地名。《國語・晉語》八：“范宣子與和大夫爭田。”地望不詳，疑通邧。元、互、禾聲系相通。《左・僖四》“屈完”，《漢書・古今人表》作“屈桓”。《書・禹貢》“和夷底績”，《水經注・桓水》引鄭玄曰：“和讀曰桓。”是其佐證。邧見《左・文四》：“晉侯伐秦，圍邧、新城。”在今陝西澄城南。

《戰國古文字典》頁 838

○**李零**（2002） （**編按**：上博二・容成 7）禾（和）。

《上海博物館藏戰國楚竹書》（二）頁 255

【禾石】集成 10384 高奴禾石權　集成 10385 司馬成公權

○**黃盛璋**（1980）　秬是禾石合文。權銘“＝”凡四見，皆表合文，所以“禾石”下“＝”是表合文“秬”。《説文》禾部：“秬，百二十斤也，稻一秬爲粟二十斗，禾黍一秬爲粟十六斗大半斗，从禾，石聲。”此權實測重 30350 克，紐殘，因此原重量應稍大於 30350 克（最近中國歷史博物館按殘迹復原權紐，總重爲 30933 克，每斤之值爲 258 克），1964 年西安出土秦“高奴禾石”權，銘文亦自稱“禾石”，實測重 30750 克（一斤爲 256.3 克），相去極近，所以此權可以肯定爲禾石權。

《中國歷史博物館館刊》（總第 2 期）1980，頁 106

○**王輝**（1989）　“禾石”的刻辭又見於中國歷史博物館藏的“司馬成公”銅權。“禾石”説明其主要是徵收、儲存糧草時所用。禾本指穀子，後也泛指糧食。

《考古與文物》1989-5，頁 123

【禾同】上博二・民之 13

○**濮茅左**（2002）　“禾”，讀爲“和”。（中略）“和同”，即和睦同心。《法言・問神》:"和同天人之際,使之無聞者也。"《鹽鐵論·世務》:"方此之時,天下和同,君臣一德,外内相信,上下輯睦。"

《上海博物館藏戰國楚竹書》(二)頁 174

【禾宀】集成 171 越王朱句鐘

○**曾憲通**(1983)　"乍禾宀"讀作"作龢鑑"。鐘銘常見有"作龢鑼鐘"之恆語,如遲父鐘、叔編鐘等,因知鐘銘之"禾宀",當是"龢鑼鐘"的省稱。龢即和,在此爲修飾語,形容鐘聲之和諧。宀鐘金文或作銅鐘、鏐鐘、鑼鐘等,即文獻之林鐘。

《古文字與出土文獻叢考》頁 136,2005;原載《古文字學論集》(初編)

【禾鐘】集成 15 留鎛

○**何琳儀**(1998)　留鎛"禾鐘",西周金文作"龢鐘",均讀"和鐘"。《禮記·明堂位》"垂之和鐘",疏:"垂之所作調和之鐘。"

《戰國古文字典》頁 838—839

秀 秀

石鼓文·田車　　睡虎地·日甲 13 正貳　　睡虎地·日乙 13
包山 20　包山 23　九店 56·27　上博二·容成 34　上博五·君子 7

○**劉彬徽、彭浩、胡雅麗、劉祖信**(1991)　(編按:包山 263)秀(綉)。

《包山楚簡》頁 38

○**何琳儀**(1998)　秀,从禾,从引省,會禾苗引出之意。馬王堆帛書古地圖莠作𦬊(秦漢三一),下正从引。戰國文字引均省作弓。《廣雅·釋詁》一:"秀,出也。"(中略)包山簡秀,姓氏。宋大夫秀老之後。見《姓考》。

《戰國古文字典》頁 233

○**李家浩**(2000)　(編按:九店 56·27)"秀、牗"音近古通。《詩·大雅·板》"牗民孔易",《韓詩外傳》卷五、《禮記·樂記》和《史記·樂書》引此,"牗"皆作"誘"。馬王堆漢墓木簡《雜禁方》"嬰兒善泣,涂(塗)垉上方五尺",《馬王堆漢墓帛書[肆]》釋文注釋 159 頁注:"垉,讀爲牗。帛書《篆書陰陽五行》牗作庝。"簡文"秀"當讀爲"牗"。

《九店楚簡》頁 81

○**李零**（2002） （編按：上博二·容成34）秀（陶）。

《上海博物館藏戰國楚竹書》（二）頁276

○**李家浩**（2007） （編按：包山）263號簡的"秀"，整理者讀爲"綉"，甚是。（中略）"綉"應該是某種囊之名。在囊類的名稱中，與"綉"音近的有"韜、櫜"。"綉"從"秀"得聲。上古音"秀"屬心母幽部，"韜"屬透母幽部，"櫜"屬見母幽部，三字韻部相同，但聲母卻不相同。不過在心母、透母、見母三者的關係中，心母與透母的關係要比心母與見母的關係更爲密切。例如從"秀"得聲的"透、捒"即屬透母。《集韻》卷八候韻收有一個訓爲"吳俗謂縣一片"的"綉"字，不知與簡文"綉"是否爲同一個字，其讀音爲他候切，也屬透母。疑簡文"綉"應該讀爲"韜"。在古代"韜"或以"綯、綢"爲之。《玉篇》糸部："綯，亦作韜。"慧琳《一切經音義》卷六四"韜夏"之"韜"注引《考聲》："藏也。或作綢。"大概古代的韜或以熟皮革爲之，或以紡織品爲之，故字或從"韋"作"韜"，或從"糸"作"綯、綢"。簡文以"綉"爲"韜"，猶《玉篇》等以"綯"或"綢"爲"韜"。《説文》韋部："韜，劍衣也。"《廣雅·釋器》："韜，弓藏也。"慧琳《一切經音義》卷一〇〇"韜光"注引《蒼頡篇》："韜，杠衣也。"按韜不限於這些書所説的僅用於劍、弓、杠，據上録簡文還用於裝衣、席、琴、瑟、竽等。

在此需要説明一下，上海博物館藏戰國楚竹書《容成氏》所記人名"皋陶"，34號簡作"咎咎"或"咎秀"。"櫜"從咎得聲。此條資料似乎證明上録簡文中的"綉"應該讀爲"櫜"，而不應該讀爲"韜"。其實這條資料是有問題的。位於《容成氏》34號簡前的29號簡，"皋陶"作"咎陶"。上古音"咎"屬見母幽部，"咎"屬群母幽部，二字韻部相同，聲母都是喉音，故可通用。上古音"皋陶（繇）"之"陶"屬餘母幽部，與從"秀"得聲的"誘、莠、蜏"等聲母、韻部相同，故"陶、秀"二字可以通用。34號簡"咎咎"之"咎"，顯然是因"咎"或作"咎"而致誤。於此可見，《容成氏》這條資料不僅不能證明簡文"綉"應該讀爲"櫜"，反而證明簡文"綉"應該讀爲"韜"。

《簡帛》2，頁33—35

○**徐寶貴**（2008） 秀弓，章樵説："秀與綉同。綉弓，戎弓也。《穀梁傳》'公秀質'，質，靶也。戎弓綉其質，示武中有文。"馬敘倫説："秀爲捒省。《説文》曰：'搹，引也。捒，或從秀。'秀弓謂引弓也。"按：馬氏之説近是。

《石鼓文整理研究》頁817

△**按** 九店56·27"户秀"讀"户牗"，上博二《容成氏》34"咎秀"即皋陶。

【**秀日**】睡虎地·日甲13正貳

△按　睡虎地簡“秀日”,建除日名。

稼　稼

睡虎地·答問 150　　　　睡虎地·答問 150

△按　《説文》:“稼,禾之秀實爲稼,莖節爲禾。从禾,家聲。一曰:稼,家事也。一曰:在野曰稼。”

穜　穜

包山 103　　　包山 107　　　包山 112　　　上博二·容成 21　　　睡虎地·日乙 48 叁

○李零(2002)　(編按:上博二·容成 21)穜(春)。

《上海博物館藏戰國楚竹書》(二) 頁 266

△按　包山簡“糴穜”,讀爲糴種。

稺　稺

稺陶彙 5·155　　　稺陶彙 5·476

○高明、葛英會(1991)　稺　《玉篇》:“稚與稺同。”

《古陶文字徵》頁 175

稠　稠

稠睡虎地·封診 78

△按　《説文》:“稠,多也。”

稀　稀

稀睡虎地·封診 78

△按　《説文》:“稀,疏也。”

穌 穌

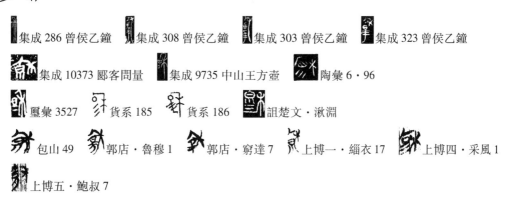

璽彙 0238　　包山 145　　上博四·曹沫 1　　上博四·曹沫 7　　上博四·曹沫 64

○吳振武（1984）　（編按：璽彙 0238）此字从禾从蔑，應釋爲穌。《説文》謂：“蔑，勞目無精也。从苜，人勞則蔑然，从戍。”金文蔑字作𦵏或𦵏（《金》205 頁），穌字作𦵏或𦵏（《金》206 頁）。雖然從金文看，蔑字不一定是从戍的，但其所从的𦵏下部是“人”形則是可以肯定的。此字上部𦵏即蔑字所从的苜。苜旁作𦵏，猶如慶字或作𦵏，濁字或作𦵏，眠字或作𦵏（參本文［五八四］條）。下部𦵏則是戍旁和禾旁的結合體。在這裏，禾旁中間的 1 畫是借用了戍旁所从的𦵏（人），或者可以説是借用了𦵏旁下部的“人”形部分。雖然它們本非同形，但因相近，所以也就不妨借用。類似借筆現象在古文字中是很常見的，詳拙文《古漢字中的借筆字》。金文中穌字習見，皆用爲“蔑曆”之蔑。

《〈古璽文編〉校訂》頁 261，2011

○湯餘惠（1986）　（編按：璽彙 0238）按其字當是穌字省形，字从禾，蔑省聲。

《古文字研究》15，頁 15

○李零（2004）　“穌”字从蔑或从萬，“蔑”或“萬”與“沫”讀音亦相同（都是明母月部字）。古書所見異名，如“劇、翩”是見母、曉母的月部字，讀音也相近。

《上海博物館藏戰國楚竹書》（四）頁 243

△按　“穌”西周金文作𦵏（集成 04208 段簋），从禾，蔑聲。上博四“穌”用爲曹沫之“沫”。

穆 穆

集成 286 曾侯乙鐘　　集成 308 曾侯乙鐘　　集成 303 曾侯乙鐘　　集成 323 曾侯乙鐘

集成 10373 郘客問量　　集成 9735 中山王方壺　　陶彙 6·96

璽彙 3527　　貨系 185　　貨系 186　　詛楚文·湫淵

包山 49　　郭店·魯穆 1　　郭店·窮達 7　　上博一·緇衣 17　　上博四·采風 1

上博五·鮑叔 7

○李零（1984）　　"穆"是楚國的律名。

《江漢考古》1984-1,頁 88

○劉彬徽、彭浩、胡雅麗、劉祖信（1991）　　稑。

《包山楚簡》頁 20

○曹錦炎（1992）　　穆,穆王。

《中國錢幣》1992-2,頁 58

○何琳儀（1993）　　（編按:包山）穆。

《江漢考古》1993-4,頁 56

○湯餘惠（1993）　　（編按:包山）古文秋字作"秌",日下乃火旁,此从彡,當是穆字。187 簡稍省作𣚦。簡文"～奊、～亥"皆人名,古今皆有穆氏。

《考古與文物》1993-2,頁 69—70

○蔡運章（1995）　　【穆·平肩空首布】春秋中晚期青銅鑄幣。鑄行於周王畿。屬大型空首布。面文"穆"。背無文。

《中國錢幣大辭典·先秦編》頁 158

○何琳儀（1998）　　晉璽穆,姓氏。宋穆公之後,支孫以謚爲氏。見《元和姓纂》。

《戰國古文字典》頁 266

△按　《上博（五）·鮑叔牙》簡 7"齊邦至惡死,而上穆其刑;至欲食,而上厚其斂,至惡苛,而上不時使","穆"字作𣚦形,或釋爲"秋"。當釋爲"穆"讀爲"繆","繆"義爲亂（參看王輝《上博藏簡詞語釋讀四則》,《中國文字》新 38 期 199—200 頁,藝文印書館 2012 年）。

【穆穆】集成 2746 梁十九年鼎　集成 9735 中山王方壺　上博一·緇衣 17

○張政烺（1979）　　（編按:集成 9735 中山王方壺）《禮記·曲禮》"天子穆穆,大夫濟濟",鄭玄注:"皆行容止之貌也。凡行容,尊者體盤,卑者體蹙。"《正義》曰:"天子穆穆者,威儀多貌也。大夫濟濟者,濟濟徐行有節。"

《古文字研究》1,頁 210

○李學勤（1990）　　（編按:集成 2746 梁十九年鼎）"穆穆",《爾雅·釋訓》:"美也。"

《新出青銅器研究》頁 207

私 𥝲

睡虎地·語書 4　　　睡虎地·爲吏 46 叁　　　璽彙 4623

○**羅福頤等**(1981)　私。

《古璽彙編》頁 421

△**按**　《説文》:"私,禾也。从禾,厶聲。"

稷 㮨

集成 2840 中山王鼎　　集成 10374 子禾子釜　　郭店・尊德 7　　郭店・唐虞 10

上博二・容成 28　　璽彙 4442　　上博一・詩論 24　　上博二・子羔 12

○**丁佛言**(1924)　子和子釜右从畟,畟从田从人从夊,此下从屮,爲夊之訛,金文屢見。或謂从女,誤。(中略)許氏説:"齋也。"故古稷亦从示。

《説文古籀補補》頁 33—34,1988

○**吳振武**(1984)　四四四二號璽文㮨釋秋誤,應釋爲稷。秋字侯馬盟書作秌,長沙楚帛書作秌,古璽作秌、㮨(看本條下所録其他璽文秋字),皆與此字明顯不同。畟可釋爲畟,中山王䁖鼎"社稷(稷)"之稷作禮(《中》70 頁),子禾子釜"稷月"之稷作禮(《金》14 頁),均其證。《説文》稷字古文作稞,亦可證。《古璽彙編》四四四三號璽中的㮨字也應釋爲稷,本書未録。

《〈古璽文編〉校訂》頁 98,2011

○**何琳儀**(1998)　晉璽稷,疑讀爲秋。《逸周書・王會》"稷慎大塵",孔注:"稷慎,肅慎也。"《左・襄十八》"及秦周伐雍門之楸",《晏子春秋・外篇》上作"見人有斷雍門之檽者"。此稷、肅、秋音近之旁證。

《戰國古文字典》頁 98

禝,从示,从鬼。稷之異文。

《戰國古文字典》頁 98

△**按**　《集韻・職韻》謂禝"通作稷"。參看卷一示部"禝"字條。

【稷月】集成 10374 子禾子釜

○**何琳儀**(1998)　子禾子釜(編按:原書誤作陳純缶)稷月,齊國特殊月名。

《戰國古文字典》頁 98

秫 秫 术

睡虎地・日甲 18 正叁　　包山 269　　包山 273

○**劉彬徽、彭浩、胡雅麗、劉祖信**（1991）　朮，《説文》：“分枲莖皮也。”

　　　　　　　　　　　　　　　　　　　　　　　　　《包山楚簡》頁 65

○**李家浩**（1995）　“术”字原文與甲骨文“术”字和魚匕“述”字所从“术”旁等
的寫法相同。（中略）不過包山簡牘所記的戟柲的翼狀物名字與旆幅的翼狀物
的名字是有區別的，把前者叫做“侵”，把後者叫做“术”。

　　　　　　　　　　　《著名中年語言學家自選集・李家浩卷》頁 264、268，2002；
　　　　　　　　　　　　　　原載《第二屆國際中國古文字學研討會論文集續編》

○**劉信芳**（1997）　“朮”讀如“繸”，《説文》“遂”之古文从“朮”聲，楚帛書“祭
齊則述”即“祭齋則遂”，《左傳》僖公三十三年“西乞術”，文公十二年“秦伯使
術來聘”，《公羊傳》作“遂”。《爾雅・釋器》：“繸，綬也。”綬本組帶之名。“繸
五旒”即以組帶維繫五旒於旆幅上。

　　　　　　　　　　　　　　　　　　　　　　　《中國文字》新 22，頁 182

○**何琳儀**（1998）　包山簡朮，讀絉。《玉篇》：“絉，繩也。”

　　　　　　　　　　　　　　　　　　　　　　　《戰國古文字典》頁 1243

△**按**　《説文》秫或體作“朮”。

稻　稻

　[字形]睡虎地・日乙 47 貳　　**[字形]**睡虎地・秦律 35

△**按**　《説文》：“稻，稌也。从禾，舀聲。”

耗　秏

　[字形]睡虎地・秦律 165　　**[字形]**睡虎地・效律 24

○**睡簡整理小組**（1990）　秏（耗）。

　　　　　　　　　　　　　　　　　　　　　　　《睡虎地秦墓竹簡》頁 57

稗　穇

　[字形]睡虎地・秦律 83

【稗官】睡虎地・秦律 83

○**睡簡整理小組**（1990）　稗官，屬下的小官,《漢書·藝文志》:"稗官,小官。"

《睡虎地秦墓竹簡》頁 40

移 移

移 睡虎地·效律 49　　　移 睡虎地·雜抄 38

【移輸】睡虎地·效律 49

○**睡簡整理小組**（1990）　移,《廣雅·釋詁四》:"轉也。"移輸,應指把當由本人運送的物品轉交給別人。

《睡虎地秦墓竹簡》頁 75

穎 穎

穎 陶彙 5·71　　　穎 秦封泥彙考 1353

【穎陽】秦封泥彙考 1353

○**傅嘉儀**（2007）　穎即潁。縣名。秦置。（中略）今在河南省許昌市西南。

《秦封泥彙考》頁 207

采 采

采 侯馬 36:4　　采 璽彙 1513　　采 璽彙 3765　　采 貨系 596　　采 貨系 596

采 郭店·唐虞 8　　采 郭店·忠信 6　　采 上博二·子羔 8

采 睡虎地·日乙 47 壹　　采 睡虎地·日乙 48 壹

○**山西省文物工作委員會**（1976）　采　宗盟委質類參盟人名。

《侯馬盟書》頁 318

○**吳振武**（1983）　（編按:璽彙 0438）采（穗）。

《古文字學論集》（初編）頁 493

○**裘錫圭**（1992）　在秦簡裏,"采"卻可以跟"秀"相代。例如《雲夢睡虎地秦墓》圖版一一八的 755 號簡文爲:"正月二月:子,秀。丑、戌,正陽。寅、酉,危陽……"圖版一四七的 942 號簡文則爲:"正月二月:子,采。丑、戌,〔正〕陽("正"字據 943 等號簡補)。寅、酉,危陽……"後者的"采"跟前者的"秀"相當。《説文》"袖"字正篆作"褎",分析爲"从衣,采聲"。這個"采"顯然也是取"秀"音而不是取"穗"音的。所以"采"其實應該是"禾成秀"之"秀"的初文或本字。"秀、穗"義近,因此"采"又被人當作"穗"字。

《古文字論集》頁 188

○陳偉武(1995) 戰國秦漢文字禾符與木符每相混,如《文字徵》第 175"穌"字或从禾,或从木。《古璽彙編》0177"和"字作 𥝤,與陳肪簋、史孔盉"和"字同。雖然如此,《文字徵》此處所引文辭殘缺,𥝤當釋爲《説文》的采字,即穗的古文。

《中山大學學報》1995-1,頁 122—123

○劉釗(1998) 采字在秦簡中的用法,可以給我們一點啟示。睡虎地秦簡日書甲種稷辰:"正月二月,子秀,丑戌正陽……"日書乙種秦:"正月二月,子采,丑戌正陽……"在日書甲種"秀"字的位置,日書乙種卻作"采"。這説明"采"和"秀"可以相通。采、秀二字在秦簡中可以替代。《説文》:"秀,上諱。臣鍇曰:禾實也,有實之象,下垂也。"《説文》:"采,禾成秀也,人所以收,从爪、禾。"采、秀二字在秦簡中可以替代,兩字之間的關係大概有兩種可能,一種可能是采、秀義近,采用爲秀是"同義換讀",一種可能是采應該就是"禾成秀"之"秀"的初文或本字。《説文》袖字篆文作"褎",分析結構爲"从衣,采聲",這個"采"就讀爲"秀"的音,正説明了兩字的密切關係(參見裘錫圭《甲骨文中所見的商代農業》一文中對采、秀二字關係的分析)。上舉 2474、5596 號璽中的"采"字用爲姓氏字,就應讀作"秀"姓之"秀"。《姓考》載秀姓爲宋大夫秀老之後。(中略)

"疾采"之名應與古璽中常見的"去疾""去病""病已""疾已"一類名相似。"采"應釋爲"秀"讀爲"抽"或"瘳"。抽字異體作"挏",从"秀"作,故"秀"可讀"抽"。抽字典籍訓爲"除去"。《詩·小雅·楚茨》:"楚楚者茨,言抽其棘。"毛傳:"抽,除也。"典籍"抽""瘳"相通,如敦煌古醫籍張仲景五臟論:"華佗割骨除根,患者悉得抽愈。"抽愈即瘳愈。《説文繫傳》:"瘳,疾病愈也。从疒,翏聲。臣鍇曰:忽愈若抽去之也。"璽文"𥝤"(秀)讀爲"抽"或"瘳","疾𥝤"即"疾抽"或"疾瘳",與"去疾""去病"等名含義相同。

《古文字考釋叢稿》頁 181—182,2005;原載《考古與文物》1998-3

○裘錫圭（1998）　（編按：郭店・唐虞 8）釆，讀爲“由”。《説文》“䄂”字正篆即以之爲聲旁。

《郭店楚墓竹簡》頁 159

（編按：郭店・唐虞 12）“釆”音“由”，與“繇”通。

《郭店楚墓竹簡》頁 159

○何琳儀（1998）　周空首布“武釆”，讀“武遂”，地名。緫、税、襚均爲喪服，乃一音之轉。《左・襄廿七》“公喪之如税服終身”，釋文：“税，徐云，讀曰緫。”《史記・酈生陸賈傳》“乃奉百金往税”，集解引韋昭云：“税當爲襚。”是其佐證。晉璽釆，姓氏。疑讀税。建平信陵縣有税氏。見《通志・氏族略》引《荆州記》。

《戰國古文字典》頁 1242

○馬承源（2002）　（編按：上博二・子羔 8）“釆”即“番”字所从的聲符“釆”，通假作“播”或“布”。所言“播”是指播德，播德亦通布德，“播”爲幫紐歌部，“布”乃幫紐魚部，爲雙聲韻部通轉假借字。《史記・楚世家》：“成王惲元年，初即位，布德施惠，結舊好於諸侯。”

《上海博物館藏戰國楚竹書》（二）頁 192

○季旭昇（2003）　（編按：上博二・子羔 8）“釆”字似乎可以讀成“抽”，謂“抽取、提拔”；或讀爲“導”，由（餘招切，喻四幽開三）、導（徒皓切，定幽開一）二字聲近韻同，可以通假。换一個角度來想，“釆”字做爲“穗”的表意字，从爪从禾，應該也可有動詞的作用，名詞“穗”直接做動詞用，就是“取穗”，也就是“釆（穗）”字引申即可以有“取”的意思。

《上海博物館藏戰國楚竹書(二)讀本》頁 35

○徐在國（2004）　《子羔》簡文中的“釆”也應讀爲“由”。《爾雅・釋詁上》“由，自也”，郭璞注：“自，猶從也。”簡文“由諸畎畆之中”，意爲從田畆之中，與《孟子・告子下》“舜發於田畆之中”義近。

《新出楚簡文字考》頁 181，2007；原載《上博館藏戰國楚竹書研究續編》

○蘇建洲（2006）　（編按：上博二・子羔 8）筆者不揣鄙陋，以爲或可讀作“招”。“釆”在《郭店》讀作“由”（餘幽），而“招”（章宵），聲紐同爲舌音，韻部旁轉音近。《戰國策・燕策一》：“則莫如遥伯齊而厚尊之。”漢帛書本“遥”作“招”。而《唐虞之道》12“旮釆”即《窮達以時》3“旮繇（即“繇”）”。又扶風齊家村 H3：1 卜甲共五辭，可分三組，其中有“用由遄妾”，李學勤先生以爲“由”疑讀爲占繇的“繇”。可見“由”與“招”的確音近可通。《尹文子・卷一》：“今以禮義招仁賢。”《戰國策·燕策一》：“燕昭王收破燕後即位,卑身厚幣,以招賢者,將欲以報讎。”則簡文讀作“采(招)諸毗畞之中,而使君天下而憂”,文意順暢。

《上博二校釋》頁 356

△按　上博二《子羔》簡 8“采諸畎畞之中”,裘錫圭(《裘錫圭學術文集·簡牘帛書卷》480—481 頁)疑“采”讀爲擢,即拔擢之意。白於藍《釋褎——兼談秀、采一字之分化》(《中國古文字研究》1 輯 348—352 頁,吉林大學出版社 1999 年)對该字構形有分析。

【采日】九店 56·36

○**李家浩**(2000)　“禾日”,秦簡《日書》甲種楚除和乙種楚除“禾”皆作“秀”。若秦簡文字不誤,疑本簡的“禾”當是“秀”字的省寫。古文字“年”從“禾”從“千”聲,戰國璽印文字或省寫作“禾”(《古璽彙編》四二七·四六九九“百禾[年]印”),與此省略情況相同,可以參考。不過也有另一種可能。秦簡《日書》甲種《稷(叢)辰》所記“秀、正陽、危陽”等八名的“秀”,乙種作“采”。《説文》禾部以“采”爲“穗”的正篆。《説文》説:“采,禾成秀也。”《詩·王風·黍離》“彼稷之穗”,毛傳:“穗,秀也。”不僅“‘采’與‘秀’古互訓”(段玉裁《説文解字》“采”字注語),而且“采”在古代還有“秀”音,《説文》説“褎(袖)”從“采”聲就是很好的證明。上古音“褎、秀”都是精組幽部字。所以“采、秀”二字可以通用。《尚書·歸禾序》孔穎達疏引《尚書大傳》:“成王之時,有三苗貫桑葉而生,同爲一穗。”《韓詩外傳》卷五和《説苑·辨物》記此事,“穗”皆作“秀”。《説文》艸部:“莠,茅秀也。”《廣雅·釋草》“莠,茅穗也。”秦簡《稷(叢)辰》“秀”作“采”,與此同例。據此,本簡“禾日”之“禾”,也可能是“采”字的省寫。

《九店楚簡》頁 96—97

○**劉國勝**(2000)　“秀”,原釋文釋作“禾”,當釋爲“休”,字從禾,從引省。“秀日”,睡虎地秦簡《日書》寫作“秀日”。

《奮發荆楚探索文明——湖北省文物考古研究論文集》頁 217

○**李守奎**(2003)　采。

《楚文字編》頁 442

△按　《楚地出土戰國簡册》(十四種)頁 313 謂據紅外影像,簡文從爪、木,即采字,是“采”之誤。

穫 穫

上博三・周易 20　上博四・曹沫 20　上博五・季庚 12　睡虎地・秦律 35

睡虎地・日甲 152 背

○濮茅左（2003）　（編按：上博三・周易 20）穫，即穫。

《上海博物館藏戰國楚竹書》（三）頁 165

○李零（2004）　（編按：上博四・曹沫 20）"穫"有違誤之義，如《淮南子・兵略》"音氣不戾八風，詘伸不穫五度"，高誘注："穫，誤也。"

《上海博物館藏戰國楚竹書》（四）頁 256

○李守奎等（2007）　穫。

《上博一——五文字編》頁 359

△按　右旁或隸定作"膗"，即膗字。

積 積

集成 10372 商鞅量　睡虎地・秦律 27　睡虎地・效律 27

○馬承源（1972）　（編按：集成 10372 商鞅量）"積"就是容積。

《文物》1972–6，頁 17

△按　《説文》："積，聚也。"

秩 秩

睡虎地・秦律 31　睡虎地・秦律 46　睡虎地・答問 55

○睡簡整理小組（1990）　（編按：睡虎地・秦律 31）秩，俸禄。有秩，見《史記・范睢列傳》"自有秩以上至諸大吏"，指秩禄在百石以上的低級官吏。王國維《流沙墜簡》考釋："漢制計秩自百石始，百石以下謂之斗食，至百石則稱有秩矣。"

《睡虎地秦墓竹簡》頁 27

穅 穅　康 康

集成 9719 令狐君嗣子壺　集成 4595 陳曼簠　石鼓文・吾水　璽彙 1114　璽彙 2475

郭店·成之38　　上博二·民之8　　郭店·緇衣28　　上博一·緇衣3

○**羅福頤等**（1981）　不从禾，與《説文》古文近。

《古璽文編》頁177

△**按**　"康"甲骨文作兼、甬，西周金文同。《説文》小篆作"穅"，从禾从米，庚聲，或體作"稾"，"米"當是訛形。

【康康】石鼓文·吾水

○**何琳儀**（1998）　石鼓"康康"，讀"庚庚"。《史記·文帝紀》"大横庚庚"，集解："服虔曰：庚庚，横貌也。"

《戰國古文字典》頁642

【康樂】集成9719 令狐君嗣子壺

○**廖序東**（1991）　《爾雅·釋詁》："康，樂也。"是"康、樂"二字同義。有單用"樂"者，如邵鐘"樂我先且"、沇兒鐘"以樂嘉賓"。

《中國語言學報》4，頁170

稾 稾

睡虎地·秦律10　　睡虎地·效律33　　睡虎地·日甲76背

△**按**　《説文》："稾，稈也。"

年 秊

集成9710 曾姬無卹壺　　集成11287 三年上郡高戈　　集成9735 中山王方壺

集成2793 坪安君鼎　　集成2701 公朱左官鼎　　陶彙9·106　　陶彙4·2　　集成9709 公孫窓壺

包山126　　郭店·窮達5　　郭店·緇衣12　　上博二·容成5　　上博五·弟子5

青川木牘　　睡虎地·秦律35

○**張光裕**（2005）　（編按：上博五·弟子5）秋。

《上海博物館藏戰國楚竹書》（五）頁270

○**陳偉**（2008）　（編按：上博五·弟子5）其後一字，大概是將"禾"下部移植到上面,與《古文四聲韻》卷二所收滕公墓銘"年"字類似,可能是"年"之訛體。

《新出簡帛研讀》頁 242

△按 上博五《弟子問》字釋"年"是,田煒(《讀〈上海博物館藏戰國楚竹書〉零札》,《江漢考古》2008 年 2 期)認爲"禾"與"千"共用斜筆。

穀 穀

睡虎地·日乙 65　睡虎地·日乙 241

○**睡簡整理小組**(1990)　穀,《詩·黃鳥》傳:"善也。"

《睡虎地秦墓竹簡》頁 205

租 租

睡虎地·答問 157　睡虎地·答問 157

○**睡簡整理小組**(1990)　租,《説文》:"田賦也。"《管子·國蓄》:"在農曰租稅。"此處意爲徵收田賦。

《睡虎地秦墓竹簡》頁 130

穌 穌

璽彙 2480　璽彙 2486　璽彙 0254　璽彙 2479

陶彙 6·159　侯馬 16:33

○**山西省文物工作委員會**(1976)　穌　宗盟類參盟人名。

《侯馬盟書》頁 350

○**李先登**(1978)　此"穌"字亦見於周金文,从魚从木,而木與禾通,殆爲穌字。後孳乳爲蘇字。蘇本古國名,後人以國名爲姓氏。

《古文字研究》7,頁 216

○**羅福頤等**(1981)　从木,孳乳爲蘇字,與蘇公簋蘇字同。

《古璽文編》頁 178

○**吳振武**(1983)　穌(蘇)。

《古文字學論集》(初編)頁 507

○何琳儀（1998）　穌，从木，魚聲。穌之異文。

《戰國古文字典》頁 503

稍　稍

稍 睡虎地·秦律 78　　稍 睡虎地·秦律 120

────────────────

○睡簡整理小組（1990）　（編按：睡虎地·秦律 78）稍，《廣雅·釋詁一》："盡也。"

《睡虎地秦墓竹簡》頁 39

秋　秌

秋 璽彙 4439　秋 璽彙 4445　秋 璽彙 4447　秋 璽彙 4448　秋 璽彙 4449

秋 包山 214　秋 包山牘 1　秋 郭店·六德 25　秋 侯馬 3：3　秋 睡虎地·秦律 120

────────────────

○山西省文物工作委員會（1976）　秋　宗盟類參盟人名

《侯馬盟書》頁 318

○湯餘惠（1986）　秋　長沙帛書作秋、秋（巴納摹本，下引同）。《説文》籀文作秌，魏石經古文省作秌（《左傳·僖公》），構形略同小篆，《説文》謂"从禾，龜省聲"，古璽或增義符作秌（4453），帛省火旁。

《古文字研究》15，頁 10

○何琳儀（1998）　包山簡秋，姓氏。少昊之後有秋氏，見《路史》。包山牘秋，讀鰍。

《戰國古文字典》頁 228

△按　楚簡秋形或釋爲秋，當從劉釗（《釋楚簡中的"繆"［繆］》，《古文字考釋叢稿》218—225 頁，嶽麓書社 2005 年）改釋爲"穆"。

秦　秦

秦 集成 159 鳳羌鐘　秦 集成 2794 楚王舍忎鼎　秦 集成 11352 秦子戈　秦 集成 37 秦王鐘

秦 璽彙 1630　秦 璽彙 3423　秦 璽彙 5475　秦 陶彙 4·109

秦 包山 141　秦 包山 184　秦 包山 180　秦 郭店·窮達 7　秦 上博一·詩論 29

秦 睡虎地·答問 203　秦 睡虎地·雜抄 5

────────────────

○羅福頤等(1981)　　省卝,與此同時盒忘鼎秦字同。或从邑。

《古璽文編》頁 179

○馬承源(2001)　(編按:上博一·詩論 29)秦(溱)。

《上海博物館藏戰國楚竹書》(一)頁 159

△按　《説文》謂"秦"从禾舂省,西周及秦文字"秦"即从臼,如▨(《集成》4288)、
▨(《近出》424)、▨(《首陽》頁 132)。清华壹《楚居》"秦"亦从臼不省,作▨。

【秦戎】集成 37 秦王鐘

○李瑾(1980)　　戎字既是軍隊之義,"救秦戎",就是救秦國的軍隊。

《江漢考古》1980-2,頁 57

○饒宗頤(1981)　　此鐘云秦戎即謂秦兵,非戎狄之戎。

《文物》1981-5,頁 75

○李零(1986)　　秦戎,指秦。《管子·小匡》:"拘秦(泰)夏,西服流沙西虞,
而秦戎始從。"(《北堂書鈔》卷一一四引"從"作"定"。)大意似爲秦王卑命於
競坪,楚王決定救援秦軍。

《古文字研究》13,頁 380

○李零(1996)　　"秦戎",見於《管子·小匡》,是齊國對秦國的一種叫法,帶
有輕蔑含義,所謂"秦僻在雍州,不與中國諸侯之會盟,夷狄遇之"(《史記·秦
本紀》)。現有器銘爲證,楚國也有這類叫法。

《傳統文化與現代化》1996-6,頁 24

【秦客】新收 1327 大府鎬

○舒之梅、羅運環(1987)　　按《史記·楚世家》云:楚頃襄王二十七年(公元前
232 年),"復與秦平,而入太子(指熊元)爲質於秦"。這是楚國歷史上的一件
大事,照楚之習慣,不可不用它來紀年,但又不便直書,故在鑄器刻辭時,把太
子送往秦國作人質説成"秦客",用以粉飾。此銘文從一個側面反映出當時秦
楚關係之緊張。

《湖北省考古學會論文選集》1,頁 145

○劉彬徽(1988)　　秦客應指秦國之客,是以某一秦王子使楚之事紀年。

《江漢考古》1988-2,頁 61

○李零(1992)　　秦客王子齊,應指楚國的某個名齊的王子入秦爲使,望山
M1、天星觀 M1 出土竹簡,常有某國客使"鄅(問)王子戕郢之歲"的記載,稱爲
"齊客""秦客"等等。此王子齊,名無可考,大概只是普通的一個王子而不一

定是大子。

《古文字研究》19，頁 152

【秦高】望山 2・13

○**中大楚簡整理小組**（1977）　秦高，即秦地所産之縞。

《戰國楚簡研究》3，頁 44

稱 禰

青川木牘　睡虎地・秦律 55　睡虎地・秦律 130

△**按**　《說文》：“稱，銓也。”

程 程

睡虎地・秦律 123　睡虎地・效律 24

○**睡簡整理小組**（1990）　（編按：睡虎地・秦律 33）程，《廣雅・釋詁三》：“量也。”

《睡虎地秦墓竹簡》頁 28

秸

睡虎地・秦律 35

○**睡簡整理小組**（1990）　秸（黏）　黏（音胡），或作秸，《說文》：“黏也。”

《睡虎地秦墓竹簡》頁 28

秙

曾侯乙 174

△**按**　秙从禾，工聲。義不詳。

秳

陶彙 5・144

○**何琳儀**(1998)　秸,从禾,吉聲。《廣雅·釋草》:“秸,稾也。”《集韻》:“稭,《説文》禾稾去其皮,祭天爲席。或作秸。”秦陶秸,人名。

《戰國古文字典》頁1085

⿰禾刅

包山157 上博五·鮑叔1

○**劉彬徽、彭浩、胡雅麗、劉祖信**(1991)　(編按:包山157)大⿱刅木,即大梁,魏國都城。

《包山楚簡》頁51

○**何琳儀**(1998)　⿰禾刅,从禾,刅聲。疑粱之省文,或粱之異文。《集韻》:“粱,或从禾。”

《戰國古文字典》頁699

○**陳佩芬**(2005)　(編按:上博五·鮑叔1)“⿰禾刅”,从禾,刅聲,疑“粱”之或體,从禾與从米通,讀爲“粱”。

《上海博物館藏戰國楚竹書》(五)頁182

⿰禾冊

九店56·1

△**按**　九店簡“⿰禾冊”,其義待考。

⿰禾坐

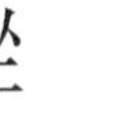九店56·1

○**李零**(1999)　“⿰禾坐”,或作“⿰禾癸”(按:二字所从,坐是從母歌部字,癸是見母脂部字,似非通假字),疑是稱量粟米的衡制單位。

《考古學報》1999-2,頁141

○**李家浩**(2000)　本組簡文的“⿰禾坐”是量詞。

《九店楚簡》頁59

稡

九店 56·1

○**李家浩**（2000）“稡”字還見於下二號、三號、四號等簡。從此字所處的位置
與“秱”相同來看，它們有可能是同一個字的異體。《史記·孝武本紀》元鼎五
年冬“始立后土祠汾陰脽上”，司馬貞《索隱》：“脽，丘；音誰。《漢舊儀》作
‘葵丘’者，蓋河人呼‘誰’與‘葵’同故耳。”《詩·小雅·鴛鴦》“摧之秣
之”，鄭玄箋：“摧，今‘莝’字也。”慧琳《一切經音義》卷五五“莝碓”條引
“摧”作“莝”，即用今字。從“癸”聲之字與從“隹”聲之字可以相通，而從
“隹”聲之又與從“坐”聲之字可以相通，那麼從“癸”聲之字與從“坐”聲之
字也應當可以相通。

《九店楚簡》頁 59

稵

璽彙 3552

○**吳振武**（1984）　此字从禾从旻，可隸定爲稵。字不見於後世字書，疑是秋
字異體。

《〈古璽文編〉校訂》頁 260，2011

兼　縑

陶彙 4·42　集成 11379 十七年丞相啟狀戈　睡虎地·秦律 137

曾侯乙 11　上博四·曹沫 4

○**裘錫圭、李家浩**（1989）　“兼”讀爲“鎌”。

《曾侯乙墓》頁 512

【兼仁】《珍秦齋藏印·秦印篇》376
○**王輝**（2002）　按兼應讀爲謙。謙，《說文》：“敬也。”《玉篇》：“輕也，讓也。”
謙仁即仁愛忍讓，這是秦時士吏的爲人準則。睡虎地秦簡《爲吏之道》：“仁能
忍。”後世儒者亦視謙仁爲美德。王安石《本朝百年無事劄子》：“太宗承之以

聰武,真宗守之以謙仁。"

黍 米

○**蔡運章**(1995) 【黍・平肩空首布】春秋中晚期青銅鑄幣。鑄行於周王畿。屬大型空首布。面文"黍",形體稍異。背無文。

《中國錢幣大辞典・先秦編》頁 152

黎 黎

○**睡簡整理小組**(1990) (編按:睡虎地・秦律 21)比黎,或作芘莉、芘籬、藜芘。《集韻》:"莉,草名,一曰芘莉,織荊障。"

《睡虎地秦墓竹簡》頁 26

黐

○**睡簡整理小組**(1990) 黐,應即穌字。《説文》:"把取禾若也。"黄穌指乾葉。

《睡虎地秦墓竹簡》頁 21

米 米

○**睡簡整理小組**(1990) 米(寐) 寐,夢魘,《説文》:"寐而厭也。"字亦

作眯。

《睡虎地秦墓竹簡》頁 212、216

【米粟】璽彙 0287

○陳漢平（1989）　按此實爲二字，上一字乃米字，下一字从米从西，乃粟字。

《屠龍絶緒》頁 275

梁 濼

梁 睡虎地・日甲 157 背　　　羘 璽彙 2373

○羅福頤等（1981）　梁。

《古璽文編》頁 180

○睡簡整理小組（1990）　梁（梁）　梁，即大梁，魏都，今河南開封市。

《睡虎地秦墓竹簡》頁 7、10

○何琳儀（1998）　樑，从米，柔聲。疑梁之異文。見梁字。晉璽樑，人名。

《戰國古文字典》頁 699

粲

粺 睡虎地・秦律 43　　　粺 睡虎地・秦律 134

○睡簡整理小組（1990）　粲，疑讀爲籼，《一切經音義》四引《聲類》：“籼，不黏稻也。”

《睡虎地秦墓竹簡》頁 28

△按　《説文》：“粲，稻重一秳，爲粟二十斗，爲米十斗，曰毇；爲米六斗太半斗，曰粲。”睡虎地《秦律》簡 43：“爲粟廿斗，春爲米十斗；十斗粲，毇（毇）米六斗太半斗。麥十斗，爲獪三斗。”整理小組認爲應據此校正《説文》。

糒

糒 睡虎地・秦律 180　　　糒 睡虎地・秦律 182

【糒米】睡虎地・秦律 180

○睡簡整理小組(1990)　糲(糲)米。

《睡虎地秦墓竹簡》頁60

△按　糲米即粗糙的米。

精　精

![圖]秦駰玉版　![圖]璽彙3337　![圖]璽彙5374

![圖]郭店·老甲34　![圖]郭店·緇衣39　![圖]睡虎地·爲吏45叁　![圖]睡虎地·日甲60正壹

○羅福頤等(1981)　長沙楚帛書精作![圖],與此形近。

《古璽文編》頁180

○何琳儀(1998)　晉璽精,姓氏。周平王長子精封於縱,爲精縱氏、精氏。見《英賢傳》。

《戰國古文字典》頁823

○曾憲通、楊澤生、蕭毅(2001)　(編按:秦駰玉版)"精",B版作"清",指純一、精誠,《管子·心術下》:"形不正者,德不專;中不精者,心不治。"尹知章注:"精,誠至之謂也。"也可能同"靖",《管子·大匡》:"士處靖,敬老與貴,交不失禮。"尹知章注:"靖,卑敬貌。"

《考古與文物》2001-1,頁52

○連劭名(2000)　(編按:秦駰玉版)"精"者,明潔之義,《國語·楚語》云:"玉帛爲二精。"韋注:"明潔爲精。"

《中國歷史博物館館刊》2000-1,頁52

○王輝(2001)　(編按:秦駰玉版)"精"甲簡作"清","清"亦讀作精,虔誠也。《管子·心術下》:"形不正者德不來,中不精者心不治。"尹知章注:"精,誠至之謂也。"

《考古學報》2001-2,頁150

△按　戰國文字"精"所从"青"下或增羨符"口"。

【精絜】睡虎地·爲吏2壹

○睡簡整理小組(1990)　精絜,《國語·晉語》作"精潔",即西漢鏡銘"絜清白而事君"的"絜清白",《鹽鐵論·頌賢》作"精白",三詞都是清白的意思。

《睡虎地秦墓竹簡》頁168

【精廉】睡虎地·爲吏8貳

○**睡簡整理小組**（1990）　精（清）廉。

《睡虎地秦墓竹簡》頁 168

○**陳偉**（2010）　"精廉"在戰國秦漢文獻中屢見。《藝文類聚》卷六十録《莊子》云："諸侯之劍，以智勇士爲鋒，以精廉爲鍔，以賢良士爲脊，以忠聖士爲鐔，以豪傑爲鋏。"《史記·李斯列傳》記二世稱趙高説："趙君爲人精廉彊力，下知人情，上能適朕，君其勿疑。"《韓非子·難三》"百官精尅於上"，舊注："精廉尅己。"尤其值得注意的是，《説苑·談叢》云："恭敬遜讓，精廉無謗，慈仁愛人，必受其賞。"與《爲吏》這幾句近似，也是作"精廉"。雖然"精廉、清廉"可以通假，傳世本《莊子·説劍》篇記莊子論劍語即作"清廉"，但"精廉"爲另一詞的可能性並不能排除。或許"精廉"指精明，與"清廉"指廉潔有異。

《簡帛》5，頁 13—14

粺　粺

睡虎地·秦律 43　　　　睡虎地·秦律 179

△**按**　"粺"指精米。

糅　糅

糅信陽 2·6　　糅信陽 2·22　　糅包山 256　　糅望山 1·145　　糅睡虎地·日甲 158 背

○**中大楚簡整理小組**（1977）　（編按：信陽）糅。

《戰國楚簡研究》2，頁 33

○**劉雨**（1986）　（編按：信陽）糅。

《信陽楚墓》頁 129

○**睡簡整理小組**（1990）　（編按：睡虎地·日甲 158 背）糅（嗅）。

《睡虎地秦墓竹簡》頁 228

○**劉彬徽、彭浩、胡雅麗、劉祖信**（1991）　（編按：包山 256）糅，《左傳·哀公十一年》"進稻、醴、粱、糅、腵脯焉"，注："乾飯也。"

《包山楚簡》頁 60

○**朱德熙、裘錫圭、李家浩**（1995）　"頛"字所從的"頁"與"百（首）"爲一字的繁簡二體，故"頛"即"糅"字（參看考釋［四九］）。《説文·頁部》有訓爲"難

曉"的"顡"字,與此字同形而實無關。"首、頁"古本一字,前人早已指出。詛
楚文"道"字及《汗簡》所録"道"字古文皆作"遉",是其確證。仰天湖 8 號簡
有"一策柜,玉語,近人或釋末一字爲"頁",讀爲"首",當可信。信陽 217
號簡"……□鈇,屯又(有)鐶",205 號簡"……屯四鈇,又(有)鐶"。"鈇
頁"即"鋪首"。

《望山楚簡》頁 103

○**劉信芳**(1997)　(編按:信陽 2・6)"糗"古又稱"寒粥"。《國語・楚語下》:"成
王聞子文之朝不及夕也,於是乎每朝設脯一束,糗一筐,以羞子文。"韋昭注:
"糗,寒粥也。"所謂寒粥即以沸水沖炒米,又有以炒米舂粉沖食者,亦稱糗。
《周禮・天官・漿人》"掌共王之六飲"鄭玄《注》:"涼,今寒粥,若糗飯雜水
也。"《尚書・費誓》:"峙乃糗糧。"孔疏:"鄭玄云:糗,搗熬穀也。謂熬米麥使
熟,又搗之以爲粉也。"今人沖食炒米、沖食米粉、麥粉之類,古風之遺也。

《中國文字》新 23,頁 116

糧　糧

 郭店・成之 13　　 上博五・鮑叔 3

△**按**　《説文》:"糧,穀也。"

糴　糴

 璽彙 0618　　 包山 103　　 包山 276

○**劉彬徽、彭浩、胡雅麗、劉祖信**(1991)　糴,借作糴。

《包山楚簡》頁 46

○**何琳儀**(1998)　包山簡、犢糴,讀翟,姓氏。亦作狄,祁姓,黃帝之後,世居翟
地。《國語》云,翟國爲晉所滅,子孫以國爲氏。見《通志・氏族略・以國爲氏》。

《戰國古文字典》頁 314

氣　氣

 秦駰玉版　　 睡虎地・效律 29　　 睡虎地・封診 66

○睡簡整理小組（1990）　（編按：睡虎地·效律29）氣（餼）。

《睡虎地秦墓竹簡》頁 73

○曾憲通、楊澤生、蕭毅（2001）　（編按：秦駰玉版）厥氣即逆行之氣。

《考古與文物》2001-1，頁 50

○連劭名（2000）　（編按：秦駰玉版）“氣”，指風，《廣雅·釋言》云：“風，氣也。”
古有八風，配八方與八卦，每風當四十五日，《左傳·襄公廿九年》云：“八風
平。”杜注：“八方之氣謂之八風。”孟冬十月當亥，戌、亥屬乾，位於西北，生不
周風。

《中國歷史博物館館刊》2000-1，頁 50

○王輝（2001）　（編按：秦駰玉版）氣，景象、氣氛。《楚辭·九辯》：“悲哉秋之爲
氣也，蕭瑟兮草木搖落而變衰。”

《考古學報》2001-2，頁 145

△按　《説文》：“氣，饋客芻米也。”或體作“氣、餼”。睡虎地秦簡“氣”不少用
爲餼，可證許慎説是。

粉　紛

包山 259

○劉彬徽、彭浩、胡雅麗、劉祖信（1991）　粉，讀如帉，《説文》：“楚謂大巾曰
帉。”《廣雅·釋器》：“帉，幘也。”

《包山楚簡》頁 61

○劉信芳（1997）　“粉”，《説文》：“所以傅面者也。”《登徒子好色賦》：“著粉
則太白，施朱則太赤。”《大招》：“粉白黛黑，施芳澤只。”

《中國文字》新 23，頁 104

籿

新蔡甲三 203　　　新蔡甲三 244

○廣瀬薫雄（2006）　按此假説，1110 毫升的量器應該叫“籿”，而郢大府銅量
銘文自稱“笭”。裘錫圭先生認爲此字應是“筲”字的異體，並且他引用了《説
文》竹部“籍，飯筥也，受五升”“筲……一曰飯器，容五升”，《漢書·敘傳上》

音義引《字林》“筲，飯筥也，受五升”等。丘光明先生的看法與此相同。勺是
藥部禪母字，少是宵部書母（或禪母）字，筲是宵部山母字。藥部和宵部是對
轉關係，禪母和書母發音部位相同，因此勺和少音理上可通。關於勺和筲的
通假關係，雖然聲母的發音部位不同，但馬王堆帛書《戰國縱橫家書》“趙”往
往寫作“勺”，可以作爲佐證。

《簡帛》1，頁 219

○**禤健聰**（2008）　疑“礿”即“笁”字異體。“笁”爲郘大府量之自名，裘錫圭
先生指出“應即從‘竹’‘肖’聲的‘筲’字的異體”，“‘筲’亦作‘箱、箾’，本是
一種盛飯之器的名稱，由於這種器物一般有固定的容量，所以也可以用作量
器的名稱。《論語・子路》‘斗筲之人何足算也’，以筲與斗並提，就應該是指
量器。筲的容量正好是五升。《説文》：‘箱，飯筥也，受五升’‘箾……一曰飯
器，容五升’。《漢書・敘傳上》音義引《字林》：‘筲，飯筥也，受五升。’釋銘文
末字爲‘筲’，與此容量相合。”燕客量“削”下有，是比削小的量制單位。馮
勝君先生將此字及上博《緇衣》簡 15 與此同形而讀爲“爵”的字隸定爲“钞”，
並以銅量的“钞”爲“笁”的異體，可從。如馮文所舉，馬王堆帛書《戰國縱橫
家書》中“趙”字均作“勺”，“趙”從肖聲，“肖”從小聲，“少、勺”音近相通，然
則新蔡簡的“礿”亦可讀爲“笁”。從考古實物可知，“笁”之容量正處於“削”
與“顏首”之間。

《中原文物》2008-2，頁 97

桼

秦駰玉版

【桼民】秦駰玉版

○**李零**（1999）　“桼”，從米從丞，古文字中的“登”字或從米，並常常與“蒸”
通假。我們懷疑，這個字也可能是“登嘗”之“登”的異體。在文中讀爲“烝”。
“烝民”是衆民。《詩・大雅》有《烝民》篇。

《國學研究》6，頁 534

○**曾憲通、楊澤生、蕭毅**（2001）　“桼民”，即烝民，指民衆、百姓，《書・益稷》：
“烝民乃粒，萬邦作乂。”《孟子・告子上》：“《詩》曰：‘天生烝民，有物有則。’”

《考古與文物》2001-1，頁 52

○**李學勤**（2000）　粙（烝）民。

《故宮博物院院刊》2000-2，頁 41

○**連劭名**（2000）　"烝"，原文从米，丞聲，讀爲"烝"。《詩經》中有篇名《烝民》。《爾雅·釋詁》云："烝，衆也。"《左傳·成公十六年》云："立我烝民。"

《中國歷史博物館館刊》2000-1，頁 52

○**王輝**（2001）　"粙"不見於字書，應讀爲烝。《爾雅·釋詁》："烝，衆也。"《詩·大雅·烝民》："天生烝民，有物有則。"

《考古學報》2001-2，頁 150

粘

粘 包山 131　　粘 包山 136

○**劉彬徽等**（1991）　粘。

《包山楚簡》頁 26

○**陳秉新、李立芳**（1998）　按：字从米从肉，吕聲，乃粘字古文。《説文》："台，説（悦）也。从口，吕聲。"台是怡的本字，古音在之部。銅器銘文吕（以）多作台，故在作爲聲旁時，吕和台可以互換。粘是飴的異體。《集韻·之韻》："《説文》：'飴，米糱煎也。'一曰濡弱者爲飴。或作粘。"《方言》："凡飴謂之餳，自關而東，陳楚宋衛之通語也。"飴指用米麥芽熬成的糖漿。揚雄《太玄經·干》："蚩蚩干于丘飴。"范望注："飴，美食也。"簡 131、136 粘用爲人名。

《江漢考古》1998-2，頁 78

○**何琳儀**（1998）　粙，从米，昌聲。疑稠之異文。

《戰國古文字典》頁 975

○**白於藍**（1999）　右旁所从乃昌字。漢代篆文中有如下二字："錩"（《滿城漢墓發掘報告》251 頁圖 166.1）、"蟷"（《漢印文字徵》12.10），即《説文》銷與捐字。《字彙·心部》："悄，俗悁字。"可見，包山簡此字當隸作粙。

《中國文字》新 25，頁 189—190

△**按**　包山簡"粙"，人名。

粙

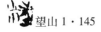九店 56・7

○**李家浩**（1999） 《玉篇》米部："粙,酒母也。"不知簡文的"粙"是否用此義。

《九店楚簡》頁 60

○**李零**（1999） "粙",疑同"稇"。

《考古學報》1999-2,頁 143

○**湯餘惠等**（2001） 粙。

《戰國文字編》頁 489

○**董珊**（2010） 在九店簡文中,此字當讀爲"賸","賸"即今"剩餘"之"剩"字正體。上古音"賸"與"升"都是蒸部字,聲紐爲書母與船母,當可通假。

《考古學報》2010-2,頁 175

粠

望山 1・145

○**中大楚簡整理小組**（1977） 粠即糧,古坒、皇同音。《集韻》："祭米。"

《戰國楚簡研究》3,頁 32

○**朱德熙、裘錫圭、李家浩**（1995） 粠,待考。《楚辭・招魂》"粔籹蜜餌,有餦餭些",王逸注："餦餭,餳也。""坒、皇"音近,餦餭與粠不知是否有關。

《望山楚簡》頁 103

粗

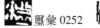集成 914 鑄器客甗 璽彙 0252 信陽 2・24 包山 266

○**郝本性**（1983） （編按：集成 914 鑄器客甗）該字从米从者,爲粗字。

《郝本性考古文集》頁 1,2012;原載《古文字研究》10

○**劉雨**（1986） 粗。

《信陽楚墓》頁 130

○**陳秉新**（1987） （編按：集成 2299 鑄客鼎）按今煮字《説文》作鬵,从鬲,者聲,或體作鬻。頗疑鬻爲煮之古文,後省變爲橐或粕。

《楚文化研究論集》1,頁 337

【粕梱】包山 266

○劉彬徽、彭浩、胡雅麗、劉祖信(1991)　粕,借作楮。《説文》:"穀也。"楮梱,用榖木做的案。

《包山楚簡》頁 64

○李家浩(1994)　"粕橛"疑應當讀爲"屠橛",指供屠割犧牲用的橛。"粕、屠"二字都从"者"得聲,故可通用。

《著名中年語言學家自選集·李家浩卷》頁 224,2002;原載《國學研究》2

糧

璽彙 2578

△按　璽文"糧"用爲人名。

粼

璽彙 0644

△按　璽文"粼"用爲人名。

糒

集成 12110 鄂君啟車節　包山 140

○劉彬徽等(1991)　"糒"。

《包山楚簡》頁 27

○滕壬生(1995)　(編按:包山)糒。

《楚系簡帛文字編》頁 598

○李零(1998)　(編按:包山)粱。

《李零自選集》頁 143

○蕭毅(2010)　這個从"米"从"害"的字可能是"犗"字異體。《玉篇》:"犗,胡達切,白米也。”“害、曷”古音同爲匣母月部。

《楚簡文字研究》頁 238

△按　鄂君啟節、包山簡“糩”均爲人名。

糩

糩 璽彙 1038　　　糩 璽彙 0840　　　糩 璽彙 0537

○吳振武(1984)　此字隸定作糩不確。原璽全文作“肖(趙)糩”,古璽中又有“肖(趙)糩”(《彙》一〇三九)、“王糩”(《彙》〇五三七)、“長糩”(《彙》〇八四〇),糩、糩皆人名,必爲一字無疑。戰國文字貝旁省作目形者亦習見,參本文[〇一九]條。故此字應入 469 頁第三欄糩字條下,字待考。

《〈古璽文編〉校訂》頁 98—99,2011

△按　璽文“糩”用爲人名。

糵

糵 仰天湖 5

○郭若愚(1994)　襄(壤)　壤,《説文》:“柔土也。”引申之爲地之通稱,如“天壤、霄壤”。

《戰國楚簡文字編》頁 123

○湖南省博物館等(2000)　襄通鑲,可能是一種裝飾。

《長沙楚墓》頁 425

○李守奎(2003)　疑爲囊字異體。

《楚文字編》頁 446

糨 糨

 包山 120　　　糨 包山 121

○劉彬徽、彭浩、胡雅麗、劉祖信(1991)　糨,簡文作糨,讀如敖。《説文》:“敖,出遊也。”

《包山楚簡》頁 47

○**黃德寬、徐在國**(1998)　　""字所從的""與語四8""形體相同,所從 ""與"竊"字篆文所從"米"同,因此""字可分析爲从"米"""聲,釋爲 "竊"。

《新出楚簡文字考》頁14,2007;
原載《吉林大學古籍整理研究所建所十五周年紀念文集》

○**李零**(1999)　　從文義看,應讀"竊"。

《出土文獻研究》5,頁147

△**按**　　清華壹《楚居》簡4、清華貳簡79"竊"作、。

臼 臼

守丘石刻　璽彙3354　包山272　包山276　睡虎地·日甲45背壹

○**黃盛璋**(1983)　　(編按:守丘石刻)"臼"當假爲"柩"。《説文》:"柩,棺也。从 匚从木,久聲。匶籀文柩。"(中略)"舊"从"臼"聲,故"舊、臼、匶、柩"聲韻皆 同。"臼"假爲"柩",當無可疑。

《古文字研究》8,頁45—46

○**李家浩**(2003)　　(編按:包山272)《説文》説"舊"从"臼"聲。疑簡文"臼"都應 當讀爲新舊之"舊"。

《安徽大學漢語言文字研究叢書·李家浩卷》頁130,2013;
原載《古籍整理研究學刊》2003-5

○**何琳儀**(1998)　　燕璽臼,姓氏。晉胥臣食采於臼,稱臼李。見《左傳》,後以 邑爲氏。見《姓氏考略》。

守丘石刻"臼牆",讀"舊將"。《後漢書·景丹傳》:"帝以其舊將,欲令强 起領郡事。"

楚簡臼,讀綌。《左·僖三十二》"臼季",《史記·晉世家》作"咎季"。 《國語·晉語一》"周平王宜咎",《史記·周本紀》咎作臼。均其佐證。《説 文》:"綌,緯十縷爲綌。"

《戰國古文字典》頁176

○**劉信芳**(2003)　　(編按:包山272)"臼鑣"之"臼"亦是標明質地的限定語。 "臼"應讀爲"麕",有如《史記·周本紀》"宜臼",《國語》作"咎",《韓世家》 "屈宜臼",《説苑》作"咎"。《爾雅·釋獸》:"麕,牡麕牝麆。"《説文》:"麕,麕牡者,从鹿,咎聲。"是"臼鑣"即磨角所製之鑣。該墓出土鹿角鑣六對,是簡文所記之"臼鑣";另出木質鑣四對,即簡 277 所記"二馬之杝(鑣)","杝"應指木質鑣。

《包山楚簡解詁》頁 300

春

○**睡簡整理小組**(1990)　城旦,刑徒名,男爲城旦,女爲舂。

《睡虎地秦墓竹簡》頁 32

○**王恩田**(2007)　从午从臼,省廾。

《陶文字典》頁 197

【舂司寇】睡虎地·秦律 56
○**睡簡整理小組**(1990)　此處舂司寇可能也是由舂減刑的一種刑徒。

《睡虎地秦墓竹簡》頁 34

舀

△**按**　郭店簡《性自命出》"膩舀",周鳳五、李零(《郭店楚簡識字札記》,《張以仁先生七秩壽慶論文集》361 頁,學生書局 1999 年;《郭店楚簡校讀記》,《道家文化研究》17 輯 509 頁,三聯書店 1999 年)讀爲鬱陶,可從。"鬱陶"一詞王念孫《廣雅疏證》有詳解。上博一《性情論》簡 19 作對應字作"慆"。

【舀女】郭店·性自 24
○**李零**(1999)　"陶如",猶"陶然",形容初樂而未暢。"陶"原作"舀"(古代从"舀"之字多爲定母或透母的幽部字,"陶"是定母幽部字,讀音相近)。

《道家文化研究》17,頁 509

○**廖名春**(2001)　"舀"可讀爲"滔"。《説文·水部》:"滔,水漫漫大皃。""滔如",感情强烈的樣子。

《新出楚簡試論》頁 88

○**陳偉**(2003)　慆(字本作"舀"),《説文》:"説也。"《尚書大傳·泰誓》:"師乃鼓噪,師乃慆,前歌後舞。"鄭玄注:"慆,喜也。衆大喜,前歌後舞也。"

《郭店竹書別釋》頁 190—191

△按　李守奎(《楚簡文字四考》,《中國文字研究》3 輯 194—196 頁,廣西教育出版社 2002 年)對舀字構型有論,可參看。

舀

睡虎地·日甲 136 正陸　　睡虎地·日乙 97 叁

【舀日】睡虎地·日甲 136 正捌

△按　"舀日",日名。睡虎地《日書甲》136 正肆—139 正陸"四月甲舀,五月乙舀,七月丙舀,八月丁舀,九月己舀,十月庚舀,十一月辛舀,十二月己舀,正月壬舀,二月癸舀,三月戊舀,六月戊舀",136 正捌—137 正捌"凡舀日,可以取婦、嫁女,不可以行,百事凶"。

舀

九店 56·27

【舀茮】九店 56·27

○李家浩(2000)　"舀茮",秦簡《日書》甲種楚除交日占辭作"鑿井"。"鑿"字侯馬盟書或作"斲、錯"(《侯馬盟書》354 頁)。按"鑿"本從"斀"聲(此字見《玉篇》殳部、《廣韻》卷五鐸韻等),"斲、錯"本從"耤"聲。"耤"從"丵"從"臼"。簡文"舀"從"斤"從"臼",與"耤"的結構相同,當是"耤"的異體。"耤"和"舀"可能是"鑿"字的初文。"茮"從"水"從"井"聲,《説文》以爲是"阱"字的古文。井是蓄水的,"茮"可能是"井"字的異體,古文假借爲"阱"。

《九店楚簡》頁 82

橢

包山 16

○劉彬徽、彭浩、胡雅麗、劉祖信(1991)　橢,讀如隊。《廣雅·釋詁二》:"隊,

陳也。"

《包山楚簡》頁 41

△**按**　此字《戰國文字編》歸卷六木部,《楚文字編》入卷七臼部,見該書
447 頁。

凶　凶

凶 楚帛書　　凶 楚帛書　　凶 上博三·周易 4　　凶 上博五·三德 4

凶 睡虎地·日乙 41 貳

△**按**　《説文》:"凶,惡也。象地穿交陷其中也。"

兇　兇

兇 璽彙 0094　　兇 九店 56·28　　兇 睡虎地·日乙 81 壹　　兇 睡虎地·日乙 89 壹

【兇奴】璽彙 0094

△**按**　即匈奴。璽彙 0094"兇(匈)奴相邦"璽,王國維《匈奴相邦印跋》(《觀
堂集林》914—915 頁,中華書局 1959 年)有詳論,黄盛璋《"匈奴相邦"印之國
別、年代及相關問題》(《文物》1983 年 8 期)以爲璽文爲三晉風格,可以參看。

枀　枀

枀 郭店·緇衣 26　　枀 郭店·六德 28　　枀 上博一·緇衣 14

枀 新蔡乙四 53　　枀 陶彙 3·828

○**何琳儀**(1998)　齊陶枀,麻之省文,姓氏。

《戰國古文字典》頁 774

○**黄德寬、徐在國**(1999)　(編按:郭店·緇衣 26)下句"枀"即"麻"之本字。《説
文》:"枀,萉之總名。""麻,與枀同。"《緇衣》36"白珪之石,尚可碧(磨)也。"
"磨"字從"麻"作碧。《成之聞之》8"君衰嶔而處立"句,裘錫圭先生按:"衰
下一字,其下部即麻所從之枀,其上部疑是'至'之省寫,此字似當釋'經麻'。
麻經爲喪服。'立'當讀爲'位'。""經"所從麻,也省作枀。《六德》28"戊
(牡)枀(麻)實(經)","麻"作"枀"。因此,"枀人不斂"當即"麻人不斂"。此

簡“麻”當通“靡”。《吕氏春秋·任數》：“西服壽靡。”《山海經·大荒西經》作
“壽麻”可證。“麻（靡）人不斂”，猶“無人不斂”也。《詩·大雅·蕩》“靡不
有初，鮮克有終”，《邶風·泉水》“有懷於衛，靡日不思”，均屬其例。

《江漢考古》1999-2，頁 75

○劉樂賢（1999）　（編按：郭店·緇衣26）下句“𣏟人不斂”的“𣏟”字，見於《說文
解字》，其解釋是：“𣏟，葩之總名也。𣏟之爲言微也，微纖爲功，象形。”此字古
書罕用，讀音難考；然據許慎“𣏟之爲言微也”，則與“微”的讀音相近。如此，
則可以考慮將簡文讀作“微人不斂”。“微”有“無”的意思，“微人不斂”即“無
人不斂”。但是，古漢語中似乎未見有“微+名詞+不+動詞”這樣的句子結構。
所以，“𣏟”讀爲“微”不一定妥當。“𣏟”字又見於郭店楚簡《六德》第二十七
至二十八號簡：絰（疏）衰齊戊𣏟實，爲昆弟也，爲妻亦然。整理者所引“裘按”
已經指出，《儀禮·喪服》記服兄弟、妻之喪時都有“疏衰裳齊，牡麻絰”，並讀
簡文的“戊𣏟實”爲“牡麻絰”。按：古代戊與牡、實與絰讀音相近，確可通假。
實、絰相通的例子，上引“裘按”已經舉出。戊、牡相通的例子，在郭店楚簡本
身就有，例如《老子》甲本第三十四號簡的“牝戊”，今本作“牝牡”。可見，裘
先生讀“戊𣏟實”爲“牡麻絰”是可信的。從這個用例不難推斷，“𣏟”當與
“麻”讀音相近。

　　又，《緇衣》第三十五至三十六號簡載：《大夏（雅）》云：白珪之石，尚可礜
也。此言之砧（玷），不可爲也。簡中的“礜”字，今本作“磨”，也説明“𣏟、麻”
讀音相近。

　　既然“𣏟、麻”讀音相近，則可以將上引《緇衣》的“𣏟”字讀爲另一個從
“麻”得聲的“靡”字。“靡”訓“無”，“靡人不斂”即“無人不斂”。《詩·大
雅·雲漢》：“靡人不周，無不能止。”《詩·小雅·正月》：“既克有定，靡人不
勝。”《詩·邶風·泉水》：“有懷於衛，靡日不思。”《詩·小雅·北山》：“或湛
樂飲酒，或慘慘畏咎，或靡事不爲。”句式都與簡文“靡人不斂”相同。説明上
面的讀法是可信的。

　　這裏，想順便談一下“麻”字的結構。《説文解字》（據段玉裁注本）：“麻，
枲也。從𣏟從广，𣏟，人所治也，在屋下。”按照這個説法，“麻”似乎不是從
“𣏟”得聲。但是，清代一些研究《説文解字》的學者曾據有關材料推斷，“麻、
𣏟”古蓋同字；有的（如苗夔）還明確提出，《説文解字》的上述分析應補加“𣏟
亦聲”三字（參見丁福保編《説文解字詁林》“麻”字、“𣏟”字條）。

　　現在，從郭店楚簡的材料看，“麻、𣏟”二字音近相通，説明“麻”的確是從

"枲"得聲。可見，上引清代《説文》學家的意見是可取的。

《中國哲學》20，頁 359—361

○**陳高志**（2000） （編按：郭店·緇衣 26）"枲"本簡未隸定，《説文·朮部》：枲，萉之總名也。枲之爲言微也。段《注》：枲、微音相近，《春秋説題辭》曰，麻之爲言微也，枲、麻古蓋同字。段玉裁之説是也。本篇第三十六簡："白珪之石，尚可磨也。"磨字作礍，可爲旁證。所謂"枲人"，與前句的"大夫"爲上下對文，爲小民、平民的渾言。

《中國哲學》21，頁 238

○**孔仲温**（2000） （編按：郭店·緇衣 26）考枲字，《説文》："枲，萉之總名也。枲之爲言微也，微纖爲功，象形。"段注引《春秋説題辭》作"麻之爲言微也"，而認爲"枲、麻古蓋同字"。總之，枲屬麻類，可以績治爲麻縷。又《説文》云："麻，枲也。从枲从广，枲，人所治也，在屋下。"由此可知績治麻縷的職官，即是"枲人"。又考《孟子·滕文公下》："彼身織屨，妻辟纑以易之。"漢趙岐注云："緝績其麻曰辟，練其麻曰纑。"朱駿聲《説文通訓定聲》認爲"辟"是"枲"的假借。因此"枲人"是績治麻縷的職官，又借作"辟人"。今簡文"枲人不斂"，承上文"吾大夫恭且儉"，應可解釋作：吾國大夫都能恭敬而且儉樸，則國家富盛，如負責績治麻縷的官吏，就可以不必向百姓們徵收麻縷的賦斂了。

《古文字研究》22，頁 248

△**按** "枲"即"麻"之初文。

麻 麻

㡹 侯馬 156：1　㡻 侯馬 200：36　㡸 璽彙 2876　㡷 睡虎地·日乙 65

○**吳振武**（1984） （編按：璽彙 2876）此字从广从枲，應釋爲麻。温縣盟書"麻塞非是"之麻作𡉥或𡉦、𡉧（《文物》1983 年 3 期），正與此字極近。原璽全文作"麻緣（紲）"，漢印中有"麻賜、麻敞之印"（《漢徵》七·十三），可見古有麻氏。麻字《説文》立爲部首。

《〈古璽文編〉校訂》頁 266，2011

【**麻塞非是**】侯馬 156：1

○**陳夢家**（1966） 麻夷即滅：《方言》十三曰"摩，滅也"，《廣雅·釋詁》曰"夷，滅也"，我是即我氏：《儀禮·覲禮》"太史是右"祝云"古文是爲氏也"，

《禮記‧曲禮下》“是職方”注云“是或爲氏”，漢碑氏或以是爲之。“麻夷我是”即滅亡我氏，《左傳》襄公十一年載書曰“明神殛之……隊命亡氏”。《國語‧周語下》曰“故亡其氏姓”。

《考古》1966-5，頁 276

○**朱德熙、裘錫圭**（1972）　《公羊‧襄公二十七年》記衛公子鱄以獻公殺寧喜爲不義，挈其妻子去國，“將濟于河，攜其妻子而與之盟曰‘苟有履衛地食衛粟者，昧雉彼視’”，何休注：“昧，割也。時割雉以爲盟，猶曰視彼割雉，負此盟則如彼矣。”今按何休割裂傳文句法，把“昧雉彼視”解釋爲“視彼昧雉”，又讀雉如本字，望文生義，殊不可信。其實《公羊》的“昧雉彼視”和侯馬盟書的“麻夷非是”，都是滅彼族氏的意思，只是文字寫得不同，用語小有出入。現將二者的關係疏釋如下：

　　傳文昧字乃訛字。《釋文》在昧字下注曰：“舊音刎，亡粉反，一音末，又音蔑。”陳立《公羊義疏》據《釋文》字音以爲傳文昧字本當作昒。今按昒字不見於《說文》等較古字書，傳文昧字應爲眜字之誤。眜訛作昧，典籍常見。眜與蔑古音同聲同部，典籍中時見通用，故《釋文》云“一音末，又音蔑”，刎音當因何休訓此字爲割而生，不足信。傳文昧字當讀爲蔑，訓爲滅。《國語‧周語中》“今將大泯其宗祊而蔑殺其民人”，韋注：“蔑猶滅也。”《文選》卷二十謝靈運《鄰里相送方山詩》“音塵慰寂蔑”，李善注：“蔑一作滅。”

　　傳文“昧雉”與載書“麻夷”相當。雉、夷音近相通，典籍不乏其例。《左傳‧昭公十七年》：“五雉爲五工正，利器用，正度量，夷民者也。”《正義》：“雉聲近夷……樊光、服虔云：‘雉者，夷也。’”《周禮‧秋官‧序官》“薙氏”鄭注：“書薙或作夷。”又《禮記‧月令》鄭注引《周禮‧秋官‧薙氏》“夏日至而夷之”，夷作薙。《史記‧魯世家》“煬公築茅闕門”，《集解》於茅字下注：“徐廣曰：‘一作第，又作夷。’”夷門即見於《禮記‧明堂位》等書的雉門。《甘泉賦》：“列新雉於林薄。”（《漢書‧揚雄傳上》，亦見《文選》。）新雉即《楚辭‧九歌》的辛夷（見《湘夫人》及《山鬼》，《七諫‧自悲》作新夷）。麻和昧都是明母字，韻亦相近。《釋名‧釋姿容》：“摩挲，猶末殺也，手上下之言也。”摩挲（摩抄）和末殺（抹撥）是一語之轉，麻夷和昧雉（夷）也是一語之轉。

　　傳文的“彼視”與載書的“非是（氏）”相當。載書非字當從傳文訓爲彼，傳文視字當從載書讀爲氏。非與匪通，匪、彼音近，典籍匪字訓彼之例極常見。視從示聲，屬脂部，是和氏是支部字，但在典籍和古文字中都可以看到示聲和氏、是相通的現象。《左傳‧宣公二年》的提彌明，《史記‧晉世家》作示眯明,《公羊·宣公六年》作祁彌明,从是聲之提與示字及从示聲之祁通用。《周禮》一書地祇之祇都作示。戰國文字中常見的眡字,就是視、眠的異體,可證傳文的視字是氏的音近訛字。

《朱德熙古文字論集》頁 31—32,1995;原載《考古學報》1972-1

○戚桂宴(1979) "麻夷非是"或"昧雉彼視"都當讀爲"無夷非是",無夷是河伯的名字,誓辭等於是"河伯非是",意爲河伯給予渝盟行爲以制裁。

《考古》1979-3,頁 272

○彭靜中(1979) 麻、昧,訓爲滅,是對的。三者同屬明紐,爲一聲之轉。夷,《廣韻》"以脂切",在中古爲喻紐四等字,古讀歸定。雉,《廣韻》"直幾切",在中古爲澄紐三等字。錢大昕云:"古無舌頭舌上之分。"澄爲舌上音,則"雉"讀歸定。然二者均非本字。

《風俗通》:"夷者柢也,言仁者好生,萬物柢地而出。"《説文解字》:"柢,木根也。"根是木之地下部分。"麻夷"就是"滅柢",亦猶"滅地"。故夷又可作塞。

"滅地"又與"非氏"相當,這是兩個動賓結構的聯合詞組。

《左傳·隱公八年》:"天子建德,因生以賜姓,胙之土而命之氏。"要有地,才有氏,滅其姓氏,必奪其土地。故"非是"一語,"是"即氏,盟書亦載,信而有徵。非,或釋爲彼,非確解也。

古音"非、彼"同爲雙脣破裂音。彼爲皮聲,破字亦爲皮聲。"非是"亦猶破氏,義即《左傳·襄公二十七年》所謂"隊命亡氏"之"亡氏"。麻夷非是即滅地破氏,從口語譯出,就是奪地破家的意思。

《四川大學學報》1979-2,頁 103—104

○李裕民(1983) 我考慮"麻塞非是"中間可能省略了某個字,經仔細查找,果然發現盟書一·四一和一·四二兩片均稱"麻塞之非是",麻塞下多了個"之"字,有了它,文義就很順當地讀通了。這個"之"字,與"吾君其明亟視之"的"之"意思相同,都是指同盟者,"麻塞之"是處死背盟者本人,"非是(氏)"是滅亡背盟者的族氏。"吾君其明亟視之,麻塞非是"意即吾君其明亟視之,對背盟者要處死他、滅亡其族氏。《左傳》僖公二十八年"王子虎盟諸侯於王庭,要言曰皆獎王室,無相害也。有渝此盟,明神殛之,俾隊其師,無克祚國,及而玄孫,無有老幼",襄公十一年盟誓稱"明神殛之,俾失其民,隊命亡氏,踣其國家"。對背盟者既要制裁他本人,還要制裁他的子孫或族氏,其意正與侯馬盟書相同。"麻塞非是"本應作"麻塞之非是",大約因爲上文多爲

"吾君其明亟視之",故承上文省去"之"字,以後約定俗成,"麻塞非是"就成了習慣用語。

《公羊傳》中的"眛雉彼視",不能與侯馬盟書的"麻塞非是"等同起來,前者是父子夫妻間的盟誓,丈夫斷子絶孫等於妻子斷子絶孫,他們不可能以"麻塞非是"爲誓辭。何休的注可備一説,在未得更合理的解釋之前,存疑可也。

《古文字研究》10,頁 120—121

△按　唐鈺明《重論"麻夷非是"》(《著名中年語言學家自選集·唐鈺明卷》101—110 頁,安徽教育出版社 2002 年)贊同朱德熙、裘錫圭的觀點,認爲"麻夷非是"一語首先可以根據異文還原爲"亡夷非氏",然後根據"亡"訓"滅"、"非"爲"彼",就可以進一步變換爲"滅夷彼氏"。

蕬

郭店·成之 8

○裘錫圭(1998)　其下部即"麻"所從之"朮",其上部疑是"至"之省寫。此字似當釋"絰"。麻絰爲喪服。

《郭店楚墓竹簡》頁 169

尗　朮

璽彙 0046　璽彙 0680　璽彙 0921　璽彙 1514　璽彙 2027

○李家浩(1993)　"尗"字亦見於《古璽彙編》0046"陽州左邑右尗司馬"印,即"叔"字所從的聲符,與"校"字古音相近。疑印文"五尗、右尗司馬"應該讀爲"五校、右校司馬"。《戰國策·中山策》有"五校"語。《越絶書·記吳王占夢》和《吳越春秋·夫差内傳》有"右校司馬"語,可以爲證。

《考古》1993-8,頁 759

○何琳儀(1998)　尗,金文作𣉻(叔卣叔之偏旁)、𣂏(克鼎叔之偏旁)。從小(尗豆顆粒微小),弋聲。尗,透紐幽部;弋,定紐之部。透、定均屬舌音,之、幽旁轉。尗爲弋之準聲首。戰國文字尗上訛似止形,下脱一點作川、𣲖、𣲖等形。秦漢文字作𣲖(《秦漢》二·三一)、𣲖(《漢徵》三·一七),承襲戰國文字。(中略)

趙璽"尗司馬",讀"小司馬"。《釋名·釋親屬》:"尗,少也。"小、少一字分化。尗,透紐幽部;少,透紐宵部。幽、宵旁轉。何況尗初文本从小。"小司馬",見《周禮・夏官・小司馬》:"小司馬之職掌,凡小祭祀、會同、饗射、師田、喪紀,掌其事,如大司馬之灋。"守丘石刻"尗賢",讀"淑賢"。《文選・劇秦美新》:"親九族淑賢以穆之。"晉璽"尗陰",讀"叔陰",複姓。

《戰國古文字典》頁 199—200

耑 希

陶彙 3・1224　望山 2・9　郭店・老甲 16　郭店・語一 98　郭店・語三 23

上博二・容成 47　上博三・亙先 9　上博四・曹沫 30

○**丁佛言**(1924)　古匋。吳愙齋釋帚。按或是耑字。

《説文古籀補補》頁 75,1988

△**按**　楚簡"耑"或讀爲端,或讀爲短。

【耑戈】望山 2・48
○**朱德熙、裘錫圭、李家浩**(1995)　"耑戈"一詞亦見於新鄭兵器刻銘。此墓出木戈一件(邊四四號),不知是否即簡文所記之耑戈。

《望山楚簡》頁 127

○**劉信芳**(1997)　按"耑"讀如"段","段"字从耑省聲。段者,椎物也。《周禮・地官・方相氏》:"及墓,入壙,以戈擊四隅,敺方良。"古人敺鬼用木戈。

《中國文字》新 22,頁 189

○**何琳儀**(1998)　望山簡"耑戈",讀作"彫戈"。新鄭兵器銘文"端戟"或作"鵰戟",是其佐證。《國語・晉語》三"穆公衡彫戈出見使者",注:"衡,横也。彫,鏤也。戈,戟也。"

《戰國古文字典》頁 1027

【耑琄】上博七・武甲 1
○**陳佩芬**(2008)　耑(顓)琄(頊)。

《上海博物館藏戰國楚竹書》(七)頁 151

韭 韭

郭店・語四 11　睡虎地・秦律 179

△按　《説文》:"韭,菜也。"

韱　韱

睡虎地·爲吏5壹

【韱察】睡虎地·爲吏5壹

○睡簡整理小組(1990)　纖察,細緻明察。

《睡虎地秦墓竹簡》頁168

瓜　瓜

集成9719令狐君嗣子壺　　古陶文字徵,頁156　　陶彙3·708　　睡虎地·日乙65

△按　《集成》09719"命瓜君"讀爲令狐君,參看陳夢家《美帝國主義劫掠我國殷周銅器集録》(134頁,科學出版社1962年)。

瓜瓜　瓜瓜

包山174

○劉彬徽、彭浩、胡雅麗、劉祖信(1991)　舠。

《包山楚簡》頁52

○湯餘惠(1993)　字從二瓜,雲夢秦簡瓜字作30:321,古璽文狐字從瓜,亦可參看(《古璽文編》卷十頁4)。《説文》:"瓜瓜,本不勝末,微弱也。從二瓜,讀若庾。"簡文"黄瓜瓜"乃人名。

《考古與文物》1993-2,頁74

○陳偉等(2009)　包山籤牌59-2"藕"字、上博竹書《平王與王子木》1號簡讀爲"遇"的字艸頭以下的部分與此字相似,應釋爲"耦"。《左傳》襄公二十九年"射者三耦",杜預注:"二人爲耦。"字形正合此意。

《楚地出土戰國簡册》(十四種)頁85

△按　上博六《平王與王子木》讀爲"遇"之字作。

家 家

![字形] 集成 2840 中山王鼎　![字形] 集成 9715 枚氏壺　![字形] 集成 4630 陳逆簠

![字形] 璽彙 5341　![字形] 璽彙 0265　![字形] 貨系 2457　![字形] 秦駰玉版

![字形] 睡虎地·爲吏 23 貳　![字形] 睡虎地·日乙 99 壹

○**李零**（1999）　（編按:秦駰玉版）“家”,疑讀爲“駕”（“駕”是見母歌部字,“家”是見母魚部字,讀音相近）。

《國學研究》6,頁 535

○**李家浩**（2001）　（編按:秦駰玉版）按“三人壹家”與“路車四馬”等是並列句,應該是祭品,疑“家”是犧牲名。望山一號楚墓竹簡和包山二號楚墓竹簡,所記祭祀用的犧牲中有“豭”。“家、豭”二字字形十分相似,龍崗秦墓竹簡的“豭”字,或誤釋爲“家”,就是很好的説明。不知銘文的“家”會不會是“豭”字之誤。

《安徽大學漢語言文字研究叢書·李家浩卷》頁 282,2013;
原載《北京大學古文獻研究中心集刊》2

△**按**　楚、秦簡“家”或讀爲“嫁”。

【家嗇】上博六·用曰 12

△**按**　上博六《用曰》簡 12“慎良以家嗇”,“家嗇”陳偉（《讀〈上博六〉條記》,簡帛網 2007 年 7 月 9 日）讀爲稼穡。

【家陽】貨系 2457

○**鄭家相**（1958）　安陽。

《中國古代貨幣發展史》頁 139

○**裘錫圭**（1978）　“陽”字右方一字當從《補補》（7·6 頁）釋爲“家”。《漢書·燕王旦傳》“王驚病,使人祠葭水”,注:“晉灼曰:《地理志》葭水在廣西南和……師古曰:葭音家。”疑家陽即葭水北岸之邑,當在今河北省南和縣附近,戰國時在趙國疆域内。（中略）

地名“家陽”又見許氏《古印集存》第六册所收之“家陽司寇”印（字體爲戰國三晉類型）。

《水經注·青衣水注》:“《竹書紀年》梁惠成王十年瑕陽人自秦道岷山青衣水來歸。”李家浩同志認爲家陽即瑕陽,當是魏邑而非趙邑。這一問題有待進一步研究。

《裘錫圭學術文集·金文及其他古文字卷》頁214、227,2012;
原載《北京大學學報》1978-2

○**何琳儀**(1991) 拙文曾釋“固陽”,地望偏西,不妥,今改讀“華陽”。“家、華”古音均屬魚部,音近可通。“家”,《説文》“从豭省聲”。《文選》陸士衡《擬今日良宴會詩》“蔚若朝霞爛”,李注:“霞或爲華。”是其佐證。“華陽”,見《史記·趙世家》:武靈王二十一年“攻取丹丘、華陽、鴟之塞”,集解:“徐廣曰:華一作爽。”《資治通鑑·周紀》三:赧王十年“趙伐中山,取丹丘、爽陽、鴻之塞”,胡三省注:“爽陽、鴻之塞,《史記》作華陽、鴟之塞。《括地志》曰:北岳别名曰華陽臺,即常山也,在定州恆陽縣北四十里。”三孔布“家陽”或“華陽”之音轉,位於常山(恆山)以南,戰國晚期屬趙國,在今河北省唐縣西北。

《古幣叢考》(增訂本)頁154—155,2002;原載《古籍整理研究學刊》1991-5

○**郭若愚**(1994) 此幣文字從右向左讀,爲“安陽”兩字。戰國幣文燕安陽的安字作、等,文字中部由“”和“”組成,此幣安字由“”和“”組成。我認爲“”和“”正反可以通用。“”和“”相似,疑是安字的兩種寫法,是字的别體,三孔布另有字安陽幣,爲十二銖幣。這説明趙國當時有兩個安陽,三孔布兩地分鑄,幣面上的文字就不統一了。

《先秦鑄幣文字考釋和辨僞》頁29,2001;原載《中國錢幣》1994-2

宅

集成9710曾姬無卹壺 集成2840中山王鼎 集成11546七年宅陽令矛

貨系2045 貨系2056 貨系2057

包山155 郭店·成之34 上博二·容成2 上博五·競建5

包山171 郭店·老乙8 郭店·成之33 上博二·容成18

上博五·三德6 新蔡甲三11、24 璽彙0211 睡虎地·日甲40背壹

集成126者汈鐘

○**郭沫若**(1958) (編按:集成126者汈鐘)宅字原作宼,繁文耳。

《考古學報》1958-1,頁3

○**中大楚簡整理小組**（1977） （編按：信陽 1・16）度作 𠁩，或釋宅，按《汗簡》度作 𠀼，渡作 𣲑，當以釋度爲是。《集韻》去聲莫第十一：渡，“或作 泧”；度，“或作 㡯”。度，指法度，制度。《説文》：“法制也。”

《戰國楚簡研究》2，頁 10

○**朱德熙、裘錫圭**（1979） （編按：集成 2840 中山王鼎）此即“宅”字。三體石經“宅”字古文亦从“厂”。銘文“宅”疑當讀爲“度”。

《朱德熙古文字論集》頁 103，1995；原載《文物》1979-1

○**張政烺**（1979） （編按：集成 2840 中山王鼎）《尚書・堯典》：“宅南交。”三體石經古文宅作 𠁩，與此相同。按《書》《詩》古文作宅者，今文皆作度，如《禮記・坊記》：“《詩》云：考卜惟王，度是鎬京。”鄭玄注：“度，謀也。”

《古文字研究》1，頁 226

○**于豪亮**（1979） （編按：集成 2840 中山王鼎）厇即宅字，讀爲度，《書・禹貢》“降邱宅土”，《風俗通・山澤》引作“降丘度土”；《詩・皇矣》“此維與宅”，《論衡・初稟》引宅作度；《文王有聲》“宅是鎬京”，《禮記・坊記》引宅作度，《漢書・韋玄成傳》臣瓚注：“古文宅、度同。”“考度”見《漢書・王莽傳》：“莽策群司曰……斗平元心中，司空典致物圖，考度以繩。”

《考古學報》1979-2，頁 173

○**徐中舒、伍仕謙**（1979） （編按：集成 2840 中山王鼎）厇，《説文》：厇，古文宅。《漢書・韋玄成傳》注：“臣瓚云：‘案古文宅、度同。’”故此處當讀爲度。音鐸。量也，正也。

《中國史研究》1979-4，頁 90

○**劉雨**（1986） （編按：信陽 1・16）厇（度）。

《信陽楚墓》頁 125

○**陳漢平**（1989） 按舊字書載度、宅古文皆作厇，係字書傳寫之訛，宅字古文當作厇，而度字古文當作庹，須注意區別。《説文》：“宅，所託也。从宀，乇聲。㡯，古文宅。厇，亦古文宅。”“乇，艸葉也。从垂穗，上貫一，下有根。象形。”金文宅字作 𠁩、𠖔、𡩟，亳字作 𠅖、𠅘，所从乇傍俱象草葉形。又古璽文亳字作 𠅘（0289）、𠅖（0225），皆與 𠁩、厇字不同，《説文》尺字作 𡰱，知此二字从尺从广或从宀，當釋爲度字。0211 號古璽爲先秦官璽，此璽或與當時度量衡制度有關。

《屠龍絶緒》頁 283—284

○**何琳儀**（1989） “侘”，原篆作“𥘉”，乃侂（託）之古文。郭讀宅，可從。碧落碑“宅”作⿰忄⿱宀七,《汗簡》則引作“⿰忄⿱宀七”,是其證。

《古文字研究》17,頁 150

○**劉彬徽、彭浩、胡雅麗、劉祖信**（1991）　　反,簡文作⿰、⿰。讀作阪。《説文》:“坡者曰阪,一曰澤障,一曰山脅也。”

《包山楚簡》頁 52

○**湯餘惠**（1993 年）　（編按:集成 2840 中山王鼎）宅,通度,審度,謀劃。

《戰國銘文選》頁 34

○**何琳儀**（1993）　（編按:包山 171）應隸定“厇”,即“宅”。“東宅人”或作“東邔人”167。與望山簡“東宅公、東邔公”可以互證。

《江漢考古》1993-4,頁 62

○**朱德熙、裘錫圭、李家浩**（1995）　（編按:望山 1・113）厇。

《望山楚簡》頁 78

○**荊門市博物館**（1998）　（編按:郭店・老乙 8）厇（託）。

（編按:郭店・成之 33）厇（宅）。

《郭店楚墓竹簡》頁 118、168

○**趙建偉**（1999）　（編按:郭店・老乙 8）“乇”疑爲“庀”字之訛（簡本《緇衣》十一章“褻臣乇也”,此“乇”亦爲“庀”字之訛,讀爲“比”,今本正作“比”,《黃帝四經》、帛書《繆和》“群臣比周”與此同）,同“庇”（《周禮・遂師》釋文“庀又作庇”）,謂可以蔭庇其身於天下。《莊子・秋水》“自以比形於天地而受氣於陰陽”,高亨《諸子新箋》説“比讀爲庇。《方言》卷二:庇,寄也。《廣雅・釋詁》:庇,寄也。比形於天地謂寄形於天地也”。莊子的“庇形於天地”即本章的“庇天下”。

《道家文化研究》17,頁 264

○**李零**（1999）　（編按:郭店・老乙 8）託。

《道家文化研究》17,頁 471

○**廖名春**（2003）　（編按:郭店・老乙 8）《説文》:“宅,所託也。”“託,寄也。”

《郭店楚簡老子校釋》頁 422

○**李家浩**（2000）　（編按:望山 56-109）此字似是“厇”之殘文。“厇”即“宅”字古文“庀”的異體,見《古文四聲韻》卷五陌韻“宅”字下所引《古文孝經》。

《九店楚簡》頁 137

○**李零**（2002）　（編按:信陽 1・16）“宅”,原从厂从乇。

《揖芬集》頁 314

○**黄德寬**（2002）　（編按：集成 9710 曾姬無卹壺）"𡧫"字所从的"𡰥"與上録𡰥、𡰥、𡰥形體相近，應是"厇"字，與《説文》古文、三體石經"宅"字相同。郭店簡从"乇"之字，"乇"往往作厇（宅），如：恀（託）字《緇衣》21 作𡰥，《太一》11 作𡰥。由此看來，楚文字从"乇"聲之字可繁化作厇（宅）聲。這樣，此字應當分析爲从"宀"，"厇"（宅）聲（相當於"乇"聲），即"宅"之異體。與《古璽彙編》0211 𡧫字構形一致，从"宀"，"厇"（宅）聲，何琳儀釋爲"宅"，至確。這與郭店簡家字作𢽽（《緇衣》20）又作𢽽（《五行》29）屬同類現象。因此，曾姬無卹壺之𡧫釋爲"宅"應無疑義。（中略）

"蒿閒"義爲墓區，"宅"字當與墓葬有關。《廣雅·釋地》："宅，葬地也。"《儀禮·士喪禮》："筮宅，冢人營之。"鄭玄注："宅，葬居也。"《孝經·喪親》："卜其宅兆而安措之。"邢昺注："宅，墓穴也。"

《古文字研究》23，頁 104

○**董珊、陳劍**（2002）　"乇"字寫法，可以參看中山王鼎"考厇（度）唯型"之"厇"字所从。根據六國文字用字情況和銘文上下文意，"乇"當讀爲"度"。

從出土戰國文字和傳抄古文材料來看，秦文字中的"度"及从"度"聲之字，在六國文字中常常是寫作从"乇"聲的。上舉中山王鼎用爲"度"的"厇"就是一例。又如，《古文四聲韻》去聲暮韻下的"度"和"渡"、入聲鐸韻的"度"和"劚"，都寫作从"乇"。典籍中乇、度二聲系相通假，也有很多例子。所以我們認爲，燕王職壺的"乇"最有可能就用爲"度"。"乇幾"的"幾"，承裘錫圭先生面告，可以讀爲"機"。"度機"就是"審度時機"的意思。從上下文意看，"乇幾卅"位於記述燕王職初即君位與多年後舉兵伐齊這兩個事件之閒，把"乇幾"理解爲"審度時機"，正起着聯繫上下文意的作用。也是很合適的。

《北京大學中國古文獻研究中心集刊》3，頁 35—37

○**黄錫全**（2002）　𡰥實爲"厇"即"宅"字，與"垕"字形近字别，在此借爲"擇"。古宅或乇字與"澤"字古音相同。宅、擇同屬定母鐸部，可以相通。如《論語·里仁》"擇不處仁"，《文選·思玄賦》李注、《困學紀聞》並引擇作宅。《莊子·則陽》："比於大澤。"《釋文》："澤本亦作宅。"小方足布有文"𡦥乇"，我們釋讀爲"沙乇"或"沙宅"，即《左傳》之"瑣澤"。（中略）

"宅幾卅"，即擇期三十或擇機三十。

《古文字研究》24，頁 249

○**劉信芳**（2003）　宅　安葬之所。《儀禮·士喪禮》："筮宅，冢人營之。"鄭玄《注》：“宅，葬居也。”《孝經・喪親》：“卜其宅兆而安措之。”《注》云：“宅，墓穴也。”“如葬王士之宅”，依照葬王士的墓地圖式。據此，郢都發符節至“僕”，應附有有關兆域圖樣。

《包山楚簡解詁》頁 160—161

○李零（2005）　（編按：上博五・三德6)宊（托）。

《上海博物館藏戰國楚竹書》（五）頁 292

○陳偉（2010）　（編按：上博五・三德6)此處兩個“宅”字亦以讀爲“度”爲好。度官於人，大概是説權衡官職而授人；度人於官，則是考察人選以安排官職。

《新出簡帛研讀》頁 249

△按　戰國文字“宅”或讀爲“度”。《集成》09710 曾姬無卹壺▨字，原有多種釋法，當以黃德寬（2002）釋“宅”爲是。《集成》126 者汈鐘中“宄”爲“宅”字異體。參看董珊《吳越題銘研究》88 頁（科學出版社 2014 年）。

【宅陽】貨系 2035　集成 11546 宅陽令矛

○鄭家相（1958）　文曰“宅陽”。《史記・韓世家》：“懿侯五年，與魏惠王會宅陽。”《括地志》云：“宅陽故城。一名北宅，在鄭州滎陽東南十七里。”

《中國古代貨幣發展史》頁 98

○黃盛璋（1974）　《史記・穰侯列傳》：“昭王三十二年（公元前 275 年）穰侯爲相國，將兵攻魏，走芒卯，入北宅，遂圍大梁。”《正義》引《竹書》：“宅陽一名北宅。”據此，宅陽自是魏地。宅陽亦見於方足布幣。許多古錢幣著作都把宅陽定爲韓地，楊寬《戰國史》132 頁及所附《戰國大事年表》前 357 年大事，亦把宅陽定爲韓地。定宅陽爲韓地的根據不外：（1）宅陽見《史記・韓世家》：懿侯五年“與魏惠王會宅陽”，但宅陽亦見《史記・魏世家》：惠王“五年與韓會宅陽城”。（2）據《括地志》：宅陽故城“在鄭州滎陽縣東南十七里”，距韓國都鄭較近；但距魏國都大梁亦不甚遠。（3）《竹書紀年》：梁惠王“十三年，王及鄭釐侯盟于巫沙，以釋宅陽之圍，歸釐于鄭”，楊寬《戰國史》（132 頁）就是根據此條，説這一年“魏國包圍韓的宅陽，迫使韓昭侯和魏惠王在巫沙結盟”。按韓釐侯和梁惠王盟於巫沙，爲的是“釋宅陽之圍”，目的很明確，魏有求於韓，所以才歸釐於韓，釋宅陽之圍的顯然是韓不是魏，否則歸釐於韓就講不通了，楊寬解釋爲“魏圍攻韓的宅陽”云云，恰恰把事實弄顛倒了。總之，宅陽屬魏，據上引《史記・穰侯列傳》可以確定，凡定宅陽爲韓地，宅陽幣爲韓幣的都是不對的（《戰國史》52 頁述魏國布幣有宅陽，這是對的，不知何故把宅陽定爲韓地）。

《考古學報》1974-1，頁 31

○**丁福保**（1982） 宅陽 《史記·韓世家》"懿侯五年,與魏惠王會宅陽",《正義》曰:"在鄭州。"（中略）【錢匯】

右小布面文二字曰"垞陽"。按,《説文》宅古文作宄、垞。蓋宅、垞即宄之變體重文也。俗讀垞爲直加切,與宅分爲二,誤。《史記·韓世家》"懿侯五年,與魏惠王會宅陽",《正義》曰:"在鄭州。"【文字考】

右布面文宅陽二字。《史記·魏世家》:"與韓會宅陽城。"《括地志》云:"宅陽故城,一名北宅,在鄭州滎陽東南七十里。"（中略）【錢略】

右曰宅,左曰陽。《史記·韓世家》:"五年,與魏惠王會宅陽。"【所見錄】

此皆宅陽也。春秋時屬鄭,戰國時屬魏。《史記》惠王五年,與韓會宅易。又《穰侯傳》昭王三十二年,走芒卯,入北宅,遂圍大梁,《正義》引《竹書》云"宅易,一名北宅",又引《括地志》云"宅易故城,在鄭州滎易縣東南十七里"。【遺篋錄】

垞陽於戰國屬鄭,亦屬韓。《水經注》引《竹書紀年》:晉出公六年,齊鄭伐衛,荀瑤城垞陽。惠王十三年,王及鄭釐侯盟於巫沙,以釋宅陽之圍,歸釐於鄭。《魏世家》"惠王五年,與韓會宅陽城",正義曰:"《括地志》云:宅陽故城,一名北宅,在鄭州滎陽縣東南十七里也。"【古泉雜詠】

《古錢大辭典》頁 1195

○**黃錫全**（1993） 宅陽 河南鄭州市北。

《先秦貨幣研究》頁 354,2001;原載《第二屆國際中國古文字學研討會論文集》

○**石永士**（1995） 【宅陽·平襠方足平首布】戰國晚期青銅鑄幣。鑄行於韓國,流通於三晉、燕等地。屬小型布。面文"宅陽",形體多變,背無文。"宅陽",古地名,戰國屬韓。《史記·魏世家》:魏惠王"五年（公元前 366 年）與韓會宅陽"。在今河南滎陽東南。一說在今河南原陽西南。

《中國錢幣大辭典·先秦編》頁 277

○**黃錫全**（1998） 宅陽春秋屬晉,見《水經注·濟水注》引《竹書紀年》:"晉出公六年,齊、鄭伐衛,荀瑤城宅陽。"宅陽又名北宅,見《史記·穰侯列傳》:秦"昭王三十二年（前 275 年）,穰侯爲相國,將兵攻魏,走芒卯,入北宅,遂圍大梁"。《集解》引徐廣曰:"魏惠王五年,與韓會宅陽。"《正義》引《竹書》云:"宅陽,一名北宅。"又引《括地志》云:"宅陽故城在鄭州滎陽縣東南十七里也。"《戰國策·魏策三》作"走芒卯,入北地"。吳師道曰:"《史記》作'宅',《策》字訛。"依上引諸文,宅陽似屬魏。但戰國兵器中有一件"宅陽將"戈（或稱矛）,（中略）根據戈銘"造"字作𪚩當爲韓國文字特點分析,此戈定爲韓器。準此,我們主張將方足宅陽布定爲韓幣。當然,其閒不排除曾一度屬魏的可能。在目前没有充分證據論證其爲魏幣之前,定此布爲韓比較穩妥。

《先秦貨幣研究》頁 128,2001;原載《中國錢幣論文集》3

○吳良寶(2002)　　《史記·魏世家》惠王"五年,與韓會宅陽",《正義》引《括地志》曰:"宅陽故城一名北宅,在鄭州滎陽縣東南十七里也。"時在前 366 年,宅陽屬魏;《水經注·濟水注》引《竹書紀年》:"(梁)惠成王十三年,王及鄭侯盟於巫沙,以釋宅陽之圍,歸釐於鄭。"時在韓昭侯六年(前 358 年),宅陽仍屬於魏國;《穰侯列傳》:(秦昭王三十二年)"將兵攻魏,走芒卯,入北宅,遂圍大梁",時在韓釐王二十一年(前 1275 年),宅陽屬魏。而這件"七年宅陽令矛",銘文中由於没有縣司寇作爲建造者,其時代不可能晚於韓桓惠王六年,只能是韓釐王六年(前 290 年)時器。可見宅陽屬於魏國的時間比較長。因此,與其定爲韓幣,不如以爲魏國貨幣更爲妥當。或者將宅陽布幣的國別暫定爲魏、韓兩國。

《金景芳教授百年誕辰紀念文集》頁 129

室 宝

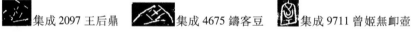

集成 2097 王后鼎　　集成 4675 鑄客豆　　集成 9711 曾姬無卹壺

秦駰玉版　　侯馬 67:5　　侯馬 67:6　　貨系 219　　貨系 222

璽彙 0003　　璽彙 0213　　包山 12　　包山 126　　上博四·昭王 1

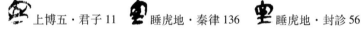

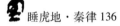上博五·君子 11　　睡虎地·秦律 136　　睡虎地·封診 56

○鄭家相(1958)　　文曰室,按室即大室,見昭四年,顧棟高曰:大室山,在今登封縣北十里。

《中國古代貨幣發展史》頁 43

○中大楚簡整理小組(1977)　　(編按:望山 2·48)室,居也。此謂鏡有紅紑之套。

《戰國楚簡研究》3,頁 48

○黃錫全(1993)　　(編按:貨系 363)室。

《先秦貨幣研究》頁 350,2001;原載《第二屆國際中國古文字學研討會論文集》

○蔡運章(1995)　　【室·平肩空首布】春秋中晚期青銅鑄幣。鑄行於周王畿。屬大型空首布。面文"室"。背無文。

《中國錢幣大辭典·先秦編》頁 141

○**朱德熙、裘錫圭、李家浩**（1995） （編按：望山 2・48）"室"當指銅鏡的套子。鏡套子稱室與刀劍鞘稱室同意。

《望山楚簡》頁 126

○**陳佩芬**（2004） （編按：上博四・昭王 1）"爲室"，指造房，但昭王所造是宫。《詩・鄘風・定之方中》"揆之以日，作于楚室"，毛亨傳："室猶宫也。"鄭玄箋云："楚室，居室也，君子將營宫室，宗廟爲先，廄庫爲次，居室爲後。"

《上海博物館藏戰國楚竹書》（四）頁 182

【**室家**】集成 9715 杕氏壺　九店 56・29　睡虎地・日乙 246

○**廖序東**（1991）　室家　杕氏壺："虘台匽飲，盱我室家。"《孟子・離婁上》"不得罪於巨室"注："巨室，大家也。"則"室、家"同義。金文有單用"家"的，如越王鐘"台樂虘家"，嗣子壺"康樂我家"。吳闓生云："盱，樂也。""盱我室家"乃樂我室家之意。《詩》中"室家"多見，如《周南・桃夭》首章"之子于歸，宜其室家"。亦有作"家室"者，如次章"宜其家室"。

《中國語言學報》4，頁 160

○**劉樂賢**（1996）　簡文"室豪（家）"指居處，猶 17 號簡下部的"豪（家）室"，不可拆開。《書・梓材》："若作室家，既勤垣墉，惟其塗墍茨。"《漢書・淮南王傳》："……縣爲築蓋家室。"可見，室家、家室皆可指居處。睡虎地日書作"利以家室、祭祀……"，"利以家室"也是利以修建住房的意思，家室作動詞用。

《華學》2，頁 62

○**李家浩**（2000）　"室豪（家）"即"家室"的倒文，指屋舍。《書・梓材》："若作室家，既勤垣墉，惟其塗墍茨。"《楚辭・招魂》："室家遂（邃）宗（崇）。"

《九店楚簡》頁 87

宣 宣

集成 293 曾侯乙鐘　石鼓文・鑾車　珍秦 37　包山 58　包山 191

【**宣王**】包山 58

○**劉彬徽、彭浩、胡雅麗、劉祖信**（1991）　宣王，楚宣王，公元前 369 年—前 340 年在位。

《包山楚簡》頁 43

【宣搏】石鼓文・鑾車

○**徐寶貴**（2008）　郭沫若《石鼓文研究》等將此字摹作宧形，是不正確的。"宣"字，其他古文字作如下等形體：向（《甲骨文編》七・一七）、宧（虢季子白盤）、宧（曾子仲宣鼎）、宧（詛楚文《湫淵》）、宧（詛楚文《亞駝》）、宧（《珍秦齋古印展》三七）、宧（同上三八）。石鼓文"宣"字是在金文基礎上的繁化，詛楚文、秦印文是在石鼓文基礎上的訛變。"宣"有寬大之意。朱駿聲《說文通訓定聲》："宣，……與寬略同。"王引之《經義述聞・毛詩中》："宣與廣義相因。《易林・需之萃》曰：'大口宣舌。'《大有之蠱》曰：'大口宣脣。'又《小畜之噬嗑》'方喙廣口'，《井之恆》作'方喙宣口'。是宣爲侈大之意。""宣"與"寬"亦可通假，如《史記・建元已來王子侯者年表》"阿武，今侯寬"，《漢書・王子侯表》"寬"作"宣"。（中略）"寬博"一詞見於古文獻，《孟子・公孫丑上》"不受於褐寬博"，朱熹《集注》："寬博，寬大之衣。"

　　　　　　　　　　　　　　　　　　　　《石鼓文整理研究》頁 838—839

【宣鐘】集成 293 曾侯乙鐘

○**裘錫圭、李家浩**（1989）　"宣鐘"這一律名也寫作"亘鐘、洹鐘"（皆見中.3・1）、或"匡鐘"（中.3・5、8）。"宣、洹、匡"皆从"亘"聲，故可通用。宣鐘即《周語》之"宣"。

　　　　　　　　　　　　　　　　　　　　　　《曾侯乙墓》頁 558—559

○**黃翔鵬**（1981）　"宣鐘"的律名，在鐘銘中還有匡鐘、亘鐘、洹鐘等異體寫法，田野下層二組第五鐘的鉦部銘文："割肆之才（在）楚也爲呂鐘，其阪爲宣鐘。"明說它的音位相當於割肆律的高八度位置，但它在銘文中既未居於領起的地位以與各國之律進行比較，也未出現於上層紐鐘的銘文，現在只是仿未標國別之例，列入曾國律名。

　　　　　　　　　　　　　　　　　　　　《音樂研究》1981-1，頁 24

向　向

集成 11551 九年鄭令矛　貨系 366　陶彙 3・5　璽彙 3059

○**丁福保**（1938）　向　《春秋》：隱二年，莒人入向，宣四年，公伐莒，取向。解曰：向，莒邑。顧炎武《日知錄》曰：先爲國，後併於莒。【錢匯】

向　見前譜,此在左右,中口字作△異。【續泉匯】

《古錢大辭典》頁 1258,1982

○鄭家相(1958)　文曰向,按向,周地,見隱十一年,今懷慶府濟源縣西南有向城。

《中國古代貨幣發展史》頁 43

宛 宛

　上博一·緇衣 6　　　　上博一·緇衣 6　　　　上博一·緇衣 12

　睡虎地·編年 16 壹　　　睡虎地·日乙 195 壹

○睡簡整理小組(1990)　(編按:睡虎地·編年 16 壹)宛,韓地,今河南南陽。《史記·六國年表》和《韓世家》均載此年秦攻取韓的宛,《韓世家》正義:"宛,鄧州縣也,時屬韓也。"宛原屬楚,秦昭王六年(公元前 301 年)齊、韓、魏戰勝楚軍,"取宛、葉以北",見《戰國策》。顧觀光《七國地理考》卷三認爲此時宛"蓋一地而韓、楚兩屬也"。

《睡虎地秦墓竹簡》頁 8

○何琳儀(1998)　秦璽宛,姓氏。伏羲師有宛華,黃帝時有宛朐,此宛姓之始,楚之宛卻之別也,春秋時齊、楚、晉、鄭皆有宛氏。見《姓氏尋源》。

《戰國古文字典》頁 974

○陳佩芬(2001)　(編按:上博一·緇衣)命　令。

《上海博物館藏戰國楚竹書》(一)頁 180、187

○馮勝君(2004)　金文中的"夗"字有一類形體寫作如下之形:

　　呂鼎"餇"所从,《集成》2754　　　士上盉"餇"所从,《集成》9454

　　士上卣"餇"所从,《集成》5421　　　盟盨,《集成》4469

　　(夗)四十三年逨鼎,《文物》2003 年 6 期 21 頁圖 25

其形體的演變序列似乎可以這樣來理解:

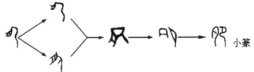

小篆

"夗"字從夗形發展到夗形,"肉"旁已經變成倒"口"形,"人"則先變成"人"旁,再由"人"旁進一步演變成"卩"旁。四十三年逨鼎"夗(怨)"寫作夗,這一形體對於我們考釋上博簡中的令很關鍵,因爲令與𩏗之間的差別只在於,倒口形與卩旁一是左右結構,一是上下結構。(中略)所以"夗"字由𩏗形演變成令形,是毫不奇怪的。但令形與"令"字形體實在太相近了,所以爲了避免混淆,人們又在令形上加注聲符○,就變成了多這種形體。○(圓),匣紐文部;夗,影紐元部,二字古音相近,如元部字的"袁"就从"○(圓)"得聲。所以上博《緇衣》中的令、多都應該釋爲"夗",讀爲"怨"。

《古文字研究》25,頁 282—283

△按　《上博一·緇衣》三形體,孟蓬生《説"令"——侵脂通轉例説之一》(《古文字研究》29 輯 701—712 頁,中華書局 2012 年)同意整理者釋法,認爲令讀爲怨。

【宛奇】睡虎地·日乙 195 壹

△按　"宛"《説文》或體作"惌"。參見卷十心部"惌"字條。

宇 宇

睡虎地·日乙 251　　　　睡虎地·爲吏 19 伍

△按　《説文》:"宇,屋邊也。"

宛 寏 院

侯馬 88:2　　　睡虎地·答問 186　　　睡虎地·答問 186

○睡簡整理小組(1990)　院,《説文》作寏,云:"周垣也。"即圍牆。

《睡虎地秦墓竹簡》頁 137

△按　《説文》"寏"或體作"院"。

㝐 㝐

璽彙 3063

○吳振武(1984)　此字从宀从良,應釋爲㝐。(中略)此字所从的良旁顯然也是从亡聲的,和上引三十二令部戈中的㝐字完全相同。

《〈古璽文編〉校訂》頁 234—235,2011

△按 璽文"𡧓",姓氏。

寍 𡨄 𥁲

集成 9734 𨭌釱壺　侯馬 92:40　石鼓文·吾水　包山 72　上博三·周易 9

郭店·緇衣 20　九店 56·13　上博一·緇衣 11　上博五·姑成 5

集成 9735 中山王方壺

○**强運開**（1935）　《說文》："寍,安也。从宀从心在皿上。皿,人之飲食器,所以安人也。"與丂部之寧訓願詞者異。

《石鼓釋文》壬鼓,頁 3

○**黄盛璋**（1974）　（編按：集成 11633 寧右庫劍）劍,十二年寧右庫　卅五　《録遺》590。

　　《左傳》文五年"晉陽處父聘於衛,反過寧",杜注："寧,晉邑,汲郡修武縣也。"戰國屬魏,亦名寧邑,其名數見。《戰國策·魏策》"秦罷邯鄲,攻魏取寧邑""秦拔寧邑",下文又説："夫亡寧者宜割二寧以求構,夫得寧者安能歸寧乎?"可見寧邑即寧。《史記·魏世家》"已通韓上黨於共、寧",《正義》："寧,懷州修武縣,本殷之寧邑。"《韓詩外傳》："武王伐紂,勒兵於寧,故曰修武。"傳世魏國銅器,已知有兩件爲寧地所鑄,一是廿七年寧釦:"廿七年寧爲釦"（《寶蘊》95—96）;二是二年寧鼎:"二年寧□子尋、冶譜爲肘、四分霝"（《三代》3·24·8）。可見寧確是魏冶鑄業的一個中心,其地設有冶,所造不限於兵器。方足布亦有"寧",皆可證。本戈銘最後"卅五",當是記某次所造兵器的件數編號,由此可以證明,寧地鑄造兵器是大量的。

《考古學報》1974-1,頁 29—30

○**山西省文物工作委員會**（1976）　寍　宗盟類參盟人名。

《侯馬盟書》頁 334

○**張政烺**（1979）　（編按：集成 9735 中山王方壺）𥁲,从心,皿聲,字書不見,按聲韻求之蓋讀爲罔。

（編按：集成 9734 𨭌釱壺）《說文》："寍,安也。"經傳皆以寧爲之。

《古文字研究》1,頁 214、240

○**李學勤、李零**（1979）　（編按：集成 9735 中山王方壺）𥁲,從文義看是否定副詞,恐非寧字,疑从皿聲,讀爲靡或未。

《考古學報》1979-2,頁 151

○**陳邦懷**(1983)　　(編按:集成 9735 中山王方壺)此盌字當爲寍字省文。周器季盌尊(《陝西出土青銅器》第三册三八號)盌字省宀,此與之同。甲骨文寧風、寧雨之寧多作甼(例多不列舉),是寍省宀之旁證。

《天津社會科學》1983-1,頁 69

○**黃盛璋**(1988)　　(編按:集成 2481 二年寧鼎)"二年寧鼎"之寧,即《戰國策·魏策》"秦罷邯鄲,攻魏取寧邑"之寧邑。

《文物》1988-11,頁 47

○**黃盛璋**(1989)　　(編按:集成 2481 二年寧鼎)寧原爲晉地,見《左傳》文五年:"晉陽處父聘于衞,反過寧。"杜注:"寧,晉邑,汲郡修武縣也。""戰國屬魏。"《戰國策·魏策》:"秦罷邯鄲,攻魏取寧邑","秦拔寧邑"。下文又説:"夫亡寧者宜割二寧以求構,夫得寧者安能歸寧乎?"是寧又名寧邑。《魏策》又記朱忌謂魏王曰:"通韓之上黨於共、寧。"又見《史記·魏世家》引,《正義》:"寧,懷州修武縣……本殷之寧邑……今魏開通共、寧之道,使韓上黨得直道而行也。"可見寧、共均當要道,地位衝要。傳世兵器有"十二年寧右庫",三十五"戈",(《録遺》五九〇),方足布也有"寧"(《古錢》二九四),《古化雜詠》云:"寧州,秦北地。"布幣爲三晉所鑄,決非秦幣,寧戈也證明爲三晉地,寧州乃後代所置,與三晉之寧無關,所考地望肯定錯誤。

《古文字研究》17,頁 12—13

○**李學勤**(1990)　　(編按:集成 9997 寧皿)廿七年,寧爲鈿。寧爲魏地,見《史記·魏世家》,在今河南修武縣境。

《新出青銅器研究》頁 207

○**劉信芳**(1997)　　盌　秦簡作"寧",二字古聲、韻皆同。或作"成",成、寧皆从丁得聲,知秦簡《日書》乙種之"成"乃"寧"之借字。

《第三届國際中國古文字學研討會論文集》頁 519

○**何琳儀**(1998)　　盌,甲骨文作𡫳(京津五三五五)。从宀从皿,會室内飲食安盌之義。西周金文作𡫳(牆盤),从宀从心从皿,會室内安心飲食之意。春秋金文作𡫳(國差鱔)。戰國文字承襲兩周金文。晉系文字或省宀旁作盌、惡,楚系文字以穴旁易宀旁。(中略)周空首布、魏器盌,讀寧,地名。《左·文五》:"晉陽處父聘于衞,反過寧。"在今河南獲嘉。侯馬盟書盌,姓氏。寧氏,衛武公之後。見《姓氏急就篇注》。中山王方壺"寍又",讀"寧有",豈有。《史記·蔡澤傳》"寧有之乎?"中山王圓壺"寍處","寧處"。《淮南子·泰族》:"民不得寧處。"包山簡寍,讀寧,姓氏。

《戰國古文字典》頁 813

○李家浩(2000)　簡文"寧"字原文皆作"寍"。此字見於包山楚墓竹簡七二號,《包山楚簡》作者釋爲"寍",甚是。古文字"宀"旁或寫作"穴",如侯馬盟書"寓"或作"窩"(《侯馬盟書》326 頁)。簡文將"寍"寫作"寍",與此同例。"寍",秦簡《日書》楚除甲種作"寧",乙種作"成",《説文》丂部説"寧"從"寍"得聲,故"寍、寧"二字可以通用。秦簡《日書》楚除名第九字,甲、乙種皆作"成",乙種與"寍"或"寧"相當的"成",顯然是一個誤字。古音"寍、寧、成"都是耕部字,當是因音近而致誤。

《九店楚簡》頁 65

○李學勤(2003)　(編按:集成 9997 寧皿)寧是地名,在今河南修武,戰國時屬魏,皿當作於魏安釐王二十七年(前 250 年)。

《文物》2003-10,頁 77

【寧壽】近出 1190 寧壽令余慶戟

○郭一峰、張廣善(1992)　查趙國地名,趙並無寧壽,僅見寧葭、靈壽,二地均在今河北石家莊西北方向,相距甚近。寧,上古音爲泥母,耕部;靈,上古音爲來母,耕部。寧、靈同韻,且聲母相近,得通假。故"寧壽"應爲"靈壽"。

靈壽原爲中山國所轄。戰國初年,中山武公曾建都於顧(今河北定縣),公元前 406 年被魏所滅。公元前 380 年前後中山桓公復國,遷都於靈壽。從此靈壽作爲中山國的國都,一直延續到公元前 296 年被趙所滅,在戰國中期極爲混亂的歷史條件下,歷時近百年。由此可見,趙滅中山後,在中山國原有的基礎上在該地設立兵器冶造場所,是符合歷史情況的。"十六年寧壽令戟"的鑄造地點爲趙之靈壽,當是可信的。

從趙惠文王三年(公元前 296 年)趙"滅中山,遷其王於膚施,起靈壽",到趙孝成王六年(公元前 260 年)長平之戰結束,其間計 36 年,趙在位之王僅有惠文王、孝成王二世。趙惠文王在位三十三年,"十六年寧壽令戟"鑄造時間應是趙惠文王十六年(公元前 283 年)。

《文物季刊》1992-4,頁 70

定 宐

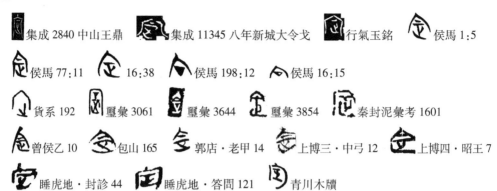

集成 2840 中山王鼎　　集成 11345 八年新城大令戈　　行氣玉銘　　侯馬 1:5

侯馬 77:11　　16:38　　侯馬 198:12　　侯馬 16:15

貨系 192　　璽彙 3061　　璽彙 3644　　璽彙 3854　　秦封泥彙考 1601

曾侯乙 10　　包山 165　　郭店·老甲 14　　上博三·中弓 12　　上博四·昭王 7

睡虎地·封診 44　　睡虎地·答問 121　　青川木牘

○鄭家相（1958）　　文曰定。按，定取安定民生之義。

《中國古代貨幣發展史》頁 40

○張政烺（1979）　（編按：集成 9734 舒螯壺）定，安也，正也。

《古文字研究》1，頁 231

○吳振武（1984）　此字從定從丁，應隸定爲定，釋爲定。定字西周金文作宐（《金》408 頁），戰國行氣玉佩作宐（《三代》二十·四十九·一），《說文》謂“從宀從正”（此據大徐本，段玉裁《說文解字注》依《韻會》本改爲“從宀正聲”）。此字作宐，當是在宐上又加注音符“丁”。丁、定古音極近，侯馬盟書定字既從宀從正作宐，又從宀從丁聲作宐，是其力證。古文字中與此類似的注音形聲字是很常見的，詳拙作《古文字中形聲字類別的研究——論“注音形聲字”》。原璽全文作“宐（定）道”，漢印中有“定過、定曼之印”等一大批定氏印（看《漢徵》七·十四及《璽印姓氏徵》下 25 頁），可見古有定氏。

《〈古璽文編〉校訂》頁 234，2011

○黃錫全（1993）　（編按：貨系 192）定　古有定水，如定陽，宜川西北，戰國屬魏。
《先秦貨幣研究》頁 350，2001；原載《第二屆國際中國古文字學研討會論文集》

○蔡運章（1995）　【定·平肩空首布】春秋中期至戰國早期青銅鑄幣。鑄行於周王畿。面文“定”。背無文。

《中國錢幣大辭典·先秦編》頁 134

○何琳儀（1998）　行氣玉銘定，見《爾雅·釋詁》：“定，止也。”（中略）晉璽定，姓氏。周公子伯齡後有定氏。見《路史》。中山王鼎“定保”，見《書·胤征》“聖有謨訓，明徵定保”，傳：“徵，證；保，安也。聖人所謀之教訓，爲世明證，所以定國安家。”（中略）秦王鐘定，見《玉篇》：“定，住也。”《書·洛誥》：“公定，予往已。"包山簡定,見《增韻》:"定,決也。"律管定,見《增韻》:"定,正也。"《古文尚書序》"遂乃定禮樂",疏:"修而不改曰定。"隨縣簡定,見《集韻》:"定,額也。"《詩・周南・麟之趾》"麟之定",傳:"定,題也。"亦作顁。《爾雅・釋言》:"顁,題也。"通作頂。

《戰國古文字典》頁 799—800

【定冬】上博四・昭王 7

△按 《銀雀山》(貳)"陰陽時令、占候之類"《禁》篇簡 1704—1708 有"定夏、定秋、定冬"的説法,整理者(《銀雀山漢墓竹簡》[貳]210 頁)讀定訓爲當,並指出"定冬"見於《管子・問》"而造器定冬完良"。陳劍《關於〈昭王與龔之脽〉的"定冬"》(復旦網 2011 年 11 月 18 日;收入《戰國竹書論集》)認爲此類用法之"定"字,應即後世"亭/停午"之"亭/停"字的前身,"定止、停定"之義。

【定宮】侯馬 156:2

○張頷(1975) 先解釋"定宮"。在《春秋》和《左傳》中所著録的宮廟共 74 處。(中略)從上述統計數字可以看到一個值得注意的情況,即凡稱宗廟爲宮者,絶大多數繫之以謚號。以此,盟書中的"定宮"亦當指宗廟。但是它絶非晉定公之宗廟,因爲盟書所涉及的歷史事件正當晉國定公午的一段時間(公元前 497 年晉定公十五年到公元前 489 年晉定公二十三年),晉定公還没有死去,他的生宮不可能稱之謂"定宮"的。

《文物》1975-5,頁 16

○何琳儀(1998) 侯馬盟書"定宮",晉定公之宗廟。

《戰國古文字典》頁 799

【定陽】集成 11363 上郡守壽戈

○黄盛璋(1988) 傅大佑所拓"□□年上郡戈"内背刻"定陽",《戰國策・齊策》"昔魏國邯鄲,西圍定陽",是戰國原先爲趙地,自此蓋爲魏所得。隸入上郡,後於魏惠文三十年(前 328 年)魏盡納上郡十五縣,爲秦所有。應劭曰:"在定水之陽。"《水經・河水注》記黑水與白水(即定水)分出定陽西山與南山,而黑水東南逕其縣北,白水東逕定陽故城南,定陽後漢仍有,至北魏似即定陽故城,清《一統志》故城在宜川縣西北。戈内背刻"定陽"亦屬上郡轉交後加刻者。

《文博》1988-6,頁 40

○王輝(1990) 定陽爲上郡地名,原在秦魏界上。《戰國策・齊策》:"蘇子謂齊王曰,昔魏拔邯鄲,西圍定陽。"定陽初屬魏,秦惠文王時,魏獻於秦。西漢設定陽縣,故址在今宜川縣西北十五里,今猶有定陽村。黃氏謂更即戍邊服兵役之更卒,引《漢書·食貨志》:"至秦則不然,用商鞅之法,改帝王之制。""月爲更卒,已復爲正,一歲屯戍,一歲力役,三十倍於古,漢興循而未改。"顏師古注:"更卒謂給郡縣一月而更者也。"黃氏云:"上郡正屬秦邊郡,秦兵器直接鑄造之工,除刑徒、隸屬、鬼薪外,還利用戍邊之更卒,這是值得指出的。"

《秦銅器銘文編年集釋》頁 53

安 宔

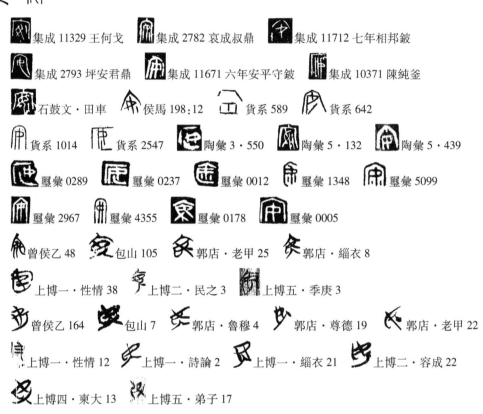

集成 11329 王何戈　集成 2782 哀成叔鼎　集成 11712 七年相邦鈹

集成 2793 坪安君鼎　集成 11671 六年安平守鈹　集成 10371 陳純釜

石鼓文·田車　侯馬 198:12　貨系 589　貨系 642

貨系 1014　貨系 2547　陶彙 3·550　陶彙 5·132　陶彙 5·439

璽彙 0289　璽彙 0237　璽彙 0012　璽彙 1348　璽彙 5099

璽彙 2967　璽彙 4355　璽彙 0178　璽彙 0005

曾侯乙 48　包山 105　郭店·老甲 25　郭店·緇衣 8

上博一·性情 38　上博二·民之 3　上博五·季庚 3

曾侯乙 164　包山 7　郭店·魯穆 4　郭店·尊德 19　郭店·老甲 22

上博一·性情 12　上博一·詩論 2　上博一·緇衣 21　上博二·容成 22

上博四·柬大 13　上博五·弟子 17

○**郭沫若**(1958)　(編按:集成 126 者汈鐘)安作𢆶,殆是安之省文,金文安字作㝃,此省宀作。

《考古學報》1958-1,頁 4

○**鄭家相**(1958)　文曰安,取物阜民安之義。

《中國古代貨幣發展史》頁 154

○**山西省文物工作委員會**(1976)　安　宗盟類參盟人名。

《侯馬盟書》頁 306

○**羅福頤等**(1981)　　格伯簋、陳猷釜安字从厂,與璽文同。

《古璽文編》頁 182

○**李學勤**(1983)　(編按:集成 2527)"安",地名,我們曾指出係魏地"安邑"之省。

《考古與文物叢刊・古文字學論集》(一)頁 2

○**朱德熙、裘錫圭、李家浩**(1995)　(編按:望山 2・8)此字似从"女",亦見於二三號簡。者汈鐘有**𠬝**字,郭沫若以爲"安之省文"(《文史論集》325 頁)。曾侯乙墓簡文"安"或作**𡚱**,省體作**𠬝**。此字疑亦"安"之省體。

《望山楚簡》頁 118

○**蔡運章**(1995)　【安・斜肩空首布】戰國早中期青銅鑄幣。鑄行於周、晉地區。屬小型空首布。面文"安",疑即"武安"省文。

《中國錢幣大辭典・先秦編》頁 177

○**裘錫圭**(1999)　"安平大"之"安",一般理解爲"安寧",但王引之認爲應訓爲"乃"。他在《經傳釋詞》卷二"安、案"條中説:"安,猶於是也,乃也,則也。字或作'案',或作'焉',其義一也……《老子》曰'往而不害,安平大',言往而不害乃得平泰也。"上面引過的李零《讀郭店楚簡〈老子〉》指出,簡文用作"焉"的"安""均無宀旁",與簡文中一般"安"字有別。這是可信的。此章"安平大"之"安",正好沒有"宀"旁,可以證成王引之的説法。

《道家文化研究》17,頁 54

○**李零**(1999)　(編按:郭店・老甲 22)"焉",與从宀的"安"字有別,最好統一作"焉",不作"安"。下同。

《道家文化研究》17,頁 466

○**李家浩**(2000)　此號簡和下四七號、四九號簡等的"安"字,原文作**𡚱**形,此字與越者汈鐘的**𡚱**和曾侯乙墓竹簡的**𠬝**,當是一字,即"安"字的省寫。參看郭沫若《〈者汈鐘〉銘考釋》(《文史論集》325 頁),裘錫圭、李家浩《曾侯乙墓竹簡釋文與考釋》(《曾侯乙墓》上册 325 頁)。這種省寫的"安"字還見於包山楚墓竹簡七號、九一號等和六六號、一五五號等的"郣"字偏旁。"郣"是地名,有人讀爲"鄢",可從。

《九店楚簡》頁 113

○**劉信芳**(2002)　(編按:望山 2・8)丹緅之載安(鞍)。

《古文字研究》24,頁 375

○**董琨**(2002)　"安"在簡本《老子》中共出現 10 次。嚴格地説,只有一個形體是加了"宀"字頭的(甲 25),其餘有 8 個只是"女"字加一點,更有一個寫作

“庀”(甲 10),整理者“疑爲‘安’字誤寫”。

全部用例分布在 9 個語段,纔列於下:

(1)孰能安以動者將舍(徐)生。(甲 10)

(2)民莫之命天(而)自均安。(甲 19)

(3)國中又(有)四大安,王居一安。(甲 22)

(4)其安也,易持也。(甲 25)

(5)信不足安又(有)不信。(丙 1)(標點見下)

(6)古(故)大道廢,安又(有)仁義。(丙 2—3)

(7)六新(親)不和,安又(有)孝慈。(丙 3)

(8)邦家昏□(亂),安又(有)正臣。(丙 3)

(9)往而不害,安坪(平)大(泰)。(丙 4)

以上諸例中的“安”,只有(1)(4)係用作實詞(形容詞),其餘均用作虛詞。後者又可以分爲兩類,一類用在句首,一類用在句尾。用在句尾的屬於所謂“兼詞”(指示代詞兼句尾語氣詞),如例(2)(3)。“安”的用法相當於“焉”。上古音“安、焉”同爲影母元部,自可通借。

我們知道,古漢語用在句首的“焉(安)”有兩種意義,一是作爲疑問代詞,“猶何也”(《論語·子路》篇皇侃疏);二是作爲連詞,“猶‘於是’也,乃也,則也”(王引之《經傳釋詞》)。判斷“焉(安)”的用法及意義時,難免遇到兩個問題:首先,“焉(安)”能否肯定是用在句首(因爲也可能用於上句的句尾)? 其次,用於句首的“焉(安)”是連詞,還是疑問代詞? 上舉(5)—(9)諸例就是如此,需要結合語境,具體分析。

(5)—(8)的“安(焉)”集中見於丙組簡 1—3 號,內容相當於通行本的第 17、18 兩章:

大(太)上,下智又之;其即(次),新(親)譽之;其既(次),畏之;其即(次),侮之。信不足安又(有)不信,猷(悠)乎其貴言也。成事述(遂)攻,而自眚(姓)曰我自然也。古(故)大道廢,安又(有)仁義,六新(親)不和,安又(有)孝慈,邦家昏□(亂),安又(有)正臣。

從“大道廢”前有“故”字及簡文連寫的情況來看,今通行本 17、18 章實應合爲一章。對其內容的理解,從第一句開始,自來就頗多歧異。本來,從王弼本、河上本到龍興觀本均作“太上,下知有之”,但從元代吳澄本開始,明清以後的永樂大典本、焦竑本、潘靜觀本等諸多刻本、注本,都將“下”改作“不”,作“太上不知有之”,朱謙之《老子校釋》也說:“作‘不’義亦長。”今人注本如陳鼓應《老子注譯及評介》大抵以此立説,將此句理解爲"最好的世代,人民根本不感到統治者的存在"(132 頁,中華書局 1984 年)。而驗之以馬王堆帛書《老子》的甲、乙本以及郭店簡本,"下"不能作"不",無庸贅言。其實此章論治道,涉及的主體是君王統治者,是他們應該對百姓即"下智"(《論語·陽貨》"唯上智與下愚不移",可見"上智、下智"可分別指代統治者與被統治者)的態度,"又之"即"友之"(又、友均匣母之部字),統治者與百姓友善才是最好的;其他的"譽"(通"諛",二字同屬餘母,韻部則魚侯旁轉)"畏""侮"皆非平等態度,均不足取。由於平等友善才能談及信任,信任不夠才發生不信任的現象,所以例 5 應讀作"信不足,安(焉)有不信"。王念孫指出:"'信不足'爲句,'焉有不信'爲句。焉,於是也。言信不足,於是有不信也。"(《讀書雜誌》卷十六餘編上。)是很正確的,也適用於簡本。

(6)(7)(8)三句的句式同(5),"安(焉)"均置句首當連詞"於是"講,現在似乎已經看法一致了。

例(9)的"安坪(平)大(泰)",朱謙之指出:"依舊説,安,靜也……平者安之至,'安平太'爲並列語。王引之《經傳釋詞》持異議,謂'安'猶於是也,乃也,則也。《老子》曰'往而不害,安平太',言往而不害,乃得平泰也。"(《老子校釋》91 頁,中華書局 1963 年)可見也有兩種讀法,但似應以"安"作句首連詞爲是。

《古文字研究》24,頁 387—388

△**按** 戰國文字"安",或省宀。從古文字資料來看,宀下所从非女,隸定可作"女",陳劍(《説"安"字》,《甲骨金文考釋論集》117—119 頁,綫裝書局 2007 年)以爲象安坐之形。楚簡"安"或讀爲焉。

【安惠】集成 2782 哀成叔鼎

○蔡運章(1985) "安重","安",《説文·女部》謂"靜也",《廣韻》:"止也。""重",讀如惠,《説文·心部》:"惠,仁也。"故"安惠"當爲終止了仁惠的一生之義。

《中原文物》1985-4,頁 57

○劉宗漢(1996) "安",此處訓爲"安於……"。(中略)以"安重"與"安難、安制"相比較,知其"安"字當訓爲"安於……"。"安重"即"安於小謹、安於無弘量、安於不能大立"。其微意當是"安於無所作爲"。

《洛陽考古四十年》頁 247

【安邑】貨系 1283 璽彙 0289 集成 9707 安邑下官鍾 睡虎地·編年記 20 壹

○**丁福保**（1938）　《路史》舜禹皆都安邑。（中略）【錢匯】

　　《路史》堯都平陽安邑，禹都陽城太原安邑。《漢志》禹自平陽遷安邑。是安邑爲禹都。（中略）【錢略】

　　據《路史》，舜都蒲及安邑，禹亦都安邑。（中略）【釋文】

　　按城郭之聚曰邑，安邑，魏地。（中略）【文字考】

　　考《國策》安邑者，魏之柱國，《史記》魏武侯二年，城安邑。據此可知戰國時安邑，實爲魏地。（中略）【彙志】

　　《世紀》禹都安邑。春秋時隸晉，戰國爲韓都。【所見錄】（中略）

　　《漢書·地理志》河東郡有安邑，沿秦三十六郡之制。（中略）【葉氏古泉雜詠注】

　　安邑者，夏禹之都也。於春秋時屬晉。《括地志》云，安邑故城，在絳州夏縣東北十五里（中略）。【遺篋錄】

　　然金幣流傳，類皆先秦戰國時物，安邑於春秋時屬晉，於戰國時屬魏，如必謂此幣出自上古，則未之敢信也。【選青】

《古錢大辭典》頁 1185—1190、2156，1982

○**鄭家相**（1958）　文曰安邑二釿，安邑一釿，安邑半釿。（中略）安邑夏都，在今山西夏縣西北十五里，戰國魏自魏絳徙此。

《中國古代貨幣發展史》頁 119

○**王丕忠**（1974）　安邑曾爲魏都，公元前 286 年（秦昭王二十一年、魏昭王十年），秦軍進攻魏河內地區，魏把安邑獻給秦國。從鍾的字體看時間較晚，應爲魏襄王七年（前 289 年）所造。

《光明日報》1974-7-6

○**汪慶正**（1988）　“安邑”布。安邑在今山西夏縣西北十五里。《史記·秦本紀》：“魏自魏絳徙此，武侯二年城之。”《史記·魏世家》載，惠王三十一年“安邑近秦，於是徙治大梁”。魏武侯二年爲公元前 394 年，應是“安邑”釿布的始鑄上限年代，即該布不得早於此年。魏惠王三十一年，即公元前 339 年，此時，魏徙治大梁，其後另鑄梁釿布，因此，安邑釿布的下限爲公元前 339 年。

　　從推理上説，安邑釿布應是最早的魏釿布。

《中國歷代貨幣大系·先秦貨幣總論》頁 18

○**袁仲一**（1987）　安邑本魏邑，秦置縣。秦簡《編年記》記載，昭襄王二十年（公元前 287 年）“攻安邑”。但《史記·秦本紀》和《六國年表》都記昭襄王二十一年魏獻安邑。咸陽北塔兒坡出土有安邑下官鐘。此鐘本魏器，後入於秦。安邑的地望《正義》引《括地志》説：“安邑故城在絳州夏縣東北十五里，本夏之都。”治所在今山西省夏縣西北。

《秦代陶文》頁 50

○**黃盛璋**（1989） 安邑爲魏之舊都，梁惠王九年始自安邑遷都大梁，銘文記主造者稱“府嗇夫”，應在魏都安邑未遷大梁以前所造。後入秦。

《古文字研究》17，頁 6

○**睡簡整理小組**（1990） 安邑，魏地，今山西夏縣西北。

《睡虎地秦墓竹簡》頁 8

○**何琳儀**（1992） “安邑”，見《史記·魏世家》：惠王卅一年“安邑近秦，於是徙居大梁”。在今山西夏縣西，爲魏國早期都城。

《古幣叢考》（增訂本）頁 172，2002；原載《吉林大學學報》1992-2

○**梁曉景**（1995） “安邑”，古地名，戰國初魏國都城。在今山西夏縣西北。

《中國錢幣大辭典·先秦編》頁 210

○**陳曉捷**（1996） 安邑爲縣名。三家分晉后，魏都安邑。至魏惠王三十一年，因“安邑近秦，於是徙治大梁”。秦昭王二十一年，“（司馬）錯攻魏河內，魏獻安邑”。正義引《括地志》：“安邑故城在今山西夏縣西北。”

《考古與文物》1996-4，頁 3—4

○**周偉州**（1997） 安邑丞印 《史記·秦本紀》孝公十年（公元前 352 年）“衛鞅爲大良造，將兵圍魏安邑，降之”。過了兩年，秦徙都咸陽，立四十一縣，安邑當於此時置縣。《漢書·地理志》河東郡本注“秦置”，下屬縣有安邑，當承秦制。安邑爲秦河東郡屬縣，丞爲縣令佐官。

《西北大學學學報》1997-1，頁 35

○**王望生**（2000） “安邑”爲秦代地名。三家分晉後，魏都安邑，秦昭王二十一年（前 286 年）司馬錯攻魏河內，魏獻安邑。其地在今山西夏縣西北。

《考古與文物》2000-1，頁 8

【安車】曾侯乙 165

○**李守奎**（2000） “安車”在典籍上習見。《周禮·春官·巾車》中，安車屬王后之五路，“皆有容蓋”。鄭玄注引鄭司農云：“容謂幨車，山東謂之裳幃，或曰潼容。”孫詒讓疏證詳考其形制，主要是其上有蓋，幨幃從蓋弓四旁懸垂而下。若此，《周禮》中的安車與前文孫機先生所考漢代軒車相似。安車不僅是女性乘車，也是大夫所乘。《禮記·曲禮》：“大夫七十而致仕，若不得謝，則必賜之几杖，乘安車。”鄭玄注云：“安車，坐乘，若今小車也。”從典籍所載看，安車是上有蓋,四周有幃的坐乘。出土簡策中,安車的特點是有"軒"。從典籍文獻上看,安車與軒車很相似,皆有蓋,有屏障。簡策中安車有駕二馬的,也有駕四馬的,也可能是典籍所説的安車中有女性所乘和大夫所乘的原因所致。

《古文字研究》22,頁197

【安昌】璽彙0178

○何琳儀(1998)　楚璽"安昌",地名。

《戰國古文字典》頁655

【安官】璽彙4344

△按　璽文"安官"爲吉語。

【安陽】貨系2076　集成11562安陽令戈【安易】貨系2303

○丁福保(1938)　安陽　《史記》秦昭襄王五十年拔寧新中。《地志》曰:寧新中,七國時魏邑。秦昭王拔之,更名安陽。【錢匯】

按秦昭王拔魏邑以來,至始皇復行錢,其中得四十餘年,此或同文以後之所鑄,故同爲安陽,字體較前嚴整,即所謂小篆是也。(中略)【文字考】

《秦本紀》昭襄王五十年,攻晉,拔寧新中,寧新中更名安陽。《括地志》:即今相州外城也。(中略)【新編】

《史記·秦本紀》:昭襄王五十年十二月,攻晉汾城,即從唐拔寧新中。注徐廣曰:此趙邑也。《括地志》云:寧新中,七國時魏邑,秦昭襄王拔之,更名安陽。《泉幣圖説》:平陽、安陽俱屬秦地,此布字文含小篆,當爲秦布無異。【所見録】(中略)

以上文曰安易。《史記·秦本紀》:昭襄王五十年,拔寧新中,更名安易。《正義》曰:今相州外城,古安易城也,本屬趙邑。(中略)按《項羽本紀》:行至安易。顏師古云:今相州安易縣。是宋地,亦名安易也,又莒之五易,亦謂安易,已見安易刀。予意或是宋錢,春秋時鑄,以其光澤迥殊恆品也。【遺篋録】

安陽本宋地,又有屬秦者,《秦本紀》:昭襄王五十年,拔寧新中,更名安陽。正義曰:《括地志》云:寧新中,七國時魏邑。又云:今相州外城。此秦安陽也。《項羽本紀》:行至安陽。顏注云:今相州安陽縣。索隱因之,以爲今宋州楚邱西北有安陽故城。此宋安陽也。《漢志》汝南、漢中二郡縣屬均有安陽,未詳所始。【葉氏古泉雜詠注】

《研北雜志》:安陽在汝南。(中略)《史記·項羽本紀》:行至安陽。《索隱》曰:《後魏書·地形志》,巳氏云:安陽城,今宋州楚邱西北四十里,有安陽故城。培按,《漢·地理志》:安陽屬汝南郡。應劭曰:故江國,今江亭是。《方輿

紀要》曰:河南彰德府安陽縣附郭本紂朝歌地,七國時爲魏寧新中邑,秦昭襄
王五十年,王齕從張唐拔之,更名安陽。培又按《趙世家》:趙惠文王三年,主
父封長子章爲代安陽。二十四年,廉頗將攻魏房子,拔之,又攻安陽,取之。
《秦本紀》始皇十年,李斯説秦王先取韓。十一年,取鄴安陽。齊刀亦有安陽。
又有西安陽,在五原郡,東安陽,在代郡,蓋即趙地,然此布之安陽,當是屬汝
南者,安陽雖故江地,後江滅而地入楚,列國諸布,流傳今日者,惟安陽、平陽
二種爲多,豈非當日晉楚行用之明驗矣。(中略)【古泉彙考】

安陽本宋地,而齊兼之。又有屬秦者。《秦本紀》:昭襄王五十年,拔寧新
中,更名安陽。《正義》曰:《括地志》云,寧新中,七國時魏邑。又云,即今相州
外城。此秦安陽也。《項羽本紀》:行至安陽。顏師古以爲今相州安陽縣。
《索隱》因之,以爲今宋州楚邱西北四十里,有安陽故城。此宋安陽也。《漢
志》汝南郡縣安陽,漢中郡縣安陽,此兩安陽未詳名所自始。【癖談】

《古錢大辭典》頁 1192—1193、2156—2157,1982

○**陳鐵卿**(1956) “安陽”地名共有五個,下面分列出來,並加以分析,可以知
道哪一處應該是這布的鑄地。

一、《路史·國名紀》:“安陽,《風土記》武王封周章小子斌於無錫安陽
鄉……”這“安陽”在今江蘇無錫境,不是布錢通行地區。

二、《史記·趙世家》惠文王三年封長子章爲代安陽君。這“安陽”在今河
北省蔚縣(原屬察哈爾省)西北,戰國時鄰近明刀及平首尖足布地區,不是方
足布的範圍。

三、《後漢書·趙彥傳》,“莒有五陽”,其一爲“安陽”。此處爲刀化行使
的地方,不是布錢流通的區域。

四、《史記·秦本紀》:“昭襄王五十年,拔寧新中。”《正義》引《括地志》:
“秦昭襄王拔魏寧新中,更名安陽城,今相州外城是也。”這“安陽”在今河南安
陽縣東南。“安陽布”鑄時,寧新中尚未改名,當然不是這裏鑄的。如認爲是
入秦改名以後鑄的,和這布的鑄行時期又不合了。

五、《史記·項羽本紀》,宋義救趙,行至安陽,留四十六日不進。這“安
陽”在今山東曹縣東,春秋屬宋,戰國屬魏,正是方足布錢通行地區。所以“安
陽布”的鑄地,只有是這個“安陽”才合(近人多以此曹縣東的“安陽”,認爲是
“安陽刀”的鑄地,按照古代貨幣行使地區範圍來看,是不對的)。

《文物參考資料》1956-2,頁 62

○**鄭家相**(1958) 《後漢書·趙彥傳》:“莒有五陽之地,宜發五陽郡兵討

之。"注："城陽、南陽、武陽、開陽、安陽也。"是安陽爲莒地。莒初封介根,春秋襄二十四年,齊伐莒,取介根,莒遂南遷,其地大部多入於齊。此刀之鑄,當在齊伐莒之後。

　　考安陽地名始於秦,《史記》秦昭襄王五十年,拔寧新中,更名安陽。但此布鑄行在戰國上期,寧新中尚未更名,則非秦安陽所鑄甚明。予以爲安陽者,安邑之陽也,與安陰對稱。鑄於安邑之南者曰安陽,鑄於安邑之北者曰安陰,古人往往以南北而稱陰陽也。安邑見《秦策》,在今山西夏縣西北十五里,城周三十里,西南遺址尚存,魏自魏絳徙此,武侯二年城之,惠王去安邑,徙大梁,至昭王十年,遂以與秦。此布之鑄,尚在武侯城安邑時之先,至入秦後,似尚鑄之,故今世流傳甚多,文字有種種之變化,非如安邑、安陰二布鑄時之短也。

《中國古代貨幣發展史》頁 78、94—95

○朱活(1965)　安陽在什麼地方? 其説不一:一説在今山東曹縣東,本爲魯邑,齊宣公四十四年(前 412)齊伐魯國的莒及安陽(見《史記·六國年表》,而《田齊世家》誤作安陵),安陽入齊;一説在今山東濟南,引《春秋》成公二年,魯、晉、曹、衛諸大夫及齊師戰於鞌,杜注:鞌爲齊地。古錢學家遂認爲安陽即鞌陽;一説在莒縣與濟南之間,本爲莒之五陽地,所謂五陽,即城陽、南陽、武陽、開陽、安陽(見《後漢書·趙彥傳》注),按《春秋》襄公二十四年,齊伐莒,取介根,莒遂南遷,其地大部入齊。

《文物》1965-1,頁 39

○曾庸(1962)　1958 年,内蒙文物訓練班學員在包頭麻池鄉附近發現一處戰國遺址,他們還得到三塊石質安陽方足布範,這一重要發現對於解決安陽布國別是大有幫助的。今日包頭附近,戰國晚期時屬趙。《史記·匈奴傳》説,趙武靈王破林胡、樓煩後,"築長城自代並陰山下,至高闕爲塞",《竹書紀年》記載趙武靈王曾命"吏大夫奴遷于九原"。高闕在今河套,九原據清人考證應在今日包頭到河套這一範圍,都是趙的領土,安陽布範是趙的遺物,可見傳世的安陽布是趙國鑄造的。戰國時貨幣上的地名也即鑄地的名稱,因此又説明今包頭附近,戰國時趙在此置過安陽。據文獻記載,趙國在代也有安陽,武靈王封長子章爲代安陽君。由於錢範的發現,知道在九原附近還有另一安陽。這不見於戰國文獻,兩漢時在此有安陽,漢代有不少地名都承襲戰國舊名,像上舉之代安陽,漢代就循而未改,用這種方法也可推測出漢以前這裏就有安陽的。《漢書·地理志》五原郡有西安陽,東漢時仍舊。《後漢書·蔡邕傳》説邕曾經"徙居五原安陽縣"。漢人爲了使這兩個安陽不致混淆,便把五原的安陽稱作西安陽,代之安陽爲東安陽。《水經注》卷三:"……河水又東,逕西安陽故城南……又東逕九原縣故城南。"《續漢書·郡國志》説:"北有陰山。"這些材料説明西安陽在陰山南,黄河北,九原城西,正好在今烏拉特前旗境內,今包頭市西。看來漢代西安陽即使不在戰國安陽城舊址上,大約相距也不很遠。

趙在今包頭附近置安陽當在趙靈王時,這樣便説明安陽方足布的上限不超過這時。

《考古》1962-9,頁 502

○**黄盛璋**(1974)　以安陽名地者不一,趙、魏皆有,獨韓安陽不見確切記載。《漢書·地理志》汝南郡有安陽,應劭曰:"故江國今江亭是。"按江爲楚滅,戰國後期這一帶應屬韓、魏,究屬韓屬魏,目前尚難確定。《水經注·河水四》:安陽溪"水出石峷南,西逕安陽城南……潘嶽所謂我徂安陽也"。其城在陝縣東,戰國應屬韓地。刀幣與布幣中均有安陽,布幣中的安陽也不止一種,既然戰國時安陽不止一處,那麼錢幣中的安陽也不必爲一個地方所鑄,刀幣與布幣顯然就不是同一安陽所鑄。有一種圓足三孔安陽布,一般認爲是秦鑄,我以爲韓安陽近秦,此幣或爲韓安陽所鑄,與戈銘"安陽"同地。

《考古學報》1974-1,頁 18

○**裘錫圭**(1978)　這種幣文的第一字,古錢家釋爲"匋、宆"或"涂"(《辭典》下 14 頁),都與字形不合。近人有釋作"安"的,可以信從。這個字所从的匕是"女"字的簡體。"郾"字所从的"妟",燕伯匜作(《金文編》658 頁[見 1985年版 841 頁]),燕國兵器有時作(《三代》19·42[《集成》18·11190]郾王職戈等),古印有時作(《古徵》6·4),可證。此字"女"旁中直兩側加小點,《古徵》所收的"安"字也有在"女"字中直兩側加點而作的(7·4)。

古代以安陽爲名的地方很多,燕國境內也有安陽。《水經·滱水注》:"又東得蒲水口,水出西北蒲陽山……又南逕安陽亭東。《晉書地道記》曰:蒲陰縣有安陽關,蓋安陽關都尉治。世俗名斯川爲安陽壔。"從安陽亭、安陽關、安陽壔等名稱,可以推知這一帶在古代一定有過以安陽爲名的城邑。安陽關故址在今河北省完縣西北,跟燕邑曲逆、唐等故址極近。它所從得名的安陽在戰國時代也應該是燕邑。這個安陽大概就是燕安陽布的鑄造地。(中略)

承李家浩同志見告,已故的孫貫文先生據前些年喀左燕國遺址所出"易安都”陶文,認爲《水經·滱水注》的地名“安陽”仍當從戴震校本作“陽安”,此布面文亦當讀爲“陽安”。其説似可從。

《裘錫圭學術文集·金文及其他古文字卷》頁 219—220、228,2012;
原載《北京大學學報》1978-2

戰國時趙、齊、燕、魏等國都有以安陽爲名的城邑,既然以上所考的三孔布都可以斷定是趙幣,安陽三孔布的鑄地當然也應該在趙國境内找。

戰國時趙有東西兩安陽,《七國地理考》卷四“趙安陽”條:“西安陽,《漢志》屬五原(原注:在今榆林府城西北鄂爾都斯界,在黄河北岸)。本魏地,后入於趙。《史記》惠文王二十四年攻魏安陽取之,是也……東安陽,《漢志》屬代郡。《水經注·灅水注》引《地理風俗記》曰:五原有西安陽,故此加東也。《史記》惠文王三年封長子章爲安陽君,《正義》引《括地志》云:東安陽故城在朔州定襄縣界(原注:在今宣化府蔚州東北一百里)。”這兩個安陽都有可能是安陽三孔布的鑄地。

解放後曾在包頭市郊發現過一種方足的安陽布範(《文物》1959 年 4 期 73 頁)。古代的西安陽在今内蒙古五原縣以東陰山以南一帶,離包頭很近。可見這種方足安陽布是西安陽鑄造的貨幣。由此看來,安陽三孔布鑄於東安陽的可能性似乎比較大。

《裘錫圭學術文集·金文及其他古文字卷》頁 213—214,2012;
原載《北京大學學報》1978-2

○**曾庸**(1980)　　安陽,是戰國時很常見的一個地名,它曾出現在燕、齊、趙等國錢幣之上。

現在僅就三晉所鑄的方足安陽布而言,目前就能分出如下兩種不同類型:1.前人所謂的方足大布,書體上最顯著的特點,是女字兩豎垂直而下( )。如果拿這種布和内蒙包頭附近出的安陽布石範相比,就會發現兩者在大小、書體方面是基本相同的。包頭附近之安陽,當爲趙九原之安陽,則女字兩豎直畫而下,可能代表着趙國的一種習慣寫法。關於這點,在錢文中尚可找到旁的佐證,例如趙的武安布,安字也是如此寫的( )。2.形體較前者略小,鑄工頗精,女字左邊一豎是右折而上( )。魏國安陰布的安字,寫法與此相同。

通過以上推測,大體上可以斷定前一種安陽布爲趙布。由於石範在包頭附近被發現,這樣就可以證實九原的安陽鑄造這一類型的布,但也不能説這樣的布都是出於九原的安陽,因爲,趙國稱安陽者不止一處,如代也有安陽,武靈王曾封長子章爲代的安陽君,很可能現在所見到的一部分安陽布是代的安陽所鑄造。第二種安阳布,由於書體的特點,可知它不是趙地所造,但它的鑄地究竟在何處? 現在仍難推斷,因爲,趙以外像韓、魏與秦也有安陽。韓安陽見於銅劍銘文,銘曰:"六年,安陽命(令)韓望……冶□造□束。""造束"一類的話多見於韓器,故銘文上的安陽爲韓地無疑。西漢時汝南郡有安陽,而韓國鑄造兵器的地方多在今豫南一帶,則劍銘上的安陽或許就是汝南安陽。魏有安陽,見於《水經注》,説在陝縣之東有一安陽城,陝縣和在它東面的焦都爲魏地,這一安陽也應屬於魏的。秦在公元前 257 年曾取魏的寧新中,後來更名爲安陽。既然韓魏和秦都有安陽,則第二種類型的安陽布在未獲得確證前,它的鑄地問題是不易解決的。

《考古》1980-1,頁 84

○**汪慶正**(1988)　東周時期,很多地方都有"安陽"。安陽刀決不是三晉地區的貨幣。但齊安陽的地望也不易確定。今魯西南曹縣以東的臨近地區有安陽,《史記・項羽本紀》載楚懷王令宋義救趙,行至安陽,留四十六日不進者,即指此。但此地亦非齊刀鑄行區。此外,在今山東莒縣附近有安陽故址。《後漢書・趙彥傳》:"莒有五陽之地,宜發五陽郡兵。"關於五陽之地,注:"城陽、南武陽、開陽、陽都、安陽,並近莒。"《史記・六國年表》載,齊宣公四十四年(公元前 412 年),齊伐魯、莒及安陽。可以證實,安陽在當時或屬莒,或至少爲莒之臨近地區。"安陽之大化"刀的鑄地可能即在此。安陽入齊,或即在公元前 412 年之戰。由於安陽刀的製作和背文基本上與其他齊刀相同,因此它必然是在入齊後所鑄,其鑄行的最早年份不能超過公元前 412 年。事實上,它和"節墨之大化"刀應屬相同時期之通貨。

《中國歷代貨幣大系・先秦貨幣總論》頁 28

○**孫敬明、王桂香、韓金城**(1987)　齊刀面或背文之"安陽",亦應是齊所兼併萊地之名。"節鄑、安陽"與"開封"三者並行,意義互徵,顯然與齊滅萊拓疆有關。結合近年新出土文物進行考察,"安陽"當在今半島東部。《後漢書・趙彥傳》載"莒有五陽之地",注謂:"城陽、南武陽、開陽、陽都、安陽並近莒。"人或稱此"安陽"與刀幣之"安陽"爲一地。

1857 年,山東膠南縣東北靈山衛古城所發現戰國時期的田氏三量,其中一件子禾子釜銘稱所處地名曰"安陵",郭沫若先生指出"安陵"即在靈山衛古城。此地西周時期屬莒國,且與莒都——介根(或稱"計斤",在膠縣城西)相去不遠。春秋初莒國遷都於莒(今山東莒縣境),此地後即屬萊。此處迫近海灣,是水陸貿易交通的關口。附近山陵連綿,礦藏資源豐富,以鐵、銅爲主,品味較高。《管子·輕重戊》載:“萊莒之山生柴,君其率白徒之卒,鑄莊山之金爲幣。”又謂:“令左司馬伯公將白徒而鑄錢於莊山。”由上揆之,“安陽”當在“安陵”附近,此地先爲莒後屬萊再後歸齊國,故仍曰“萊莒之山”。安陽、安陵或即一地,或屬先後異名。“左司馬伯”是官稱,雖始見於《管子》,但考古證明,其所實行的時閒則多在戰國。

《中國錢幣》1987-3

○**張德光**(1988)　　此劍之銘文款式與安陽戈銘之款式基本一致,亦可證安陽戈爲韓國之兵器。西漢時汝南郡有安陽,而韓國鑄造兵器多在今豫南一帶,安陽戈銘上的安陽,或許就是汝安陽。

《考古》1988-7,頁 618

○**何琳儀**(1992)　　燕方足布“安陽”與趙三孔布“安陽”疑爲一地,即代郡所轄東安陽。顧觀光云:“東安陽,《漢志》屬代郡。《水經·灅水注》引《地理風俗記》曰:五原有西安陽,故此加東也。《史記》惠文王三年,封長子章爲代安陽郡。《正義》引《括地志》云:東安陽故城在朔州定襄縣界(在今宣化府蔚州東北一百里)。”東安陽戰國屬代郡,一般説來應屬趙國,但也可能一度屬燕國。檢《戰國策·燕策一》:“燕東有朝鮮、遼東,北有林胡、樓煩,西有雲中、九原,南有呼沱、易水。”鮑彪注:“西有上谷、代郡、雁門。”或以爲上引《燕策》爲蘇秦“夸詞非實也”。又檢《漢書·地理志》:“燕地,尾箕分野也……東有漁陽、右北平、遼西、遼東,西有上谷、代郡、雁門。”雖然不能否認文獻和古文字材料中“代”屬趙的記載,但是上引《燕策》《地理志》所載也不容抹煞。唯一恰當的解釋是:代郡、雁門一度屬趙,也一度屬燕。代郡與上谷接壤,與趙都邯鄲又閒隔中山國,一度被燕所控制是完全可能的。戰國時期,各國邊邑屢易其主,不但史書記載不絕如縷,而且在貨幣文字中也有所反映。例如:趙方足布“平陰”與燕方足布“坪(平)陰”,韓方足布“叴(長)子”與趙方足布“長子”,韓方足布“戁(襄)垣”與趙尖足布“襄洹(垣)”,韓方足布“涅”與趙尖足布“日(涅)”,均爲一地在不同國家文字中的異寫。因此將燕方足布“安昜”與趙三孔布“安陽”視爲一地,並不足爲奇。

　　總之,東安陽在今河北陽原東南,戰國一度屬趙,也一度屬燕,是趙“安陽”三孔布和燕“安陽”方足布的共同鑄造地。

《古幣叢考》(增訂本) 頁 35—36,2002;原載《中國錢幣》1992-2

○梁曉景（1995）　【安陽·平襠方足平首布】戰國中晚期青銅鑄幣。鑄行於趙、燕兩國，流通於三晉地區。面文“安陽”。無背文或有文。“安陽”，古地名，趙、燕、韓、魏皆有之，趙國又有東、西二安陽。依錢型和字體此錢之“安陽”應指三地：（1）趙西安陽。錢體寬大，腰身微向內收，字體粗放，背無文字者，爲趙九原郡“安陽”所鑄。這種錢範近年在內蒙古包頭市郊有出土（參見“安陽·平襠方足平首布石範”條）。其地在今內蒙古包頭市。（中略）（2）趙東安陽。錢體輕小，腰身明顯內收，字體略呈長方形，安字下多有一斜筆者，爲代郡之“安陽”所鑄。《史記·趙世家》：趙惠文王三年（前296年）“封長子章爲代安陽君”。在今河北蔚縣西北（一說在今河北陽原縣南）。（中略）（3）燕安陽。錢體較小，腰身明顯內收，字體略呈橢圓形，背有文字者，爲燕之“安陽”所鑄。這種錢範近年在河北易縣燕下都遺址出土。其地在今河北易縣東南（一說在今河北完縣西北）。

　　【安陽邑·平襠方足平首布】戰國晚期青銅鑄幣。鑄行於燕國，流通於中山等地。屬小型布。面文“安陽邑”。無背文。“安陽邑”即安陽，古地名，戰國燕地。《水經注·滱水》：“又東得蒲水口，水出西北蒲陽山……又南逕安陽亭東。《晉書地道記》曰：蒲陰縣有安陽關，蓋安陽關都尉治。”在今河北完縣西北。

　　【安陽·三孔平首布】戰國晚期青銅鑄幣。鑄行於趙國，流通於三晉等地。面文“安陽”，古地名，指東安陽，戰國屬趙。《史記·趙世家》：惠文王三年（前296年），“封長子章爲代安陽君”。《漢書·地理志》代郡有東安陽，在今河北陽原東南。

　　　　　　　　　　　《中國錢幣大辭典·先秦編》頁250-251、289、376-377

○朱活（1995）　【安陽之法化·齊刀】春秋中期至戰國早期青銅鑄幣。刀面五字，俗稱“五字刀”。鑄行於齊國。面文“安陽之法化”。“安陽”指莒“五陽”之安陽。按《左傳·襄公二十四年》：“齊伐莒，取介根。”又《昭公十九年》：“齊高發帥師伐莒，莒子奔紀鄣。”莒南遷後，“五陽”（城陽、南陽、武陽、開陽、安陽）入齊。在今山東莒縣與濟南之間。“法化”即標準鑄幣。

　　　　　　　　　　　　　　　　　　《中國錢幣大辭典·先秦編》頁389

○馮勝君（1999）　安（?）昜：銘文首字原報告所摹筆畫錯亂，幾不成字。燕文字“安”字作，頗疑首字爲“安”字誤摹。安昜（陽），地名，亦見於燕安陽布幣。《漢書·地理志》隸代郡，地在今河北陽原東南，戰國時曾先後爲燕、趙所有。

《中國古文字研究》1,頁188

○**郭若愚**(2001)　此布右邊"安"字和一般燕安陽小布比較,其"宀"部平整可識,一般小布大都變成橢圓形,使人會聯想到"勹"字部,因而誤讀爲"匍"字。此布中心豎筆,首部和宀部連接,一般小布已漸漸脱離。中心豎筆的左邊另一豎筆,其下筆向右彎曲,平正自然,而一般小布此筆向下拖長,往往超過了本身的長度,甚至和宀部相連。"安"字中的""部,此布居宀部之中,無所偏倚,而一般小布都向右移,和宀部的右邊接連。

此布左邊的"昜"字和趙安陽小布比較,此布陽字省去"阝"部,"日"部作倒三角形,整個"昜"字和趙安陽布共同。一般燕安陽小布"昜"字日部變成小圈形,下部"勿"部異常擴大。

根據以上這些情況,我認爲這是一枚燕國早期鑄造的安陽小布,通過這枚小布,可以説明以下幾個問題:

一、此布"安"字明晰可識,的確是"安"字無疑。但後來所鑄的小布上就漸漸變形,成爲類似"匍"字的一個形體。此布"安"字是趙安陽小布和燕安陽小布之間的過渡的書體,這個書體的出現,使多年來疑惑不解的"安"字,一旦豁然開朗,這是十分重要的。

二、此布"昜"字的書體結構和趙安陽小布的"昜"部如出一轍。此點可以爲石永士同志提出的燕安陽布是仿趙安陽布鑄造的論點作有力的證據。

三、此布背面無文字,這説明早期燕安陽小布完全仿趙安陽小布鑄造,背面也是没有文字的。背面鑄上"右、左"等字是以後的事。這個情況,也可以爲石永士同志的論點作些補充。

《先秦鑄幣文字考釋和辨僞》頁50—61

○**何琳儀**(2002)　《趙世家》:惠文王三年"封長子章爲代安陽君"。即《地理志》代郡"東安陽"。在今山西陽原東南。魏亦有"安陽",見於《秦本紀》昭襄王五十年:"寧新中更名安陽。"在今河南安陽。

《古幣叢考》(增訂本)頁209

【安陰】貨系2461

○**丁福保**(1938)　安陰二　地名無考。或即安陽之北邑。二即當二之義。

【錢匯】(中略)

按安陰地名未詳,曰二者,即五分之省文,其範形與魏貨略同,惟質薄俱

有周郭爲異,蓋亦秦拔魏地,其鄰近安陽之所鑄也。【文字考】

《古錢大辭典》頁 1192,1982

○**鄭家相**(1958)　安陰者,乃安邑之北,陰地也,猶鑄於安邑之南者,曰安陽也。此布大小二等,與安陽布同。惟此布爲圓肩橋形方足,與安陽布有別,與安邑布相近,其鑄似與安邑爲同期,不過爲時甚暫耳。

《中國古代貨幣發展史》頁 120

○**黃錫全**(1993)　陰安河南清豐縣北。

《先秦貨幣研究》頁 354,2001;原載《第二屆國際中國古文字學研討會論文集》

○**何琳儀**(1993)　"安陰"。似與三孔布"安陽"有關,但遍檢有關文獻並無"安陰"。如果反讀可與《地理志》魏郡之"陰安"對應,但三孔布尚無"傳形"的例證。因疑"陰"是假借字。一般説來,習見的地名後綴"陰"和"陽"不用假借字,然亦有例外。三孔布"南行陽"(2462)即"南行唐","唐"顯然是"陽"的假借字。"陰"與"險"形音俱近,往往通用。《後漢書·周燮傳》:"燮生而欽頤折頞。"注:"欽或作顑,音同。"馬王堆出土醫書"芩"作"姶",疊加音符"僉",均其佐證。三孔布"安陰"疑讀"安險",見《地理志》中山國。在今河北安國和定縣之間,戰國後期屬趙。

《古幣叢考》(增訂本)頁 160—161,2002;原載《中國錢幣》1993-4

○**郭若愚**(1994)　三孔布十二銖幣。幣文爲"安陰"兩字,自右向左讀。按古時地名往往以邑之南稱"陽",邑之北稱"陰"。安陰當在趙東安陽之北。即趙惠文王封長子章爲安陽君之安陽北地。和今河北蔚縣接近。

《先秦鑄幣文字考釋和辨僞》頁 30,2001;原載《中國錢幣》1994-2

○**梁曉景**(1995)　【安陰·三孔平首布】戰國晚期青銅鑄幣。鑄行於趙國,流通於三晉等地。屬小型布。面文"安陰",讀如安陰,古地名,戰國屬趙。地望待考。背部鑄"十二朱",背首穿孔上鑄有數字"十二"。

《中國錢幣大辭典·先秦編》頁 378

【安成】新鄭出土兵器

○**黃盛璋**(1974)　安成　《史記·魏世家》:"通韓上黨於共、寧,使道安成,出入賦之。"《正義》引"《括地志》云:故安城在鄭州原武縣東南二十里。時屬魏也"。《魏世家》又記:魏昭王"十三年秦拔我安城,兵到大梁,去",《秦本紀》所記略同,《正義》引《括地志》:"安成故城在豫州汝陵縣東南七十一里"(《秦本紀》引作"汝陽縣東南十七里"),其實此安成仍應與前安成爲一地,不得遠在汝南。

《考古學報》1974-1,頁 34—35

【安平】錢典 391　集成 11671 安平守變疾鈹

○丁福保（1938）　考戰國齊田單稱"安平君"，陳師道補注引徐廣曰：北海東安平。《正義》曰：在青州臨淄縣東，古紀國之鄪邑。按：《漢志》安平有四：一屬涿郡，注：莽曰廣亭；一屬豫章郡，注：莽曰安寧；一屬遼東，稱西安平，注：莽曰北安平；一屬遼西，稱新安平。皆與齊地之安平無涉。《後漢志》北海郡有東安平，故屬菑川，六國時曰安平，有鄪亭。此則田單所封地也。【錢略】

《古錢大辭典》頁 1238,1982

○何琳儀（1991）　安平，見《趙世家》惠文王四年："公子成爲相，號安平君。"又《樊酈滕灌列傳》："降曲逆、盧努、上曲陽、安國、安平。"正義："安平，安平縣。"《地理志》隸涿郡，在今河北安平。

《古幣叢考》（增訂本）頁 119—120,2002；原載《陝西金融·錢幣專輯》16

○杜宇、孫敬明（1992）　安平，齊邑，地近齊都臨淄。《史記·田敬仲完世家》載田襄子"割自安平以東至瑯邪，自爲封邑"。正義引《括地志》云："安平城在青州臨淄縣東十九里，古紀國之鄪邑。"戰國晚期，"襄王封田單，號曰安平君"。在臨淄東淄河東岸，與臨淄城隔河相望，故城址尚存，俗呼爲"皇城"。該處已發現有手工業作坊遺址和帶有印文的陶器。

《管子學刊》1992-2,頁 91

【安墜】集成 10371 陳純釜
【安陵】包山 105

○郭沫若（1982）　安陵舊以爲即《史記·田敬仲完世家》"齊宣公四十四年伐魯葛及安陵"之安陵，今按非是。彼安陵在今河南鄢陵縣西北，而此器出於靈山衞，地望不合。余意安陵即靈山衞之古名，其地近海而有丘陵，蓋本岸陵之意也。所出三器均是量器，則出土地當即所謂左關若丘關，左者東也，丘者以其所在地爲丘陵也。置關靈山衞，地近膠州灣口，在古蓋齊國海上交通之門户也。

《郭沫若全集·考古編》8,頁 472

○劉彬徽等（1991）　安陵，地名。《戰國策·楚策一》："江乙説於安陵君。"《戰國策釋地》："鄢陵、召陵皆有安陵，鄢陵屬魏，召陵屬楚。鄢陵故城在今縣西南四十里，安陵城在今縣西北十五里。召陵故城在今郾城東四十五里。"《後漢書·郡國志》："征羌有安陵亭。"故征羌亦在縣東南。《方輿紀要》"郾城縣東南七十里有安陵城"是也。

《包山楚簡》頁 46

○何浩（1991）　《戰國策·楚策一》所記以自愿殉葬而取寵於楚王的安陵君

壇,爲楚宣王始封的封君。《説苑》以爲安陵君"得幸於楚共王",黃式三《周季編略》已辨其非。鮑彪注:"名壇,失其姓,楚之幸臣。按《魏記》注,召陵有安陵,應屬楚。而《魏策》亦有同號者,別一人也。"可知戰國時有兩個安陵君,一爲楚國封君,一爲魏國封君,因而同名的安陵亦分屬兩國。魏安陵君見於《戰國策·魏策四》,始受封者爲魏襄王(公元前318—前296年在位,與楚懷王同時而稍晚)之弟。《史記·田敬仲完世家》載:齊宣王四十四年,"伐魯、葛及安陵"。《正義》引《括地志》云:"故魯城在許昌縣南四十里,本魯朝宿邑。長葛故城在許州長葛縣北三十里,鄭之葛邑也。鄢陵故城在許州鄢陵縣西北十五里。李奇云六國時爲安陵也。"據此,後來屬魏的安陵縣在今河南省鄢陵縣西北。所謂"屬楚"的召陵境内的安陵,即《後漢書·郡國志》汝南郡召陵縣下所指的"有陘亭,有安陵鄉"之安陵。《讀史方輿紀要》卷四十七許州郾城縣下"召陵城"條,謂該城在"縣東四十五里"。郾城縣今屬河南省,是知楚召陵位於今漯河市東。顯然,楚安陵君的封地應在今漯河境内,並非是在"今河南鄢陵西北"。

《江漢考古》1991-4,頁64—65

○**湯餘惠**(1993)　安陵,地名,舊説以爲《史記·田敬仲完世家》"明年伐魯葛及安陵"之"安陵",郭沫若以爲和出土地點不合,主張爲古靈山衛之名,其地近海而有丘陵,蓋本岸陵之意。

《戰國銘文選》頁16

○**徐少華**(1997)　據《戰國策·楚策一》有關篇章記載,楚安陵君始封於戰國中期的楚宣王(公元前369—前340年)之時,另據《楚策四》"莊辛謂楚襄王曰"章記載,公元前278年白起拔郢之前,楚頃襄王沉迷於與州侯、夏侯、鄢陵君等諸幸臣的侈靡淫逸之中而不理國政,楚"鄢陵君",過去學者多未作明確解釋,從《戰國策·魏策四》"魏攻管而不下"章之"安陵君",《太平御覽》卷四二二引作"鄢陵君",《魏策四》"秦王使人謂安陵君"章之"安陵",《説苑·奉使》和《太平御覽》卷四三七並引作"鄢陵"的史例分析,楚鄢陵君亦即安陵君,只是時閒上有先後,當非一人而已。

　　從貸金文書有關安陵公的記載來看,安陵時爲楚縣,"安陵公"即安陵縣之縣公,安陵莫嚚(敖)是其屬吏。值得注意的是,從上述《戰國策》的有關記載可見,戰國中期的楚宣王與戰國晚期的楚頃襄王之時,楚境内均封有安陵君,而簡文所載楚懷王時於置有安陵縣,其閒關係如何?估計當不出兩種可能:一是在楚宣王封安陵君之後,不久又改封邑而置縣,楚懷王末年或楚頃襄王時又因某種原因而廢縣爲封邑;二是戰國中晚期的一段時閒内,楚安陵縣與安陵君同時並存,縣爲王室所轄的地方政區機構,安陵君則是從縣内劃出部分地域而置。至於哪種可能更符合實際,有待進一步的探討。

　　安陵位於陘山以東三四十里,相去不遠,楚懷王時於此閒連置兩縣,一方面説明戰國中期楚境設縣的普遍性,同時可見這一帶戰略地位的重要,是與北方魏韓相爭的前沿。

《武漢大學學報》1997-4,頁 104

○**劉信芳**(2003)　《戰國策·楚策一》:"江乙説於安陵君。"舊注多以爲安陵即鄢陵。《水經注·洧水》:"洧水又東逕鄢陵縣故城南。"李奇曰:"六國爲安陵也。"楊守敬《疏》:"在今縣西北十八里。"又《續漢書·郡國志》:汝南郡召陵有"安陵鄉",征羌有"安陵亭",征羌、召陵二縣相接,楚簡之"安陵"以《續漢志》之説爲近是。召陵故城在今河南郾城縣東南約七十里處。

《包山楚簡解詁》頁 99—100

○**吳良寶**(2006)　《戰國策·魏策一》"楚許魏六城"章:"楚許魏六城,與之伐齊而存燕。張儀欲敗之,謂魏王曰:'齊畏三國之合也,必反燕地以下楚,楚、趙必聽之,而不與魏六城。是王失謀於楚、趙,而樹怨於齊、秦也。齊遂伐趙,取乘丘,收侵地,虛、頓丘危;楚破南陽、九夷,内沛,許、鄢陵危。王之所得者,新觀也。而道塗宋、衛爲制,事敗爲趙驅,事成功縣宋、衛。'魏王弗聽也。"

　　這段記載所反映的是公元前 314 年齊宣王伐燕時的事情。時當楚懷王十五年。從張儀説的話可以看出,楚人可能會危及許、鄢陵,表明楚、魏邊界當在這二地以南不遠處。而《史記·越世家》記載楚威王(前 339—前 329 年在位)時齊使者説:"魏亦覆其軍,殺其將,則陳、上蔡不安。"表明陳、上蔡爲防禦魏國的北方重鎮(包山第 129、166、193 號等簡文中有"葉、陳、陽翟"等城,也可以説明這一點)。這些資料都説明楚懷王時期陳城以北的鄢陵還是魏地。因此,楚懷王時包山簡中的"安陵"不可能是魏國的鄢陵。

　　上引《越世家》還記載越王答復齊使者的話:"願魏以聚大梁之下,願齊之試兵南陽、莒地,以聚常、郯之境,則方城之外不南,淮、泗之閒不東……"這裏顯示出大梁以南不太遠處即爲楚境,表示威王時楚界約在大梁與陳之閒。因此,楚宣王至懷王時今河南鄢陵縣北的鄢陵大概一直屬魏。如果這個推斷可信,《楚策一》中的楚國安陵君封地"安陵"就不可能是魏國的"安(鄢)陵"。所以,從現在的資料來看,楚國鄢(安)陵與魏國鄢陵自非一地。

召陵的安陵城就是楚鄢陵的説法,因無同時期的史書記載作依據,可信度自然需打折扣。至於郾城一説,雖然《國策地名考》"鄢與郾亦非一地"的説法不對(《韓策三》"建信君輕韓熙"章云"秦出兵於三川,則南圍鄢,蔡、邵之道不通矣",此"鄢"即"偃、郾"),但"鄢(偃、郾)"與"鄢陵"地名畢竟不同,楚"鄢陵"是否會簡稱爲"鄢(郾)"還有待證實。從包山貸金簡中涉及的地名來看,有兼陵、鄢、陽陵、宜陽、鄩、正陽、株陽、夷陽、州、新都等(第 103—119 號簡)。雖經學者研討,認爲多在淮河上中游地區,但部分地望仍無法確定。包山簡所屬的楚懷王時期,可能與"安陵"有關的還有"偽(鄢)",在今河南省柘城縣。楚懷王六年(公元前 323 年)楚國破魏得襄陵,位於襄陵以南的該"鄢"地至少此後即屬楚。如果貸金簡涉及的地區確在淮水上中游,這個鄢地也許有其可能性。

《簡帛》1,頁 41—42

【安陸】包山 62　睡虎地・編年記 29 壹
【安邔】包山 181

○**袁仲一**(1987)　秦縣邑市、亭製陶作坊的戳記,目前已知的有湖北雲夢睡虎地 14 號秦墓出土的陶甕上的"安陸市亭"印記;秦都咸陽遺址出土的陶器上的杜亭、平市;秦始皇陵園附近出土的櫟市、芷、麗亭、焦亭、犬亭、亭等(拓片 1305—1330)。

　　"安陸市亭",安陸縣即今湖北省雲夢,"原爲楚國故地,公元前 278 年秦軍攻占後,設置安陸縣,隸屬於南郡"。安陸市亭是安陸市府的代稱,説明安陸市府本身是經營部分手工業的。市亭二字連用,在陝西出土的秦代陶文中不見。

《秦代陶文》頁 56—57

○**睡簡整理小組**(1990)　安陸,楚地,在今湖北雲夢、安陸一帶。

《睡虎地秦墓竹簡》頁 8

○**劉彬徽、彭浩、胡雅麗、劉祖信**(1991)　安陸,古地名,今湖北安陸縣。據簡文,戰國時就已稱安陸。睡虎地秦墓竹簡中也記有安陸,至秦,仍稱安陸。

《包山楚簡》頁 44

○**劉釗**(1998)　簡文地名"安邔"即"安陸"。

《出土簡帛文字叢考》頁 25,2004;原載《人文雜志》第 1、2 期合輯

○**劉信芳**(2003)　簡 181 作"安邔",戰國時楚郪郢(竟陵)之屬縣。秦漢時仍稱安陸。睡虎地秦簡《編年記》:"廿九年,攻安陸。"《漢書・地理志》安陸在江夏郡,其地在今湖北安陸。

《包山楚簡解詁》頁 65

【安臧】_{貨系 652}

○**丁福保**（1938）　安臧　安字與安邑布同。臧古篆作，與此同。面背俱作三豎文。安或取物阜民安之義，臧或取《周禮·外府》注“行曰布、藏曰泉”之義。【錢匯】（中略）

曰安臧者，蓋阜安百物寶藏興焉之意。（中略）【文字考】

予意安臧之義當釋爲安邑藏中物，所以備凶荒非常之用。古者金非凶荒不銀，此則銀以爲備，瀘尤周密矣。【遺篋錄】

《古錢大辭典》頁 1256，1982

○**鄭家相**（1958）　文曰安臧。按安即安城，臧即藏省，安城在今陽武、原武二縣之閒，春秋屬鄭。藏字取《周禮》外府注“行曰布、藏曰泉”之義。安臧者，安城所鑄行之泉也。

《中國古代貨幣發展史》頁 55

○**蔡運章**（1995）　【安臧·平肩空首布】戰國早中期青銅鑄幣。鑄行於周王畿。屬小型空首布。面文“安瓰”，書體草率，富於變化。“瓰”乃臧字省體。“安臧”，或爲安定庫藏之義。背無文。

《中國錢幣大辭典·先秦編》頁 112

○**蔡運章、于倩**（1995）　【安臧·圜錢】戰國中晚期青銅鑄幣。鑄行於周王畿內，流通於三晉、兩周地區。圓形圓孔，周緣銳薄，錢面微鼓，背部平素，鑄作粗樸。面文“安臧”，爲吉語，謂安定庫藏之義。

《中國錢幣大辭典·先秦編》頁 612

○**何琳儀**（1998）　周空首布“安臧”，疑讀“安藏”，似儲幣機構。

《戰國古文字典》頁 964

【安邦】_{貨系 2547}

○**鄭家相**（1958）　文曰安邦，取安定邦國之義。以此邦字之篆文，可證前品之非邦字，以此安邦二字之爲吉利語，可證前品之非開封紀地也。闢封安邦爲節墨刀之特制。其他齊刀未之見。

《中國古代貨幣發展史》頁 80

【安周】_{貨系 641}

○**鄭家相**（1958）　文曰安周。按安字取安邦之義，周字指成周而言，安周者，安定成周之民也，曰東周，曰安周，皆爲一地所鑄。

《中國古代貨幣發展史》頁 57

○**蔡運章**（1995）　【安周·平肩空首布】戰國早中期青銅鑄幣。鑄行於周王畿。屬小型空首布。面文"安周",取安定周室之義。背無文。

《中國錢幣大辭典・先秦編》頁 112

宓

陶彙 4・105

○高明、葛英會(1991)　宓。

《古陶文字徵》頁 73

△按　宓,陶工名。

察

睡虎地・秦律 123　　睡虎地・雜抄 37

△按　《説文》:"察,覆也。"

窺 䆲 窴

集成 9735 中山王方壺　　集成 2840 中山王鼎

○張政烺(1979)　窴,從宀,新聲,窺之異體。《説文》:"窺,至也。"秦泰山刻石"窺斮",《史記・秦始皇本紀》作親巡。

《古文字研究》1,頁 221

○朱德熙、裘錫圭(1979)　窴(親)。

《朱德熙古文字論集》頁 100,1995;原載《文物》1979–1

○陳邦懷(1983)　按,窴非窺字異體,乃是新字異體。殷虛卜辭新宗"窴宗"(《殷契佚存》一三三)。故知窴爲新字異體。鼎銘借窴爲窺,以音近也。

《天津社會科學》1983–1,頁 69

△按　窴,從宀,新聲,銘文讀爲親。

完

陶彙 5・5　　睡虎地・秦律 156　　睡虎地・答問 81　　睡虎地・日乙 81 壹

○**睡簡整理小組**(1990)　　(編按:睡虎地·答問5)完,《漢書·惠帝紀》注:"不加肉刑、髡鬏也。"

　　(編按:睡虎地·答問186)完(院)。

　　(編按:睡虎地·日甲二七背貳)完(丸)。

　　　　　　　　　　　　　　　　　　　《睡虎地秦墓竹簡》頁 95、137、213

富　冨　稾　賣　賵　寷

　　集成 2840 中山王鼎　　集成 4688 上官豆　　集成 11589 富奠劍

　　貨系 367　　璽彙 4424　　璽彙 0006　　璽彙 1434　　侯馬 85:25

　　睡虎地·日乙 190 貳　　睡虎地·日乙 243　　睡虎地·爲吏 45 肆

　　郭店·老甲 31　　上博四·曹沫 3

　　上博一·緇衣 22　　上博一·緇衣 11　　郭店·緇衣 20　　上博五·鬼神 2

○**鄭家相**(1958)　　文曰富。按富取富有財貨之義。

　　　　　　　　　　　　　　　　　　　　　《中國古代貨幣發展史》頁 40

○**山西省文物工作委員會**(1976)　　富　宗盟類參盟人名。

　　　　　　　　　　　　　　　　　　　　　　　《侯馬盟書》頁 334

○**王輝**(1989)　　(編按:秦陶469)疑此字當釋富。《古璽彙編》4410—4424 吉語璽"富昌、富生、富貴",富字作🔲,《侯馬盟書》人名富字作🔲,《秦漢金文編》富平侯家捐作🔲,信陽楚簡富字作🔲(高明《古文字類編》390 頁,下曰當爲田之訛誤)。

　　　　　　　　　　　　　　　　　　　《考古與文物》1989-5,頁 117

○**蔡運章**(1995)　　【富·平肩空首布】春秋中晚期青銅鑄幣。鑄行於周王畿。屬大型空首布。面文"富"。背無文。通長 9.2、身長 6、肩寬 5.1、足寬 5.2 釐米。罕見。

　　　　　　　　　　　　　　　　　　《中國錢幣大辭典·先秦編》頁 155

○**荊門市博物館**(1998)　　(編按:郭店·老甲 31)福(富)。

　　　　　　　　　　　　　　　　　　　　　《郭店楚墓竹簡》頁 113

賵（富）　長沙子彈庫帛書“福”字寫作，其上部與簡文同。

《郭店楚墓竹簡》頁 131、134

○陳佩芬（2001）　（編按:上博一·緇衣 11）賵，从貝，富聲，《説文》所無。今本作“富”，“賵”當是“富”之異文。郭店簡作“賵”。

《上海博物館藏戰國楚竹書》（一）頁 186

○李零（2003）　（編按:上博三·彭祖 8）“賵”讀“富”。

《上海博物館藏戰國楚竹書》（三）頁 308

○曹錦炎（2005）　（編按:上博五·鬼神 2 正）“賿”，从貝，福聲，即“富”字異體。貝與財富有關，故簡文“富”字構形以“貝”爲義旁。

《上海博物館藏戰國楚竹書》（五）頁 312—313

△按　楚簡“富”所从之“畐”與“酉”訛混。睡虎地《爲吏》“富不施，貧無告也”之“富”作，與馬王堆帛書《陰陽五行乙》“富”作同，“畐”訛與“畱”同。

【富生】璽彙 4409

【富安】璽彙 4423

【富貴】璽彙 4424　郭店·緇衣 20　上博一·緇衣 11

△按　璽文“富生、富安、富貴”均吉語。

【富昌】璽彙 4417

○何琳儀（1998）　趙璽“富昌”，地名。

《戰國古文字典》頁 654

○王輝（2001）　“富”字與冬筍壩出土秦吉祥語印“富貴”之富同（《集證》圖版 186·781）。六國古璽作“”“”明顯有別。富昌，富足昌盛。班固《白虎通·聖人》:“武王望羊，是謂攝揚;盰目陳兵，天下富昌。”

《四川大學考古專業創建四十周年暨馮漢驥教授百年誕辰紀念文集》頁 309

實　宀

信陽 2·9　　郭店·忠信 5　　郭店·六德 27　　上博一·詩論 9　　上博四·相邦 3

睡虎地·效律 58　　睡虎地·日乙 37 壹

○**李家浩**(1979)　　(編按:信陽2·9)實。

《古文字研究》1,頁 393

○**裘錫圭**(1998)　　(編按:郭店·六德27)"布實丈"當讀爲"布經,杖"。"實""經"古音相近。《禮記·檀弓上》:"經也者,實也。"

《郭店楚墓竹簡》頁 189

△按　"實"西周金文作,從宀、田、貝,楚簡所從之田訛爲目,隸定當作"實"。《説文》據訛形謂"實"從貫。

宋 宋

包山 212　　　　睡虎地·日甲 44 背壹

○**睡簡整理小組**(1990)　　宋,疑即寶字,此處疑讀爲殍。

《睡虎地秦墓竹簡》頁 216

○**劉彬徽、彭浩、胡雅麗、劉祖信**(1991)　　葆。

《包山楚簡》頁 33

○**白於藍**(1999)　　從宀保聲,即宋字。《説文》宋字云:"從宀糸聲,糸,古文保。"《説文》保之古文正作"糸"。居延漢簡甲三五九 B"太師太保"之"保"也作"糸"。故此字應即《説文》宋字無疑。(從林澐師説)

《中國文字》新 25,頁 190

容 容

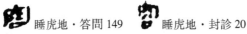

集成 2651 三年詔吏鼎　　上博五·鮑叔 1　　上博五·鮑叔 1

睡虎地·答問 149　　睡虎地·封診 20

集成 2701 公朱左官鼎　　陶彙 6·83　　璽彙 1069　　璽彙 3840　　璽彙 1446

郭店·語一 13　　郭店·語一 109　　上博一·緇衣 9　　上博四·曹沫 24

○**吳振武**(1984)　　(編按:璽彙 3840)此字從穴從公,應釋爲容。容字小篆作容,《説文》謂:"容,盛也。從宀、谷。容,古文容從公。"公廚左官鼎容字作令(《文物》1965 年 7 期),古璽作容或容(183 頁),皆從公作,和《説文》古文同。我們從古文字從穴與從宀往往無別來看,容字作容形者應該是從穴從公(從公

得聲）。原璽全文作“司空容”，璽中空字所从之穴作 門，正與此字 門旁同。古璽公字或作 向、向 形（《彙》三八五三、三八九二），亦與此字 向旁極近。《説文》謂容字从宀从谷乃是據已訛變的小篆形體爲説，不一定可靠。

《〈古璽文編〉校訂》頁 236—237，2011

○**杜迺松**（1996）　由上所談可知，金文“容”字多以“庸”假之，但戰國的銅器銘文，以及簡書和其他刻辭也開始出現了“容”的本字，如：

🔥戰國，朱公鼎　　　宀戰國印續齊

宀戰國鐵雲　　　宀戰國望山墓 1

土匀錍的容寫作“宀”。公朱左師鼎的容寫作“谷”，从公，與古文容字从公的寫法已趨一致，《古文四聲韻》中的“容”寫作“宀”、“宀”、“宀”等形。公朱鼎與第三例相較，其下部筆畫更加省略。望山墓 1 的“容”字，其整體除有篆意外，已接近正式的“容”字了。至於戰國璽印上的“容”字，在“宀”或“宀”裏一般均从公，有的在公的下面加“＝”飾，這是金文變化規律中的一個特點，如“宀”，可寫成“宀”等。

《于省吾教授百年誕辰紀念文集》頁 126

○**睡簡整理小組**（1990）　（編按：睡虎地·封診 20）容（鎔）　鎔，《漢書·食貨志》注引應劭云：“作錢模也。”

《睡虎地秦墓竹簡》頁 151

△**按**　《説文》：“容，盛也。从宀、谷。”古文从宀、公。兩種形體均見於戰國文字。

冗 冗

宀睡虎地·效律 52　　宀睡虎地·秦律 54

○**睡簡整理小組**（1990）　（編按：睡虎地·秦律 14）冗，散。

《睡虎地秦墓竹簡》頁 23

【冗吏】睡虎地·秦律 80

【冗長】睡虎地·效律 2

△**按**　整理小組將“冗吏、冗長”分別譯作群吏、衆吏（《睡虎地秦墓竹簡》39、69 頁）。

【冗邊】睡虎地·秦律 151

○**睡簡整理小組**（1990）　　據簡文應爲一種戍防邊境的人。

《睡虎地秦墓竹簡》頁 54

寶 寶 琛 賷 窑

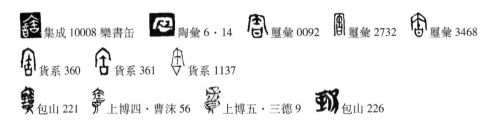

集成 10008 樂書缶　　　陶彙 6・14　　　璽彙 0092　　　璽彙 2732　　　璽彙 3468

貨系 360　　　貨系 361　　　貨系 1137

包山 221　　　上博四・曹沫 56　　　上博五・三德 9　　　包山 226

○**中大楚簡整理小組**（1977）　（編按：望山 1・14）"窥"爲"保"之異體，第 16 號簡亦作保，第 85、86 簡作賷，均應讀爲保。

《戰國楚簡研究》3，頁 12

○**黄錫全**（1986）　　古匋文有胡字。金祥恆《匋文編》列入附錄。此字左從缶即缶，如能匋尊匋字作匋，蔡侯缶缶字作缶。從缶從貝即缾，但究竟定爲什麼字，還需要加以證明。

　　金文中寶字形體很多，大致可以分爲下列幾種：

　　a 史頌匜 能匋尊　　b 量侯簋　　c 虢季氏簋

　　d 樂書缶　　　　　e 周宅匜　　f 宰出簋

　　g 仲盤　　　　　　h 齊紫姬盤

由上列形體可以看出，c 形與匋文近似，但没有見到寶字省上部宀。檢《汗簡》玉部録古尚書寶字省宀作琛，與日本收藏的古寫本隸古定《尚書》九條本、巖崎本、小島影本寶作琛同。由此，方可證明寶字古有省宀作者。匋文缾應是 c 形省宀，可釋爲寶字。

　　古璽有這樣一方印（《彙編》0569）。（中略）按此字右下即貝省，如番匊生壺縢作縢，居簋賦作賦，買簋買作買，古璽賵作賵（《彙編》1068），仲義父鼎寶作寶等。左下從呂與周宅匜寶字從呂，樂書缶從呂類同。上從珤與江陵望山楚簡珤類同，與甲骨文珤（前 6・31・3）、珤（粹 1489）類似。結合寶字可以省宀的情況分析，這個字應該釋爲寶。

《古文字研究》15，頁 139—140

○**朱德熙、裘錫圭、李家浩**（1995）　　《説文》"保"字古文作"呆"。此字從"宀"從"貝""呆（保）"聲，應即"寶"字異體。一四號、一五號簡"寶"字又作"賷"，從“貝”“保”聲。一七號簡借“保”爲“寶”。

《望山楚簡》頁 91

○**李守奎**（2003）　珤與貹當併爲寶之異體。

《楚文字編》頁 29

宦 宦

集成 11368 蜀守武戈　　秦封泥彙考 954　　上博六·用曰 15　　睡虎地·秦律 181

睡虎地·日乙 141

△**按**　《説文》：“宦，仕也。”上博六《用曰》簡 15“宦于朝夕，而考于左右”，大意是説爲官要常詢問左右，聽取其意見。

【**宦者**】秦封泥彙考 954

○**傅嘉儀**（2007）　高章宦者，官署名。

《秦封泥彙考》頁 137

【**宦丞**】秦封泥彙考 957

○**傅嘉儀**（2007）　高章宦丞，應爲高章宦者丞之省稱，官名。

《秦封泥彙考》頁 138

宰 宰　劋 啀

璽彙 5497　　包山 102　　曾侯乙 154

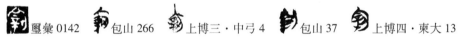

璽彙 0142　　包山 266　　上博三·中弓 4　　包山 37　　上博四·柬大 13

○**羅福頤等**（1981）　（編按：璽彙 5497）與散盤宰字同。

《古璽文編》頁 183

△**按**　楚文字宰或加“口”飾，或从刀、刃。

【**宰尹**】曾侯乙 154

【**劋尹**】包山 157

○**劉彬徽、彭浩、胡雅麗、劉祖信**（1991）　宰尹。

《包山楚簡》頁 29

○**何琳儀**（1993）　原篆作𠂤，應釋“宰”。“宰尹”又見隨縣簡 154，廚官。《韓非子·八説》：“廚人輕君而重於宰尹矣。”或作“劋尹”（37·157）。又《璽彙》0142“劋官之鉢”，亦係楚璽。“劋官”與“劋尹”似屬同類。“劋”从“刀”，其宰割之義尤顯。"劅(宰)椻(樧)"266 指宰割俎案。"劅"36,亦姓氏,讀"宰"。《姓解》:"周卿士宰孔之後。又周太宰後,以官爲氏。"

《江漢考古》1993-4,頁 61

【劅椻】包山 266

○**劉彬徽、彭浩、胡雅麗、劉祖信**(1991)　劅,宰字,借作莘。《説文》:"羹菜也。"

《包山楚簡》頁 64

○**何琳儀**(1993)　"劅(宰)椻(樧)"266 指宰割俎案。

《江漢考古》1993-4,頁 61

○**李家浩**(1994)　"宰橛"指供宰殺犧牲用的橛大概是没有問題的。

《著名中年語言學自選集·李家浩卷》頁 224,2002;原載《國學研究》2

【劅夫】上博三·中弓 4

○**李朝遠**(2003)　"劅夫",《周禮·天官冢宰》中有"宰夫"一職,爲下大夫,"掌治朝之灋"。簡文中的"劅(宰)夫"已非王官,爲春秋時卿大夫的家臣,掌管膳食,亦稱"膳宰"。

《上海博物館藏戰國楚竹書》(三)頁 266

○**晁福林**(2005)　宰夫之職當在宰之下,仲弓之語只不過是一種謙辭。

《孔子研究》2005-2,頁 7

○**季旭昇**(2005)　此處之"宰夫"當即"宰",協助季桓子處理事務,當不掌管膳食。

《〈上海博物館藏戰國楚竹書(三)〉讀本》頁 184

【劅我】上博五·弟子 11

△**按**　即孔子弟子宰我。

守 冑

集成 11297 王六年上郡守疾戈　集成 11367 六年漢中守戈　集成 10943 守陽戈

守丘石刻　璽彙 2589　璽彙 0341　璽彙 5298

侯馬 92:18　侯馬 1:6　侯馬 3:1

郭店·唐虞 12　上博一·緇衣 19　上博三·彭祖 8　睡虎地·答問 133

○**陳平**(1985)　(**編按**:集成 11368 蜀守武戈)而其字,則非守字莫屬,而釋爲"守"與第五字相連成"蜀守",不僅音義皆通,且與同期秦戈銘例相同。因此,該字也只有釋爲"守"字,方才文從字順,合情入理。

○李仲操(1989)　(編按:文物1980-9頁94圖2廿六年武庫戈)"守"字爲秦郡官名。

《文博》1989-1,頁51

○尹顯德(1991)　(編按:近出1199相邦呂不韋戟)這個"守"同郡守的"守"字一樣,其廣義是守責、主管其事的意思。《説文》:"守,官也。"郡守是一郡的負責人,東工守是東工的負責人。其職能相同於工師。

《考古》1991-1,頁17

○李學勤(1999)　(編按:集成11331臨汾守暉戈)此戈銘"庫係"爲庫嗇夫係省稱,則"臨汾守暉"應係臨汾守令暉的省稱。"守令"在此意爲試用之令,如《戰國策・秦策五》鮑注:"守,假官也。"當時設郡無多,郡名人人皆知,説臨汾守某是不會被誤認爲郡守的。這一點只是推測,希望有更多新材料來檢證。

《重寫學術史》頁300,2002;原載《中國古代法律文獻研究》1

△按　"守"所從之"寸"一般認爲即"肘"之初文。

【守相】集成11670守相廉頗鈹

○李學勤(1957)　"守相"即代理相邦,如《戰國策・秦策》記文信侯爲趙國守相。

《文物》1959-8,頁60

【守令】近出1172芒陽守令虘戈

○韓自强、馮耀堂(1991)　根據戰國中晚期兵器銘刻常例,這一時期的三晉地方官監造的兵器,監造者皆稱令,唯秦國地方官監造者稱守。此戈守、令並稱,在衆多的三晉銘刻兵器中實爲孤例。此戈離秦統一中國之前不久,顯係秦國勢力膨脹後,魏國受秦影響.而產生的魏秦銘刻結合體。

《東南文化》1991-2,頁260

○崔恆昇(1998)　"守令"偏義指令,即縣令。

《安徽出土金文訂補》頁294

○吳良寶(2003)　三晉兵器中的"守"字,可以作"暫時代理"解,比如趙國兵器中的"守相"(《戰國策・秦策五》"文信侯出走,與司空馬之趙,趙以爲守相",高誘注:"守相,假也。")。還可以是"守令"的省稱,比如"六年安平守鈹"的"守",李學勤先生認爲是"守令"之省。"芒易守令戈"的"守令",顯然不會是郡守與縣令的合稱,只能是"守令"的省稱,也是"暫時代理"的意思。

《第四屆國際中國古文字學研討會論文集》頁 171

寵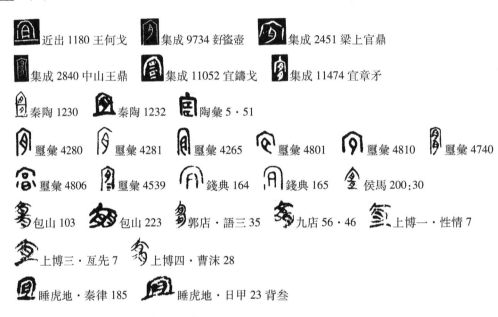

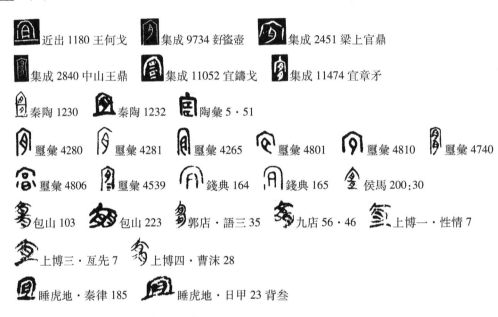聖彙 3058　　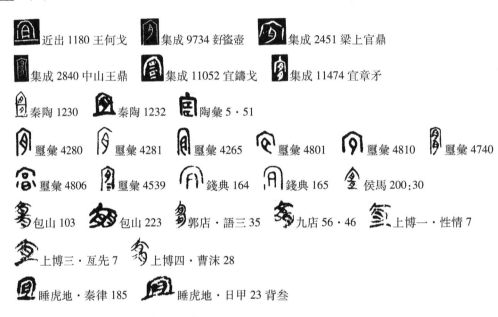包山 135　　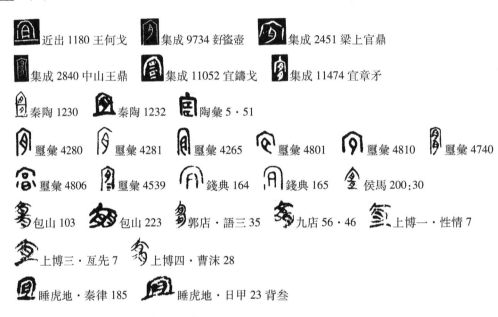睡虎地・日甲 144 正陸　　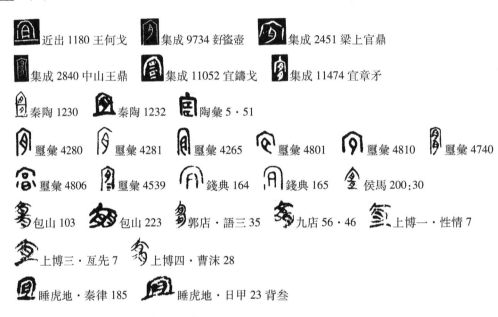睡虎地・日乙 238

△按　"寵"璽文用作姓氏,包山簡用作人名。

宜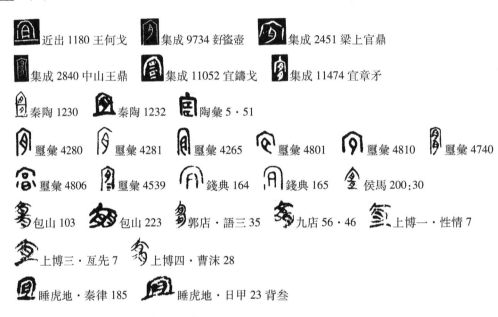

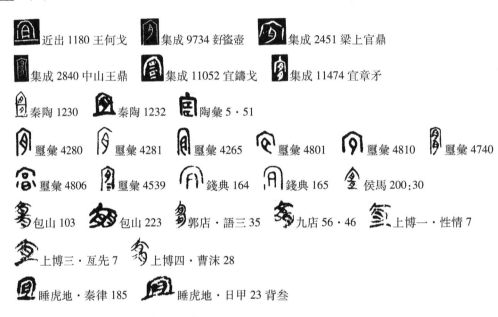近出 1180 王何戈　　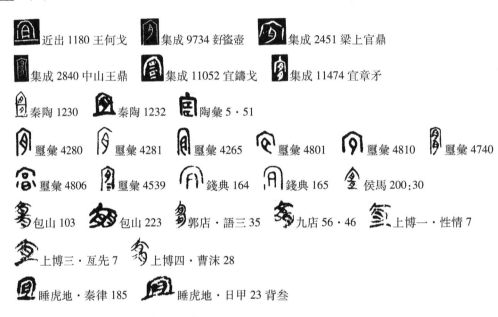集成 9734 舒盞壺　　集成 2451 梁上官鼎

集成 2840 中山王鼎　　集成 11052 宜鑄戈　　集成 11474 宜章矛

秦陶 1230　　秦陶 1232　　陶彙 5・51

璽彙 4280　　璽彙 4281　　璽彙 4265　　璽彙 4801　　璽彙 4810　　璽彙 4740

璽彙 4806　　璽彙 4539　　錢典 164　　錢典 165　　侯馬 200:30

包山 103　　包山 223　　郭店・語三 35　　九店 56・46　　上博一・性情 7

上博三・亙先 7　　上博四・曹沫 28

睡虎地・秦律 185　　睡虎地・日甲 23 背叁

○山西省文物工作委員會(1976)　宜　宗盟類參盟人名。

《侯馬盟書》頁 314

○中大楚簡整理小組(1977)　(編按:望山 1・50)宵,爲古文宜,《禮記・王制》"類乎上帝,宜乎社,造乎禰",鄭注:"類、宜、造皆祭名,其禮亡。"《書・泰誓》"類乎上帝,宜於冢土"注:"祭社曰宜。冢土,社也。"宜禱,當是舉行宜祭儀式而禱告於社神的禱名。

《戰國楚簡研究》3,頁 31

○張政烺(1979)　(編按:集成 2840 中山王鼎)宜,讀爲義。

《古文字研究》1,頁 215

○于豪亮(1979)　(編按:集成 2840 中山王鼎)"臣宗之宜",宜讀爲義,《國語・晉

語十》“將施於宜”,注:“宜,義也。”

○商承祚(1982)　(編按:集成 2840 中山王鼎)宜同誼。又誼、義古通。《漢書・董仲舒傳》:“摩民以誼。”《禮記・中庸》:“義者宜也。”疏:“宜謂於事得宜,即是其義,故云‘義者宜也’。”

○陳邦懷(1983)　(編按:集成 2840 中山王鼎)按,《禮記・中庸》曰:“義者,宜也。”此爲義、宜二字通訓之證。宜、義古韻同在歌部,此爲音近假借之證。

○周世榮(1983)　宜字作“𪚥”,古璽印文字中有“宜千金”宜作“𪚥”,近似,“宜有千萬”印則作“𪚥”。

○陳偉(1999)　(編按:郭店・性自 19)宜,釋文讀爲“義”。似當讀爲“儀”,指禮的儀節、儀式。儀道,儀的方式。

△按　楚簡“宜”或讀爲義。

【宜公】璽彙 5517

○施謝捷(1998)　宜公。

【宜平】《中國錢幣》1992-4

○程紀中(1992)　“宜平”布,重 7.8 克,布身略厚,銹色較輕,背面稍有錯範,幕文左上角有一反“左”字。此布中“宜”字的寫法與《古錢大辭典》圖 164、圖 165 兩枚“宜陽”布中的“宜”字寫法十分相近。

○何琳儀(1992)　“宜”字與韓國“宜陽”方足布(《奇觚》12・18)的“宜”字相同,北京市錢幣學會釋“宜平”,應無疑義。

　　“宜平”,典籍未見。檢《水經・灅水注》:“灅水又東逕無鄉城北,《地理風俗記》曰:燕語呼亡爲無,今改宜鄉也。”王先謙注:“趙釋曰:一清按,《地理志》東燕州太和中分恆州,東部置,孝昌中陷。天平中領流民置寄治幽州宜都城,即宜鄉也。”燕布“宜平”是否與“宜鄉、宜都”有關,有待研究。

○何琳儀(2002)　“宜平”疑讀“安平”。宜、安音義俱近,本一字孳乳(章炳麟《文始》1·10），或可通用。《地理志》遼西有“新安平”，在今河北欒縣西，戰國屬燕。趙尖足布“安平”（《辭典》391），在今河北安平，與燕布“宜（安）平”並非一地。疑二地本來讀音易訛，故遼西郡之“安平”前加“新”以區別。

《古幣叢考》（增訂本）頁 48

【宜安】近出 1180 王何戈

○**陶正剛**（1994）　　宜安爲戰國時趙國城邑。《括地志》：“宜安故城在常山藁城縣西南二十五里。”《史記·趙世家》：趙幽繆王遷“……三年，秦攻赤麗、宜安”。宜安在今河北藁城、石家莊附近。係趙國的武庫和武器製造地。

《文物》1994-4，頁 85

【宜易】包山 103

【宜陽】錢典 164　　集成 1992 宜陽右倉鼎

○**丁福保**（1938）　　宜易　宜字下泐，陽字減筆傳形。《國策》秦攻新城宜陽。【錢匯】

　　　　宜陽　見前譜，此布流傳最少，傳形尤異，制亦較大，潘伯寅藏。宜字下半泐，與前譜所載同，或疑仍安陽之泐，但安又不作𤰫。【續錢匯】

《古錢大辭典》頁 1199，1982

○**鄭家相**（1958）　　文曰宜陽。見《燕策》《楚策》，在今河南宜陽縣西五十里。顧祖禹曰：“周王曰：宜陽城方八里，材士十萬，故甘茂亦云，宜陽韓之大縣，實郡也。秦惠文王三年，拔韓宜陽，既而韓復取之。又武王四年，使甘茂伐宜陽，五月而不拔，大起兵，拔之。蓋澠池二崤，皆在宜陽境內，爲控扼之要地。”

《中國古代貨幣發展史》頁 98

○**張占民**（1986）　　第一字釋“宜”是對的。第二字先前未釋，似爲“陽”字。應以“宜陽”釋之。“宜陽”秦地，《史記·秦本紀》（武王）“三年……其秋，使甘茂，庶長封伐宜陽。四年，拔宜陽，斬首六萬”。武王四年宜陽歸秦。刻銘“宜陽”當爲戟調撥後加刻的。

《古文字研究》14，頁 63

○**袁仲一**（1987）　　宜陽，地名，戰國時韓邑，秦置縣，治所在今河南宜陽縣西五十里。《史記·秦本紀》：“（武王三年）其秋，使甘茂、庶長封伐宜陽。四年，拔宜陽，斬首六萬。”昭襄王十七年“王之宜陽”。可見“宜陽”自武王四年（公元前 307 年）即被秦占有。

《秦代陶文》頁 49

○**黃盛璋**（1989）　　宜陽爲韓地，《戰國策·韓策》與《史記·蘇秦傳》均記蘇秦説韓王説:"大王事秦,秦必求宜陽、成皋。"《史記·甘茂傳》:"宜陽大縣也,名曰縣,其實郡也。"秦昭襄王會魏王於宜陽,見《史記·秦本紀》。至宜陽爲秦所拔,《史記·魏世家》記爲韓昭侯二十四年,而《史記·甘茂傳》記甘茂拔宜陽,在秦武王四年,後者較晚,當爲最後一次,故亦爲此鼎年代之下限,宜陽故城在今宜陽西五十里,今稱韓城鎮,故址甚大。

《文博》1989-2,頁29

○**劉彬徽、彭浩、胡雅麗、劉祖信**(1991) 宜陽,《漢書·地理志》弘農郡有宜陽,王先謙曰:"戰國韓地,秦武王拔之,昭襄王會魏王於此。"此宜陽未屬楚,或另有所指。

《包山楚簡》頁46

○**何琳儀**(2002) "宜陽"(《辭典》164)。《韓世家》:列侯"九年,秦伐我宜陽"。隸《地理志》弘農郡,在今河南宜陽西。

《古幣叢考》(增訂本)頁204

○**吳振武**(1998) "宜陽"是地名,《戰國策·東周策》有"宜陽城方八里,材士十萬,粟支數年"之記載。其地在今河南省宜陽縣西,戰國時屬韓。

《容庚先生百年誕辰紀念文集》頁553—554

○**徐少華**(1998) 韓宜陽即漢代弘農郡宜陽縣,地在今河南宜陽縣西,戰國早中期一直爲韓所有,公元前307年爲甘茂所取,轉屬於秦。包山楚簡所載的"宜陽",不可指此,而應是楚地。

從簡文所載參與借貸越異之金以交換種子的鄡鄢諸地蓼、安陵、胡、正陽等地的情況來看,均在淮河上中游地區,宜陽司馬參與其間的貸金換種活動,其地望亦應在此一帶。另從其地置有"司馬"之官分析,"宜陽"亦當是戰國中期楚國境內的一個縣級政區單位,與簡文所載的"邔司馬"(簡22、24)、"正陽司馬、陽陵司馬"(簡119)的情形相類似。

楚之宜陽,當即文獻所載古之義陽。按"宜、義"二字古音並在歌部疑紐,讀平聲,同義通,可以互用。《國語·晉語四》載"宜而不施",三國韋昭注:"宜,義也。"《禮記·禮器》(卷二十三)"宜次之",唐孔穎達《正義》曰:"宜,義也。"又《禮記·表記》(卷五十四)載"義者,天下之制也"。孔穎達《正義》曰:"義,宜也。"皆可爲證。

據《史記·建元以來侯者年表》(卷二十)和《漢書·景武昭宣元成功臣表》(卷十七)記載,漢武帝元狩四年(公元前119年),北地都尉衛山因參與出擊匈奴有功,而被封爲義陽侯,地屬平氏縣。漢昭帝元鳳四年(公元前77

年），傅介亦受封爲義陽侯。晉時即於其地置義陽縣。《元和郡縣志》卷九,河南道 5,申州"義陽縣"條曰:"本漢平氏縣義陽鄉之地也,魏文帝分平氏立義陽縣……"由此可見,"義陽"於兩漢爲鄉,屬平氏所轄,魏晉析置爲縣。

關於兩漢義陽鄉、魏晉義陽縣的地望,《讀史方輿紀要》説在明清信陽州(即今河南省信陽市)西南 40 里,《大清一統志》則説在桐柏縣東。然據《水經・淮水注》(卷三十)記載,淮水在流逕兩漢復陽縣之後,"又東逕義陽縣……又逕義陽縣故城南,義陽郡治也,世謂之白茅城,其城圓而不方……"然後又流逕漢平春縣故城北,油水從縣西南來注於淮水。兩漢復陽城,約在今河南桐柏縣西北二三十里處;漢平春縣,在今河南信陽市西北;古油水,即今源於湖北隨州市境。於河南信陽縣西境注於淮河之游河。則位於漢復陽城與平春城之閒、淮河上游北岸的漢義陽鄉、魏晉義陽城,當不出今河南桐柏縣東境的固縣鄉至信陽縣西北境的秦灣及大庸墩一帶。這裏正位於淮河上游地區,與簡文所載鄐鄮諸地的正陽、安陵、蓼、郪陵、胡等縣均相去不遠,應是簡文所載的楚"宜(義)陽"縣之所在。至於漢初未於此置縣而爲義陽鄉,當與戰國末年及秦漢之際的政治大動盪有關,漢代封義陽侯,魏晉於此立義陽縣,當在楚宜(義)陽縣的基礎上而置。

《武漢大學學報》1998-6,頁 102—103

○**王望生**(2000)　　宜陽,戰國時韓邑,秦置縣,在今河南省宜陽西部,洛河中游。

《考古與文物》2000-1,頁 9

○**蔡運章**(2000)　"宜陽庫"。"宜陽"是戰國初期韓國都城。《戰國策・秦策二》高誘注:"宜陽,韓邑,韓武子所都也。"韓都宜陽故城遺址,在今宜陽縣韓城鎮的東側。1988—1990 年,我們對這座城址進行勘探和試掘,得知該城的形制略呈長方形,面積約 310 萬平方米,説明戰國時期宜陽城規模較大,是韓國的重要城邑。這件銅戈的出土地點,正位於宜陽故城東垣遺址的内側。戰國兵器銘文中多記有兵器鑄造和貯藏的庫名,朝歌右庫戈、鄭右庫戟便是其例。"宜陽庫",説明這件銅戈是由宜陽城内兵器的管理機構鑄造和貯藏的。(中略)

"宜陽庫"應是韓國在宜陽城内設置的兵器鑄造和貯藏機構。而韓國除韓都新鄭外的其他城邑,未見設有這種機構。《戰國策・韓策一》記蘇秦的話説:"韓北有鞏洛、成皋之固,西有宜陽、常阪之塞。"《楚策一》記張儀的話説:"秦下甲兵據宜陽,韓之上地不通。"明王邦瑞《宜陽新增築磚城記》云:"宜陽古韓都,中國之樞,而天下之機也。"宜陽在春秋戰國時期爲周、秦和晉、楚之閒的交通樞紐,具有重要的戰略地位,韓國在這裏設置鑄造和貯藏兵器的專門機構,應是很自然的事。

《文物》2000-10,頁 77—78

○**黃錫全**(2002)　宜陽,地名。其地在今河南宜陽縣西。

《考古與文物》2002-2,頁 69

○**劉信芳**(2003)　《戰國策・楚策一》:"宜陽之大也,楚以弱新城圍之。"《漢書・地理志》宜陽在弘農郡。《水經注・洛水》:"洛水又東,逕宜陽縣故城南……故韓地也,後乃縣之。"據楚簡,知楚曾一度占領宜陽,並設官管理。徐少華釋"宜陽"爲"義陽",其地在漢平氏縣義陽鄉。郭店簡多"宜、義"通用之例,知是説言之成理。謹録以存參。

《包山楚簡解詁》頁 98

【宜詥】集成 2451 梁上官鼎

○**黃盛璋**(1974)　宜詥即宜信,這正是三晉的魏國文字。戰國的印璽中也有個"宜鄙"(尊古齋打印本古印譜),即梁上官鼎的"宜詥",亦即《漢書・高帝紀》"立兄宜信侯喜"之"宜信"。

《考古學報》1974-1,頁 19

○**裘錫圭**(1982)　梁上官鼎器銘又有"宜詥",應指見於《戰國縱橫家書・二六、見田僕于梁南章》的魏貴族宜信君的封邑。

《裘錫圭學術文集・金文及其他古文字卷》頁 23,2012;
原載《考古與文物》1982-2

【宜春】秦封泥彙考 1008

○**傅嘉儀**(2007)　宜春,古宮名。今在陝西西安東南。本秦宮,漢沿之。《三輔黃圖》:"宜春宮,本秦之離宮,在長安城東南杜縣東,近下杜。"

《秦封泥彙考》頁 143

寫 宀

石鼓文・鑾車　　石鼓文・田車　　睡虎地・秦律 186　　睡虎地・答問 56

○**郭沫若**(1982)　(編按:石鼓文)寫字舊解作卸,余意適得其反。蓋寫有流瀉之義,《周禮》"以澮寫水"是也。

《郭沫若全集・考古編》9,頁 77

○**何琳儀**（1998）　石鼓寫,讀御。《説文》:"卸,讀若汝南人卸書之卸。"是其佐證。《説文》:"御,使馬也。"

《戰國古文字典》頁 568

△**按**　石鼓文《田車》"宫車其寫"、《鑾車》"四馬其寫","寫"義徐寶貴(《石鼓文整理研究》816 頁)贊同郭沫若(1982)説。

宵

○**何琳儀**（1998）　包山簡宵,讀霄,姓氏。《韓非子》有霄略。見《正字通》。

《戰國古文字典》頁 322

【宵倌】包山 15

○**李零**（1992）　疑即《周禮·地官》的"稍人"。在《周禮》中,"稍"是大夫的采邑。

《李零自選集》頁 136,1998;原爲中國古文字研究會第九屆學術討論會論文

○**陳偉**（1996）　認爲"宵倌"是官府名。

《包山楚簡初探》頁 117

○**何琳儀**（1998）　包山簡"宵倌",疑讀"小官"。《孟子·公孫丑》上:"柳下惠不羞汙君,不卑小官。"

《戰國古文字典》頁 322

○**劉信芳**（2003）　"宵",夜也。拙稿舊釋"宵"爲"綃",解"宵倌"爲生産絲織品的作坊(《包山楚簡解詁試筆十七則》,《中國文字》新 25 期,藝文印書館1999 年),未妥。（中略）"宵倌司敗"應是軍隊負責管理司夜小臣的官員,與周官"司寤氏"相類。《周禮·秋官·司寤氏》:"掌夜時,以星分夜,以詔夜士夜禁。御晨行者,禁宵行者、夜遊者。"

《包山楚簡解詁》頁 24

○**陳偉等**（2009）　此字也可能从"尔"从"夕"作。

《楚地出土戰國簡册》(十四種)頁 12

宿

○**睡簡整理小組**(1990) 宿,《周禮・脩廬氏》注:"謂宿衞也。"《唐律疏議》卷七有《宿衞上番不到》條,可參看。

《睡虎地秦墓竹簡》頁 88

【宿衞】睡虎地・秦律 196

△**按** 睡虎地《秦律》簡 196"善宿衞",整理小組(《睡虎地秦墓竹簡》頁 64)譯文作"夜間應嚴加守衞"。

寑𡪢 寑𡫗

集成 11167 曾侯乙戈 包山 146 包山 165 上博二・容成 2

信陽 2・21 郭店・六德 3

○**荆門市博物館**(1998) (編按:郭店・六德 3)𡫗(歸)。

《郭店楚墓竹簡》頁 187

○**裘錫圭**(1998) (編按:郭店・六德 3)疑"𡫗"即"寑"之省寫。

《郭店楚墓竹簡》頁 189

○**劉信芳**(2000) (編按:郭店・六德 3)止息。

《江漢考古》2000-1,頁 46

○**陳偉**(2003) (編按:郭店・六德 3)"寑"爲平息之意。《廣雅・釋言》:"寑,偃也。"

《郭店竹書別釋》頁 111

△**按** 郭店簡《六德》簡 3—4"𡫗四鄰之𡫗虖",廖名春(《周易經傳與易學史續論》55 頁,中國財富出版社 2012 年)讀爲"寑四鄰之啼號",即止息百姓之啼號,可從。

【寑戈】集成 11167 曾侯乙戈

○**孫稚雛**(1982) 可能是指宮寑護衞專用之戈。

《古文字研究》7,頁 107

○**王恩田**(1989) 寑戈 爲警衞人員用戈。《左傳・襄公二十八年》:"癸言王何而反之,二人皆嬖。使執寑戈而先後之。"杜預注:"寑戈,親近兵杖。"隨縣曾侯乙墓出土有"曾侯乙之寑戈",與此同例。都應分別是王子反、曾侯乙的親兵護衞的用戈。

《江漢考古》1989-4,頁 85

【寢尹】包山 171

○何琳儀（1993）　“寢尹”，楚國官名。《七國考》：“《左傳》注（哀十八年），柏舉之役，寢尹由于背受戈（**編按**：此處引文當爲“寢尹吳由于以背受戈”）。”

《江漢考古》1993-4，頁 62

○劉信芳（2003）　“寢”，寢廟。寢尹應是管理寢廟之尹。《禮記·月令》：“寢廟畢備。”鄭玄《注》：“凡廟，前曰廟，後曰寢。”《周禮·夏官·隸僕》：“掌五寢之埽除糞洒之事。”鄭玄《注》：“五寢，五廟之寢。”《左傳》哀公十八年：“王（楚惠王）曰：寢尹、工尹，勤先君者也。”杜預《注》：“柏舉之役，寢尹吳由于以背受戈，工尹固執燧象奔吳師，皆爲先君勤勞。”按杜注不確，寢尹爲神職官員，工尹亦兼領神職，“勤先君”謂奉事先君。

《包山楚簡解詁》頁 199

宐 宐

郭店·語三 55　　上博二·容成 5　　上博三·周易 40

△按　“宐”楚簡用爲賓。參見卷六貝部“賓”字條。

【宐客】郭店·語三 55

△按　“宐客”讀爲賓客。

寬 寬

睡虎地·爲吏 3 肆　　　睡虎地·爲吏 12 壹

【寬俗】睡虎地·爲吏 12 壹

○雲夢秦墓竹簡整理小組（1976）　（**編按**：睡虎地·爲吏 12 壹）寬俗（裕）。

《文物》1976-6，頁 13

○睡簡整理小組（1990）　（**編按**：睡虎地·爲吏 12 壹）寬俗（容）。

《睡虎地秦墓竹簡》頁 167

△按　劉釗（《秦簡文字考釋》，《簡帛研究》2 輯 110—111 頁，法律出版社1996 年）認爲“寬容”一詞少見於早期典籍，“容”當讀爲裕，“寬裕”是儒家提倡的臣子所應該具有的一種美德，見於《禮記》等書。“寬裕、寬容”意思相近，均可通。“寬容”一詞並非少見於早期典籍，《荀子·不苟》“君子能則寬容易

直以開道人",《非相》"故能寬容因求以成天下之大事矣",《非十二子》"遇賤而少者則修告導寬容之義",《臣道》"寬容而不亂",《莊子・天下》"常寬容於物",《韓詩外傳》卷八"夫賢君之治也,温良而和,寬容而愛,刑清而省,喜賞而惡罰","故德行寬容而守之以恭者榮"。均是其例。

寡 寏 寏

集成 2840 中山王鼎 集成 9735 中山王方壺

郭店・緇衣 22 郭店・魯穆 4 上博一・詩論 9 上博一・緇衣 17 上博五・弟子 16

郭店・老甲 2 郭店・老甲 24 睡虎地・日乙 99 壹 睡虎地・答問 156

郭店・語三 31

○**李學勤、李零**(1979)　(編按:集成 2840 中山王鼎)這幾件器銘寡字都寫作寏。根據《説文》,寡字是從頒的,頒從分,寏從穴,實爲一字。

《考古學報》1979-2,頁 152

○**朱德熙、裘錫圭**(1979)　(編按:集成 2840 中山王鼎)銘文"寡人"之"寡"寫作"寏"。

《朱德熙古文字論集》頁 101,1995;原載《文物》1979-1

○**張政烺**(1979)　(編按:集成 2840 中山王鼎)寏,從頁,穴聲,讀若頒,見前鼣字注,在此讀爲寡。《説文》:"寡,少也,從宀、頒。"此省宀,僅存頒旁,戰國文字簡化常如此,如釁壺"以憂㐌民之佳不娧",羅省作佳。

《古文字研究》1,頁 217

○**張克忠**(1979)　(編按:集成 2840 中山王鼎)按,寡字本來象帶首飾的大頭人,用現代的話説,就是首腦人物。首腦人物不多,故引申爲少。或從宀,象首腦人物在屋下,後世將首飾公省簡爲八,又將頁字的下半部誤認爲刀,寫作寡,寡字的本義遂被歪曲。

《故宮博物院院刊》1979-1,頁 40

○**荆門市博物館**(1998)　(編按:郭店・老甲 24)"須"爲"寏(寡)"字誤寫。

(編按:郭店・老甲 2)須,待也。各本作"觀"。

賣(寡)。

○**白於藍**(2000)　（編按：郭店·老甲 2）所謂“須”字，實當釋爲“寡”。此字原篆作“象”，與須字形似而實異。郭店簡《老子》甲簡二有“少ム（私）寡欲”語，其寡字正作“象”，與上引之字字形全同，可以爲證。郭店簡另見標準寫法的寡字，作“象”（《魯穆公問子思》簡四）、“象”（《尊德義》簡十五）。“象”當即標準寫法之寡字之省形。

至於須字，見於包山楚簡和曾侯乙墓簡，其於包山簡中之形體如下：

　　象簡八八　　　象簡一○二　　　象簡一○二反

　　象簡一三○反　象簡一四五反

其於曾侯乙墓竹簡中之形體如下：

　　象簡六　　　象簡一○　　　象簡六八

很顯然，這兩種形體之須字與上引之寡字均有差別，包山簡之須字象徵鬍鬚的部分均一致爲三筆，而寡字頁旁左下均爲兩筆；曾侯乙墓簡之須字象徵鬍鬚的部分雖爲兩筆，但卻均作彎曲飄逸狀，且均與象徵面頰的部分連爲一體。可見，“象”之爲寡，當可無疑。

簡文“居以寡復也”之“寡”當讀爲“顧”。上古音寡、顧二字均爲見母魚部字，自可相通。郭店簡《緇衣》篇有“君子顧言而行”（簡三四）語，其顧字作“顧”，顯係一從見寡聲之形聲字。該句今本《禮記·緇衣》爲“君子寡言而行”，鄭玄《注》：“寡當爲顧，聲之誤也。”又郭店簡《緇衣》篇有“晉（祭）公之顧命員（云）”（簡二二）語，其顧字作“象”，顯是寡字，亦其證。

顧字古有視義。《玉篇·頁部》：“顧，瞻也。”《爾雅·釋詁下》：“瞻，視也。”《呂氏春秋·慎勢》：“行者不顧。”高誘《注》：“顧，視也。”又《集韻·姥韻》：“顧，視也。”今本《老子》及馬王堆漢墓帛書本《老子》中與“寡（顧）”字相對應的字是“觀”，觀字古亦有視義。《説文》：“觀，諦視也。”《廣雅·釋詁一》：“觀，視也。”則顧、觀同義。

○**顏世鉉**(2000)　（編按：郭店·老甲 2）以上兩字均當釋爲“寡”字。《魯穆公問子思》簡 4“寡人惑焉”，《尊德義》簡 15“民吁以寡信”，《語叢三》簡 31“智銅者寡謀”，寡字分別作象、象、賣，字下部或從ㄑ彡之形，亦有省其形者；而上舉《老子》甲簡二字則是从"彡",或繁簡不同,其爲一字當無疑。《老子》甲之"宽"字,其形與"須"字形近。

《緇衣》簡兩"宽"字讀爲"顧"。因此《老子》甲24可釋讀爲"居以宽(顧)復也"。顧,視也。《吕氏春秋・慎勢》:"積兔滿市,行者不顧。"高注:"顧,視。"又《廣釋・釋詁一》:"觀,視也。"觀、顧均可訓爲視,可相通。而《老子》甲簡2可直接釋爲"少私寡欲",不必將之釋爲"須",再視爲"宽"之誤。

《江漢考古》2000-1,頁38

○劉釗(2003)　智叟(治)者霓(寡)愄(悔)。

"霓"字從文意看應是"寡"字的訛變之體。"愄"从"心""母"聲,讀爲"悔"。古"母、每"本爲一字之分化,所以从"母"聲的"愄"可讀爲从"每"聲的"悔"。古"誨、謀"爲一字異體,而"謀"字古文即作"愄"。

此句簡文説用智慧來統治者就會避免後悔。

《郭店楚簡校釋》頁217

○陳偉武(2003)　(編按:上博二・從政甲3)"宽"當讀爲"居"。先秦古書"固"可通"顧","宽"亦通"顧"。"居"和"固"同从古得聲,故"宽"當與"居"音相近,例可通假。《莊子・讓王》:"湯又讓務光曰:'知(智)者謀之,武者遂之,仁者居之,古之道也。吾子胡不立乎?'"《吕氏春秋・離俗》所録大體相同,高誘注:"居,處也。"古人極重日常居處與修身積德爲仁之關係,如《荀子・儒效》:"故君子務修其内而讓之於外,務積德於身而處之以遵道。"《管子・小匡》:"於子之鄉,有居處爲義、好學、聰明、質仁、慈孝於父母、長弟聞於鄉里者,有則以告。"上揭楚簡强調"禮"與"仁"相濟之功用,《荀子・大略》云:"君子處仁以義然後仁也,行義以禮然後義也,制禮反本成末然後禮也,三者皆通然後道也。"則主"仁、義、禮"三者兼修可成"道"。"處仁"與楚簡"宽(居)而爲仁"語近。《孟子・公孫丑上》云:"仁則榮,不仁則辱。今惡辱而居不仁,是猶惡溼而居下也。""居不仁"與"宽(居)而爲仁"語意相反。

《第四屆國際中國古文字學研討會論文集》頁201—202

○范常喜(2006)　(編按:上博二・從政甲3)簡文"禮則宽而爲仁"中的"宽"當讀爲"顧",義爲"回首"。整句大意當爲"【教/齊之以】禮,則人民回過頭來去做仁義的事情"。

《康樂集》頁228

△按　上博二《從政》甲3"宽而爲仁",當如范常喜(2006)説讀"宽"爲顧。

【宽命】郭店・緇衣22

○**荊門市博物館**(1998)　募,"寡"字異體,借作"顧"。

　　　　　　　　　　　　　　　　　　　　　　《郭店楚墓竹簡》頁 134

△**按**　寡命,讀爲《尚書》之"顧命"。

【**寡婦**】上博四·曹沫 34

△**按**　上博四《曹沫》簡 34"匹夫寡婦之獄訟,君必身聽之","寡婦"即無夫之婦。

【**寡人**】郭店·魯穆 4

△**按**　"寡人"即君王自稱。

客　

集成 2299 鑄客鼎　集成 10199 鑄客匜　璽彙 0160　璽彙 5549

包山 141　曾侯乙 171　郭店·語一 88　上博四·柬大 17

○**李零**(1989)　(編按:集成 1803 等)"客"是"鑄客"的省稱。楚國的銅器監造制度,雖不象三晉和秦的兵器那樣一目了然,但大致也有省、主、造三級。朱家集楚器上大多都有"鑄客"二字,鑄客就是這批銅器的監造者。

　　　　　　　　　　　　　　　　　　　　《出土文獻研究續集》頁 120

○**朱德熙、裘錫圭、李家浩**(1995)　(編按:望山 1·1)齊客應是齊國使者。

　　　　　　　　　　　　　　　　　　　　　　《望山楚簡》頁 86

○**裘錫圭**(1990)　廣義的"客"不用説是可以包括"羈"的。不過"法律答問"既以"寄"與"客"並舉,"客"就應該專指不作較長時閒羈留的外來旅客了。

　《裘錫圭學術文集·金文及其他古文字卷》頁 294,2012;原載《文物研究》6

寄　

睡虎地·答問 200　　睡虎地·日乙 121

○**李解民**(1987)　在秦律里,"寄"與"客"有區别,"寄"指國内流民,"客"則指外國僑民。

　　　　　　　　　　　　　　　　　　　《中華文史論叢》1987-1,頁 50

○**睡簡整理小組**(1990)　(編按:睡虎地·答問 11)寄,存放。

（編按：睡虎地·答問200）寄　寄居。

《睡虎地秦墓竹簡》頁 96、141

○裘錫圭（1990）　（編按：睡虎地·答問200）我認爲這個“寄”字可以讀爲“羈旅”之“羈”（這種“羈”字古書中多寫作“羇”，爲了印刷的方便，本文一律作“羈”）。“寄、羈”二字古通。（中略）看來，“羈旅”之“羈”大概是由寄止之“寄”分化出來的一個詞，這個詞本來就寫作“寄”，後來才假借“羈”字來表示它。“寄”本讀去聲，“寄（羈）旅”之“寄”則讀平聲，與“羈縻”之“羈”同音。這可能是後人要借“羈”字代替它的原因之一。所以我們完全有理由把上引“法律答問”的“寄”讀爲“羈旅”之“羈”。

戰國史料中所見的“羈旅”，一般指由他國來的人。（中略）“法律答問”所說的“寄（羈）”，大概也是指外來的羈留者而言的。

《裘錫圭學術文集·金文及其他古文字卷》頁 293—294，2012；
原載《文物研究》6

△按　《説文》：“寄，託也。”

寓

石鼓文·吳人　　睡虎地·日甲 60 正叁　　璽彙 3236

○強運開（1935）　薛尚功、趙古則釋作盙，誤。《説文》：寓，寄也。從宀，禺聲，或從广作庽，與鼓文微異，此曰寓，逢中▨蓋叚借爲遇字。

《石鼓釋文》癸鼓，頁 8

○羅福頤等（1981）　寓。

《古璽文編》頁 185

△按　“寓”或從厂，“宀、厂”義近形符替換。

寒

楚帛書

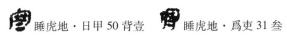上博一·緇衣 6　　上博三·周易 45　　上博四·昭王 8

睡虎地·日甲 50 背壹　　睡虎地·爲吏 31 叁

○曾憲通（1993）　（編按：楚帛書）此字嚴一萍氏釋再，選堂先生初據仰天湖楚簡金字偏旁釋作金，李零改釋爲害，今按望山楚簡害字作🔣，上體與此形不類，中山王䵼器百字或作🔣，與此極近。帛文🔣下有短橫乃衍畫，與🔣、🔣、🔣等同例。選堂先生謂熏懸（氣）指陽，百懸（氣）指陰，二氣爲萬物之源。百字作🔣、🔣，猶四字作🔣、🔣，可字作🔣、🔣，皆帛文異寫之例。

《長沙楚帛書文字編》頁 27

〇**李零**（1995）　（編按：楚帛書）此字，我曾疑爲害，曾憲通先生采之，讀爲百，現在從文例看，應是寒字。寒字，金文寫法與小篆相近，是作🔣、🔣（參看《金文編》1714 寒字[編按：編號"1714"應爲"1214"]和附錄下 335 應釋䵼），此字作🔣，與之相似。

《國學研究》3，頁 269

〇**周鳳五**（1997）　（編按：楚帛書）按，🔣與金文二寒字字形相去甚遠，實在説不上"非常相似"。若以此字爲寒之省形，則🔣省作🔣，🔣省作丨，在古文字資料中從來未見，且如此省改也完全不合於古文字演變的規律。劉信芳先生贊同李説，他指出"🔣可分析爲从宀从🔣，下有仌（有如《説文》對寒字的解説），中閒部分🔣應是🔣之省寫"。劉説分析字形較爲具體，但仍然無法解答前述有關字形省變的質疑。🔣氣釋作寒氣，與熱氣反意成文，於帛書上下文句固然可通，而字形則顯有捍格。與其勉强牽合，不如由文意入手，依循字形立説，期能文從字順，一舉解決問題。

　　就字形而言，包山楚簡有倉字，作🔣，另外，天星觀楚簡有滄字，作🔣、🔣，又包山、望山、天星觀簡均有愴字，所从倉形均與帛書🔣字"非常相似"，則帛書此句可以讀爲"熱氣倉氣"。倉，《説文》訓"穀藏"，與帛書文意不合。但《説文》水部另有滄字，解作"寒也"。段注引《周書·周祝》"天地之閒有滄熱"與《列子·湯問》"一兒曰：日初出，滄滄涼涼"爲證，可謂確鑿可信。另外，仌部有凔字，也解作"寒也"。段注："此與水部滄音義皆同。枚乘上書曰：'欲湯之滄，絶薪止火而已。'"可見滄或凔訓作寒，在先秦古籍並非罕見，則讀帛書此句爲"熱氣倉氣"形義均妥適，應該是可以成立的。

　　除了上述古籍之外，最重要的證據是近年新出土的文物資料。1993 年 10月，湖北荊門市郭店一號楚墓出土竹簡《老子》，其中 B 三組竹簡有這樣一段文字：

　　　　梟勅蒼，清勅然。

第一句三字，馬王堆帛書《老子》甲種、乙種均作"趮勝寒"，今本《老子》作"躁勝寒”，簡帛各本用字雖小有出入，文意則完全一致。劉信芳先生指出：“杲勷蒼”當釋“躁勝滄（凔）”，依前引《說文》及先秦兩漢古籍所見，訓滄（凔）爲寒可謂毫無疑問。子彈庫帛書與郭店簡《老子》同屬戰國時代楚國之物，然則帛書“熱氣倉氣”之說於此更得堅強的證據，應該可以定論了。

《中國文字》新 23，頁 239—240

○曾憲通（1999）　（編按：楚帛書）第三字歷來爭議最多，早期有釋“再”、釋“金”諸說，李零曾懷疑是“害”字，筆者據中山王𗥑器之“百”字作𐔫而釋爲“百”之異構，形雖近而義未安，近時李零改釋爲“寒”字之省，推理成分較多而未見有省寫之實證。周鳳五氏根據包山、望山和天星觀楚簡的“倉”和從“倉”的字，認爲形體與第三字“十分相似”而釋爲“倉”字。雖然楚帛書丙篇亦有“倉”字作𐔫，楚簡中較爲草率的寫法作𐔫，且下亦從二橫，就形體而言，較金文的“寒”字更爲接近，周說可從。

郭店楚簡《老子》乙組竹簡云：“杲勷蒼，清勷然。”周鳳五指出第一句三字馬王堆帛書甲、乙種均作“趮勝寒”，今本作“躁勝寒”，簡帛各本用字雖小有出入，文意則一。劉信芳謂“杲勷蒼”，當釋“躁勝滄（凔）”。周先生以爲“熱氣倉氣”得此堅強證據可成定論。其實，文意雖得確詁，若論釋字，帛書“𐔫惥𐔫惥”則宜釋爲“𐔫（熱）惥（氣）倉（凔）惥（氣）”。郭店簡《太一生水》云：“四時復相輔也，是以成倉（凔）然（熱），倉（凔）然（熱）復相輔也，是以成溼澡（燥）。”據此則“倉（凔）”與“然（熱）”對，“溼”與“澡（燥）”對。不過，“燥”與“熱”二字均從火，義實相涵，今語“燥熱”，猶自沿用。故“燥”可與訓寒之“倉（凔）”對舉，而帛書之“𐔫（熱）惥（氣）倉（凔）惥（氣）”與楚簡《老子》之“杲（燥）勷蒼”正可互證。

《中國古文字研究》1，頁 92

△按　戰國文字“倉、寒”的糾葛，郭永秉有專文討論，參見《出土文獻與古文字研究》第六輯，上海古籍出版社 2015 年。

害 𪊨

石鼓文·吾水　包山 219　包山 256　包山 268

郭店·成之 22　上博一·詩論 8　上博二·從甲 8　郭店·老丙 4

郭店·老甲 4　上博四·柬大 13　郭店·語四 21　上博一·詩論 7

上博三·中弓 20　上博四·曹沫 9　郭店·性自 61　郭店·老甲 28

○**何琳儀**（1993）　（編按：包山 219）害　《周禮·夏官·山師》：“辨其物與其利害。”注：“害，毒物及螫噬蟲獸。”

《江漢考古》1993-4，頁 60

○**劉釗**（1998）　（編按：包山 244）字應釋爲“害”，字在簡文中用法不詳。

《出土簡帛文字叢考》頁 27，2004；原載《東方文化》1998-1、2

○**荊門市博物館**（1998）　（編按：郭店·老甲 4）簡文“害”從“丯”從“目”，“丯”聲。

《郭店楚墓竹簡》頁 114

○**裘錫圭**（1998）　（編按：郭店·老甲 4）此字疑即“害”字，讀爲“害”。《説文》無“害”，謂“憲”字從“害”省聲。

　　（編按：郭店·五行 35）此字上部與“攴”字上部有別，疑是“萬（害）”之訛形（參看拙文《古文字論集·釋“虫”》），本書《尊德義》二六號簡“萬”字作灻，可參照。故此字似當從帛書本讀爲害。

　　（編按：郭店·成之 22）也可能簡文“害”即應讀爲“何”。

《郭店楚墓竹簡》頁 114、153、169

○**李家浩**（1999）　（編按：包山 268）“害、箁”在此都是車馬器，當讀爲車蓋之“蓋”。“害、蓋”音近古通。例如《爾雅·釋言》“蓋、割，裂也”，陸德明《釋文》：“蓋，舍人本作‘害’。”

《著名中年語言學家自選集·李家浩卷》頁 314，2002；
原載《中國文字》新 25

○**李家浩**（2000）　“外害日”，秦簡《日書》甲種楚除與此相同，乙種楚除“害”作“遣”。按本簡“害”字原文作乻，與《古文四聲韻》卷四泰韻“害”字引《古孝經》作乻者相似。類似這種寫法的“害”字還見於戰國文字偏旁：A 薴、薴（《楚系簡帛文字編》65 頁），B 遑（《古璽文編》三九·三〇八七）、縊、諿（《古陶文字徵》237 頁，後一字是反文）。A 應當釋爲“薴”。《方言》卷三“蘇、芥，草也……沅湘之南或謂之薴”，郭璞注：“今長沙人呼野蘇爲薴。”A 的“薴”在天星觀楚墓竹簡中用作占卜的工具，當是以野蘇之莖爲之。B 應當釋寫作上引秦簡《日書》乙種楚除的“遣”字，舊釋爲“這”，非是。（中略）於此可見，“金”與前引“害”字古文乻是同一個字的不同寫法，痓應當釋爲“瘄”。像乻之類寫法的“害”字，與古文字“言”的字形十分相似，故戰國文字中的“言”旁有時訛作“害”字形。例如古璽文字“謺”作謺（《古璽文編》五五·二五三〇），古陶文字“詿”作詿（《古匋文舊録》三·二），“詧”作詧（《古陶文字徵》217 頁）。

《古璽文編》191 頁被釋爲"瘑"的字作（字形）、（字形）等形。"言、音"古本一字。現在看來，這個字也可能是"瘑"字。"遣、瘑"二字都不見於字書。上古音"害、曷"都是匣母月部字，可以通用（參看高亨《古字通假會典》615 頁），疑"遣、瘑"是"遏、癘"二字的異體。

《九店楚簡》頁 91—93

○**曹錦炎**（2002）　郭店楚簡《語叢》四有"割"字，寫作（字形），"害"旁作（字形），較接近金文的寫法，可見應是楚簡文字比較正規的構形，由此看來（字形）應是（字形）的省形，或者説是一種不太正規的寫法。認識了楚簡文字"害"的構形，就可以認識其他从"害"的字。例如望山二號楚墓簡 12 云："一紫（字形），鍺（赭）襠（饟）之里。"包山楚簡 268："一紡（字形），丹黄之里。"知二處（字形）字均應釋"篕"，在簡文中，"篕"是指一種器物，字从"竹"，可能是竹製品。至於具體通假爲什麽字，尚待進一步研究。

《揖芬集》頁 325—326

○**彭裕商**（2002）　（編按：郭店·成之 22）筆者認爲郭店簡的"害"字應讀爲蓋，害、蓋古音極近，《爾雅·釋言》："蓋、割，裂也。"《校勘記》云："《釋文》：'蓋，古害反。舍人本作害。'按：《書·吕刑》'鰥寡無蓋'，蓋即害字之借，言堯時鰥寡無害也。《釋名》：'害，割也。'……割與蓋亦音相近，《書·君奭》：'割申勸寧王之德。'鄭注《緇衣》云'割之言蓋'是也。"蓋字無實義，故郭店簡《詒命》文句後此字省去。總之，將害字讀爲蓋，與先秦典籍的文例相合，文句也更爲通順。

《古文字研究》24，頁 394

○**李零**（2004）　（編按：上博四·曹沫 9）害（曷）。

《上海博物館藏戰國楚竹書》（四）頁 249

○**陳劍**（2008）　（編按：上博三·中弓 20）害（蓋）。

《〈上博（三）·仲弓〉賸義》，《簡帛》3，頁 84

△**按**　上博一《詩論》簡 10"害曰"彭裕商《讀〈戰國楚竹書〉（一）隨記》（簡帛研究網 2002 年 4 月 12 日）讀爲"蓋曰"，可從。簡 7"害誠謂之也"害亦當讀蓋。禤健聰《説上博〈吳命〉"先人"之言並論楚簡"害"字》（《古文字研究》28 輯 464—470 頁，中華書局 2010 年）對楚簡"害"字的各種異構有詳細分析。

索 🔲

🔲 睡虎地・秦律 29　　🔲 睡虎地・效律 25

○**睡簡整理小組**（1990）　（編按:睡虎地・秦律 29）索（索）。

《睡虎地秦墓竹簡》頁 27

宋 🔲

🔲 集成 11345 八年新城大令戈　🔲 貨系 0371　🔲 貨系 2456　🔲 陶彙 3・803　🔲 璽彙 1419

🔲 璽彙 1431　🔲 璽彙 3505　🔲 侯馬 92:13　🔲 曾侯乙 171　🔲 包山 18　🔲 包山 49

🔲 郭店・緇衣 45　🔲 上博一・緇衣 23　🔲 睡虎地・日甲 36 背叁

○**丁福保**（1938）　右宋字。隱元年,及宋人盟於宿。杜氏釋例,宋商一地,梁國睢陽縣也。【錢略】

《古錢大辭典》頁 2174,1982

○**鄭家相**（1958）　宋布。文曰宋。釋例云,宋、商、商丘,三名一地,注詳見商字。

《中國古代貨幣發展史》頁 46

○**山西省文物工作委員會**（1976）　宋　宗盟類參盟人名。

《侯馬盟書》頁 309

○**蔡運章**（1995）　【宋・平肩空首布】春秋中期至戰國早期青銅鑄幣。鑄行於周王畿。面文“宋”。背無文。按形制有大、中兩種:大型者 1972 年以來河南洛陽、孟津出土 5 枚。一般通長 9—9.8、身長 5.6—5.9、肩寬 4.7—4.9、足寬 4.8—5.1 釐米,重 24.4—32.4 克。中型者一般通長 8.4、身長 5.4、肩寬 4.5、足寬 4.6 釐米。罕見。

《中國錢幣大辭典・先秦編》頁 120

【宋子】貨系 2456

○**朱華**（1984）　1983 年 4 月,在山西省朔縣城東北 8 公里北旺莊配合中國平朔露天煤礦生活區基建考古發掘中,於第一施工區第八號漢墓出土一枚面文“宋子”的“三孔”布。

　　布爲圓首、圓肩、圓襠、圓足,布首與兩足端各有圓形穿孔,所以錢幣學家稱之爲三孔布。布周與孔皆有郭，面篆文“宋子”二字，背文“十二朱”（銖），文字嚴整、清晰可辨。布通長 5.5 釐米，重 6.8 克。（中略）

　　布幣的面文多係鑄幣的地名，宋子布當然也不例外。《史記・燕召公世家》載燕王伐趙時説：“今王喜四年……王召昌國君樂閒問之。對曰：趙四戰之國，其民習兵，不可伐……燕王不聽，自將偏軍隨之……燕軍至宋子。”由此知宋子爲趙地。又《史記・刺客列傳》中關於秦滅燕事載：“秦卒滅燕，虜燕王喜。其明年，秦併天下……於是秦逐太子丹、荆軻之客，皆亡。高漸離變名姓爲人庸保，匿作於宋子。”《集解》徐廣曰：“縣名也，今屬鉅鹿。”《正義》説宋子故城在趙州平棘縣北三十里，《歷代疆域表》中亦説明鉅鹿郡在戰國時屬趙，西漢時亦屬鉅鹿郡之宋子縣。地望在今河北省趙縣東北。《史記・刺客列傳》中“其明年秦併天下”當爲公元前 221 年，而秦卒滅燕虜燕王喜，則爲公元前 222 年，這在《史記・秦始皇本紀》文中亦有記載：“二十五年，大興兵，使王賁將，攻燕遼東，得燕王喜。”秦始皇二十五年，亦即公元前 222 年。燕王喜四年，燕軍至宋子即公元前 251 年，這明顯説明燕軍至宋子早於高漸離匿作於宋子 29 年，而秦占宋子反有一年的時間，宋子早在秦占領 29 年前即爲趙地。

《中國錢幣》1984-4，頁 7—8

○**汪慶正**（1988）　“宋子”三孔布 1983 年出土於山西朔縣。“宋子”位於今河北趙縣之東北。

《中國歷代貨幣大系・先秦貨幣》頁 20

○**梁曉景**（1995）　【宋子・三孔平首布】戰國晚期青銅鑄幣。鑄行於趙國，流通於三晉等地。屬小型布。面文“宋子”。背部鑄“十二朱”，背首穿孔上鑄數字“一”。“宋子”，古地名，戰國屬趙。

《中國錢幣大辭典・先秦編》頁 379

【宋傷】睡虎地・日甲 36 背叁

○**睡簡整理小組**（1990）　宋傷，疑讀爲聳惕，意爲恐嚇。

《睡虎地秦墓竹簡》頁 219

宗 宗

集成 85 楚王酓章鎛　　集成 157 驫羌鐘　　集成 4096 陳逆簋　　侯馬 67：1

詛楚文　　望山 1・125　　郭店・六德 30　　上博二・容成 46

　陶彙 3·827　　　陶彙 5·384　　　璽彙 0092　　　璽彙 1440　　　貨系 0216

○**吳大澂**（1884）　　宗字。空首幣。

《説文古籀補》頁 31，1988

○**顧廷龍**（1936）　　宗。

《古匋文香録》卷 7，頁 3，2004

○**丁福保**（1938）　　右宗字，宗，古國名。《左傳·文十六年》宗子注，宗，群舒之屬。【錢略】

《古錢大辭典》頁 1261，1982

○**金祥恆**（1964）　　宗。

《匋文編》頁 55

○**鄭家相**（1958）　　　　　　文曰宗。按宗尊也，取尊宗財貨之義。或曰，宗國名，但宗國非鑄行布貨之區，當屬非是。

《中國古代貨幣發展史》頁 40

○**高明、葛英會**（1991）　　宗。

《古陶文字徵》頁 74

○**蔡運章**（1995）　　【宗·平肩空首布】春秋中晚期青銅鑄幣。鑄行於周王畿。屬大型空首布。面文“宗”。背無文。1974 年河南臨汝出土 1 枚。一般通長 9—9.5、身長 5.6—6、肩寬 4.6—4.9、足寬 4.8—5.1 釐米，帶鋬内範泥重 29—35.5 克。罕見。

《中國錢幣大辭典·先秦編》頁 134

○**李零**（2002）　　（編按：上博二·容成46）讀“崇”，即《文王有聲》之“崇”。《史記·周本紀》也提到文王伐崇侯虎，正義説“崇國蓋在豐、鎬之閒”，當是因爲《文王有聲》敘“作邑於豐”於“既伐於崇”之後。今得簡文，可知崇自崇，豐自豐，絕非一地。《中國歷史大辭典》（上海辭書出版社 2000 年）定其地望在今河南嵩縣北（頁 2709）。

《上海博物館藏戰國楚竹書》（二）頁 287

△按　《説文》：“宗，尊祖廟也。从宀从示。”䲹羌鐘“厥辟韓宗”，孫稚雛（《䲹羌鐘銘文彙釋》，《古文字研究》19 輯 108 頁，中華書局 1992 年）謂因爲䲹羌是韓氏家臣，以韓爲宗主，故稱韓宗。上博二《容成氏》“於是乎九邦叛之：豐、……耆、宗……”，宗讀爲崇，即《詩·大雅·文王有聲》之崇地。

【宗正】璽彙 0092　秦封泥集一·二·24

○**丁佛言**（1924） 古鉢。平匋宗正。

《説文古籀補補》頁 36,1988

○**劉慶柱、李毓芳**（1983） 《漢書·百官公卿表》載：“宗正，周官，秦因之。”陶文“宗”字可能爲“宗正”省文（圖73）（編按：圖略），此猶“大匠、都司空”省文爲“大、都”。西漢中央官署陶業主要由宗正屬官和都司空令掌管，而在秦都咸陽遺址出土的陶文戳記中，屬於宗正官署者僅見一例。

《古文字論集》1，頁 76

○**曹錦炎**（1996） “宗正”，《漢書·百官公卿表》：“官名。宗正，秦官，掌親屬，有丞，平帝元始四年更名宗伯。”據璽文，知官名在戰國時已出現。

《古璽通論》頁 160

○**周曉陸、路東之、龐睿**（1997） 《漢書·百官公卿表》：“宗正，秦官，掌親屬，有丞。”爲九卿之一。

《考古與文物》1997−1，頁 36

○**王輝**（1999） “宗”字修長，居右半邊的位置；“正”字下部已殘，從殘畫看，似乎其下還應有一字，如有，當是“印”字。《漢書·百官公卿表》：“宗正，秦官，掌親屬，有丞。”

《秦文字集證》頁 151

○**周曉陸、路東之**（2000） 漢封泥見《封泥》“宗正丞印”。漢瓦當見“宗正，宗正官當”。

《秦封泥集》頁 123

△**按** “宗正”即掌管宗室親族事務的官吏。

【宗邑】陶彙 5·384

○**郭子直**（1986） “宗邑”見於《左傳》的，如莊公二十八年“曲沃，君之宗也”。襄公二十七年“崔，宗邑也，必在宗主”。哀公十四年“薄，宗邑也”。均注“宗邑，宗廟所在”。

《古文字研究》14，頁 191

○**袁仲一**（1987） “宗邑”，《左傳·襄公二十七年》：“崔，宗邑也，必在宗主。”注：“宗邑，宗廟所在。”《左傳·莊公二十八年》：“曲沃，君之宗也……宗邑無主，則民不威。”注：“曲沃桓叔所封，先君宗廟所在。”秦惠文王把鄐邱到滿水之閒的土地賜給右庶長歜作爲宗邑，即允許其在這塊土地可以建宗廟，纍代世襲，所謂“子子孫孫以爲宗邑”。

《秦代陶文》頁 80—81

△按　“宗邑”即宗廟所在的城邑。

【宗祝】詛楚文

○**容庚**(1934)　按宗祝告神之官,亦作祝宗,《左傳》襄公十四年:“公使祝宗告亡,且告無罪。”又《國語‧楚語》“虔其祝宗”,注:“宗主祭祀,祝主祝辭。”

《古石刻零拾》頁 3

○**郭沫若**(1982)　宗祝,官名;邵鼛,人名。宗祝當如周官的大祝小祝。大祝“大師宜於社,造於祖”。小祝“大師掌釁祈號祝,有寇戎之事則保郊祀於社”。今銘中所言正爲師旅寇戎之事,故由宗祝以告於神。

《郭沫若全集‧考古編》9,頁 299—300

○**姜亮夫**(1980)　宗祝皆周官,秦從周制也。《周禮‧大宗伯》“以玉作六器以禮天地四方……國有大故則旅上帝及四望”,又“太祝掌祝辭,以事鬼神,示祈福祥,求永貞……四曰化祝”(鄭司農云“化祝弭災兵也”),又詛祝“掌盟詛類造攻説檜禜之祝號、作盟詛之載辭以敘國之信用,以質邦國之劑信”。《漢書‧郊祀志》“……使先聖之後,能知山川,敬於禮儀明神之事者以爲祝;知四時犧牲、壇場、上下氏姓所出者,以爲宗”。師古注:“祝謂主祭之贊祠者,宗,宗人主神之列位尊卑者也。”《郊志》言最合古義,顏注最簡切。《左氏傳》“虢公使祝應宗區享神也”,又云“祝宗用馬於四墉”,則祝、宗乃兩官,證之《左氏傳》,至爲明白。且秦初置宗正之官,則不得連祝爲一官,至明。古或稱宗祝,例言之耳。祝者,古宗廟祭祀執事之人皆曰祝。《禮運》“祝以孝告,嘏以慈告”,則單就宗廟言之耳。蓋祭,主贊詞之人,引申之,凡祭有詞,皆祝主之。此詛楚文正由祝主讀之也,不得從《周禮》大小祝爲説。

《蘭州大學學報》1980-4,頁 56—57

○**史黨社、田靜**(1998)　宗祝,或作祝宗,古籍習見。《左傳》襄公十四年:“及竟,公(衞宣公)使祝宗告亡,且告無罪。”《國語‧楚語下》:“虔其祝宗。”《史記‧周本紀》“(武王)命祝宗享祠於軍”,軍即軍社,隨軍而行。宗祝實指二種官職,即宗與祝。東周時人認爲二者有別。《國語‧楚語下》載觀射父曰:“使先聖之後有光烈,而能知山川之號、高祖之主、宗廟之事、昭穆之世、齊敬之勤、禮節之宜、威儀之則、容貌之崇、禋絜之服,而敬恭明神者,以爲之祝;使名姓之後,能知四時之生、犧牲之物、玉帛之類、采服之儀、彝器之量、次主之度、屏攝之位、壇場之所、上下之神、氏姓之出;而心率舊典者,爲之宗。”韋注:“祝,太祝,掌祈福祥;宗,宗伯,掌祭祀之禮。”東周人習言祝宗、祝宗卜史、祝史、巫覡、巫覡祝史、巫祝。巫覡祝宗卜史職守各不相同,但皆與祭祀有關。

巫,《説文》云:"祝也,女能事無形以舞降神者也。"覡是"能齋肅事神明也,在男曰覡,在女曰巫"。巫覡皆是以舞降神者,是人神相通的中介。祝即大祝一類。宗即宗人,卜即大卜,史即大史。祝主用幣與祝辭,宗掌祭祀之禮,卜掌占卜,史掌人事又兼神職。由於這些官職所司相似,東周人連稱其所指不甚嚴格,取其祀官之義。宗祝連稱,按其職守指大祝一類。大祝早至商就有,見於《商本紀》。《周本紀》載尹佚爲祝,周金中禽段、長囟盉、申段蓋亦有記載。東周時期,衛、晉、宋皆有祝官。《周禮·春官宗伯》下有大小祝。因而周大祝毫無疑義。秦之大祝,蓋因周而來。《封禪書》云:"(高祖)悉召故秦祝官,復置太祝、太宰,如其故禮儀。""諸此詞皆太祝常主,以歲時奉祠之。"同文,"始皇帝即位三年,東行郡縣,禪於梁父,其禮頗采大祝之祀雍上帝所用。"放馬灘秦簡《日書》中亦有巫祝之名。秦大祝是奉常屬官,見《漢書·百官公卿表》。《詛楚文》載,秦宗祝用幣(吉玉宣璧)、祝辭(布憖,詳下)以祀皇天上帝與巫咸、漱淵之神,其職守與《左傳》《周禮》記載大祝相合。

《文博》1998-3,頁 56—57

△**按** "宗、祝"職司相似,史黨社、田靜謂連稱則取其祀官之義,可從。

【宗彝】集成 85 楚王酓章鎛

○**黃盛璋**(1989) 宗彝者宗廟之彝器也,曾侯死、葬應皆在西陽,隨縣當時應名西陽,爲曾國都、宗廟與陵墓所在,曾以一鐘殉墓,其餘應皆置西陽曾侯乙宗廟或陵寢中。

《出土文獻研究續集》頁 117—118

△**按** "宗彝"即宗廟祭祀所用之彝器。《書·益稷》"作會,宗彝",孔穎達正義引鄭玄曰:"宗彝,謂宗廟之鬱鬯樽也。"

【宗家】集成 4630 陳逆簠

○**馬承源**(1990) 即宗族。《史記·晉世家》:"令君毋入僖負羈宗家,以報德。"此銘之宗家是指田氏家族。

《商周青銅器銘文選》(四)頁 553

【宗人兄弟】侯馬 67:6

○**張頷**(1976) 宗人兄弟——即同宗兄弟。《禮記·曾子問》:"宗兄、宗弟、宗子在他國,使某辭。"《後漢書·齊武王縯傳》:"伯升部將宗人劉稷。"

《張頷學術文集》頁 56,1995;原載《侯馬盟書》

○**李裕民**(1982) 在盟書納室類中尚有"宗人兄弟"一辭,則指同宗兄弟。

《古文字研究》7,頁 30

△**按**　依古代宗法制度,庶子稱年長於己的嫡子爲宗兄,稱年幼於己者爲宗弟。"宗人"是同族的人,"宗人兄弟"即同族兄弟。

【宗廟】上博一・詩論 5

△**按**　上博一《詩論》簡 5"敬宗廟之禮",宗廟即天子諸侯祭祀祖先的地方。

【宗族】郭店・六德 28

△**按**　郭店簡《六德》簡 28—29"袒免,爲宗族也,爲朋友亦然",宗族,父系的親屬,也指同宗的人。

宔　宭

○**張頷**（1975）　（編按:侯馬）"以事其宗"的"宗"字,均指宗廟而言（有的同志釋"主"。宗、主二字的關係余將另文論述）。《説文》:"宗,尊祖廟也。"《國語・晉語》"夫曲沃晉之宗也",韋昭注:"曲沃,桓叔之封,先君宗廟在焉。"《儀禮・士昏禮》"承我宗事",鄭玄注:"宗事,宗廟之事。""事"即祭祀的意思。《公羊傳・文公元年》"大事於大廟",疏:"知此言大者,大祭明矣。"

　　　　　　　　　　　　《張頷學術文集》頁 77,1995;原載《文物》1975-5

○**張政烺**（1979）　（編按:集成 2840 中山王鼎）宗,宗子,即主。周代社會盛行氏族組織,有所謂"宗法"。"别子爲祖,繼别爲宗",這是"大宗",即"百世不遷之宗"。族人繁衍,"同姓從宗合族屬"。宗的頭人叫作宗子,也簡稱宗,是一宗之君,"有合族之道"（以上引文皆見《禮記・大傳》）。整個社會都是這樣構成的,但王與諸侯地位太高,與下隔絶,最顯露的是一些大夫之家。當時不是不存在異姓或宗族以外的人,既在宗的管理下生活,迫於情勢也就跟着一起叫宗了。所以當時的大夫都稱宗。䚬羌鐘:"賞于韓宗,令于晉公,邵于天子,用明則之于銘。"把䚬羌的三級首長依次地擺出來,最切近的是韓家的主子,也就是宗,故稱韓宗。高一層是晉侯,最高是周王。鐘作於周威烈王廿二年（公元前 404 年）,即周王命韓趙魏爲諸侯的前一年。戰國以來,大夫篡位爲君者多,宗這個稱呼就更通行了。《史記・燕世家》:"王因收印自三百石吏以上,而效之子之。子之南面行王事,而噲老不聽政,顧爲臣,國事皆决於子之。

三年,國大亂。"所記與此處相合。

《古文字研究》1,頁 239

○于豪亮(1979)　(編按:集成 2840 中山王鼎)《周易·睽》"厥宗噬膚",疏:"宗,主也。"

《考古學報》1979-2,頁 172

○張克忠(1979)　(編按:集成 2840 中山王鼎)宗,主也。

《故宫博物院院刊》1979-1,頁 40

○李學勤、李零(1979)　(編按:集成 2840 中山王鼎)正始石經《尚書·多方》主字古文作宗。朱駿聲在《説文通訓定聲》宗字條中,指出宗與主係"一聲之轉"。侯馬盟書及洛陽金村驫羌鐘銘的宗字均讀爲主。方壺銘第十七行"臣宗易位"即"臣主易位",第廿二行"反臣其宗"即"反臣其主",可以類推。

《考古學報》1979-2,頁 152

○朱德熙、裘錫圭(1979)　(編按:集成 2840 中山王鼎)"宗"猶言"主"。驫羌鐘銘稱韓君爲韓宗。"臣宗易位"指子噲讓位給子之。

《朱德熙古文字論集》頁 101,1995;原載《文物》1979-1

○趙誠(1979)　(編按:集成 2840 中山王鼎)宗爲宗主,即國君。

《古文字研究》1,頁 251

○張政烺(1979)　(編按:集成 2840 中山王鼎)宗,主也,大夫有國之稱。

《古文字研究》1,頁 216

○徐中舒、伍仕謙(1979)　(編按:集成 2840 中山王鼎)宗,君也。《侯馬盟書》宗盟類:"□□敢不閈其腹心,以事其宗。"宗即君也。

《徐中舒歷史論文選輯》頁 1331,1998;原載《中國史研究》1979-4

○羅福頤等(1981)　宗。

《古璽文編》頁 186

○黃盛璋(1981)　本書分盟書第一類叫"宗盟類",它的得名主要是因篇首都爲某人"敢不剖其腹心,以事其宗"開始,《侯馬盟書叢考》説:"宗指宗廟而言","同姓同宗的人在一起舉行盟誓,叫做宗盟"。如此,"宗"字不僅關係盟書名稱,也關係它的性質,更重要的是牽涉對這類盟書內容與盟者彼此關係的理解。其實此字不是"宗",而是"主",從盟書本身已獲得證明。

　　(一)這類盟書都有一個主盟人,多稱爲"嘉",但也有稱爲"子趙孟"或"某"者,從盟人"剖其腹心",對晉先君起誓,就是向此人保證:如何如何。從上下文義,讀"以事其宗"講不通,"事其宗"如指宗廟,則在當時爲各人應有之事,何須剖明腹心? 爲此盟誓更難理解。如讀爲"以事其主",那就文通理順了。

(二)在從盟人史歐觑、仁柳剛等三篇盟辭中皆作"敢不剖其腹心以事嘉",確證"以事嘉"即"以事其主",嘉爲主盟人趙孟。所以此字不是指宗廟,不能讀作"宗",而是指主盟人趙孟,可以確證爲"主"。《左傳》哀公二年鐵之戰,公孫龍取逢旗於子姚之墓下,獻曰:"請報主德。"即稱趙鞅爲主。

(三)有七篇盟辭中把"不守二宮"寫成"不主二宮",還有三篇將"守"和"主"套寫爲一個字,《宗盟考》皆讀此字爲"宗","不宗二宮"講不通,只能讀爲"不主二宮",那就和"不守二宮"相合了。

最近河北平山戰國中山墓葬出土中山王三銅器有此字,而皆與臣相對,如方壺:"臣主易位",子之"爲人臣而反臣其主";鼎:"長爲人主","使知社稷之任,臣主之宜";圓壺:"子之大僻不宜,反臣其主。"《文物》1979 年 1 期所刊《簡報》與朱、裘的文章仍讀爲"宗",而釋其義爲主,今和盟書參證,更加證實此字讀"主"。

此字不僅字義是"主",即字形也是"主"字而和"宗"字有别。

(1)盟書此字異形雖多,據《字表》歸納在"宗"之下,所從僅有兩型,一是𣎳,二是𣎳,一直中閒所加可以是點或短畫,正至是。中山三器也有兩型,一作𣎳,二作𣎳,中閒都作點,結構則與盟書全同。

(2)"内室類"盟書中"宗"皆作𡩛或𡩛,中山銅器"兆窆圖""宗"作𡩛,與"内室類"同。

(3)所謂"宗盟類"盟書可辨識的有五百多篇,"内室類"也有五十八篇。今據摹本一一考查,兩類盟書皆無例外,也不見一個混用。更值得注意的,在"守、主"套寫爲一字的例中,所用爲上述第(1)中的寫法,絶不用第(2)類中"宗"字寫法,在數以百計的盟書例證中,如此涇渭分明,絶不相混,又有中山三銅器互證,只能是兩個不同的字,後者是"宗",前者就非"宗"字。

(4)"宗"字從"示",第(2)類明確從示,文義也是"宗"字無疑。第(1)類非"宗"亦非從"示","示"兩旁各有短直,此作"𣎳、𣎳",没有兩短直,而中閒多加一點,結構不同,所以應是主,即《説文》"宔"字,"宗廟宔祏也,從宀,主聲","祏,宗廟主",以木爲之,武王伐紂,即載文王木主,小篆作宔,經典皆用"主"字。《春秋》文公二年經"丁丑作僖公主也",《公羊傳》"爲僖公作主也",注:"爲僖公廟作主也,主狀正方,穿中央達四方,天子長尺二寸,諸侯長一尺。"（**編按**：該處引文原錯漏較多。）《穀梁傳》注中多"主蓋神所憑作"外，餘同上注。《五經異義》下多"皆刻諡於其背"。如此"𠀁"即象木主形，中加一點乃表示中央有穿，上加一點爲"𠀁"乃後起字，"示"古文上亦無一筆可以互證。《左傳》《周禮》等書皆用"主"，至漢仍如此。《漢書・五行志》"迺作主"，注："宗廟主也。"故"宔"與"主"互通。

（5）《汗簡》（27 葉）"主"字作"𠀁"與盟書中主作"𠀁"，結構皆同，《汗簡》的"主"字顯然就是從此而來，至於將一直變作彎曲，不過是爲美觀，與結構無關。

討論至此，此字是"主"非"宗"已毫無疑問，則不能稱"宗盟類"，從盟者亦不必同宗，據《盟書人名表》，參盟人有姓而非趙氏者有二十人左右。《左傳》定公四年："智伯從趙孟盟。"可能就是這一次，否則亦當相去不遠。這類盟書可辨識已達五百四十篇，如此衆多之從盟人，不可能爲趙氏之宗盟，更不必爲趙氏之家臣邑宰，當爲晉國之群臣大夫。《左傳》襄公十九年"事吳敢不如事主"，服虔及杜預注皆謂"大夫稱主"可證。趙鞅蓋企圖用當時遵行的盟誓方法把晉國一大批群臣與范吉射、中行寅兩家斷絕政治關係，而使之擁護自己，若趙鞅自己家族和家臣邑宰，反而用不着盟誓，這是很清楚的。

由"不守二宮"又作"不主二宮"，所指亦當爲在二宮盟誓之約言，其一即從"定宮平峕之命"，另一即"從嘉之盟"，嘉之盟當亦某宮舉行，若解爲"不守宗廟"，或"不主宗廟"和"以事其宗"一樣，皆難於理解，亦無須用盟誓的約束。所以搞清楚"宗"是"主"，對於盟書的性質、盟者的關係，和盟辭的理解都是關鍵，是必須先解決的一個問題，不能等閒視之。

《中原文物》1981-2，頁 28—29

○**黄盛璋**（1982）　《侯馬盟書》中"宗"和"主"字結構不同，絕不相混（另有詳考），中山銅器銘刻有宗有主，其區別和盟書完全一致，即宗字下從𠀁、𠀁，而"主"字下從𠀁或𠀁，按結構分析，此字當是"宔"而用作"主"，所以一律釋"宗"，或一律釋爲"主"，皆未識此兩字的結構規律。中山王鼎銘："臣主之宜。"方壺銘："臣主易位。""爲人臣反臣其主。"壺銘："子之反臣其主。"皆爲"主"（即"宔"）非"宗"，《兆窆圖》之"疒宗宮"則是"宗"字非"主"。諸家一律釋"宗"，惟李釋"主"，李文還說《侯馬盟書》及洛陽金村𩵋羌鐘銘的"宗"字均讀"主"。其實侯馬盟書納室類"宗人兄弟"是"宗"非"主"，而所謂宗盟類"以事其主"，是"主"非"宗"，在數百件盟書中截然不混，混爲一讀都是不對的。

《古文字研究》7,頁 83—84

○**商承祚**（1982）　（編按：集成 2840 中山王鼎）宗廟爲一族之主,宗在此意爲一國之主。

《古文字研究》7,頁 47

○**陳漢平**（1989）　中山王墓出土銅器銘文有▯字,其文例爲:大鼎:“虔爲人△。”“臣△之宜。”方壺:“臣△易位。”“仮臣其△。”又有▯字,其文例爲:圓壺:“仮臣其△。”此二字張守中《中山王𫞩器文字編》皆釋爲宗,以宗字核於銘文,於文義未合,知此二字釋宗未確。《說文》,“宗,尊祖廟也。从宀从示。”宗字金文俱作▯,中山王墓兆域圖作▯,魏《三體石經》古文作▯,均與此二字不同。而《三體石經·多方》主字古文作▯,與▯、▯字形相同,知此二字當讀爲主。《說文》:“丶,有所絶止,丶而識之也。凡丶之屬皆从丶。”“主,燈中火主也。从呈,象形,从丶,丶亦聲。”“宔,宗廟宔祏,从宀,主聲。”“祏,宗廟主也,周禮有郊宗石室。一曰大夫以石爲主,从示从石,石亦聲。”據此知《三體石經·多方》主字古文作▯,係假借宔字爲之,故中山王銅器銘文▯、▯字當釋爲宔,即廟主、神主之主本字,字在銘文讀爲主。大鼎銘文讀爲“長爲人主”,“臣主之宜”,方壺銘文讀爲“臣主易位”,“反臣其主”;圓壺銘文讀爲“反臣其主”,於文義甚合。古文字宔、宗二字字形不同,須注意區別之(《古文四聲韻》主字作▯、▯)。

　　此字在盟書文例爲“以事其△”,據字形及文義知爲宔字。《說文》:“宔,宗廟宔祏,从宀,主聲。”“祏,宗廟主也。”宔字在盟書讀爲主,盟書此句當讀爲“以事其主”。

《屠龍絶緒》頁 169、347

○**劉彬徽、彭浩、胡雅麗、劉祖信**（1991）　宔,簡文作▯,《汗簡》主字作▯,與簡文相近。借作主,此謂負責斷獄之人。

《包山楚簡》頁 48

○**高智**（1992）　我們認爲:“宗、宔”二字聲義皆近,二字是可以通假的。在《侯馬盟書》中“宗”字是本體字,在其他地方寫作“宔”是通假而用的,也就是說“宗”爲本體,“宔”爲借體。《說文》:“宗,尊主廟也。”《說文》:“宔,宗廟宔祏。”《說文》:“祏,宗廟主也,周禮有郊宗石室。一曰大夫以石爲主。”《左傳·昭公十八年》:“使祝史徙主祏於周廟。”即所謂“文王木主將入於廟而爲宗焉"。以上可知"宗、宝"均有宗廟和宗室之義,兩者故可通假互用,以"宗"爲"宝"或借"主"爲"宗"。至於中山王𤭯器銘文中的"_宀"和姧䤅壺中的"_宀"字亦當是"宗"字本體而借爲"宝"字使用的。但爲什麽在《侯馬盟書》中一定是"宗"而不是"宝",這是因爲盟誓是對先祖神明的盟誓。我們知道戰國文字是比較混亂的,由於"宗、宝"二字形似義近,故在戰國文字中應用十分混亂。

"宝、主"也本爲一字。《説文》:"主,鐙中火主。"實乃望形生訓。不僅中山王𤭯器銘文和《汗簡》中多以"主"代"宝"而用,文獻中則更爲突出,《左傳・哀公十四年》:"子我盟諸陳於陳宗。"孔疏:"正義曰:陳宗,陳氏宗主,謂陳成子也,集陳氏宗族就成子家盟也。"《春秋左傳正義》:"敬,民之主也,而棄之,何以承守。"注:"言無以承先祖守其家。"《釋名・釋宮》:"室,宗尊也。"《儀禮・喪服》傳:"大宗者,尊之統也。"《字林》:"宗,尊也,亦主也。"《春秋左傳正義》:"崔子許之,偃與無咎弗予,曰:崔宗邑也,必在宗主。"《漢書・五行志》"迺作主",下注:"宗廟主也。"以上均爲文獻中的"宝、主"互通之例,從而説明"宝"可代"宗"字用,而"宝"與"主"又可通用。在《侯馬盟書》中言"宗盟"是恆辭,"以事其宗"也是通暢合理的,故僅抓住義近之辭否定宗盟恐怕還有不足之處。

從文字本身的形體分析:"宗"字上從"宀",下從"示"字。甲骨文"示"字作"干"(甲二八二)、"干"(鐵二二八.三)、"丅"(輔仁四)、"干"(乙三四〇〇),从示之"福"字作"_福"(鐵三四.四)、"_福"(河四〇〇)、"_福"(戩一九.九)。从示之"祭"字作"_祭"(後一.二〇.九),从示之"祐"字作"_祐"(甲九四五)、"_祐"(鐵一二一.一)。"宗"字在甲骨文中作"_宗"(乙七六六)、"_宗"(前一.四五.五)、"_宗"(後二七.一)、"_宗"(佚九二七)、"_宗"(粹四)等。在金文中"宗"字作"_宗"(仲追父敦)、"_宗"(過伯敦)。从示之"祁"作"_祁"(牆盤)。東周空首布中从示之"衱"字作"_衱"形。上述完全可以證明《盟書》中之"_令"(一五九:一)、"_令"(一:四四)、"_宇"(一七九:四)、"_宋"(一:四九下)所從之"干""丅"等當是"示"字;"干""丅"當是"示"之省,"干"字代替"示"。這裏用"丶"代"八"是春秋戰國文字混用和亂用的例證。這也與"余"字的情況相同。"余"字甲骨文作"_余"(鐵十一.三),金文作"_余"(散盤)、"_余"(吉日壬午劍)、"_余"(大保簋)、"_余"(舀鼎)、"_余"(陳簠),有時有"八",有時以"丶"

代“八”而省之。從《侯馬盟書》中參盟人之人名“祆”作“秋、秋”,其形也與《盟書》中的“宗”字——“宇、宇、宇”所从之“示”相同。這是“弄、弄、弄”在《盟書》中作爲“示”字表現的例證。如果把“弄、弄”等字作爲“宝”或“主”來隸定“秋、秋”字,則就不可理喻了。至於在《侯馬盟書·納室類》中宗字作“宗”(六七.一)、“宗”(六七.二)、“宗”(六七.三)、“宗”(六七.四)、“宗”(六七.五)、“宗”(六七.七)等形出現和中山王䜌器中“兆域圖”中“宗”字作“宗”形出現,這種現象並不奇怪。我們知道在先秦時往往同一個字在不同的詞句中和不同的場合下作不同的寫法,況且“侯馬盟書”不是一人一時所爲,同時中山王䜌器中大鼎銘文與“兆域圖”之文也不是一人一時所寫,書寫者各自有各自的習慣寫法。

《文物季刊》1992-1,頁 32—34

○**何琳儀**(1993)　《説文》:“宝,宗廟宝祏也。从宀,主聲。”段玉裁注:“經典作主,小篆作宝。”中山王鼎“臣宝(宝)”,讀“臣主”。《新書·過秦》:“臣主一心。”又中山王鼎“人宝”讀“人主”。《荀子·仲尼》:“人主不務得道。”能原鎛“宝(宝)伐”讀“主伐”,主掌征伐。莆反戈宝(宝),人名。二年宝子戈“宝(宝)子”讀“冢子”,詳下文。侯馬盟書“宝”字幾乎囊括了戰國文字“宝”的各類形體,如宀、宀、宀、宝、宝、宝等。《璽彙》作宝 1442,讀“主”,姓氏。望山簡“公宝(宝)”讀“公主”。包山簡“地宝(宝)”讀“地主”,典籍習見。

《第二屆國際中國古文字研討會論文集》頁 254

○**黄盛璋**(1994)　在《侯馬盟書》中我第一次指出“宗”“宝”兩字的嚴格區別。“宗”字从“示”,而“主”字作宝,乃以“宝”字爲“主”,在“以事其主”的數百篇盟詞中,無一用“宗”,全是“宝”,而在“納室”類中“宗人”無一用“宝”,後來溫縣出土盟書中大量“以事其主”,與侯馬盟書全同,用“宝”不用“宗”,三體石經兩字皆有,明確區別。《汗簡》和《古文四聲韻》《六書通》中也同樣被保存下來。但在太原古文字學會上老友張頷並不以爲然,山西考古所有的同志仍堅持侯馬盟書宝爲“宗”字,新近《文物季刊》發表一文,對拙文商榷,立論基礎完全建築在甲文“宗”,即是“主”,與一系列輾轉通假上,而尚不知甲骨“宗”“主”各爲一字,前人以“宗”爲“主”,乃不明兩字結構與演變規律所造成的錯誤。侯馬盟書宗、主分爲二字,拙文首發其覆,其後溫縣盟書出土,更證實拙説,首予利用,裘錫圭、李家浩曾簡考釋,繼用今已爲古文字學界通行之説,拙文僅限晉與中山,今又得楚文字爲證,應可徹底決疑。《包山楚簡》既有主字(下文以"主"代),也有"宗"和从"宗"之字,各舉數例代表:

簡 22:"辛未之日不對陳主之傷,以致命。"簡 128:"筭一識獄之主以致命。"

如上所述,"識獄之主"就是"正＊＊識之",主相當於正,正爲獄吏記錄官之長,主管記錄,這更爲此字是"主"而非"宗"提供確證,簡 185"臨陽人主貯",簡 202"舉禱官地主一殺",簡 219"兼之祐于地主",一余,簡 202、219 之主,明確用爲神主,分別作宔、宔,與侯馬盟書之主全同,讀爲"宗",就根本講不通。

簡文"宗"字以及从"宗"之例也各舉例:

簡 85:"黃爲宗(人名)。"簡 84:"訟聖夫人之人＊未。"

"宗"字下从"示"與常見金文中之"宗"字同,但和主下从"主"不同,"宗"字與从宗之字多用爲姓名,無可旁證,但"主"字用法明確,絕不能讀"宗","識獄之主","主"即"正",讀"識獄之宗"就絕對不可能。"主"爲宗廟神主,即今之牌位,亦稱爲位,簡文兩處作位,如簡 206:"邵吉爲祝,既禱至(致)福。""祝"即"位",《説文》:"主,燈中主也。"原爲燈中火主,柱之象形,即"位"字初用文,爲神主純屬假借,故另造"主"字,以爲宗廟神主專字,説詳拙著《宗、示、主、室、祐、亡(報)、且(祖)古文字來由及和中國國家、國都及文明形成之關係》。

《湖南考古輯刊》6,頁 199

○**朱德熙、裘錫圭、李家浩**(1995) "地"下一字从"宀"从"主",用爲"主"字。三體石經古文"主"作宔,《古文四聲韻》虞韻引《古老子》作宔,《華嶽碑》作宔,並與簡文"宔"字相近。"宔"字又見於侯馬盟書、溫縣盟書、中山王銅器及馬王堆漢帛書,均用爲"主"字(參看黃盛璋《關於侯馬盟書的主要問題》,《中原文物》1981 年 2 期)。

《望山楚簡》頁 99

○**施謝捷**(1998) 1442 宔(宗)宔·宝宔(庉)1443、1444 同此改。

《容庚先生百年誕辰紀念文集》頁 646

○**黃錫全**(2000) 古文字中又有與"宗"字類似的"宝"字:

宗　宗宗甲骨文　宗宗金文　宗宗侯馬盟書　宗中山兆域圖　宗三體石經

宝　宝戎嗣鼎　宝宝侯馬盟書　宝宝中山器　宝甫反戈　宝三體石經

這個"宝"有可能是从宗字分化出來的宝字,其下部可能是由从"示"所演變。

《故宮博物院院刊》2000-6,頁 20

△按　新出戰國文字材料,尤其是楚簡材料,已經證明中山王器及侯馬盟書(非从宀从示)原釋爲"宗"的字,均當如黃盛璋(1982)等説釋爲"宔","宔"即主字。戰國文字宗、宔二字形體判然有別。

宆

陶彙 3・732

○何琳儀(1998)　宆。

《戰國古文字典》頁 1561

○王恩田(2007)　坅。

《陶文字典》頁 214

△按　宆,从宀,凡聲。陶文"宆",待考。

宇

璽彙 2028　　璽彙 4006

○吳振武(1984)　此字从宀从弓,應隸定爲宇釋爲穹。古璽弓旁作 形者習見。看本書卷十二弓部。宀、穴二旁古亦通,參本文[二一三]條。宇字也見於後世字書。《正字通》謂同穹。穹字見於《説文・穴部》。又《古璽彙編》四○○六號"丌(綦)母(毋) "璽中的 字也應隸定爲宇,釋爲穹。本書未録。

《〈古璽文編〉校訂》頁 233—234,2011

○湯余惠(1986)　按此字上爲宀旁,字下人旁加"・"爲飾筆,《遯庵》著録一則陶文云"夒圆匋里人忎",人字作 ;古璽伯(信)字从人作 者習見,均可證此字當是《説文》所謂"从人在宀下"的冗字古文。《説文》小篆冗字作 ,漢"冗从僕射"印作 (《漢印文字徵》7・15),構型大體相同。

《古文字研究》15,頁 40—41

△按　《正字通》宀部:"宇,訛省。《爾雅》《周禮》本作穹。"璽文"宇",人名。

宋

上博三・周易 7　　上博五・三德 4

○**濮茅左**（2003） （編按：上博三·周易7）"宋"讀爲"次"，同屬脂部韻。《六十四卦經解》朱駿聲説："一宿曰宿，再宿曰信，過信曰次。兵禮尚右，偏將軍居左，左次，常備師也。"《象》曰："'左次，无咎'，未失常也。"

《上海博物館藏戰國楚竹書》（三）頁 146

○**李零**（2005） （編按：上博五·三德4）釋爲宋。"神宋"，讀"神祇"。

《上海博物館藏戰國楚竹書》（五）頁 290—291

△**按** 陳偉（《楚簡讀爲"次"之字補説》，簡帛網 2006 年 3 月 11 日）指出，"宋"字下部與季宮父簠"姊"字、《王庶子碑》"次"字以及三體石經"濟（泲）"字古文所從近似，當爲乑，而非束。

宧

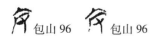璽彙 3500

○**黃錫全**（1989） 字應隸定爲"宧"。（中略）我們認爲《説文》古文、石經古文的就是古璽的，只是由於止、正形近易混，後來誤止爲正，又變從古文正，遂成形。法乏同屬脣音葉部字，《説文》、石經古文應是假宧爲法，因此，古璽的乏、宧均應讀爲法。古有法姓。如《後漢書·法雄傳》："齊襄王法章之後。"

《古文字研究》17，頁 293

○**何琳儀**（1998） 宧，從宀，乏聲。灋（法）之異文。《説文》灋之古文作（十上八），略有詭變，且乏旁上加短橫爲飾。

燕璽宧，讀法，姓氏。本嬀姓，田氏之後，齊襄王名法章，王孫以名爲氏。見《元和姓纂》。

《戰國古文字典》頁 1439

△**按** 宀下所從即乏，黃錫全（《古文字考釋數則》，《古文字研究》17 輯 292—293 頁，中華書局 1989 年）有詳論。

宨

包山 96　　　包山 96

○**劉彬徽、彭浩、胡雅麗、劉祖信**（1991） 安。

《包山楚簡》頁 23

○**張光裕、袁國華**（1992）　其實宎字，與其他簡"安"字作🔺（簡 62）、🔺（簡 105）、🔺（簡 181）顯然有別。考簡 28、94 有"反"字作🔺（編按：查簡 28、94 均無"反"字，"反"字見於簡 88、99 等），字形與"宎"所從相同。故將簡 96"宎"字隸作"宎"。

《包山楚簡文字編緒言》頁 10—11

○**李天虹**（1993）　簡文中安字及從女之字分別作🔺62、🔺122（伖即奴字），🔺175（朕）、🔺（妝）等形，與此字及所從有別。此字下部實乃反字。此字當隸定作宎。

《江漢考古》1993-3，頁 86

○**何琳儀**（1998）　宎，從宀，反聲。

包山簡"濈宎"，地名。

《戰國古文字典》頁 980

牢

香港中文大學文物館藏印，頁 37

○**王人聰**（1980）　牢。

《香港中文大學文物館藏印》頁 37

○**湯餘惠等**（2001）　宅。

《戰國文字編》頁 506

△**按**　此字宀下部分中閒爲一豎筆，或爲手、丰等。璽文用作姓氏。

夳　㝫

包山 15　包山 15 反

○**劉彬徽、彭浩、胡雅麗、劉祖信**（1991）　夳．㝫。

《包山楚簡》頁 17、18

○**何琳儀**（1998）　從宀，含聲。

包山簡㝫，人名。

《戰國古文字典》頁 1389

○**李守奎**（2003）　㝫，與夳異體。

《楚文字編》頁 461

△按　楚文字中"吟"（或隸定爲"含"）一般爲"今"之異體，所從"口"是羡符。夻、吟一字異體。

宊

行氣玉銘　　上博三·亙先 5　　陶彙 6·111　　陶彙 6·112　　璽彙 5339

璽彙 5340

○于省吾（1932）　（編按:行氣玉銘）天。

《雙劍誃吉金文選》頁 385,1998

○郭沫若（1947）　（編按:行氣玉銘）宊字字書所無，殆是闐字之異，從宀，天聲，充沛之意。

《郭沫若全集·考古編 10》頁 170,1982;原載《中國建設》4 卷 5 期

○陳世輝（1961）　（編按:行氣玉銘）宊字從天從宀，是居字的異文，象人處於宀下。居字金文多作宊，從立從宀，象人立於宀下。在古文字中，立與天有時混用，秦公鐘銘"畯疐在立"，秦公簋作"畯疐在天"，是其證。居有安穩之義。

《光明日報》1961-11-21

○郭沫若（1972）　（編按:行氣玉銘）深。

《考古學報》1972-1,頁 8

○張光裕（1974）　（編按:行氣玉銘）金師祥恆謂字彙有"哭"字，曰古文軍。《集韻》古文本作"哭"，敦煌本《虞書·大禹謨》"罡"作宊，蓋其證。故疑"宊"爲軍之古文"哭"，讀如渾，假借爲混。《説文》："渾，溷流聲也，從水，軍聲，一曰洿下皃。"段注："今人謂水濁爲渾。"《老子》："渾兮其若濁。"渾又有盛、大之意。《老子》廿五章："有物混成，先天地生，寂兮寥兮，獨立不改，周行而不殆，可以爲天下母，吾不知其名，字之曰道。"蓋此之謂歟?

《中國文字》52,頁 3

○陳邦懷（1982）　（編按:行氣玉銘）此字從宀，天聲，不見於字書和其他古籍中。按着文意和字的聲韻推求，疑此即呑字的假借字。宊、呑，同諧天聲。這個字也可能是呑的異體字。宊和呑表面看去不像是同一個字，我們通過旁證來解決這個矛盾，現舉窒字爲例。《説文解字》:'煙，火氣也。從火，垔聲。㷠，籀文從宀。窒，古文。"古文窒，從宀從煙省，省掉火旁。如將玉文宊字視爲從宀

从吞省,省掉口旁,那麼它和窀字的結構就一樣了。

《古文字研究》7,頁 187

○**何琳儀**(1986)　　寰,《汗簡》所收形體稍訛。此字亦見《璽》5339、《匋》附30。行氣玉銘"寰則遃"應讀"顛則遃",謂行氣始於頭囟。下文"天"則讀"天地"之"天"。

《古文字研究》15,頁 133

○**饒宗頤**(1993)　　(編按:行氣玉銘)但以字形論:《古文四聲韻》先部天字下有𠈇,出華嶽碑,𠈇,出雲臺碑,形皆與寰相同;《汗簡》中之一凡部:𠈇,天出《義雲章》,乃天加𠘨旁,故此字仍以釋天爲宜,下文云:"退則天。"表示退後由下而上。前後兩"天"字寫法不同,其一加𠘨之寰爲動詞之天。動詞之天可讀爲鎮,"天之言鎮也"(《春秋説題辭》)。賀氏述《禮統》云:"天之爲言鎮也,神也,珍也。施生爲本,運轉精神,功效列陳,其道可珍也。"(《御覽·天部一》引。)

《中華文史論叢》51,頁 227—228

○**楊琳**(1995)　　(編按:行氣玉銘)此字从宀天聲,當爲探的異體。根據有二:其一,探的初文爲罙。《説文》:"罙,深也。一曰灶突。从穴火求省。讀若《禮》三年導服之導。"段玉裁注:"導服即禫服也……按罙即深淺字,不當有異音,蓋灶突可讀如禫,與突爲雙聲。"《説文》將罙的本義釋爲深是不對的。從字形上看,罙从穴火求,表示持火搜求於洞穴,與深淺義無直接關係。從讀音上來看,《説文》罙讀若禫,上古爲定母侵部字。探異體作撢。《周禮·夏官·序官》"撢人"釋文:"撢與探同。"撢《集韻》徒紺切,上古屬定母侵部,與禫同音。可見探與罙古音相同。段注輕信《説文》義訓,所以對罙何以讀禫疑惑不解。罙从穴,寰从宀,所从之意相同。其二,甲骨文叟(搜的初文)从又从火从宀,表示持火搜尋於覆蓋幽暗之地(如洞穴、房屋等),這可爲寰字从宀與探求有關的比證。探有伸入、插入的意思。《論語·季氏》:"見善如不及,見不善如探湯。"探湯,把手伸進沸水。成語有"探囊取物",探即深入之義。《行氣銘》中的探當插入、刺入講。

《社會科學戰線》1995-5,頁 245

○**何琳儀**(1998)　　寰,从宀,天聲。天之繁文。《汗簡》中一·四十天作𠈇、𠈇。
齊陶寰,讀天,姓氏。黄帝臣天老之後。見《姓考》。
　　行氣玉銘寰,讀吞。《説文》:"吞,咽也。从口,天聲。"或讀天。《論衡·談天》:"天,氣也。"《顔氏家訓·歸心》:"天爲積氣,地爲積塊。"

《戰國古文字典》頁 1118

○**黄錫全**（2000）　古璽有字作𠬶、𠬶（璽文 7·11），《古璽文編》隸作实。《義雲章》天作𠬶，天形同蔡侯盤之𠀡、中山王鼎之𠀡。天字从宀，類似裡字或作𠬶（牆盤）、𠬶（哀成叔鼎）、𠬶（《説文》籀文），造字或作𠬶（頌鼎）、𠬶（頌簋），遇字或作𠬶（子遹鼎）等。行氣銘、璽文均應釋爲天，实當是天之異體。

《古文字研究》20，頁 247

○**孫啟明**（2001）　《行氣銘》之“深”字相當於“实”字與“深”字。“实”字，《龍龕手鑒·宀部》釋爲“古文天字”，並無書證。觀《行氣銘》作“深”則知《龍龕手鏡》訓“实”爲天爲未是。

《醫古文知識》2001-4，頁 33—34

○**李零**（2003）　（編按：上博三·亙先 5）“不实”，下字从宀从天，疑讀“不殄”（“殄”是定母文部字，天是透母真部字，讀音相近）。“不殄”是不滅、不絶的意思。

《上海博物館藏戰國楚竹書》（三）頁 293

○**廖名春**（2004）　（編按：上博三·亙先 5）“殄”，原作“实”，從李零讀。按，《篇海》：“实，古文天字。”《龍龕手鑒·宀部》：“实，古文天字。”《行氣玉銘》：“实則遒。”《汗簡》中一·四十載《華嶽碑》“天”字作“𠬶”。

《中國哲學史》2004-3，頁 87

○**連劭名**（2009）　（編按：上博三·亙先 5）“天”讀爲忝，《詩經·小宛》云：“夙興夜寐，無忝爾所生。”馬王堆帛書《經法·名理》云：“唯公無私，見知不惑，乃知奮起。”

《中原文物》2009-2，頁 78

△**按**　行氣玉銘“行氣，实則遒（畜）”，实字从宀从天。讀爲忝或以爲天字繁構均有道理。然銘文本有“天”字作𠀡。上博三《恆先》簡 5“智䡮而亢思不实”，李鋭（《〈恆先〉淺釋》，簡帛研究網 2004 年 4 月 23 日）讀爲“知幾而亡思不天”，並舉《五行》“幾而知之，天也”爲證；王志平（《〈恆先〉管窺》，簡帛研究網 2004 年 5 月 8 日）認爲字當讀爲“忝”；董珊（《楚簡〈恆先〉初探》，《簡帛文獻考釋論叢》頁 11，上海古籍出版社 2014 年）認爲“实”應該表示一種等同於“天”的極致狀態，是“極高明、極其神明”的意思。此二“实”字義均有待研究。

审

𠬶 曾侯乙 18　　𠬶 望山 1·26　　𠬶 包山 157　　𠬶 包山 198　　𠬶 郭店·成之 24

☖ 郭店・五行 5　　☖ 陶彙 4・20　　☖ 璽彙 3496

○**裘錫圭**（1978）　☖生狗，《燕匋館藏印》；菜☖市王□，《塙室》。上揭二印皆有从"𠆢"（或作𠆢）从"中"之字（第二印據陶器上印文）。燕國文字裏"宀"旁往往簡化爲𠆢，如"文安都司徒"印"安"字作☖（《簠集》10 頁），見於燕印的"☖"字（《古徵》附 25 頁），明刀背文作☖（《續泉匯》亨 2・9 頁）。上引印文應該隸定爲"宑"。此字不見於《説文》，但見於春秋時代的筥大史申鼎（《三代》4.15）。鼎銘稱"鄧宑之孫簹（筥）大史申"，"宑"是大夫申之祖的字，大概應該讀爲"仲"。古有仲氏，上揭第一印的"宑"字大概也應該讀爲"仲"。第二印的菜宑可能是地名。也可能"宑"當讀爲"中"，菜宑市即菜地的中市。

《裘錫圭學術文集・金文及其他古文字卷》頁 226,2012；
原載《北京大學學報》1978-2

○**吳振武**（1984）　宑爲姓氏，應讀作古璽和漢印中習見的中氏之中（看《彙》二七〇八及《漢補》一・三、《璽印姓氏徵》上一頁）。宑字不見於後世字書，疑即中字異體。燕文中有很多从宀之字的宀旁似乎是無意義的。

《〈古璽文編〉校訂》頁 314—315,2011

○**陳漢平**（1985）　裘錫圭先生《戰國貨幣考・明刀"中"字考》（《北京大學學報》社科版 1978 年 2 期）一文將燕明刀背文之☖、☖、☖等字釋爲中，其説甚是。然其將古璽文字中之☖、☖字俱釋爲中，☖、☖字釋爲宑，則有待商榷。其實古璽中此諸字所从之☖、☖乃良字字頭，字當釋爲良與㝩。

古璽文良字作☖（《古璽彙編》2712，下同，不再注書名，只注編號）、☖（2713）、☖（3592）、☖（3926）。《説文》："良，善也。从畗省，亡聲。☖，古文良。☖，亦古文良。☖，亦古文良。"按良字古文乃昆蟲螂蜋之象形。《説文》："蜋，堂蜋也。从虫，良聲。一名斫父。"良字實爲蜋字之本字。蜋字从虫，良聲，説明古人已經認識到螂蜋爲益蟲。

周代人名中常見有"良生"二字者，如古璽人名有"良生右、公孫良生"；侯馬盟書人名有"良生"。古璽文人名又有㝩字，如"㝩鳴"即是。《説文》："㝩，康也。从宀，良聲。"而人名古璽"☖生狗"，據璽文文義及☖字字形知其當釋爲"㝩生狗"。是知☖字乃良字字頭，省去亡聲。《説文》良字古文三體中有一體作☖，即由☖、☖諸形訛變而來。

　　裘錫圭文中所舉古匋文有"市王□"，將第二字釋爲审，所釋甚誤。此字亦當釋爲宲，所舉莒大史申鼎銘""字，裘氏釋爲审，亦誤，此字當釋安。裘文注"安臧"空首部（編按："部"爲"布"之誤字）"安"字作，亦可爲證。裘文所釋审字只是臆造，實際上並不存在。

《出土文獻研究》頁 233—235

○**裘錫圭、李家浩**（1989）　　"审"字見於莒大史申鼎（《金文編》534 頁）和望山一號墓竹簡，望山一號墓竹簡用爲中間之"中"。

《曾侯乙墓》頁 512—513

○**劉彬徽、彭浩、胡雅麗、劉祖信**（1991）　　审。

《包山楚簡》頁 29

○**朱德熙、裘錫圭、李家浩**（1995）　　审（中）。

《望山楚簡》頁 70

△**按**　　"审"即中字，詳卷一"中"字條。

㝔

上博五・三德 15

___

○**李零**（2005）　　府（俯）。

《上海博物館藏戰國楚竹書》（五）頁 298

△**按**　　上博五《三德》簡 15"仰天事君，嚴恪必信。㝔視□□，務農敬戒"，"㝔"即府字。參見卷九广部"府"字條。

宐

郭店・唐虞 9　　郭店・唐虞 24

___

△**按**　　詳【宐寞】條。

【宐寞】

○**荊門市博物館**（1998）　　宐寞，當指舜父瞽叟。

《郭店楚墓竹簡》頁 159

○**黃德寬、徐在國**（1998）　　我們認爲此字从"宀"从"瓜"，應隸作"宐"。包山楚簡狐字作，曾侯乙墓竹簡作（《簡帛編》768 頁）。宐字所从"⺅"與狐字所从“瓜”形相同,應釋爲“瓜”。簡文“宊寞”是舜的父親,傳世典籍作“瞽叟”或“瞽瞍”。“宊”字不見於後世字書,應分析爲从“宀”“瓜”聲。古音瓜、瞽並爲見紐魚部字,故“宊”字可以讀爲“瞽”。

《新出楚簡文字考》頁 8—9,2007;

原載《吉林大學古籍整理研究所建所十五周年紀念文集》

○**李零**(1999)　　“瞽盲”,上字原作“宊”,不釋;下字原作“寞”,整理者以爲即舜父瞽叟。按上字从宀从瓜,疑讀“瞽”(“瞽、瓜”都是見母魚部字,讀音相近);下字,疑讀“盲”(“盲”是明母陽部字,“寞”是明母鐸部字,讀音相近)。舜父瞽叟是因目盲而名。“瞽”是睁不開眼的瞎子(閉目如鼓,僅留其縫),“叟”同“瞍”,是有眼珠無瞳仁的瞎子。“盲”也是有眼珠無瞳仁的瞎子。參看《説文》卷四上目部對這三個字的解釋,以及《周禮·春官·瞽矇》鄭衆注、梁玉繩《漢書人表考》。

《道家文化研究》17,頁 499

○**李家浩**(1999)　　“寞”前之字,釋文作爲不認識的字而缺釋。我們認爲這個字是“兝”字。《説文》篆文“兝”作:??。朱駿聲指出,《説文》篆文“兝”的字形是有問題的,他説:“按‘免’字从此,傳寫誤作‘兔’耳。”《説文》無“免”字,但有从“免”的“晚、冕、勉”等字,其所从“免”旁作:??。按照朱駿聲的説法,《説文》篆文“兝”原文應該作:??。這一意見值得注意。按古文字“免”作如下諸形:??《金文編》574 頁,??《包山楚簡》圖版二四·五三,??《郭店》三九·七。

　　這些“免”字的上部都沒有“刀”字形筆畫。郭沫若説“免”“乃‘冕’的初文,象人著冕之形”。把上揭《唐虞之道》九號簡“寞”前一字與古文字“免”比較,它們的主要區別僅在所从的“儿”旁,一個反寫,一個正寫而已。根據朱駿聲的説法,我們懷疑這個字就是“兝”字,大概是爲了避免跟“免”字發生混淆,所以把所从的“儿”旁反寫,以示區別。衆所周知,古文字方向並不十分固定,有些字既可以正寫,又可以反寫。例如郭店楚簡裏的“可、方”二字,既有正寫的,又有反寫的。頗疑古文字“兝”所从的“儿”旁也有正寫的,如古文字“免”之形,《説文》篆文“兝”就是由這種寫法的“兝”訛誤而成。若此,恐怕“兝”與“免”的區別,原來並不在所从“儿”旁的正反。簡文“兝”與“免”的區別,除了所从“儿”旁一反一正外,還有一點區別,就是《唐虞之道》二四號簡“兝”所从的“宀(冃)”要比“免”所从的“宀(冃)”長。據《説文》所説,“兝”的本義是“雍蔽也”。古文字“兝”很可能取象於“宀(冃)”較大,遮蓋住人的耳目之義。

　　前面説過，"兆窦"是舜的父親。據文獻記載，舜的父親叫"瞽瞍"，字或作"瞽叟"。對於瞽瞍的意思，在歷史上有兩種不同的解釋。《史記·五帝本紀》說舜是"盲者之子"，又説"舜父瞽瞍盲"。此是把"瞽瞍"解作瞎子。《尚書·堯典》偽孔傳説"無目曰瞽。舜父瞽有目不能分別好惡，故時人謂之瞽，配字曰瞍。瞍，無目之稱"。此是把"瞽瞍"解作有眼不能分別好壞。《説文》説"兆""讀若瞽"，所以《古文四聲韻》卷三姥韻引《汗簡》"瞽"作"兆"。有人認爲"兆"就是"瞽"的初文。從簡文"兆"的字形看，這一説法可能是對的。"窦"疑應該讀爲"瞙"。《玉篇》目部："瞙，《字統》云：目不明。"簡文的"兆瞙"當是瞽瞍的別名。

《中國哲學》20，頁 341—343

○周鳳五（1999）　瞽幕：瞽，《郭簡》不識，李家浩以爲即"兆"字。《説文》："兆，癡蔽也。从儿，象左右皆蔽形……讀若瞽。"文獻記載舜父爲"瞽瞍"，關於其意涵，李家浩以爲："《史記·五帝本紀》説舜是'盲者之子'，又説'舜父瞽瞍盲'。此是把'瞽叟'解作瞎子。《尚書·堯典》偽孔傳説'無目曰瞽。舜父有目不能分別好惡，故時人謂之瞽，配字曰瞍。瞍，無目之稱'。此是把'瞽瞍'解作有眼不能分別好壞。"按，《説文》四上目部："瞽，目但有朕也。"又："瞍，無目也。"朕，縫也，指目眶。段注以爲："瞽者才有朕而中有珠子，瞍者才有朕而中無珠子。"其實無論有珠無珠，其目盲而不能視物則一。至於"窦"，李家浩以爲"疑應該讀爲'瞙'。《玉篇》目部：'瞙，《字統》云：目不明。'簡文的'兆瞙'當是瞽瞍的別名。"按，窦，當讀爲"幕"。《國語·魯語上》載魯大夫展禽論上古祀典云："有虞氏禘黃帝而祖顓頊，郊堯而宗舜……幕，能帥顓頊者也，有虞氏報焉。"又《鄭語》載史伯對鄭桓公説："夫成天地之大功者，其子孫未嘗不章，虞夏商周是也。虞幕能聽協風，以成樂物生者也。"韋注以"能聽協風"爲"言能聽知和風，因時順氣以成育萬物，使之樂生。《周語》曰'瞽告有協風至'乃耕籍之類，是也"。按，虞幕與瞽俱能聽協風，又行輩皆長於虞舜，則此古史傳説中的二人實具有相同的特徵，乃一人的分化。再則舜亦能鼓琴，且耕於歷山，其知音律、識耕稼，又與瞽、虞幕相仿佛，可以視爲上古氏族專長的傳承。《左傳·昭公八年》："自幕至於瞽瞍無違命，舜重之以明德。"《正義》："觀《傳》此文，瞽叟以前似有國土，而《尚書序》云：'虞舜側微。'孔安國云：'爲庶人，故微賤。'經云："有鰥在下，曰虞舜。"明是下賤矣，蓋至瞽叟始失國耳。此久遠之事，不可知也。"《正義》所言十分合理。古史茫昧，異説紛紘,簡文合二人爲"瞽幕",猶傳説以虞舜爲庶人爲鰥夫,"賦詩斷章,餘取所求焉",傳述古史者亦往往如此。

《史語所集刊》70本3分,頁748—749

○**饒宗頤**(2009)　　此處稱贊虞舜之孝,一言"舜筈事𣥂宲",一言"其爲𠆢宲子也甚孝",字體微異,一字从🜢,又一作从🜸,二字分明均是从"宀"。下从𠆢與尸實同一字。證之主字亦寫作宔(炷上加宀),从宀是增飾形旁。故𠆢宲可讀爲夷宲。𠆢殆是人字,而讀作夷或仁,如羿在典籍中被稱爲夷羿,亦作仁羿,其證如下:

　　《左傳》　　　　　在帝夷羿

　　《楚辭·天問》　帝降夷羿,革孽夏民

　　《墨子》《吕覽》　夷羿

　　《山海經》　　　　非仁羿莫能上岡之岩

《説文》人部忎,古文仁,或从尸,段注古文夷如此,故夷、仁通用。

包山簡稱禹曰"人禹",應讀爲仁禹,如仁羿之比,故知𠆢宲應讀爲仁幕。

其言舜"爲𠆢宲子也"一句。子可指子姓,指後代子孫。

《史記·律書》:"子者滋也。"不必視爲兒子之子。羅泌《路史·餘論》記其親見漢劉耽所書吕梁碑云:

　　　　舜祖幕,幕生窮蟬,是幕爲舜之祖。《魯語》云:幕,能帥顓項者也,有虞氏報焉。

《左傳·昭公八年》史趙稱:"自幕至於瞽瞍無違命,舜重之以明德,寶得於遂。"有虞指舜,即楚簡之吳(虞)舜。故知舜之孝事幕,即能帥其事,故稱大孝,此宲當指幕無疑。

關於户宲一名,諸家有不同看法:《郭店簡注釋》謂當指舜父瞽叟。李零讀作"瞽盲"。謂上字是从宀瓜聲,可釋宖,音借爲瞽,宲讀爲盲。但細審原簡字形實不从瓜,金文令狐作令瓜,字寫作🔲(令狐君壺),與此迥異。余序劉起釪兄書,讀宲爲幕,應甚合理。包山簡之人禹,與宀宲於莫上增人同例,故宜讀爲夷或仁。

夷字有時用爲語助詞,無義,《左傳·昭公二十四年》尌有億兆夷人,王引之言有億兆人也(參看章太炎《王伯申新訂助詞辨》)。經典常見之"夷屆、夷考",夷皆用爲語助。

《饒宗頤二十世紀學術文集·卷三簡帛學》頁147—148

○**劉洪濤**(2010)　　其實讀音與"莫"相近而意思跟"瞍"差不多的字很多,比如古音屬明母東部的"矇"字,《説文》訓爲"不明也",文獻中"瞽矇、矇瞍"連言習見,則"寞"讀爲"矇"也未嘗不可。除讀爲"膜"比較直接這一點外,這三種讀法很難説有優劣之分。因爲無論讀爲"瞽膜、瞽盲"還是"瞽矇",跟"瞽瞍"都只是義近而已,它們並不完全相同。文獻中一句話或一個詞語存在同義關係的異文,是很正常的現象。古人的名和字存在同義關係,也很正常。但舜父稱瞽瞍應該是由於他目盲,跟孫臏臏腳後被稱爲"臏"一樣,是人們給他起的"外號",他的名和字都沒有流傳下來。因此"瞽寞"跟"瞽瞍"的關係,既不能用一般的文獻異文來解釋,也不能用一名一字的關係來解釋。從這兩個稱號的首字都作"瞽"來看,"寞"與"瞍"最有可能還是音近通用關係。要説明這個問題,還得從上博竹簡《子羔》中的"瞽瞍"講起。

上文已經提到,《子羔》1 號簡也有瞽瞍之名,相當於"瞽"的字作"告",二者是音近通用關係。相當於"瞍"的字則作"宷",從"宀"從"卉"。(中略)趙彤先生曾全面梳理楚系文字中的"卉"字,也認爲都應該釋爲"艸","楚系文字中'屮、艸、卉'是同一個字的異體,只是字形繁簡的區别"。其説可從。這可證明楚文字中的所有"卉"確實都是當作"艸"字來使用的,跟《説文》訓爲"艸之總名也"的"卉"沒有關係。"艸之總名也"的"卉"應是從三"屮"會意,與三人爲"衆"、三木爲"森"同例;而作爲"艸"字異體的"卉"則應屬於相同偏旁"屮"的重複,二者爲同形關係。"蒐"與從"叜"聲的"搜、獀"音近古通。《説文》把"蒐"字分析爲從"艸"從"鬼"會意,但苗夔認爲"艸"亦聲。如果此説可信,是從"艸(卉)"聲的"宷"可以用作從"叜"聲的"瞍"的直接例證。

我們知道,文字學中有同形字的概念,是指一個字形表示兩個不同的字。同形字産生的原因是多方面的,其中有一種是由文字結構的不同造成的。例如:"忐忑"的意思是心不安,從心一上一下會意,"忑"是一個表意字;而戰國時代的"忑"則是一個形聲字,從"心","下"聲;二者結構類型不同,自是不同的字。《唐虞之道》的"寞"字跟《子羔》的"宷"字都從"宀",應爲一字之異體。"宷"字所從之"卉"用作"艸"聲,提示我們"寞"字所從之"莫"很可能也是從"艸"得聲的,即所謂"莫"字應該分析爲從"日","艸(茻)"聲,跟《説文》"從日在茻中"的"暮"字初文"莫"是同形關係。從三"屮"的"卉"可以用作"艸",從四"屮"的"茻"用作"艸"也應該沒有問題。此"茻"也不是《説文》"讀與罔同"的"茻",而是"艸"字的繁體,二者也是同形關係。上文提到"蒐"字是從"艸"得聲的,古文字中的"蒐"字或寫作從"茻",與此同例。爲了便於理解,我們也可以把"寞"字分析爲从"宀"从"日","屮(舜)"聲,同樣也能避免跟"暮"字的初文"莫"糾纏不清。總之,《唐虞之道》的"寞"字應該是从"屮(舜)"得聲的,也應該讀爲"瞍"。"宊寞"即文獻中的"瞽瞍",二者是音近通用關係。

《江漢考古》2010-4,頁110

△按　詳本卷【宊宷】條。

宷

 上博二·子羔1

△按　詳本卷【宊宷】條。

宄　宭

 包山123　　包山137　　包山142　　郭店·窮達6

○**劉彬徽、彭浩、胡雅麗、劉祖信**(1991)　(編按:包山123)宄,讀如拘,牢房。

(編按:包山137)宭,讀作拘,意爲牢房。

《包山楚簡》頁48、49

○**劉信芳**(1996)　按"拘"謂拘禁,用如名詞則謂拘禁之所。《左傳》宣公四年:"自拘於司敗。"

秦律稱拘禁爲瞉(繫),拘禁而强迫勞動者,稱爲"瞉(繫)作"。《秦律十八種》(簡一三六):"弗問而久瞉(繫)之,大嗇夫,丞、及官嗇夫有罪。"這是因爲當時久繫不決已成問題,才會有這樣的規定,包山簡有拘押至死的案例,又有數例越獄的案例,只是有關拘禁的具體規定缺載,但我們可以比照秦律而得其梗概。

受拘禁者往往被施以刑械,上引簡一二〇"剕邦解句"即將人犯施以黥刑再解押至拘所。簡一四三(編按:當是簡143—144):"鄅逗尹憍執小人於君夫人之敀愴,甲辰之日,小人取愴之刀以解小人之桎,小人逃至州遮(編按:"遮"當釋爲"迣[巷]")。"《周禮·秋官·大司寇》:"凡萬民之有罪過,而未麗於灋,而害於州里者,桎梏而坐諸嘉石。"鄭玄注:"木在足曰桎,在手曰梏。"從法律程序上説,被拘禁者屬於罪名尚未被確定者,但楚律是將被拘禁者當作罪犯對待的,只要被控告有罪,被拘傳,就會被施刑加械,這説明當時遵循的是"有罪推定"的原則。

《簡帛研究》2,頁 26

○**陳偉武**(1997) "枸"指用以拘執罪犯的木製刑具,當是專用字。(中略)"㽕"字从宀佝聲,與簡 123"㝮"字从宀句聲異體同字,當是牢房義的專字,只是簡 123 稱"死於㝮",字用本義,而簡 137、137 反須讀爲"枸"罷了。

《第三屆國際中國古文字學研討會論文集》頁 638—639

○**荊門市博物館**(1998) (編按:郭店・窮達 6)㝮(拘)。

《郭店楚墓竹簡》頁 145

○**何琳儀**(1998) 㝮,从宀,句聲。
　　包山簡㝮,讀拘,拘禁之牢房。

《戰國古文字典》頁 342)

　　佝,从人,㝮聲。疑㝮之繁文。
　　包山簡佝,讀拘。見㝮字。

《戰國古文字典》頁 342

○**李零**(1999) (編按:包山)从宀从句(或从佝),在簡文中似讀爲"獄"(表示拘人之所的"獄")。句是群母侯部字,獄是疑母侯部字,讀音相近。

《出土文獻研究》5,頁 147

○**李家浩**(2000) 睡虎地秦簡《司空》律説:"公士以下居贖刑罪、死罪者,居於城旦舂,毋赤其衣,勿枸櫝欙杕。""枸櫝欙杕"是四種刑具。(中略)"㽕"从"佝"聲,"佝、枸"都从"句"聲。包山楚簡的"迲(解)㽕"之"㽕"當是指"枸櫝欙杕"之"枸"這種刑具。古代有一種把兩手銬在一起的刑具叫"𢪏"。《説文》手部:"𢪏,兩手同械也。从手从共,共亦聲。《周禮》'上皋梏𢪏而桎'。柋,𢪏或从木。"《隋書・刑法志》:"凡死罪枷而𢪏……獄成將殺者,書其姓名及其罪於𢪏,而殺之市。""句、共"二字古音相近,可以通用。上古音"句"屬見母侯部,"共"屬見母東部,二字聲母相同,侯、東二部陰陽對轉。《左傳》襄公九年"陳畚挶",《漢書・五行志上》引此,"挶"作"輂"。"輂"从"共"聲,"挶"从"局"聲,據古文字,"局"本从"句"聲(參看劉釗《〈説文解字〉匡謬》[四則],《説文解字研究》1 輯 353、354 頁)。此是"句、共"二字可以通用的例子。頗疑"㽕、枸"皆應當讀爲"𢪏"。《漢書・酷吏義縱傳》顏師古注引孟康曰:"律,諸囚徒私解脱桎梏鉗赭,加罪一等;爲人解脱,與同罪。"《論衡・辨祟》：“一旦令至,解械徑出。”包山楚簡“解桒”猶此“解械、解脱桎梏鉗赭”。包山 123 號簡還有一個“宵”字,其結構與“宖”相似。原簡文説：“郏偺未至劇(斷),有疾,死於宵。”根據文義,此“宵”字顯然不是刑具,而應當是《包山楚簡》48 頁考釋(二〇四)所説的“牢房”。《漢書·宣帝紀》地節四年九月詔：“今繫者或以掠辜若飢寒瘐死獄中。”《後漢書·襄楷傳》：“頃數十歲以來,州郡翫習,又欲避請讞之煩,輒託疾病,多死牢獄。”“句、獄”古音相近。“句”屬見母侯部,“獄”屬疑母屋部。見、疑二母都是喉音,侯、屋二部陰入對轉。包山 123 號簡的“宵”有可能應當讀爲“獄”。

《九店楚簡》頁 84—85

○**劉信芳**(2003)　句,簡 123 作宵,簡 137 作宖,字並讀爲“拘”,拘禁也,用如名詞則謂拘禁之所。《左傳》宣公四年：“自拘於司敗。”

《包山楚簡解詁》頁 111

△**按**　包山簡 123“郏偺未至斷,有疾,死於宵”,簡 141—142“小人之州人君夫人之故愴之宖一夫失,趣至州巷”,“宵、宖”爲一字異體,當是牢獄的意思。陳偉武(1997)以爲“宵”爲牢房義的專字,或可從。簡 137“舒归執,未有斷,迬(解)宖而逃”,簡 137 反“归迬(解)宖”,以簡 144“小人去愴之刀以解小人之桎”例之,“宖”當是刑具,當如陳偉武(1997)、李家浩(2000)等説即睡虎地簡《秦律十八種》之枸。

竝

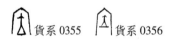

貨系 0355　　貨系 0356

○**何琳儀**(1998)　竝,金文作竝(師虎簋),从宀,立聲。厇之異文。舊讀居。周空首布竝,不詳。

《戰國古文字典》頁 1384

宕

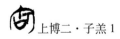

上博二·子羔 1

△**按**　詳【宕弅】條。

【宕弅】

○**馬承源**(2002)　堯設置的樂官，其名爲"㝊"。(中略)《呂氏春秋·古樂》則以爲葛天氏、陶唐氏、黃帝、帝顓頊、帝嚳等古帝皆設有樂官，至"帝堯立，乃命質爲樂。質乃效山林谿谷之音以歌，乃以麋䶉置缶而鼓之，乃拊石擊石，以象上帝玉磬之音，以致舞百獸"。至舜立，"帝舜乃令質修九招、六列、六英，以明帝德"。按辭意，質在堯時已爲樂正，至舜時沿襲。高誘注："質當作夔。"按"㝊"從占聲，"質、占"皆屬端紐，且職掌相同，以此當爲通假字。

　　"宎"爲"㝊"之父，古籍中未詳，是古史的新資料，待考。

《上海博物館藏戰國楚竹書》(二)頁 184—185

○**周鳳五**(2003)　先説"㝊宎"。第一個字從宀，兔省聲。嘼、兔二字古音皆見紐魚部，可以通假。第二個字也從宀，但下面所從不是"卉"而是"火"的變形。戰國文字往往在"火"上橫貫一畫，作"夾"，見於《楚帛書》與"盛季壺"等。稍訛作"㞢"形，則與"卉"字頗覺神似。簡文從宀從火，當是"叜"的省體。叜，小篆從宀從火從又，作"叜"。若下端"又"形省略，"火"字訛變作"㞢"，即成爲簡文的"宎"，而遂不可辨識了。

《第一屆應用出土資料國際學術研討會》論文

○**楊澤生**(2003)　我們懷疑㝊字可能是"貴"字，並非從"占"得聲。楚地出土竹簡中的"貴"字多寫作如下之形：

貴　貴　貴　貴　貴　貴

這些"貴"字都從"占"從"貝"。古璽和青銅器銘文的"貴"字又有省"貝"作"占"的例子：

　　　占《古璽彙編》1523　　占貴將軍虎節　　占銅鼎，《三代吉金文存》3·12·3

故㝊可以看作從"宀"從"貴"省聲，可能是"貴"字的異體。"貴"字古音屬見母物部，與古音爲群母微部的"夔"讀音相近，可以相通。而下文所舉古書從"貴"之字與從"質"之字相通的例子説明，整理者説古書中舜的樂正或爲"質"或爲"夔"乃是"一音之轉"，當可信，所以"貴"未嘗不可以讀作"質"。這樣，簡文"有虞氏之樂正貴(夔或質)"與古書記載是一致的。

　　當然，㝊所從的"卉"的確與"夔"讀音相近；而古文獻中從"貴"之字和從"質"之字相通，例如《淮南子·原道》："先者隤陷。"高誘注："楚人讀躓爲隤，隤者車承或言跋躓之躓也。"《韓非子·六反》："不躓於山，而躓於垤。"《淮南子·人閒》"躓"作"蹎"。又高誘注《淮南子·原道》"足蹎"説："蹎，躓也。楚人讀'蹎'爲'躓'也。"所以，從語音上考慮，似乎將"貴"讀爲"質"、㝊讀爲

“夒”更爲順理成章。但是簡文“有虞氏之樂正質夒之子也”還是很難解釋。如果按照整理者的標點，説“質”的父親是“夒”，這在古書中找不到任何證據。曹建國先生説“質夒”是“舜”的父親瞽叟同樣没有可靠證據，也不能進而解釋簡文“有虞氏之樂正質夒之子也”的意思。

　　我們懷疑🐾所從的“卉”應該用作“艸（草）”，猶如同篇《子羔》5號簡中的“卉茅”即“草茅”，《容成氏》15號簡中的“卉服”即“草服”，16號簡“卉木”即“草木”，以及楚帛書乙篇第1和第5行的“卉木”即草木；而“艸（草）”應該是聲旁。衆所周知，“叟”字小篆寫作🐾，從“宀”從“火”從“又”會意，與甲骨文的結構相同；而“草”字從“早”得聲，根據古書中“早”與“蚤”相通，“騷”與“慅”字相通，“叟”與“溲”字相通，以及“草”與“慅”字相通的情況，🐾可能是“叟”字的異體。

　　簡文“叟”應該讀作“瞍”。據史書記載，舜的父親叫“瞽瞍”，字或作“瞽叟”。《史記·五帝本紀》説舜之“父曰瞽叟”，是“盲者之子”，又説“舜父瞽瞍盲”。《書·堯典》説舜是“瞽子。父頑，母嚚，象傲”。僞孔安國《傳》：“無目曰瞽，舜父有目，不能分別好惡，故時人謂之瞽，配字曰瞍。瞍，無目之稱。”《周禮·春官》：“大師，下大夫二人；小師，上士四人；瞽矇，上瞽四十人，中瞽百人，下瞽百有六十人，視瞭三百人，府四人，史八人，胥十有二人，徒百有二十人。”鄭玄注：“凡樂之歌必使瞽矇爲焉，命其賢知者以爲大師、小師。”鄭司農云：“無目眹謂之瞽，有目眹而無見謂之矇，有目無眸子爲瞍。”

　　如果把🐾🐾釋作“夒”和“瞍”，那麼簡文“有虞氏之樂正夒瞍之子也”應該如何講呢？由於不知道它的上文，這大大增加了正確理解它的難度。單就此句而言，似乎應該按照整理者的標點來解釋，就是“有虞氏之樂正夒，瞍之子也”，“樂正”是“夒”的同位語。這樣解釋的好處是比較直接明了，而且“有虞氏之樂正夒”與古書的記載一致，不足之處是古書没有“夒”爲“瞍之子”的記載。上引《書·堯典》説舜是“瞽子”；如果説簡文的意思是“有虞氏”爲“瞍之子也”，這不僅和古書的記載相一致，也和下文子羔所問和孔子所答相應。然則“有虞氏之樂正夒（或質）”又應該如何講呢？我們懷疑句中的“之”不一定用爲結構助詞，而可能應該解作“用”或“取”。《戰國策·齊策三》：“故物舍其所長，之其所短，堯亦有所不及也。”高誘注：“之，猶用也。”簡文“有虞氏之樂正夒（或質）”是説，有虞氏用樂正夒（或質）。這和《容成氏》30號簡所説“天下和均，舜乃欲會天地之氣，而聽用之，乃立質爲樂正”，大意相近。但是這樣理解也有缺陷，就是“有虞氏用樂正夒（或質）”與“叟（瞍）之子也”不是很連貫，這又需要作出解釋。我們認爲有兩個可能：一是簡文行文不是很嚴謹，所以出現意思不是很連貫的現象。二是簡文或有脫漏。(中略)當然,似乎還有一個可能不能完全排除,就是我們上面所釋還存在問題,比如⿱字所從的"占"可能是"古"之訛,"古"讀作"瞽",簡文"有虞氏之樂正瞽瞍之子也"是說有虞氏舜是樂正瞽瞍的兒子。但是文獻中未見舜之父曾爲樂正的記載,而古文字中也未見"古"字訛作"占"之例,因此我們暫時仍將此字釋作"貴(夒)"。

《戰國竹書研究》頁 161—163,2009;

原載《第四屆國際中國古文字學研討會論文集》

○李學勤(2004)　"有虞氏之樂正甾宲之子",即指舜而言。其名兩字,前一字從"古"聲,後一字從"卉"聲。應該説到,楚文字中的"卉",如長沙子彈庫帛書"卉木亡常"的"卉",及《子羔》簡下文"卉茅之中"的"卉",其實都不是"卉"而是"艸(草)","草"是清母幽部字,可讀作心母幽部的"叜(瞍)",所以這就是舜父瞽瞍。

《上博藏戰國楚竹書研究續編》頁 15

○黃錫全(2004)　這兩個字似可直接釋讀爲"瞽叜"。理由如下:其一,告形宀下所從的"占",有可能是貴省。郭店楚簡《語叢》四的 25 簡"貴"就從"占"作貞。貴,見母物部;夒,群母脂部;瞽,見母魚部,三字音近。其二,從宀從卉的"宲"可以釋讀爲"草",宀下所從與同篇簡五"草茅之中"的"草"形完全相同。草,清母幽部。叜,心母幽部。草、叜二字音近。"卉"本是草的總稱,但當時有可能二中、三中不別,故均可釋讀爲"草"。其三,郭店簡《唐虞之道》簡九的"瞽寞"之瞽從宀從瓜作⿱,寞字從宀從莫作⿱,構形與這兩字類似,只是宀下所從的聲符各別。

《上博藏戰國楚竹書研究續編》頁 458

△按　"llaogui"(網名,http://bbs. guoxue. com/viewthread. php? tid = 132557&extra = page%3D73,2003 年 5 月 14 日)認爲"告"所從"占"爲"古"之訛,且"古"聲與"瓜"聲有相通之例,從而將"告"與郭店簡"宎"溝通起來;"學而"(網名,http://bbs.guoxue.com/viewthread.php? tid = 132557&extra = page%3D73,2003 年 5 月 14 日)又指出敦煌變文《舜子變》"瞽叜"即作"苦瘦"或"苦嗽"。如此,舜父名第一字"告<告>、宎"和"瞽"便能從語音上聯繫起來(此外,孟蓬生有專文論證"占"和"瓜"音近可通,參看《楚簡所見舜父之名音釋──談魚通轉例説之二》,《簡帛》6 輯 337—341 頁,上海古籍出版社 2011年)。

　較難索解的是第二字"宲、寞、叜"三者之間關係。宲、瞍(心-幽)音近,上述學者多通過前者所从之"卉"爲"艸"（清-幽）並作聲符來溝通，可從。寞（明-鐸）叟、艸聲韻皆遠隔，不過《上博九·陳公》簡2"先君武王與鄖人戰於莆寞（）"，已有學者指出此即《左傳·桓公十一年》所載"蒲騷之戰"（參看簡帛網-簡帛論壇-簡帛研讀-《〈陳公治兵〉初讀》第23樓"youren"的發言，2013年1月6日），可見寞與騷（心-幽）、膄（心-幽）均音近可通。那麼這兩處"寞"字構形就得重新分析了："yihai"（網名，國學論壇網 http://bbs.guoxue.com/viewthread.php? tid=132557&extra=page%3D73，2003年5月14日）認爲宀下所从非"莫"，而是从"舛"的"草"字之省寫，劉洪濤（《郭店竹簡〈唐虞之道〉"瞀膄"補釋》，《江漢考古》2010年4期）認爲"莫"應分析爲从"日""舛"聲，但"舛"是"艸"的繁體；或謂"寞"字當是見於《上博六·平王》簡1、3的"搜"（、）（山-幽）字之誤（流行《讀上博楚簡九札記》，簡帛網2013年1月8日）。劉洪濤同文也提出，《唐虞之道》"寞"字所从的"莫"有沒有可能是"搜"字之誤，是一個很值得思考的問題。諸說均有待檢驗。

袞

 睡虎地·爲吏5叁

○**漢語大字典字形組**（1985）　袞从九，當讀如糾。

　　　　　　　　　　　　　　　　　　　《秦漢魏晉篆隸字形表》頁1686

○**睡簡整理小組**（1990）　袞，應讀爲戮。《淮南子·時則》："孟秋之月……求不孝不悌、戮暴傲悍而罰之。"與簡文可相對照。《呂氏春秋·貴因》注："戮，暴也。"

　　　　　　　　　　　　　　　　　　《睡虎地秦墓竹簡》頁170—171

○**陸錫興**（1990）　"袞"，从宄从衣，讀爲宄。《說文》：宄，从宀，九聲，讀若軌……宓亦古文軌。""宄"古通作"軌"。《左傳·成公十七年》："臣聞亂在外爲姦，在內爲軌，御姦以德，御宄以刑。"釋文："軌本又作宄。""宄"秦簡从"（㐅）"，《說文》古文从心，疑秦簡形似而誤。《說文》："宄，姦也，外爲盜，內爲宄。"段玉裁注："姦宄者，通偁，內外者，析言之也。"故"姦宄"並稱亦常分別而言之，《韓非子·八經·起亂》："外不籍，內不因，則姦宄塞矣。"句中"姦"爲外，而"宄"爲內。秦簡所云"宄"亦析言之義，指在內作亂者，亦刑禁

之列。

《文史》33，頁 74

△**按**　睡虎地秦簡《爲吏之道》簡 5"勢悍衺暴"，《説文》宄古文作恣，秦漢文字衣、心形近(《秦漢魏晉篆隸字形表》頁 597、753)，"衺"當如陸錫興説爲恣之訛誤。

㠱

———————————

○**丁佛言**（1924）　古鉢仲矢㠱。疑是克字。

《説文古籀補補》頁 68，1988

○**中大楚簡整理小組**（1977）　（編按：望山 2·47）㢼。

《戰國楚簡研究》3，頁 45

○**羅福頤等**（1981）　㠱　或釋宫。

《古璽文編》頁 58

○**葉其峰**（1981）　㠱字還見於"左㠱"等璽，"左㠱"古陶作"左㠱"（見《季木藏陶》），故知此是宫字異體。

《故宫博物院院刊》1981-3，頁 86

○**李學勤**（1982）　"宫"字下部象"邑"字，戰國古文中也常見。過去我們曾把燕陶文裏類似這樣寫法的字釋爲"宫"。《古璽文編》第 157 頁云"或釋宫"，是對的。

《江漢論壇》1982-7，頁 70

○**黄盛璋**（1986）　按《古璽彙編》皆釋爲"行宫"，羅福頤先生態度謹慎，釋字尤謹，非有確證，不輕爲新釋，釋"宫"是有證據的。葉文釋"宫"似有理由，而實乏基礎，不論從文字結構、印文類比、職官制度等都站不住腳。此字仍爲"宫"即"邑"字繁文，證明如次：

（一）"宫"字金文皆作㝀，從宀表房屋外形輪廓，從呂蓋表内部間隔狀房間。《説文》謂宫"從宀、躳省聲"，何以要從躳省？許慎蓋已不明呂之義，而曲爲解説，牽附躳旁之呂，實不可信。呂金文所見皆爲兩圓圈，甲文則作兩方形呂或♂，可能最初爲方形而後變圓，但不論方圓，皆封閉，沒有拖垂短尾。至於“邑”字，方、圓、三角形皆有，但最後皆有拖垂短尾。如♂、♀、♂。有沒有拖垂短尾，應該是辨別从“邑”與从“吕”的關鍵標志。李文所舉楚璽此字皆有下拖短尾，從字形結構上看，應是从邑，不是从“吕”。

（二）《古璽彙編》0254“橀（蘇）棹左邑”爲三晉小朱文標準官印，實際乃當從右讀爲“左邑蘇棹”，宧字下明確从“♂”，這是三晉“邑”字標準寫法。同書0046“陽州右邑右先司馬”，0109、0110兩“左邑余子嗇夫”，0113“左邑發弩”，“邑”字全如此作，它們全都是小朱文三晉標準官印，所以0254印文必爲左邑而非左宧。緊接此下0255、0256、0257連續三個“左宧”印皆下从♂，下有拖尾，而不是从吕。因而皆可肯定爲“宧”而不是“宫”字。這四顆左宧官印，皆爲小朱文，而0254宧下所从“邑”字又是三晉標準寫法，所以都是三晉官印。再下0258，《彙編》釋爲“右宫”，這是陽文而又無邊框的大印；第二字作🄫，下从8，而無下拖，是“宫”而不是“宧”。《彙編》於“左宧”諸官印下，而葉文又據古陶有“左🄫”，又把“左🄫”皆釋爲“宫”字異體，關鍵問題皆在於沒有分清“宧、宫”寫法的特點。0258這方“右宫”陽文無邊框的巨印，與其上四方小朱文官印，形制、文體一望而知不同國别，前四方屬於三晉，這一方應屬於燕國官印。燕下都出土陶文常見有“左宫×、右宫×”，銅器上也有之。1958年安新出土兩件左宫馬銜，分別刻“左宫之三、左宫之廿”。李學勤同志據燕陶文左、右宫×，認爲“應爲燕王宫廷所用馬具”，這是正確的。葉文所舉古陶“左🄫”（《季木藏陶》）正是燕陶。“宫”字寫法相同。燕文字“宫”字下端不管作▽或○，全都封閉，下無拖尾，所以是“宫”不是“宧”。這説明掌握結構的規律是辨認古文字的關鍵。

“宧”字應是“邑”繁文，其證據也是從三晉官印“左邑”與“左宧”比較得知。上引《古璽彙編》“陽州左邑右先司馬”“左邑余子嗇夫”“左邑發弩”，“邑”與“左”合文，合文符＝在“邑”下，《彙編》皆釋爲一字“邶”，葉文改讀爲“左邑”，是正確的。印文從右向左，“邑”在右，“左”在左，按印文順序，應讀“邑左”，“左邑”則違反常序，一則“陽州邑左右先司馬”讀不通。官印只能一官，不能既是左職又是右職，更主要的是有“左邑橀棹”，亦爲“左宧”之職官，與“左邑余子嗇夫”“左邑發弩”同，它們都是小朱文標準三晉官印，所以“左宧”即“左邑”。“宧”爲“邑”繁寫可以確定。

《江漢考古》1986-1，頁38

○**高明**（1990）　宧。

《古陶文彙編》頁 35

○**劉彬徽、彭浩、胡雅麗、劉祖信**（1991）　宧。

宧，讀如裛。《説文》以爲書囊，簡文指套在枕外的囊。

《包山楚簡》頁 17、62

○**曹錦炎**（1993）　（宧）其實即邑字異構，楚文字常贅增宀傍，如中字作“宊”、或（域）字作“寭”、集字作“寉”，包山簡例子甚多，不備舉。但從包山簡看，將邑字寫作“宧”似專指“城邑”之邑，而寫作“邑”疑指“四井爲邑”這種小邑，兩者可能有所區別（原注：簡 188、155 宧、邑同見一簡，所指似有區別）。

《江漢考古》1993-1，頁 70

○**朱德熙、裘錫圭、李家浩**（1995）　宧。

《望山楚簡》頁 112

○**劉信芳**（1996）　包山簡邑、宧用例極多，“邑”是地名用字，如簡五四“長陵邑”，八八“沂邑”，一五〇“竹邑”，“邑”均指地名，無例外。而“宧”是職官用字，如一二“漾陵宧大夫”，二六“郪昜宧大夫”，五三“臨昜之宧司馬”，一八八“邔宧大夫”，亦未見有例外。明確這一點，對我們理解以下諸例有幫助。

　　　　漾陵大宧疢。（一二）

　　　　大宧疢入氏簿。（一三）

　　　　少宧𨺙申。（六二）

　　　　郪䣜大宧屈𧊒。（六七）

　　　　僕宧於邥（鄂）。（一五五）

可以肯定以上諸例中“大宧、少宧”是職官名，而切不可理解爲大的城邑，小的城邑。簡一五五“僕宧於鄂”，意即“我在鄂地任宧大夫”。《左傳》襄公三十一年：“子皮欲使尹何爲邑。”杜預注：“爲邑大夫。”是爲證。

　　至於簡二五九“縞宧”，二六〇“一竹椹（枕），繢宧”，宧爲裛之借，囊也。信陽簡二·〇一五“一絲裛”，字正作“裛”。

《考古與文物》1996-2，頁 78

○**李家浩**（1998）　“序”字屢見於楚國文字，舊釋爲“宫”，或釋爲“宧”，讀爲“邑”，皆不可信。此字在楚國文字裏大致有三種用法，（1）（2）（編按：[1]指包山簡 259“櫬枳，又[有]錦繡縞序”，[2]指包山簡 260“一竹枳，錦序”）的用法只是其中之一。像這種用法的“序”字還見於下録楚簡：

（4）四膚,叕序（編按:叕前漏一"皆"字）。（望山二號楚墓竹簡 47 號）

（5）一弓,紡序。（天星觀一號楚墓竹簡）

古代裝弓的袋子有"韔、韜、橐、鞬、鞬"等不同名字,（5）的"序"當是裝弓的袋子的另一名字。因其是用"紡"作的,故稱"紡序"。（1）（2）（4）的"序",皆與此同義。

《著名中年語言學家自選集·李家浩卷》頁 292—293,2002;
原載《徐中舒先生百年誕辰紀念文集》

○劉信芳（1998）　望山 2·47:"四膚,皆亝宦。"（中略）"亝宦"者,以麠之皮所作"膚"之"宦"也。楚簡凡"宦"字用作器物名,皆謂包裹器物之外套,字讀如"裹"。

《簡帛研究》3,頁 38—39

○羅運環（2002）　首先,分析"宦"和"宮"在形體上的區別與混淆問題。宦字所從的邑,在甲骨文和西周春秋金文中區別是很明顯的。邑是會意字,從"囗"從"人",會意人所居的城邑。在甲骨文中其上作方框形,其下人旁作跪踞形。西周春秋金文,其上多變爲橢圓形,其下人旁變爲曲膝鞠躬形。宮字所從的呂,在甲骨文中作呂、吕、吕等形,這些形符是宮的初文和原始象形字。西周春秋金文宮字所從呂多由兩個方形變爲兩個橢圓形。二者不相混淆。

在戰國文字中情況就不同了,一部分宮字尤其是北方燕、晉文字中的宮字,所從呂寫成兩個三角狀,作ꏍ形,與訛變成上下兩個三角形的邑字易混。戰國時期,宦字所從的邑其上多呈三角形狀;下面的人旁,秦文字中仍然作曲膝鞠躬形,在隸變過程中多作ꏌ形,與六國文字有所不同。在六國文字中,楚文字多作ꏌ形;齊、燕、三晉文字邑字下面的人形雖變化不盡相同,但大多保持了末筆下垂的特點,不過也有一些將下面的人形訛變爲上下兩個三角形的,尤其在古貨幣文和古璽文中最爲嚴重,這在宦字中也有反映。這種將邑字和邑旁訛變爲上下兩個三角形的狀況,極易與宮字所從的呂寫作上下兩個三角形者相混。在這種情況下,如果没有文例則很難加以區別。如從"呂"的雍字,在戰國文字中變成兩個三角形後,秦代小篆訛爲從邑,寫作雝,就是一例。故今人將這種狀況的宦字誤釋爲宮字是可以體諒的,但把末筆有明顯下垂筆畫的宦字釋爲宮字則是完全錯誤的。

其次,分析宦、序二字在形體上的區別與混淆問題。《説文解字》云:"序,東西牆也,從广,予聲。"又云:"予,推予也,象相予之形。"許慎分析序從"予聲"是對的,説"予"是象形字則是不妥當的,近些年來學者們逐漸認識到了這個問題。認爲予是从鋁字的初文吕得聲,"爲吕之準聲首"。借用鋁字的初文吕而又爲了區別於吕,六國文字一般加區別符號"八",有時也作"公",在偏旁中也有的省去"八、公"區別符號而作吕形,這雖有與吕相混的可能性,但其所構成的字多爲形聲字因而也不難區別。秦系文字作ᵱ、ᵱ形,其末筆作下垂筆畫,區別方式與六國文字完全不同,而與六國文字尤其是齊、燕、三晉的末筆下垂的邑接近,如果不加區別就容易與宮字相混淆。

細審秦文字中的予,其上多呈連環狀,其下末筆下垂多作左彎畫,少數作豎畫。秦國文字的邑如前所云,其上呈三角狀,其下的人形仍作鞠躬曲膝形,隸變後末筆從左出作下垂右彎畫,與秦文字的予存在明顯的區別。六國文字尤其是楚文字,邑字的下垂的末筆多從右出下垂作左彎畫,也與秦文字的予存在明顯的區別。與秦文字易混淆的是齊、燕、三晉文字的少數邑字,這些形體的上面呈兩個三角形,其下作豎畫,與秦文字的予相近而易混。但只要我們認識到秦系與六國系的區別後,這種混淆也是可以避免的。

其三,考察宮字的音讀及其造字意義。宮字不見於後世字書,於傳世古籍無徵。但在三晉文字中,宮與邑有相通之例。據黃盛璋先生考證,戰國時期,三晉地名"左邑",其邑字在三晉古璽中或作邑,如"左邑余子薔夫""左邑發弩";或作"宮",如"左宮蘇棹""左宮"。宮與邑可以通作,表明宮从邑聲。至於宮字爲何要加宀,可从楚文字中得到解釋。在楚文字中,邑字上面凡加宀者皆是一種大邑,稱之爲"大宮"。故包山楚簡有"大宮"這個概念(見第12、13、126、127、67號簡)。大是相對於小而言的,主要是爲了有別於"田邑""邑里"之類的小邑。在這裏宀是一種區別符號,而不是一般的繁化和異構。

總之,宮與宮、序二字,在戰國中、後期的文字演變過程中,儘管有相混淆和易混淆的現象,但三者間各自的演變軌迹分明。宮是有別於宮、序二字的一種被後世廢用的文字,是指一種有別於小邑的大邑。

《古文字研究》24,頁 345—346

○**趙平安**(2003)　戰國時期有一個寫作下列諸形的字:

A	B	C	D	E
包山簡 2.127	包山簡 2.62	右易宛弩牙	包山簡 2.26	包山簡 2.157

F	G	H
九年將軍張戈(集成 11325)	陶彙 3・710	璽彙 0256

I　　　　　　　J　　　　　　　　K

鼏璽彙0254　　　　鼏璽彙0305　　　　九年將軍張戈（集成11326）

（中略）我們認爲這個字應當釋爲宛。論證如下：

《侯馬盟書》詛咒類一〇五：三有字作 L 命

整理者隸作悤，解釋説：

　　悤——借爲冤字，音淵（yuān），冤屈的意思。《説文》以爲悤是怨的
古體字。《一切經音義》：“冤，屈也。”《詩·都人士》注：“苑，猶屈也。”
《説文》：“冤，屈也。”故悤字可與冤字通用。

詛辭“不卑衆人悤死”就是“不俾衆人冤死”，文義順暢，足見整理者的釋
讀正確可從。有人把悤改釋爲悒或㤓，實際是没有必要的。新近發表的上博
藏戰國楚竹簡《緇衣》第六簡和第十二簡有下面一組字：

　　　　　　M 命　　　N 令　　　O 令

整理者隸作命或令，完全是依樣畫葫蘆的産物。在今本《緇衣》中，與之相對
應的字都寫作“怨”，因而也有學者直接把它隸作怨。但李零先生有不同意
見，他指出：

　　“怨”，……都是假“宛”字爲之，其寫法，可參看《説文》卷十下、《汗簡》
40頁正、《古文四聲韻》卷四第19頁背和40頁正的古文“怨”，不是“命”或
“令”字。（李零《上博楚簡校讀記》[之二]，《上海博物館藏戰國楚竹簡研
究》第409頁，上海書店出版社2002年）

李説正確。《汗簡》《古文四聲韻》和《説文》古文怨都是从心从宛省，應
隸作悤，通怨。（補記：馮勝君先生在《釋戰國文字中的“怨”》中認爲上博《緇
衣》M、N、O都應釋爲夗，其中M是在N、O上加聲符〇（圓），目的是爲了和令
區別開來。持這一看法有兩點需要進一步解釋：一是較早出現的侯馬盟書L
所从上部没有一横畫，二是具有重要區別標志的M形反而不如簡體普及。馮
文發表於《古文字研究》第二十五輯，中華書局2004年。）

曾侯乙墓竹簡第12號有一個被釋作邻的字，作 P 令之形。這個字簡文用
爲地名，釋邻講不通。聯繫上博簡中N和O的寫法，應改釋爲郇。《戰國策·
西周策》“薛公以齊爲韓、魏攻楚”章載韓慶爲西周謂薛公曰：“君以齊爲韓、魏
攻楚，（九）[五]年而取宛、葉以北以强韓、魏，今又攻秦以益之。”知楚有宛
地，郇即宛之增纍字。簡文“郇連爥東臣所馭政車”即“宛連敊東臣所馭政
車”。

　　N、O 和 P 所從宛同《汗簡》《古文四聲韻》以及《説文》古文怨所從宛結構相同，都可以看作 M 之類寫法的省體。

　　M 之類的用法，也反映在後世的楷書中。《正字通·心部》："愈，古文怨作愈，愈是愈之訛。"説明在愈（愈）這個合體字中，"宛"訛變爲"命"。又《禮記·大學》："見賢而不能舉，舉而不能先，命也。"朱駿聲："按命者命字之誤，謂下民怨之。"朱氏之説極具啟發性。結合上博簡看，命應是宛的訛字，通怨。總之，《正字通》愈所從以及上舉《大學》中的命字都應是 M 之類的寫法隸定的結果。上博簡整理者所犯的錯誤，歷史上早就出現了。

　　M 比 L 所從宛多一橫畫，和集、宜的情形相似。楚文字集往往從宀，有時候宀下還加一橫，宜字也有宀下加橫的現象，但並不影響它們是同一個字。事實上，《集篆古文韻海》所收怨古文作愈，《訂正六書通》引古文奇字怨或作宛，宀下都加一橫。

　　回過頭來看 A—K 的寫法，不難發現它們和 L、P 所從以及 M、N、O 屬於一路。特別是其中 A、B 等主流寫法和 L 所從基本相同，完全可以視爲同一個字，釋爲宛。

　　宛字"從宀夗聲"。聲符夗本是象形字，後來裂變爲夕和卩。在秦系文字中，聲符夗成爲平置的兩個部件。如：《説文》小篆宛作⿱宀⿰夕卩，《古璽彙編》3629 號作⿱宀⿰夕卩，《睡虎地秦墓竹簡》日書乙種 195 號作⿱宀⿰夕卩。它們和西周金文⿱宀⿰夕卩（臣辰卣）字所從偏旁的寫法一脈相承，又爲後世楷書所從出。從傳承的角度看，應視爲主流的寫法。

　　和秦系文字比起來，A—K 所從宛顯然是被疊置起來了，情形和吁作旱以及御將"午"移於"卩"上、取將"耳"移於"又"上、精和清分別將"青"移於"米"和"水"上相似。這一類例子還有很多，裘錫圭先生的文章有專門輯集（《戰國璽印文字考釋三篇》，《古文字論集》第 470 頁，中華書局 1992 年），可以參看。B 中疊上去的"夕"旁，還依稀可以看出原來的筆意。後來演變爲⿺⿱，和原來的寫法就越來越遠了。但是宛中"夕"的演變軌迹，還可以從隸古定宛和宛字偏旁（參見前文）以及夜字的某些寫法中尋繹出來。（中略）

　　上舉各例中的宛字，除少數外，絕大多數前頭冠以地名，後接官名。從可考的地名看，戰國時大都爲縣邑，而這些縣邑又往往和《漢書·地理志》的縣名相應。其後所接官名如大夫、司馬、司敗（即司寇）、攻（工）尹之類，都爲當時縣制所能涵蓋，因此宛應讀爲縣。宛上古屬元部影母，縣是元部匣母字，韻部相同，聲母同是喉音，古音很近。元部的影母、匣母字有相通之例。在古書中,睘和縣聲字、肙聲字相通,而肙聲字和宛聲字相通,因而縣聲字和宛聲字相通是完全可能的。

《新出簡帛與古文字古文獻研究》頁 143—153,2009;
原載《第四屆國際中國古文字學研討會論文集》

○劉信芳(2003) 讀爲"褒",《説文》:"書囊也。"簡文"宦"謂絲囊。簡 260:"一竹枳,錦宦。"信陽簡 2-015:"一絲褒。"字正作"褒"。

《包山楚簡解詁》頁 274

○羅運環(2005) 宦字所从的"邑"與宫字所从的"吕",區别還是比較明顯的。"邑"作爲獨體字,其會意人所居的城邑,从"囗"从"人",在甲骨文中人旁作跪踞形,西周、春秋的金文變爲曲膝形,戰國時,除極少數北方貨幣文、古璽文作ᔒ形外,楚文字皆作ᔒ形,而宫字所从的"吕"本是宫字的初文和象形字,其上下二者或方或圓或作三角形,皆無"邑"字的下垂筆畫。據此釋宦不从"吕"而从"邑",無疑是正確的。再看宦字所从"邑"與序字所从"予"的區别。獨體"予"是从"吕"(鋁字的初文)孳乳出來的,古人爲了把"予"同"吕"區别開來,秦系文字作ᔒ、ᔒ形以與"吕"相區别;楚系文字及多數六國文字則在其上加區别符號"八"(個別爲"八")作吕形,如包山楚簡中的"豫"字形體除個別从"吕"之外,皆从吕。因此,釋楚文字宦不从"予"而从"邑",顯然是正確的。

宦字从宀从邑,讀爲邑。觀其所指也是一種邑,但它是一種大邑,故簡文有"大宦"這一概念(見第 12、13、126、127、67 號簡)。大是相對於小而言的,主要是爲了有别於"田邑、邑里"之類的小邑。因有大小之别,爲了避免混淆故加宀以示區分。在這裏宀是一種區别符號,而不是一般的繁化和異構。(中略)宦有大中兩種,是一種官府性或官員的食税大邑。

《簡帛研究二○○二—二○○三》頁 9—10

○陳佩芬(2005) 宦,从宀,邑聲,"邑"之繁文。《包山楚簡》第一二六簡"漾陵之宦大夫","宦"讀爲"邑"。《説文通訓定聲》:"邑,叚借爲悒。"《説文·心部》:"悒,不安也,从心,邑聲。"徐鍇注:"憂悒也。"

《上海博物館藏戰國楚竹書》(五)頁 187

△按 戰國銅器及陶璽文字中的宫和宦在形體上存在糾葛,如戈銘"皇❖左"(《集成》10982)、"音❖左"(《集成》10985),又作"皇❖左"(《集成》10984),"皇❖右"(《集成》11836 鶴嘴斧形器);璽文"左❖"(《璽彙》0254)、"左❖"

（《璽彙》0255），陶文有"左宀"（《陶彙》4·34）、"右宀"（《陶彙》4·35）、"右宀"（《陶彙》4·40）。從文例看，字形不同的宫和宫應該是同一個字。然見於《璽彙》0097、0100 等的職官名"宀大夫、宀大夫"，也見於包山簡，字亦均從邑作。宀、宀與宀、宀字形顯然相當。它們是否爲一字，目前還很難判斷。

上博一《緇衣》簡 6、12 有三個與今本《緇衣》怨對應的字作宀、宀、宀，李零（《上博楚簡校讀記》[之二]，《上博藏戰國楚竹書研究》409 頁）認爲此字是宛，借爲怨，趙平安即據此將包山簡中原釋爲宫的字改釋爲宛，讀爲縣；上博五《鮑叔牙》簡 5"百姓皆宀宀"，宀字原釋爲宫，季旭昇（《上博五芻議》[上]，簡帛網 2006 年 2 月 16 日）改釋爲宛讀爲怨，應該也是以《緇衣》用爲怨之字爲據。然宀字難釋，宀宀一詞仍有待考察（可參看肖從禮《上博五〈鮑叔牙與隰朋之諫〉"宛悁"考》，《簡帛語言文字研究》5，巴蜀書社 2010 年）。包山簡多見的宀、宀從字形看，均是从宀从邑，隸定作宫目前來看較爲穩妥。劉樂賢（《談里耶簡中的"遷陵公"》，簡帛網 2012 年 3 月 20 日）據里耶秦簡新材料支持讀"縣"的説法。李家浩近有專文討論此字（《出土文獻與古文字研究》6，上海古籍出版社 2015 年），可參看。

【宫大夫】璽彙 0097、包山 12

○**黃盛璋**（1986）　邑大夫鉨在戰國官印中確有其例證，如上引"勾成君邑大夫□□"。至於大夫官印更多，其前冠以城邑之名，雖然没有邑字，亦必爲邑大夫，如上舉之"武隊大夫"。以上所舉雖爲三晉印，但楚印也有，如上所舉"黑邔大夫鉨""□□大夫之鉨"，後一印"大夫"二字並非合文，因而不能作其它解釋。前一印"大夫"合文寫法和印的形制與上印諸"行宫大夫"印同，此印肯定不能讀爲"夫人"，只能是地方邑大夫的官印。此兩印證實楚地方城邑設邑大夫，或相當於邑令、邑長，至"宫大夫"不僅記載中没有，古今亦皆無此職官，"宫夫人、行宫夫人"專門刻製官印，而且不只一地，不著名之城邑也有，更非情理所當有。

《江漢考古》1986-1，頁 38

○**曹錦炎**（1993）　邑大夫，職官名。

《江漢考古》1993-1，頁 70

○**陳偉**（1996）　簡書"宫大夫"很可能是戰國時楚縣長官的一種稱謂。其所以作"宫"，大概是爲了同前面説到的規模很小、層次低下的"邑"區別開來。

《包山楚簡初探》頁 100

○**何琳儀**(1998)　楚器"[宀/邑]大夫",邑長。《書言故事·縣宰類》:"稱宰曰[宀/邑]大夫。"

《戰國古文字典》頁1371

○**王穎**(2008)　[宀/邑]大夫聽命於子左尹,如:

(1)子左尹命漾陵埗大夫察郜室人某瘽之典之在漾陵之參鉩。(12)

(2)子左尹命漾陵埗大夫察州里人陽鍺之與其父陽年同室與不同室。(126)

同時,[宀/邑]大夫又可以向䆠尹發布命令,如:

鄢[宀/邑]大夫命少宰尹郙諓,察聞大梁之職䊤之客苛坦。157

此外,[宀/邑]大夫還可以決定受不受金,如:

恆思少司馬屈䊤以足金六勻(鈞)聽命於柊,柊[宀/邑]大夫、左司馬郕(越)虩弗受。盛公𨛚之歲,恆思少司馬邪勝或以足金六勻(鈞)舍柊,柊埗大夫集昜公蔡逯虎受。130

《包山楚簡詞彙研究》頁279—280

△**按**　游逸飛近有文專論"[宀/邑]大夫",見《試論戰國楚國的"大夫"爲爵》(《出土文獻》5輯75—85頁,中西書局2014年)。

【[宀/邑]司馬】包山53

△**按**　[宀/邑]大夫、[宀/邑]司馬,職官名,進一步研究依賴於[宀/邑]字的準確釋讀。

宔

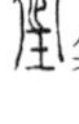集成120—132者沏鐘　上博七·吳命5

○**饒宗頤**(1957)　讀爲往。

《金匱論古綜合刊》1,頁75

○**郭沫若**(1958)　宔當同往。

《考古學報》1958-1,頁3

○**平心**(1963)　宔从往聲,疑即㾓字,此假作況。況訓益,與更聲義無別。

《中華文史論叢》3,頁92

○**何琳儀**(1998)　宔,从宀,㞷聲。

《戰國古文字典》頁633

○**曹錦炎**（2009）　（编按：上博七·吳命 5）宝（廣）。

《上海博物館藏戰國楚竹書》（七）頁 314

△**按**　越器者氵鐘越王稱贊者氵"宝玫庶戡（盟），以祇光朕位"，"宝"讀廣於意亦通，金文稱頌語習見類似格式，如"廣啓朕身、廣〓楚荊、廣嗣四方"等（參看張亞初《殷周金文集成引得》頁 686）。上博七《吳命》簡 5"以宝東海之表"，整理者讀廣可信。"宝"字亦見於清華簡《祭公之顧命》簡 13"宝塞方邦"，今本《書·顧命》作大開方封。整理者（《清華大學藏戰國竹簡》［壹］177 頁）讀"宝"爲皇，訓爲大。鄧少平指出"宝"當讀爲廣，參看復旦讀書會《清華簡〈祭公之顧命〉研讀札記》文下評論（復旦網 2011 年 1 月 5 日）。

岑

璽彙 5556

○**陳漢平**（1989）　古璽文有字作（5556：平△都鈢），《文編》未釋，收入附録。按古璽文会字作㇑，（中略）知此字从山，今聲，當釋爲岑。古文字聲旁今、金可通用，如裣字或作衿，鈙字或作攲，淦字或作汵；又如古璽文 0013 號：平陰都司徒，陰字作〓；0187 號：平陰都虞皇，陰字作〓；3133 號：平陰，陰字作〓。據璽文文義可知 5556 號璽岑字借爲陰字，璽文當讀爲"平陰都鈢"。平陰爲古邑名，春秋齊地，在今山東平陰東北。

《屠龍絶緒》頁 329

○**李家浩**（1998）　應該隸定作"宫"，"宫"字見於包山楚墓 15 號簡背面，是"邵行之大夫"的名字，該簡正面作"岑"。《說文》説"含"从"今"得聲，故从"含"聲的字可以寫作从"今"聲。在古文字，"宀、广"二旁往往通用。疑"宫、岑"二字皆是"庈"字的異體。

《著名中年語言學家自選集·李家浩卷》頁 151，2002；原載《中國文字》新 24

△**按**　當釋爲岑，讀爲陰。睡虎地秦墓竹簡"岑"字作〓（《爲吏之道》簡 48），馬王堆漢墓簡帛作〓（五星占）、〓（遣册簡 52），與璽文下部相同。若依字形可隸定爲"含"。黃文傑（《秦至漢初簡帛文字研究》174 頁，商務印書館 2008 年）認爲"含"很可能是岑的異寫。

弚

上博五·君子 10

○**張光裕**（2005）　弚。

《上海博物館藏戰國楚竹書》（五）頁 260

△**按**　上博五《君子爲禮》簡 10"弚徒五人"，何有祖（《上博五零釋二則》，簡帛網 2006 年 3 月 3 日）疑"弚"可讀作悌。

㝿

上博五·君子 8

○**張光裕**（2005）　廷。

《上海博物館藏戰國楚竹書》（五）頁 259

△**按**　上博五《君子爲禮》簡 8"【其在】醮則欲齊齊，其在堂則□□"，何有祖（《上博五〈君子爲禮〉試讀》，簡帛網 2006 年 2 月 19 日）謂字上部从宀，疑當釋爲庭。

宰

郭店·語一 103

○**荆門市博物館**（1998）　宲（害）

《郭店楚墓竹簡》頁 199

○**陳偉**（1998）　第五字實从宀从奉，當即"奉"字異構。（中略）《禮記·禮器》引孔子語云："禮不同、不豐、不殺。"同書《禮運》也有大致相同的話。簡書"奉"字應即"豐"字假借。

《江漢考古》1998-4，頁 71

○**張光裕等**（1999）　字从"宰"从"卄"，"宰"似爲"害"字省文。

《郭店楚簡研究·第一卷·文字編》緒言，頁 10

○**陳偉**（2003）　第五字原釋爲"害（从卄）"，讀爲"害"。此字與簡書習見的"害"相比，毫無共同之處。其"宀"以下的部分，則與戰國文字中的"奉"字近似或相同,應即是"奉"字。奉、豐二字在上古讀音相近,可相通假。同爲郭店簡書的《老子》乙組 17 號簡"修之邦,其德乃奉","奉"即傳世本"豐"之假借字。依此,簡文此字可釋爲《説文》訓爲"大屋也"的"寷"字,讀爲豐,是增多的意思。(中略)《禮記・禮器》記孔子説:"禮,不可不省也。禮不同、不豐、不殺。"

《郭店竹書別釋》頁 217

○**滕壬生**(2008)　或即寷字異體。

《楚系簡帛文字編》(增訂本)頁 697

△**按**　郭店簡《語叢一》簡 103"禮不同,不奉,不殺",陳偉(《郭店竹書別釋》頁 217)指出《禮記・禮運》記孔子説作"禮不同、不豐、不殺"。

宾

璽彙 0745　　 璽彙 1228　　 璽彙 5564

○**羅福頤等**(1981)　宾。

《古璽文編》頁 187

○**李零**(1995)　帛書寅應分析爲从宀熱聲。

《國學研究》3,頁 268

○**何琳儀**(1998)　宾,从宀,炅聲。冥之異文。《龍龕手鑒》:"宾,同冥。"《説文》:"冥,幽也。从日从六,冂聲。"

戰國文字宾,人名。

《戰國古文字典》頁 789

△**按**　馬王堆《老子》"靚勝炅"即"靜勝熱",甲本"或炅或吹",乙本"炅"作"熱"。"宾"與楚帛書"寅"是否爲一字,待考。

或

包山 10　 包山 125　 包山 143　 郭店・緇衣 9　 上博四・曹沫 16

○**劉彬徽、彭浩、胡雅麗、劉祖信**(1991)　域。

《包山楚簡》頁 17

○**陳偉**(1996)　"或",《釋文》讀作"域"。似可從。在傳世古書中,域指各種地理境界或區閒。《周禮・地官・大司徒》：“以天下土地之圖,周知九州之地域廣輪之數。”是指九州的境土。《説文》：“或(域),邦也。”《漢書・韋玄成傳》“以保爾域”,顏注云：“域謂封邑也。”分別是指一國、一邑的地方。《周禮・春官・典祀》：“典祀掌外祀之兆守,皆有域。”《廣雅・釋丘》：“域,葬地也。”則分別是指祭場和墓地的範圍。簡書之“𡉻”屬於特定的地域範圍,上揭各種訓釋均不能直接套用。銀雀山漢簡《田法》記云：

> 州、鄉以地次受田於野,百人爲區,千人爲或(域)。人不舉或(域)中
> 之田,以地次相……

這裏的區、域,分別是指百人和千人受田的範圍。由於受田有定數,所以這裏的區、域也就應是特定的地域概念。因此,並考慮到包山簡中的邑也與授田有關,在現有資料中,包山簡“𡉻”的含義當與《田法》的“或”最爲接近。

《包山楚簡初探》頁 74

○**荊門市博物館**(1998)　　(編按:郭店・緇衣 9)𡉻(國)。

《郭店楚墓竹簡》頁 129

○**何琳儀**(1998)　　𡉻,从宀,或聲。

　　包山簡𡉻,讀域。《正韻》：“域,區域也。”

《戰國古文字典》頁 20

○**劉信芳**(2003)　　疑諸“𡉻”皆是由堤防形成的居住、耕作區域。若求諸故訓,“滋”與“涘”音近義通,《爾雅・釋丘》“涘爲崖”注：“謂水邊。”又《釋水》：“水中可居者曰州,小州曰陼,小陼曰沚,小沚曰坻。人所爲爲潏。”所謂“人所爲爲潏”者,謂以人工圍堰,使如洲陼可居者也。知“𡉻”與“潏”亦音近義通。《説文》“闋”之古文作“鬮”,《詩・大雅・文王有聲》“築城伊淢”,“淢”字《韓詩》作“洫”,“潏”古音在質部喻紐,“洫”古音在質部曉紐。“𡉻”字經典未見,有可能爲“淢”字異構。

《包山楚簡解詁》頁 75

○**羅運環**(2005)　　𡉻₁　𡉻₂　𡉻₃　𡉻₄　𡉻₅　𡉻₆　𡉻₇

　　𡉻字尚不見於中原各國,可能是戰國中期楚文字中的一種特殊用字。此字除包山楚簡 7 例之外,又見於《郭店楚墓竹簡・緇衣》,其辭例爲轉引的《詩》句(見於今本《詩經・小雅・節南山》),其曰：“誰秉𡉻成,不自爲貞。”今本𡉻字作“國”,其在詩中也用爲國家之“國”。可見,此字當釋“國”字無疑。(中略)

　　縱觀楚國歷史,包山楚簡中的𡉻(國)有三種可能性：一是滅國不絶其祀

的"遷國";二是吳起變法失敗後,肅王收陽城君等封君之國時而未盡收者;三是新封的侯國。這三種孰是,姑且不下斷語,待有新的資料出土後再作結論。(中略)或(國)是一種封國,縣政有干預權。

《簡帛研究二○○二──二○○三》頁 6──11

○李零(2004) (編按:上博四·曹沫 16)國。

《上海博物館藏戰國楚竹書》(四)頁 253

△按 郭店簡《緇衣》簡 9"誰秉或成",上博一《緇衣》"或"作或,今本作國。上博四《曹沫之陳》簡 16"大或",整理者釋爲"大國"。準此,"或"可釋爲國。楚文字另有國字作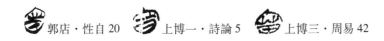(參看《楚文字編》378 頁)。包山簡 10"鄝或"、簡 151"邔或"等之"或"當釋國還是域,仍待研究。

宙

郭店·性自 20　　上博一·詩論 5　　上博三·周易 42

○荊門市博物館(1998) (編按:郭店·性自 20)釋爲廟。

《郭店楚墓竹簡》頁 179

○裘錫圭(1998) (編按:郭店·性自 20)"頌廟"當讀爲"容貌"。

《郭店楚墓竹簡》頁 182

○馬承源(2001) (編按:上博一·詩論 5)宙即"廟",西周金文多作"廟"或"𡫾",個別作"朝",戰國《中山王䜌方壺》作"庿",此詩鄭玄箋云:"廟,本又作庿,古今字也。"《説文》古文與此相同。此字據金文例从广與从宀相通,則宙亦爲古文。

《上海博物館藏戰國楚竹書》(一)頁 132

△按 "宙"即廟字異體。與郭店《性自命出》簡 20"宙"對應之字,上博一《性情論》作"貌"。參見卷九广部"廟"字條。

㴗

郭店·唐虞 5　　郭店·語一 88

○荊門市博物館(1998) (編按:郭店·唐虞 5)釋爲廟,謂㴗下部爲"潮"字,通朝。

《郭店楚墓竹簡》頁 159

△按 "㴗"即廟字異體。參見卷九广部"廟"字條。

寈

　　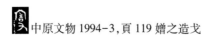郭店·性自 62　　　郭店·語四 1　　　上博一·性情 27　　　陶彙 3·804

○**荊門市博物館**（1998）　（編按:郭店·性自 62）寈（靜）。

《郭店楚墓竹簡》頁 181

○**裘錫圭**（1998）　（編按:郭店·語四 1）"寈"讀爲"情"。

《郭店楚墓竹簡》頁 218

○**濮茅左**（2001）　（編按:上博一·性情 27）寈，讀爲"靜"。

《上海博物館藏戰國楚竹書》（一）頁 259

○**白於藍**（2002）　（編按:上博一·性情 27）"寈、靖"俱从青聲，自可相通。《管子·大匡》:"士處靖，敬老與貴，交不失禮。"尹知章《注》:"靖，卑敬皃（編按:"皃"原誤作"兒"）。"

《華南師範大學學報》2002-5，頁 103

○**徐在國**（2002）　古文字中"青"字或作:

　　　　璽彙 1335　　　　同上 4646　　　　楚帛書　　　　郭店·性自 50

並與 K 所从"𡉀"形近。故 K 可分析爲从"宀"，"青"聲，釋爲"寈"。《龍龕手鑒》:"寈，古文，音青。"《字彙補》:"寈，古文青字。"據此知"寈"乃青字古文。郭店楚簡中"寈"字二見，或讀爲"靜"，如:性自 62"身欲寈（靜）"。或讀爲"情"，如:語叢四·1"寈（情）以舊"。可見戰國文字中"青"字古文確有作"寈"者。由此亦可證明《龍龕手鑒》《字彙補》中的隸定"古文"確有所本。

　　《陶彙》3·804"樂寈"，即樂青。青爲人名。

《古文字研究》23，頁 113

△**按**　郭店《語叢四》簡 1"言以𤔲，寈以舊"，劉釗（《郭店楚簡校釋》225 頁）譯作"言語運用詞彙來表達，情感通過長久來體現"，並以《韓詩外傳》卷四三十一章"情亡不可久"以情、久連言爲證。郭店《性自命出》簡 62、上博一《性情論》簡 27"寈"讀爲靜。詳陳劍《郭店簡補釋三篇》（《戰國竹書論集》55 頁）。

寏

　　中原文物 1994-3，頁 119 嬒之造戈

○楊平（1994）　釋爲肘。

《中原文物》1994-3，頁 119

○范毓周（1996）　依拓本此字形作"🐦"，从"宀"从"告"从"又"，當釋爲"寁"，即"造"字。春秋時金文"造"字皆以"告"爲聲，其所从"告"字"口"上之"牛"部皆將中畫作側彎之形，如《曹公子戈》銘文中"造"字作"🔨"，《宋公䜌戈》銘文中作"🔨"，《申鼎》銘文中作"🔨"，皆與此戈銘文中"造"字所从"告"相近。"造"字在兩周金文中亦有从"宀"从"穴"者，如西周中期《頌鼎》銘文中"造"字作"🔨"，《頌簋》銘文中"造"字作"🐦"；春秋時《公孫造壺》銘文中"造"字作"🐦"。凡此皆可證明此戈銘文中的"寁"應釋爲"造"。

《華夏考古》1996-1，頁 56

○董蓮池（1996）　此文"宀"旁下作"🔨"形，乃"告"旁，申鼎"造"字所从之"告"作"🔨"與其相似，其別僅在此文所从"🔨"旁"口"上之"🔨"中畫不下拽，這其實是上舉申鼎"🔨"旁所从之"🔨"中畫收縮了的異體，此類筆畫收縮現象戰國文字中習見，如"車"本字應作"車"，而或又作"重"（見《中山王𰻝器文字編》29 頁），"屯"字本應所作"🔨"，而或又作"🔨"（見《古幣文編》38 頁），故此文"宀"下所从之"🔨"爲"告"旁無疑。金文中所見"造"字每从"宀"旁，如頌鼎"造"作"🔨"。"造"又或不从"舟"而从"辵"或"彳"，此文"告"下所从"🔨"應爲"止"旁之訛，古文字中"止"旁本有訛作"🔨"形之例，如"趯"字或作"🔨"（趯簋），"道"字或作"🔨"（曾伯固）等。故此文應隸作"寁"，古文字从"辵"从"彳"與从"止"相通，故此文乃是从"宀"从"告"从"彳"或"辵"那種"造"字異體，應釋爲"造"。整個戈銘應釋爲"醜之造戈"。

《于省吾教授百年誕辰紀念文集》頁 134—135

△按　寁戈，即造戈。"寁"爲造之異體。所从告字中豎筆左傾，與告訴之告有所不同。詳參陳劍《釋造》（《出土文獻與古文字研究》1 輯 55—100 頁，復旦大學出版社 2006 年）。

寇

🔨上博二·子羔 11　🔨上博二·子羔 11　🔨璽彙 1110

○吳振武（1984）　（編按：璽彙 1110）此字从宀从鬼，可隸定爲寇，釋爲庞。孖䵾壺蒐字所从之鬼作🔨（《中》64 頁）。侯馬盟書醜字所从之鬼作🔨，古璽裹字所从之鬼作▨（217 頁），戭（鬼）字所从之鬼作▨（232 頁），皆與此字▨旁同。宀、广二旁古亦通，如庫字古璽作▨（234 頁），新鄭兵器作▨（《文物》1972 年 10 期），賡（府）字古璽作▨（387 頁第三欄），長陵盉作▨（《文物》1972 年 6 期），安字古璽既作▨，又作▨（182 頁）。故▨字可釋爲庬。庬字見於《玉篇》《集韻》等書。

《〈古璽文編〉校訂》頁 236，2011

○**季旭昇**（2003）　▨：懷孕。此字直接隸定作“寃”，上从宀，中爲鬼聲，“鬼”形下部的“人”形繁化爲“壬”形。自甲骨文到戰國文字，“人”形繁化爲“壬”形是很常見的繁化現象。蘇建洲《上郭三則》對戰國文字的“壬”有整理，可以參看。“鬼”讀爲“懷”（从鬼與从褱可通，參《古字通假會典》499 頁），“懷”謂“懷子”，“懷子”見《睡虎地秦簡·封診式》簡 84：“甲懷子六月矣，自晝與同里大女子丙鬭。”

《〈上海博物館藏戰國楚竹書（二）〉讀本》頁 37

○**陳劍**（2003）　“窒”即《說文》“煙”字的古文。此字原作▨，所从的“垔”上半作尖頭、與“甶”相似之形，同樣的例子見於春秋金文鄭太子之孫與兵壺銘的“▨（禋）”字所从；下半之形，與戰國中山王方壺銘的“▨（醴）”字所从相同。“垔”字下半本从“土”，“土”繁化爲“壬”，跟“呈”等字類似；又由於戰國文字裏豎筆中閒常贅加小點，小點又演變爲短橫，“垔”受此類“豎筆中閒小點與短橫互作”現象的影響，將“壬”旁中閒的短橫寫作小點，遂成簡文及中山王方壺之形。“垔”及从“垔”聲的“煙”字等古音多在影母文部，但同樣从“垔”聲的“甄”字，上古音卻跟“娠”一樣都是章母文部開口三等，故“窒”與“娠”可相通。娠，孕也。

《文物》2003 年 5 期 57 頁

○**李學勤**（2004）　塞字應从褱省，讀爲懷，即懷妊、懷身之意思。

《上博藏戰國楚竹書研究續編》頁 14

○**張桂光**（2004）　本人則認爲是“褱”字的簡寫。雖然楚簡中“宀”的寫法有時與“衣”字上蓋寫法相近，但從本篇文字看，這個字的上蓋與㝢、宀、竁、守等字的“宀”的筆勢與寫法都有明顯區別，似不宜隸作“宀”，而這個字的中閒部分，則與曾侯乙墓所出衣箱上的二十八宿漆書“鬼”字之作▨、侯馬盟書“戭”字之作▨者極爲相似，再聯繫到“褱”字古璽之作▨（《璽彙》1218）、▨（《璽彙1742》）者之末筆寫快了極易變爲橫畫、▨形符在本篇中出現之頻繁、所代表的構件（▨、▨、▨、▨）又這樣複雜的情況看，釋▨爲“褱”應該是合理的。“褱”

與"懷"音同義近,讀"褢"爲"懷"亦應不難理解。

《古文字論集》頁 197—198,2004;原載《華南師範大學學報》2004-4

△按　上博二《子羔》簡 11A-10、11B-港 3(拼合從陳劍《上博簡〈子羔〉、〈從政〉篇的拼合與編連問題小議》,《文物》2003 年 5 期 57 頁)均有"宽三年"一語,即懷孕三年。"宽"字宀下所從亦見於清華簡《金縢》簡 12"皇天動畏",今本《書·金縢》畏作威。整理者釋畏爲畏,讀爲威(《清華大學藏戰國竹簡》[壹]158 頁)。劉洪濤(參看復旦讀書會《清華簡〈金縢〉研讀札記》文後評論,復旦網 2011 年 1 月 5 日)指出字應釋爲"鬼",只是把所從"人"字形變爲"壬"字形而已,甚是。據此,畏當如季旭昇説直接隸定爲"宽"。

㝓

㝓 包山 145　㝓 包山 190　㝓 璽彙 0214

○**陳漢平**(1985)　按江陵楚簡綠字作㝓、㝓二體,所從與上列古璽文二字相同。又古璽文禄字或作禄,據此知上二體古璽文當釋爲录,讀爲禄。璽文"行禄之璽、禄官之璽"俱爲當時禄官之印信。

《出土文獻研究》頁 237

○**劉彬徽、彭浩、胡雅麗、劉祖信**(1991)　㝓。

《包山楚簡》頁 31

○**吳振武**(1991)　我們認爲,此字從"宀"從"录",應隸定爲"㝓"。西周金文中的"录"字作

录 录 录《金文編》498—499 頁

漢印"禄"字所從的"录"或作:

录 录《漢印文字徵》1.2 上

皆與此字"录"旁相似。"㝓"字雖不見於後世字書,但按照漢字構造的通例來看,它應該是從"录"得聲的。在楚文字中,常有一些字贅加"宀"旁,也許此字就是"录"字異體。(中略)"㝓"字從"录"得聲,自可讀爲"麓"。《説文》説"麓"字從"林""鹿"聲,古文則從"录"聲作"㯺"。商代卜辭和西周金文中的"麓"字亦作"㯺"(《甲骨文編》267—268 頁、《金文編》410 頁),和《説文》古文同。又卜辭中的"录"字也多讀作"麓",這是大家所熟知的。

《江漢考古》1991-3,頁 86—87

○**何琳儀**（1998）　　彔,从宀,录聲。疑录之繁文。

《戰國古文字典》頁 382

○**劉信芳**（2003）　（編按:包山 145）讀爲禄。《周禮·天官·大宰》:"四曰禄位,以馭其士。"鄭玄《注》:"禄若今月俸也。"按簡文"肉禄"謂客卿就官事之所食,折算成金額發放。

《包山楚簡解詁》頁 145

△**按**　《璽彙》0214"行彔",吳振武（《戰國璽印中的"虞"和"衡鹿"》,《江漢考古》1991 年 3 期 86—87 頁）讀爲衡麓。衡麓即掌管山林之官。《左傳·昭公二十年》:"山林之木,衡麓守之。"包山簡 145"肉彔旦法之"、145 反"舍肉彔之舒人",陳偉等（《楚地出土戰國簡册》[十四種]70 頁）認爲"肉彔"爲官署名。

【彔君】包山 190

○**何琳儀**（1998）　　包山簡"彔君",即"郲君"。

《戰國古文字典》頁 382

△**按**　"郲君"封邑參看吳良寶《戰國楚簡地名輯證》（84—85 頁,武漢大學出版社 2010 年）。

宿

侯馬 16:26

○**山西省文物工作委員會**（1976）　　宗盟類參盟人名。

《侯馬盟書》頁 357

○**何琳儀**（1998）　　宵。

《戰國古文字典》頁 1545

○**湯餘惠等**（2001）　　宿。

《戰國文字編》頁 513

△**按**　宿,从宀,前聲。宀下前字从舟,非肉,與上博五《弟子問》簡 1"延陵季子"之![字]非爲一字（![字]字釋讀參看小蟲《説〈上博五·弟子問〉"延陵季子"的"延"字》,簡帛網 2006 年 5 月 22 日）。

𢟪

○**賈連敏**（2003）　寠（賽）。

《新蔡葛陵楚墓》頁 188

○**宋華强**（2010）　"思"屬心母之部，"塞"屬心母職部，兩者聲母相同，韻部陰入對轉。《説文・心部》"㥶"從"心"、"塞"省聲，故疑"寠"是"㥶"字異體。簡文"寠禱"當讀爲"賽禱"或"塞禱"。《尚書・堯典》"欽明文思安安"，《後漢書・和熹鄧皇后紀》、《第五倫傳》、《陳寵傳》、《郅壽傳》李賢注引《尚書考靈耀》"思"均作"塞"；《隸釋》之《魏受禪表》《衛尉卿衡方碑》仿用此語"思"也均作"塞"（參看顧頡剛、劉起釪《尚書校釋譯論》9 頁，中華書局 2005 年），是其證。

《新蔡葛陵楚簡初探》頁 391

△**按**　寠，從宀，思聲。新蔡簡"寠禱"，包山簡作"賽禱"。

【**寠禱**】新蔡甲三 4

△**按**　即賽禱。賽，《史記・封禪書》："冬賽禱祠。"索隱："賽謂報神福也。"賽禱即對神靈賜予的福佑給予回報（《包山楚簡》54 頁）。

寪

集成 10937 寪都戈

△**按**　寪，從宀，易聲。

【**寪都**】集成 10937 寪都戈

○**崔恆昇**（2002）　寪都戈："寪都。"寪即易、陽。寪都，戰國秦地，在今陝西洋縣東北。《水經注・沔（漢）水》上：漢水"南逕陽都坂東，坂自上及下，盤折一十九曲，西連寒泉嶺"。會貞按："阪在今洋縣東北。"

《古文字研究》23，頁 222

窨

璽彙 2142　 璽彙 2951

○**羅福頤等**（1981）　窨。

《古璽文編》頁 187

○**吳振武**（1984）　此字應釋爲窨。古文宀、穴二旁通，如竈字金文或作竈

（《金》430 頁），寮字金文作寮（《金》431 頁），突字古璽作宎（《古徵》附二十六），窯字古璽作窯（455 頁第二欄），故窨字可釋爲窨（參朱德熙、裘錫圭《關於侯馬盟書的幾點補釋》，《文物》1972 年 8 期）。窨字見於《説文・穴部》。

　　　　　　　　　　　　　　　　　《〈古璽文編〉校訂》頁 100,2011

○**何琳儀**（1998）　 窨，从宀，音聲。疑窨之異文。《説文》：“窨，地室也。从穴，音聲。”

　　晉璽窨，人名。

　　　　　　　　　　　　　　　　　　　　　　《戰國古文字典》頁 1400

宴

 曾侯乙 70

○**裘錫圭、李家浩**（1989）　 宴。

　　　　　　　　　　　　　　　　　　　　　　《曾侯乙墓》頁 494

○**何琳儀**（1998）　 宴，从宀，爰聲。疑爰之繁文。或宣之異文。

　　隨縣簡宴，人名。

　　　　　　　　　　　　　　　　　　　　　　《戰國古文字典》頁 937

寏

圖 璽彙 2569

○**羅福頤等**（1981）　 寏。

　　　　　　　　　　　　　　　　　　　　　　《古璽文編》頁 186

○**何琳儀**（1998）　 寏，从宀，孨聲。疑孨之繁文。

　　晉璽寏，人名。

　　　　　　　　　　　　　　　　　　　　　　《戰國古文字典》頁 1024

△**按**　 “孨”字見於《説文》孨部：“謹也。从三子。”

臧

圖 璽彙 3422　　圖 貨系 3001　　圖 貨系 3002

○**羅福頤**(1983)　宬。

《古璽文編》頁 187

○**曹錦炎**(1984)　[圖][圖][圖](2P.331)《文編》入於附錄。此上爲宬字,即戟字的異體;下爲數字,分別爲卅、六、七。不應將兩者作爲一字收錄。

《中國錢幣》1984-2,頁 70

○**黄錫全**(1993)　(編按:貨系 3001)[圖]。

《先秦貨幣研究》頁 357,2001;原載《第二屆國際中國古文字研討會論文集》

○**何琳儀**(1998)　宬,从宀,戒聲。疑戒之繁文。
燕璽,讀棘,姓氏。見戟字。

《戰國古文字典》頁 492

△**按**　"宬"下部所从見於《璽彙》3244,金文衰盤。何琳儀(《戰國古文字典》492 頁)謂字从戈从肉,會戟内邊緣有刃之意,戟之初文。

宸

[圖] 近出 1231 樂宸鈹　　[圖] 璽彙 1636　　[圖] 璽彙 2492　　[圖] 璽彙 3265

○**羅福頤**(1983)　宸。

《古璽文編》頁 187

○**吳振武**(1984)　此字朱德熙、裘錫圭兩先生在《平山中山王墓銅器銘文的初步研究》一文中隸定爲宸,並指出其从虍(虞)得聲,甚是。中山王𦊟諸器"憧㥌(惕)"之憧作[圖](《中》68 頁),从心宸聲,可爲其證,詳朱、裘兩先生上引文及《戰國文字研究》(六種)一文。宸(或隸定爲虞)字不見於後世字書。

《〈古璽文編〉校訂》頁 100,2011

○**陳漢平**(1989)　中山王鼎銘"無憧惕之慮"書作"亡[圖]㥌之㥊",憧字所从與此字形同,知璽文此字與憧字聲旁同音。又《説文》虞字或體又書作虔、𧆆,故知此璽文當釋爲虞或虔,字形或即虔字之訛變。

《屠龍絶續》頁 306

○**王輝**(1989)　宸字見《古璽文編》七卷,但戰國以後不再流傳,故傳統字書皆未收錄。《古璽彙編》收有"郯宸母"(1712)、"吕宸"(1635)、"輅宸"(2492)、"省宸"(3262)等古璽,均用爲人名。此字从宀臾聲。《古璽彙編》0186—0189 收有幾枚地名後加"臾皇"的官璽,朱德熙、裘錫圭《戰國文字研究

(六種)》説⿱臼六是異字的簡化,也是⿸虍異(虡)字的簡化,讀爲遽,"⿱臼六皇"即"遽馹",意爲驛傳,其説是,但此文於⿱宀⿱臼六字則未加考釋。河北省平山縣出土的中山王嚳大鼎銘有"亡⿱宀⿱臼⿱六心煬之忌(慮)",方壺銘有"盗有⿱宀⿱臼⿱六心煬",字从心⿱宀⿱臼六聲,"⿱宀⿱臼⿱六心煬"張政烺先生讀爲"懅愓"。可見⿱宀⿱臼六應同共、異、豦讀音接近。曾憲通《從擂鼓墩出土編鐘架説虡與業》一文説⿱臼六當是舉()之省變,虡字上从虍,表示鐘架所繪猛獸圖案,从共表示擎舉,是一個會意兼形声的字,近是。

《考古與文物》1989-3,頁72

○**何琳儀**(1998) ⿱宀共,从宀,共聲。疑共之繁文。

晉璽"⿰刅阝共",讀"梁余",複姓。

《戰國古文字典》頁497

○**陶正剛**(2001) (**編按**:近出1231樂⿱宀⿱臼六鈹)第一行第六字"",古璽中""出現四個,均爲人名。據朱德熙、裘錫圭《戰國文字研究》(**編按**:"研究"後脱"六種"二字)釋爲虡(見《考古學報》1972年1期83頁)。張政烺先生認爲"此字當是从心⿱宀共聲,迺懅之異體……有平聲、去聲兩讀,平訓怯,去訓懼,古書中多以遽爲之"(《中山王嚳壺及鼎銘考釋》,《古文字研究》1輯2—4頁)。

《古文字研究》21,頁191

△**按** 此字宀下所从朱德熙、裘錫圭(《戰國文字研究》[六種],《朱德熙古文字論集》43—49頁,中華書局1995年)釋爲共,讀爲遽。

寞

郭店·唐虞4 郭店·唐虞24 上博三·周易45

△**按** 郭店簡"寞"詳本卷【宂寞】條。《上博三·周易》"寞",馬王堆帛書本、今本均作"幕"。

⿱宀朔

璽彙4133

○**吴振武**(1983) ⿱宀朔。

《古文字學論集》(初編)頁521

○**吳振武**（1984）　此字从宀从胖，可隸定爲㝋。

《〈古璽文編〉校訂》頁 235，2011

○**何琳儀**（1998）　㝋，从宀，朔聲。疑朔之繁文。

燕璽㝋，人名。

《戰國古文字典》頁 514

△**按**　戰國文字"朔"作 （璽彙 3185）、 （璽彙 3558）、 （包山簡 63）等形，所从屰與丰近。

寙

璽彙 3060

○**丁佛言**（1924）　疑寙字。古鉢寙容。字書無。

《説文古籀補補》頁 69，1988

○**吳振武**（1984）　古璽善（57 頁）、胖（95 頁）等字所从的羊旁多作 ，與此字 旁所从之 同。寙字不見於後世字書。

《〈古璽文編〉校訂》頁 233，2011

○**何琳儀**（1998）　寙，从宀，恙聲。疑恙之繁文。《説文》："恙，憂也。从心，羊聲。"

晉璽寙，姓氏。

《戰國古文字典》頁 674

袁

集成 9735 中山王方壺　　　璽彙 3202　　　璽彙 4086

○**吳大澂**（1884）　袁　古鉢文。

《説文古籀補》頁 31，1988

○**李學勤、李零**（1979）　（編按：集成 9735 中山王方壺）讀爲宣，謂"慈孝宣惠"與《左傳》文十八年"宣慈惠和"句似。

《考古學報》1979-2，頁 151

○**于豪亮**（1979）　（編按：集成 9735 中山王方壺）"慈孝袁惠"，袁讀爲綏，即緩字。古从袁得聲與从爰得聲之字常相通假，《左傳·僖公十五年》"晉於是乎作爰田”，《國語·晉語九》作“作轅田”，是其證。《史記·樂書》：“嘽緩慢易。”正義：“緩，和也。”

○朱德熙、裘錫圭（1979）　（編按：集成 9735 中山王方壺）“袁”“亘”音近，故“寰”可讀爲“宣”。《國語·周語中》“寬肅宣惠”，《左傳·文公十八年》“宣慈惠和”。

《朱德熙古文字論集》頁 100，1995；原載《文物》1979-1

○徐中舒、伍仕謙（1979）　（編按：集成 9735 中山王方壺）寰，从宀袁聲，假爲寬。寬、袁皆元韻字。

《徐中舒歷史論文選輯》頁 1330，1998；原載《中國史研究》1979-4

○張政烺（1979）　（編按：集成 9735 中山王方壺）慈孝寰惠，寰，讀爲寬。

《古文字研究》1，頁 212

○商承祚（1982）　（編按：集成 9735 中山王方壺）寰字亦見寰盤及師寰簋。《説文》作寏。又謨：“譞慧也。”此當與“寰惠”同。

《古文字研究》7，頁 64

○吳振武（1984）　（編按：璽彙 3202）此字从宀从袁省，應隸定爲寰，釋爲寰。中山王𦉢方壺“慈孝寰（宣）惠”之寰作𡩡（《中》66 頁），𡩡即𡩡之省。古璽鄑（151頁）、繯（308 頁）、鐶（334 頁）等字所从的睘旁皆可省⬭作睘，與此同例。古璽中又有𡩡字（456 頁第二欄），當和𡩡是同一字，也應隸定爲寰。寰字在原璽中皆爲人名，西周銅器中有寰盤、師寰簋（《金》427 頁），可見古人有以“寰”爲名的。寰字不見於後世字書，舊釋爲寰，似可信。《説文》謂睘字“从目袁聲”雖不一定可靠，但説明了袁、睘古音近。金文環字既作𤩴，又作𤪌（《金》21 頁），可爲其證。寰字見於《説文·宀部》新附及《廣韻》《集韻》等書。

《〈古璽文編〉校訂》頁 223，2011

○何琳儀（1998）　中山王方壺“寰惠”，讀“宣惠”。《古文四聲韻》四·二二縣作寰，或作𤲬。《集韻》揎又作擐。是其佐證。《國語·鄭語》七“博聞而宣惠於教”，注：“宣，徧也；惠，順也。”

《戰國古文字典》頁 988

○王輝（2008）　寰亦可能爲寬之異構。

《古文字通假字典》頁 710

△按　金文“寰”作𡩡、𡩡（《金文編》頁 537），从宀从袁。《詩·衛風·淇奧》

"寬兮綽兮",阜陽漢簡本與寬對應字作袁。準此,中山王方壺"慈孝袁惠"之"袁"讀爲寬更合適。"寬惠"古籍多見,如《管子・小匡》"寬惠愛民",《荀子・君道》"寬惠而禮"。

劏

郭店・五行 47

○**荊門市博物館**(1998)　劏〈喻〉。

《郭店楚墓竹簡》頁 151

○**何琳儀**(2000)　"劏",帛書本作"喻"。喻,定紐侯部;劏,透紐東部。透、定均屬舌音,侯、東陰陽對轉。《注釋》中之〈喻〉應更正爲(喻)。換言之,"劏"爲"喻"之假借,而非形訛。

《新出楚簡文字考》頁 52,2007;原載《文物研究》12

○**黃錫全**(2000)　有可能爲"俞"字演變(中略)。也可能从 3 形龍。俞,古屬俞母侯部。龍屬來母東部。寵屬透母東部。俞、龍古音相近。(中略)也可能借寵爲俞。

《江漢考古》2000-1,頁 58

○**李家浩**(2004)　古文字"俞"與"劏"形近。《郭店楚墓竹簡》釋文在"劏"之後用角括號括注一"喻"字,據該書"凡例",是整理者認爲"劏"是"俞"的錯字,而讀爲"喻"。不過"劏"也有可能不是"俞"的錯字。本文第三篇指出,丁佛言把"劏"釋爲"龍"不一定可信。但是,"劏"字的左旁確實與"龍"字的左旁相同。上古音"龍"屬來母東部,"俞"屬喻母四等侯部。據曾運乾上古音喻四歸定的說法,與來母都是舌頭音,侯、東二部陰陽對轉。於此可見,"龍、俞"二字古音相近。大家都知道,在古文字中有這樣一種情況,即把某字的一部分,改寫作與該部分形近而又與該字音近的偏旁,使它聲符化(參看拙文《戰國竹簡〈民之父母〉中的"才辯"》,《第四屆國際中國古文字學研討會論文集》586 頁,香港中文大學中國語言及文學系 2003 年)。郭店楚墓竹簡《忠信之道》3 號"俞"作,其所从"舟"旁與"龍"字左旁形近,大概是有意把"俞"字所从"舟"旁改寫作與"俞"音近的"龍"字的左旁,使其成从"龍"省聲。如此說不誤,"劏"當是"俞"的異體。

《出土文獻研究》6,頁 21

○**李守奎**（2003）　（編按：郭店·五行47）俞　讀喻。疑爲訛書。

《楚文字編》頁 521

○**李天虹**（2005）　《五行》此字與《孔子詩論》及《忠信之道》的"俞"字較爲接近，好像不必認爲是"俞"的誤字，説它是"俞"字的變體則比較合適。但是"剩"字的左旁確實和"龍"字左旁寫法相同，所以"剩"也可能確實和"龍"有關，係從"龍"省聲。古"俞、降"音近可通。今本《老子》"以降甘露"，郭店《老子甲》"降"作"逾"，馬王堆帛書《老子》甲、乙本均作"俞"。《説文》云"隆"從"降"爲聲，"隆"與"龍"古音亦近可通。《左傳·成公二年》"齊侯伐我北鄙，圍龍"，《史記·晉世家》、《魯周公世家》"龍"均作"隆"。凡此可作爲"俞、龍"相通的旁證。

《出土文獻研究》7，頁 35—36

○**蘇建洲**（2009）　將剩理解爲從"龍"省聲在字形較容易理解，"龍"在偏旁中的確可以省作"育"形，如王子午鼎、王孫誥鐘的"龏"字。但是誠如陳劍先生所説："三晉文字中亦不乏普通的'俞'字，而其竟然也跟楚文字出現同類的變化作'剩'，也總令人感覺到，事實更可能是'剩'本爲一未識的獨立形體，三晉和楚都有。"也就是説"剩"字形體結構還説不準，但應該是與"俞"音近的字。

《中國文字》新 34，頁 99

△**按**　郭店簡《五行》簡 47"剩而知之謂之進之"，帛書本"剩"作諭。楚簡"俞"字作剩（《郭店·忠信》簡 3）、剩（《上博一·詩論》簡 14）、剩（《上博一·詩論》簡 18）等形，剩字誤寫不無可能。另外，單獨成字的剩也見於九店簡、楚燕客銅量等材料，用作量制，讀爲半，參看董珊《楚簡簿記與楚國量制研究》（《考古學報》2010 年 2 期）。

寅

楚帛書

○**饒宗頤**（1958）　熏。

《長沙出土戰國繒書新釋》頁 7

○**饒宗頤**（1968）　熏字見《説文·屮部》，讀如"易屬薰心之薰"，作寅乃繁形。

《史語所集刊》40 本上，頁 6

○**嚴一萍**（1967）　按毛公鼎有寅字，與繒書之寅甚近，金文一口有重疊作雙口者,如公穌公簠作 🔆。故就字形結構而論,疑即《説文》訓"柴祭天"之"黋"字。

《中國文字》26,頁 6

○**李零**(1985)　寮,舊多釋熏,此從嚴一萍釋。按熏,當中不應作日形,又此所謂氣者,實際上是指地之氣脈,也就是水,不當云熏,其字應爲寮,同竂,《説文》:"竂,穿也。"

《長沙子彈庫戰國楚帛書研究》頁 68

○**高明**(1985)　第一字當釋爲"寅",从宀黄聲。《士父鐘》寫作𩫖,《晉公盤》寫作𩫀,《因𦙃敦》黄字寫作𩫏,皆與此字形相同或相近,寅當讀作陽,黄陽古音相同,故寅氣當讀爲陽氣。

《古文字研究》12,頁 378

○**饒宗頤**(1985)　寅字下从中从炅,炅即熱。馬王堆《老子》本《德經》"靚勝炅"即"靜勝熱",又《道經》"或炅或吹",乙本作熱,故炅乃熱字。小篆熏字从中从黑,此則从中从炅會意。當爲熏之異構。寴氣者,《白虎通・禮樂》釋"壎"云:"壎之爲言熏也,陽氣於黄泉之下,熏然而萌。"是熏氣指陽氣。

《楚帛書》頁 17—18

○**何琳儀**(1986)　饒釋"熏",今從嚴讀"燎"。《説文》:"燎,放火也。"

《江漢考古》1986-2,頁 80

○**李零**(1988)　第二字,應從饒文釋"寴",但饒文謂此字"於宀内从中从炅"則誤。(補注:李家浩先生説此字所从熏與番生簋同。)

《古文字研究》20,頁 170,
原爲中國古文字研究會成立十周年學術研討會論文,1988

○**何琳儀**(1989)　"寮",同"竂"。《説文》:"竂,穿也。"《廣雅・釋詁》三:"竂,空也。"帛書"寮氣"謂"空隙之氣"。

《江漢考古》1989-4,頁 51

○**曾憲通**(1993)　此字宀下作𤎗,番生簋熏字作𤏳,與𤎗最近。楚簡月名𡢃又書作𡥈,从炅,允(或吕)聲,形旁炅變作𤉡,是其例,可定帛文爲寴字。

《長沙楚帛書文字編》頁 103

○**李零**(1995)　此字舊釋寮,字形相似,但並不吻合。饒宗頤先生以爲"熏"字的異構(按:參看《金文編》0062 録番生簋熏字),現在看來也有問題。

近讀《包山楚簡》(文物出版社 1991 年),我發現一個與此有關的字,作以下不同寫法：

　　（1）▨（簡 82），原釋鼉　　（2）▨（簡 97），原釋鼉

　　（3）▨（簡 115），原釋鼉　　（4）▨（簡 115），原釋鼉

　　（5）▨（簡 124），原釋鼉　　（6）▨（簡 125），原釋鼉　　（7）▨（簡 194），原釋鼉

這些例子都是人名用字。另外簡 139 還有“戁”字（辭例作“大脰尹公蔓必與～
卅＿（三十）”），簡 179 還有“鄭”字（辭例作“～人登（鄧）蒼”），也都含有類似
的偏旁。

　　上述各例，（1）—（7）都是由三部分組成，左上爲崀（［2］［3］）或炅（［1］
［2］［5］［6］），右上除（4）（5）作糸或系，其他還有待研究，下半爲黽（除［2］作
糸）。其左上所從偏旁的崀即這裏討論的第一字所含，可以證明崀往往省體
作炅。由這一線索我們還可推論，《古璽文編》187 頁的寅字（作▨或▨）與帛
書此字是同一字。

　　現在我們都已知道秦漢隸書往往把熱字寫成炅。如馬王堆帛書《老子·
德經》，甲乙兩本的“靜勝熱”，“熱”均作“炅”。但更早一點的熱字是作什麼
樣呢？這個問題卻值得探討。《説文解字》卷十上火部熱字是從火埶聲。但
宋代的古文字書熱字卻作▨（《汗簡》66 頁背和《古文四聲韻》卷五 14 頁正引
《義雲章》），黃錫全《汗簡注釋》（武漢大學出版社 1990 年）422 頁認爲崀是崀
之訛，字應隸定作爇。它的左半與崀極爲相似，使我們産生懷疑，熱字作炅
可能是一種字形訛變，即由爇演變成爇或炅，再演變成炅。總之，帛書寅字應分析
爲從宀熱聲大概是沒有什麼問題的。

《國學研究》3，頁 267—268

○**劉信芳**（1996）　包山簡一三九：“大脰尹公蔓必與戁三十。”“戁”即《説文》
“爡”之古文，“寅”字從宀從戁省，而古代訓“爡”之字又多訓“熱”，《廣雅·釋
詁》：“翁、焌、熹，爡也。”又云：“焌、燴，爇也。”《左傳·襄公三十年》：“譆譆出
出。”杜預注：“譆譆，熱也。”“熱”從“埶”聲與“爡”音近義通可知。馬王堆帛
書《老子》“熱”又作“炅”，乃是“寅”之省形，如《德經》“靚勝炅”即“靜勝熱”，
又《道經》“或炅或吹”，乙本“炅”作“熱”，熱之異文作“炅”，爡之古文作
“戁”，蓋熱、爡二字古本互訓之故也。

《中國文字》新 21，頁 76

○**何琳儀**（1998）　寮，從宀，尞聲。《廣雅·釋詁三》：“寮，空也。”《一切經音
義》一：“寮，小空也。”

帛書寮,待考。

《戰國古文字典》頁 317

○**曾憲通**(1999)　字諸家隸定無誤,只是字形分析及釋讀仍有可商,論者均以中爲義符,實則以中爲聲,字當釋爲从宀䕼聲。䕼从炅即熱之初文以爲義,中以爲聲,疑爲燥字異構,故寅可讀爲燥。聲符之中,《説文》以爲艸之古文,後孳乳爲草。出土古文字材料及傳世文獻亦屢見用中爲艸之例,如侯馬盟書 1.91 茀字作𦫶,天星觀卜筮簡"英"字作𦯃,或作𦯃,遣策簡作𦫶。包山簡"若"字从中从艸任作,如作𦯃(包 2·70),或作𦰶(包 2·155)。古璽"藥"字作𦰶从中(《璽彙》1384),漢印作𧅓从艸(《印徵》1·16)。銀雀山漢墓《孫臏兵法》"草"字,簡 108 作𦫶,簡 159 作草。《易·屯》"天造草昧",《漢書·敘傳》作"天造中昧"。《荀子·富國》"刺中殖穀",楊倞注:"中,古草字。"中(艸、草),清紐幽部字;燥,心紐宵部字。上古音幽、宵二部最近,聲紐清、心同部位,故寅可釋爲燥字別體。

《出土文獻與古文字叢考》頁 52,2005;原載《中國古文字研究》1

○**連劭名**(2001)　"熏氣"即炏氣。《説文》:"熏,火煙上出也。"又云:"炏,火氣上行也。"是知熏、炏同義,《漢書·路温舒傳》云:"虛美熏心。"顏注:"熏,氣炏也。"《文選·琴賦》:"蒸靈液以播雲。"李注:"炏,氣上貌。"

炏氣即熱氣,是陽氣的別稱,《淮南子·天文》云:"積陽氣之熱氣久者生火,火氣之精者爲日。"戰國時代三晉字體的《行氣玉銘》中"氣"字从气从火。《素問·氣交變大論》云:"其德溽蒸。"王注:"蒸,熱也。"

《江漢考古》2001-2,頁 51

△**按**　楚帛書甲篇"寅燬(氣)倉燬(氣)","寅"字宀下从中从炅,"炅"在馬王堆帛書《老子》中用爲熱字;郭店簡《太一生水》簡 3"是以成倉然",倉然,整理者(《郭店楚墓竹簡》126 頁)讀爲滄熱,《説文》"滄,寒也"。如此,"寅氣倉氣"即熱氣寒氣,文意甚爲順暢。徐在國(《楚帛書詁林》492 頁,安徽大學出版社 2010 年)認爲"寅"字中的中是加注的聲符,上古音中爲透紐月部字,熱爲日紐月部字,聲紐同爲舌音,韻部相同。

㡩

 睡虎地·日甲 68 背壹

○**睡簡整理小組**（1990）　痛（餔）　餔,《廣雅·釋詁》:“食也。”此處指早飯,與《説文》專指申時食不同。

《睡虎地秦墓竹簡》頁 213、217

△**按**　睡虎地秦簡《日書》甲 68 背貳“以望之日日始出而食之,已乃痛,則止矣”,“痛”從宀,脯聲,讀爲餔,《説文》食部:“餔,日加申時食也。”

牆

 郭店·語四 7　　　集成 10478 中山兆域圖

○**張克忠**（1979）　（編按:中山兆域圖）牆,將字。從宀,與新字從宀同意。《詩經·我將》:“我將我享。”曆鼎:“用夙夕齍享。”

《故宮博物院院刊》1979-1,頁 48

○**徐中舒**（1979）　（編按:中山兆域圖）牆（將）。

《徐中舒歷史論文選輯》頁 1342,1998;原載《中國史研究》1979-4

○**朱德熙、裘錫圭**（1979）　（編按:中山兆域圖）牆（藏）。

《朱德熙古文字論集》頁 106,1995;原載《文物》1979-1

○**荆門市博物館**（1998）　（編按:郭店·語四 7）牆（將）。

《郭店楚墓竹簡》頁 217

○**楊澤生**（2009）　（編按:郭店·語四 7）簡文“牆”其實是“藏”字的異體。這種寫法的“藏”字又見於中山王墓出土的兆域圖,文曰:“其一從,其一牆府。”實際上郭店簡中“藏”與“將”寫法有別,“藏”字除了有本簡這種寫法外,還有寫作贊的,而“將”都寫作從“牆”。“藏”在古文獻中很常見,如秦簡《日書》甲種《盜者》:“疵在耳,臧（藏）於垣内中糞蔡下……疵在目,臧（藏）牛廄中草木下……疵在鼻,臧（藏）於草中……”《史記·魏公子列傳》:“公子聞趙有處士毛公藏於博徒,薛公藏於賣漿家,公子欲見兩人,兩人自匿不肯見公子。”《説文·艸部》新附説“藏,匿也”是很對的。“藏”又與“行”相對。如睡虎地秦簡《日書》甲種《星》篇説:“翼,利行。不可臧（藏）。”由此,簡文“彼邦毋藏”正好與下文“流澤而行”相應,是説不要在遊説的那個國家藏身下去。

《戰國竹書研究》頁 100

△**按**　郭店簡《語叢四》簡 6—7“皮邦芒牆”,陳偉（《郭店竹書別釋》233 頁）讀

爲破邦亡將,顧史考(《郭店楚簡〈語叢四〉篇韻讀新解三則》,《簡帛》1 輯 63 頁,上海古籍出版社 2006 年)將 6 號簡與 26 號相接,讀爲"破邦亡家"。

窯

璽彙 1731　璽彙 4015

○**羅福頤等**(1981)　窯。

《古璽文編》頁 186

○**何琳儀**(1998)　窯,从宀,票聲。

晉璽窯,人名。

《戰國古文字典》頁 1465

△**按**　此字宀下所从又見於《璽彙》2082、2083 等窯字,與魚形近。

奠

集成 83 楚王酓章鐘　集成 85 楚王酓章鎛

○**劉節**(1935)　奠字從郭沫若釋,宋人釋實,璽印文字奠作,而鐘銘作實,就字形觀之,應釋奠爲是。奠就是奠字,奠亦置也,《詩・采蘋》:"于以奠之。"傳曰:"奠,置也。"文義甚通。

《古史考存》頁 112,1958;原載《楚器圖釋》

○**郭沫若**(1936)　奠。

《郭沫若全集・考古編 8》頁 356,2002

○**錢伯泉**(1984)　奠字楚鎛作,古皆釋實,謂爲"通置",是置放的意思,這就與曾侯乙的死無關,從曾侯乙墓的發掘,從越釋"赴"來看,此字釋"置"是有問題的。今人雖依字形釋奠,但未講明含義。其實此字即是"奠"字。《詩・召南・采蘋》:"于以奠之,宗室牖下。"字正象將器物放在支架上,陳列在宗室內的樣子。《儀禮・既夕禮》:"賓告事畢,拜送,入。贈者將命,擯者出請,納賓如初,賓奠幣如初若就器則坐奠于陳。"鄭注:"就,善也。贈無常,唯玩好所有。陳,明器之陳。"可見凡是君長親友,接到喪家訃告,必須親自臨喪或派人弔唁,還要"奠幣、奠器"。同篇又曰:"兄弟,賵奠可也。"鄭注:"兄弟,有親者,可且賵且奠,許其厚也。賵奠于死生兩施。"在送喪禮時,兄弟這樣親近的,可以既賵且奠,“賵”禮是送給死人的,需要放進墳墓,“奠”物則是送給生人的,並不一定放進墳墓。“⿱宀奠之於西𣄴”,意爲:“用它作爲奠器,陳列在西陽曾侯乙的宗室中。”

《江漢考古》1984-4,頁93—94

○**湯餘惠**(1993)　⿱宀奠,即⿱宀奠,用爲奠,放置、陳設之意。《詩・召南・采蘋》:“于以奠之,宗室牖下。”毛傳:“奠,置也。宗室,大宗之廟也。”

《戰國銘文選》頁18

○**何琳儀**(1998)　⿱宀奠,从宀,奠聲。疑奠之繁文。

楚王酓章鐘⿱宀奠,讀奠。見奠字。

《戰國古文字典》頁1130

△**按**　楚王酓章鐘、鎛“作曾侯乙宗彝,⿱宀奠之于西殤”,“⿱宀奠”即奠字,放置的意思。

⿱宀集

集成2296 鑄客鼎　郭店・五行42

△**按**　“集”字異體,詳見卷四雥部“雧”字條。

⿱宀絡

集成9975 陳璋壺

○**吴蒙**(1982)　“絽”讀爲“侑”或“宥”,《儀禮》《禮記》的“侑”字每或作“宥”可證,所以盱眙所出可援例稱爲重金壺,係酒器。

《文物》1982-11,頁13

○**黄盛璋**(1984)　“⿱宀絡”字从“宀”从“系”从“各”,乃“絡”字之繁文。(中略)今考其字从“各”,“絡”當表壺之附飾。

《文物》1984-10,頁60

○**何琳儀**(1989)　應釋“⿱宀絡襄”,讀爲“絡纕”。

《戰國文字通論》頁174

竁

上博二·子羔1

○**馬承源**（2002）　竁从毳聲,古音當與"磽"相近,《孟子·告子上》:"雖有不同,則地有肥磽,雨露之養,人事之不齊也。"又《荀子·王制》:"相高下,視肥磽,序五種。"後世失"竁"而改用"脆"字。

《上海博物館藏戰國楚竹書》(二)頁185

○**何琳儀**（2003）　"肥脆"應讀"肥膌"。"脆(膬)",清紐月部;"膌",精紐支部。故二字爲齒音雙聲。如果退一步從"膬"或作"脆"分析,"危"歸歌部(董同龢、王力之説),歌、月對轉。而"危"或歸支部(段玉裁、王念孫、朱駿聲之説),則"脆"與"膌"同屬支部。"肥膌",見《書·禹貢》"田之高下肥膌"。《吕覽·仲秋紀》"案芻豢,瞻肥膌"。或作"肥膌",見《管子·問》"時簡稽帥馬牛之肥膌"。

《學術界》2003-1,頁86

△**按**　上博二《容成》簡49有"高下肥毳",李零(《上海博物館藏戰國楚竹書》[二]289頁)讀毳爲磽,並指出毳古有二音:一同脆,爲月部字;一同橇,爲宵部字。準此,則"竁"讀磽或墝(宵部)當無問題。墝,貧瘠。《淮南子·修務》"肥墝高下"。

窋

璽彙3062

○**曹錦炎**（1983）　此字應該釋爲竇,《文》亦入於附録。《説文》:"竇,空也,从穴賣聲。"按宀、穴兩個偏旁很早就已經相混,如竈字,秦公簋从穴,邿鐘从宀;寮字金文都从宀,小篆則从穴;古印宵字从穴,窈字則从宀。在漢印裏面,竇字也仍有作竇的,如"竇福印、竇弘印"(《徵》7·18)。所以,古印中竇字寫作竇是毫不奇怪的。

《禮記·月令》"穿竇窖",注:"入地隋曰竇。"古人竇姓者甚多,不煩舉,此印"竇",當爲姓氏。

《史學集刊》1983-3,頁89

○**何琳儀**（1998）　窜，从宀，辛聲。竇之異文。《説文》：“竇，空也。从穴，瀆省聲。”

晉璽窜，讀竇，姓氏。夏帝相遭有窮氏之難，其妃方娠，逃出自竇，而生少康，其後氏焉。見《風俗通》。

《戰國古文字典》頁 401

△按　此字宀下所从曹錦炎（1983）隸定爲辛。

窅

璽彙 0913　　璽彙 1893

○**裘錫圭**（1983）　這個字應該釋作“窅”。《説文·穴部》：“窅，坎中小坎也。从穴从臽，臽亦聲。”“宀、穴”兩個偏旁很早就已經相混。（中略）所以古印“窅”字从“宀”是毫不奇怪的。小篆“窅”字从“臽”聲，印文則从“臿”聲。

《古文字研究》10，頁 82

○**吳振武**（1983）　窅。

《古文字學論集》（初編）頁 495

△按　古璽窅，人名。

窒

集成 2795 楚王酓忎鼎　　集成 10158 楚王酓忎盤　　九店 621·14　　上博五·弟子附

○**劉節**（1935）　（編按：集成 2795 楚王酓忎鼎）窒即室之繁文。

《金文文獻集成》22，頁 288，2005；原載《楚器圖釋》

○**商承祚**（1935）　（編按：集成 2795 楚王酓忎鼎）窒乃室之緐文。《説文》“室，實也”；《廣雅·釋詁》四：“室，實也，人物充滿其中也。”即此意。謂鎔化其兵銅，實之以鑄器，故曰“實鑄”。

《金文文獻集成》20，頁 261—262，2005

○**郭沫若**（1936）　（編按：集成 2795 楚王酓忎鼎）窒當是室之緐文，同出之器言“伇（作）盥鈃盙（鼎）”，則義當與作近，殆叚爲設也。

《郭沫若全集·考古編》8，頁 364，2002

○**周法高**（1951）　（編按：集成 2795 楚王酓忎鼎）按商説“室、實”相通，是也。“室、

實”古韻同隸至部,聲紐同屬正齒(舌面)音,故得相通。但此處之“實”乃助詞或副詞,經傳中其例甚多,如:

東鄰殺牛,不如西鄰之禴祭,實受其福。(《易·既濟》)

實靖夷我邦。(《詩·大雅·召旻》)

后稷之孫,實維大王;居岐山之陽,實始翦商。(《詩·魯頌·閟宫》)

二人曰:我,太史也,實掌其祭。(《左傳·閔公二年》)

任、宿、須句、顓臾、風姓也,實司大皞與有濟之祀。(《左傳·僖公二十一年》)

澤門之皙,實興我役;邑中之黔,實慰我心。(《左傳·襄公十七年》)

“實”字加在動詞前面,和本銘用法相似。

《金文零釋》頁 145—146

○**朱德熙、裘錫圭**(1972)　晉从臸聲,臸古脂部入聲,晉古真部字,脂真二部陰陽對轉。箭古元部字,真元二部音近通轉。搢、戩等元部字均从真部晉得聲。根據這一點來推斷,酓忎鼎窒字當讀爲煎。《考工記·栗氏》“栗氏爲量,改煎金錫則不耗”,鄭注:“消湅之,精不復減也。”煎乃銷鑠之義。酓忎鼎盤都是繳獲的兵器鑄的,所以説“煎鑄”,意謂銷熔兵器,改鑄爲鼎盤。

《朱德熙古文字論集》頁 49,1995;原載《考古學報》1972-1

○**許學仁**(1983)　(編按:集成 2795 楚王酓忎鼎)銘文“窒”字,郭某、劉節、商錫永並釋爲“室之繁文”。劉節謂“窒鑄必爲鑄器之法”,洵不誣也。然屬何種鑄器法,則未加深考。商氏訓室爲實,謂鎔化其兵器,實之以鑄器。按:商氏謂銷鎔兵器是也,而訓室爲實,殆有疑義。楚器鑄客豆室作,曰:“王后六室。”御臸匜臸作,曰:“御臸。”用各有當,不容混淆。衡以文例,又當與酓肯器“乍鑄鉈鼎”相當,其所異者,“酓肯鼎”特言明“窒鑄”;酓肯諸器,但稱“乍鑄”耳。考晉字契文作,从日从二矢;金文作:(格伯作晉姬簋)、(晉邦盫),鄂君啟節作,侯馬載書作,古鉩作,皆从臸得聲。朱德熙、裘錫圭二氏讀“窒”爲“煎”。

《中國文字》新 7,頁 134

○**何琳儀**(1998)　窒,从宀,臸聲。

酓忎器窒,讀涅。《爾雅·釋言》:“馹遽傳也。”釋文:“馹,郭音義本或作遷。”是其佐證。《方言》十三:“涅,化也。”

《戰國古文字典》頁 1089

○**李家浩**（1999）　“窒”見於楚王畲忎鼎等。（中略）從簡文“窒”跟“灼”連言來看，大概也應該讀爲“煎”。《淮南子·本經》：“煎熬焚（燔）炙，調齊（劑）和之適，以窮荊、吳甘酸之變。”《説文》火部：“煎，熬也。”《方言》卷七：“煎、儁、鞏，火乾也……凡有汁而乾謂之煎。”

《九店楚簡》頁 144

○**張光裕**（2005）　（編按：上博五·弟子附）楚器中有《楚王畲忎鼎》：“正月吉日，窒鑄喬鼎之蓋，以供歲嘗。”又《盤》銘：“正月吉日，窒鑄少盤，以供歲嘗。”按：郭店簡《緇衣》第二十六、二十七簡：“《吕刑》員（云）：非甬（用）銍，折（制）以型（刑），隹（惟）乍（作）五瘧（虐）之型（刑）。”上博竹書《紂衣》第十四簡：“《吕型（刑）》員（云）：貦（苗）民非甬（用）霝，制以型（刑），隹（惟）乍（作）五虎（虐）之型（刑）。”“非甬（用）銍”與“非甬（用）霝”二句，今本《緇衣》引作“苗民匪用命”，由比勘可見，“用銍、用霝、用命”三者用字雖有不同，然其文意則一。“霝”於金文中多讀爲“令”，訓爲“善”，如《追簋》：“用祈眉壽永命，毗臣天子，霝冬（終）。”《小克鼎》：“眉壽永命，霝冬（終）。”“霝冬（終）”即“令終”，亦即“善終”。《詩·大雅·既醉》“昭明有融，高朗令終”，鄭玄箋：“令，善也。天既助女以光明之道，又使之長有高明之譽，而以善名終，是其長也。”《爾雅·釋詁》：“令，善也。”《詩集傳》亦稱“令終，善終也”。“霝”可讀爲“靈”，亦訓“善”。《爾雅·釋詁》：“霝，善也。”而“用命”之“命”，可讀爲“令”，“用命”即“用令”，訓爲“用善”。“用銍”用例與“用霝、用命”相同，“銍”訓爲善亦顯而易見。“銍”，《説文·至部》云：“到也，從二至。”又《説文繫傳·日部》有“晉”字銍聲：“進也，日出而萬物進。”今簡云“考言窒色”，“窒”亦從銍，惟以“到、進”爲訓，則略嫌不辭。而衡諸《論語·學而》：“巧言令色，鮮矣仁。”復證以上引各本《緇衣》“用銍、用霝、用命”之異文，是知“窒色”當讀爲“令色”，“令色”猶言“善色”也。至若《楚王畲忎鼎》及《盤》銘稱“窒鑄”云者，當讀爲“令鑄”，猶言“善鑄”。

《上海博物館藏戰國楚竹書》（五）頁 282

【窒鑄】集成 2795 畲忎鼎　集成 10158 畲忎盤
○**商承祚**（1935）　讀爲“實鑄”。説詳上文。
○**劉節**（1935）　窒盤必爲鑄器之法，因他器有言爲王句六室爲之也。

《金文文獻集成》22，頁 288，2005；原載《楚器圖釋》

○**朱德熙、裘錫圭**（1972）　讀爲煎鑄。説詳上文。
○**李零**（1992）　窒鑄，窒與鑄應是含義相似的動詞。窒字同室，故宫博物院收藏楚王室客銀匜,“室客”與“鑄客”是相似的名詞。

《古文字研究》19,頁 146

○**湯餘惠**(1993) 䆐鑄,鑄造方法,疑猶範鑄。

《戰國銘文選》頁 23

○**何琳儀**(1998) “䆐盤”,讀“涅鑄”,猶熔化鑄造。或讀“煎鑄”(箭與晉通)。《周禮・考工記・栗氏》“改煎金錫則不秏”,注:“消湅之,精不復減也。”

《戰國古文字典》頁 1089

○**張光裕**(2005) 讀爲“令鑄”,即善鑄。說詳上文。

△**按** 楚王熊悍器“䆐鑄喬鼎”“䆐鑄少盤”,䡩字見於壽縣出土的鑄客匜,朱德熙、裘錫圭讀䮃(《朱德熙古文字論集》49 頁)。又見於郭店簡《緇衣》簡 26“非用䡩”,上博一《緇衣》作“苗民非用霝”,今本《緇衣》作“苗民匪用命”,《書・吕刑》作“苗民弗用靈”,《墨子・尚同中》引《吕刑》作“苗民否用練”。張富海(《郭店楚簡〈緇衣〉篇研究》22 頁,北京大學 2002 年碩士學位論文)據《墨子》文將鑄客匜䡩、熊悍器“䆐”均讀爲煉。上博五《弟子問》“考言䆐色”,即巧言令色。可知䡩、䆐確可讀令、靈。馮勝君(《郭店簡與上博簡對比研究》149 頁,綫裝書局 2007 年)認爲熊悍器“䆐”也可能直接讀爲命令之令。上博七《凡物流形》甲本簡 27“聲好色”,“”范常喜(《〈上博七・凡物流形〉“令”字小議》,簡帛網 2009 年 1 月 5 日)隸定爲“䆐”,讀爲令,其說可從。

⿱宀留

郭店・緇衣 41

○**荊門市博物館**(1998) ⿱宀留,簡文字形與包山楚簡“留”字形近,讀作“留”。

《郭店楚墓竹簡》頁 136

△**按** 上博竹書《緇衣》簡 21 對應字作(《上海博物館藏戰國楚竹書》[一]196 頁),今本作留。

⿱宀胥

璽彙 1548

○羅福頤等（1981）　霄。

《古璽文編》頁 188

△按　璽文霄,人名。

窺

珍秦 109

○裘錫圭（1993）　忌槐　第二字當是褱或槐之異體。

《珍秦齋古印展》109 號

○游國慶（1994）　第二字作"",上从宀（古璽"官"作"",鑄客鼎"客"作
"",江陵楚簡"窺"作""可證）,可隸作"窺"。古文字增宀爲羨符之例甚
多,窺或即槐之異體。

《中國文字》新 19,頁 173

△按　《珍秦》窺,人名。

寚

璽彙 2884

○羅福頤（1983）　寚。

《古璽文編》頁 187

△按　"寚"字从宀从玉从貝从刀,"寶"爲寶字初文（參看《甲骨文字詁林》
1887 頁）。璽文用作人名。

寉

上博四·昭王 1　上博四·昭王 2

△按　詳"寉人"條。

【寉人】上博四·昭王 1

○陳佩芬（2004）　"寉"讀爲"稚",聲紐旁轉通作"侏"。"寉人"即"侏人",
侏儒,宮中的御侍。

《上海博物館藏戰國楚竹書》（四）頁 183

○**孟蓬生**（2006） “稚、侏”聲音較遠,通轉可能不大。侏儒不得省稱爲侏人,且侏儒之職在於供娛樂,與此寵人掌守門通報者了不相涉。“寵人”當讀爲“寺人”。寺人,即宮中供使喚的小臣,以奄人爲之。《詩・秦風・車鄰》:“未見君子,寺人之令。”毛傳:“寺人,内小臣也。”清陳啓源《毛詩稽古編》:“閽寺守門,古制也。欲見國君者,俾之傳告,不過使令賤役耳。”楚國方言中之部與脂微部有相混的情形。上博簡《周易》“匪夷所思”作“非台所思”,本書《曹沫之陳》中用“幾（微部）”爲“忌”（之部）（134 頁）,皆其證也。稚字又作“㻫”,从犀聲;又作“㺦”,从犀聲;又作秪,从夷聲（見《集韻》）。而“管夷吾”之“夷（脂部）”,《郭店楚簡》正作“寺（之部）”。然則“寺”之於“寵”,猶“寺”之於“夷”也。

《簡帛研究二〇〇四》頁 71

△**按** 魏宜輝（《讀上博楚簡（四）札記》,簡帛研究網 2005 年 3 月 10 日）認爲“寵人”類似於文獻中負責守門的“閽人”;鄭玉姍（《〈上博四・昭王毀室〉札記》,簡帛研究網 2005 年 3 月 31 日）讀爲“雉人”,認爲即把守雉門之人。

㢈

新蔡甲三 251　 新蔡甲三 264　 新蔡零 386　 新蔡零 393

○**賈連敏**（2004） “㢈”在簡文中共見 8 例,均爲殘辭。從其辭例（如例 47、48、49）“其國（域）之㢈”“其㢈之……”看,“㢈”是個名詞。它領屬於“域”,其下也應有所轄。由此推測“㢈”或許與包山楚簡中的“敔”相當。兩者皆轄於“域”,應是同一層次的組織。“敔、蒦”音近,“蒦”爲匣紐鐸部;“吾”爲疑紐魚部,聲紐同類,韻母陰陽對轉,應可通假。

《華夏考古》2004-3,頁 96

△**按** 彭浩、賈連敏指出此字下部即見於上博竹書《周易》17 號簡等處的“蒦”字,宀似是增飾筆畫。參看《楚地出土戰國簡册》（十四種）459 頁。

窠

新蔡甲三 326-1

○**賈連敏**（2003） 窠。

《新蔡葛陵楚墓》頁 199

○宋華强（2010）　“寱”字从“宀”、从“陸”省、从“木”。戰國文字習在字上加“宀”爲飾，未必表義，“寱”疑是“橢”字異體。“橢”字从“木”，“隋”聲；“隋”字从“肉”，“陸”省聲，所以“橢”字可以寫作从“木”，“陸”省聲。

《新蔡葛陵楚簡初探》頁 329

△按　“寱”字中閒部分又見於包山簡 168，整理者（《包山楚簡》30 頁）釋爲“隋”的𦓒字。

【寱人】新蔡甲三 326-1

○宋華强（2010）　“寱人”疑當讀爲“隋人”。《説文·肉部》：“隋，裂肉也。”段玉裁注云：“裂肉，謂尸所祭之餘也。”《周禮·春官·守祧》“既祭，則藏其隋與其服”，鄭玄注云：“玄謂隋，尸所祭肺脊黍稷之屬。”“隋”可爲祭名，字又作“墮”。《儀禮·士虞禮》“祝命佐食墮祭”，鄭玄注云：“下祭曰‘墮’，‘墮’之言猶墮下也……齊魯之閒謂祭爲‘墮’。”孫詒讓《周禮正義》云：“是鄭意凡以肉物祭於主，通謂之‘隋’。”“寱（隋）人”的職司可能和“腊人”類似。《周禮·天官·腊人》云：“腊人掌乾肉……凡祭祀，共豆脯，薦脯、膴、胖。”祭禱文書簡是里社祭禱的記録，里社祭禱通常有負責殺牲分肉之宰。如《史記·陳丞相世家》“里中社，平爲宰，分肉食甚均”，《索隱》云：“陳平由此社宰，遂相高祖也。”“寱（隋）人”大概就是司城己所居之里或閭中社宰一類的官員，所以讓他主持祭禱。

《新蔡葛陵楚簡初探》頁 329—330

𦕅

△按　“聞”字異體，詳卷十二耳部“聞”字條。

窒

包山竹籤 11

○何琳儀（1998）　窒，从宀、土，炶聲。灶之繁文。《正字通》：“灶，俗竈字。”《説文》：“竈，炊竈也。《周禮》以竈祠祝融。从穴，黿省聲。”

　　包山木籤窒，讀竈。《周禮·春官·大祝》：“二曰造。”注：“故書造作竈。”是其佐證。

《戰國古文字典》頁 172

絮

新蔡甲三 314

○**賈連敏**（2003）　絮。

《新蔡葛陵楚墓》頁 198

△**按**　絮即縈字，《新蔡》甲三 314“刞（刟）於下絮（縈）”，下縈，地名。

臧

臧 上博一・詩論 19　　臧 珍秦・戰 5

○**馬承源**（2001）　（編按：上博一・詩論 19）臧。

《上海博物館藏戰國楚竹書》（一）頁 148

○**周鳳五**（2002）　（編按：上博一・詩論 19）藏。

《上博館藏戰國楚竹書研究》頁 154

○**胡平生**（2002）　（編按：上博一・詩論 19）臧，《説文》：“善也。”《詩・邶風・雄雉》：“不忮不求，何用不臧。”毛傳：“臧，善也。”臧願，即善願、美願。評《木瓜》爲“有善願而未得達”，大概是指詩句説薄贈而厚報，本意是期望“永以爲好也”的善願，然而並未能夠達到目的，實現願望。

《上博館藏戰國楚竹書研究》頁 285

○**黃人二**（2002）　（編按：上博一・詩論 19）簡文“有藏願而未得達也”，蓋謂爲人懷藏愨謹，投重禮以報答輕物，仍未能遂其志。

《上海博物館藏戰國楚竹書（一）研究》頁 52

○**鄭玉珊**（2004）　（編按：上博一・詩論 19）臧，應是“臧”之異體字，楚系文字往往加“宀”爲飾，假作“藏”。藏願，是指隱而未發的心意，即簡 20 的“隱志”。

《〈上海博物館藏戰國楚竹書（一）〉讀本》頁 51

△**按**　上博一《詩論》簡 19“《木瓜》有臧願而未得達也”，裘錫圭（《裘錫圭學術文集・簡牘帛書卷》358 頁）引陳劍説釋爲“藏願”。

【臧室】珍秦・戰 5

○**吳振武**（2001）　臧（藏）室：似專指藏書之處。《史記・老子韓非列傳》記老子任"周守藏室之史",《索隱》曰:"藏室史,周藏書室之史也。"

《珍秦齋藏印【戰國篇】》頁 19

△按　《珍秦齋藏印【戰國篇】》3 號官璽僅存左半,吳振武(《珍秦齋藏印【戰國篇】》17 頁)據殘存筆畫釋爲"寶室",亦讀爲藏室。

牢

新蔡甲三 304

○賈連敏(2003)　牢(牢)。

《新蔡葛陵楚墓》頁 198

△按　新蔡簡"牢"一詞用牢(乙四 96)、留(乙四 25)、牧(乙四 128)、單(甲三 243)、牢(甲三 304)五字表示。參見卷二牛部"牢"字條。

舊

新蔡甲三 398

○賈連敏(2003)　舊。

《新蔡葛陵楚墓》頁 201

○宋華强(2010)　所謂"舊"字作，當是"舊"字。楚文字中"Ⅴ"、"宀"二形可以互作,如"向"或作(郭店簡《魯穆公問子思》3 號),"輪"所从"侖"旁或作(郭店簡《語叢四》20 號),這是"宀"寫作"Ⅴ"的例子。"菫"或作(郭店簡《性自命出》25 號),而从"菫"之字如"懂"或作(郭店簡《緇衣》24 號),"鏵"或作(郭店簡《語叢一》101 號),這是"Ⅴ"寫作"宀"的例子。關於這種形體變化,可以參看荊門市博物館《郭店楚墓竹簡》,第 120 頁注一八"裘按";湯餘惠、吳良寶《郭店楚墓竹簡零拾(四篇)》,李學勤、謝桂華主編《簡帛研究二○○一》,第 200—201 頁;馮勝君《郭店簡與上博簡對比研究》,線裝書局 2007 年,第 145 頁。"舊、菫"上部皆作"Ⅴ"形,故"舊"字亦可寫作"舊"。

《新蔡葛陵楚簡初探》頁 447

【舊】新蔡甲三 398

○**賈連敏**（2003）　奮虩。

《新蔡葛陵楚墓》頁 201

△按　《新蔡》甲三 398"刞（刉）於舊一貈（貏）☐"，舊，地名。右旁不甚清晰，宋華强（《新蔡葛陵楚簡初探》447 頁）認爲从广从虚，讀爲虚。

會

曾侯乙 18　　曾侯乙 126

○**裘錫圭、李家浩**（1989）　古文字多以"嘼"爲"單"，因此，"會"也可能應釋爲"寧"。

《曾侯乙墓》頁 513

○**何琳儀**（1998）　會，从宀，嘼聲。疑嘼之繁文。

《戰國古文字典》頁 217

△按　陳劍(《甲骨金文考釋論集》29 頁）指出，古文字中的"嘼"形皆當釋爲"單"。此字當如裘錫圭、李家浩（1989）釋作"寧"爲宜。

窨

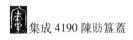集成 4190 陳贎簠蓋

○**容庚**（1936）　窨叔和殆即太公和。

《善齋彝器圖錄‧善齋彝器圖錄考釋》頁 23

○**郭沫若**（1936）　窨者，螯之異。窨叔當即陳螯子乞。

《郭沫若全集‧考古編 8》頁 454，2002

○**何琳儀**（1998）　窨，从宀，螯聲。螯之繁文。螯，螯之異文。（中略）
　　陳贎簠蓋"窨弔"，謚號。

《戰國古文字典》頁 82

竂

包山 267

○劉彬徽、彭浩、胡雅麗、劉祖信（1991）　　甖（葬）。

《包山楚簡》頁 64

○何琳儀（1998）　　甖，从宀，甈聲。疑甈之繁文。

包山簡甖，讀葬。

《戰國古文字典》頁 704

○李守奎（2003）　　葬字異體。

《楚文字編》頁 464

△按　包山簡 267"左尹甖"，"甖"即葬字。

矗

集成 157—162 鷹羌鐘

○吳其昌（1931）　　"矗"即《説文》之"矗"。《説文》云："疾言也。"按桂氏義證云："本書'雪'字从矗省，云'眾言也'。"按眾言之訓是也。乃多言囂然之意，是謀議也。何以而代齊之故，又謀議奪楚京耶？

《國立北平圖書館館刊》5 卷 6 號，頁 49—50

○劉節（1931）　　矗即矗之繁文。《説文》："矗，疾言也；从三言，讀若沓。"

《古史考存》頁 92，1958；原載《北平圖書館館刊》5 卷 6 號

○唐蘭（1932）　　《説文》無矗字，當訓急疾，从宀，矗（編按：矗當爲"矗"之筆誤）聲。《説文》矗訓疾言也。矗敫猶襲奪，襲爲蹑取，故利疾速，矗、襲聲同，故可假用。

《唐蘭先生金文論集》頁 4，1995；原載《國立北平圖書館館集》6 卷 1 號

○徐中舒（1998）　　矗不見字書，《説文》有矗（編按：當爲"矗"之筆誤）字，説解云："疾言也。"

《徐中舒歷史論文選輯》頁 215

○楊樹達（1959）　　矗者，《説文》矗訓疾言，讀若沓，矗字从矗聲，當讀爲慴。《爾雅·釋詁》云："慴，懼也。"《説文·心部》云："慴，懼也，从心，習聲，讀若疊。"

《積微居金文説》（增訂本）頁 162

○湯餘惠（1993）　　矗通矗（zhé），《説文》："矗，疾言也。"引申有疾速、迅猛之義。

《戰國銘文選》頁 11

○**何琳儀**（1998）　宭，从宀，𠱠聲。疑𠱠之繁文。

　　屬羌鐘宭，讀𠱠，疾速。

《戰國古文字典》頁 1375

○**李家浩**（2006）　根據漢字結構一般規律,此字从"𠱠"聲是没有問題的。上古音"𠱠"屬定母緝部,"襲"屬邪母緝部,二字韻部相同,聲母關係密切,例如:篆文"襲"所从聲旁即屬定母。《儀禮·士喪禮》"襚者以褶",鄭玄注:"古文'褶'爲'襲'。""褶"亦屬定母。值得注意的是,篆文"襲"所从聲旁和"𠱠"字,《説文》都説"讀若沓"。據此,疑銘文的"𠱠"應該讀爲"襲"。"襲奪"是出其不意而奪取的意思。《史記·魏世家》:"秦將商君詐我將軍公子卬而襲奪其軍,破之。"《史記·淮陰侯列傳》:"項羽已破,高祖襲奪齊王軍。"

《康樂集》頁 24

△**按**　《清華》(貳)"𠱠"字四見:來𠱠之、東𠱠鄭(簡 46),樂盈𠱠巷而不果(簡 93),齊莊公涉河𠱠朝歌(簡 94),整理者均讀爲襲。甚是。屬羌鐘"𠱠敓楚京","𠱠"亦當如唐、李説讀爲襲。

宮

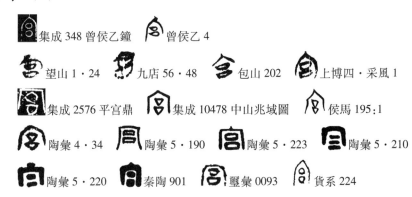

集成 348 曾侯乙鐘　　曾侯乙 4

望山 1·24　　九店 56·48　　包山 202　　上博四·采風 1

集成 2576 平宮鼎　　集成 10478 中山兆域圖　　侯馬 195:1

陶彙 4·34　　陶彙 5·190　　陶彙 5·223　　陶彙 5·210

陶彙 5·220　　秦陶 901　　璽彙 0093　　貨系 224

○**顧廷龍**（1936）　宮。

《古匋文㬵録》卷 7,頁 3,2004

○**羅福頤等**（1981）　宮。

《古璽文編》頁 188

○**李學勤、鄭紹宗**（1982）　燕陶文習見"左宮某、右宮某"方印,其"宮"字下端皆作尖向下的三角形,璽印中也不乏其例。安新馬銜"宮"字寫法是同樣的,應爲燕王宮廷所用馬具。

《古文字研究》7,頁 130

○**劉占成**（1987）　　屬於人名前冠以官署名的陶文，體例形式均爲人名前冠一
"宫"字。見於一號坑者有如"宫彊""宫系""宫頯""宫臧""宫積""宫頗"等，
尤以"宫彊"較多。見於二號坑者有"宫系""宫頯""宫臧"等。見於三號坑者
有"宫彊"等。

　　此類陶文的特點是：（1）絶大多數爲戳記，刻記者較少。（2）陶文戳記部
位一般都在陶俑戰袍下擺底部兩側。另外，我們在秦始皇陵園的磚瓦上也發
現有冠以"宫"字的戳記陶文。

　　"宫"爲官署，分歧不大。因爲根據秦代磚瓦上題字的通例，是在人名前
冠以官署名，如"左司空系""右司空尚""左帽""右宂""都倉""寺嬰"等皆
是。問題在於"宫"官署的許可權和性質，還值得討論。以前，研究者認爲：
"宫"是"宫水"的省文，是中央燒造磚瓦的官署名。俑坑帶有宫字陶文的出
土，證明此種提法不確。筆者依現有資料分析，認爲陶文首字"宫"應是秦代
製陶業的中央官署之一。它既負責燒造磚瓦，又負責諸如兵俑、陶馬以及其
他陶器的製作。所以，在陵園的磚瓦上和陵東俑坑的兵俑身上均有"宫"的出
現，也合乎情理。又在阿房宫遺址亦發現帶有"宫"字的陶文戳記，説明宫官
署製陶業機構龐大，機動性强，它可同時從事陵墓、宫殿或其他項目的有關工
作。至於"宫"是否是"宫水"的省文，因目前僅有"宫水壹"一例爲證，尚可
存疑。

《中國考古學研究論集》頁 391

○**袁仲一**（1987）　　宫屯、宫章、宫得、宫進……等印文中的宫字，都是宫水的
省稱，而屯、章、得、進、係、欻、彊、甲、丁、戊、寅、錯、炤、雷等都是陶工名。（中
略）宫字類陶文大量見於秦始皇陵出土的磚瓦上，阿房宫遺址也有發現，不見
於秦都咸陽遺址。説明這個機構的設置似始於秦始皇時代。它的主要職責
是爲陵園建築燒製磚瓦。

《秦代陶文》頁 43

○**高明、葛英會**（1991）　　宫。

《古陶文字徵》頁 75

○**蔡運章**（1995）　　【宫·平肩空首布】春秋中晚期青銅鑄幣。鑄行於周王畿。
屬大型空首布。面文"宫"。背無文。通長 9.6、身長 5.8、肩寬 5、足寬 5.1 釐
米。罕見。

《中國錢幣大辭典·先秦編》頁 141

○**李零**（1994）　　（編按：包山）宫、行、門。類似後世的"灶君"和"門神"，即住宅、

道路和門户之神。古書把户、灶、中霤（或室）、門、行之神稱爲“五祀”（與五行相配）。

《李零自選集》頁 63，1998；原載《學人》5

○**何琳儀**（1998）　侯馬盟書宮，宗廟。《詩·大雅·雲漢》“自郊徂宮”，箋：“宮，宗廟也。”晉璽“宮寓”，地名。趙璽“南宮”，地名。（中略）曾樂律鐘宮，音階名。

《戰國古文字典》頁 268

○**袁仲一**（2009）　“宮”，疑爲宮司馬的省文。西安市北郊相家巷出土的秦封泥中有“宮司空印”封泥 5 枚、“宮司空丞”封泥 25 枚（《秦封泥集》第 124—126 頁）。《漢書·百官公卿表上》：宗正的“屬官有都司空令丞”（第 730 頁），不見“宮司空”。疑秦代宗正的屬官名宮司空，漢名曰都司空。司空主土木工程，燒造磚瓦是其職責之一。在宮司空封泥出土之前，筆者曾認爲“宮”爲“宮水”的省稱，今正之。

《秦陶文新編》頁 27

○**袁仲一**（2009）　“宮”字的形體有二：一作“宮”，一作“宮”，兩形並見。“丁”字有四種不同的形體：一作“丁”；一作“丁”；一作“丁”；一作“丁”。第一個“宮”字爲小篆的正體字，第二形爲“宮”字的異體。此異體“宮”字亦見於秦始皇陵一號兵馬俑坑出土的陶俑身上，如“宮得”的宮字，正體與異體兩形並存。另外，食官遺址出土的六件“宮水”印文的“宮”字，亦均爲異體“宮”，在“宀”頭下寫作三橫畫。《説文·宀部》：“宮，室也，从宀，躳省聲。”段玉裁注：“按説宮謂从宀、呂會意，亦無不合。宀繞其外，呂居其中也。呂者，脊骨也，居人身之中者也。”（第 363 頁上）這就是説“宮”爲會意字。“宮”字的上部象宮殿的房頂，下部的呂或二橫畫、三橫畫的閒隔空間象宮内的居室。“宮”似爲象形字。

《秦陶文新編》頁 42

△**按**　《説文》：“宮，室也。从宀，躳省聲。”甲骨文宮作宮、宮、宮等形，金文作宮、宮。羅振玉（《殷墟書契考釋三種上》144 頁，中華書局 2006 年）曰：“从呂从口，象有數室之狀。从口象此室達於彼室之狀。皆象形也。《説文解字》謂从躳省聲，誤以象形爲形聲矣。”或謂宀下所从即雝字初文，用作聲符（參看《于省吾著作集·雙劍誃殷契駢枝　雙劍誃殷契駢枝續編　雙劍誃殷契駢枝三編附古文字雜釋》335 頁，中華書局 2009 年）。秦代陶文中有大量宮加人名形式，如“宮彊、宮系、宮頯”等，宮爲官署，劉占成（1987）認爲宮應是秦代製陶業

的中央官署之一，既負責燒造磚瓦，又負責諸如兵俑、陶馬以及其他陶器的製作。曾侯乙編鐘宫，即音律上所謂"宫商角徵羽"五音之一，具體分析參看曾憲通《曾侯乙編鐘標音銘與樂律銘綜析》（《曾憲通學術文集》84—86 頁，汕頭大學出版社 2002 年）。

【宫水】陶彙 5·209

○袁仲一、劉鈺（2009）　宫水　1 件。見於大型條磚上，爲印文，陰文。宫字清晰，水字模糊，仔細辨認仍可識別。與此相同的印文，在秦始皇陵出土的板瓦、筒瓦上曾見到多件。"宫水"這一官署機構名不見於文獻記載，疑爲宫司空下轄的一個專門主管燒造磚瓦的機構名。其所燒造的磚瓦主要供秦始皇陵園使用，秦都咸陽及其他秦遺址出土的磚瓦上不見宫水印文。

《秦陶文新編》頁 27

【宫左】秦陶文新編 2551

○袁仲一、劉鈺（2009）　6 件。均爲陶水管道上的印文，陰文。

《秦陶文新編》頁 157

【宫右】秦陶文新編 2553

○袁仲一、劉鈺（2009）　宫右　1 件。筒瓦印文，陰文。5、6 兩種印文都作豎行排列，"宫"字居上，"左、右"居下。在秦陶文中宫字類陶文出土的數量衆多，一般多是在人名前冠一宫字，如宫進、宫章、宫毛、宫甲、宫丁、宫戊、宫寅……等。尚未發現以"左、右"爲陶工名者。因而宫左、宫右如何詮釋當另作考慮。西安市西郊秦阿旁宫遺址出土的陶文中有"左宫、右宫、北宫"印文。"宫左、宫右"，疑爲"左宫、右宫"的異名，其下屬亦設有製陶作坊爲宫殿建築燒造磚瓦。

《秦陶文新編》頁 157

【宫司空】秦封泥集一·二·25

○周曉陸、路東之（2000）　《漢表》：宗正"屬官有都司空令丞"。如淳曰："律，司空主水及罪人。賈誼曰：輸之司空，編之徒官。"

　　秦《睡虎·徭律》："司空將功及主堵者有罪。"漢封泥見：《齊魯》《再續》《澂秋》"齊宫司空"，《齊魯》《再續》《考與》"宫司空丞"，《印典》"雒陽宫丞，齊宫司丞"。漢印見：《徵存》"宫司空，宫司空丞之印"。漢瓦當見"都司空瓦"。茂陵霍去病墓前石刻文字有"司空"。

《秦封泥集》頁 124

【宫司空丞】秦封一·二·26

○**周曉陸、路東之**（2000）　宮司空丞爲宮司空之丞。

《秦封泥集》頁 126

【宮廄】秦陵馬廄坑器物刻辭（《古文字論集》1，頁 69）　睡虎地・秦律 17　曾侯乙 143　秦封一・三・4

○**袁仲一**（1983）　76D・G・36 號坑出土的陶罐的肩部刻“宮廄”二字，“宮”字的兩個口爲方折近於隸書，“廄”字篆書。

《古文字論集》1，頁 69

○**裘錫圭、李家浩**（1989）　“宮廄”，即曾國宮廷之廄。

《曾侯乙墓》頁 524

○**睡簡整理小組**（1990）　大廄、中廄、宮廄，均係秦朝廷廄名。《漢書・百官表》有大廄令，係太僕屬官。

《睡虎地秦墓竹簡》頁 24

○**周曉陸、路東之**（2000）　宮（編按：原誤爲官）廄當爲服務宮苑之牛馬廄。

《秦封泥集》頁 186

【宮廄尹】曾侯乙 48

○**裘錫圭、李家浩**（1989）　楚國有官名“宮廄尹”，見《左傳》襄公十五年，昭公元年、六年等。

《曾侯乙墓》頁 516

【宮廄令】曾侯乙 4

○**裘錫圭、李家浩**（1989）　“宮廄”，應指曾國宮廷之廄。“宮廄令”即其長。48 號、210 號等簡還有官名“宮廄尹”。從鄂君啟節銘文記楚官“**A**尹”在“**A**令”之前來看，“宮廄令”的地位應略低於“宮廄尹”。

《曾侯乙墓》頁 507

【宮廄丞】秦封一・三・5

○**周曉陸、路東之**（2000）　宮廄丞爲宮廄之丞。

《秦封泥集》頁 187

△**按**　《左傳・襄公十五年》：“楚公子午爲令尹……養由基爲宮廄尹。”“宮廄”當如裘、李說爲宮廷之廄。

【宮行】望山 1・28　包山 229

○**朱德熙、裘錫圭、李家浩**（1995）　“宮行”當指所居宮室的道路。

《望山楚簡》頁 93

【宮𢔌】包山 210

△**按**　同“宮行”。

【宮室】望山 1·24　包山 210　上博五·三德 8

○**何琳儀**（1998）　望山簡“宮室”，見《吕覽·重己》“其爲宮室臺榭也”，注：“宮，廟也。室，寢也。”

《戰國古文字典》頁 268

【宮地宝】望山 1·109　包山 202

○**中大楚簡整理小組**（1977）　（編按：望山 1·109）宮陀，第 116 簡作“宮壁宇”。壁爲地字的古文。宮陀，亦當讀作宮地。大概宮陀即公宇（見第 37、113 簡），故第 116 簡稱“宮壁宇”，爲惡固先君，故又稱“公宇”。

《戰國楚簡研究》3，頁 23

○**劉彬徽、彭浩、胡雅麗、劉祖信**（1991）　宮陛宝，宮，《説文》：“室也。”陛，地字。宝，《説文》：“宗廟宝祐。”字亦作主。《穀梁傳·文公二年》“爲僖公主也”，注：“主蓋神之所憑依。”宮地宝似指宮室所在地之地神。

《包山楚簡》頁 54

○**陳偉**（1996）　簡 199—200 記“石被裳之歚”說“罷禱於夫人戠豬”，簡 212—215“迻石被裳之歚”則說“賽禱新母戠豬”；簡 201—204 記“雁會之歚”說“與禱於宮地主一䵾”，簡 212—215“迻雁會之歚”則說“賽禱宮后土一䵾”。既然後者是對前者的沿襲，“新母”當即“夫人”，“宮后土”當即“宮地主”。（中略）《左傳》昭公二十九年云“土正曰后土”，杜預注：“土爲群物主，故稱后也。”《周禮·春官·大宗伯》云“王大封，則先告后土”，鄭玄注：“后土，土神也。”土與地義通。《左傳》昭公二十九年云：“后土爲社。”《説文》則徑云：“社，地主也。”據此可以説明這些異名的由來。（中略）宮地主即宮后土，已如前述。《禮記·效特牲》云：“社所以神地之道也……家主中霤而國主社，示本也。”鄭玄注：“中霤亦土神也。”前引《左傳》昭公二十九年杜預注更進一步指出后土“在家則祀中霤，在野則爲社”。依孔疏，這裏的“家”是指宮室。然則，宮后土或者宮地主實指五祀之神中的中霤。

《包山楚簡初探》頁 160—161、165

【宮后土】包山 233

△**按**　包山簡 233“舉禱宮侯土，一䵾”，包山簡 213 有“侯土”，整理者（《包山楚簡》56 頁）讀爲后土。《周禮·春官·大宗伯》“王大封則先告后土”，注：“后土，土神也。”宮后土即宮廷土神。陳偉（1996）謂宮地主即宮后土，可從。

【宮反】曾侯乙編鐘·中一 1

【宮㕈】曾侯乙編鐘·中三 5

○**曾憲通**(1985)　這是一組宮聲的最高音,發音部位都在鐘正面之右鼓。其中,中一4、中二4之"宮反"爲 C_6,中一1、中二1之"宮反"爲 C_7,C_7 是全套甬鐘之最高音。從 C_2(下一1)到 C_7,即可看出這套甬鐘的音域寬達五個八度。有 C_6、C_7 均標爲"宮反",可知"宮反"是宮聲最高音的別名,其實際音高有時可略高於"少宮"。

　　"宮叛"在鐘銘中僅此一見,叛當是反之異寫,與壴又寫作喜正同,因知宮叛亦即宮反。

　　　　《曾憲通學術文集》頁 86-87、86,2002;原載《隨縣曾侯乙墓鐘磬銘辭研究》

【宮角】曾侯乙編鐘·中一 10

○**曾憲通**(1985)　以上四鐘,隧部皆有"宮角"標音銘,實測音高爲 E_4。背面樂律銘有三種形式,是一組比較重要的銘文。從這些銘文的對應關係中,我們可以瞭解有關"角"階名的一些基本情況,認識到宮角等即五音中的角。傳統五音宮、商、角、徵、羽在曾侯乙甬鐘標音銘中唯獨不見"角"階名,而相當於"角"音位的 E 音,在各個八度組中卻分別由歸、中鏄、宮角、下角、角反等所代替,這只不過是從實測音高中發現角音的存在,尚不能證明上述諸名必定是角音階的別名。但從上引中一 10、中二 10 二鐘標音銘爲"宮角",樂律銘稱之爲"姑洗之角",可以證明標音銘的宮角,確是姑洗律的角音階。尤其是中三 6 的"姑洗之宮角",中三 3 則稱之爲"姑洗之角",在標音銘相同和律名不變的情況下,"宮角"和"角"這兩個階名必然是等同的,由此可以推斷"宮角"即五音中"角"音的異稱。

　　　　《曾憲通學術文集》頁 93,2002;原載《隨縣曾侯乙墓鐘磬銘辭研究》

【宮曾】曾侯乙編鐘·下二 9

○**裘錫圭、李家浩**(1989)　宮曾(增)。

　　　　　　　　　　　　　　　　　　　　　　　　《曾侯乙墓》頁 534

○**曾憲通**(1985)　"宮曾"標在正面左鼓或右鼓,爲鼓旁音。其中中二 10 之"宮曾"原銘誤標作"徵",由中一 10 之同銘可正其誤。音高下二 9 爲 bA_2,下二 3 爲 bA_3,中一 10 與中二 10 爲 bA_4。背面樂律銘下二 3"其在周爲鄘音"乃鄘鐘之誤。

　　　　《曾憲通學術文集》頁 103,2002;原載《隨縣曾侯乙墓鐘磬銘辭研究》

△**按**　以上編鐘銘文音階的音高及其體系可參曾憲通《關於曾侯乙編鐘銘文的釋讀問題》一文中"銘文音階的音高及其體系"表(《古文字與出土文獻叢

考》167 頁,中山大學出版社 2005 年)。

【宮穆】上博四·采風 1

○**馬承源**(2004)　　分類聲名。《曾侯乙編鐘》下二·二側鼓音銘:"商曾。"右鼓音銘:"姑洗之商曾,穆音之宮。穆音之才(在)楚爲穆鐘,其才(在)周爲剌音。""宮穆"是否即是"穆宮"字位的轉换,尚未確知,但所標應是《碩人》詩曲的樂調類屬。

《上海博物館藏戰國楚竹書》(四)頁 164

○**吴洋**(2010)　　我們認爲,所謂"宮穆"應該就是"穆音"或"穆鐘"爲宮的意思,它表明其後所附詩歌爲穆鐘(音)宮的宮調式。

　　董珊先生以"宮穆"爲"變宮"之説恐怕難以成立。《淮南子·天文訓》中有這樣一段話:

　　　　宮生徵,徵生商,商生羽,羽生角,角生姑洗,姑洗生應鐘,比於正音,故爲和。應鐘生蕤賓,不比正音,故爲繆。

　　王念孫在《讀書雜誌》中指出,"比於正音,故爲和"當作"不比於正音,故爲和",並引《宋書·律志》和《晉書·律曆志》相關内容爲證。同時王氏還認爲"角生姑洗"當爲"角主姑洗",因此得出結論:應鐘是變宮,稱爲"和",蕤賓爲變徵,稱爲"繆"("繆""穆"通用)。

　　董珊先生采王念孫之説以釋"宮穆、徵和"。然而《采風曲目》中"和"綴於徵後,"穆"綴於宮後,與《淮南子·天文訓》正好相反。因此,董珊先生又引王念孫"穆亦和也"之説,認爲二字可以互换,以期彌縫。

　　其實,黄翔鵬先生在《曾侯乙鐘、磬銘文樂學體系初探》一文中附録有《釋"穆、和"》的内容。黄先生指出《淮南子·天文訓》中所言,前人多以黄鐘宮推之,然而"角生姑洗"絶非黄鐘宮的現象,而應該是仲吕宮的推導結果,此時應鐘當仲吕宮音的第四級音,稱爲"和",並非是"變宮",這與曾侯乙鐘銘"和(龢)"音爲姑洗宮音的第四級音完全相合。"穆"的問題比較複雜,此不贅述,簡單地説就是"應鐘生蕤賓"此句實是建立於變黄鐘均,聯繫於夏至五月蕤賓律,而樂律學上的真正涵義卻在無射均,它與曾侯乙鐘銘中"穆音"律位爲降 B,比姑洗律高小七度的情況卻符合。

　　黄翔鵬先生的説法雖然亦非定論,但是其樂律學的分析卻可自圓其説,更重要的是能夠與曾侯乙鐘銘中的"和(龢)"與"穆音"實測音高相互發明,我們認爲在没有更新資料和解釋的情況下,可以黄氏之説爲據。也就是説,

《淮南子・天文訓》中所云"和、穆"並非"變宮、變徵",而是指曾侯乙鐘銘中宮音上方的第四級音和比姑洗律高小七度的"穆音"律。

我們以爲,《采風曲目》之"宮穆",恐怕就是"穆音(鐘)"爲宮的意思,如果按照董珊先生的解釋作"變宮"講,則純爲音階,無法標明所附詩歌的調高及調式。

《出土文獻研究》9,頁 24—25

△**按** 董珊(《讀〈上博藏戰國楚竹書[四]〉雜記》,簡帛研究網 2005 年 2 月 20 日;收入《簡帛文獻考釋論叢》)認爲從傳世文獻和出土資料來看,"宮穆"指"變宮",即較"宮"音位低半音的音名。

【宮䤽】上博四・采風 1

○**馬承源**(2004) 宮䤽(巷)。分類聲名。

《上海博物館藏戰國楚竹書》(四)頁 164、165

△**按** 董珊(《讀〈上博藏戰國楚竹書[四]〉雜記》,簡帛研究網 2005 年 2 月 20 日;收入《簡帛文獻考釋論叢》)認爲"巷"疑讀爲"弘",似指宮音之弘大者,即低音區的宮音。

【宮訐】上博四・采風 1

○**馬承源**(2004) 分類聲名。

《上海博物館藏戰國楚竹書》(四)頁 165

○**吳洋**(2010) 以宮、商、徵、羽四正聲爲骨幹的 13 個分類聲名中,唯有"宮"類聲名只加後綴。其中"訐"字,於商、徵、羽均爲前綴,於宮則稱"宮訐",這顯然與古人對宮音的重視有關。

《出土文獻研究》9,頁 25

△**按** 董珊(《讀〈上博藏戰國楚竹書[四]〉雜記》,簡帛研究網 2005 年 2 月 20 日;收入《簡帛文獻考釋論叢》)認爲,"訐"既可以作後綴,如"宮訐";也可以作前綴,如"訐商、訐徵、訐羽"。從構詞形式上説,"宮訐"是大名冠小名,其餘三個則是小名冠大名,"訐"無論作前綴還是後綴,其意義應該相同。從語音上看,"訐"相當於曾侯乙編鐘銘表示低音區之音階名的前綴"遺",兩個字都讀爲"衍",訓爲大、廣(參看《曾侯乙墓》553 頁注釋 2)。在簡文中,"宮訐(衍)、訐(衍)商、訐(衍)徵、訐(衍)羽"分別指低音區的宮、商、徵、羽,都較正音低一個八度。

【宮均人】睡虎地・答問 187

△**按** 睡虎地《法律答問》簡 187"何謂宮均人? 宮中主徇者也",整理小組(《睡虎地秦墓竹簡》138 頁)謂均讀爲徇,宮徇人是宮中主管巡查的人。

【宮更人】睡虎地·答問 188

△按　睡虎地《法律答問》簡 188“何謂宮更人？宮隸有刑，是謂宮更人”，整理小組(《睡虎地秦墓竹簡》138 頁)謂更人即夜閒看守的人，宮内奴隸曾受肉刑的，稱爲“宮更人”。

【宮狡士】睡虎地·答問 189

△按　睡虎地《法律答問》簡 187“何謂宮狡士、外狡士？皆主王犬者也”，整理小組(《睡虎地秦墓竹簡》138 頁)謂即管理秦王狗的人。

營　宫

睡虎地·日甲 1 正壹　上博 32　璽彙 3687

○**睡簡整理小組**(1990)　 (編按：睡虎地·日甲 1 正壹) 營，營室，二十八宿之一。《開元占經·北方七宿占》引《石氏星經》曰：“營室二星，離宮六星。”

《睡虎地秦墓竹簡》頁 180

○**何琳儀**(1998)　《説文》：“營，帀居也。从宫，熒省聲。”《古文四聲韻》下平二十作𤇾，與齊璽均从一火。且借用宀旁。

齊璽營，姓氏。周成王卿士營伯之後也。後漢有京兆尹營部，望出咸陽。見《通志·氏族略·以邑爲氏》。

《戰國古文字典》頁 780—781

△按　“宫”爲營之省寫。

【營室】九店 56·78　睡虎地·日甲 56 正壹

○**李家浩**(2000)　 “𤇾”，當是指二十八宿北方七宿的第六宿“營室”。此字有兩種可能。一是“營室”的合文，二是“營室”之“營”的專字。不論是哪一種可能，“𤇾”字原文中閒的“人”都是“熒”和“室”的公用筆畫。不過從秦漢簡帛文字“營室”的寫法來看，前一種可能性較大。

《九店楚簡》頁 128

△按　營室，星名，室宿。二十八宿之一。《國語·周語中》：“營室之中，土攻其始。”注：“定謂之營室也。”

【營宮】睡虎地·日甲 80 正　日乙 80

○**睡簡整理小組**(1990)　 “營室”二字合文。

《睡虎地秦墓竹簡》頁 193

○**李家浩**(2000)　古代“宮、室”同義。《爾雅・釋宮室》:“宮謂之室,室謂之宮。”“營宮”當是“營室”的異名(《國語・周語中》“營室之中,土功其始”,郝懿行《爾雅義疏》卷中四和朱起鳳《辭通》卷二一質韻引此,“營室”皆作“營宮”,與雲夢秦墓竹簡和馬王堆漢墓帛書相合,但不知郝、朱二氏根據的是什麼版本,待考)。古代文字有“同義換讀”的現象(參看裘錫圭《文字學概要》219、220 頁,商務印書館 1988 年)。也有可能因“營宮”之“宮”與“室”同義而換讀爲“室”。

《九店楚簡》頁 128

○**丁佛言**(1924)　(編按:古璽)呂。

《説文古籀補補》頁 36,1988

○**丁福保**(1938)　陳壽卿謂面文呂即莒。【錢匯】

《古錢大辭典》頁 1258,1982

○**鄭家相**(1958)　文曰呂。按呂,晉地,在今山西汾西縣東北。舊釋營省,非也。或釋莒省,屬齊之莒地鑄,尤非也。

按空首尖足布,紀地僅見甘丹與呂二種,甘丹近漳水流域,初爲衛邑,旋入晉,呂近汾水流域,原爲晉地。大抵此布創鑄於漳水流域之衛地,後因其地入晉,而遂擴展於汾水流域之晉地。至戰國之世,汾水流域遂爲平首尖足布之繁殖地。但春秋時,此種空首尖足布,限於人民風俗,推行不廣,雖爲時甚久,而所鑄不多也。

《中國古代貨幣發展史》頁 50

○**李學勤**(1959)　此外,在長沙發現的一座木椁墓中,也出土了一件秦戈(本刊 1958 年第 10 期文物工作報導),其內上刻銘爲:四年,相邦呂,工寺工龍承(?)。可。

此銘字體極晚,“相邦呂”應即呂不韋,呂不韋省稱“呂”,和“相邦義”(張儀)、“相邦冉”(魏冉)等例不同,可能是表示呂不韋當時特殊隆崇的地位,即所謂“不名”。

《文物》1959-9,頁 61

○**羅福頤等**(1981)　　呂。

《古璽文編》頁 188

○**高明、葛英會**(1991)　　呂。

《古陶文字徵》頁 46

○**黄錫全**(1995)　　呂,見《古錢大辭典》圖 659。鄭家相釋呂,在今山西霍縣西南,因爲晉大夫呂甥之邑而得名,見《後漢書·郡國志》注及《元和志》。

《先秦貨幣研究》頁 9,2001;原載《陝西金融·錢幣專輯》23

○**何琳儀**(1992)　　“呂”(《辭典》659),舊釋多誤。唯鄭家相釋“呂”,可信。《後漢書·郡國志》注:“彘縣有呂鄉,呂甥邑也。”《大清一統志》:霍州直隸州“呂鄉,在州西。一名呂州城……《元和志》呂城在霍邑縣西南 10 里,有呂鄉。晉大夫呂甥之邑也,呂州取名於此。”

《古幣叢考》(增訂本)頁 104—105,2002;原載《史學集刊》1992-1

○**何琳儀**(1998)　　呂,甲骨文作吕(類纂 2181),象金屬熔塊之形。或説鋁之初文。《集韻》:“鑢,《説文》錯銅鐵也。或从呂。”呂與宮、雍所從偏旁吕、吕、吕來源不同(參見宮、雍),但在偏旁中同形。金文作吕(貉子卣)。戰國文字承襲商周文字。《説文》:“呂,脊骨也。象形。昔太嶽爲禹心呂之臣,故封呂侯。膂,篆文呂,从肉从旅。”《説文》呂作吕形,中閒加豎筆相連,可與宮字所从區分,頗爲合理,但其解釋全誤。以呂爲膂屬假借,並非膂之初文。

晉璽、韓陶呂,姓氏。呂氏,姜姓,侯爵,炎帝之後也。虞夏之際受封爲諸侯。又晉有呂氏,出於魏氏。見《通志·氏族略·以國爲氏》。少虡劍呂,讀鋁。尖空首布呂,地名。《後漢書·郡國志》注:“彘縣有呂鄉,呂甥邑也。”在今山西霍縣西。

曾樂律鐘呂,樂律名。《漢書·律曆志》:“律十有二,陽六爲律,陰六爲呂。”九里墩鼓座呂,讀鋁。

《戰國古文字典》頁 566—567

○**陳偉武**(1999)　　《殷周金文集録》948:“四年,相邦呂工寺工龍丞。”(正面)“可。”(反面)“呂”爲“呂不韋”省稱,此爲省名例。

《中國語言學報》9,頁 307

△**按**　　甲骨文呂作吕、吕,金文作吕,或从金作鋁。參看《金文編》540—541 頁。

作爲國名,或加義符"邑"作郘。古璽姓氏"郘"(《璽彙》1642、1643)當是以地爲氏。曾侯乙編鐘"吕"按古樂,陰律爲吕。十二律中陰律有大吕、夾鐘、中吕、林鐘、南吕、應鐘。

【吕音】曾侯乙編鐘·下 2.2

○**饒宗頤**(1985)　吕音(♯ F≈bG)

齊之律名可知者有吕音。曾侯鐘銘云:"嬴孠(無射)之在楚號爲新鐘。(其)在郮,號爲吕音。"(下二 2;中二 11;中三 2)

《吕覽·侈樂篇》:"齊之衰也,作爲大吕。"又《貴直篇》:"無使齊之大吕陳之廷。"高誘注:"齊之鐘律也。"樂毅《報燕惠王書》:"大吕陳於元英。"《史記索隱》:"大吕,齊鐘名,即景公所鑄。"《晏子春秋·内篇》:"齊景公爲泰吕成。"泰即大也。晏子以爲此乃特鐘,故譏其僭。大吕爲齊景所鑄大鐘名,或即以吕音爲主。齊之吕音爲曾律之無射(♯F)。《招魂》云:"吴歈蔡謳,奏大吕些。"《文選》一作"秦大吕些"。考秦律用大吕爲首,《史記·始皇本紀》及《封禪書》俱云:"秦以六爲紀,音上大吕。"可證(宋尤袤本《文選》作"奏大吕些",不作"秦")。秦之大吕似應指周律黄鐘高一律之大吕(♯A)而非齊之吕音,因乏資料,故不詳論。

《隨縣曾侯乙墓鐘磬銘辭研究》頁 21

△**按**　曾侯乙編鐘·下二 2"嬴孠之在楚爲新鐘,其在齊爲吕音",曾律"嬴孠(無鐸)"在齊國名爲吕音。

【吕鐘】曾侯乙編鐘·下二 5

△**按**　曾侯乙編鐘·下二 5"姑洗之宫。姑洗之在楚號爲吕鐘",曾律"姑洗"在楚國名爲吕音。

【吕不韋】集成 11380 五年吕不韋戈

○**湯餘惠**(1993)　吕不韋,衛國濮陽人,原爲陽翟巨賈,秦莊襄王時始任相國,並被封爲文信侯,秦王政繼位後,繼任相職。後因繆毐事發,遷居蜀地,不久自殺身死。此戈是在始皇四年任相職時督造的一件兵器。

《戰國銘文選》頁 70

躳 ᓬ

ᓬ集成 11695 四年建信君鈹　　ᓬ集成 11679 八年相邦鈹　　ᓬ集成 11711 信平君鈹

ᓬ望山 1·75　　ᓬ包山 226　　ᓬ上博三·周易 1　　ᓬ上博五·姑成 1

　　🅐璽彙2683　　🅑璽彙5192　　🅒璽彙5194

○**吳大澂**(1884)　　古躳字。古鉢文。

《説文古籀補》頁31,1988

○**丁佛言**(1924)　　古鉢,中躬。

《説文古籀補補》頁36,1988

○**黃盛璋**(1974)　　(編按:集成11695 四年建信君鈹)建邨君之邨字,《小校》釋郡,《貞松》釋躳,《題銘》亦釋躳,都各辨認字的一半。其實此字左邊从身,右邊从𠁥,乃是邑不是吕,隸定肯定就是"邨"字。建邨君即《戰國策‧趙策》的建信君。

　　信、申、伸古本同字,《穀梁》隱元年傳注:"信、申字古今所共同。"《漢書‧高惠后孝文功臣表》注:"古信、申同字。"《荀子‧天論》注:"信讀爲伸,古字通用。"所以《經典釋文》中有許多"伸本作信",或"信本作伸",而身與申、伸又完全同音,《釋名》:"身,伸也。"又"申,身也"。《荀子‧儒效篇》注:"伸讀爲身。"其例甚多,不必備舉。這在銅器銘文也有證據,如梁上官鼎:"梁上官,容叁分(蓋);宜詥□,容叁分(器)。"(《三代》2.53)。宜詥即宜信,這正是三晉的魏國文字。戰國的印璽中也有個"宜鄝"(尊古齋打印本古印譜),即梁上官鼎的"宜詥",亦即《漢書‧高帝紀》"立兄宜信侯喜"之"宜信"。宜詥是地名,所以於詥字加邑旁,建身(信)也是地名,所以也在身字加邑旁,其理正是相同。

　　以上證明:邨就是信字,建邨君即建信君,建信君是趙相。《漢書‧地理志》千乘郡有建信,與平原君食封之地相近。平原、建信自是趙地而與齊相接壤者。

《考古学报》1974-1,頁19

○**中大楚簡整理小組**(1977)　　(編按:望山1‧75)躳。

《戰國楚簡研究》3,頁24

○**羅福頤等**(1981)　　躳躬。

《古璽文編》頁188

○**吳振武**(1983)　　邨(信)　2682—2687同此改。

《古文字學論集》(初編)頁509

○**吳振武**(1984)　　五一九二、五一九四、五一九五號璽文🅑、🅒、🄰如僅從字形上看,釋躬(躳)似無問題,但實際上此字應隸定爲邨,讀作信。在戰國文字中,𠄌、▽二形往往互訛,趙建郋君兵器中的郋字既作圙,又作圙,可爲其證(參本文[一六一]條)。黃盛璋先生曾在《試論三晉兵器的國別和年代及其相關問題》一文中,根據舊説考訂戰國兵器中的"建郋君"即見於《戰國策·趙策》中的"建信君",其説甚是。侯馬盟書中的身字既作𠂤,又作𠂤,作𠂤者正和本條下五一九五號璽文単同,這説明屍、単等字確實是从身得聲,而不是从𠙵或▽得聲。身、信古音同,身或从身得聲之字古通信。如古璽中的"鄸(焦)綢信坅(壇)"之信或作身(《彙》五六八〇),"忠信"之信或作身(《彙》三四六三),"信士"之信或作訇(《彙》五六九五),信或作訇(《彙》五二八七、五四二七)。此外,戰國銅器銘刻中也有不少這樣的例子,如梁鼎蓋中的"長信侯"之信作訇(《恆軒》上二二,參郭沫若《金文餘釋之餘》12頁),梁上官鼎中的"宜信"之信作訇(《三代》二·五十三·三,參上引黃盛璋文及裘錫圭《〈武功縣出土平安君鼎〉讀後記》)。信安君鼎中的信安君之信作訇(《考古與文物》1981年2期,參李學勤《論新發現的魏信安君鼎》,《中原文物》1981年4期),中山王譽方壺中的"忠信"之信作訇(《中》67頁)。凡此皆可證戰國人往往用身或从身得聲之字代替信。五一九二、五一九四、五一九五號璽文屍、单、単原璽皆爲"郋"單字璽(《彙》五一九〇、五一九一、五一九三同文),郋也應讀作信。《古璽彙編》三一二五、五二八三、五二八七、五四二七號"信"單字璽可證。據此亦可知《古璽彙編》四六三九—四六四二號"中身"格言璽應讀作"忠信",同書四五〇二—四五〇五號"忠信"格言璽可證;四六六〇—四六六二號"言身"格言璽和三一二九、五四五〇號"言郋"格言璽應讀作"言信";四六七二—四六七四號"長身"格言璽應讀作"長信";一六六三、四六七〇、四六七一、五四〇五(鈴歪)、五五九三號"身士"璽應讀作"信士",同書一六六四、一六六五、四六八一號"信士"璽可證,或讀"信士"爲"士信",不確,同書五六九五號"訇(信)士"璽訇、士二字豎列,可知應以讀"信士"爲是。故依本書體例,此三字屍、单、単可入51頁信字條下。二六八三、二六八一號璽文𩩅、𩩅釋躬(軀)亦誤,應隸定爲𩩅。古文字中身或从身之字疊出繁見,從未有身作𩟀或𩟀形的。𩟀、𩟀應釋爲爲。望山楚簡爲字作𤲮(《類編》69頁),東周左官壺爲字作𤲮(《三代》十二·十二·三)、十一年庫嗇夫鼎爲字作𤲮(《三代》三·四十三·一),二十七年寧釦爲字作𤲮(《三代》十八·十五·二),二年寧鼎爲字作𤲮(《三代》三·二十四·八),古璽爲字作𤲮(《彙》二三九六),皆其確證,參本文[二五五]條。𩟀、𩟀所从的𠙵疑即雝(古璽作𤲮或𤲮,85頁)字所从之□。縕字不見於後世字書，疑與蔡侯鐘中的□字同（看《金》136 頁，此字所從的公旁亦從□得聲）。古璽中又有□字（433 頁第六欄），從象從□，也可能和□、□是同一字。又《古璽彙編》二六八二號"中□"璽中的□和二六八四、二六八五號"中□"璽中的□以及二六八六、二六八七號"中□"璽中的□皆應隸定爲縕，本書未録。

《〈古璽文編〉校訂》頁 101—103，2011

○**李家浩**（1987）　（編按：《璽彙》2681—2683）"中躬"之"躬"，是《説文》"躬"的正篆。根據古文字的寫法，"躬"是一個形聲字，從"身"從"吕"聲。"吕"即古文字中"宫、離"等字所從的聲符，與用爲姓氏的"吕"非一字。黄賓虹（《賓虹草堂璽印釋文》36 頁）對"中躬"印文做過考釋，他説"假'躬'爲'身'，'身''信'音同"。據有關資料，古代的"躬"確有"身"音，黄氏的説法是非常正確的。

關於古代的"躬"字有"身"音，可以從以下三個方面得到證明：

（一）諧聲偏旁

前面已經説過，戰國文字中的"信"或寫作 b。此字亦見於梁上官鼎：

宜 b 豕子，f（容）參（三）分。《三代吉金文存》2·53·6

"宜 b"即馬王堆漢墓帛書《戰國縱横家書》第二十六章魏"宜信君"之"宜信"。尊古齋打印本古印譜著録一枚印文"宜 g"。黄盛璋先生指出"宜 g"即梁上官鼎的"宜 b"。b 以"身"爲聲符，而 g 以"躬"爲聲符，可見此"躬"旁當讀"身"音。

（二）異文

1.侯馬盟書常見"殁嘉之身"語，156·20 號盟書"殁嘉之身"之"身"作躬。躬是"躬"字的省寫，盟書的瘋或者作瘋，與此同例。這種省寫的"躬"還見於《古璽彙編》294·3129"言躬"印，同書 492·5450"言躬"印的"躬"字不省。"言躬"印顯然是前面所説的"言身（信）"印的異文。上引盟書"躬"字讀爲"身"，古印"躬"字讀爲"身"，借爲"信"，正可互證。

2.趙國兵器常見監造者爲"相邦建躬君"的刻銘，如：

八年，相邦建躬君，邦左庫工師□□，冶尹明執齊。　劍《三代吉金文存》20·46·3

八年，相邦建躬君，邦右庫工師肖（趙）□，冶尹□執齊。矛《小校經閣金文拓本》10·75·3

舊或釋"躳"爲郍,謂从"邑"从"身"聲,不可信。有人已經指出,"建躳君"即《戰國策·趙策》的"建信君"（原注:鄒壽祺《夢坡室獲古叢編·兵器上》褚德彝跋,1927 年;吳澤主編《王國維全集·書信》244 頁,中華書局 1984 年;又注 33【編按:指黃盛璋《試論三晉兵器的國別和年代及其相關問題》,《考古學報》1974 年 1 期 19、20 頁】）。是此字也應當讀爲"身",而借爲"信"。

（三）韻文

1.《詩·大雅·文王》:

命之不易,無遏爾躳。宣昭義問,有虞殷自天。

段玉裁、王力先生等都認爲"躳、天"押韻,這是對的,但他們認爲是冬真合韻則不妥當。冬真二部的字音相隔較遠,在先秦韻文裏似未見有押韻的例子。江有誥認爲"躳"當是"身"字。"身"與"天"同屬真部。江氏的説法很有見地,但總不免有改字以就韻之嫌。楊樹達、沈兼士等謂此"躳"字讀"身"音,這是非常正確的。

2.《楚辭·大招》:

魂乎無南! 南有炎火千里,蝮蛇蜒只。山林險隘,虎豹蜿只。鰅鱅短狐,王虺騫只。魂乎無南! 蜮傷躳只。

上録韻文的"蜒、蜿、騫"屬元部,"躳"屬冬部,元冬二部之音不近,因此人們一般認爲"躳"字不入韻。從《大招》通篇押韻情況看,"躳"字應該入韻。江有誥看到了這一點,他認爲"躳""當作'身'",是"元真合韻"。其實這個"躳"字跟前引《詩·大雅·文王》"無遏爾躳"之"躳"一樣,也應該讀爲"身",不必改字。元真二部之音相近,在先秦韻文裏常見合韻。就拿《楚辭》來説,《九章·抽思》以元部的"願"與真部的"進"爲韻,《九歌·湘君》以元部的"淺、閑"與真部的"翩"爲韻。

從以上三個方面六個例子來看,"躳"在古代有"身"音是毫無疑問的。從字形來説,"躳"从"身"旁;從字義來説,"躳"有"身"義,所以"躳"又有"身"音。由此可知,表一:18—20（編按:指《璽彙》2681—2683）的"中躳"也應該讀爲"忠信"。

《北京大學學報》1987-2,頁 12—13

○劉彬徽、彭浩、胡雅麗、劉祖信（1991）　躳。

《包山楚簡》頁 35

○朱德熙、裘錫圭、李家浩（1995）　（編按:望山 1·75）躳（躬）。

《望山楚簡》頁 74

○何琳儀（1998）　豫,从爲,予聲,疑豫之繁文。

晉璽鴹，見《爾雅·釋詁》："豫，樂也。"

《戰國古文字典》頁 569

○**施謝捷**（1999）　"邨"字原作下列諸形：

    《璽彙》二六八三　　《璽彙》二六八六、二六八七

    《璽彙》二六八二　　《璽彙》二六八一、二六八四、二六八五

原釋爲"身"的偏旁實際上是"爲"字，此字則可以隸定作"舒"或"豫"。現在看來，"豫"應該是"豫"字的繁構，作爲成語"中豫"大概可以讀爲"中舒"。

《中國古文字研究》1，頁 131

○**徐在國**（2002）　河北平山靈壽城遺址内出土如下一方單字陶文：P 　原發掘報告未釋。

　　按：戰國文字"躳"字作：

    璽彙 5190—5193　　　包山 226

    包山 213"窮"字所從　　郭店·唐虞三"窮"字所從

並從"身"從"呂"，與 P 字所從""同。因此，P 字可分析爲從"月（肉）"，躳聲，隸作"臂"，釋爲"躳"。《説文》："躳，身也。從身從呂。"故"躳"字可贅加"肉"旁以繁化。這與"呂"字《説文》或體作"膂"相類。

《古文字研究》23，頁 116

○**濮茅左**（2003）　(編按：上博三·周易 1)躳，古躬字，《集韻》："躳，《説文》：'身也'，一曰'親也'，或從弓，又姓。"馬王堆漢墓帛書《周易》作"宮"，從宮聲，阜陽漢簡《周易》同，今本作"躬"。

《上海博物館藏戰國楚竹書》（三）頁 137

△**按**　戰國璽印及兵器"躳"字或釋從爲從予或從爲從邑，據楚簡"躳"字寫法，均當直接釋"躳"。《上博五·姑成家父》"躳"字整理者（《上海博物館藏戰國楚竹書》[五]240 頁）原釋爲"廷"，何有祖（《〈季庚子問於孔子〉與〈姑成家父〉試讀》，簡帛網 2006 年 2 月 19 日）謂字從身從呂，當釋爲"躳"，意爲親身。

【**躳平君**】集成 11711 信平君鈹

○**吳振武**（1997）　毫無疑問，這三個字應釋爲"躳平君"。我們知道，戰國銘刻中的"人"旁常常作形，如趙鈹中屢見的"邦左（或'右'）伐器"之"伐"所從的"人"旁即多如此作。本銘中"伕"字所從的"人"旁也同樣如此作（伕字見於《玉篇》《廣韻》等書）。所以鈹銘"躳"字所從的"身"字旁寫作是毫不奇怪的。"君"字雖大半被銹所掩，但銹斑下"口"旁依然可見。

　　"躳平君"即信平君。在戰國文字資料中,"躳"字多用作"信",如大家所熟知的記"相邦建信君"的趙國兵器,即將"信"字寫作"躳"。故鈹銘"躳平君"應讀作"信平君"是絶無問題的。信平君是廉頗的封號。《史記·趙世家》記:"(孝成王)十五年,以尉文封相國廉頗爲信平君。"《正義》曰:"尉文蓋蔚州地也。信平,廉頗號也,言篤信而平和也。"按《趙世家》所説的"相國"實爲假相國,也就是鈹銘所記的"守相"。同書《廉頗藺相如列傳》記同事曰:"趙以尉文封廉頗爲信平君,爲假相國。"是其確證。所以此鈹確切的叫法應該叫"十六年守相信平君鈹"。

《第三屆國際中國古文字學研討會論文集》頁 402—403

△**按**　信平君即趙將廉頗。

穴 穴

　　上博二·容成 10　　　睡虎地·封診 74　　　古幣文編 66
　　郭店·窮達 10　　　新蔡甲三 366　　　上博三·周易 56

○**蔡運章**(1995)　【穴·平肩空首布】春秋中晚期青銅鑄幣。鑄行於周王畿。屬大型空首布。面文"穴"。中國歷史博物館藏 1 枚。極罕見。

《中國錢幣大辭典·先秦編》頁 102

○**何琳儀**(1998)　《説文》:"穴,土室也。从宀,八聲。"舊或立穴聲首,兹據許慎説隸穴爲八之準聲首。

　　睡虎地簡穴,洞穴。

《戰國古文字典》頁 1101

○**李家浩**(1997)　(編按:新蔡)我們認爲這個字从"穴"从"土"聲,《史記·楚世家》的"穴熊"之"穴"即其訛誤。上古音"土"屬透母魚部,"女"屬泥母魚部,韻部相同,聲母都是舌音,故可通用。

《文史》42,頁 19

○**荆門市博物館**(1998)　(編按:郭店·窮達 10)空。

《郭店楚墓竹簡》頁 145

○**李零**(1999)　(編按:郭店·窮達 10)"穴"原从土旁,疑爲陷義,與"厄"含義相近。

《道家文化研究》17,頁 496

○顏世鉉（2000）　（編按：郭店·窮達10）“空”疑爲“穴”字。《詩·曹風·蜉蝣》
“蜉蝣掘閱”，毛傳：“掘閱，容閱也。”學者認爲“閱”爲“穴”的假借，閱通穴。
《禮記·表記》：“《國風》曰‘我躬不閱，皇恤我後’，終身之仁也。”鄭玄注：
“閱，猶容也……言我今尚恐不能自容，何暇憂我後之人乎！”“閱”可訓爲
“容”也；故簡文“空（穴）”當通“閱”，訓爲“容”之意。

《大陸雜志》101卷2期，頁77

○徐在國（2001）　（編按：郭店·窮達10）“空”字簡文作𡎺，原書隸作“空”，可從。
《龍龕手鑒·穴部》：“空，俗，音塞。”《正字通·穴部》：“空，古文塞，以土窒穴
也。見《古文奇字》。”《龍龕手鑒》認爲“空”是俗字，不可信，當以《正字通》之
說爲是。“空”是塞字古文，从“穴”从“土”会意。《説文·土部》：“塞，隔也。
从土从𡨄。”塞字古有阻塞、滯塞等義。《左傳·襄公十八年》：“衛殺馬於隘
以塞道。”《篇海類編·地理類·土部》：“塞，壅也。”《呂氏春秋·權勳》：“欲
鐘之心勝也，欲鐘之心勝則安𫝑辭之説塞矣。”高誘注：“塞，不行也。”

《簡帛研究二〇〇一》頁178

○白於藍（2001）　（編按：郭店·窮達10）“空”字見於字書。《等韻》：“空，蘇則
切，音塞，以土塞穴也。”《龍龕手鑒·穴部》：“空，俗塞。”《正字通·穴部》：
“空，古文塞，以土窒穴也。見《古文奇字》。”楚簡此空字很可能正是以上字書
中之“空（塞）”字所本。塞字古有止義。《管子·君臣下》：“故願而易使，愚
而易塞。”房玄齡《注》：“塞，止也。用法止也。”《漢書·刑法志》：“是以罔密
而奸不塞，刑蕃而民愈嫚。”顏師古《注》：“塞，止也。”

《簡帛研究二〇〇一》頁197

○王志平（2002）　（編按：郭店·窮達10）“空”當讀爲“穴”。《詩·大雅·緜》：
“陶復陶穴。”鄭箋：“鑿地曰穴。”

《簡牘學研究》3，頁63

○濮茅左（2003）　（編按：上博三·周易56）坎，《集韻》：“坎，空深貌。”或讀爲
“穴”，《説文·穴部》：“穴，土室也。”

《上海博物館藏戰國楚竹書》（三）頁212

○賈連敏（2004）　第3種寫法作“空”，無疑是“穴”字異體。“穴”下部增加
了意符“土”。《説文》：“穴，土室也。”這種異體亦見於《郭店楚墓竹簡·窮達
以時》10號簡，字形和新蔡楚簡中的“空”字完全相同，也應釋讀爲“穴”。一
些學者據《龍龕手鑒》《正字通》《等韻》等釋爲“塞”，似不妥當。這些書成書
較晚，雖然在考釋古文字中有時能提供重要線索，但有它的局限性，考釋中還

要有古文字自身的證據。《等韻》等書之所以認爲"空"是古"塞"字或俗"塞"字,可能有兩種原因:一種可能是,或許當時"塞"字可能有俗寫的簡體作"空",但在出土先秦古文字材料中,已確認的"塞"字多例,尚未見此種寫法。第二種可能是,因爲"空"作爲"穴"的異體在文獻中並不多見,當時人們已不熟悉,所以誤認爲是古塞字。

實際上,在中古韻書中還有一個"坎"字,應該是上古"空"字的遺形。《廣韻·屑韻》:"坎,穴也。"這個字從"土"從"穴",與"空"字僅是偏旁位置的不同。《廣韻·屑韻》又云:"坎,空深貌。"實際上,"空"及不少與空有關的字多從"穴"。《説文》"穴"字,段玉裁注曰:"引申之凡空竅皆爲穴。""空深貌"應是"坎"的引申義。

將郭店楚簡中的"空"字釋爲"穴"的異體,也能讀通簡文。(中略)我們認爲"驥駒(約)張山,驛空於卲坣"可能是個有傳説的典故。"卲坣"也可能與"張山"一樣,指某個地方。簡文中的"空"字,趙平安兄告知可讀爲"蟄",理解爲"蟄伏"。

《華學》7,頁152

○**賈連敏**(2005)　1.楚簡中的"穴"

楚簡中的"穴",我們發現九例,其中新蔡簡八例,郭店簡一例。其字形結構可分爲兩型,爲便於稱引,我們稱之爲A型和B型,其中A型四例,B型五例。

A型:新蔡楚簡　　新蔡楚簡　　　B型:新蔡楚簡　　新蔡楚簡

2.陶文、璽文和貨幣文字中的"穴"

在陶文、璽文和貨幣文字中,有一個字和新蔡楚簡"空"字非常相似。爲便於稱引,依其形體上部的不同,再大致分爲三型:C型、D型、E型。

C型:《古錢》七九三

D型:《璽彙》2286　　《燕下都》　　《燕下都》234·10　　《燕下都》242·11

E型:《陶彙》3·600　《陶彙》3·592　《陶彙》3·396　《陶彙》3·393

《陶彙》3·596　《燕下都》167·4　《燕下都》229·6　《璽彙》0265

(中略)我們認爲上揭幾型異體都是"穴"字。

A型的"穴"字,其字形與《説文》小篆相似,當爲小篆所本。睡虎地秦簡也有這種寫法的穴字。新蔡簡中的四例,均用爲"穴熊"的穴。其辭例爲:

1.☐[祝]鬴(融)、穴酓(熊),敘(就)禱北☐　(零:254、162)

2.☒[祝]醻（融）、穴[熊]、卲（昭）王、獻[惠王]☒　（甲三：83）

3.☒[祝]醻（融）、穴熊、卲（昭）[王]☒　（零：560、522、554）

4.☒[老]童、祝醻（融）、穴熊芳屯一☒　（甲三：35）

B型的“空”字，上部即A型“穴”字，只是下部增加意符“土”，《説文》：“穴，土室也。”新蔡簡中的四例，有三例用爲“穴熊”的“穴”。一例爲地名。其辭例爲：

5.又（有）敓（祟）見於司命、老嬇（童）、祝醻（融）、空（穴）酓（熊）。癸酉音‗（之日）쬴禱☒　（乙一：22）

6.醻（融）、空（穴）酓（熊）各一痒（牂），瑅（纓）之赴玉。壬脣（辰）音‗（之日）禱之。☒　（乙一：24）

7.☒[祝]醻（融）、空（穴）酓（熊）、各☒　（零：288）

8.☒空一豕。☒　（甲三：366）

由辭例可知其“空”爲“穴”字異體無疑，此不贅述。（中略）

C型、D型和E型主要見於齊、燕陶文和璽文，其實差別並不大。多數學者也認爲是一字異體。但他們不認爲是“穴”字，有必要多做些分析。

C型與B型“空”整體非常相似，最上部有一豎筆。D型與B型構形近同。E型與D型大體相同，所不同者在於E型省去筆畫“八”。其實从“八”與否並不很重要，所以齊系文字中便沒有筆畫“八”。《説文》以爲“穴”从“八”聲並不可靠。朱駿聲《説文通訓定聲》謂其“象嵌空之形，非八字”，林義光《文源》稱“穴、八不同音。（字形）象穴形”。E型與D爲一字異體，這從燕國陶文和璽文中可以看出。兩者簡繁的不同可能是地域性差異。從我們掌握的材料看，燕系文字中D型和E型並用，齊系文字則用E型，上揭一例魯璽用D型。

由此可見，陶文和璽文中的“空”字，應該也是“穴”字的異體。釋爲“尘、宝、圳、塓、匃、空”等均有不妥。將其上部隸爲“勹、几”是不對的。其形體與“勹”不類，一望可知。與“几”亦不同，個別異體筆畫“八”與兩側豎筆相連，看似楚文字中的“几”。但兩者構形本意不同，几字下部的兩筆爲實物几足之跗的象形，所以兩筆多平直，或以一橫筆代之。而“空”字的兩筆可能是飾筆，未見平直者，更不能用一橫筆替代。

但是，陶文和璽文中的“空”，上部或方或圓，確與簡文中的“空”字上部不盡相同，所以學者們或隸爲“冂”、或隸爲“冖”。我們認爲：之所以如此，可能有兩方面原因：一是風格差異，簡文用毛筆直接寫於竹上，故筆勢圓潤。璽文爲刻寫,陶文或直接刻字或用璽印,故筆勢多方硬,致使一些字形似"冂、宀"。但這不是主要的,所以有些上部也比較圓潤。第二個原因我們認爲可能與"穴"字的構形本意相關。"穴"字本義指古代地穴式房子或窰洞的象形。《説文》:"穴,土室也。"《廣韻・屑韻》:"穴,窟也。"《詩・大雅・緜》:"古公亶父,陶復陶穴,未有家室。"鄭玄箋:"鑿地曰穴。"《易・繫辭下》:"上古穴居而野處,後世聖人易之以宮室。"《墨子・辭過》:"古之民未知爲宮室時,就陵阜而居穴而處。"我們知道,地穴式房子和窰洞本身是立體的,鑿出的空間形狀也不盡相同,故難以描繪,而其門是有形可象的。"穴"的字形應該是那些地穴式房子或窰洞之門的形狀。而其門或方或圓不會統一,現在黄土高原區人們仍然居住的窰洞仍然如此。所以"穴"字形中或方或圓應該是與此有關的。

還要説明的是,"穴"字字形與"宀"應該是有細微之別的。家、宮等不同於穴,已是地上建築,且房頂多有脊。"家、宮"等字所從的"宀"正是當時建築的平視之象。所以"穴"字上部與"家、宮"等字上部所從"宀"有所不同,正反映了他們不同的物象。但兩者本爲同類,所以在古文字中有時又相似或混用。A 型和 B 型"穴"已與"宀"旁很相似。

若以上分析不誤,我們猜想"穴"字最初的構形並不從"土",也不從所謂的"八"。"八"可能是飾筆,這種飾筆在古文字中並不罕見。其後"穴"字增加了飾筆和意符,都是爲了便於和"冂、宀、宀"等字形體的區分。增加飾筆後的"穴"字,字形已可與"冂、宀、宀"區分開來,字形又簡單明了,所以被文獻延續下來,而"空"字就不太常用了。

上面著重分析了陶文和璽文中"空"字的字形,下面粗略談談釋讀。

"空"字在璽文和陶文中主要有兩種用義:一種爲陶工私名,如"關里空"等。一種是在齊、魯官璽中指某種職官。如"郲空冢鈢、武坪空冢"等。此類璽文多位學者專門研究過,將地名後的"空冢"讀爲"塡氏""垌冢""祈望"等(參徐在國《釋齊官"祈望"》,第四屆國際中國古文字學研討會論文集 2003 年 10 月,香港中文大學語言及文學系編集),此不詳述。

我們認爲"空"後面的字釋爲"冢"可從。"空冢"即"穴冢"。"穴"有墓葬之義,《玉篇・穴部》:"穴,冢壙也。""空冢"應爲管理墓地的官職,與《周禮》中的"冢人、墓大夫"相類。《山東博物館藏古印》第一集著錄有一枚魯國官璽,璽文爲"房空夫","房"爲魯地,"夫"疑爲"大夫"合文。若此,"空大夫"正與"墓大夫"相合。

《楚文化研究論集》6,頁 662—668

○**李家浩**（2010）　按竹書《周易》56 號《小過》六五爻辭“空”，馬王堆漢墓帛書本和傳本《周易》皆作“穴”。可見“空”當是“穴”的繁體。因“穴”是土穴，故加注“土”旁，與《龍龕手鏡》穴部所收的“空”，當非一字。《龍龕手鏡》“空”是“塞”的俗體，是個會意字，會以“土”塞“穴”之意，與簡文“空”結構不同。《廣韻》屑韻呼決切血小韻和胡決切穴小韻下，都收有一個“坎”字，前一個“坎”訓爲“穴也”，後一個“坎”訓爲“空深貌”。按古代合體字的偏旁位置不很固定，上下重疊結構與左右並列結構往往不別，疑簡文“空”與“坎”是同一字。

《文史》2010-3，頁 12

△**按**　《説文》：“穴，土室也。”楚簡或从土作空。楚先祖“穴熊”，新蔡簡作“穴熊”（甲三 35），又作“空𤔲（熊）”（乙一 22）。上博三《周易》簡 56“取彼在空”，馬王堆帛書本、今本空皆作穴。是穴、空爲一字異體。或謂新蔡簡空字土上部分爲六，非穴（魏宜輝、周言《再談新蔡楚簡中的“穴熊”》，簡帛研究網 2004 年 11 月 8 日），不可信。李家浩（《文史》2010 年 3 輯 21—22 頁）有詳辨。郭店簡《窮達以時》簡 10“驥駒張山，驥空於呰垤，非無體壯也”，李家浩（《文史》2010 年 3 輯 21—22 頁）讀空爲困。

【穴熊】新蔡甲三 35　乙一 22

○**賈連敏**（2004）　穴熊，見於《史記·楚世家》等文獻，《大戴禮記·帝繫》作“内熊”，由簡文可知其誤。新蔡祭禱簡文中有楚先祖“穴熊”，這是又一十分重要的發現。以往古文字材料中尚未見穴熊，其究竟稱“穴熊”還是“内熊”不好斷定，所以有學者懷疑《史記·楚世家》中的“穴熊”的“穴”是個錯字。

《華學》7，頁 153

△**按**　穴熊爲楚先祖。《史記·楚世家》：“季連生附沮，附沮生穴熊。”《大戴禮記·帝繫》穴誤作内。新蔡卜筮祝禱簡中出現的楚先“穴熊”爲古文材料首見。望山、包山及新蔡祝禱簡出現了兩組楚先，分別爲“老童、祝融、妣（鬻）熊”“老童、祝融、穴熊”。老童、祝融、穴熊、鬻熊均見於《史記·楚世家》。目前學術界爭論的焦點是，新蔡簡中所謂“三楚先”到底指哪三位及妣（鬻）與穴熊是否爲一人。李家浩《楚簡所記楚人祖先“妣（鬻）熊與“穴熊”爲一人説——兼説上古音幽部與微、文二部音轉》（《文史》2010 年 3 輯 5—44 頁）有細緻的整理與考辨。

窯

璽彙 1629

○**朱德熙、裘錫圭**（1972）　　窯。

《朱德熙古文字論集》頁 57,1995;原載《文物》1972-8

○**吳振武**（1984）　　漢印窯字既作𥨐,又作𥧑(《漢徵》七·十八),可爲其證。窯字見於《説文·穴部》。

《〈古璽文編〉校訂》頁 234,2011

△按　《説文》:“窯,燒瓦竈也。从穴,羔聲。”即今窑字。古璽“窯”,人名。

竈 𥨲 　 竈 𥧑

𥨲 石鼓文·吳人　　　竈 睡虎地·日甲 72 背　　　竈 睡虎地·日乙 40 貳　　　竈 睡虎地·答問 192

竈 陶彙 3·781　　　𥧑 璽彙 5496

○**强運開**（1933）　　石鼓。勿**竈**勿伐。

《説文古籀三補》頁 38,1986

○**顧廷龍**（1936）　　按與秦公敦𥨲似,疑亦竈字。

《古匋文香録》卷 7,頁 3,2004

○**金祥恆**（1964）　　炊竈也。周禮以竈祠祝融。从穴,黿省聲。

《匋文編》頁 55

○**羅福頤等**（1981）　　竈。

《古璽文編》頁 188

○**郭沫若**（1947）　　郘鐘“其竈四堵”叚爲簴,此殆爲牿。

《郭沫若全集·考古編 9》頁 79,1982

○**睡簡整理小組**（1990）　（編按:睡虎地·日甲 72 背）竈。

《睡虎地秦墓竹簡》頁 219

○**何琳儀**（1998）　　石鼓文竈,讀造。《周禮·春官·大祝》“二曰造”,注“故書造作竈”。《國語·吳語》“出火竈”,《吳越春秋》竈作造。是其佐證。《集韻》:“造,進也。”

《戰國古文字典》頁 229

○**徐寶貴**（2008）　竈本作形。其他古文字作如下等形體：（邵鐘）、（秦公簋）、（盄和鐘）、（秦公磬）、（懷后磬，《歷代鐘鼎彝器款識》名爲窖磬）、（《古陶字彙》三二二）、（睡虎地秦簡《日書》乙四〇）、（同上《日書》甲七二背）。以上所舉字例，前五例均與石鼓文形體相近，這些字都是春秋時期的文字。《説文》籀文當是春秋時期的“竈”及“鼀”字所從之“黽”的訛變。睡虎地秦簡的“竈”字有所訛省，爲《説文》篆文所本。

《石鼓文整理研究》頁 847

○**董珊**（2010）　（編按：石鼓）竈讀爲召，代訓爲替。句謂：（中略）不召其來朝見，也不廢替其職。

《出土文獻與古文字研究》3，頁 132

△**按**　《説文》：“竈，炊竈也。从穴，鼀省聲。竈，或不省。”春秋金文作（邵鐘）、（秦公簋）。《石鼓文·吳人》“吳（虞）人憐亟，朝夕敬□。氐西氐北，勿竈勿代”，竈字意思待考。邵鐘“其竈四堵”，孫詒讓謂讀爲簠，《左傳·昭十一年》杜注云：“簠，副倅也。”秦公簋“竈囿四方”，秦公鎛作“匍及四方”，《詩·皇矣》作“奄有四方”（參看《金文編》541 頁）。

突 窡

侯馬 200：5

○**山西省文物工作委員會**（1976）　宗盟類參盟人名。

《侯馬盟書》頁 359

○**李裕民**（1981）　此字亦見甲骨文。《甲骨文編》附錄上·七二收入下列諸形：

金文有下列二字：

《金文編》附錄下·二五　　　《殺殷》，《文物》1979 年 2 期

諸字舊均不識。按：應是宋字，《中山王壺》“厝愛深則賢人宋（親）”的深字偏旁正作

《文物》1979 年 1 期

與上述諸形同。⌒、⌒、⌒均爲穴之象形。⌒象洞穴之外形。丨丨、丶丶象水滴，或作丨丶、丶丶。穴內潮溼，不免有水滲入。正因爲是滲入的水滴，只作丨丨、丶丶等

形,而與河水之水作者不同。宀、穴本意相同,故二者通用,甲骨文中所見有:

安 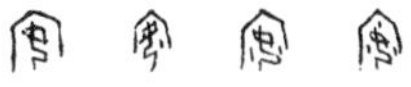 宁 

定  帘 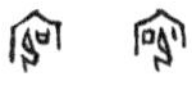

帚  突 

後二字《甲骨文編》釋作帚、濅、突、宊四字,當是不明穴之水滴與水形及穴、宀通用所致。除上舉各例外,《甲骨文編》附録上·七三尚收入一字

象人在穴(宀)中之形。古人、女通作,如侸也作婝,此宊疑爲安之異體字。

古人最初住在天然的山洞裏,以後在山坡開鑿窯洞,或在地面挖洞,進而在地上蓋房屋。甲骨文宀也作,象房屋側面之形,屋頂兩旁有檐突出於外。在商代,甲骨文中、、三形常混用,但已開始分化,多假作數字的六。西周時,三形完全分化,成爲六的專字,小篆更形變爲六,從字形上無法看出它的本意了。建築用字的偏旁均作,而字中的水滴一概變爲二點,位置都固定在上面的兩角,成爲穴的專字,西周金文从穴之字都作。

爲手形,罙字象以手伸入穴中摸取東西狀,應爲探之本字。《爾雅·釋詁》:"探,取也。"注:"摸取也。"以其向穴中摸取,深淺難測,故又引申爲深。《爾雅·釋詁》:"深,測也。"《老子》:"深矣遠矣。"注:"深不可測也。"

罙字戰國時代的《石鼓文》已形變爲(深字偏旁),小篆同。以後又隸變爲罙,下端與火形相仿。漢印則訛變爲(《漢印文字徵》十一·四深字偏旁),寫成。唯《天璽紀功碑》作(深字偏旁),尚保留着原貌。《説文》:"罙,深也。一曰竈突也。从穴、火,求省。"據形變之字立説,説不出所以然來。大約由於字的形變,看不出探的本意來,所以後人又加了手旁變成了探,罙字逐漸死亡。這種增加重複的偏旁創造新字的辦法並不罕見,如莫增日爲暮,暴增日爲曝,只是後者字形未訛變,本意一望而知。前者則字形訛變,如不是地下出土豐富的文字資料,其本意就難測了。

是罙的簡體。商代銅器銘文作(《守觚》),《金文編》釋作守。按:字與甲骨文同,仍應是罙的簡寫。看守之守西周時才從罙中分化出來,爲了與本字區别,下加一點成,其淵源關係從其字義中尚可看出。《後漢書·竇融傳》:"守猶求也。"《孟子》:"勿求於心。"注:"求者,取也。"這正與"探,取也"之義相同。

　　《甲骨文編》七·一三收有𥝂字，釋作秫。《説文》：“秫，稷之黏者。从禾、术。象形。𥝂，秫或省禾。”按：此字根本不象稷一類的農作物，它和𥝂一樣，也是㝎的簡體，只是簡省的部位不同而已。再考察與术有關的字的含義。《金文編》二·二四收有下列字形：　　𧗵　𧗵　𧗵

　　郭沫若釋述，甚是。字从辵从术，术爲㝎之省形，从辵表示循深邃之洞行走之意，故《説文》云：“述，循也。”

　　述字寫法有繁有簡，後世分爲遂、述二字。《説文》：“遂，亡也。从辵，㒸聲。”古文从辵，𣎴聲。《魏三體石經·春秋》“公子遂如晉”，古文作𧗵。可證遂、述本爲一字。《典引》：“伊考自遂古。”注：“遠古也。”是遂有遠義，與之引申義同。

　　邃：《説文》云：“深遠也。从穴，遂聲。”其實㒸即术，此字實从辵从㝎，故有深意。

　　隧：《周禮·冢人》：“以度爲邱隧。”注：“羨道也。”

　　隊：《廣雅·釋宫》：“隊，道也。”

　　潒：《廣雅·釋水》：“潒，坑也。”

　　術：《説文》：“術，邑中道也。”

以上从术之字，其義均與㝎字有關，足證术本是㝎的簡體，後來借用爲農作物之秫，其本義遂晦。

　　現在再看一下㝎字的偏旁變化情況。在甲骨文中，此字从穴从灬(穴或省作宀)，穴中的水滴多少不定，在𦥑的左右上下的位置也不固定。到了西周情況就不同了，水滴固定爲二點，位置固定在手臂的兩旁了。此字我們雖可看作从穴从𦥑，但並不合周人原意。上面説過，西周穴字都作𠔿，而西周金文和盟誓中的㝎上部都只作宀，𦥑形早已借作秫字，周人很可能已把㝎字看作从宀从术之字了。但這樣一來，以手探穴的本意不易從字形上看出，所以戰國時又在𠔿下加了兩點，變爲从穴从术之字。

　　㝎字字形的演變及其分化可以下表表示之：

　　　　　　𥦗—𥦗—𥦗　　㝎
　　　　　　𥦗—𥦗—𥦗—𥦗　守
　　　　　　　　　𥝂　　术

《古文字研究》5，頁 292—295

○何琳儀（1998）　突，甲骨文作𥦗（金五二五）、𥦗（前六一〇·一）。从宀，术聲。突，透紐；术，定紐。透、定均屬端系，突爲术之準聲首。金文作𥦗（突

瓢）。戰國文字承襲金文。术旁或加横筆爲飾作米,或加斜筆爲飾作火,宀繁化作穴旁,頗多變化。

《戰國古文字典》頁 1405

△按　楚簡深字作🔲（《上博五·鮑叔牙》簡 6）、🔲（《上博五·三德》簡 11）,右下所從與盟書"突"下部同,均爲术。

穿 🔲

🔲 睡虎地·日甲 38 正　　🔲 璽彙 0381　　🔲 吉大 123

○丁佛言（1924）　古鉢,王穿。

《説文古籀補補》頁 36,1988

○羅福頤等（1981）　穿。

《古璽文編》頁 189

○何琳儀（1998）　穿,从穴从牙,會鼠牙善穿洞穴之意。《詩·召南·行露》:"誰謂鼠無牙,何以穿我墉。"（中略）

　　戰國文字穿,人名。

《戰國古文字典》頁 1030

【穿井】睡虎·日甲 38 正

△按　《説文》:"穿,通也。从牙在穴中。"穿井,即开鑿水井。

竇 🔲

🔲 睡虎地·答問 197　　🔲 睡虎地·封診 76

○睡簡整理小組（1990）　（編按:睡虎地·答問 197）竇,《説文》:"空也。"

《睡虎地秦墓竹簡》頁 140

【竇署】睡虎地·答問 197

△按　睡虎地秦簡《法律答問》簡 197:"何謂'竇署'?'竇署'即去殹,且非是?是,其論何殹?即去署殹。"整理小組（《睡虎地秦墓竹簡》141 頁）譯文:"什麽叫'竇署'?'竇署'就是去署,還是不是去署?如果是,應如何論處?就是去署。"

空 穼

公〔集成 2608 十一年庫嗇夫鼎〕　穼〔睡虎地・日甲 9 壹〕

空〔陶彙 5・232〕　穼〔陶彙 5・233〕　穼〔陶彙 5・236〕　空〔璽彙 3840〕　穼〔璽彙 3983〕

○**羅福頤等**（1981）　空。

《古璽文編》頁 189

○**吳振武**（1984）　（編按：璽彙 3840）此字从穴从工,應釋爲空。《六書通》引《碧落碑》空字作空與此字同。原璽全文作“司空容”,司空是複姓。《通志・氏族略》“以官爲氏”條下謂:“司空氏,禹爲堯司空,支孫氏焉。堯後有隰叔孫士蔿,爲晉司空,亦因氏焉。晉大夫胥臣號司空季子,又有司空靖、司空督。”故此字應入 189 頁空字條下。

《〈古璽文編〉校訂》頁 237,2011

○**高明、葛英會**（1991）　空。

《古陶文字徵》頁 176

○**何琳儀**（1998）　《説文》:“空,竅也。从穴,工聲。”
　　十一年庫嗇夫鼎空,讀容。《説文》容古文作宎,从公得聲。《韓非子・外儲説右上》:“堂谿公見昭侯。”《藝文類聚》七三、《太平御覽》三九三引公作空。是其佐證。

《戰國古文字典》頁 414

△按　十一年庫嗇夫鼎“空二斗”,“空”讀爲容。睡虎地秦簡《日書甲》簡 9“穼”,除名,楚簡作“工”。

【空侗】璽彙 3972

○**羅福頤等**（1981）　空侗。

《古璽文編》頁 361

○**吳振武**（1984）　三九七八號璽文原璽全文作“空侗池”,很顯然,是複姓“空侗（桐）”二字合文,其右下方尚有合文符號＝。編者將它們割裂是不妥當的。故此字應復原成後入 361 頁“空侗”合文條下。

《〈古璽文編〉校訂》頁 103,2011

○**何琳儀**（1998）　秦璽空洞,讀“空同”,複姓。空同氏,子姓,蓋因空同山也。

見《世本》。

《戰國古文字典》頁 414

○**吴振武**(2000) 空侗,複姓,漢印作"空桐"(《漢印文字徵》七·十八》)。

《古文字研究》20,頁 322

△**按** 《古今姓氏書辯證》(上聲一東下):"《史記》:商本子姓,其後分封,以國爲姓,故有空桐氏。"漢印中有"空桐安國"(《漢印文字徵》7·18)。

窨

 睡虎地·日乙 17　　 睡虎地·日乙 30 壹　　 睡虎地·日乙 33 壹

△**按** 《説文》:"窨,坎中小坎也。从穴从臽,臽亦聲。"

【窨羅】睡虎地·日乙 17

△**按** 日名。睡虎地秦簡《日書》甲種"除"篇作"陷害"。

窋

 睡虎地·日甲 25 背壹

△**按** 《説文》:"窋,物在穴中兒。从穴中出。"

【窋臥】睡虎地·日甲 25 背

○**王子今**(1987) 所謂"窋臥"。當即蜷曲而臥。《説文》:"窋,物在穴中貌。从穴,出聲。"而"从言,出聲"之"詘"字,古即爲屈曲之意。《説文》:"䛢,詘或从屈。""窋"亦通窟、堀、掘。《吴越春秋·王僚使公子光傳》:"公子光伏甲士於窋室中。"《史記·吴太伯世家》作"窟室",《左傳》昭公二十七年作"堀室",《太平御覽》卷三四二引《左傳》作"掘室"。窟、堀、掘,皆以屈曲、屈折之屈字而形近。窟穴中臥,必當蜷體屈肢。古人"推生事死,推人事鬼","死如事生,示不背亡"。窋臥,爲"鬼之所惡",入葬時爲防止鬼物侵擾,很自然地會根據生世習俗將屍身擺置作"窋臥"之狀。這應當就是秦人屈肢葬的真正意義。

《考古》1987-12,頁 1106

○**睡簡整理小組**(1990) 窋(屈)臥。

《睡虎地秦墓竹簡》頁 212

○**戴春陽**(1992) 楚人向有"信鬼好祀"之風,楚墓中普遍隨葬與驅鬼方相有

關的獷屬怪誕的鎮墓獸。而《史記》中《日者列傳》所記秦漢閒著名日者司馬季主也是楚人,尤其值得注意的是雲夢《日書》記避鬼之《詰》篇,天水《日書》不載,可知所謂避鬼"窋臥"顯係楚地之習,而非"秦人"之俗。

　　喪葬"根據生世習俗將屍身擺置做'窋臥'之狀",以"防止鬼物侵擾",在邏輯上是合理的,但楚人之葬均爲仰身直肢,不見一例屈肢葬,因而"窋臥"釋作"蜷體屈肢"是不可信的。

　　隨葬《日書》的雲夢睡虎地十一號墓主喜本人確實下肢微曲,但中外許多學者從不同角度論證了睡虎地秦墓地是"秦人的墓地",而屈肢正是秦人的傳統,故十一號墓主喜的下肢微曲自與楚人的"窋臥"無涉。需要指出的是,睡虎地"秦人的墓地"雖有一部分屈肢葬,但以"仰身直肢爲主",且屈肢者亦多與十一號墓主喜的蜷曲程度相若而與秦人"蜷曲特甚"的典型屈肢葬已相去甚遠。這一現象正與秦國攻拔六國、秦人進入六國之鄉,在當地文化氛圍的浸濡下,其自身傳統的屈肢葬俗日漸鬆弛的整體趨勢合拍。因爲無論是楚人,抑或是秦人,屍身仿像"窋臥"的説法,在目前考古資料中,均無以爲證而每多牴牾。"窋臥"釋作"蜷體屈肢"本身就不可靠,據此推衍的屍身據生世習俗擺置的結論當然就更不能爲人信。

《考古》1992–8,頁 752

○**王子今**(2003)　　秦人屈肢葬仿像"窋臥"説試圖從精神文化的層次分析葬俗的意識背景,從考古學的角度提出具體實證的要求當然是合理的。但是否定這一推想的論點,首先以"雲夢《日書》記避鬼之《詰》篇,天水《日書》不載",斷定"所謂避鬼'窋臥'顯係楚地之習,而非'秦人'之俗",似乎過於武斷;其次,提出"楚人的'窋臥'"之説,歪曲了論辯對象;第三,以爲"睡虎地'秦人的墓地'雖有一部分屈肢葬,但以'仰身直肢爲主',且屈肢者亦多與十一號墓主喜的蜷曲程度相若而與秦人'蜷曲特甚'的典型屈肢葬已相去甚遠",又以"秦國攻拔六國、秦人進入六國之鄉,在當地文化氛圍的浸濡下,其自身傳統的屈肢葬俗日漸鬆弛"解釋這一現象,於是與其自説産生邏輯矛盾。

《睡虎地秦簡〈日書〉甲種疏證》頁 347

△**按**　睡虎地秦簡日書甲種"詰"篇曰"鬼之所惡,彼窋臥箕坐,連行奇立"(25背壹—26背壹),"窋臥"讀爲屈臥。

窒 窒

璽彙 3937　　璽彙 4090　　貨系 223　　窒 睡虎地・日甲 31 背叁

○**强運開**(1933)　古鉢,窒孫𡕢。

《説文古籀三補》頁 39,1986

○**羅福頤等**(1981)　窒,《説文》所無,《玉篇》:"窒,塞也。"

《古璽文編》頁 189

○**蔡運章**(1995)　【窒・平肩空首布】春秋中晚期青銅鑄幣。鑄行於周王畿。面文"窒"。背無文。按形制有大、中兩種:大型者一般通長 9.3—9.4、身長 5.7—5.9、肩寬 4.8—5、足寬 5—5.1 釐米,帶銎内範泥重 30.4 克。中型者一般通長 8.3、身長 5.4、肩寬 4.6、足寬 4.7 釐米。罕見。

《中國錢幣大辭典・先秦編》頁 151

△**按**　《睡虎地・日甲》簡 31 背叁:"注白湯,以黃土窒,不害矣。"《説文》:"窒,塞也。從穴,至聲。"

【窒中】璽彙 4090

○**吳振武**(1983)　釋爲"窒中",歸爲複姓。

《古文字學論集》(初編)頁 518

○**何琳儀**(1998)　齊璽"窒中",讀"窒中",複姓。《漢書・藝文志》有室中周著書十篇,王莽時室中公避地漢中,《漢書・功臣表》有清簡侯室中同。見《通志・氏族略・附複姓》。

《戰國古文字典》頁 1089

△**按**　漢有人名作室中周、室中同,分別見於《漢書・藝文志》《漢書・功臣表》。

【窒孫】璽彙 3937

○**何琳儀**(1998)　齊璽"窒孫",讀"室孫",複姓。室孫氏,王室之孫也。古有室孫氏著書。見《通志・氏族略・以國系爲氏》。

《戰國古文字典》頁 1089

△**按**　《通志・氏族略五・以國系爲氏》:"室孫,王室之孫也。古有室孫子著書。"另秦印有"室孫係",漢印有"室孫譚印"(《印典》1598、1599 頁),皆作"室"。

突

 睡虎地·效律 42　　 陶彙 5·134

○**睡簡整理小組**（1990）　突，穿。蠹突，被蟲囓穿。

《睡虎地秦墓竹簡》頁 73

○**高明、葛英會**（1991）　突。

《古陶文字徵》頁 176

○**何琳儀**（1998）　秦器突，人名。

《戰國古文字典》頁 1243

△**按**　《説文》：“突，犬從穴中暫出也。从犬在穴中。一曰：滑也。”

究

 吉大 141

○**何琳儀**（1998）　秦璽究，人名。

《戰國古文字典》頁 167

△**按**　《説文》：“究，窮也。从穴，九聲。”

窞

 九店 56·50　　 包山 210　　 包山 213　　 包山 227　　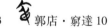 包山 228
 包山 234　　 郭店·成之 14　　 郭店·成之 11　　 郭店·唐虞 3　　 郭店·窮達 10
 新蔡甲三 404　　 新蔡乙四 125　　 秦駰玉版

○**劉彬徽、彭浩、胡雅麗、劉祖信**（1991）　窞（躬）。

《包山楚簡》頁 33

○**李家浩**（1996）　（編按：九店 56·50）窞。

《江陵九店東周墓》頁 509

○**劉信芳**（1997）　（編按：九店 56·50）簡文“窞”應與“祭室”有關，字讀如“坎”，《説文》：“窞，坎中小坎也。”《左傳》僖公二十五年：“坎血加書。”杜預注：

"掘地爲坎,以埋盟之餘血,加盟書其上。"《左傳》昭公十三年:"坎用牲加書。"古代盟誓於神靈之前,神位附近必有用牲之坎,知簡文"窞"應是祭室之坎。

《第三届國際中國古文字學研討會論文集》頁 532

○荊門市博物館(1998)　　(編按:郭店·老乙 14)穽(窮)。

　　(編按:郭店·成之 11)窮(窮)。

《郭店楚墓竹簡》頁 118、167

○何琳儀(1998)　　窞,从宀,躬聲,疑躬之繁文。
　　楚簡窞,讀躬。見躬字。

《戰國古文字典》頁 269

○陳偉(1998)　　(編按:九店 56·49)可能相當於秦簡的"井"。

《新出楚簡研讀》頁 59,2010;原載《人文論叢》1998 年卷

○李零(1999)　　(編按:秦駰玉版)窞(躬)。

《國學研究》6,頁 526

○李零(1999)　　(編按:九店 56·49)讀爲陷。

《考古學報》1999-2,頁 146

○李家浩(2000)　　(編按:九店 56·49)"窞",深坑。《説文》穴部:"窞,坎中小坎也。"《周易·坎》初六"習坎,入于坎,窞,凶",《象傳》"'習坎入坎',失道'凶'也",李鼎祚《周易集解》引干寶曰:"窞,坎之深者也。"引虞翻曰:"坎中小穴稱窞。"

《九店楚簡》頁 116

○晏昌貴、鍾煒(2002)　　"窞、閻"並从"臽"得聲,可以通假。睡簡《日書》乙種"除"篇"建"下一日爲"窞",在甲種"除"篇中寫作"陷"。乙種 88 號簡叁"天閻",在 101 號簡三欄中寫作"天臽"。《易·坎》初六:"習坎,入於坎,窞,凶。"六三:"來之坎,險且枕,人於坎窞,勿用。"二"窞"字在馬王堆漢墓帛書《周易》中均寫作"閻"。是"窞"可通作"閻"之證。《説文》:"閻,里中門也。从門,臽聲。"段注:"爲里處門也。"睡簡《日書》甲種 16—20 號簡背:"門欲當宇隋,吉。門出衡,不吉。小宮大門,貧。大宮小門,女子喜宮門。入里門之右,不吉。"所記爲"門"的方位吉凶,本簡或與之相同。"居西北利"之"利"字,疑是衍文。簡文大意是説:門居南北向,不利人民;居西北向,不利某;居西南向,利或不利某,等等。

《武漢大學學報》2002-4,頁 419—420

○**周波**（2006）　（編按：九店56·49）從"穴"從"身"，當釋"穿"。楚文字"窮"或省作從"宀"從"身"，"穿"也可能是"窮"之省形，其字義待考。（原注：字書以"穿"爲"穿"字異文，如《集韻·僊韻》："穿，或從身。"這裏的"穿"可能與"穿"並非一字。李天虹先生、徐在國先生先後向筆者指出"穿"有可能是楚文字"窮"字。劉國勝先生認爲此字用作名詞，所指應是一個比較具體的建築名。按由於簡首殘斷，作爲一種可能性，簡49也許擁有同一主語，如"宮、室"之類。故此字也可屬上讀，簡文可斷讀爲"【凡□不可以】尻（居）祭室之後；坿於東北之北，安，窮（窮）"。）

　　　　　　　　　　　　　　　　　　　　　　　　　　《江漢考古》2006-3，頁87

△**按**　《説文》："窮，極也。從穴，躳聲。"九店56·49"![字]居南北，不利人民；居西北，利，不利□"，周波（2006）據最新紅外照片釋字爲"穿"，當可信從。"穿"或爲窮字異體，郭店簡"窮"或作"![字]"，具體意思仍有待研究。

【窮身】望山1·24

○**中大楚簡整理小組**（1977）　窮_，疑爲躳宮二字合文。

　　　　　　　　　　　　　　　　　　　　　　　　　　《戰國楚簡研究》3，頁34

○**劉彬徽、彭浩、胡雅麗、劉祖信**（1991）　窮_（躳身）。

　　　　　　　　　　　　　　　　　　　　　　　　　　《包山楚簡》頁32

○**朱德熙、裘錫圭、李家浩**（1995）　《古文四聲韻》東韻引《道德經》"窮"作"窮"。"宀、穴"二旁在古文字中可以通用；"躳"即"躬"字的異體，從"吕"聲（"吕"當與"宮"同音，漢隸"躬"字猶多從"吕"，《説文》以爲"躬"字從"吕"，實非），所以"窮"可以寫作"窮"（《汗簡》卷中之一引《華岳碑》《義雲切韻》"宮"作"窮"，當是假借）。古文字中的"＝"是重文號或合文號。以古文字"大夫"作"![字]＿"例之，疑簡文"窮_"用爲"窮身"，讀爲"躳身"。"躳身"一詞見於古書。《國語·越語下》："王若行之，將妨於國家，靡王躳身。"或説"有憂於窮_"之"窮_"，七五號簡作"躳"，其下無"＝"號，"窮_"所加"＝"似不起一般重文號或合文號的作用。若此，"窮_"當讀爲"躬"。

　　　　　　　　　　　　　　　　　　　　　　　　　　《望山楚簡》頁92—93

突 ![圖]

包山245

○**劉彬徽、彭浩、胡雅麗、劉祖信**（1991）　突，《説文》："窅突深也。"此謂疾病變重。

　　　　　　　　　　　　　　　　　　　　　　　　　　《包山楚簡》頁58

○**曾憲通**（1993）　窔字从穴，交聲，《説文》：“窔，窅窔，深也。”又“窅，冥也”。《廣韻・嘯韻》：“窔，隱暗處。”隱暗處即深幽之處，藥力不可及，即所謂病入膏肓。

《古文字與出土文獻叢考》頁 209，2005；
原載《第二屆國際中國古文字學研討會論文集》

○**何琳儀**（1998）　包山簡窔，疾病深重。

《戰國古文字典》頁 296

△**按**　包山簡 245“占之：恆貞吉，疾弁，病窔”，“窔”當如諸家説意爲病重。

穻

璽彙 5673

○**吳振武**（1983）　穻。

《古文字學論集》（初編）頁 527

○**何琳儀**（1998）　穻，从穴，于聲。《集韻》：“穻，牖也。”又宇之異文。《字彙補》：“穻，古宇字。”

晉璽穻，讀宇，姓氏。周申伯之後有宇氏。見《路史》。

《戰國古文字典》頁 459

窂

睡虎地・秦律 5

△**按**　睡虎地秦簡《秦律十八種》簡 5“置窂崗（綱）”，整理者（《睡虎地秦墓竹簡》20 頁）譯爲“捕捉鳥獸的陷阱”。《説文》：“阱，陷也。窂，阱或从穴。”張守中（《睡虎地秦簡文字編》119 頁）以爲《説文》所無字，楊澤生（《〈説文〉難查的若干表現——從幾部古文字工具書誤標“説文所無”談起》，《中山人文學術論叢》6 輯 535 頁，澳門出版社 2005 年）已指出其誤。

宙

貨系 358　　　貨系 359

○**黄錫全**（1993）　庙（軸）　甲骨文有，鄭國地名。

《先秦貨幣研究》頁 350，2001；原載《第二屆國際中國古文字學研討會論文集》

○**何琳儀**（2002）　按，此字从"穴"从"由"（参 436—443"由"），應隸定"宙"，與《説文》"岫"之籀文吻合無閒。

　　空首布"宙"疑讀"軸"。《詩·鄭風·清人》"清人在軸"，傳："軸，河上地也。"其確切地望不詳。不過"清"的地望則見於《水經·潧水注》："清池水出清陽亭西南平地，東北流逕清陽亭南，東流即清人城也，《詩》所謂'清人在彭'，故杜預《春秋釋地》中牟縣西有清陽亭。"故《詩》中"清、軸"等地"當在今衛輝府延津、滑二縣境"。

《古幣叢考》（增訂本）頁 59—60

△**按**　《説文》山部："岫，山穴也。从山，由聲。宙，籀文，从穴。"

宴

璽彙 0235

○**裘錫圭**（1980）　宴（晏）。

《古文字論集》頁 459，1992；原載《考古學報》1980-3

○**羅福頤等**（1981）　寙。

《古璽文編》頁 189

○**吳振武**（1983）　宴（晏）。

《古文字學論集》（初編）頁 490

○**吳振武**（1984）　古穴、宀二旁通，如寓字侯馬盟書作寫，窾字《説文》或體作竅（参本文[二一三]條），故 （宴）字可釋爲宴。宴字見於《説文·宀部》。

《〈古璽文編〉校訂》頁 103，2011

○**何琳儀**（1998）　寙，从穴，匽聲，疑宴之繁文。

　　齊璽寙，讀晏，姓氏。陸終子晏安之後。見《世本》。《左傳》晏子，名弱，齊公族也，生嬰，字平仲，晏父戎、晏父釐並其族。見《元和姓纂》。

《戰國古文字典》頁 972

△**按**　楚簡用爲"燕"之字作𤉢（《上博一·詩論》簡 16 等），其右部與"宴"下部相同。"寙"爲"宴"之異體。

㐀

窀（包山 58）　理（包山 157）　窀（包山 174）　窀（包山 191）

○劉彬徽、彭浩、胡雅麗、劉祖信（1991）　㐀，讀作宅。《儀禮・士喪禮》"筮宅，冢人營之"，注："葬居也。"宅州指宣王冢墓所在之州。

《包山楚簡》頁 43

○林澐（1992）　窀釋文作㐀，未確，㐀爲屯，263 號簡純字作㐀可證。窀應隸定爲㐀，即窀窆之窀。《説文》："窀，葬之厚夕也。从穴，屯聲。春秋傳曰：窀窆從先君於地下。"又"窆，窀窆也，从穴，乏聲"。杜預注《左傳》襄十三年"唯是春秋窀窆之事"云："窀，厚也；窆，夜也。厚夜猶長夜。春秋謂祭祀，長夜謂葬埋。"今簡文有"悁（威）王㐀臧嘉"（166 號）、"悁（威）王之㐀人臧黽"（172 號）、"肅王㐀人雪亞夫"（174 號），191 號簡又把苛腏稱爲"宣王㐀市客苛腏"。則歷代楚王皆有窀。可知窀爲名詞，當指厚葬之大墓。又可知楚王諸陵旁已有如漢朝之奉陵邑，故不但有民人，有州里，且有市。

《江漢考古》1992-4，頁 83

○黃錫全（1992）　此形與从毛之絁、（277 紕）、徙（265 迁）等構形不同，而與从屯之絁（263 純）、伅（5 伅）等構形類似，故當釋爲㐀。"宣王之㐀""悁（威）王之㐀"的"㐀"當讀如窀。《説文》："窀，葬之厚夕。从穴，屯聲。《春秋傳》曰，窀窆從先君於地下。"《左傳》襄公十三年記楚共王語曰："若以大夫之靈，護保首領以歿於地，唯是春秋窀窆之事……"杜注："窀，厚也；窆，夜也。厚夜猶長夜。春秋，謂祭祀，長夜，謂葬埋。"簡文之義當是指宣王、威王埋葬之地。

《湖北出土商周文字輯證》頁 194

○何琳儀（1993）　△原篆作窀，又見 172、191。應隸定"㐀"。"屯"作㐀，見"郍"166、純"263、"菅"203 等偏旁。"㐀"即"窀"。《説文》："窀，窀窆，葬之厚夕也。从穴，屯聲。"（編按：此處引文據段注本）《左・襄十三》："唯是春秋窀窆之事。"疏："以其事於葬，故今字皆从穴。正義云古字作屯夕，後加穴，以窀穴爲墓穴。""㐀"从"土"，"宀"亦見墓穴之義。包山簡"㐀"正指宣王、威王墓穴。"斦㐀"157 爲人名。

《江漢考古》1993-4，頁 56

○**陳偉等**(2009)　　郭店竹書《老子》甲 9 號簡中的"坉"字與此字所從相同,隸作"竜"可信。古書中"竜"並没有墓葬、墓地一類含義。疑當釋爲"坉",讀爲"屯"。"屯"有戍守義。《左傳》哀公元年:"夫屯晝夜九日,如子西之素。"

《楚地出土戰國簡册》(十四種)32 頁

△**按**　　包山簡"宣王之竜市"(簡 58)、"威王之竜人"(簡 172)、"肅王竜人"(簡 174),林澐(1992)等謂"竜"爲厚葬之大墓,可從。李家浩《談清華戰國竹簡的〈楚居〉"夷屯"及其他》(《出土文獻》2 輯,中西書局 2011 年)對包山簡"竜人"有討論,可參看。

寓

侯馬 156:20

○**朱德熙**(1972)　　"寓"字在原照片上相當清楚。古文字从宀與从穴往往相通。如金文"寵"字或从宀、或从穴(《金文編》430 頁),"宿"字或从穴(《三代》7·19"弔宿簠",《金文編》收入附録 975 頁),"寮"字《説文》从穴,而金文从宀(《金文編》431 頁),戰國璽印文字"宵"字从穴(《徵》7·5 上),"窬"字从"宀"(《徵》7·5 下),"突"字从"宀"(《徵》附 26 下)。故知"寓"即"寓"字。"遇、寓"皆从"禺"聲,盟書借"寓"爲"遇"(金文"遇"字有从寓聲者,見《金文編》430 頁)。

《朱德熙古文字論集》頁 57,1995;原載《文物》1972-8

○**張頷**(1976)　　寓之行道弗殺——寓借爲遇。盟書或作見,或作逢。遇之行道,意謂在路上遭遇。《禮記·少儀》:"遇於道,見則面。"

《張頷學術文集》頁 55,1995;原載《侯馬盟書》

○**何琳儀**(1998)　　寓,从穴,禺聲。寓之繁文。

侯馬盟書寓,讀遇。

《戰國古文字典》頁 353

△**按**　　侯馬盟書 156:20:"寓(遇)之行道,弗殺。"

窀

陶彙 3·180　　陶彙 3·638　　璽彙 0289

○**羅福頤等**（1981）　竇。

《古璽文編》頁 189

○**吳振武**（1984）　此字應隸定爲竇或竇。古璽鄲字作（381 頁第二欄），所從堇(莫)旁與此字旁極近。竇(竇)字不見於後世字書。

《〈古璽文編〉校訂》103—104,2011

○**高明、葛英會**（1991）　竇。

《古陶文字徵》頁 176

○**何琳儀**（1998）　竇,从穴,莫聲。或下加心旁繁化。

齊陶竇,人名。

《戰國古文字典》頁 975

△**按**　"竇"字穴下所从之堇,楚簡多見,如（難,《郭店・老子甲》12）、（戁,《郭店・性自》32）。

寠

 中山西庫 482

○**何琳儀**（1998）　从穴从奴,里聲。

中山雜器寠,疑讀厘,姓氏。釐連氏之後有厘氏。見《路史》。

《戰國古文字典》頁 84

○**劉釗**（1999）　"寠"字从穴从里从奴,是一個从"里"得聲的字。字應隸定作"寠",讀爲"薶"。"薶"从"貍"聲,而"貍"从"里"聲,故从"里"得聲的"寠"可以讀爲"薶"。"薶"字後世俗書作"埋"。

"行"字非指出行,而是指道路。雖然出行與道路相關,但"行"字在此明顯用爲"寠"字的賓語。"行"是古代七祀之一,諸侯五祀、大夫二祀、適士二祀也都包括"行",可見其在古代祭祀體系中的重要性。"寠(薶)行"一語應是"薶某與行"的縮略說法,在此具體指埋圭於路。《左傳・文公十一年》有"埋其首於子駒之門"的句子,如將其縮略成"埋門",即可與"寠行"相比較。埋圭於行,是爲了祭祀行神。在楚簡和秦簡中都發現有許多祭祀行神的文字。古代"圭"常用於祭地或祭山。《山海經》就有瘞圭用以祭山的記載。考古發現的侯馬盟書也是主要寫在圭形石片上瘞埋於地下的,即如《周禮・司盟》所說:"坎其牲,加書於上而埋之。"

《中國古文字研究》1,頁 159

△按　中山王墓雜器玉片西庫:482"壬申,窙行與趄(?)子吉",窙从穴从里从卅,里爲聲符。具體意思仍待研究。

墒

璽彙5479

○何琳儀(1998)　墒,从土,窖聲。窖之繁文。《説文》:"窖,地藏也。从穴,告聲。"

　　楚璽墒,人名。

　　　　　　　　　　　　　　　　　　　　　　《戰國古文字典》頁172

窻

陶彙3·232　　陶録2·198·1　　璽彙0231

○湯餘惠等(2001)　窻。

　　　　　　　　　　　　　　　　　　　　　　《戰國文字編》頁518

△按　陶文"窻",人名。

窖

集成9709 公孫窖壺

○何琳儀(1998)　窖,从穴,炼聲。(《説文》:"炼,旱氣也。从火,告聲。")
　　陳疕鐘"窖器",讀"造器",見造字。

　　　　　　　　　　　　　　　　　　　　　　《戰國古文字典》頁172

○馬承源(1990)　字从火从穴,當即竈的別體。

　　　　　　　　　　　　　　　　　　　《商周青銅器銘文選》(四)頁551

△按　《集成》9709"公孫窖"即齊公孫竈,字子雅。"窖"又見於《上博七·吴命》簡1,人名。《近出》4-8 公孫潮子鎛、鐘"窽器",讀爲造器。

窶

窶睡虎地·日甲55正叁　　窶睡虎地·日甲56正叁　　窶睡虎地·秦律82

△**按**　睡虎地秦簡《秦律十八種》簡82"貧寠"、《日書甲》簡55"異者焦寠"等,寠均是貧窮之意。《爾雅·釋言》:"寠,貧也。"

疾 胅

疾 集成 11296 王五年上郡疾戈　　疾 侯馬 85:26　　疾 包山 207　　疾 郭店·成之 22

疾 望山 1·37　　疾 新蔡甲一 13　　疾 上博一·性情 35　　疾 上博四·内豊 8

疾 睡虎地·日甲 142 正肆　　胅 陶彙 3·556　　胅 陶彙 9·87　　胅 璽彙 1428　　胅 璽彙 2812

胅 貨系 207

○**吳大澂**(1884)　（編按:古陶、璽）疾。

《説文古籀補》頁 31,1988

○**丁佛言**(1924)　（編按:古璽）疾。

古鉢公孫疾信鉢。《説文》籀作胅。

《説文古籀補補》頁 36、36,1988

○**楊寬**(1947)　（編按:集成 11297 上郡守疾戈）這戈當是秦惠王稱王更元六年(前319 年)的製作。疾即樗里疾,那年樗里疾正做上郡守。（中略）《史記·秦本紀》載秦惠文王更元"七年樂池相秦,韓、趙、魏、燕、齊帥匈奴共攻秦,秦使庶長疾與戰修魚,虜其將申差,拜趙公子渴、韓太子奐,斬首八萬二千"。修魚爲韓邑,在今河南原陽西南。樗里疾爲秦惠文王的異母弟,《史記·樗里子列傳》只記秦惠文王八年"使將而伐取魏地曲沃"的事,不記上一年樗里疾大敗五國聯軍的事,説明《樗里子列傳》對秦惠文王八年以前樗里疾的戰績失載。由於這件上郡守疾戈,可知此時樗里疾正爲上郡的郡守。

《楊寬古史論文選集》頁 405、406,2003;

原載 1947 年 5 月《中央日報》副刊《文物周刊》33 期

○**周萼生**(1960)　（編按:集成 11296 王五年上郡疾戈）殘戟銘文上郡下疾字當爲督造者名,秦王政五年(公元前 242 年)時呂不韋爲相。《史記》於秦始皇帝三十七年十月癸丑始云始皇出遊,左丞相斯從,右丞相去疾守。刿秦權量、刻石及《史記》四者於去疾之名從未省略爲疾,可證殘戟銘文上郡下之疾字殆非秦始皇帝右丞相去疾明矣。

《癡盦藏金》所録傳陝西出土"王六年上郡守疾之造□禮"一器督造者亦

名疾,與殘戟銘文上郡下之疾爲一人,其時閒相去僅一年。按史籍記載,秦惠文王異母弟號樗里子,名疾,後封嚴君,於秦昭襄王五年六年適爲右相。王五年殘戟銘文上郡下無守字而王六年一器銘文上郡下有守字。守爲郡守。豈樗里疾於王五年以右相直督上郡造而於王六年夏兼攝上郡耶。又按《支那古器圖考》,朝鮮樂浪大同江船橋里出土一戟,內亦有刃,銘文爲"廿五年上郡守廟造,高奴工師窖,丞申,工鬼薪詘,上郡庫武都冶"。亦上郡郡名與高奴縣名並列。足見上郡高奴爲當時重要之兵器鑄造地,且樗里疾曾將兵伐蒲,有以右相直督之可能。

《人文雜志》1960-3,頁 58

○山西省文物工作委員會(1976)　宗盟類參盟人名。

《侯馬盟書》頁 324

○羅福頤等(1981)　疾。

《古璽文編》頁 190

○蔡運章(1995)　【疾・平肩空首布】(中略)面文"疾"。

《中國錢幣大辭典・先秦編》頁 145

○何琳儀(1998)　戰國文字從矢從疒,會人中箭臥牀有疾之意。(中略)據《説文》竊從廿聲,而"廿,古文疾"知疾確應從疒聲。廿、疒均屬泥紐。至於籀文以 𥏝(端紐)爲疾(本屬泥紐,後轉從紐),亦屬舌音雙聲假借。

齊陶疾,姓氏。見《萬姓統譜》。

《戰國古文字典》頁 1094

○張光裕、陳偉武(2006)　《説文》:"疾,病也。"楚簡中"疾"爲疾病通名。如包山簡 123:"有疾,死於旬。"秦家嘴簡 1.1:"以其又(有)疾之古(故)。"或加上發病部位而作疾病專名,如稱"首疾、膚疾、背膚疾、心疾、腹心疾、足骨疾"等等,説詳以下各條。馬王堆漢墓帛書《五十二病方》有方名稱"顛(癲)疾",亦爲病名。

《中國文字學報》1,頁 82

△按　《説文》:"疾,疒也。從疒,矢聲。"甲骨文作 𤶃(《合集》21054),金文作 𤶃(毛公鼎)。從大從矢,會人中箭有疾之意。

痛　痗

睡虎地・封診 85

○**睡簡整理小組**(1990)　痛。

《睡虎地秦墓竹簡》頁 161

△**按**　秦簡"病腹痛",《說文》:"痛,病也。从疒,甬聲。"

病 疒　疞 瘩 瘲 痁

疒包山 152　疒包山 243　疒新蔡零 209　疒上博四・東大 8　疒璽彙 0795

疒上博五・三德 13　疒上博六・競公 10

疒秦駰玉版　疒睡虎地・封診 85　疒璽彙 2039

○**吳大澂**(1884)　疞　古鉢文。《說文》所無。

《說文古籀補》頁 32,1988

○**羅福頤等**(1981)　(編按:璽彙 2039)以璽文"病已"知此是病字。

《古璽文編》頁 190

○**吳振武**(1984)　(編按:璽彙 2348)此字从疒从百,《古璽彙編》釋爲病,甚是。古璽"郚(重)病已"之病作疒(《彙》二〇三九),正與此字同。故此字應入 190 頁病字條下。

《〈古璽文編〉校訂》頁 211,2011

○**劉彬徽、彭浩、胡雅麗、劉祖信**(1991)　(編按:包山 152)疞,讀如妨,《說文》:"害也。"

(編按:包山 207)疞,疑讀作傍。

《包山楚簡》頁 50、55

○**周鳳五**(1993)　(編按:包山 152)簡文"疞於責"即"病於債",亦即受困於債。病解爲"困也"或"憂也"或"患也"均無不可,均爲先秦文獻所習見。

《王叔岷先生八十壽慶論文集》頁 365

○**曾憲通**(1993)　按"疞突、疞有疒"二疞字皆爲疞之訛體,簡文丬旁作彡或彳,爿旁作彳或彳,形體十分接近,故常寫混,如疾(簡 207、218、239、245)或作狀(簡 236);瘦(簡 240、243、245、247)或作攄(簡 236、243);疞(簡 243)或作疞(簡 207、218、247、250)。疞字,周鳳五以爲病之異體,屬丙、方聲旁通用之例,故簡 250 之"尰疞"亦即瘇病。

《古文字與出土文獻叢考》頁 208—209,2005;
原載《第二屆國際中國古文字學研討會論文集》

○陳秉新、李立芳(1998) 考釋未釋疕當今何字,讀妨也不能通釋簡文。我認爲疕乃病之古文,所从之方甲骨文作方,在刀柄處加一指事符號,乃刀柄之柄的本字,后借爲方位、四方之"方",久借不歸,又造出从木从方之"枋"和从木从丙的"柄"以代之。《儀禮·士冠禮》:"賓受醴于户东,加柶面枋,筵前北面。"鄭玄注:"今文枋爲柄。"許慎未見方的初形,亦不知方的本義,遂作出"併船也,象兩舟有總頭形"的誤説(併船之"方"典籍作"舫")。方位、方正之"方"古音爲幫紐、陽韻,丙、柄、病均爲並紐、陽韻,古音最近,因此病字古亦作疕。簡152"款食田疕於賣(債)"、簡243"疕遞瘯(瘥)"、簡247"疕又(有)瘨(癗,讀爲隕,訓降)",簡249"以其又(有)瘇(脛氣足腫)疕",諸疕字釋爲病,均於文義恰適,讀爲妨,則扞格難通矣。

《江漢考古》1998-2,頁80

○何琳儀(1998) 《説文》:"病,疾加也。从疒,丙聲。"

晉璽疕,人名。

《戰國古文字典》頁712)

疕,从疒,方聲。疑病之異文。

包山簡"疕於賣",疑讀"放於債",猶後世"放債"。包山簡疕,讀病。《左·隱八》"鄭伯使宛來歸祊",《公羊》《穀梁》引祊作邴。《説文》仿籀文作佩。是其證。

《戰國古文字典》頁716)

防,从爿,方聲。疑疕之省文,病之異文。

包山簡防,讀病。參疕字。《説文》:"病,疾加也。从疒,丙聲。"

《戰國古文字典》頁716

○張光裕、陳偉武(2006) 《説文》:"病,疾加也。"睡虎地秦簡《日書》甲種《病》:"甲乙有疾……戊己病。""病"正是指病情加重。楚簡作"疕"。但在楚簡中"病"往往只作疾病通名,如包山簡218:"疕良瘥。"指病情好轉而痊愈。又220:"疕遬(速)瘥。"指病迅速痊愈。又243:"疕遞瘥。"指病情逐漸康復。上海博物館藏戰國楚簡《柬大王泊旱》22:"君王之疕(病)牆(將)從含(今)日以已。""疕(病)"字用爲名詞,似與"疾"字無別。正因如此,文獻中"疾病"每每同義連文用作泛稱,如《素問·寶命全形論篇》:"君王衆庶,盡欲全形,形之疾病,莫知其情,留淫日深,著於骨髓,心私慮之,餘欲針除其疾病,爲之奈何?"楚簡或加上表示症候詞語而作疾病專名,如稱"瘇疕、瘭鼠疕",説詳下文。類似結構在《五十二病方》中有"諸食病、諸口病、痒(癃)病、睢(疽)病"

等。或作動詞,係以病名表示患某種疾病,如稱"疠腹疾、疠心疾、疠笰(痎)"等,包山簡 221:"既又(有)疠,疠心疾,少惡(氣),不入飤(食)。""疠"重文,前一字作名詞,後一字作動詞。

《中國文字學報》1,頁 82—83

○**李零**(2005)　(編按:上博五・三德13)痸(病)。

《上海博物館藏戰國楚竹書》(五)頁 297

○**濮茅左**(2007)　(編按:上博六・競公10)"瘩",同"疾"。

《上海博物館藏戰國楚竹書》(六)頁 186

○**宋華強**(2010)　(編按:新蔡甲三176)這個"病"可能不是指與"疾"同義之"病"(如乙四 5"以君之疠(病)之[故]☒"),而是指病重之"病"。《左傳》桓公五年"公疾病",《正義》引鄭玄《論語》注云"病謂疾益困也"。《左傳》凡"疾病"連言者,"病"都是指病重。昭公元年:"寡君之疾病,卜人曰'實沈臺駘爲祟',史莫之知,敢問此何神也。""疾病"而卜問鬼神,可與簡文參看。

《新蔡葛陵楚簡初探》頁 392

△**按**　戰國文字"病"或从丙或从方。《璽彙》2039 字从疒从酉,與清華簡《保訓》簡 3 病字同。上博六《競公瘩》簡 10"是皆貧胐(苦)約疠鬷(以下用 A 代替)",與 A 對應之字,《晏子春秋・內篇諫上》作病。整理者隸定作瘩,釋爲疾。上博七《鄭子家喪》有鬷字(以下用 B 代替),見於甲本 1、3 號及乙本 2、3 號簡,文例均作"邦之 B",整理者(《上海博物館藏戰國楚竹書》[七]174 頁)隸定爲悎,讀爲《說文》訓爲憂的恓。陳偉等(《〈鄭子家喪〉初讀》,簡帛網 2008 年 12 月 31 日;復旦讀書會《〈上博七・鄭子家喪〉校讀》,復旦網 2008 年 12 月 31 日)認爲 B 當讀爲病。李天虹(《〈鄭子家喪〉補釋》,簡帛網 2008 年 1 月 12 日)認爲 B 是悎字之訛。郭永秉(《楚竹書字詞考釋三題》,《中國文字研究》13 輯,大象出版社 2010 年)據陳偉等意見謂 A 从疒酉聲,當釋爲病。

瘇 瘇

瘇 包山 12　瘇 包山 13　瘇 包山 175　瘇 璽彙 2654

○**劉彬徽、彭浩、胡雅麗、劉祖信**(1991)　瘇。

《包山楚簡》頁 17

○**何琳儀**（1998）　包山簡瘽，人名。

《戰國古文字典》頁 1322

△**按**　《説文》：“瘽，病也。从疒，堇聲。”包山簡“某瘽、李瘽、亢瘽”，“瘽”均用爲人名。

瘨　㣎

集成 2658 卅六年私官鼎

○**何琳儀**（1998）　《説文》：“瘨，病也。从疒，真聲。”
　　卅六年私官鼎瘨，人名。

《戰國古文字典》頁 1116

疝　痀

秦陶文新編 3120

○**袁仲一**（1987）　疚。

《秦代陶文》頁 110

○**高明、葛英會**（1991）　疝。

《古陶文字徵》頁 161

○**劉樂賢**（1991）　《秦代陶文》拓片 769 號“左水疝”，末字，袁仲一先生《秦陶文字錄》15 頁釋爲“疚”。按此字所从不是久而是“丩”。例如“收”字，睡虎地秦簡作收，銀雀山漢簡《孫臏兵法》作收（參見《秦漢魏晉篆隸字形表》218頁）。其所从之“丩”皆與此字所从之“丩”同。疝字見於《説文解字》疒部。

《考古與文物》1991-6，頁 82

△**按**　《説文》：“疝，腹中急也（小徐本“急”下有“痛”字）。从疒，丩聲。”秦陶“疝”爲陶工名。

疵　胏

疵 睡虎地·日甲 70 背　　疵 睡虎地·日甲 72 背　　胏 璽彙 5654　　胏 珍秦·戰 67

○**羅福頤等**(1981)　　疵。

《古璽彙編》頁514

○**劉樂賢**(1994)　　本篇"疵在某"習見,《説文》:"疵,病也。"

《睡虎地秦簡日書研究》頁271

○**陳偉武**(1998)　　疵字在甲種《日書》凡十三見,《生子篇》兩例,《盜者篇》十一例。乙種日書凡五見,《生篇》例句基本同於《生子篇》,《盜篇》三例。秦簡所有"疵"字用法相同,筆者以爲訓"病也"過於籠統,當指斑痣,人之斑點謂之疵,玉之斑點謂之玼,字異源同。相術是戰國以後發展起來的方術之一,在相術家看來,痣爲顯著特徵,其有無、大小、形狀及存現部位均與人的命運休咎密切相關。後代載籍如敦煌《相書》(伯3942號)等對黑痣、赤痣多有論述。《日書》有關"疵"的占驗術文,正是當時相術家這種觀念的真實反映。《淮南子·氾論》:"故目中有疵,不害於視,不可灼也。"漢·高誘注:"疵,贅。"《廣韻·支韻》:"疵,黑病。"《史記·高祖本紀》:"高祖……左股有七十二黑子。"唐·張守節正義:"許北人呼爲黶子,吳楚謂之志,志,記也。""疵"可指黑斑,也可指赤斑、紫斑、贅疣或其它斑痣,故《盜者篇》黑斑稱爲"黑子",亦省稱"黑",與指斑痣的"疵"同見一簡並不矛盾,"黑子"("黑")爲專稱,"疵"是通稱。《太平御覽》卷三六五引晉·王隱《晉書》云:"趙孟……其面有疵。人有不決者,群云當問疵面。""疵"字用法同秦簡。

《胡厚宣先生紀念文集》頁210

○**何琳儀**(1998)　　秦璽疵,人名。

《戰國古文字典》頁766

○**王輝**(2001)　　《説文》:"疵,病也。"古人或以疾病字爲名。如秦有樗里疾,又《珍秦》86有"樂疥"私印。

《四川大學考古專業創建四十周年暨馮漢驥教授誕辰紀念文集》頁306

○**王子今**(2003)　　這裏所謂的"疵在某",不是一般的病,應是比較顯著的外貌特徵,如黑斑、痣、胎記、贅疣等。《廣韻·支韻》:"疵,黑病。"余巖《古代疾病名候疏義·爾雅病疏》:"(疵)蓋今之母斑也。"《晉書·后妃傳上·惠賈皇后》:"(后)見一婦人,年可三十五六,短形青黑色,眉後有疵。"《淮南子·氾論》:"目中有疵,不害於視。"高誘注:"疵,贅。"

《睡虎地秦簡〈日書〉甲種疏證》頁451

△**按**　璽文"疵",人名。秦簡"疵在耳、疵在目、疵在鼻"等,"疵"當如陳偉武(1998)説指斑痣。

瘏

 新收 1548 元年相邦建信君鈹　　瘏 璽彙 2921　　瘏 珍秦·戰 89

○羅福頤等（1981）　瘏。

《古璽文編》頁 190

○何琳儀（1998）　晉璽瘏，人名。

《戰國古文字典》頁 521

○吳振武（2001）　瘏

《珍秦·戰》頁 73

△按　《説文》：“瘏，病也。从疒，者聲。《詩》曰：我馬瘏矣。”戰國文字瘏用爲人名。

瘲

瘲 陶彙 3·1032

○顧廷龍（1936）　《説文》：“瘲，病也。”此省从从。

《古匋文舂録》卷 7，頁 3，2004

○何琳儀（1998）　疘，从疒，从聲。疑瘲之省文。《説文》：“瘲，病也。从疒，從聲。”

　　齊陶疘，人名。

《戰國古文字典》頁 431

○王恩田（2007）　疕（疕）。

《陶文字典》頁 210

△按　王恩田（2007）釋瘲爲疕，非是。戰國文字比、从人形方向正反，當釋爲瘲。

痻

痻 侯馬 85:5

○**山西省文物工作委員會**(1976)　痟　宗盟類參盟人名。

《侯馬盟書》頁 333

△**按**　《說文》:"痟,酸痟頭痛。从疒,肖聲。《周禮》曰:春時有痟首疾。"

疕　胏

疕 近出 1236 相邦平國君鈹　　包山 8　　疕 睡虎地·封診 52　　疕 秦陶文新編 883

○**羅福頤等**(1981)　疕。

《古璽文編》頁 191

○**袁仲一**(1987)　疕。

《秦代陶文》頁 113

○**睡簡整理小組**(1990)　疕(音匕),頭上的瘡瘍,《說文》:"頭瘍也。"

《睡虎地秦墓竹簡》頁 156

○**劉彬徽、彭浩、胡雅麗、劉祖信**(1991)　疕。

《包山楚簡》頁 17

○**黃盛璋**(1991)　(編按:近出 1236 相邦平國君鈹)禔。

《考古》1991-1,頁 57

○**何琳儀**(1998)　戰國文字疕,人名。

《戰國古文字典》頁 1287

○**嚴志斌**(2001)　(編按:近出 1236 十八年平國君鈹)疕。

《四版〈金文編〉校補》頁 93

○**劉雨、盧岩**(2002)　(編按:近出 1236 十八年平國君鈹)疕。

《近出殷周金文集錄》4,頁 275

△**按**　《說文》:"疕,頭瘍也。从疒,匕聲。"用作病名的疕也見於漢代簡帛(參看靳士英、靳樸《〈五十二病方〉"疕"病考》,《中華醫史雜志》1997 年第 27 卷第 3 期)。十八年平國君鈹疕,所從匕与 (《包山》8)同。

瘍　瘍

瘍 新收 1919 宜陽戈　　瘍 侯馬 1:54　　瘍 璽彙 0792　　瘍 璽彙 4019

○山西省文物工作委員會(1976)　宗盟類參盟人名。

《侯馬盟書》頁 347

○羅福頤等(1981)　瘍。

《古璽文編》頁 191

○何琳儀(1998)　晉璽瘍,人名。

《戰國古文字典》頁 670

○黄錫全(2002)　(編按:新收 1919 宜陽戈)從疒從易,即瘍,冶工名。

《考古與文物》2002-2,頁 69

△按　《説文》:"瘍,頭創也。從疒,易聲。"戰國文字"瘍"用爲人名。

痒　牂

新蔡甲二7　新蔡甲三170　新蔡乙三5　新蔡乙三41

○賈連敏(2003)　牂。

《新蔡葛陵楚墓》頁 188

△按　字當釋爲痒,讀爲牂。簡文爲祝禱用牲。《説文》羊部:"牂,牝羊也。"

疾　牌

璽彙 2981

○羅福頤等(1981)　痔。

《古璽文編》頁 203

○施謝捷(1998)　痴(痴)。

《容庚先生百年誕辰紀念文集》頁 648

○何琳儀(1998)　瘭。

《戰國古文字典》頁 1518

△按　《璽彙》2441 字右旁與字疒下所從相同,趙平安(《夬的形義和它在楚簡中的用法——兼釋其他古文字資料中的夬字》,《新出簡帛與古文字古文獻研究》333 頁,商務印書館 2009 年)據楚簡夬字寫法,將前者釋爲玦。湯餘惠等(《戰國文字編》521 頁)將字釋爲疾。趙説是。《説文》:"疾,瘊也。從疒,決省聲。"

疢

新鄭 31

○**郝本性**(1992) 124 號爲疢字。《説文》訓"顫",戰國印文(《徵》7·6)、陶文(《叠録》7·3)均有此字。

《古文字研究》19,頁 122

○**何琳儀**(1998) 韓兵疢,人名。

《戰國古文字典》頁 15

△**按** "疢"字見於甲骨文,作 、 等形(參看《新甲骨文編》443—444 頁)。《説文》:"疢,顫也。从疒,又聲。"

瘀

璽彙 2058

○**羅福頤等**(1981) 疢。

《古璽文編》頁 193

○**吳振武**(1984) 今按,此字隸定作疔誤,應釋爲瘀。古璽犬旁作 、 、 、 等形(248 頁狗、猗、繆、犴等字所从),皆與此字 旁所从之 不同。 應釋爲於(烏),東周金文於字作 、 、 (《金》210 頁及《音樂研究》1981 年 1 期圖二二),古璽於字作 (526 頁第二欄),愁字所从之於作 (266 頁愁),皆其確證。瘀字見於《説文》疒部。

《〈古璽文編〉校訂》頁 106,2011

○**陳漢平**(1989) 按此字从疒从於,當釋爲瘀。

《屠龍絶續》頁 307

○**何琳儀**(1998) 晉璽瘀,人名。

《戰國古文字典》頁 441

△**按** 《説文》:"瘀,積血也。从疒,於聲。"

疴

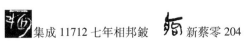集成 11712 七年相邦鈹 新蔡零 204

○**集安縣文物保管所**（1982）　（編按：集成 11712 七年相邦鈹）疱。

○**黃盛璋**（1983）　（編按：集成 11712 七年相邦鈹）“疱”爲冶名，從“疒”從“勹”，按“包”從“巳”，象懷孕在胞之中，此則省易仿佛“口”形，仍只能是“疱”，戰國文字從“广”之字往往作“疒”，左兩點乃增飾筆畫，凡從“疒”之字作人名的大抵皆爲從广增彳爲飾，旅大市新金縣出土啟封戈，工師名“癰”，可以爲證，凡從“疒”之字皆和疾病有關，甚至屬於惡名，人何以取惡名病名爲名？此非情理所當有，故此字就是“庖”字。

○**周寶宏**（1996）　（編按：集成 11712 七年相邦鈹）此字當釋爲“痀”字。包字見於《說文》：“包，象人裹妊，巳在其中，象子未成形也。”又《說文》：“勹，裹也，象人曲形，有所包裹。”包，睡虎地秦簡作:𠣘形（見張世超先生、張玉春先生撰集《秦簡文字編》）。馬王堆漢墓帛書作𠣘、𠣘形，銀雀山漢墓竹簡作𠣘形（以上俱見漢語大字典字形組編《秦漢魏晉篆隸字形表》）。從上列秦簡漢帛書包字形體看，包字從勹從巳，而劍銘之𤶇字所從之𠣘形從𠮛從𠂢，與包字從勹從巳完全不同，因此此字不可釋爲疱字。長子狗鼎銘狗字𤶇（《古文字研究》13輯），句監鼎句字𠣘形（見《古文字研究》19 輯），以上句字旁皆作𠣘形，與劍銘𤶇字所從之𠂢旁相同。據此可知道劍銘之𤶇字當釋爲痀，痀字見於《說文》，在銘中用爲人名。

○**賈連敏**（2003）　痀。

○**田煒**（2010）　（編按：集成 11712 七年相邦鈹）瘋。

△**按**　陽安君鈹“痀”字，田煒（2010）據璽文𤶇（璽彙 1030）、𤶇（璽彙 1605）吳振武釋瘋的意見，也將其釋爲瘋，恐非是。《說文》：“痀，曲脊也。從疒，句聲。”

【痀疾】新蔡零 202

○**張光裕、陳偉武**（2006）　“痀”本指痀瘻、駝背，在病機上屬拘攣之類，簡文“痀疾”疑當指拘急或拘瘲之症。中醫所謂拘急常見於腹部或四肢，指肢體牽引不適或有緊縮感、礙於屈伸之症狀。《素問·六元正紀大論篇》：“民病寒溼,腹滿,身膶憒胕腫,痿逆寒厥拘急。"《金匱要略·臟腑經絡先後病脈證》:"陰病十八,何謂也? 師曰:咳、上氣、喘、噦、咽、腸鳴、脹滿、心痛、拘急。"《素問·至真要大論篇》:"厥陰在泉,客勝則大關節不利,内爲痙强拘瘛,外爲不便。"

《中國文字學報》1,頁 86

瘤 㽄

新蔡零 340

○賈連敏(2003)　瘤。

《新蔡葛陵楚墓》頁 219

△按　新蔡零 340"姑瘤一社,☐",姑瘤,地名。

痤 痓

侯馬 194:10　望山 1·9　璽彙 1198　璽彙 2483　玉印 19

望山 1·40　秦代印風 189

○山西省文物工作委員會(1976)　痓　宗盟類參盟人名

《侯馬盟書》頁 332

○羅福頤等(1981)　痓、痤。

《古璽文編》頁 31、202

○朱德熙、裘錫圭、李家浩(1995)　(編按:望山 1·9)此字從"身"從"王"。馬王堆雜占書"坐(坐)易(陽)"又作"王易",信陽楚墓竹簡二二一號"一絵往裯"即"一錦伾(坐)茵"(《文物參考資料》1957 年 9 期),"王"當是"坐"字古體。簡文有"身、身"二偏旁,與疾病有關之字多從"身"旁,疑即"疒"之省體。但是這兩個偏旁有時又混而不分,如簡文常見的從"身"從"虐"的一個字,偶爾也從"身"(見六四號簡)。釋文中凡與疾病有關之字一律寫作從"疒"。《廣雅·釋詁》:"痤,癰也。"

(編按:望山 1·40)痤(痤)。

《望山楚簡》頁 89、71

○劉釗（1998） 按“𤸷”字所从的“王”與包山楚簡的“王”字相同,應爲一字。如此古璽“𤸷”字就應釋爲“痤”。痤字見於《説文》,在璽文中用爲人名。《漢印文字徵》七·二〇引有“李痤”印,可知古人確有以“痤”爲名的。楚璽中有“㾫”字:

（一一九八） （《古玉印精華》一九·四）

舊不識。按字所从之“爿”不是“爿”字,而是“疒”之省。戰國文字中“疒、爿”二旁常常相亂。如古璽醬字或从“疒”作“瘤”（〇〇九五）,古陶文壯字或从“疒”作“㽷”（三·五二七）,古璽瘠字或从“爿”作“㿝”（一六〇〇）。楚國文字常常將“疒”省爲“爿”,如包山楚簡瘤字作“㿗”（簡二四〇）,瘟字作“㽷”（簡二四九）,瘬字作“㽷”（簡二一八）等。上引楚璽中的“㾫”“㾫”也應釋爲“痤”。

《古文字考釋叢稿》頁 187—188,2005；原載《考古與文物》1998-3

○何琳儀（1998） 瘟,从疒,呈聲。《五音篇海》:“瘟,户呈切,音形。”

《戰國古文字典》頁 805

○張光裕、陳偉武（2006） 望山一號墓簡 9:“既痤,以惠心,不入飤(食),尚毋爲大蚤(尤)。”又簡 13:“既痤,以心瘟肰(然),不可以運(動)思惥身。”簡 40:“☐以痤(痤),尚毋以亓(其)古(故)又(有)大咎。”“痤”字下从止。整理者釋第 9 簡時,引《廣雅·釋詁》云:“痤,癰也。”且指出:“‘既痤,以口心’,是説長了瘡以後,又得了心疾。”（原注:湖北省文物考古研究所、北京大學中文系《望山楚簡》,第 89 頁注[一九]和[二〇],中華書局 2000 年。）此注當是。《素問》中《生氣通天論篇》和《至真要大論篇》等均作“痤”,而《氣交變大論篇》作“座”。“痤”常與“癰”並稱,當屬癰疽之類。《呂氏春秋·盡數》:“辛水所多疽與痤人。”高誘注:“疽、痤,皆惡瘡也。”《山海經·中山經》:“金星之山,多天嬰,其狀如龍骨,可以已痤。”郭璞注:“癰痤也。”

《中國文字學報》1,頁 88

○許道勝（2009） （編按:望山 1·9）疑當釋爲“危”。《素問·三部九候論》“少氣不足以息者危”,王冰注:“危者,言其近死猶有生者也。”

《楚地出土戰國簡册》（十四種）頁 278

○田煒（2010） （編按:侯馬 194:10）痤。

《古璽探研》頁 151

△按 楚文字中的王形,既可釋爲坐也可以釋爲危。詳細討論可參看劉樂賢

《楚秦選擇術的異同及影響——以出土文獻爲中心》,《歷史研究》2006 年 6 期 30—31 頁。陳劍(《上博竹書〈昭王與龔之脽〉和〈柬大王泊旱〉讀後記》,簡帛研究網 2005 年 2 月 15 日;收入《戰國竹書論集》)認爲古代的坐本即跪,危應是跪的初文,危與坐形音義關係皆密切,很可能本爲一語一形之分化,其説可信。《説文》:"痤,小腫也。从疒,坐聲。一曰:族絫。"《侯馬盟書》194:10 人名,字表隸定爲痤,田煒(2010)改釋爲痤,甚是。

癰 

集成 11306 二十一年啟封令癰戈

侯馬 156:19 侯馬 156:20 睡虎地·封診 86

璽彙 1121 璽彙 3801 秦印文字彙編,頁 148 揖芬集,頁 353 布權

○**吳大澂**(1884)　古癰字。許氏説腫也。古鉢文。

《説文古籀補》頁 32,1988

○**丁佛言**(1924)　(編按:古璽)癰。

《説文古籀補補》頁 36,1988

○**山西省文物工作委員會**(1976)　癰　委質類被誅討人名。

《侯馬盟書》頁 354

○**睡簡整理小組**(1990)　癰,本義爲膿瘡,帛書《五十二病方》的《諸傷》條用消石置温湯中"酒癰",和本條一樣,癰都是指創傷而言。

《睡虎地秦墓竹簡》頁 162

○**許明綱、于臨祥**(1980)　(編按:集成 11306 啟封戈)癰。

《考古》1980-5,頁 478

○**羅福頤等**(1981)　貨幣文雝作,以是知此爲癰字。

《古璽文編》頁 191—192

○**何琳儀**(1998)　戰國文字癰,人名。

《戰國古文字典》頁 405

○**黄錫全**(2002)　第四字應是"癰"字,其形與下列《侯馬盟書》、古璽及貨幣"馬雍"之雍字類同,區别只是省一口(同《侯馬盟書》):

癰　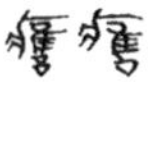《侯馬盟書》　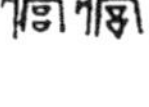古璽

雍　　𦣞𦣞𦣞𦣞（《中國歷代貨幣大系・先秦貨幣》1699、1701、1711、1712）

《揖芬集》頁 350

△按　《説文》：“癰，腫也。从疒，雝聲。”雝字甲骨文作𦥑（《合集》6016 正）、𦥑（《合集》37655）、𦥑（《合集》3124）等形，金文作𦥑、𦥑、𦥑（《金文編》257—258頁），楚文字與甲金文同，作𦥑（《上博一・詩論》簡 5）、𦥑（《上博五・三德》簡10），字从隹（从水），呂聲。呂或省作口，即宫字所從（參看本卷“宫”字條）。

疥　𤵸

𤵸 集成 10445 十四年雙翼神獸　　　𤵸 包山 114　　　𤵸 上博六・競公 1　　　𤵸 璽彙 1027

𤵸 珍秦 86

○羅福頤等（1981）　疥。

《古璽文編》頁 192

○劉彬徽、彭浩、胡雅麗、劉祖信（1991）　（編按：包山 114）疥。

《包山楚簡》頁 24

○裘錫圭（1993）　疥。

《珍秦齋古印展》86 號璽釋文

○何琳儀（1998）　戰國文字疥，人名。

《戰國古文字典》頁 903

○濮茅左（2007）　（編按：上博六・競公 1）痎，同疥。疥，生於皮膚，夏陽溢於皮膚，故有癢疥之疾，此爲夏疾。簡文與“瘧”同出，則“疥”借爲“痎”，於病理更合。《説文繫傳》：“痎，二日一發瘧也。从疒，亥聲。臣鍇按：《顔之推家訓》以爲《左氏傳》‘齊侯疥遂痁’‘疥’字當是此字，借‘疥’字耳，引此爲證。言初二日一發，漸加至一日一發也。”《黄帝内經素問・生氣通天論篇》：“夏傷於暑，秋爲痎瘧。”王冰注：“夏熱已甚，秋陽復收，陽熱相攻，則爲痎瘧。痎，老也。亦曰：‘瘦也。’”

《上海博物館藏戰國楚竹書》（六）頁 163

△按　《説文》：“疥，搔也。从疒，介聲。”段玉裁注：“疥急於搔，因謂之搔。即疥瘡，皮膚病。上博六《競公瘧》簡 1“齊景公疥且瘧”，《晏子春秋・内篇諫上》“瘧”作疥。

癘　癘

睡虎地・答問 121

○**睡簡整理小組**（1990）　癘,麻風病。

　　　　　　　　　　　　　　　　　　　　　　《睡虎地秦墓竹簡》頁 122

△**按**　《説文》：“癘,惡疾也。”《素問・風論》謂癘指麻風病。

【癘所】睡虎地・答問 122

○**睡簡整理小組**（1990）　癘所,下文又稱癘遷所,隔離麻風病人的地方。

　　　　　　　　　　　　　　　　　　　　　　《睡虎地秦墓竹簡》頁 122

【癘遷所】睡虎地・答問 123

△**按**　同“癘所”。

瘧　瘧

郭店・緇衣 27　　上博六・競公 1

○**荊門市博物館**（1998）　（編按:郭店・緇衣 27）瘧（虐）。

　　　　　　　　　　　　　　　　　　　　　　《郭店楚墓竹簡》頁 130

○**濮茅左**（2007）　（編按:上博六・競公 1）“瘧”,從疒、從𧅁聲,《説文》：“𧅁,古文虐如此。”即“瘧”。《説文》：“瘧,熱寒休作。從疒从虐,虐亦聲。”

　　　　　　　　　　　　　　　《上海博物館藏戰國楚竹書》（六）頁 163—164

○**顧史考**（2008）　（編按:上博六・競公 1）相當於此作“瘧”之字（編按:指上博六《競公瘧》篇）,《晏子》内篇文正作“瘧”,而《左傳》及《晏子》外篇則作“痁”。“痁”字,《説文》謂：“有熱瘧,從疒占聲。《春秋傳》曰：‘齊侯疥,遂痁。’”參此諸文,乍看之下,本字似該讀“瘧”、義即“熱瘧”無疑。

　　然而深慮之,則或有另説。《説文》“痁”字之説,若其《左傳》之引果出自許慎原書,則“痁”之訓“熱瘧”,似多賴此傳文以爲義,而《左傳》此條之注解,亦多以《晏子》内篇作“瘧”爲參考。今頗疑《左傳》（及《晏子》外篇）之“痁”字,實乃“痁”字之訛,而《晏子》内篇之“瘧”字,乃因該書整理者誤認“𧅁”（唬）爲“虐”所致,原字蓋與簡文同,實即“瘧”字而讀爲“痁”（痼）。

　　按,“占”與“古”形極近,僅相去半筆之差,容易相混。如楚簡中,“古”字寫作“古”或“古”，而“占”字則寫作“占”或“占”。“痁”字已見侯馬盟書，作“痁”，或與“痀”（痀）字通，似爲人名。《説文》“痁”字曰：“久病也。從疒，古聲。”字通作“痼”，蓋即堅固難治之病也，多當修飾語或謂語的形容詞用。“古”爲見紐魚部，與“虎、乎”之聲極近，固可通。“古”聲系中，“胡”字兼有與“號、乎”相通之例；且“居”之通“處”、“据”之通“據”，蓋亦多賴其聲符或聲系之通假。景公患疥瘑，於是乃堅固而難治，自然便是“逾歲不已”。

疥瘑引起熱瘧此種情況或是有可能，且“瘧、痁”二字剛好同指熱瘧亦不能排除，然從意義上看，似不如讀爲“痼”爲佳。簡二背上的“競公瘧”三字，自爲篇名；假如景公所患者爲兩種疾病，則何以不舉其一者而偏舉其二者？蓋“競公痼”，意即“景公久病”，而至於其何病，則並非要點所在，故不入篇題耳。

又上博二《容成氏》簡三十六有“民乃宜怨，瘧疾始生”一句，李零亦釋“瘧”字爲“虐”，謂“虐疾”指“第三十七簡所述各種殘疾”（即“暗、聾、跛、僂”等）；因爲指的是各種殘疾，故無法讀作具體疾病的“瘧”。然與其讀作“虐疾始生”，似不如讀爲“痼疾始生”，於義更合。《吕氏春秋·季冬紀》：“行春令，則胎夭多傷，國多固疾，命之曰逆。”《淮南子·時則》同句正作“痼疾”，用法與此相類。《吕氏春秋·孟秋季》則曰：“行夏令，則多火災，寒熱不節，民多瘧疾。”不知是季節不同則所患者殊，抑或同是“痼、瘧”二詞相混之例？《金匱要略》曰：“夫病痼疾加以卒病，當先治其卒病，後乃治其痼疾也。”此“痼疾”亦即久疾故病之謂。字又作“錮”，如《禮記·問喪》篇：“禿者不免，傴者不袒，跛者不踊，非不悲也：身有錮疾，不可以備禮也。”此“傴”者、“跛”者等，亦恰與《容成氏》之“跛”者、“僂”者同患。

且“虐疾”一詞，先秦文獻中僅《書·金縢》一見：“惟爾元孫某，遘厲虐疾。”然《史記》則引作：“惟爾元孫王發，勤勞阻疾。”而《集解》引徐廣曰：“‘阻’，一作‘淹’。”孫星衍曰：“言武王勞動以致險疾也……疑經文本作‘淹疾’，史公易爲‘阻’也；‘淹’，‘久’也，見《廣雅·釋詁》。”皮錫瑞則以爲《尚書》今文原如此。“淹”即“淹滯、久留”之義，形容疾病則與“痼”同義；至於作“阻”者，則不知是否“瘧”字先訛爲“虐”字所致歟？“且”字，楚簡中通作“虘”（多增“又”），故“虘”被讀成“阻”是很自然的。據《集解》所引鄭玄《注》，鄭所見本已作“孫某”，與今傳“古文”本同，則今本“虐疾”二字或亦有所本，或即由於“瘧”字（原讀“痼”）亦被誤釋爲“虐”所致。按《左傳·襄公十年》“會吳於柤”，《酈水經注·淮水》注引“柤”作“鄘”；高亨曰：“鄘疑爲鄘之訛。”

然則"盧、虐"之相混,亦不只一例。"厝"之訛而誤釋爲"盧"(阻),或正猶"厝"之被誤認爲"虐"也,皆由不知"厝"之假爲"痛"也。又《左傳·襄公七年》冬:"子駟使賊夜弑僖公,而以瘧疾赴於諸侯。"俞樾以《金滕》爲據而讀如"虐疾",謂:"猶言暴疾。弑之而以暴疾赴,於情事爲近。"俞説有理,然若以"痛疾"發作而突死,亦未嘗不合乎情理;然則此"虐"字,或亦即"瘧"字("痛")之訛。(中略)

(五虒之刑)讀作"五號之刑",義即"五等之刑"。

按,《春秋繁露·深察名號》曰:

　　　天子……諸侯……大夫……士……民……五號自贊,各有分。分中委曲,曲有名。名衆於號,號其大全。名也者,名其別離分散也。號凡而略,名詳而目。目者,遍辨其事也;凡者,獨舉其大也……物莫不有凡號,號莫不有散名,如是。

此文"五號",正謂"天子、諸侯、大夫、士、民"五等,爲此制度中的"凡而略"之大目,且是分爲不同等級的。"物莫不有凡號",然則"五號之刑",蓋同樣可謂因罪名之大小而分爲輕重不同的五等刑罰之類別。郭店《老子甲》之"厝"字既有相當於"號叫"之"號"者,則上博《緇衣》之"虒"字亦理當可以讀爲"名號"之"號"。值得注意的是,《古文四聲韻》引"古《老子》"之"號"字正作"𩲃",似从虎、爪、人會意,與篆體"虐"字構形相類,亦是頗饒興味之事。

或想問:"五虐之刑"於義已通,何煩改之呢? 其實《書·吕刑》原文當中早已存在着一些問題。首先,"五虐之刑"稍嫌不詞,因爲"虐"若是"刑"之修飾語,則不當緊靠"五"而反於"刑"前隔以"之"字;若實乃"五號之刑",此種問題便不存在了。然更重要的是,讀《吕刑》下文,似謂苗民之過並不在於其"作"此五刑本身,而是因爲其並未"擇吉人,觀於五刑之中",反而令"庶威奪貨"之輩來"斷制五刑"。若此五刑果爲"虐"刑,則何以言其適"中"之可能? 穆王又誡其親屬要"惟敬五刑,以成三德";若此五刑果爲"虐",則何以尚能"敬"之哉? 文中並未提及有另一套"五刑"可用(如皋陶等聖者所作),因而只能理解爲穆王所采的五刑是奠定於苗民所作的五刑之基礎之上。凡此種問題,若該句原是讀爲"惟作五號之刑曰法",則或亦可以迎刃而解了。

此外,儘管《書·吕刑》及《禮記》本《緇衣》亦均作"五虐之刑",然《墨子·尚同中》則引作"五殺之刑"。其所據本何以寫作"殺"呢? 孫星衍謂"虐、殺義相同",注家多同此説。余則謂此"殺"並非"殺害"之義(儘管《尚同》作者似即以爲此義），而實即“等級”之謂。《禮記·中庸》云：“親親之殺，尊賢之等，禮所生也。”即其用例。蓋苗民弗用令，乃斷定五號等級不同之刑以治之，惟因爲用苛吏來判罪，未得此五刑之適中，方算是“殺戮無辜”，以此五刑虐待人民。下文言及“虐威庶戮”，“虐”字寫法或本亦與“虡”字相同或相近，乃至與上面“虡”字相混而導致其誤讀。缺乏進一步的證據，此説未敢力持，然參以上面相關考慮，似亦可備一説耳。

《古文字研究》27，頁 388—391

△按　郭店簡《緇衣》簡 27 引《吕刑》曰“惟作五瘧之刑曰灋”，今本《禮記·緇衣》《書·吕刑》瘧作虐。上博六《競公瘧》簡 1“齊景公疥且瘧”，《晏子春秋·内篇諫上》瘧作瘧。虐，《説文》古文作𧇾，與楚簡用爲“乎”之字形同。顧史考（2008）將《緇衣》即《競公瘧》之瘧（瘧）分别改釋爲號、痐，恐不可從。

痎　𤵜

𤵜 包山 12　　𤶒 包山 13　　𤵆 包山 126　　𤶈 包山 127

○劉彬徽、彭浩、胡雅麗、劉祖信（1991）　疘。

《包山楚簡》頁 17、26

○张光裕、袁國（1992）　“痎”字原簡作“𤶈”（中略）。該字實從“爿”從“亥”，應隸作“痎”字。原釋文隸作“疘”，其實簡 12、126 另有“疘”字，作𤵜、𤵆，“亥、丑”二字實有分别。

《包山楚簡文字編·緒言》頁 11

○湯餘惠（1993）　（編按：包山 12）右旁疑爲复省，簡文𨟻作𩌋 10、𩌒 172，可參看。

《考古與文物》1993-2，頁 69

○滕壬生（1995）　疘　𤶒，從疒從力，力乃丑之誤。

《楚系簡帛文字編》頁 626

○周鳳五（1996）　簡文此字凡三體，前二種較簡，作𤵆（簡一二六）、𤶒（簡一二七），部首爿、疒通用，字似從亥，又似從丑。第三體本簡作𤶈，明確從疒從𦰩，與徵字所從相同。繁體可省爲簡，故以繁體爲準，隸定爲瘒。

《中國文字》新 21，頁 47

○白於藍（1996）　按此兩字非從“丑”，簡文中作爲干支的“丑”字出現的數量很多，均作“午”，只有一例作“屰”(56)，與“豸”字所從之“多”有很大差異，而簡文中同樣是作爲干支字出現的“亥”字出現有 44 次之多，除兩例作“豸”(19)、“豸”(55)外，幾乎都作“豸”，與“豸”字右旁相同無異。此兩字左旁從“丬”，即“爿”字，應爲“疒”之省，簡文中從“疒”的字常常省作從“爿”，故上引兩字當釋爲“痎”，“痎”字見於《説文》，在簡文中用爲人名。

簡(126)又有字作“疷”，字表亦隸作“疷”，此字出現在與上兩字完全相同的辭例中，亦應是“痎”字。其右旁當是“豸”(19)、“豸”(55)之訛。

《簡帛研究》2，頁 36

○**李運富**(1997)　湯説是。包簡“复”旁有兩種並行的寫法，一如湯氏上舉，一作上如辛形，見包牘 1-3 㮇(梭)、簡 207 腹(腹)。可見簡 12 字的寫法正來自第二種上作辛形的寫法。簡 126 的疷亦當是“瘦”字的另一種省寫，故仍當釋作瘦。但簡 13 及簡 127 的豸與上述瘦字各形明顯不同，應該不是同一字符，因而既不能如原釋楷作“疷”，也不能因湯氏釋 12 簡之㮇爲瘦而類推皆改爲“瘦”。將上述四簡各形看作同一個字符，可能是受到它們前面都有“大坺”二字的影響，以爲四簡指的是同一人。其實，簡 12 與簡 13 相對，前面的大坺瘦是“啓漾陵之參鈇”者，而後面的大坺豸則是“内(入)氏篝”者，並非一人；同樣，簡 126 與簡 127 也正好相對，大宧瘦是“言胃(謂)”者，大宧豸也是“内(入)氏篝”者。可見簡 12 與簡 126 爲一人，簡 13 與簡 127 則爲另一人，四簡同事對言，涉及兩位大宧。“大宧”是官職，其後爲人名，不同人可以擔任同一官職，故“大宧”後之姓名不必指同一人。大宧瘦已如上述，大宧豸當釋爲大宧“痎”。痎字原形右部從“亥”沒有問題，左邊似從“爿”而實從“疒”，楚簡疒與爿作爲構件用每每混同，如“癲”“疠”等字都有從疒從爿兩種寫法，實際上是同一字；“痎”字的原形也可以這樣分析，即把右上部的兩橫看作“亥”與“疒”的共用筆畫，那麽“丬”就成了疒的常見寫法。“痎”字見於《説文》，《疒部》：“痎，二日一發瘧。從疒，亥聲。”簡文用爲人名字。以病名爲人名，簡中多見，傳世戰國文獻亦多見，蓋時習如此。

《楚系簡帛文字構形系統研究》頁 134

○**何琳儀**(1998)　《説文》：“痎，二日一發瘧也。從疒，亥聲。”

包山簡痎，人名。

《戰國古文字典》頁 7

瘦，從疒，复聲。《玉篇》：“瘦，勞也，再病。亦作復。”

包山簡瘦，人名。

《戰國古文字典》頁 255

○**李零**（1999）　（編按:包山）痎。

《出土文獻研究》5,頁 148

○**劉信芳**（2003）　原簡書寫不規範,姑從簡 127 之字形隸定作"痎"。"痎"字見於《説文》,瘧疾之名。以疾病之名作爲姓名用字,取其鎮邪之義,古今通例也。

《包山楚簡解詁》頁 21—22

△**按**　包山簡 13 ⬚、127 ⬚ 改釋爲"痎",當無疑議。簡 126 ⬚ 所从之亥與天星觀簡亥（⬚《楚系簡帛文字編》1103 頁）同,白於藍釋爲痎,是。簡 12 ⬚ 字所从爲亥之訛,戰國文字"复"罕見省作此者。

痹 痹

陶彙 3·901　　陶彙 3·902　　陶彙 3·903

○**顧廷龍**（1936）　痹,《説文》:"溼病也。"

《古匋文香録》卷 7,頁 3,2004

○**高明、葛英會**（1991）　痹。

《古陶文字徵》頁 163

○**何琳儀**（1998）　《説文》:"痹,溼病也。从疒,畀聲。"
齊陶痹,人名。

《戰國古文字典》頁 1298

瘇 瘇

包山 177　　包山 249

○**劉彬徽、彭浩、胡雅麗、劉祖信**（1991）　橦,瘇。

《包山楚簡》頁 30、37

○**劉釗**（1998）　按簡文中从疒的字大都省作"爿"。此字應釋爲"瘇"。瘇字見於《説文》,在簡文中用作人名。

《出土簡帛文字叢考》頁 24,2004;原載《東方文化》1998-1、2

【瘇病】包山 249　睡虎地・日甲 15 正

○**睡簡整理小組**（1990）　瘇，《説文・疒部》：“脛氣足腫也。”

《睡虎地秦墓竹簡》頁 183

○**何琳儀**（1998）　包山簡“瘇疠”，讀“重病”。

《戰國古文字典》頁 368

○**張光裕、陳偉武**（2006）　包山簡 249：“觀義以保（寶）豪（家）爲左尹邵㐬貞，以亓（其）又（有）瘇（腫）疠（病），㞓（上）燹（氣），尚毋（無）死。”“瘇”字從疒，童聲，爲“瘇（腫）”字異體。“腫病”指身面皆腫之病症。《諸病源候論・水腫咳逆上氣候》：“腎主水，肺主氣。腎虛不能制水，故水妄行，浸溢皮膚，而身體腫滿。流散不已，上乘於肺，肺得水而浮，浮則上氣而咳嗽也。”楚簡所述包山墓主人左尹邵㐬症狀與巢書病機分析相合。“腫病”作爲病名亦見於傳世醫籍，如宋・錢乙撰、宋・閻孝忠編集《小兒藥證直訣》卷上。

《中國文字學報》1，頁 86

△**按**　睡虎地秦簡《日書甲》15 正貳“除日，臣妾亡，不得，有瘇病，不死”，瘇病，即腫病。

瘟 瘟

瘟　璽彙 1694

○**羅福頤等**（1981）　《説文》所無，《玉篇》：“瘟，跛病也。”

《古璽文編》頁 196

△**按**　楊澤生（《中山人文學術論叢》6 輯 533 頁，澳門出版社 2005 年）指出，瘟字實見於《説文》。《説文》：“瘟，跛病也。從疒，盍聲。讀若脅，又讀若掩。”

疻 疻

疻　睡虎地・答問 87　　疻　睡虎地・答問 88

○**睡簡整理小組**（1990）　《急就篇》注：“毆人皮膚腫起曰疻，毆傷曰痏。”

《睡虎地秦墓竹簡》頁 114

△**按**　睡虎地秦墓竹簡《法律答問》87“或與人鬭，決人脣，論何也？比疻痏”，

“疻痏”也見於張家山漢簡《二年律令·賊律》簡 28。《説文》:“疻,毆傷也。從疒,只聲。”“痏,疻痏也。從疒,有聲。”朱駿聲《説文通訓定聲》:“凡毆傷,皮膚起青黑而無創瘢者爲疻,有創瘢者爲痏。”

痏 瘍

痏 睡虎地·答問 87　　瘍 睡虎地·答問 88　　痏 睡虎地·封診 35

△按　詳本卷“疻”字條。

痍 胰

痍 睡虎地·答問 208　　痍 睡虎地·封診 33

○睡簡整理小組(1990)　大痍,重傷。

《睡虎地秦墓竹簡》頁 143

△按　睡虎地《法律答問》簡 208:“何如爲大痍？大痍者肢或未斷,及將長令二人扶出之,爲大痍。”《説文》:“痍,傷也,從疒,夷聲。”

瘢 癜

瘢 睡虎地·封診 60

○睡簡整理小組(1990)　疤痕。

《睡虎地秦墓竹簡》頁 158

△按　睡虎地《封診式》簡 60“其腹有久故瘢二所”,《説文》:“瘢,痍也,從疒,般聲。”又:“痍,傷也。”

痰 胲

痰 集成 11709 十七年春平侯鈹　　胲 湖南 90　　痰 秦陶 1390

○何琳儀(1998)　痰,從火從疒,會熱病之意。疒亦聲。痰,透紐真部;疒,泥紐至部。透、泥均屬舌音,至、真爲入陽對轉,痰爲疒之準聲首。(中略)秦璽痰,人名。

《戰國古文字典》頁 1094

△按 《説文》:"痰,熱病也。从疒从火。"戰國文字痰用爲人名。

痰 㾊

㾊 陶彙 3・376　㾊 璽彙 1972　㾊 璽彙 2260

○丁佛言(1924) 古匋開里㾊。疑疾字之異文,或云即痰字。許氏説:"病息也。"

《説文古籀補補》頁 75,1988

○顧廷龍(1936) 痰。

《古匋文舂録》卷 7,頁 3,2004

○羅福頤等(1981) 痰。

《古璽文編》頁 192

○何琳儀(1998) 戰國文字痰,人名。

《戰國古文字典》頁 1428

△按 《説文》:"痰,病息也。"小徐本作"病小息"。王筠《句讀》:"小息即少氣之謂也。"

疲 㾊

㾊 璽彙 3203

○羅福頤等(1981) 唐蘭釋"疲"。

《古璽文編》頁 192

○何琳儀(1998) 晉璽疲,人名。

《戰國古文字典》頁 886

△按 《説文》:"疲,勞也。从疒,皮聲。"

疲 㾊

㾊 璽彙 2484　㾊 香續一 20

○吳振武(1983) 疲。

《古文字學論集》(初編)頁 507

○**何琳儀**（1998） 晉璽疲，人名。

《戰國古文字典》頁 1374

△按 《説文》：“疲，病劣也。从疒，及聲。”

癃 𤵸

睡虎地·雜抄 32 睡虎地·日甲 55 正叁

○**睡簡整理小組**（1990） （編按：睡虎地·雜抄 32）癃，即罷癃，意爲廢疾，參看《説文》“癃”字段注。

（編按：睡虎地·日甲 55 正叁）瘙，即癃字，廢疾。

《睡虎地秦墓竹簡》頁 87、190

○**張守中**（1994） 瘙《説文》所無，通癃。

《睡虎地秦簡文字編》頁 121

△按 《説文》：“癃，罷病也。从疒，隆聲。𤵸，籀文省。”王筠《句讀》：“癃，廢疾也。”秦簡癃與《説文》籀文同。睡虎地秦簡《雜抄》簡 32“匿敖童，及占癃不審”，占癃不審即申報廢疾不確實（《睡虎地秦墓竹簡》87 頁）。《日書甲》簡 55 正叁“異者焦褰，居癃”，居癃即居留者有殘廢疾（《睡虎地秦墓竹簡》190 頁）。

疫 癋

集成 11672 七年鈹 睡虎地·日甲 37 背壹

○**何琳儀**（1998） 參段作𠬝所从之殳旁皆作𠔼形。

七年城疫劍“城疫”，讀“城穎”，地名。《詩·大雅·生民》“禾疫穟穟”，《説文》引“疫”作穎。是其佐證。

《戰國古文字典》頁 761

△按 睡虎地秦簡《日書甲》37 背壹“一宅之中毋（無）故室人皆疫”，《説文》：“疫，民皆疾也。从疒，役省聲。”七年鈹“疫”所从殳與“段”字作𠬝（《璽彙》2945）、（《集成》11680 八年相邦鈹）所从同。

疼 疼

疼 包山 187

○**劉彬徽、彭浩、胡雅麗、劉祖信**（1991） 疼。

《包山楚簡》頁 31

○**何琳儀**（1998） 《説文》：“疼，馬病也。从疒，多聲。”
　包山簡疼，人名。

《戰國古文字典》頁 862

瘳 瘳

集成 11317 三年脩余令韓謙戈　瘳 包山 10　瘳 新蔡甲一 9

瘳 璽彙 2645　瘳 璽彙 2646

瘳 秦駰玉版　瘳 睡虎地・日乙 108

○**吳大澂**（1884） 瘳。古鉢文，《説文》所無。

《説文古籀補》頁 33，1988

○**丁佛言**（1924） 古鉢。瘳量。
　三年戈。吳愙齋録古鉢字與此同。疑瘳字之簡文。

《説文古籀補補》頁 36、65，1988

○**羅福頤等**（1981） 瘋。

《古璽文編》頁 192

○**黃錫全**（1992） 瘳，从疒从羽即瘋字。下面“二”爲飾筆，如同簡 251 食作
食、簡 2 命作命等。簡 189 有翌字，也應該釋羽。簡 188 作瘳。“瘋亞夫”
（188）即“羽亞夫”（189）。

《湖北出土商周文字輯證》頁 191

○**李天虹**（1993） 隨縣簡有簪，裘錫圭、李家浩釋作簪（見《曾侯乙墓》511 頁
注⑦，古文字雪，甲骨文是會意字，作雪（後下 41・6）、雪（金 189），也可以省作
朋（人 844）、（乙 2674），蓋因雪花象羽毛，故字从羽，最簡化的形式與羽混同。

西周金文中始見从雨彗聲的形聲字，如雪（姜林母作毁从），爲雪字小篆所本，可見雪、彗音通，則隨縣簡的羽應該从竹雪聲，故可釋篲。但羽自是雪之古體，和雪形無涉。此簡之雪與羽形相近，疑是雪字。又簡171有瘤，釋文作瘖，由上推之，當隸定作瘤。

《江漢考古》1993-3，頁88

○**何琳儀**（1993）　瘤所从"雪"乃"翠"之省，參見"翏"中山王鼎作（字），信陽簡作（字）1·01。瘤則"瘦"之省。《説文》：“瘦，疾痟也。”由此類推，包山簡189、《陶彙》9·96（字）應是"翠"。以上"翠、瘦"實爲一字，均姓氏。包山簡"瘤亞夫"188即"雪亞夫"189，是其確證。瘤又見《璽彙》2644、2645，與"瘤"均應讀"廖"。《廣韻》：“周文王子伯廖之後。”廖姓包山簡或作"鄝"21。信陽簡"盤"作（字）2·03。《正字通》：“盤同盪，俗省。”《説文》：“盪，器也。”《字彙》：“盪，溫器。”此亦釋"雪"爲"翠"省之佐證。

《江漢考古》1993-4，頁55

○**李運富**（1997）　考簡268-3有（字）字，牘1-1作（字），而簡276-2作（字），273-2作（字），其中的"雪"無疑是"翟"字的省寫，"二"即爲省簡代補記號，正如"豖"可省爲"（字）"、"馬"可省爲"（字）"也。據此，我們認爲"雪"應當釋作"翟"，"瘤"應當釋爲"癯"。"癯"字見於《玉篇》，訓“病也”，簡文讀爲"翟"。《通志·氏族略二》：“翟，氏。亦作狄。”

《楚系簡帛文字構形系統研究》頁135

○**劉釗**（1998）　按字从"疒"从"雪"，"雪"乃"翠"字之省，簡文"翠"姓之"翠"或作"雪"（189）。古璽作"（字）"（《古璽彙編》2644—2647），字應釋作"瘦"。"瘦"字見於《説文》，在簡文中用爲姓氏字，應讀作"鄝"姓之"鄝"。"鄝"本爲古國名，後滅於楚。

《出土簡帛文字叢考》頁5，2004；原載《東方文化》1998-1、2

○**曾憲通、楊澤生、蕭毅**（2001）　“瘳”，也指病愈。《書·説命上》：“若藥弗瞑眩，厥疾弗瘳。”是説如果吃藥後不頭暈目眩，疾病就不會好。《詩·鄭風·風雨》：“既見君子，云胡不瘳。”朱熹注：“瘳，病愈也。”“閒”和“瘳”俱見於睡虎地秦簡日書：“閒”見1078、1079兩號，“不閒”見1077號，“有閒”見799、801、803、805、1077、1080、1082等號，“瘳”見1003號，可以對看。

《考古與文物》2001-1，頁51

○**王輝**（2001）　古有"疾閒"的説法。《左傳·昭公十四年》：“臣願受盟而疾興,若以君靈不死,請待閒而盟。"瘳與"疾閒"義近。《説文》:"瘳,疾瘉也。"徐鍇《繫傳》:"忽愈若抽去之也。"《類篇·門部》:"閒,廁也,瘳也。"

《考古學報》2001-2,頁 146

○劉信芳(2003)　字又見簡 171、188,簡 189 省作"型"。字讀與"蓼"同,《通志·氏族略二》:"蓼氏,偃姓,皋陶之後。文五年楚滅之,今壽州霍邱即其地也,子孫以國爲氏。"

《包山楚簡解詁》頁 16—17

△按　楚簡"痙"釋爲瘳已是定論,所从之型爲蓼之省。包山簡瘳用作姓氏,新蔡簡瘳意爲病愈。《説文》:"瘳,病瘉也。"

癡　癡

疒
㣇璽彙 2137　　疒
彳璽彙 3805　　疒
矣睡虎地·日甲 47 背貳

○羅福頤等(1981)　瘊。

《古璽文編》頁 194

○吳振武(1984)　(編按:璽彙 2137 等)此字應釋爲癡。疑字甲骨文作（《甲》348 頁），匕、疑古本一字），商代金文作（《金》823 頁），本"象人仰首旁顧形"(羅振玉語)。後加辵旁作（《金》934 頁），又加牛聲或子聲作（《金》768 頁）、（秦商鞅方升,《秦選》38 頁）形。此字所从的即字左旁。古璽郯(梁)字既作，又作(126 頁),零字既作，又作(277 頁及《彙》二六四一),復字既作，又作(41 頁),與此同例。癡字見於《説文·疒部》。

《〈古璽文編〉校訂》頁 106,2011

○陳漢平(1989)　(編按:璽彙 2137 等)按此所从與中山王鼎銘字形同,乃疑字之所从。《説文》:"疑,惑也。从子、止、匕,矢聲。"此字从疒,从疑省。當釋爲疾。《唐韻》:"疾,五駭切,音娡,與騃、獃並同。"又疑此字爲癡字之省,當釋爲癡。《説文》:"癡,不慧也。从疒,疑聲。"

《屠龍絶續》頁 307

○睡簡整理小組(1990)　(編按:睡虎地·日甲 47 背貳)癡。

《睡虎地秦墓竹簡》頁 214

○何琳儀(1998)　疾,从疒,矣聲。疑癡之初文。《説文》:"癡,不慧也。从扩,疑聲。”

　　晉璽癡,人名。

《戰國古文字典》頁 41

△按　古璽“癡”字田煒(《古璽探研》162—163 頁,華東師範大學出版社 2010年)有詳細辨析。睡虎地秦簡《日書甲》簡 47 背貳“女子不狂癡,歌以生商”,《説文》:“癡,不慧也。”

疕

　璽彙 5507

○丁佛言(1924)　古鉢,疑弨字,易左右。

《説文古籀補補》頁 72,1988

○吳振武(1984)　此字從疒從弓,可隸定爲疕,疕字不見於後世字書。

《〈古璽文編〉校訂》頁 326,2011

○施謝捷(1998)　疕。

《容庚先生百年誕辰紀念文集》頁 651

△按　璽文“張”作𢐗,“强”作𧝶,吳振武(1984)説可從。

疘

𤕫　璽彙 2653

○羅福頤等(1981)　瘨。

《古璽文編》頁 201

○何琳儀(1998)　疘,從疒,丌聲。疑瘨之省文。《字彙》:“瘨,人名。魏犕子瘨,魏駒子之子也。”

　　晉璽疘,姓氏,疑讀丌。見邘字。

《戰國古文字典》頁 26

疒

𤕬　璽彙 2999

○**吴大澂**（1884） 疒。古鉢文，《説文》所無。

《説文古籀補》頁 32,1988

○**羅福頤等**（1981） 疒。

《古璽文編》頁 200

○**吴振武**（1984） 此字从孑不从孒，隸定作疒不確，應隸定爲疒。孒小篆作𠄌，《説文》謂：“無左臂也。从了、丿，象形。”孑字小篆作𠄌，《説文》謂：“無右臂也。从了、乚，象形。”本條下所録其他璽文疒字作疒，所从卩旁和此字卩旁顯然不同。可見孑、孒二字在古文字中也是有區別的。疒和疒皆不見於後世字書，疑即孑、孒二字的異體。

《〈古璽文編〉校訂》頁 108—109,2011

○**何琳儀**（1998） 疒，从疒，孑聲。

晉璽疒，人名。

《戰國古文字典》頁 908

△**按** 《説文》了部子字篆文作𠄌，與璽文同。吴説是。古璽另有从孒之字，詳本卷疒字條。

疒

璽彙 0468　 璽彙 1412　 璽彙 2616

○**强運開**（1933） 字書所無，从疒从孒。《説文》：“孒，無左臂也。从了、丿，象形。居月切。”當讀若蛞蠪之蠪，此篆或即古癥字也。

《説文古籀三補》頁 39,1986

○**羅福頤等**（1981） 疒。

《古璽文編》頁 200

○**何琳儀**（1998） 疒，从疒，孒聲。

晉璽疒，人名。

《戰國古文字典》頁 908

△**按** 孒旁又見於包山簡“發笒”之笒，作（簡 80）、（簡 148）。

疒

璽彙 5273

○**羅福頤等**(1981) 疧。

《古璽文編》頁 197

○**何琳儀**(1998) 疧,從疒,女聲。疑痴之省文。《集韻》:"痴,病也。"
戰國文字疧,人名。

《戰國古文字典》頁 561—562

疒千

璽彙 1626

○**羅福頤等**(1981) 疒千。

《古璽文編》頁 203

○**吳振武**(1984) 此字隸定作疒千可疑,應釋爲疧。原璽從風格上可以確定爲
三晉璽,而三晉璽中的千字一般都作(48 頁),和此字所從的旁不類。千字
從人,三晉璽中的人旁亦以作形者居多,看本書卷八人部。可釋爲瓜,侯馬
盟書弧字作,中山侯鈲鈲字作(《中》99 頁),趙陽狐戈狐字作(《録遺》
五六二),新鄭兵器狐字作或(《古文字研究》1 輯 114 頁),古璽狐字作
(250 頁),皆其證,參本文〔二一九〕條。故此字應和 191 頁疧字條下同
列一欄並釋爲疧。疧字見於《玉篇》《廣韻》《集韻》等書。

《〈古璽文編〉校訂》頁 109,2011

○**何琳儀**(1998) 疒千,從疒,千聲。
晉璽疒千,人名。

《戰國古文字典》頁 1142

△**按** 戰國文字"瓜"似未見反作者,字仍以釋疒千爲適。

疒于

璽彙 0791

○**羅福頤等**(1981) 《説文》所無,《玉篇》:"疒于,病也。"

《古璽文編》頁 202

○**何琳儀**(1998) 疒于,從疒,于聲。《集韻》:"疒于,《博雅》病也。"

晉璽疒,人名。

《戰國古文字典》頁 461

△按　熹平石經《詩・小雅・何人斯》"[云何其]疒",今本"疒"作"盱",鄭玄箋:"盱,病也。"

疕

璽彙 0467　　璽彙 0790　　璽彙 2398

○羅福頤等(1981)　疕。

《古璽文編》頁 197

○何琳儀(1998)　疕,從疒,子聲。《五音篇海》:"疕,音子。"《字彙補》:"疕,籀文疒字。"《集韻》:"疒,病也。"

晉璽疕,人名。

《戰國古文字典》頁 90

疣

陶彙 3・809　　璽彙 0599　　璽彙 1023　　璽彙 2491

○强運開(1933)　古鉢吳疣。

《説文古籀三補》頁 80,1986

○顧廷龍(1936)　疣,《説文》:"顫也。"(中略)按十鐘山房藏鉢有與此同文者。

《古匋文香録》卷 7,頁 3,2004

○羅福頤等(1981)　疣。

《古璽文編》頁 199

○高明、葛英會(1991)　疣。

《古陶文字徵》頁 161

○吳振武(1991)　齊私璽中還有下揭一璽:王璽彙 0599。《季木藏匋》22上收録一件與此同文的印戳陶文,第二字作。(中略)從筆勢上看,和顯然跟一般的"又"旁寫法不同;而隸作"疣",則又不見於後世字書。如果我們把或看作是"豕"之省,那麼這個字正是《説文》訓爲"中寒腫覈"(即凍瘡)的"瘃"字。三晉私璽中常見字,均爲人名(璽彙 1023、1172、1693、2491)。

過去强運開《説文古籀三補》(1933 年)釋爲"疢"(附録 7 下)是不信的,可能也是"瘃"字。

《考古與文物》1991-1,頁 69

○**何琳儀**(1998) 疰,從疒,丑聲。
戰國文字疰,人名。

《戰國古文字典》頁 198

△**按** 戰國文字丑作彐(《璽彙》2285)、𢓜(《陶文彙編》4·111),與疰字所從同。丑、又字形有別,釋疢非是。

疢

𥝩 璽彙 0794　　𥝩 璽彙 1026

○**羅福頤等**(1981) 《説文》所無,《玉篇》:"疢,疾也。"

《古璽文編》頁 195

○**何琳儀**(1998) 疢,從疒,犬聲。
戰國文字疢,人名。

《戰國古文字典》頁 1009

痊

𣏟 港印 60

○**王人聰**(1980) 痊。

《香港中文大學文物館藏印集》60 號璽

△**按** 痊,從疒,壬聲,璽文用作人名。

疢

𤵸 香續一 72

○**王人聰**(1996) 疢。

《香港中文大學文物館藏印續集一》頁 52

△**按** 疢,從疒,少聲,璽文用作人名。

疕

 陶彙 3・1204

○**金祥恆**（1964）　瘢。

《匋文編》頁 55

○**高明、葛英會**（1991）　瘢。

《古陶文字徵》頁 163

○**王恩田**（2007）　疕。

《陶文字典》頁 210

△**按**　字當釋爲"疕"。戰國文字比、从人形方向一般相反。"疕"爲痹之異體，《集韻》至韻："痹，溼病也。或作疕。"

痒

痒睡虎地・日甲 86 正壹

○**睡簡整理小組**（1990）　痒，疑即眚字，《説文》："目病生翳也。"

《睡虎地秦墓竹簡》頁 193

○**劉樂賢**（1994）　痒字見於《龍龕手鑒・疒部》，是瘠的俗字。《釋名・釋天》："眚，瘠也，如病者瘠瘦也。"

《睡虎地秦簡日書研究》頁 113

○**王子今**（2003）　按，劉説是。《集韻・梗韻》："瘠，瘦謂之瘠。"

《睡虎地秦簡〈日書〉甲種疏證》頁 173

△**按**　睡虎地秦簡《日書甲》簡 86 正："生子，痒。"

疕

疕璽彙 1785　　疕璽彙 3311

○**羅福頤等**（1981）　疕。

《古璽文編》頁 196

○**劉釗**（1998）　按字書無疕字。將"疕"隸作"疕"也是錯誤的。古璽北字作

"𠈇"（〇三三九），與"𠈇"形不同。北字本象兩人相背之形,細緻觀察就會發現,"𠈇"字所從並不是人字。我們認爲"𠈇"乃"卯"字。戰國文字中"卯"字寫得很亂,變形很多,三晉璽中常常將卯作"𠈇"形左右的突出部分寫成實心的一筆。如鋬字作"鋬"（三二六八,吳振武説）,遒字作"遒"（一四九〇）即是。"𤶊"所從之"𠈇"也是將兩側的突出部分寫成實心粗筆的,這與古璽遒字所從之卯作"𠈇"形同。所以古璽"𤶊"字不應隸作"疣"而應釋爲"痸"。"痸"字見於《集韻》,在璽文中用爲人名。《古璽彙編》一六三三有秦痸印,〇七九七有長痸印,可見古人確有以"痸"爲名的。

《考古與文物》1998-3,頁 80

△按　《璽彙》3311 字或釋爲痸（湯志彪《三晉文字編》1177 頁,作家出版社 2013 年）,楚簡卯作𠈇（上博二《子羔》簡 11）、𠈇（包山 265）。釋痸可備一説。

疳

疳 璽彙 1544

○羅福頤等（1981）　《説文》所無,《玉篇》:"疳,疾也。"

《古璽文編》頁 195

○何琳儀（1998）　疳,从疒,甘聲。《玉篇》:"疳,小兒疳疾。"
　晉璽疳,人名。

《戰國古文字典》頁 1447

疪

疪 璽彙 1780　　疪 璽彙 2670　　疪 璽彙 4056

○羅福頤等（1981）　疪。

《古璽文編》頁 191

○吳振武（1984）　（編按:璽彙 1780 等）此字釋疪可疑,似應釋爲疵。中山侯鈲字作鈲（《中》53 頁,此字舊釋鈇、鈗、鈃皆誤,詳拙作《釋平山戰國中山王墓器物銘文中的"鈲"和"私庫"》）,新鄭兵器狐字作狐或狐（《古文字研究》1 輯 114 頁）,陽狐戈"陽狐"之狐字作狐（《錄遺》五六二,陽狐,春秋晉地,《史記·田敬仲完世家》:"〔齊〕宣公四十三年,伐晉,毀黃城,圍陽狐。"戰國時當屬趙）,

古璽複姓"命(令)狐"之狐作 (250 頁),所從瓜旁皆與此字所從的 𤓰(𤓰)旁相同或相近。戰國時瓜、匕二旁雖然形近,但仔細看的話,兩者還是有一定區別的。其主要特徵是瓜旁中閒一般都有一橫或一點,而匕字中閒一般無一橫或一點。當然,少數例外也是有的。侯馬盟書從瓜的弧字作 ,從匕的此字作 ,三晉璽狐字作 ,疕字作 (《彙》五六五四),可參看。疕字見於《玉篇》《廣韻》《集韻》等書。

《〈古璽文編〉校訂》頁 104,2011

△按　吳振武(1984)指出瓜字中閒一般都有點或橫,而匕字無。其説可從。例外者如 (曾侯 29)、(曾侯 39)皆是狐。楚文字匕、瓜形或同,如苽作 (上博一《詩論》簡 18),此作 (郭店《老甲》簡 15)等。然有多出點或橫者仍以釋瓜爲是。《戰國古文字典》將璽文第二形釋爲疕(482 頁),第一、三形釋爲疕(1287 頁),似非是。《玉篇》疒部:"疕,瘡也。"《字彙》疒部:"疕,同痦。"

痤

璽彙 0469

○丁佛言(1924)　《博雅》:"痤,病也。"

《説文古籀補補》頁 68,1988

○羅福頤等(1981)　痤。

《古璽文編》頁 201

○何琳儀(1998)　痤,從疒,禾聲。《博雅・釋詁》:"痤,病也。"
　晉璽痤,人名。

《戰國古文字典》頁 840

痳　㽌

璽彙 0797　　 璽彙 1633

○羅福頤等(1981)　痳。

《古璽文編》頁 197

○陳漢平(1989)　《説文》:"留,止也。從田,卯聲。"知古璽文此二字從疒,卯聲,即从疒,留省聲,故此二字當釋爲瘤。《説文》:"瘤,腫也。从疒,留聲。"

《屠龍絶續》頁 308

○**何琳儀**(1998)　厑,从厂,卯聲。疑卯之異文。

古璽厑,人名。

《戰國古文字典》頁 262

疘,从疒,卯聲。《集韻》:"疘,疾也。"

晉璽疘,人名。

《戰國古文字典》頁 264

痗

陶彙 9・40

○**高明、葛英會**(1991)　痕　《説文》所無,《集韻》:"痕,病也。"

《古陶文字徵》頁 162

○**何琳儀**(1998)　痗,从疒,母聲。《集韻》:"痗,病也。"

齊陶,人名。

《戰國古文字典》頁 131

○**湯餘惠等**(2001)　痠。

《戰國文字編》頁 525

△**按**　周寶宏(《古陶文形體研究》115 頁,吉林大學 1994 年博士學位論文)已將該字釋爲"痗"。

痰

璽彙 1786

○**羅福頤等**(1981)　痰。

《古璽文編》頁 199

○**吳振武**(1984)　此字稍殘,應復原成後隸定爲痰。古璽弩字作或(301 頁及《彙》三三四九),痰字作(199 頁),所从奴旁均與此字旁同。原璽全文作"脂(閻)痰",古璽中又有"事(史)痰"(《彙》一七八六),痰皆爲人名。故此字應入 199 頁痰字條下。痰字不見於後世字書,疑即痴字異體。痴字見於《集韻》。

《〈古璽文編〉校訂》頁 110,2011

○何琳儀（1998） 疲，从疒，奴聲。

晉璽疲，人名。

《戰國古文字典》頁 560

△按 《璽彙》0094"兌奴相邦"之奴作，四年咎奴戈（《集成》11341）奴作，均與疲所从同。

疢

璽彙 3209

○羅福頤等（1981） 爲痎。

《古璽文編》頁 199

○吳振武（1984） 此字應釋爲疢。在戰國文字中，廿、凵二旁通，古璽法字所从之去作或（247 頁），正與此字旁同。字見於《廣韻》《集韻》等書。

《〈古璽文編〉校訂》頁 108,2011

○何琳儀（1998） 痎，从疒，态聲。疑忕之繁文。

晉璽痎，人名。

《戰國古文字典》頁 924

△按 吳振武（1984）説是。古璽法字作（《璽彙》0500）、（《璽彙 1301》），所从去與璽文同。

疸

璽彙 0216

○何琳儀（1998） 疸。

《戰國古文字典》頁 1511

△按 《集韻》："疸，病也。"璽文用作人名。

阮

陶彙 3・957　陶録 3・363・2　陶録 3・363・5　陶録 3・363・6

○吳清卿(1876)　疣。

《簠齋論陶》頁 20,2004

○吳大澂(1884)　阮。古陶器文。《説文》所無。

《説文古籀補》頁 32,1988

○顧廷龍(1936)　按此與國差 䑺 **㡀** 字似。舊釋瘠。

《古匋文香録》卷 7,頁 4,2004

○高明、葛英會(1991)　疣。

《古陶文字徵》頁 162

○何琳儀(1998)　阮,從疒,兄聲。
　　齊陶阮,人名。

《戰國古文字典》頁 623

△按　楚文字只作 **㞢**(上博三《彭祖》簡 4)、**㞢**(郭店簡《唐虞》簡 26 枳所從)等形,與陶文明顯不同。字當釋爲阮,從疒,兄聲。王恩田(《陶文字典》212、213 頁,齊魯書社 2007 年)將上列字形中前兩形釋爲阮,後兩形釋爲疣,似非是。陶文單字,或爲陶工名。

症

集成 11635 相邦鈹　集成 11695 四年建信君鈹　新收 1548 元年相邦建信君鈹

近出 1236 相邦平國君鈹　陶録 5・21・1　璽彙 3114　璽彙 3802

○吳大澂(1884)　症　古鉢文。《説文》所無。

《説文古籀補》頁 33,1988

○羅福頤等(1981)　症。

《古璽文編》頁 195

○李學勤、鄭紹宗(1982)　(編按:集成 11635 相邦鈹)症。

《古文字研究》7,頁 132

○吳振武(1984)　(編按:璽彙 3114 等)此字隸作症不確,應隸定爲症,釋爲瘠,參本文[一二二][一八四]條。字見於《集韻》。

《〈古璽文編〉校訂》頁 107，2011

○**黄盛璋**（1991）　（編按：近出 1236 相邦平國君鈹）疷。

《考古》1991-1，頁 57

○**郝本性**（1992）　（編按：新鄭兵器）146 號，也見於戰國印文（《徵》7・8）。羅福頤隸定爲疷。朱德熙和裘錫圭二同志舉古印複姓疋于（胥于）爲例，謂戰國文字中疋字多應釋疋（《考古學報》1972 年 1 期 80 頁），其說可信，則此字應爲疷。

《古文字研究》19，頁 122

○**何琳儀**（1998）　疷，从疒，疋聲。疑痻之省文。《集韻》：“痻，痛病。”

晉器疷，人名。

《戰國古文字典》頁 584

○**田煒**（2010）　古璽中有一個寫作（《璽彙》3114）、（《璽彙》3802）的字，頗疑即“疽”字之異體。“疋、且”二字上古音分屬心紐魚部和清紐魚部，聲紐同屬齒頭音，韻部相同，古音相近，例可相通。《近出》94—96 號遱郘編鐘銘文中有“中鳴（或作、、）好”一語，何琳儀先生釋、、爲“娖”，並指出：

> “胥”和“且”音近可通。《易・夬》“其行次且”，漢帛書本作“其行郪胥”，是其確證。鐘銘“中鳴娖好”若讀“中鳴且好”，則與春秋金文中習見的“中翰且揚”句式完全相同。這類句式與《詩經》中“終風且暴”“終溫且惠”“終窶且貧”“終和且平”等句式也屬同類。（何琳儀《吳越徐舒金文選釋》，《中國文字》新 19 期 145 頁，藝文印書館 1994 年）

這種說法應該是可信的。施謝捷先生也曾指出：

> 過去將“疋于”讀爲漢印中的“胥于”，應該還是很合適的（引者按：說見朱德熙、裘錫圭《戰國文字研究[六種]》，《考古學報》1972 年第 1 期 80 頁）。實際上“胥于”就是諸姓書載錄的“且于”複姓的另外一種書寫形式。
>
> ……陳士元《姓觿》卷二魚韻：“且于，《姓考》云：莒大夫食邑，因氏。”地名“且于”見於《左傳・襄公二十三年》：“齊侯還自晉，不入，遂襲莒，門于且于，傷股而退。明日，將復戰，期于壽舒。杞殖、華還載甲夜入且于之隧，宿于莒郊。”（施謝捷《古璽彙考》316 頁前揭）

此亦“且、疋”相通之例。此外，新蔡葛陵楚簡“沮水”之“沮”寫作“浭（簡甲三：

11、24、268,乙四:9),貨幣文中地名"沮陽"寫作"邟陽",皆可證"且、疋"這兩個偏旁在作爲聲旁時的密切關係。因此,釋"疋"爲"疽"應該是合適的。

《古璽探研》頁 152—153

△按 朱德熙、裘錫圭指出古疋、足二字往往不分,戰國文字凸字多應釋疋。參看《戰國文字研究》(六種),《朱德熙古文字論集》39 頁。

疦

近出 1181 七年大梁司寇綏戈

○**韓自强、馮耀堂**(1991) 疦。

《東南文化》1991-2,頁 259

△按 疦,从疒,央聲,用作人名。

疨

侯馬 85:32　　璽彙 2948　　璽彙 3000

○**山西省文物工作委員會**(1976) 宗盟類參盟人名。

《侯馬盟書》頁 324

○**羅福頤等**(1981) 疨。

《古璽文編》頁 198

○**陳漢平**(1989) (編按:古璽)按此字从疒,歬聲,歬字與止不同,此字不可隸定爲疨。《説文》:"歬,跨步也。从反夂,歬从此。""歬,秦名土釜曰歬。从鬲,歬聲。讀若過。"在形聲文字中歬與果作爲聲旁可以通用,如《説文》蠣字或體作蜾,故古璽文疨字當釋爲瘑。《集韻》:"瘑,魯果切,音臝,癰病。"

《屠龍絶續》頁 308—309

○**徐寶貴**(1994) "疨"字見於《古璽彙編》編號爲 1022、1821、2372、3006、3246 及《吉林大學藏古璽印選》編號爲 16 的諸方璽印。"疨"字見於《古璽彙編》編號爲 1161、1660、3000 諸方璽印。此二字《古璽彙編》隸作"魟、疨"。陳漢平《屠龍絶緒》313 頁謂"疨"字"當隸定爲魟……當釋爲鰜"。

按此二字之所从既不是"止",也不是"歬",而是"乍"字。古璽文及酓肯

臣、包山楚簡从"乍"之字,所从之"乍"多如此作,如:

　　胙:**〓**古璽0896　　　**〓**包簡二三四　　　复:**〓**鄀肖臣　　　**〓**包簡二二五

以上實例可以證明此二字應釋爲"鮓、疒"。(中略)"疒",从"疒","乍"聲。侯馬盟書也有此字,作"**〓**"形。此字爲《説文》所無。《玉篇》:"疒,疒疠,病甚也。"《集韻》:"疒,疒疠,創不合。"字在侯馬盟書與古璽文中均爲人名。

　　　　　　　　　　　　　　　　　　　　《考古與文物》1994-3,頁104—105

○**高智**(1997)　此字从"疒"是"疒"旁是正確的,内从"**〓**",據上所釋,是"乍"無疑,故此字當釋爲"疒"字,古璽用爲人名。

　　　　　　　　　　　《第三屆國際中國古文字學研討會會議論文集》頁854

○**劉釗**(1998)　按釋"**〓**"爲"止"是錯誤的。古文字中的"止"字從不寫成如"**〓**"豎立的形狀,中閒也從不寫成相交的一橫筆和一豎筆。吳王夫差矛乍字作"**〓**",與"**〓**"形體很近,只是一豎筆没有連下而彎向了一邊。郾王職劍乍字作"**〓**",與"**〓**"的差别亦只是多出一小横。楚鄀前臣乍字作"**〓**"又作"**〓**",包山楚簡乍字作"**〓**"(簡二二五),傑(作或袢)字作"**〓**",可見"**〓**"相當於"**〓**",而"**〓**"同古璽"**〓**"顯然應該是一個字。古璽胙字作"**〓**"(四〇四五)又作"**〓**"(二〇三六),可見"乍"字確可寫作"**〓**",如此上揭古璽"**〓**"無疑應釋爲"乍"。乍字見於《説文》,在璽文中用爲人名。(中略)"**〓**"所从的"**〓**"也是"乍"字,所以"**〓**"字應釋爲"疒"。《集韻》上聲馬韻:"疒,疒疠,創不合也。一曰病甚。"《集韻》:"疒,疒疠,創不合也。一曰病甚。"《玉篇》:"疒,仕加切,疒疠,病甚也。"古人起名不避疾惡字,疒字在璽文中用爲人名。

　　　　　　　　　　　　　　　　　　　　　　《考古與文物》1998-3,頁78

○**何琳儀**(1998)　疒,从疒,乍聲。《集韻》:"疒,疒疠,創不合也。"

　　晉器疒,人名。

　　　　　　　　　　　　　　　　　　　　　　　《戰國古文字典》頁580

△**按**　璽文疒下所从亦有單獨成字用爲人名者,見於《璽彙》1715、2522及《港續一》110,田煒(《古璽字詞叢考》[十篇],《古文字研究》26輯387—388頁,中華書局2006年)指出,就形體而論,此字釋讀有兩種可能:一是亡,一是甲。然亦有可能是乍。可參看前述高智(1997)、劉釗(1998)舉證。

疕

　　〓集成10478 中山兆域圖　　**〓**陶彙9·5　　**〓**璽彙3800

○**徐中舒、伍仕謙**（1979）　（編按：中山兆域圖）昭同紹，繼也。昭从歺者，古人祭必有尸，歺即象尸兩旁陳列之俎形。

　　　　　　　　　　《徐中舒歷史論文選輯》頁 1346，1998；原載《中國史研究》1979-4

○**羅福頤等**（1981）　疷。

　　　　　　　　　　　　　　　　　　　　　　　　　　　《古璽文編》頁 197

○**何琳儀**（1998）　疷，从疒，召聲。

　　　　　　　　　　　　　　　　　　　　　　　　《戰國古文字典》頁 306

【疷宗】中山兆域圖

○**張頜**（1981）　"疷宗官"之"疷"乃"昭"字的音假，从"疒"無義。（中略）"兆域圖"宮名"昭宗"乃昭顯先王之義，其職責與《周禮》内、外宗有相似之處，概爲管理宗祀籩豆、犧牲之事。

　　　　　　《張頜學術文集》頁 43，1995；原爲《中山王鑻器文字編》序

○**河北省文物研究所**（1996）　疷，應讀爲"詔"，意爲告也。《周禮·春官·大史》"執書以詔王"，鄭玄注："詔王，告王以禮事。"宗，《荀子·正論》"出門而宗祝有事"，注云："宗者，主祭祀之官。"又《儀禮·士冠禮》"宗人告事畢"，注云："宗人，有司主禮者。"《周禮·春官·宗伯》"乃立春官宗伯，使帥其屬而掌邦禮"，鄭司農云："宗作主禮之官。""詔宗"應爲主祭祀執禮之官。

　　　　　　　　　　《鑻墓——戰國中山國國王之墓》頁 400

○**何琳儀**（1998）　疷，从疒，召聲。

　　兆域圖"疷宗"，讀"昭宗"，廟號。

　　　　　　　　　　　　　　　　　　　　　　　　《戰國古文字典》頁 306

△**按**　陶文█或釋爲疷（《古陶文字徵》162 頁；《戰國古文字典》306 頁釋疷，58 頁釋疷，自相矛盾），非是。璽、陶文疷，人名。兆域圖"疷宗"，讀昭宗。《左傳·定公四年》"以昭周公之明德"杜預注："昭，顯也。"

疟

集成 11546 七年宅陽令戈　　璽彙 4078　　璽彙 4199

○**吳大澂**（1884）　疑癥字省。疕陽矛。

　　　　　　　　　　　　　　　　　　　　　　《説文古籀補》頁 78，1988

○**丁佛言**（1924） 古鉢，郘瘥。

《說文古籀補補》頁 36，1988

○**羅福頤等**（1981） 疵。

《古璽文編》頁 198

○**何琳儀**（1998） 疵，从疒，左聲。疑瘥之省文。《説文》："瘥，瘉也。从疒，差聲。"

晉吉語璽疵，疑讀佐。

《戰國古文字典》頁 880

△**按** 《璽彙》4078、七年宅陽令戈"疵"，人名；4199 吉語璽作"疵敬事"，何琳儀（1998）讀佐，可從。

疲

包山 108　　新蔡甲三 345-1

○**劉彬徽、彭浩、胡雅麗、劉祖信**（1991） 疲。

《包山楚簡》頁 24

○**滕壬生**（1995） 痴《説文》所無，从疒从女，如由女孳乳分化。

《楚系簡帛文字編》頁 627

○**何琳儀**（1998） 疲，从疒，安聲。

楚璽、楚簡疲，人名。

《戰國古文字典》頁 966

○**李零**（1999） 从安或从焉，非"痴"字。

《出土文獻研究》5，頁 160

△**按** 疒下所从與楚文字"安"同，當隸定爲"疲"。

瘲

包山 168

○**劉彬徽、彭浩、胡雅麗、劉祖信**（1991） 瘲。

《包山楚簡》頁 30

○**李天虹**（1993） 此字應隸定作瘲，讀作腃（釋文作瘲可能是筆誤），《説文》

腏字古文作,从疒,束聲,是其證。

《江漢考古》1993-3,頁 88

○劉釗(1998)　按字从疒从“”,“”乃“束”字,字應釋爲“痳”。痳字見於《集韻》《廣韻》等書,在簡文中用爲人名。

《出土簡帛文字叢考》頁 24,2004;原載《東方文化》1998-1、2

○何琳儀(1998)　痳,从疒,束聲。腏之省文。見脊字。

包山簡痳,人名。

《戰國古文字典》頁 769

○白於藍(1999)　即腏字。《説文》腏字古文作“”,與此字形同。

《中國文字》新 25,頁 191

△按　《説文》肉部:“痳,古文腏,从疒从束,束亦聲。”

痰

侯馬 18:5　　璽彙 1996

○吳大澂(1884)　痰。古鉢文,《説文》所無。

《説文古籀補》頁 32,1988

○强運開(1933)　古鉢郵痰。《集韻》:“與疝同。”《説文》有疝無痰。“疝,腹中急痛也。”

《説文古籀三補》頁 79,1986

○山西省文物工作委員會(1976)　宗盟委質類參盟人名。

《侯馬盟書》頁 330

○羅福頤等(1981)　《説文》所無,《玉篇》:“痰,痛也。”

《古璽文編》頁 194

○何琳儀(1998)　痰,从疒,交聲。疝之異文。《集韻》疝或作痰。(中略)

晉器痰,人名。

《戰國古文字典》頁 297

疾

包山 3　　包山 194　　上博六·競公 1

○**劉彬徽、彭浩、胡雅麗、劉祖信**（1991）　簡 3 隸定爲疢，簡 194 隸定爲狀。

《包山楚簡》頁 17、32

○**劉釗**（1998）　（編按：包山）按字從"关"從"疒"，應該釋爲"瘑"。"瘑"從"卷"聲，"卷"從"关"聲，故從"卷"的"瘑"可從"关"作。這與古璽"瘠"字從"乏"作"疪"，"瘥"字從"左"作"疰"類似。"瘑"字見於《廣韻》《集韻》等書，在簡文中似用爲人名。

《出土簡帛文字叢考》頁 3，2004；原載《東方文化》1998-1、2

○**何琳儀**（1998）　疢，從疒，关聲。疑瘑之省文。《集韻》："疢，手屈病。"
　包山簡疢，人名。

《戰國古文字典》頁 1005

○**劉信芳**（2003）　（編按：包山）字從疒從卷省聲，故亦可隸定爲"瘑"。簡文從"关"之字有"郑"（140 反、128）、"笑"（99、133、190）、"萩"（263）、"誺"（193），諸字並從卷聲。

《包山楚簡解詁》頁 10

○**濮茅左**（2007）　（編按：上博六·競公 1）疢，從疒、卷省聲，疑亦"瘑"字，與"款（編按：原書誤寫爲欵）""讁"古同韻，可通。

《上海博物館藏戰國楚竹書》（六）頁 164

△**按**　上博六《競公》齊臣名"割疢"，《左傳·昭公十年》作"裔款"，《晏子春秋·內篇諫上》作"會讁"。

疠

璽彙 1866

○**羅福頤等**（1981）　疠。

《古璽文編》頁 201

○**何琳儀**（1998）　疠，從疒，万聲。疑癘之異文。《玉篇》："癘，疫也。"亦作癘。《說文》："癘，惡疾也。從疒，蠆省聲。"
　戰國文字疠，人名。

《戰國古文字典》頁 1077

○**劉釗**（2006）　按字從疒從万，字書所無。万乃丐字的分化字，因與萬字聲音相同，故可相假。

《古文字構形學》頁 301

△按　璽文"疠"字所从之万實爲丂字,參看裘錫圭《甲骨文中的幾種樂器名稱——釋"庸""豐""䚞"[附]釋"万"》(《裘錫圭學術文集·甲骨文卷》36—50頁)。癘字見於睡虎地秦簡,參本卷"癘"字條。

疣

璽彙 1388　璽彙 2073

○**羅福頤等**(1981)　疣。

《古璽文編》頁 195

○**何琳儀**(1998)　疣,从疒,先聲。癬之異文。《正字通》:"疣,同癬。"《説文》:"癬,乾瘍也。"
　　晉璽疣,人名。

《戰國古文字典》頁 1349

痬

璽彙 0470　璽彙 1591

○**羅福頤等**(1981)　瘣。

《古璽文編》頁 190

○**何琳儀**(1998)　《説文》:"瘣,病也。从疒,鬼聲。"
　　晉璽瘣,人名。

《戰國古文字典》頁 1186

　　疸,从疒,目聲。《集韻》:"疸,病也。"
　　晉璽疸,人名。

《戰國古文字典》頁 265

○**湯餘惠等**(2001)　痬。

《戰國文字編》頁 525

△按　疒下所从與戰國文字常見的凶字形同(參看《戰國文字編》698頁),釋"痬"可從。或以戰國文字凶、目二字形近相混,釋爲見於《玉篇》的"疸",亦可備一説。《戰國古文字典》將上揭二形分爲兩字,恐不可從。

痯

望山 1・88　　　包山 83　　　上博四・柬大 18

○**中大楚簡整理小組**（1977）　　（編按：望山 1・88）烟，从 彐从因，字書不見，疑爲茵之古異體，因爲茵褥形。古文席字作，从厂从因。从彐與从厂同意。因（茵）、席都是坐臥的依據憑藉，故又可互訓。《書・畢命》"席寵惟舊"，《漢書・劉向傳》："呂産、呂禄席太后之寵。"席均訓因，《説文》"因，就也"，是因的引申義。簡文烟，也是用此引申義，有於是的意思。

《戰國楚簡研究》3，頁 19—20

○**朱德熙、裘錫圭、李家浩**（1995）　　（編按：望山 1・88）痯當爲人名。三體石經"因"字古文作，信陽二一九號簡"裀"字所从之"因"作，寫法並與此字所从"因"字相似。

《望山楚簡》頁 98

○**何琳儀**（1998）　　痯，从疒，因聲。

望山簡痯，疑讀因，猶乃。

《戰國古文字典》頁 1106

○**濮茅左**（2004）　　（編按：上博四・柬大 18）从疒，因聲，字亦見於《江陵望山沙冢楚墓》（望山一・五八）、《包山楚簡》（第八三簡），讀爲"因"，意爲"仍"。《爾雅》："仍，因也。"

《上海博物館藏戰國楚竹書》（四）頁 211

△**按**　望山 1・88"☐痯以黃靈習之"，新蔡簡"某某習之以"句多見，"☐痯"爲人名；包山簡 83"羅之壣里人湘痯"，亦用作人名。

痾

望山 1・66

○**中大楚簡整理小組**（1977）　　㾼。

《戰國楚簡研究》3，頁 26

○**商承祚**（1995）　　㾼，第六四簡作列，讀閒。《論語・子罕》："子疾病，子路使門人爲臣，病閒。"何晏集解引孔安國注："病少差曰閒也。"《史記・趙世家》：

"不出三日病必閒,閒必言也。"《方言》卷三:"南楚病愈者謂之差,或謂之閒。"

○程燕(2003)　△原篆作:《望山》1·66　　《簡匯》1·19

原簡照片模糊難辨,兩個摹本提供的字形大致相同,比較可信。商承祚先生將此字隸定爲"刖",不夠精確。

按:此字應隸定爲"痢"。

首先,△之左旁應爲"疒"旁之省簡。《考釋》云:"簡文有'肖、肙'二旁,與疾病有關之字多從'肙'旁,疑即'疒'之省體,但這兩個偏旁有時又混而不分,如簡文從'肙'從'虞'的一個字,偶而也從'肖'。"《考釋》的分析甚確,其實在楚系文字中"疒"旁和"肖"旁混用的現象屢見不鮮,例如:

病　包山 207　包山 243　　瘴　包山 175　包山 13

瘳　包山 188　包山 10　　癲　包山 245　包山 239

癏　包山 247　包山 240

其次,△右旁從"刖"。其中"月"旁作"夕"形,"刀"旁作"勹",刀刃上加一飾筆,與"刃"無別,其例甚多,例不備舉。由於刀柄象形部分寫得過長,以致包孕了"夕"形,因此使字形顯得詭異難辨。這種偏旁包孕式與非包孕式互換的現象,在楚系文字中也有其例,例如:

攻　王孫誥鐘　王孫誥鐘　　期　 包山 22　包山 21

檢包山簡有一地名用字,原篆作:

包山 103　　包山 115

其左旁從"邑",右旁從"刖"。值得注意的是,"刖"旁或從"刃"或從"刀",前者與上揭望山簡△之所從吻合無閒。

"痢",即"癎"之異文。《説文》"閒"古文作"閔",所從"月"旁訛作人形,所從刀形訛作卜形。或以爲《説文》古文爲"閔"之訛,非是。戰國文字"閘"與"閔"均讀"閒",然而"閘"從"刖"聲,"閔"從"外"聲,應爲一字之異體。

《説文》:"癎,病也。從疒從閒。"M1.67 簡亦有"己未又(有)刖(閒)"辭例,與本文此簡相類。"癎"讀"閘"。《考釋》:"《論語·子罕》'病閒',孔傳:少差(瘥)曰閒。閒同間。""痢"應是"閒"綴加形符後的繁化字。簡文意謂:"生病,在丙、丁的日子裏有所減輕。"這是一支卜筮簡,蓋是墓主生病時爲瞭解自己的病情時占卜。

△按　望山 1·66"丙、丁有痟",簡 67 作"己、未有外(閒)","痟"讀爲閒可從。

痲

包山 233

○**滕壬生**(1995)　腈。

　　　　　　　　　　　　　　　　　　　　　《楚系簡帛文字編》頁 344

○**李家浩**(1997)　此是"痲"字,唯把"㡀"所從表示"巾"上灰塵的四畫,都寫在字首。此字所從的"㡀"旁也是把"巾"寫作"巿"。

　　　　　　　　　　　　《著名中年語言學家自選集·李家浩卷》頁 277,2002;

　　　　　　　　　　　　　　原載《第三屆國際中國古文字學研討會論文集》

○**徐在國**(1998)　我們懷疑此字應該釋爲"寢"。"寢"字楚簡習見,形體如下:㝛(《包山楚簡》171 簡)、㝛(同上 146 簡)、㝛(《信陽楚墓》2·021 簡)、㝛(同上 2·023 簡),"㝛"與信陽簡中的"寢"字形體相近,似應釋爲"寢"。包山 233 號簡曰:"占之,恆貞吉。少又憂於宮室寢,以亓(其)古敓之……""少又憂於宮室寢"意即寢室小有可憂之事。

　　　　　　　　　　　　　　　　　　　《江漢考古》1998-2,頁 83

○**劉信芳**(2003)　按釋"痲"是,字讀爲"蔽"。凡宮室門、車門之遮蔽物稱"蔽",《爾雅·釋器》:"輿竹,後謂之蔽。"簡 260"敝户"即宮室門之蔽。因有憂於宮室,故下文有"舉禱於宮后土"之語;因有憂於蔽,故下文有"磔於大門一白犬"之語。從文例分析,亦可知"痲"應讀爲"蔽"。

　　　　　　　　　　　　　　　　　　　　《包山楚簡解詁》頁 244

△按　包山簡 233"占之,恆貞吉,少有憂於宮室,痲,以其故敓(說)之",李家浩(1997)對字形分析可從,具體意思則有待研究。

瘏

新蔡甲三 131　　瘏新蔡甲二 33

○**滕壬生**(1995)　瘏。

　　　　　　　　　　　　　　　　　　　　　《楚系簡帛文字編》頁 627

○李零(1999) 聲旁似與 507 頁"孛"爲同一字,所从非字字。(編按:507 頁**孛**字李零認爲在楚簡中多用爲勉,即娩字古體)

《出土文獻研究》5,頁 148

○李家浩(2000) "悉、痒"當是同一個字的不同寫法,因其是一種心病,故字或从"心",或从"疒"。疑"悉、痒"都是"悗"字的異體,"孚"是"悗"字的假借。《黃帝內經太素·調食》"黃帝曰:甘走肉,多食之,令人心悗,何也?少俞曰:甘入胃……胃柔則緩,緩則蟲動,蟲動則令人心悗",楊上善注:"悗,音悶。"《素問·生氣通天論》王冰注:"甘多食之,令人心悶。"據楊上善、王冰注,"悗"通"悶"。

《九店楚簡》頁 146

○賈連敏(2003) 痒(悶)。

《新蔡葛陵楚墓》頁 192

△按 與"痒"意思相當的字簡文又作念,李家浩(《九店楚簡》146 頁)謂兩者都是"悗"的異體。張光裕、陳偉武(《戰國楚簡所見病名輯證》,《中國文字學報》1 輯 86 頁,商務印書館 2006 年)指出,中醫有所謂"心悗"之症,多因下元精氣不足或血虛陰火熾盛而起。所从或作"孛"形,與上博五《姑成》簡 3 用爲免之字**夂**同,爲娩之初文。

疸

包山 102 望山 1·11 璽彙 0551 璽彙 1552 璽彙 3190

○强運開(1933) (編按:古璽)按百讀書九切,以形聲求之,當爲恧之古文。

《說文古籀三補》頁 39,1986

○中大楚簡整理小組(1977) (編按:望山 1·11)痁,从爿,百,字書未見。或讀爲緬。《國語·楚語》"緬然引領南望",賈注:"緬,思貌也。"

《戰國竹簡研究》3,頁 33

○羅福頤等(1981) 痁。

《古璽文編》頁 198

○于豪亮(1981) (編按:古璽)痁字从百得聲,百即首字,故痁字實係从首得聲,以聲類求之,痁字當讀爲疛。蓋據《說文·疒部》,疛係从肘省聲,古从首得聲之字常與从肘省聲之字相通假:如守字即係从肘省聲,而守字與从首得聲之道字相通假。《莊子·知北遊》:"大馬曰:子巧與?有道與?曰:臣有守也。"前言

有道,後言有守,明有道即有守,是守字與道字相通,此其證一。又《達生篇》云:
"子巧乎? 有道耶? 曰:我有道也。"《知北遊》與《達生篇》之内容與詞句均相
同,《知北遊》言"臣有守也",《達生》言"我有道也",益足證明有守即有道,守字
與道字相通。此其證二。守字既與道字相通,則是从首得聲之字與从肘省聲之
字相通,故瘤字得讀爲疛。《詩·小弁》:"我心憂傷,惄焉如擣。"傳云:"擣,心
疾也。"《釋文》云:"擣,韓詩作疛。"則疛義爲心疾。今本《說文·疒部》云:"疛,
小腹病。"段注即據《小弁》毛傳及《釋文》訂小字爲心字之誤,其說甚是。

《古文字研究》5,頁 257—258

○**吴振武**(1984)　(編按:古璽)瘤字不見於後世字書,應即疛字異體。古形聲字
聲符往往可以變換,如侯馬盟書道字既从首聲或百聲作𢔠、𢔔,又从舀聲作𢕏。
疛字見於《說文·疒部》。

《〈古璽文編〉校訂》頁 108,2011

○**陳漢平**(1985)　(編按:古璽)按此字从疒从百,《說文》:"憂,愁也。从
心从頁。"古璽文此字實即惪、憂字之省。又古人取名,多名"去疾、去病",故此字
當釋爲憂,即憂字古文異體。

《出土文獻研究》頁 237

○**劉彬徽、彭浩、胡雅麗、劉祖信**(1991)　瘤。

《包山楚簡》頁 24

○**何琳儀**(1998)　瘤,从疒,百聲。
　　戰國文字瘤,人名。

《戰國古文字典》頁 195

○**吴振武**(2000)　(編按:璽彙 1552、3190)病。

《古文字研究》20,頁 312

○**張光裕、陳偉武**(2006)　又 11:(編按:指望山 1 號墓簡)"苛憯以瘤☒"。"瘤"疑
爲首疾之專字。包山簡 102 有"縊瘤","瘤"作人名。

《中國文字學報》1,頁 83

△**按**　"瘤"字从疒从百,百、首一字,隸定爲瘤、瘤均可。古璽"去瘤"或當如
陳漢平(1985)說讀爲"去憂"。

痣

𤶊 璽彙 2243　　𤶍 璽彙 5661

○**何琳儀**（1998）　痣，从心，疕聲。（《玉篇》：“疕，乳癰也。”）疑疕之繁文。

晉璽痣，人名。

《戰國古文字典》頁 525

痾

璽彙 1035

○**何琳儀**（1998）　痾，从疒，从衣省，句省聲。參袧字。

晉璽痾，人名。

《戰國古文字典》頁 346

△**按**　湯志彪（《三晉文字編》1177 頁，作家出版社 2013 年）謂此字外从“疒”，内从“丩、衣”省，可隸作“痕”。

痞

![新蔡甲三 198、199-2] 新蔡甲三 198、199-2　　　![新蔡甲三 344-1] 新蔡甲三 344-1

○**賈連敏**（2003）　痞。

《新蔡葛陵楚墓》頁 194、199

○**何琳儀**（2004）　△，原篆左从“疒”，右从“告”聲。此字見《龍龕手鏡》“俗音角”475 頁，義未詳。簡文△疑讀“造”。《廣雅·釋詁二》：“造，猝也。”

《安徽大學學報》2004-3，頁 3

○**張光裕、陳偉武**（2006）　“痞”字或可讀爲“疝”，文獻有从告从丩通用之例。《説文》：“疝，腹中急［痛］也。从疒，丩聲。”“痛”字據徐鍇《繫傳》補，徐氏注云：“今人多言腹中絞結痛也。”

《中國文字學報》1，頁 90

○**宋華强**（2010）　按，“以有痞”緊接着“疥不出”而言，應和疥疾有關，“痞”疑當讀爲“搔”或“瘙”。《説文·疒部》：“疥，搔也。”徐鍇《繫傳》“搔”作“瘙”。疥瘡發不出去，就會造成皮膚瘙癢，所以“疥不出”下面接言“以有痞（瘙）”。

《新蔡葛陵楚簡初探》頁 79

△**按**　新蔡簡甲三 198、199-2“虘（且）瘠（疥）不出，以又（有）痞”，據文意，

"痞"當是病名。

痵

璽彙 0480　　 璽彙 1576　　 璽彙 2803　　 璽彙 3489

○**湯餘惠**（1986）　　應即"痵"，字殆从疒，戒聲。此字不見於後世字書，推迹古音，疑即"痎"之古文。"戒、亥"古音近，故籍每通作。《周禮・春官・鐘師》"九夏"之名有"祴夏"，杜子春云："祴讀爲陔。"孫詒讓《周禮正義》疏云："祴、陔聲相近，《鄉飲酒禮》注云：'陔，陔夏也。陔之言戒也。'"又《周禮・夏官・大僕》："大喪始崩，戒鼓傳達于四方。"鄭玄注云："故書戒爲駭。"均其音證。《説文》疒部："痎，二日一發瘧也。"古人取名不避惡詞，晚周私名璽人名不少都是从疒的疾患名稱。上引各印用"痵（痎）"爲名，想來也是不足怪的。

《古文字研究》15，頁 52

○**何琳儀**（1998）　　痵，从疒，戒聲。疑戒之繁文。

燕璽痵，人名。

《戰國古文字典》頁 32

△**按**　中山方壺戒作，璽文加口形繁化。

疥

新蔡甲二 28　　 新蔡甲三 198、199-2　　 新蔡甲三 291-1

○**賈連敏**（2003）　　疥（疥）。

《新蔡葛陵楚墓》頁 188

○**張光裕、陳偉武**（2006）　　張綱先生《中醫百病名源考》於"疥、瘙"之通別有詳釋，云："疥之爲言介也。介，謂甲介、鱗介也。故先秦之以疥爲名者，則本謂搔以抑癢，膚爲之灌錯，形有如甲介、鱗介之病也。而以先秦所稱瘙病之中之乾瘙，每因於搔抓抑癢而膚如介，故先秦之疥者，本屬於瘙，而即瘙病之中之乾瘙耳。而時至漢末，人又以疥名爲源於扴，本言膚之奇癢須搔扴。則此所謂由扴而來之疥名，遂同於由搔而來之瘙矣。"（**原注**：張綱《中醫百病名源考》第 472頁，人民衛生出版社 1997 年）

《中國文字學報》1，頁 88—89

△按　《新蔡》甲二28:"☐疥(疥)不出,匀(旬)亦(腋)豊(體)出,而不良又(有)闌(悶)。"又甲三291—1:"☐既心悥,以疾戲(且)痕,疥(疥)不☐。"疥疾也見於上博六《競公瘧》,詳本卷"疥"字條。

痼

痼 侯馬3:17　　痼 侯馬88:2　　痼 侯馬195:7　　痼 侯馬98:6　　痼 璽彙0476　　痼 璽彙4072

○**吳大澂**(1884)　痼。古鉢文,《説文》所無。

《説文古籀補》頁33,1988

○**丁佛言**(1924)　(編按:古璽)疲。

《説文古籀補補》頁36,1988

○**强運開**(1933)　按鉢文有痼字。丁書釋乍疲,與此微異。疑此亦疲之異文也。

《説文古籀三補》頁79,1986

○**山西省文物工作委員會**(1976)　宗盟類委質類被誅討人名。

《侯馬盟書》頁333

○**羅福頤等**(1981)　瘦。

《古璽文編》頁195

○**吳振武**(1984)　此字隸定作瘦誤,應隸定爲痼。中山王嚳鼎克字作痼(《中》31頁),與此字所从的旁同。侯馬盟書痼字作痼,亦與此字同。古璽和侯馬盟書中的痼字均用作人名。痼字不見於後世字書。

《〈古璽文編〉校訂》頁107,2011

○**陳漢平**(1989)　(編按:古璽)按克字古文作痼、痼,與此字所从不同,據此同名異體字可知,此字从古得聲,當以痞字爲正體。《説文》:"痞,久病也。从疒,古聲。"上列諸體从痼,即从马,古文字形旁从马从口可以通用,故痞字後世改作痼。《集韻》:"痞,古慕切,音顧。"痞字又通作固,俗作痼。《集韻》:"痼,古慕切,音顧。"《正韻》:"痼,久固之疾。"《後漢書·光武紀》:"京師醴泉涌出,飲之者痼疾皆愈。"《韻會》:"痼通作固。"《禮記·月令》:"國多固疾。"亦通作錮,《漢書·賈誼傳》:"必爲痼疾。"是盟書此人名當釋牻痞。

《屠龍絶續》頁358

○陳漢平（1989） （編按：古璽）此璽人名字從疒從克，當釋爲疻。

《屠龍絕續》頁 306

○何琳儀（1998） 疻，從疒，克聲。疑克之繁文。

晉器疻，人名。

《戰國古文字典》頁 38

○魏宜輝、申憲（1999） "瘦"應爲"疻"字。此字上部所從爲"臼"而非"白"。中山王嚳鼎銘文中的"克"字就寫作：。

《東南文化》1999-3，頁 98

△按 "克"字楚簡常見，作（郭店《老乙》簡 2）、（上博一《緇衣》簡 11）、（上博四《曹沫》簡 14）等，與璽文、盟書文同。

瘳

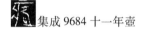新蔡乙四 132

○賈連敏（2003） 瘳。

《新蔡葛陵楚墓》頁 209

△按 《新蔡》乙四 132"☐以君之旻（得）瘳☐"，義待考。

瘦

集成 9684 十一年壺 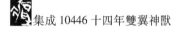集成 10445 十四年雙翼神獸 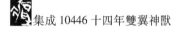集成 10446 十四年雙翼神獸

○河北省文物研究所（1996） 痤。

《嚳墓——戰國中山國國王之墓》頁 413

○秦曉華（2008） 瘦。

《東周晉系文字資料研究》頁 153

△按 董珊（《戰國題銘與工官制度》153 頁，北京大學 2002 年博士論文）釋"疤"，字或以釋"瘦"爲是。所從身與戰國文字"躳"作（《集成》11679 八年相邦鈹）、（《璽彙》2683）等右旁相似（參看本卷躳字條）。"瘦"用作人名。

痦

陶錄 3·22·4 陶彙 3·830

○**高明、葛英會**(1991)　瘄。

疨　《説文》所無,《類篇》:"疨,病也。"

《古陶文字徵》頁 163、161

○**何琳儀**(1998)　瘄,從疒,吾聲(或吾省聲)。《龍龕手鑒》:"瘄,普杯切,音坯。"與吾聲韻均隔,待考。

齊陶瘄,人名。

《戰國古文字典》頁 508

○**王恩田**(2007)　(編按:陶彙 3・830)疯。

《陶文字典》頁 212

△**按**　陶文五或省作(《陶彙》3・662)。《陶彙》3・830 痁,何琳儀(1998)謂從疒吾省聲,可從。

瘦

上博二・容成 2　　上博二・容成 37　　璽彙 0236　　璽彙 1025

○**丁佛言**(1924)　古鉢肖,瘦字《説文》無。

《説文古籀補補》頁 68,1988

○**强運開**(1933)　古鉢盧瘦。

《説文古籀三補》頁 80,1986

○**羅福頤等**(1981)　瘦。

《古璽文編》頁 192

○**劉釗**(1998)　通過考察可以發現,戰國文字中晏與嬰在用作聲符時經常可以替代。如王子嬰次盧的嬰字作"",從貝從晏,是將嬰所從之"女"變形音化爲與嬰聲相近之"晏"。古璽和陶文的瓔字作""(一九三五)和""(《古陶文彙編》三・一二四八),亦是從晏爲聲(裘錫圭、李家浩説),楚簡纓字從晏作""(包山二五九),古璽作""(五六二三)、""(一五七三),凡此均可證"嬰"可替換爲"晏"。如此,上揭璽文""就應該釋爲"瘦"。瘦字見於《説文》,在璽文中用爲人名。

《考古與文物》1998-3,頁 78

○**何琳儀**(1998)　瘦,從疒,晏聲。疑瘦之異文。(中略)

齊璽瘦,姓氏,疑讀嬰。晉大夫趙嬰齊之後。見《風俗通》。

《戰國古文字典》頁 973

○**李零**(2002) 　(編按:上博二·容成2)瘦者　即"癭者",指患有大脖子病的人。"瘦"字的左半略殘,對照第三十七簡,可知是从疒旁,而非人旁。

《上海博物館藏戰國楚竹書》(二) 頁 252

△**按**　周寶宏《古陶文形體研究》(117 頁,吉林大學 1994 年博士論文)、劉釗(1998)謂瘦即癭字,甚是。晏、嬰互作詳《望山楚簡》120 頁。上博二《容成氏》"瘦(癭)者煮鹽",《說文》:"瘦,頸瘤也。"

痼

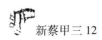 集成 11314 二年皇陽令戈　　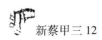 集成 11315 二年皇陽令戈　　 陶彙 3·26

○**高明**(1990)　痼。

《古陶文彙編·古陶文拓本目錄索引》頁 9

○**何琳儀**(1998)　痼,从疒,邑聲。《字彙》:"痼,鬱病。"

《戰國古文字典》頁 1372

○**王恩田**(2007)　通悒。鬱,病也。見《字彙》。

《陶文字典》頁 210

△**按**　二年皇陽令戈"痼",工師名。陶文邑反寫。

【痼都】陶彙 3·26

○**何琳儀**(1998)　齊陶"痼都",地名。

《戰國古文字典》頁 1372

瘥

 新蔡甲三 12

○**賈連敏**(2003)　瘥(瘥)。

《新蔡葛陵楚墓》頁 189

△**按**　新蔡簡甲三 12"☒貞吉,義(宜)少瘥,以☒",瘥讀爲瘥,病愈。

痓

痓 侯馬 194:4

○山西省文物工作委員會(1976)　宗盟類參盟人名。

《侯馬盟書》頁 333

○何琳儀(1998)　痓,从疒,生聲。

《戰國古文字典》頁 634

瘁

瘁 璽彙 1170　　瘁 璽彙 2905

○吳大澂(1884)　瘁。

《説文古籀補》頁 32,1988

○羅福頤等(1981)　瘁。

《古璽文編》頁 199

○何琳儀(1998)　瘁,从疒,夲聲。疑夲之繁文。
　晉璽瘁,人名。

《戰國古文字典》頁 1382

○劉釗(2006)　古璽文字中,有許多字常常可以省去字的上端。古文字罩字从夲得聲,古罩、皋乃一字之分化,中山器皋胄之皋寫作"夲",即可視作罩字省去目旁者。罩既从夲聲,从罩得聲的字自然也可以从夲得聲,所以我們認爲古璽文"瘁"所从之"夲"即"罩"字之省,"瘁"字就應釋爲"瘴"。瘴字見於《集韻》,在璽文中用爲人名。

《古文字構形學》頁 302—303

△按　戰國文字"夲"作 (中山方壺)、 (燕王戎人矛)(參看《戰國文字編》689 頁),與瘁字所从同。

痺

 包山 125

○**劉彬徽、彭浩、胡雅麗、劉祖信**（1991）　牌。

《包山楚簡》頁 25

○**劉釗**（1998）　按簡文中从“疒”的字常常省爲“爿”，牌字應釋爲“痺”。痺字見於《廣韻》，在簡文中用爲人名。

《出土簡帛文字叢考》頁 20，2004；原載《東方文化》1998–1、2

○**李守奎**（2003）　痺　見《爾雅・釋鳥》。

《楚文字編》頁 471

△**按**　此字或釋爲捭（《楚地出土戰國簡册》[十四種]61 頁）。包山簡 96、97 有人名捭作**錄**、**綷**。

痕

新蔡甲三 219　　　新蔡甲一 13　　　新蔡零 306

△**按**　字从疒、長或張聲，詳本卷【瘴痕】條。

【痕腹】新蔡乙一 31–25

○**張光裕、陳偉武**（2006）　葛陵簡乙一 31、25：“疾龖、痕腹、瘠（膚）疾。”“痕腹”，猶言“腹脹”，《靈樞經・水脹》：“腹脹身皆大，大與膚脹等也。色蒼黃，腹筋起，此其候也。”當即傳世文獻所謂“鼓脹”，如《素問・腹中論篇》：“黃帝問曰：有病心腹滿，旦食則不能暮食，此爲何病？ 岐伯對曰：名爲鼓脹。”

《中國文字學報》1，頁 87

疤

近二 1237 八年陽城令戈　　璽彙 2533　　璽彙 2645

○**吳振武**（1984）　此字从疒从肥，應釋爲疤。**夕**即肥，馬王堆漢墓帛書《戰國縱橫家書》中的肥字作**夕乙**，當由此演變而來。古璽中又有**夕**字（438 頁第一欄），也應釋爲疤。漢印肥字既作**肥**，又作**肥**（《漢徵》四・十三），是其確證。《説文》謂肥字“从肉从卩”，戰國秦漢文字中的肥字作**夕**、**肥**、**夕乙**形者，疑是从肉巴聲，參本文［四一九］［四一一］條。疤字見於《玉篇》和《廣韻》，兩書皆謂和痱字同。痱字見於《説文・疒部》。

《〈古璽文編〉校訂》頁 211，2011

○何琳儀（1998）　疕，从疒，肥聲。痱之異文。《玉篇》：“疕，同痱。”《説文》：
“痱，病也。从疒，非聲。”

戰國文字疕，人名。

《戰國古文字典》頁 1300

○何琳儀、焦智勤（2006）　（編按：八年陽城令戈）“疕”，又見《璽彙》2645、2533，人
名。《玉篇》：“疕，同痱。”《説文》：“痱，風病也。”檢《璽文》7.13、《漢徵》
7.19—20 人名用字往往从“疒”旁，這是古人驅病心理的一種風俗習慣，茲不
詳述。（此字所从巴旁拐角處不作實筆，故或釋“疤”，即“疤”，見《龍龕手
鏡》，義不詳。）

《古文字研究》26，頁 213

△按　戰國文字肥作 <!-- glyph -->（《璽彙》1642）、<!-- glyph -->（包山 250），與《説文》篆文同，从肉
从卩。

瘴

<!-- glyph -->新蔡甲一 13　　<!-- glyph -->新蔡甲三 149　　<!-- glyph -->新蔡甲三 219　　<!-- glyph -->新蔡零 306

△按　字从奉或丰聲。詳【瘴痕】。

【瘴痕】新蔡甲一 13

○賈連敏（2003）　“瘴（胅）痕（脹）”、“痒（胅）瘕（脹）”。

《新蔡葛陵楚墓》頁 187、195

○張光裕、陳偉武（2006）　“瘴痕”指腹脹。賈連敏先生讀“瘴痕”爲“胅脹”
亦是，《玉篇》：“胅，胅脹。”玄應《一切經音義》卷三引《埤蒼》：“胅脹，腹滿
也。”楚簡从“疒”符爲專用字，“瘴痕”其實與後世“胅脹、膨脹”當係一詞。又
甲一 14：“☐貞：㤑（背）膺疾，以瘴痕、心悶☐。”又甲三 291—1：“☐既心悶，以
疾戲（且）痕，瘠（疥）不☐。”此單言“痕”。甲三 291—2：“☐痕、膚疾、悶心。”
“痕”前有可能殘去“瘴”字，原簡也有可能單言“痕”。

《中國文字學報》1，頁 86-87

痵

<!-- glyph -->璽彙 1119

○羅福頤等（1981）　痋。

《古璽文編》頁 194

○何琳儀（1998）　痋，从心，疢聲。疑疢之繁文。

晉璽痋，人名。

《戰國古文字典》頁 1094

痵

璽彙 3175

○羅福頤等（1981）　痵。

《古璽文編》頁 196

△按　璽文痵用作人名。

痦

璽彙 1033　　璽彙 1034

○丁佛言（1924）　古鉢趙痦。从病省从嗇。

《説文古籀補補》頁 68，1988

○羅福頤等（1981）　痦。

《古璽文編》頁 194

○吳振武（1984）　此字應釋爲痦。弭伯簋耤字所从之昔作𥂕（《文物》1966年 1 期），中山王譽諸器昔字作𥂕或𥂕（《中》33 頁），皆與此字𥂕旁相同或相近。痦字見於《廣雅》。

《〈古璽文編〉校訂》頁 106—107，2011

○陳漢平（1989）　按中山王鼎銘昔字作𥂕，與此字形同。知此字从疒，从昔，當釋爲痦。《博雅》：“痦，疾也。”

《屠龍絶續》頁 307—308

○何琳儀（1998）　痦，从疒，昔聲。《廣雅·釋詁》：“痦，疾也。”

晉器痦，人名。

《戰國古文字典》頁 588

痰

淡曾侯乙 26　　淡曾侯乙 128

○**裘錫圭、李家浩**（1989）　淡。

《曾侯乙墓》頁 491、496

○**何琳儀**（1998）　淡，从爿，炎聲。疑痰之省文。《集韻》：“痰，病液。”
　　隨縣簡痰，人名。

《戰國古文字典》頁 1442

△**按**　字當分析爲从疒省，炎聲，即痰字。

痟

璽彙 3245

○**羅福頤等**（1981）　痟。

《古璽文編》頁 193

○**何琳儀**（1998）　痟，从疒，肴聲。《龍龕手鑒》：“痟，胡交切。音肴。”
　　晉璽痟，人名。

《戰國古文字典》頁 286

△**按**　《字彙補》：“痟，胡交切，音肴，義闕。”

疾

包山 141　　包山 141　　上博四·柬大 18

○**劉彬徽、彭浩、胡雅麗、劉祖信**（1991）　疾。

《包山楚簡》頁 27

○**何琳儀**（1998）　疾，从疒，秔聲。
　　包山簡疾，人名。

《戰國古文字典》頁 1256

○**白於藍**（1999）　“”（141）等二例，陳侯因資“因”，史文作“因齊”，鄂君
啟節“”爲“資水”。包山簡此字應隸作“痟”，从次聲。次聲不僅通齊聲，也

通弟聲。《説文》槪字云:"次、弟皆聲。"《儀禮·既夕禮》:"設床第。"鄭玄《注》:"古文第爲茨。"故瘠應即《説文》疷字異構(從林澐師説)。

《中國文字》新 25,頁 191

○濮茅左(2004) (編按:上博四·柬大 18)"瘶",从疒,欨聲,字亦見《包山楚簡》(第一四一簡),讀爲"歉"。《廣韻》:"歉,食不飽。"

《上海博物館藏戰國楚竹書》(四)頁 211

○工藤元男(2006) (編按:上博四·柬大 18)"癒"的異體字。

《簡帛》1,頁 142

○周鳳五(2006) (編按:上博四·柬大 18)齊,簡文从爿从肉,次省聲。讀爲齊。次,古音精紐脂部;齊,從紐脂部,二字音近可通。

《簡帛》1,頁 130

○顔世鉉(2006) (編按:上博四·柬大 18)當直接讀爲"咨"(亦可通作"資、諮"),訓爲謀。"因",《説文》云:"就也。"可指"就近"之意。"因咨",有"就問、蒞問"之意。

《簡帛》1,頁 195

△按 上博四《柬大王》簡 18"邦家大旱,病瘠智於邦",陳劍(《上博竹書〈昭王與龔之脽〉和〈柬大王泊旱〉讀後記》,簡帛研究網 2005 年 2 月 15 日;收入《戰國竹書論集》)謂瘠以"次"爲基本聲符,故可讀爲"資"。資,取也,古書常訓。"資智於邦"直譯爲"取智於邦",意謂(國家發生大旱災後)向國中咨詢,取衆人之智以定應對措施。

雅

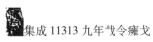集成 11313 九年弋令雅戈

○何琳儀(1998) 雅,从疒,隹聲。《字彙》:"雅,病多。"《正字通》:"雅,同瘴。"

九年弋丘令戈雅,人名。

《戰國古文字典》頁 1207

癬

璽彙 3808

○**羅福頤等**(1981)　疒。

《古璽文編》頁 200

○**吳振武**(1984)　此字隸定作疒誤,應隸定爲疒。半(𠁣)即《説文》料字,戰國時常用作"半"。疒(疒)字不見於後世字書。

《〈古璽文編〉校訂》頁 108,2011

○**何琳儀**(1998)　疒,从疒,半聲。

晉璽疒,人名。

《戰國古文字典》頁 1057

○**湯餘惠等**(2001)　疒。

《戰國文字編》頁 536

△**按**　此字疒下所从,朱德熙釋作料。參看《戰國記容銅器刻辭考釋四篇》,《朱德熙古文字論集》25—27 頁。

癔

疒 侯馬 67:1　　疒 侯馬 85:24

○**山西省文物工作委員會**(1976)　癔　宗盟内室類參盟人名

《侯馬盟書》頁 333

○**陳漢平**(1989)　按戰國文字怠字多省作𢓜,如古璽文怠字作𢓜(《古璽彙編》0384)、𢓜(0976),總字作𦇚(0767),中山王銅方壺銘"嚴敬不敢怠荒",怠字作𢓜,故盟書此字當釋總。《集韻》:"總,蕩亥切,怠上聲,病也。"

《屠龍絶績》頁 352

○**何琳儀**(1998)　癔,从疒,忌聲。疑癔之省文。《集韻》:"癔,病也。"

《戰國古文字典》頁 59

瘠

疒 集成 11682 二年春平侯鈹　　疒 璽彙 0473

○**吳大澂**(1884)　瘠。古鉢文,《説文》所無。

《説文古籀補》頁 33,1988

○羅福頤等(1981)　疬。

《古璽文編》頁 203

○陳漢平(1989)　(編按:璽彙 0473)按此字从疒从肉从尔,尔聲。《説文》:"爾,麗爾猶靡麗也。从冂从㸚,其孔㸚,尔聲,此與爽同意。"故此字當釋爲癇。癇字又省作疬,與璽字又作㘰、鈢相同。

《屠龍絶續》頁 309

○何琳儀(1998)　疬,从疒,胹聲。(胹,疑臑之省文。《篇海類篇》:"臑,胹臑。")或説,疬,从肉,疢聲。疑疢之繁文。(《集韻》:"疢,或作疬。"《説文》:"疢,熱病也。")

　　晉器疬,人名。

《戰國古文字典》頁 1249

△按　二年春平侯鈹瘠字或釋爲瘠(張亞初《殷周金文集成引得》175 頁,中華書局 2001 年),非是。戰國文字脊从束,與瘠字从尔不同。

疵

璽彙 1030　　璽彙 1605　　璽彙 2904

○吳大澂(1884)　疵。古鉢文,《説文》所無。

《説文古籀補》頁 32,1988

○羅福頤等(1981)　疵。

《古璽文編》頁 194

○吳振武(1983)　疵。

《古文字學論集》(初編)頁 499

○何琳儀(1998)　疵,从疒,弭聲。

　　晉璽疵,人名。

《戰國古文字典》頁 1127

△按　釋疵是。參"疕"條弓字形體。

瘠

璽彙 1791　　璽彙 2770

○**羅福頤等**（1981）　《説文》所無，《玉篇》："瘄，膝病，與膃同。"

　　　　　　　　　　　　　　　　　　　　　　　《古璽文編》頁 197

○**何琳儀**（1998）　瘄，從疒，骨聲。膃之異文。《集韻》："膃，卻病。或從疒。"
　晉璽瘄，人名。

　　　　　　　　　　　　　　　　　　　　　　《戰國古文字典》頁 1194

瘟

 集成 11402 杕里瘟戈

○**何琳儀**（1998）　瘟，從疒，區聲。痀之異文。見《康熙字典》引《集韻》"瘟，
同痀"。

　　　　　　　　　　　　　　　　　　　　　　《戰國古文字典》頁 350

癋

 璽彙 1087

○**羅福頤等**（1981）　癋。

　　　　　　　　　　　　　　　　　　　　　　　《古璽文編》頁 193

○**何琳儀**（1998）　癋，從心，疦聲。疑疦之繁文。《集韻》："疦，病也。"
　晉璽癋，人名。

　　　　　　　　　　　　　　　　　　　　　《戰國古文字典》頁 494—495

○**吳振武**（2000）　疑是"去疕"二字合文。

　　　　　　　　　　　　　　　　　　　　　《古文字研究》20，頁 337

瘦

 璽彙 3249　 璽彙 1242　 璽彙 1291

○**丁佛言**（1924）　從疒從🦌。🦌爲古文夏。然瘦字字書不載。古鉢，幾🦌。

　　　　　　　　　　　　　　　　　　　《説文古籀補補》頁 68，1988

○**羅福頤等**（1981）　瘦。

　　　　　　　　　　　　　　　　　　　　　　　《古璽文編》頁 193

○**吳振武**（1984） 此字應釋爲瘧（蝕）。古璽食旁一般作🔳、🔳形（看本書卷五食部），上部與此字所從的🔳或🔳旁上部同。但有時也訛變成🔳，下從🔳形，和此字所從的🔳或🔳旁下部同。如古璽飲字既作🔳，又作🔳（223 頁）。在古文字中，🔳、🔳二形互訛是很常見的（參拙作《戰國貨幣銘文中的"刀"》，附錄三）。直到漢代也還是如此，如漢印食字或作🔳（《漢補》五・四），饒字所從之食字既作🔳，又作🔳（《漢徵》五・十及《漢補》五・四）。故此字所從的🔳或🔳旁應釋爲食是可以肯定的。古璽中又有🔳字（《彙》三四五三），或作🔳（《彙》五六一一），舊亦不識。其實此字就是即字，漢印槩字所從之皀作🔳（《漢徵》六・八），即字或作🔳（《漢徵》五・十），節字所從之即或作🔳（《漢徵》五・一），皆其確證。這也是我們將🔳、🔳釋爲食的一個有力證據。🔳、🔳、🔳、🔳皆出於燕璽，可知食旁作🔳、🔳和皀旁作🔳、🔳是燕文字的特有寫法。瘧字見於《集韻》，即蝕字異體。蝕字《說文》作蝕，見於《說文・虫部》。

《〈古璽文編〉校訂》頁 105—106, 2011

○**何琳儀**（1986） 璽文原篆作🔳，應隸定爲"瘕"。《龍龕手鑒》3.42 瘕"音夏，正作廈"。

《古文字研究》15, 頁 129

○**何琳儀**（1998） 瘕，從广，夏聲。廈之繁文。《龍龕手鑒》："瘕，同廈。"《說文新附》："廈，屋也。從广，夏聲。"

燕璽瘕，人名。

《戰國古文字典》頁 1194

△**按** 田煒（《古璽探研》160 頁）贊同吳振武（1984）說，並有所補正。《字彙》广部："瘧，敗瘡也。"

瘝

🔳 睡虎地・日甲 90 背壹

○**睡簡整理小組**（1990） 瘝。

《睡虎地秦墓竹簡》頁 221

△**按** 睡虎地秦簡《日書甲》簡 83 背壹—96 背壹內容，以十二地支與女、鼠、罔等詞配合進行占卜，如"子，女也""丑，鼠也""寅，罔也""未，瘝也"等。女、鼠、罔、瘝意思待考。

痛

 包山 171　　 包山 171

○**劉彬徽、彭浩、胡雅麗、劉祖信**（1991）　痛。

《包山楚簡》頁 30

○**何琳儀**（1998）　痛，从疒，胃聲。
　　包山簡痛，人名。

《戰國古文字典》頁 1221

痁

 璽彙 1227　　 璽彙 2804

○**羅福頤等**（1981）　痁。

《古璽文編》頁 200

○**何琳儀**（1998）　《説文》：“痁，有熱瘧。从疒，占聲。”加心旁爲繁化部件。

《戰國古文字典》頁 1404

△**按**　璽文痁，人名。

瘩

 陶彙 3·1227　　 陶録 3·370·2

○**吳大澂**（1884）　瘩古陶器文，《説文》所無。

《説文古籀補》頁 32，1988

○**顧廷龍**（1936）　瘩。

《古匋文䂮録》卷 7，頁 4，2004

△**按**　陶文單字，當是陶工名。

瘨

 璽彙 2402

○**羅福頤等**(1981)　瘑。

《古璽文編》頁 201

○**朱德熙、裘錫圭**(1972)　當釋作瘑。《廣韻·屑韻》:"瘑,疾病。"

《朱德熙古文字論集》頁 46,1995;原載《考古學報》1972-1

○**何琳儀**(1998)　瘑,从疒,垍聲。疑垍之繁文。見垍字。

　　晉璽瘑,人名。

《戰國古文字典》頁 1273

△**按**　朱德熙、裘錫圭(《朱德熙古文字論文集》46 頁)根據古文字𢀛、𢀖、𢀗通用的例證,認爲皇、呈、呈是同一個字,應釋爲呈。

瘖

陶彙 3·1038

○**丁佛言**(1924)　古匋。疑惰,同惰。許氏説:"惰,不敬也。"按惰爲怠惰。爲游惰習於心成爲病,故亦从疒。

《説文古籀補補》頁 75,1988

○**顧廷龍**(1936)　瘖。

《古匋文香録》卷 7,頁 4,2004

○**高明、葛英會**(1991)　瘖。

《古陶文字徵》頁 164

○**徐谷甫、王延林**(1994)　瘖。

《古陶字匯》頁 328

○**何琳儀**(1998)　瘖,从疒,肴聲。疑瘥之異文。《説文》:"瘥,瘉也。从疒,差聲。"

　　齊陶瘖,人名。

《戰國古文字典》頁 878

癋

考古 1990-8,頁 696　　癋 集成 11549 十二年邦司寇矛

○**湯餘惠**(1986)　《周金》卷六補遺著録一銅戈銘文,豎刻二字:癋癋。

下面一個字構形奇詭,不能識;前面一個字當即瘰字。《字彙》:"瘰,力火切,音躲。癃也。"按瘰、瘝二字形近易混,後世多作"瘝"。

《古文字研究》15,頁 12

○臨城縣文化局(1990)　瘰。

《考古》1990-8,頁 696

○何琳儀(1998)　瘰,从疒,羼聲。《字彙》:"瘰,癃也。"

十二年邦司寇矛瘰,人名。

《戰國古文字典》頁 1039

△按　疒下所从又見於中山王器(《中山王嚳器文字編》52 頁),湯餘惠(《略論戰國文字形體研究中的幾個問題》,《古文字研究》15 輯 12 頁,中華書局1986 年)謂即羼之省文,並引侯馬盟書相同字張頷亦釋爲羼爲證。《考古》1990 年 8 期"瘰旵",陶工名。

瘊

璽彙 2347

○强運開(1933)　古鉢韓瘊。

《説文古籀三補》頁 79,1986

○羅福頤等(1981)　瘊。

《古璽文編》頁 196

○何琳儀(1998)　瘊,从疒,羔聲。
晉璽瘊,人名。

《戰國古文字典》頁 298

瘒

璽彙 3101

○羅福頤等(1981)　瘒。

《古璽文編》頁 193

○何琳儀(1998)　瘒,从疒,高聲。(中略)《集韻》:"瘒,瘒疕,疥病。"

晉器瘑,人名。

《戰國古文字典》頁 293

瘠

疒 璽彙 2966

○**羅福頤等**（1981）　瘠。

《古璽文編》頁 196

○**吳振武**（1983）　瘠（瘠）。

《古文字學論集》（初編）頁 510

○**陳漢平**（1989）　此璽人名字當隸定爲瘠，《五音集韻》："瘠，古文瘠字。"《爾雅·釋詁》："瘠，病也。"（中略）又《説文》："瘶，瘶瘶，皮肥也。从疒，桼聲。"又疑此爲瘶字。

《屠龍絶續》頁 308

○**何琳儀**（1998）　瘠，从疒，朘聲。疑瘥之省文。《集韻》："瘥，駿恐兒。"

晉璽瘠，人名。

《戰國古文字典》頁 1421

瘙

疒 璽彙 1656

○**羅福頤等**（1981）　瘙。

《古璽文編》頁 202

○**陳漢平**（1989）　按此字从疒，蚤聲，蚤即蚊字。《説文》蚊字作蟁、蠠、蚊三體，文、門同音，作爲聲旁可以通用，故此字當釋爲瘟。《集韻》："瘟，美隕切，音愍，病也。"

《屠龍絶續》頁 309

○**何琳儀**（1998）　瘜，从疒，蚊聲。（中略）

晉璽瘜，人名。

《戰國古文字典》頁 1364

痑

璽彙 1782

○**羅福頤等**（1981） 痑。

《古璽文編》頁 194

○**吳振武**（1984） 此字隸定作痑誤，應釋爲痑。

《〈古璽文編〉校訂》頁 107，2011

○**何琳儀**（1998） 痑，從疒，專聲。《搜真玉鏡》：“痑，多回切。音堆。”此璽事作，可證其與專有別。

　　晉璽痑，人名。

《戰國古文字典》頁 1025

△**按** 包山簡 120“傳”字作、，所從專字與疒下同。

痺

璽彙 1790

○**羅福頤等**（1981） 痺。

《古璽文編》頁 199

○**何琳儀**（1998） 痺，從疒，莘聲。疑莘之繁文。

　　晉璽痺，人名。

《戰國古文字典》頁 1382

瘜

新蔡乙四 56　　新蔡零 102、59

○**賈連敏**（2003） 瘜。

《新蔡葛陵楚墓》頁 207

△**按** 新蔡簡“瘜”，人名。彭浩、賈連敏（《楚地出土戰國簡册》[十四種]427頁）認爲或是平夜君家族中曾任職“大司城”的先輩。

瘜

璽彙3742

○羅福頤等（1981）　瘜。

《古璽文編》頁 203

○何琳儀（1998）　瘜，从疒从口，束聲。疑瘶之異體。《集韻》："瘶，寒病。"
《正字通》："瘶，欬瘶，與口部嗽同。"
　　齊陶瘜，人名。

《戰國古文字典》頁 362—363

△按　璽文息作𢖒（《璽彙》0685），順作𣈏（《璽彙》1472），所从心旁與瘜同。

瘂

𤵲侯馬 195：7

○山西省文物工作委員會（1976）　宗盟類參盟人名瘂陽。

《侯馬盟書》頁 349

○何琳儀（1998）　瘂，从止，牁聲。疑牁之繁文。
　　侯馬盟書瘂，讀將，姓氏。見牁字。

《戰國古文字典》頁 706

瘀

璽彙0598　　　　瘀璽彙1413

○吳大澂（1884）　瘀。古鉢文，《說文》所無。

《說文古籀補》頁 32，1988

○羅福頤等（1981）　瘀。

《古璽文編》頁 198

○何琳儀（1998）　瘀，从疒，魚聲。
　　晉璽瘀，人名。

《戰國古文字典》頁 504

瘏

璽彙 1029

○羅福頤等(1981)　瘏。

《古璽文編》頁 202

○陳漢平(1989)　按此字從瘏從水,乃瘏字異體,當釋爲瘏。《説文》:"瘏,病也。從疒,者聲。《詩》曰:'我馬瘏矣。'"

《屠龍絶續》頁 309

○何琳儀(1998)　瘏,從疒,渚聲。疑渚之繁文。
　　晉璽瘏,人名。

《戰國古文字典》頁 520

痦

陶彙 3·531

○顧廷龍(1936)　痦。

《古匋文㪚録》卷 7,頁 4,2004

○何琳儀(1998)　痦,從立,痦聲。
　　齊陶痦,人名。

《戰國古文字典》頁 508

瘃

璽彙 5612

○羅福頤等(1981)　瘃。

《古璽彙編》頁 511

○何琳儀(1998)　瘃,從疒,豚聲。疑豚之繁文。
　　晉璽瘃,人名。

《戰國古文字典》頁 1223

癰

陶彙4・53

○**何琳儀**（1998）　癰，从疒，唯聲。疑瘅之繁文。《字彙》："癰，病多。"

燕陶（編按："陶"原誤作"璽"）癰，人名。

《戰國古文字典》頁 1205

△**按**　周寶宏《古陶文形體研究》（169 頁，吉林大學 1994 年博士論文）隸定
爲"癰"，可從。湯餘惠等（《戰國文字編》533 頁）、王恩田（《陶文字典》213
頁）均依其説。癰，从疒，脽聲。

瘣

瘣璽彙 3806

○**羅福頤等**（1981）　瘣。

《古璽文編》頁 200

○**吳振武**（1984）　此字可隸定爲瘣。即蒐，舒盤壺"茅（苗）蒐狪（畋）獵"
之蒐作（《中》64 頁，从芔與从艸同），可爲其證。瘣字不見於後世字書。

《〈古璽文編〉校訂》頁 108，2011

○**何琳儀**（1998）　瘣，从疒，蒐聲。疑瘦之異文。《説文》："瘦，臞也。从疒，
叜聲。"

晉璽瘣，人名。

《戰國古文字典》頁 234

瘷

瘷璽彙 1877

○**羅福頤等**（1981）　瘷。

《古璽文編》頁 202

○**何琳儀**（1998）　瘷，从疒，猷聲。疑猷之繁文。

晉璽瘣,人名。

《戰國古文字典》頁 66

△按　隸作"瘣"是。

瘠

瘠 陶彙 3 · 1132

○高明、葛英會(1991)　瘠。

《古陶文字徵》頁 164

○何琳儀(1998)　瘠,从疒,喬聲。

齊陶瘠,人名。

《戰國古文字典》頁 1259

△按　金文遺字作𤕰、𤕰(《金文編》100—101 頁),所从喬旁與陶文同。

瘏

瘏 包山 218　　瘏 包山 247　　瘏 望山 1 · 44　　瘏 新蔡乙二 2　　瘏 上博四 · 柬大 20

瘏 新蔡甲三 173

○中大楚簡整理小組(1977)　瘏,从爿,虘聲,《汗簡 · 且部》引"王庶子碑"虘
即且。長沙出土楚帛書,代月名且即作虘。故瘏、俎應相同。《集韻》:"俎,壯
所切,音阻,本作俎,亦同柤。"則瘏爲祭享之器。

　　瘏字从且得聲(从且的字籀文及楚帛書多作从虘或虘),疑讀爲阻,阻有
險、難、梗、塞等義,在句中意爲梗阻。"心瘏"殆指因心臟血液循環受到阻礙
而引起的一種心跳加速、加强及節律不齊的症狀,即一般所謂心悸(簡文中常
言心悸)。與卦象所示亦正相同。下文"疾遲瘏"謂疾病平復緩解(説詳後),
故其上文言"無大咎"。"疾少遲瘏"謂疾病少見平復緩解,故其下文言"有
咎"。"疾尚遞瘏",則謂病情加重、加劇,其下文亦言"有咎"。

《戰國楚簡研究》3,頁 11—12、13

○劉彬徽、彭浩、胡雅麗、劉祖信(1991)　瘏,讀如阻,止也。

癗,借作瘥,指疾病。

《包山楚簡》頁 56、58

○**周鳳五**(1993)　就簡文來看,此字很可能是形容疾病痊愈的用語,尤其"尚急瘥"三字,明白指出患病者左尹邵𨒫的願望與占卜的目的,更加强了上述假設的可能性。再觀察此字的結構,從疒從又,盧聲,以聲韻推求,應當就是"瘥"字,見《説文》七下疒部:瘥,瘉也。從疒,差聲。瘥與癗,古音同屬從紐歌部,二字可以通用。(中略)除上述證據之外,還有《方言·三》的一項資料,如下:差、閒、知,愈也。南楚病愈者謂之差,或謂之閒,(《郭注》:"言有閒隙。")或謂之知。"南楚病愈者謂之差"一語,進一步證明了讀癗爲瘥不僅符合文字通假條件,而且充分反映簡文的楚國方言特性。

《王叔岷先生八十壽慶論文集》頁 362—363

○**李零**(1993)　原從又,也是表示病情好轉。"病良瘥"是病大愈,"舊不瘥"是久不愈,"尚兼瘥"是當漸愈("漸"字原從辵從兼),"遞"是漸愈(但"遞"非"遞"字,"遞瘥"作"遞"乃是後世俗體),"難瘥"是難愈。

《中國典籍與文化論叢》1,頁 436

○**曾憲通**(1993)　從形體結構分析,瘥當是疽字的繁構。《説文》達古文作𨙙,籀文作𨙤,可見虍乃贅符。旻亦且之繁化,如虢季子組𣪘組作緎,中山王𧵩鼎、壺之祖均作視,皆其例。而"且"之作盧,更是楚系文字所習見,如《爾雅·釋天》"六月爲且",長沙楚帛書作盧;組繂之組,仰天湖楚簡作繬或繵;連詞之且,包山簡作盧。《汗簡·且部》引王庶子碑且正作盧。準此,可知瘥即疽之繁形,其作瘥者,乃卄旁之寫訛,宜視爲訛體,並非同字異構。

從聲韻考察,疽瘥二字並爲從母,但疽在魚部、瘥屬歌部。上古魚歌非常接近,二者通轉之例甚多,如吾與我、汝與爾、迁與逖、蘆與蘿、驢與騾、胡與何、無與靡、吐與唾(並見王力《同源字典》)等等,因知疽瘥亦屬魚歌通轉之例。

包山楚簡有瘥而無瘥字,天星觀楚簡有瘥似無瘥字,二者適可互補。天星觀瘥字作瘥,與包山簡瘥字結構相同,只是聲符盧易爲差。《方言三》:"差、閒,愈也。南楚病愈者謂之閒。"是差、閒均爲南楚語,並均見於楚簡。天星觀簡之瘥,望山、包山簡書作瘥。這種現象,或許正是魚歌二部在楚方言中混用不別的反映。

《古文字與出土文獻叢考》頁 209—210,2005;
原載《第二屆國際中國古文字學研討會論文集》

○**朱德熙、裘錫圭、李家浩**（1995）　“瘥”字从“疒”“叔”聲，簡文屢見。“叔”从“虘”聲，“虘、差”古音相近。《説文》：“𥼁（𥼁），……从鹵，差省聲……沛人言若虘。”《周禮·天官·酒正》“盎齊”鄭玄注“盎……如今鄭白矣”，陸德明《釋文》：“鄭白即今之白醝酒也。宜作醝。作鄭，假借也。”按此“鄭”字本應作“酂”。《説文》：“酂，沛國縣。从邑，虘聲。”小徐本加“今鄭縣”三字。《史記·蕭相國世家》“封爲酂侯”集解：“孫檢曰有二縣，音字多亂，其屬沛郡者音嵯……舊字作酂。”可證“虘”聲與“差”聲音近。“虘”从“且”聲。馬王堆一號漢墓遣策一一〇號有“助酒”，一六九號有“沮酒”，皆當讀爲“醝酒”。“槎、楂”二字古通。“楂”的聲旁“查”本作“柤”，也是从“且”聲的。從以上諸例看，簡文“瘥”字應即“瘥”之異體。讀如“嵯”的“酂”縣在沛國，讀“𥼁”若“虘”的是沛人，馬王堆漢墓也在古楚地，似乎“虘、差”音近主要是楚國的方言現象。從這一點看，把望山楚簡的“瘥”釋爲“瘥”，也是很合理的。《説文》：“瘥，瘉也。”

　　一號墓竹簡在講到悼固的疾病時，常常説：“遬（速？）瘥、遲瘥”。“瘥”或作“叔”。六七號簡説：“己未又（有）閒，辛、壬叔。”考釋［五〇］説“叔”从“虘”聲，“虘、差”古音相近，簡文“瘥”和“叔”都應該讀爲“瘥”。雲夢秦簡《日書》甲種《病》有“庚、辛病，壬有閒，癸酢。若不酢，煩居南方”等語；乙種《有疾》有“丙、丁病，戊有閒，己酢。不酢，煩在北”等語（《睡虎地秦墓竹簡》釋文注釋193、247頁）。此以“閒、酢”對言，跟六七號簡以“閒、叔”對言同例。“酢”从“乍”聲。古代“虘、乍、差”音近可通。《玉篇·魚部》以“鮓、鱸”爲“鮺”的異體。《文選》卷二《西京賦》“柞木剪棘”，李善注“柞與槎同”。《玉篇·木部》“槎”“亦與查同”。“查”本作“柤”，《玉篇》以爲是“楂”的異體。可見秦簡《日書》的“酢”也應該讀爲“瘥”，與望山楚簡可以互證。

《望山楚簡》頁 94—95、104—105

○**陳偉武**（1997）　師根據楚系文字以叔爲且的特點，斷定“瘲”是“疽”字繁構，李零先生否認“瘲”“瘥”二字的通假關係，都屬真知灼見。（中略）由於“瘥”的語義引申線路及結果與“疽”相似，而且讀音亦頗相近，因此，我們把“瘲”看作“瘥”的同源字而不看作異體字或通假字。楚簡中“瘲（疽）”字表示病愈，此義適足以補文獻之缺，不必破讀爲“瘥”。況且“瘲”與“瘥”在音義兩方面尚有差別，故不宜當作同字異體。睡虎地秦簡《日書》甲種《病》篇和乙種《有病》篇表示病愈用“酢”字，正是與楚簡“瘲（疽）”相對應的鐸部字。

《第三屆國際中國古文字學研討會論文集》頁 645—647

○**陳秉新、李立芳**(1998) 瘥,癘的古文,借爲瘥。《説文》:"瘥,瘉也。"簡文意爲:疾發生變化,有降減的趨勢,漸次痊愈。如將上兩字讀爲擊,則非吉卜,與字形、字義均不合。

《江漢考古》1998-2,頁 77

○**何琳儀**(1998) 癘,從疒(或省作爿),叔聲。癘之繁文。《集韻》:"癘,疝也。"

楚簡癘,除人名之外均讀癘。《字彙》:"癘,瘡痂甲也。"引申爲病瘉。音轉讀瘥。《説文》:"瘥,瘉也。從疒,差聲。"

《戰國古文字典》頁 573

○**劉信芳**(2003) 讀爲"瘥"。"瘥"字從虘得聲,與瘥古音同在歌部從紐。《方言》卷三:"差、間、知,愈也。南楚病愈謂之差,或謂之間。"《廣雅・釋詁》:"瘥,瘉也。"

《包山楚簡解詁》頁 233

○**賈連敏**(2003) 癘(瘥)。

《新蔡葛陵楚墓》頁 193

○**濮茅左**(2004) (編按:上博四・柬大 20)"瘥",亦"癘"字。《字彙》:"癘,瘡痂甲也。""已瘥",指瘡面已痂而有愈。"瘥",或讀爲"瘥"。

《上海博物館藏戰國楚竹書》(四)頁 213

△**按** 楚文字且多作虘,曾憲通(1993)謂瘥當是疽字繁構,甚是。新蔡簡作癘。虘字見於上博一《緇衣》簡 14,亦用爲且,當爲虘之省。瘥讀爲瘥,指病愈。上博四《柬大王》簡 20"君王之瘥從今日以瘥",瘥亦讀爲瘥。

瘴

新蔡甲三 283　　 新蔡乙二 37　　 新蔡零 209　　 新蔡甲三 164

○**賈連敏**(2003) 瘴(懌)、瘴(懌)。

《新蔡葛陵楚墓》頁 193、197

△**按** 《新蔡》乙一 4、10、乙二 12:"頭(夏)柰育(之月),己丑[之日],以君不瘴(懌)之古(故),還(就)禱陳宗一豭。壬脣(辰)之日禱之。"零 209:"☑

[以君]不瘳(懌)病之古(故),祝云☐。""不懌"一詞見於《書·顧命》:"惟四月哉生魄,王不懌。"《漢書·律曆志》載劉歆《三統曆》引《顧命》作"王有疾不豫"。《書·金縢》説武王"有疾弗豫",清華簡《金縢》"弗豫"作"不瘳"。"不瘳"又見於清華簡《保訓》。整理者(《清華大學藏戰國竹簡》[壹]143 頁)謂瘳從疒余聲,傳世典籍作豫、懌,不豫、不懌都是指身體不適。

瘡

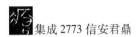
集成 2773 信安君鼎

○羅昊(1981)　瘡。

　　　　　　　　　　　　　　　　　　　　《考古與文物》1981-2,頁 19

○何琳儀(1998)　瘡,從疒,會聲。疑痞之繁文。《集韻》:"痞,寒病。"
　　信安君鼎瘡,人名。

　　　　　　　　　　　　　　　　　　　　《戰國古文字典》頁 1388

△按　字當釋爲瘡。所從會字中間部分爲一整體,與戰國文字合作🜩(璽彙3343)、🜩(長合鼎)、🜩(包山 166)、🜩(《郭店·老甲》34)(《戰國文字編》330 頁)有所不同。

瘟

包山 129

○劉彬徽、彭浩、胡雅麗、劉祖信(1991)　瘟。

　　　　　　　　　　　　　　　　　　　　《包山楚簡》頁 26

○何琳儀(1998)　瘟,從疒,蜀聲。

　　　　　　　　　　　　　　　　　　　　《戰國古文字典》頁 379

△按　疒下所從與石鼓文及蜀西工戈蜀字同(《戰國文字編》869 頁)。包山簡瘟,人名。

癞

璽彙 0798

○**羅福頤等**（1981）　瘥。

《古璽文編》頁 196

○**吳振武**（1984）　此字應釋爲瘥。歲字金文或作𢧵（《金》71 頁），古璽或作𢦏、𢦏（32 頁），皆與此字𢦏旁極近（參本文［○二四］條）。瘥字見於《字彙》。

《〈古璽文編〉校訂》頁 107,2011

○**何琳儀**（1998）　瘥，从疒，歲聲。《字彙》：“瘥，惡也。”

燕璽瘥，人名。

《戰國古文字典》頁 897

瘙

上博四・柬大 5　　　璽彙 0796

○**強運開**（1933）　古鉢𣶩瘙，《説文》所無。

《説文古籀三補》頁 39,1986

○**羅福頤等**（1981）　《説文》所無，《玉篇》：“瘙，同瘙，疥瘙。”

《古璽文編》頁 201

○**何琳儀**（1998）　瘙，从疒，喿聲。瘙之異文。《玉篇》：“瘙，同瘙。”《廣雅・釋詁》：“瘙，創也。”

晉璽瘙，人名。

《戰國古文字典》頁 326

○**濮茅左**（2004）　（編按：上博四・柬大 5）“瘙”，同“瘙”，皮上起小癢瘡。《玉篇》：“瘙，疥瘙。同瘙。”《集韻》：“瘙，疥也。”

《上海博物館藏戰國楚竹書》（四）頁 199

○**周鳳五**（2006）　（編按：上博四・柬大 5）从疒，喿聲，讀爲“騷”，憂愁也。《國語・楚語上》：“德義不行，則邇者騷離而遠者距違。”韋《注》：“騷，愁也。”《史記・屈原賈生列傳》：“故憂愁幽思而作《離騷》，離騷者，猶離憂也。”按，此字也可以讀爲“懆”，但本篇乃楚人記楚事，讀“騷”似較合於楚國方言。

《簡帛》1,頁 122—123

○**葉國良**（2007）　（編按：上博四・柬大 5）讀爲燥。

《簡帛》2,頁 254

△**按**　上博四《柬大》簡 8“不榖（穀）瘙甚病”、簡 5“吾瘙鼠病”、簡 20“君王之

癀", 均當從整理者説用爲疥瘙之瘙。

瘨

璽彙 2788

○**羅福頤等**(1981)　瘨。

《古璽文編》頁 199

○**何琳儀**(1998)　瘨, 从疒, 貭聲。
　　燕璽瘨, 人名。

《戰國古文字典》頁 1275

痹

璽彙 4043

○**羅福頤等**(1981)　痹。

《古璽文編》頁 200

○**陳漢平**(1989)　按臱爲鼻字異體, 此字當釋爲痹。《玉篇》:"痹, 毗至切, 音鼻, 病也。"《玉篇》:"痹, 手冷也。"或作痹。

《屠龍絕續》頁 309

○**何琳儀**(1998)　痹, 从疒, 鼻聲。《集韻》:"痹, 病也。"又痹之繁文。《集韻》:"痹, 或从畀。"《説文》:"痹, 淫病也。从疒, 畀聲。"
　　晉璽痹, 人名。

《戰國古文字典》頁 1298

瘂

珍秦 89

○**裘錫圭**(1993)　瘂。疋爲止之變, 第二字似即瘂字, 見《廣韻》。

《珍秦齋古印展》釋文 89

△**按**　珍秦瘂, 人名。

癱

陶彙 3·1008　　　陶彙 3·1009

○**丁佛言**（1924）　古匋或作癱,與癱同。《前漢·鄭崇傳》"發疾（**編按**：疾字原脱）頸癱"。

　　　　　　　　　　　　　　　　　《説文古籀補補》頁 36,1988

○**顧廷龍**（1936）　吴大澂云癱字,《説文》所無。或即灘字,或地名。

　　　　　　　　　　　　　　　　　《古匋文舂録》卷 7,頁 4,2004

○**高明、葛英會**（1991）　癱　顧廷龍謂癱字。《漢書（景佑本）·鄭崇傳》"發疾癱頸"。

　　　　　　　　　　　　　　　　　《古陶文字徵》頁 163

○**何琳儀**（1998）　癱,從疒,維聲。疑維之繁文（《正字通》："癱,癱字之誤。"與癱同形而無關）。

　　齊陶癱,人名。

　　　　　　　　　　　　　　　　　《戰國古文字典》頁 1207

○**黄德寬等**（2007）　癱,從疒,維聲。古痒字。《字彙·疒部》："痒,病名。"《龍龕手鑒》音丁回切。疑同痘,《集韻·眞韻》："䐡,足腫也。或作痘。"

　　齊陶癱,人名。

　　　　　　　　　　　　　　　　　《古文字譜系疏證》頁 2951

△按　"癱"從宀,維聲。馬王堆帛書"癱"所從雕左旁有作"糸"者（參看《秦漢魏晉篆隸字形表》525 頁）,"癱"即"癱"字異體當有可能。《篇海類編·人事類》疒部："癱,與癱同。"

膚

陶彙 新蔡甲三 110　　　陶彙 新蔡乙二 5

○**賈連敏**（2003）　膚（膚）。

　　　　　　　　　　　　　　　　　《新蔡葛陵楚墓》頁 203

○**張光裕、陳偉武**（2006）　"膚"或加疒旁爲專用字。

　　　　　　　　　　　　　　　　　《中國文字學報》1,頁 87

△按　《新蔡》乙一 31、25"瘠（膚）疾"即皮膚患病。

癭

璽彙 1971　　璽彙 3218

○羅福頤等（1981）　癭。

《古璽文編》頁 193

○何琳儀（1998）　癭,从疒,慶聲。
　　晉璽癭,人名。

《戰國古文字典》頁 645

癚

璽彙 2447

○吳振武（1983）　癚。

《古文字學論集》（初編）頁 507

○吳振武（1984）　此字从疒从萑,可隸定爲癚。萑即萑,小篆作萑。(中略)癚字
不見於後世字書。

《〈古璽文編〉校訂》頁 212,2011

○何琳儀（1998）　癚,从疒,萑聲。疑癚之異文。《集韻》:"癚,痛也。"
　　晉璽癚,人名。

《戰國古文字典》頁 985

癱

睡虎地・日甲 57 背壹

○睡簡整理小組（1990）　癱（糜）　糜,《說文》:"碎也。"

《睡虎地秦墓竹簡》頁 212,217

△按　睡虎地秦簡《日書甲》簡 57 背"乃疾癱瓦以還□□□□已矣",癱瓦即
碎瓦。

癭

 侯馬 3:20　　 侯馬 156:20　　 侯馬 156:19　　 侯馬 185:3

○山西省文物工作委員會（1976）　委質類被誅討人名。

《侯馬盟書》頁 353

○何琳儀（1998）　癭，从疒，興聲。疑興之繁文。

《戰國古文字典》頁 134

癙

 望山 1・17

○中大楚簡整理小組（1977）　癙，从爿，賽聲。賽塞同音。癙，殆爲堵塞。

《戰國楚簡研究》3，頁 13

○朱德熙、裘錫圭、李家浩（1995）　此字簡文从“賓”。“賓”字屢見於此墓竹簡，皆用在“禱”字之前，“賓禱”當即古書的“賽禱”。漢印“賽”字作▨（《漢印文字徵》六・一九），即由此變來。《方言》卷十：“迹迹、屑屑，不安也……秦晉謂之屑屑，或謂之塞塞。”疑“癙”當讀爲塞塞之“塞”，與一三號簡“瘄”字義近。

《望山楚簡》頁 91

○何琳儀（1998）　癙，从疒，賽聲。

望山簡癙，讀塞。《方言》十：“屑屑，不安也。秦晉謂之屑屑，或謂之塞塞。”

《戰國古文字典》頁 115

△按　望山 1・17“既心孚（悶）以癙”，癙讀爲塞，《肘後備急方・治傷寒時氣瘟病方》有“心塞”疾。

癥

 璽彙 1031

○羅福頤等（1981）　癥。

《古璽文編》頁 201

○何琳儀（1998）　癥，从攴，瘷聲。

晉璽癥，人名。

《戰國古文字典》頁 326

△按　癥或爲瘷之繁構。

癥

包山 240　　 包山 247　　 望 1—62　　 新蔡乙三 39　　 新蔡甲一 22

○劉彬徽、彭浩、胡雅麗、劉祖信（1991）　癥，峀聲。讀如孽。《呂氏春秋》："遇合聖賢之後反以孽民。"注："病也。"

《包山楚簡》頁 58

○李零（1993）　（編按：包山）有孽（簡 240、247）。原作癥，亦屬病情惡化。

《中國典籍與文化論叢》1，頁 436

○湯餘惠（1993）　癥字从丬（也可能是疒之省體），賚聲，字待考。240 簡又作癥，爲省體。

《考古與文物》1993—2，頁 76—77

○周鳳五（1993）　（編按：包山）此字从疒，賣聲，疑即癥，《説文》七下疒部："癥，頭痛也。"

《王叔岷先生八十壽慶論文集》頁 366

○曾憲通（1993）　癥字簡文作癥（簡 240），望山簡有殘文癥，當與此同字。包山簡或作癥（簡 247），从丬償聲，字書所無。償又見於簡 52、55、64、174，均用爲人名，其義不明，此字益以丬旁，依簡文丬、疒形近易混之例，此字既言疾病，當是疒旁之寫訛。丬古牀字，病者之所倚，聲符峀兼有表義，當是個从疒从人（或省去）从貝从峀、峀亦聲的字。《説文》："峀，危高也，讀若臬。"癥字从疒峀亦聲，引申之而有病情危重、危殆之意。簡文屢言左尹邵㐌"下心而疾""疠心疾""既腹心疾"，可見邵㐌生前患有嚴重的心臟病。又屢言"上氣、少氣"，《素問·九候論》云："少氣不足息者危。"即呼吸困難。癥字从疒峀亦聲，有危重、危急、危殆之意，與簡文"疾變，有癥""疾有癥"正合。

《古文字與出土文獻叢考》頁 209，2005；
原載《第二屆國際中國古文字學研討會論文集》

○朱德熙、裘錫圭、李家浩（1995）　此字六二號、六五號簡作"癥"。厚趠鼎有

"賚"字,與簡文从"心"从"疒"二字的聲符"賚"顯然是一個字。厚趠鼎銘文"賚"字爲饋贈的意思。郭沫若疑爲"饋"字(《兩周金文辭大系》30 頁)。唐蘭先生認爲"即價字,从人嘳聲。嘳字从貝峊聲。峊爲自的繁體。金文追字往往从峊(余義鐘和陳肪簋)可證……歸本从帚自聲,歸貴聲同(《釋名·釋言語》"汝潁言貴聲如歸往之歸也"),所以貴的別構可以从峊聲。新出犾騣觥蓋銘説:'吳犾騣弟史邊(遺)馬弗ナ',作邊即遺字可證。價字在這裏讀如饋"(《論周昭王時代的青銅器銘刻》,《古文字研究》2 輯 27 頁)。簡文嘳與瘣二字之意義當與疾病有關,疑當讀爲"瘣"或"痼"。《集韻》灰韻引《倉頡篇》:"瘣,陰病。"《一切經音義》卷十引《字林》:"痼,重疾也。"

《望山楚簡》頁 95—96

○陳秉新、李立芳(1998) (編按:包山 247、包山 239)二、三兩字應分別隸定爲瘣和瘣,都是瘣的古文,簡文借爲隤,《説文》阜部:"隤,下隊(墜)也。从阜,貴聲。"《漢書·揚雄傳上》"發祥隤祉",顏師古注:"隤,降也。"簡 247:"占之,恆貞:吉,疠(病)又(有)瘣。"瘣讀爲隤,訓降,病有隤,意即病有降減的趨勢。

《江漢考古》1998-2,頁 77

○劉釗(1998) 按"瘣"以"峊"爲聲,《説文·自部》:"峊,危高也。"又《説文·阜部》:"陧,危也。从阜从毁省,徐巡以爲陧:凶也。""峊"與"陧"形異而音義皆同,應爲一字之異寫。簡文"瘣"即讀爲"陧",意爲凶險危急。按之簡文,文義恰合。

《吉林大學古籍研究所建所十五周年紀念文集》頁 615

○徐在國(1999) 我們認爲"瘣"("瘣"當是"瘣"字省體)字應分析爲从"疒""貨"聲,讀爲"禍"。《老子》十二章:"難得之貨令人行妨。"馬王堆帛書《老子》甲本"貨"字作"價",从"貝","偁"聲。古音"貨"字屬曉紐歌部,"禍"屬匣紐歌部,二字並爲喉音歌部字。

《新出楚簡文字考》頁 347,2007;原載《古典文獻與文化論叢》2

○陳雙新(2000) "自"之作"峊"金文常見,如从自的"追"字,余購逨兒鐘作𨳍、陳肪簋作𨽍(《金文編》103 頁),从自聲的歸字,應侯鐘作𨦵、不其簋作𨨶、曾侯乙鐘作𨦵(《金文編》85 頁)。蘇鐘"王饋往東"應讀作"王潰往東"。"潰"本義爲水沖破堤防,此指周王向東行進的疾速。"潰"又有憤怒義,《字彙·水部》:"潰,怒色。水潰其勢橫暴而四出,故怒之盛者爲潰。"《詩·邶風·谷風》:"有洸有潰,既詒我肆。"毛傳:"潰潰,怒也。"這裏可指周王獲悉東國叛亂之後憤而向東,親自指揮作戰,其意亦通。此外,"償"又常見於望山、天星觀、包山等簡文中。曾憲通師認爲包山卜筮簡中的隤"是個从疒从人(或省去)从貝从皆(皆是聲符兼表意),皆亦聲的字,《説文》:'皆,危高也,讀若臬。'癀字从疒皆亦聲,引申之而有病情危重、危殆之意"。從這種文意來講,把隤直接讀爲"潰"也是可行的。

《古文字研究》22,頁 123

○**湯餘惠等**(2001)　　(編按:包山)癀。

《戰國文字編》頁 535

○**趙平安**(2001)　　(編按:包山)癀癀可以讀爲癃。《史記·惠景閒侯者年表》"遒侯隆彊",《漢書·景武昭宣元成功臣表》作"陸彊","陸"通"隆"。依《説文》,陸从坴聲,賣的聲符睿是睦的古文,睦也从坴聲,因此賣聲字和隆聲字也可以通用。癃在古漢語中有多種用法。或指"足不能行",或指"廢疾",或指"小便不暢",還可以指病情加重。《淮南子·覽冥》:"平公癃病。"高誘注:"癃病,篤疾。"癃的這種用法和簡文可以互證。

《中國文字研究》2,頁 81—82

○**劉釗**(2002)　　(編按:包山)其實這個字所从的"𧶠"和"𧵣"就是"賣"和"償"字。(中略)簡文説"病有癀""疾有癀""疾變,有癀,遞(遲)瘥""……有癀,遲瘥",從中可以看出"癀"字確實是指病情加重而言。那麼這個"癀"字在此該如何解釋呢? 我們認爲"癀"字在此應讀爲"篤"。古音"償"在定紐屋部,"篤"在端紐覺部,聲皆爲舌音,韻都爲入聲,韻尾相同。前邊説到"償"和"鬻"可通,而"鬻"字古音就在覺部。償通篤猶如償通鬻。"篤"正是病勢沉重之意。《史記·范雎蔡澤列傳》:"昭王强起應侯,應侯遂稱病篤。"《東觀漢記·吳漢傳》:"漢疾篤,車駕視臨,問所欲言。"晉干寶《搜神記》卷五:"不幸疾篤,死在旦夕。"上引例句中"病"和"疾"皆可言"篤",這與簡文"病、疾"都可説"癀(篤)"相一致。將"癀""癀""儥"讀爲"篤",按之以上所引 1—8 諸例,文意極爲順適。

《古文字考釋叢稿》頁 232—234,2005;原載《中國文字》新 28

○**劉信芳**(2003)　　(編按:包山)讀爲孼,文獻或作蠥。《説文》:"禽獸蟲蝗之怪謂之蠥。"《禮記·中庸》:"國家將亡,必有妖孼。"《尚書·太甲》:"天作孼。"屈原《天問》:"啟代益作后,卒然離蠥。"又:"帝降夷羿,革孼夏民。"蠥、蠥皆謂妖孼,王逸《章句》釋爲"憂",用其引申義。

《包山楚簡解詁》頁 247

○**何琳儀**(2004)　　(編按:新蔡)"蠥",原篆从"疒"从"貝"从"人",从"皆"得聲,故在本簡中可讀"蠚"。《說文》:"禽獸蟲蝗之怪謂之蠚。"《玄應音義》:"蠚,災也。"《楚辭・天問》"卒然離蠚",注:"蠚,憂也。""蠚",典籍亦作"擊"。此字又見包山簡"疾變有蠚,遞瘥"(24)、"病有蠚"(247)、天星觀簡"夜中有蠚"等。以其與本簡比較,可知"擊"特指病災。

《安徽大學學報》2004-3,頁7

○陳偉(2006) (編按:新蔡)甲一・22 記云:"〔占〕之:恆貞吉,無咎。疾一續一已,至九月又(有)良閒。"(中略)與新蔡簡此語相同的句式,在傳世古書和出土簡帛中皆有所見。前者如王引之在《經傳釋詞》中曾經引述的"一動一靜"(《禮記・樂記》)、"一彼一此"(《左傳》昭公元年)、"一臧一否"(《左傳》昭公五年)、"一有一亡"(《穀梁傳》莊公十八年);後者如郭店簡《太一生水》第7號簡所說的"一块(缺)一涅(盈)",馬王堆漢墓帛書《繆和》所說的"凡天之道,一陰一陽,一短一長,一晦一明"。這些詞句中與"一"相連的兩個字,都是正好相反或相對的概念。根據句式的這一特性,我們不免對上述理解多少產生一些懷疑。即如果"已"指疾病終止的話,與之對應的這個詞最有可能表達的意思是病情持續,而不是病況加重。

這一判斷也大致適用於其他關涉疾病的場合。我們試看以下幾例(所討論的字用△代替):

(1)疾弁,有△,遞瘥(包山 239—240)

(2)有△,遲瘥(望山 M1:62)

(3)疾遲瘥,有△(新蔡甲一・一四)

(4)夜中有△,夜過分有閒,壬午□(天星觀)

第一例中的"遞",劉釗先生認爲讀爲"遲"。然則前三例文意大致相同。與病情"遲瘥"相聯的,顯然也應是持續而不是變重。第四例中的"夜中"和"夜過分"是兩個相連的晚閒時段用語。既然隨即病情好轉(有閒),稍早一點的"有△"也不大可能是加重,而較有可能是延續一類的意思。

由這樣一種語境推斷,楚簡中的這個字恐怕應讀作同樣從"賣"得聲的"續"字,爲延續之義。此外,新蔡簡甲二・32 有一段殘文說"將爲△于後",將△讀爲"續",也比較通順。

《康樂集》頁80—81

△按 包山簡 152"骨償之"之償字,李學勤(《包山楚簡中的土地買賣》,《中國文物報》1992 年 3 月 22 日)首先釋爲價,並謂即今鬻字,意爲賣。西周金文賣作、(《金文編》437 頁),價作(《金文編》565 頁)。劉釗(1998)謂包山

簡償所從之自是由償右上奋所從之目橫置或豎置而成。瘇、瘅主要見於以下
文例:(1)占之,恆貞吉,疾變,有瘇,遲瘅(瘥)(包山239—240);(2)占之:恆
貞吉,病有瘇(包山247—248);(3)定貞之:恆貞,無咎。疾遲瘅(瘥),有瘇
(新蔡甲一24);(4)無咎,少有瘇(天星觀);(5)疾有瘇(天星觀);(6)夜中有
瘇(天星觀);(7):"☑☑將速瘅(瘥),慐(懼)或瘇(新蔡乙二45+乙二41);
(8)☑午之日,尚毋瘇。(新蔡甲三58);(9)占之:吉,不瘇(新蔡甲三192、
199-1);(10)☑將爲瘇於後☑(新蔡甲二32);(11)☑[占]之:恆貞吉,無咎。
疾罷(一)瘇罷(一)已,九月有良閟(聞)(新蔡甲一22)。從(10)"爲瘇於後"
及(11)"疾罷(一)瘇罷(一)已"看,陳偉(2006)讀續似可從。

癰

癰 璽彙1788

○**吳振武**(1983)　癰。

《古文字學論集》(初編)頁501

○**何琳儀**(1998)　癰,從疒,觟聲。觟,疑觼之省文。《説文》:"觼,揮角皃。
從角,蒦聲。"

晉璽癰,人名。

《戰國古文字典》頁985

癰

癰 璽彙2015

○**何琳儀**(1998)　癰,從疒,雔聲。

晉璽,人名。

《戰國古文字典》頁958

○**湯餘惠等**(2001)　癰。

《戰國文字編》頁536

△**按**　此字湯志彪(《三晉文字編》1191頁,作家出版社2013年)隸作癰。

冠圜

陶彙 6·190　中國山西歷代貨幣,頁 34

中國錢幣 1990-3,頁 61　中國山西歷代貨幣,頁 34

望山 2·49　包山 219　包山 263　上博四·內豊 8

○張頷（1986）　(編按:中國山西歷代貨幣,頁 34)宅。

《古幣文編》頁 83、84

○**中國山西歷代貨幣**（1989）　宅。

《中國山西歷代貨幣》頁 34

○**智龕**（1990）　見【冠陽】條。

○**劉彬徽、彭浩、胡雅麗、劉祖信**（1991）　冠,从宀从元,讀作冠。

《包山楚簡》頁 56

○**何琳儀**（1992）　見【冠陽】條。

○**黃錫全**（1993）　見【冠陽】條。

○**黃錫全**（1995）　見【冠陽】條。

○**朱德熙、裘錫圭、李家浩**（1995）　(編按:望山 2·49)簡文此字从"曰"（看考釋[三一]）从"兀"。《説文》:"冠,……从宀、元,元亦聲;冠有法制,故从寸。""宀、曰"同意,"兀、元"古本一字,故知此字應爲"冠"的古體。甲骨文有冠字,即此字初形,本象人首戴冠。《戰國策·齊策六》:"齊嬰兒謡曰:大冠若箕,脩劍拄頤。"《後漢書·輿服志》:"武冠,俗謂之大冠,環纓無蕤,以青系爲緄。"簡文"大冠"不知是否即武冠。

《望山楚簡》頁 127

○**陳煒湛**（1998）　(編按:包山 219)簡文云:"逞（歸）△繻於二天子。"讀冠似文義無礙。然此字上部从尹不从宀,字尚不識。遣策"相（箱）尾之器所以行"首列"一桂冠"（259）,考釋讀爲獬冠,亦屬可疑。

《容庚先生百年誕辰紀念文集》頁 590

○**何琳儀**（1998）　冠,从宀（或曰）,元聲。疑冠之省文。(中略)楚簡冠,讀冠。包山簡"冠繻",讀"冠帶",頂冠束帶。《禮記·內則》:"冠帶垢,和衣請漱。"

（編按：貨系 1839）冗。

《戰國古文字典》頁 1017、1526

○**李家浩**（2000）　此字原文作冗，從“月”從“兀”；下三六號、四一號等簡作冗，從“冃”從“元”。“兀、元”古本一字，故可通作。此字見於望山二號楚墓竹簡（四九號、六一號、六二號）和包山楚墓竹簡（二一九號、二三一號、二五九號、二六三號）。《望山楚簡》127 頁考釋［一二〇］謂“宂”是“冠”的古體。《説文》冖部説“冠……從冖從元，元亦聲；冠有法制，從寸”。許多學者指出，“冖、冃、月”古本一字，所以簡文“冠”將“冖”旁寫作“月”。爲書寫方便，釋文將冗、冗皆釋寫作“宂”。

《九店楚簡》頁 69

○**張富海**（2004）　《九店楚簡》五十六號墓簡十三下釋文爲：“凡建日，大吉，利以娶妻，祭祀，築室，立社稷，帶劍、冠。”按：“劍”下用頓號，不妥，宜改爲逗號。因爲“冠”不可能作“帶”的賓語。劍可用帶繫於腰間，冠則只可用簪固定在髮上，與帶無關。古書中常見帶某劍、冠某冠之語，如《楚辭·涉江》：“帶長鋏之陸離兮，冠切云之崔嵬。”可見冠（平聲）的動詞應該用冠（去聲），而不可用帶。此簡文中的“冠”應是動詞，讀去聲，義爲行加冠禮，與其前面的“娶妻、祭祀、築室、立社稷、帶劍”並列，而不與“劍”字並列。下文簡三十六“利以冠”之“冠”與此處“冠”字用法同。又秦簡《日書》乙種楚除有“復、秀之日，利以乘車、寇〈冠〉、帶劍、製衣裳、祭、作大事、家（嫁）子，皆可，吉”，亦以“帶劍”與“冠”並列，而兩者的前後位置與此處正好相反，也可以證明“冠”不當與“劍”並列。下文簡三十六“帶劍、冠，吉”，頓號亦宜改爲逗號。

《古文字研究》25，頁 357

△**按**　《説文》謂冠“從冖從元，元亦聲。冠有法制，從寸”，戰國文字冠從冖（或月）從元（或兀），冖、冃同意，元、兀一字。

【冠陽】貨系 1939

○**中國山西歷代貨幣**（1989）　宅陽。

《中國山西歷代貨幣》頁 34

○**智龕**（1990）　“蒙陽”布高 4.3 釐米，寬 2.5 釐米，重 3.65 克。面文左右並列古篆兩字，背有豎弦三條，無文字。此布製作精美，無銹蝕，背部微現青綠色，其餘爲古銅原色，故文字極清晰。（編按：見下圖）

　　此布右首一字作冗，從冂從下。《説文》：“冂，覆也。從一下垂也。莫狄

切。”今俗作冪。又《説文》：“冃，重覆也。从冂、一。莫保切。”此兩字形狀接
近，讀音相似，在一般情況下可以通用。《説文》：“豕，彘也，竭其尾，故謂之
豕，象頭四足而後有尾。讀與豨同。古文。”《説
文》：“冢，覆也，从冂、豕。莫江切。”按《汗簡》豕作
开，亥作开或开。豕、亥兩字在六國文字中形式相同。
《説文》：“𣎑，古文亥爲豕，與豕同。”故亥、豕古文爲同
一字。《汗簡》“𡨄”爲蒙字，注：“出朱育集字。”此字
从冂从亥與从冂从豕同，朱育集字假冢爲蒙字。《説文》：“蒙，王女也，从艸，
冢聲。莫江切。”《爾雅·釋草》：　“蒙，王女。”注：“蒙，女蘿別名。”郝懿行義
疏引錢大昕曰：“女蘿之大者名王女，猶王彗、王芻也。”按女蘿即松蘿。《廣
雅·釋草》：“女蘿、松蘿也。”植物名。屬地衣類，産深山中，全體絲狀，常自樹
梢懸垂。

　　此布下字之下爲“亥”字，甲骨文字多作此形：丅（佚 36）、丅（甲 2414）、丅
（鐵 121.3）。从冂與从冂同，从亥與从豕同，故此字乃从冂从豕，就是《説文》
之“冢”字，假爲蒙；其左一字爲“昜”，假爲陽，古幣文字習見。此布面文爲
“蒙陽”兩字。

　　蒙陽爲蒙澤之別稱。《左傳》莊公十三年：“宋萬弒（宋）閔公于蒙澤。”即
其地。故城在今河南省商丘縣東北，爲殷之北亳地，春秋時屬宋，漢置蒙縣，
晉時爲石勒所陷，遂廢。布文“蒙陽”當屬戰國魏地，爲以前譜録所未見，彌足
珍貴。惜不知其出土地點。此布三十年前發現於古肆中，以後未見第二品，
原有牛皮紙袋一枚，印有“聽松軒主珍藏”字樣，注明編號爲“第拾貳號”。這
些情況，也許可以提供日後查考此布來歷的參考。

《中國錢幣》1990-3，頁 61

○**何琳儀**（1992）　《中國錢幣》1990 年第 3 期 61 頁新發表一品方足布，據云
“聽松軒主珍藏”。銘文二字（圖一），智龕釋“蒙陽”。

圖一

　　檢戰國文字“冢”及从“冢”的“蒙”形體如次：

　　　　冢　　𥄙望山簡　　𩇾陶彙 4·137　　　蒙　　𡩟中山王方壺

　　與方足布右字字形毫無相似之處，故“冢陽”之解釋殊不
可據。

　　按，右字上从“宀”。戰國文字“宀”固然以∩形最爲標準，不
過偶而也作冂形。《文編》“宀”旁作冂者如次：

安 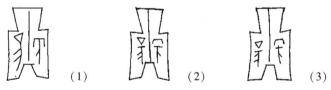₇₅　　宅 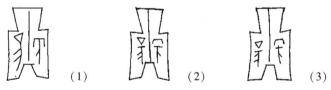₈₂　　宋 ₉₈

尚 ₁₁₃　　官 ₁₁₈　　宭 ₁₆₃

右字下從"下"。故此字應隸定"宁"。古文字"宀"與"广"作爲形符往往可以互換,參見《文編》:

安 ₇₄　　宅 ₈₁

故"宁"即"庍"。《玉篇》:"庍,房屋也。"《集韻》:"廈,房屋也。或作庍。""夏、下"音近可通,"庍、宁"均爲"廈"之異文。

　　"宁"從"下"得聲,例可讀"下"。方足布"宁昜"即典籍之"下陽"。《春秋·僖公二午》:"虞師、晉師滅下陽。"注:"下邑,虢邑,在河東大陽縣。"(《公羊》《穀梁》作"夏陽",這與上文引《集韻》"廈"或作"庍",適可互證。)江永云:"《彙纂》今大陽廢縣在山西平陽府平陸縣東北十五里,又三十里爲故下陽城。今按,平陽縣漢爲大陽縣,東漢置河北縣,唐改平陸,今屬解州。又按,虢以國都爲上陽,故謂河北稍在下者爲下陽。《公》《穀》作夏陽,音同傳訛耳。"楊伯峻云:"據《元和郡縣志》,在當時陝州平陸縣東二十里。今平陸縣治又西南移,則當今治東北三十五里。"

　　總之,"宁陽"即"下陽",在今山西省平陸縣東北,戰國應屬魏境。

　　另外,《文編》"宅陽"布的"宅"字或作:

₈₃　　　　　₈₄

與本文所釋"宁"形體頗近,有可能亦"宁"之變。志此備參。

　　　　《古幣叢考》(增訂本)頁 186—188,2002;原載《文物季刊》1992-4
○黃錫全(1993)　　當釋免或宇。可讀如宛陽,疑即後趙之宛陽,河北臨漳西南。

　　　　　　　　《第二屆國際中國古文字學研討會論文集》頁 366
○黃錫全(1995)　　戰國貨幣中,有一種面文如下的平首方足布:

(1)　　　　　　(2)　　　　　　(3)

(中略)甲骨文中"亥"字是有作""形者,但戰國文字中未見,而且也不大可能省爲(1)形之""。上列 3 品屬同種文字貨幣應無大問題,文字小異者只是非一次鑄造而已。因此,這個字不大可能是從亥的冢(蒙)字。金文"免"字作(免器),三體石經古文作,象人冠冕之形,又以(鞭)爲聲,乃"冕"之初文,與我們討論的布文形似,然也有區別。布文上形作宀,而免从𠔃,形近而字別。所以,布文也不能釋爲免(冕)。古陶文免字作𠔃,完字作宀、宀,區別明顯。"完"形从宀,與布文从宀也有區別。古文字中雖有从宀之字或从宀者(如幣文"安"字),屬變例,不能視爲通例。因此,布文也不當釋爲"完"。

戰國包山楚簡有下列3字:

寇寇　　　冢　　　寇

竹簡整理小組釋爲完(冠)、冢、寇,並認爲完字"从宀从元,讀作冠"。宀或宀形作宀,形似"尹",當是楚文字的特點,釋"冠"與楚簡文義相合。

布文第一字,又見於古陶文和甲骨文:

宀古陶文　　　宀甲骨文

依戰國楚簡,均應釋爲完即"冠"。人、元古本一字之分化,故布文一从元,一从人(或爲省筆)。至於(3)形宀,豎筆衝出上一橫筆。這種現象,幣文中不乏其例,如土作丯、王作丰、平作夵、祁作祁等。

古陶文宀、宀、宀3形並見,區別明確,應分別釋爲免、完、完(冠),當無大問題。

《説文》冠,"絭也。所以絭髮。弁冕之總名也,从宀、元,元亦聲。冠有法制,故从寸"。顯然,冠字本來就是从宀从元,又以元爲聲的,从"寸"爲後來所加。段玉裁注云:冠、絭"疊韻爲訓。絭者,纏臂繩之名,所以約束袖者也。冠以約束髮,故曰絭髮。引申爲凡覆蓋之稱。析言之冕、弁、冠三者異制,渾言之則冕、弁亦冠也"。宀、宀就象覆蓋人首之冠形,又有古陶文及包山楚簡字形、字義之根據,故布文應當釋爲冠。其字形演變關係爲:

戰國地名中不見有"冠陽",而有原陽。我們認爲布文"完(冠)陽"就是"原陽"。

冠字本从元聲,元、原古音相同(冠屬見母元部,元、原同屬疑母元部)。古从元與从原之字可以相通。如中山王方壺的忨(忨从在大夫)就讀爲愿。《史記・司馬相如列傳》"非常之原,黎民懼焉"之原,《漢書・司馬相如傳》作元。《漢書・成帝紀》"流民欲入函谷、天井、壺口、五阮關者勿苛留"。顏注引應劭曰:"五阮在代郡。"王先謙《漢書補注》:"齊召南曰,案《地理志》代郡無五阮關,有五原關,疑五阮即五原,音之轉耳。"又,典籍頑或作原,蚖或作螈等。均元、原通假之證。因此,布文"冗(冠)陽"即"原陽"。

《戰國策·趙策二》:"王破原陽以爲騎邑。"程恩澤《國策地名考》:"案《漢志》雲中郡有原陽縣。"《水經注》:"芒干水西南逕武皋縣(今殺虎口),又南逕原陽縣故城西,在今朔平府右玉縣西北邊城北(在歸化城西北)。"張琦《戰國策釋地》:"原陽在今大同府西北。"其地在今内蒙古呼和浩特市東南。顧觀光《國策編年》隸"王破原陽"於周赧王九年,即公元前306年。"冗(冠)陽"布當鑄於此年之後,屬趙國貨幣。

《先秦貨幣研究》頁92—93,2001;原載《華夏考古》1995-2

同 同

同 集成9735 中山王方壺　同 近出1150 平阿右同戈　同 望山1·88　同 郭店·五行46

同 上博二·民之12　同 陶彙3·368　同 璽彙0674　同 璽彙1618　同 貨系416

○丁佛言(1924)　同古鉢。

《説文古籀補補》頁36,1988

○顧廷龍(1936)　同。

《古匋文香録》卷7,頁4,2004

○鄭家相(1942)　右布文曰同,在左,在右。按同爲銅省,即銅鞮,成九年,杜注,晉別縣,後爲羊舌赤之食邑,在今山西襄垣縣西三十四里。

《泉幣》11,頁33

○蔡運章(1995)　【同·平肩空首布】春秋中晚期青銅鑄幣。鑄行於周王畿。屬大型空首布。面文"同"。背文"父"。通長9.9、身長6、肩寬5.1、足寬5.2釐米。罕見。

《中國錢幣大辭典·先秦編》頁108

○黄盛璋(1995)　同(同):即"銅"字,最早銅皆稱金。後始以金稱黄金。而另造"同"字表銅,戰國早期曾侯乙墓遣策"黄金之盾、二戈""黄金之勒",仍表銅,而未用"銅"字,信陽楚簡、包山楚簡中之"金器、金义"也是銅,直到壽縣出土楚王熊悍鼎"戰獲兵銅",爲"銅"字首見於楚器,三晉韓器長子盉有"受左吏奉銅、銅妻□",兩用"銅"字,都加"金"旁。其以"同"字表銅,一是濟南市博物館收藏之"平阿左同戈",二即此器。皆爲齊器。(中略)

銅不稱"金"，而用"同"或"銅"表示，始於戰國，楚與三晉銘刻用"銅"字，皆加"金"旁，此用"同"不加"金"旁，僅見齊"平阿左同戈"，及此器，餘尚未見。

《第二屆國際中國古文字學研討會論文集》(續編)頁 269、274

○濮茅左(2002)　(編按：上博二·民之 12)"同明"，純美之德，與天同體，與日月同明。"同"或讀爲孔，今本作"孔明"。

《上海博物館藏戰國楚竹書》(二)頁 172

○黃德寬(2003)　(編按：上博二·民之 12)"同"與"孔"是近義之詞，應讀作"通"，而非"共同"之"同"。本書《容成氏》二十六簡"禹乃通三江五沽(湖)，東注之海"，"通"，以"同"爲聲符，故"同"可讀作"通"。"同明"即"通明"，也即"孔明"，《說文》"孔，通也"可證。

《新出楚簡文字考》頁 146，2007；原載《學術界》2003-1

○劉信芳(2003)　(編按：上博二·民之 12)按"同"古音在東部定紐，"孔"古音在東部溪紐，聲紐不近。"同、孔"之異，乃傳本不同，此處似不宜看作通假。"同明"帶有理想色彩，而"孔明"則是贊美用語。所謂"亡服之喪"，是指"凡民有喪，匍匐救之"(《孔子閒居》)，其政治意義是"爲民父母"，既爲"父母"矣，在道義上自與子女同德同尊卑，此所謂"同明"。可見"同明"與"孔命"是有差別的。

《學術界》2003-1，頁 95—96

○徐在國(2005)　《集成》17·11102—11104 是三件銘文相同的戈："武王之童戈。"我們懷疑齊戈中的"同"與武王戈中的"童"涵義相同。"同、童"二字古通。《列子·黃帝》："狀不必童而智童，智不必童而狀童。"張湛注："童當作同。"《管子·侈靡》："山不同而用掞。"戴望校正："陳先生云：'同讀爲童。'"疑戈銘中的"同、童"均應讀爲"撞"。《說文·手部》："撞，卂擣也。"清鈕樹玉《說文解字校錄》："《韻會》引無'卂'字。《一切經音義》卷五作'戟擣也'。則'卂'當是'卂'，'卂'讀若戟也。"《集韻》："撞，撞擊也。"《禮記·學記》："善待問者如撞鐘，叩之以小者則小鳴，叩之以大者則大鳴。"鄭玄注："撞，擊也。"《廣雅·釋詁》："撞，刺也。"王念孫《廣雅疏證》："《說文》'撞，卂擣也。'《秦策》'迫則杖戟相撞'，高誘注云：'撞，刺也。'"如此，"同戟"應讀爲"撞戟"，"童戈"應讀爲"撞戈"，訓爲刺、擊之戟(戈)。與"卯戈、散戈、誅戈"等義近。

《古漢語研究》2005-1，頁 66

△按　上博二《民之父母》簡 12"純德同明",《禮記·孔子閒居》同作"孔"。

【同心】璽彙 4499—4501

○**羅福頤等**(1981)　同心。

《古璽彙編》頁 411

○**王輝**(2001)　　47　同心(《秦印輯》92,鴨雄綠齋藏品)

　　"同心"亦見《璽彙》4499—4501,可見這是戰國時各諸侯國的流行格言。但六國古璽心字作"",與此印不同。

　　《易·繫辭上》:"二人同心,其利斷金。"

《四川大學考古專業創建四十周年暨馮漢驥教授百年誕辰紀念文集》頁 309

△按　"同心"一詞又見於詛楚文:"繆力同心。"

【同是】貨系 1582　近二 1109

○**鄭家相**(1958)　文曰同是,即銅鞮省文。《左傳·成九年》:"鄭伯如晉,執諸銅鞮。"杜注:"晉別邑。"在今沁縣南十里有銅鞮故城,戰國屬於趙。

《中國古代貨幣發展史》頁 101

○**丁福保**(1982)　134—135 同是　同是乃銅鞮省文,《左傳·成(公)九年》:"鄭伯如晉,執諸銅鞮。"注:"晉別縣。"《路史》云:"羊舌邑。"【錢匯】

　　右小布面文二字曰同是。按同是爲銅鞮之省文,《左·成九年》傳:"鄭伯如晉,執諸銅鞮。"《班志》銅鞮屬上黨郡。【文字考】

　　尚齡按:此布右曰同,左曰是,蓋銅鞮二字省去偏旁,《左傳·成公九年》:"鄭伯如晉,執諸銅鞮。"杜注:"晉別縣。"【所見錄】

　　右布面文爲同是二字,右作,左作,即銅鞮省,亦晉地也。《春秋·成九年》傳杜注:"銅鞮,晉別縣,在上黨郡。"高士奇曰:"襄三十一年,子產曰:'銅鞮之宮數里。'昭二十八年,滅羊舌,樂霄爲銅鞮大夫,蓋晉之別宮,亦羊舌赤之食邑也。劉昭曰:'羊舌所邑,在晉宮北二十里。漢置銅鞮縣,屬上黨郡。'晉因之,今爲沁州。《水經》:'銅鞮水出覆釜山。'酈氏注云:'鞮水出銅鞮縣西北石磑山,與專池女諫諸水流亂,以注於銅鞮。'今銅鞮故城在沁州南十里。"【錢略】

《古錢大辭典》頁 1196

　　同是,銅鞮省文,於春秋時屬晉。昭公二十八年傳:"樂霄爲銅鞮大夫。"《漢志》上黨郡縣銅鞮,有上虒亭下虒亭聚。【癖談】

　　右布文曰同是。按同是是銅鞮省文,銅鞮於春秋時屬晉,左氏成九年傳:

“鄭伯如晉,執諸銅鞮。”昭二十八年傳:“樂霄爲銅鞮大夫。”《漢志》銅鞮屬上
黨郡。”【選青】

《古錢大辭典》頁 2158—2159

○**石永士**(1995) 【同是·平襠方足平首布】戰國晚期青銅
鑄幣。鑄行於趙國,流通於三晉、燕等國。屬小型布。面文
“同是”,形體多變。背多無文,或鑄有“一”等數字。“同
是”,即銅鞮,古地名,春秋晉地,戰國屬趙。《左傳·成公九
年》:“秋,鄭伯如晉,晉人討其貳于楚也,執諸銅鞮。”在今山西沁縣西南。
1957 以來北京,山西芮城、陽高、襄汾、洪洞、祁縣,河北易縣燕下都遺址、靈
壽,內蒙古土默特左旗,河南鄭州等地屢見出土。一般通長 4.2—4.5、身長
2.9—3、肩寬 2.5—2.6、足寬 2.6—2.9 釐米,重 5.5—5.9 克。

《中國錢幣大辭典·先秦編》頁 249

○**何琳儀**(2002) “同是”(1582),讀“銅鞮”。《左傳·成公九年》:“晉人執
諸銅鞮。”(**編按**:《左傳》原文作“晉人討其貳于楚也,執諸銅鞮”)隷《地理志》上黨郡,在今
山西沁縣南。地處韓、趙、魏三國交界。

《古幣叢考》(增訂本)頁 202

【**同祝**】望山 1·88 新蔡甲三:3 新蔡零:241

【**同𥛐**】包山 220

○**中大楚簡整理小組**(1977) 同𥛐。

《戰國楚簡研究》3,頁 19

○**李零**(1993) “奪法”相同。

《中國典籍與文化論叢》1,頁 430

○**朱德熙、裘錫圭、李家浩**(1995) 簡文“祝”字多讀爲“祟”,疑“尚祝”是尚
有鬼神作祟之意。

《望山楚簡》頁 98

○**陳偉**(1996) 當時的貞問順序當如整理小組所列,即簡 218—219 在先,簡 220
在後。這樣,後簡所云“同𥛐”,必定是指苛光之“𥛐”同於前簡所記的譽吉之“𥛐”。

《包山楚簡初探》頁 156

○**劉信芳**(1998) 上引望簡之“同祝”是習卜之辭,因與前一貞人所占之
“祝”相同,故記爲“同祝”。

《簡帛研究》3,頁 36

△**按** “同祝”見於下列諸簡:“痄已黃竈習之,同祝”(望山 1·88);“有祟,與

黿同祝"（新蔡・甲三 3）；"與黽同祝"（新蔡・零 241）；包山簡 220 作"不逗於只陽。同禜"，沈培（《從戰國簡看古人占卜的"蔽志"》，《古文字與古代史》1 輯 423—427 頁，史語所 2007 年）均讀爲同祟，其説可從。

【同室】包山 126

○**劉彬徽、彭浩、胡雅麗、劉祖信**（1991）　室，《國語・楚語》："施二帥而分其室。"注："家資也。"同室，共有家資，也即後世所謂同居。《睡虎地秦墓竹簡・法律答問》："何爲同居？户爲同居。"

《包山楚簡》頁 48

○**劉信芳**（2003）　按"同室"作爲司法用語具有特定涵義，一人犯法，同室者應告官，否則將連坐；不同室者不連坐。簡文記左尹下令督察陽鏞與其父陽年是否同室，應是涉及要案須判定陽年是否連坐。睡虎地秦簡《法律答問》（簡 7）："其室人弗言吏。"又（簡 201）："室人者，一室盡當坐皋人之謂也。"

《包山楚簡解詁》頁 117

【同居】睡虎地・答問 22

△**按**　睡虎地《答問》："何爲同居？户爲同居。"整理小組（《睡虎地秦墓竹簡》160 頁）譯文："同户就是'同居'。"

冢 冢

冢 望山 2・6　　冢 望山 2・13　　冢 包山 94　　冢 郭店・窮達 3　　冢 陶彙 4・138

○**中大楚簡整理小組**（1977）　（編按：望山 2・13）冢。

《戰國楚簡研究》3，頁 44

○**劉彬徽、彭浩、胡雅麗、劉祖信**（1991）　冢，塚字。"聖塚之大夫"可能是楚聲王塚大夫。

《包山楚簡》頁 46

○**湯餘惠**（1993）　望山二號楚墓簡文作冢，皆从豕从尹。傳世古文形訛，《古文四聲韻》準部第十七"尹"字下引《古孝經》作冢、《古尚書》作冢、《説文》作冢，今本《説文》尹字古文作冢，均即此字。此簡"聖~之大夫"，疑亦用爲尹字。

《考古與文物》1993-2，頁 71

○**朱德熙、裘錫圭、李家浩**（1996）　（編按：望山 2·6）此字下从"豕"（看考釋［二八］），上从冃，即"曰"字，四九號、六一號、六二號諸簡"冠"字作冕，仰天湖四號簡"絹（冒）"字作圙，彼此可以互證。戰國陶文"冢"作圙，亦从"曰"。"冢"即蒙覆之"蒙"的本字。

《望山楚簡》頁 118

○**荊門市博物館**（1998）　（編按：郭店·窮達 3）冡（冢）。

《郭店楚墓竹簡》頁 145

○**劉釗**（1998）　（編按：包山）簡 94 有字作"圖"，字表隸作"冡"。按這一隸定是正確的。可是考釋中謂"冢字，塚字"，可見注釋者並不認識這個字。這個字就應釋爲"冡"，即"蒙"字初文。中山器"蒙"字作"圖"，古陶文"冡"字作"圖"（《古陶文彙編》4·138），可資比較。"冡"字見於《説文》，在簡文中的用法不詳。

《東方文化》1998-1、2，頁 57

○**陳煒湛**（1998）　（編按：包山 94）下从豸爲豸，上从尹爲尹（61 簡尹作尹可證），並不从冃或冂，隸定之當爲冡，與冢蒙均無涉。

《容庚先生百年誕辰紀念文集》頁 588

○**李零**（1999）　（編按：郭店·窮達 3）按第三字實即楚"蒙"字，與"冒"同義。

《道家文化研究》17，頁 494

○**劉釗**（2005）　（編按：郭店·窮達 3）"冡"从"冂"从"龙"聲，讀爲"蒙"。

《郭店楚簡校釋》頁 170

△**按**　郭店簡《窮達》簡 3 咎繇"冒桎冡懂（巾）"，冡，據文意當讀爲蒙。上博三《周易》簡 1"困龙、僮龙"，今本、帛書本"龙"作"蒙"。龙字作龙形，郭店簡字从龙而有所省簡。

【**冡毛**】望山 2·13

○**李家浩**（1983）　簡文"冡毛之首"之"毛"，疑讀爲"旄"。《左傳》襄公十四年"羽毛"，定公四年作"羽旄"。《書·禹貢》"齒革羽毛"，僞孔傳："毛，旄牛尾。"此即"毛、旄"通用之證。曾侯乙墓竹簡記斿、旂有"朱毛之首、白敌之首"，"毛"或"敌"與此"冡毛之首"之"毛"用法全同，亦當讀爲"旄"。曾侯乙墓簡文"毛"或"敌"之前並繫有表示顏色的字。"冡毛"之"冡"與彼處於同樣語法位置，也應當是表示顏色的字，疑讀爲"蒙"。《詩·秦風·小戎》"蒙伐有苑"，毛傳："蒙，討羽也。"鄭玄箋："蒙，厖也。討，雜也。畫雜羽之文於伐，

故曰厖伐。"簡文"冡"與此"蒙"用法相同。"蒙、尨"音近可通。《詩·邶風·
旄丘》"狐裘蒙茸",《左傳》僖公五年作"狐裘尨茸",即其證。"尨"有雜色之
義。《左傳》閔公二年"衣之尨服",杜預注:"尨,雜色。"或寫作"厖"。《國
語·晉語一》"以厖衣純",韋昭注:"雜色曰厖。"《小戎》之"蒙"蓋借爲"尨"
或"厖",故鄭箋以"厖"釋之。據此,"冡毛之首"蓋指用雜色的氂牛尾繫於旌
旗桿之首。

《著名中年語言學家自選集·李家浩卷》頁 205,2002;原載《中國語言學報》1

冑　冑

集成 9735 中山王方壺　　集成 9734 舒蜜壺　　侯馬 200:26　　曾侯乙 1　　包山 269

○**山西省文物工作委員會**(1976)　　宗盟類參盟人名。

《侯馬盟書》頁 318

○**張政烺**(1979)　（編按:集成 9734 舒蜜壺）冑見譽壺,此處上部筆畫稍省略。譽壺
冑是盔,此處讀爲迪。《爾雅·釋詁》"迪,道也",又"迪,進也"。（參考郝懿
行《爾雅義疏》及章炳麟《古文尚書拾遺》卷末《附說亂洪迪爽四字義》）。

《古文字研究》1,頁 235

○**越誠**(1979)　　冑,《小盂鼎》作🔲,丁佛言云:"當是冑,凵象鍪,如覆盆,中銳
上出。冂象蒙首形,今所謂兜鍪也。古兜鍪皆兼面具施之,故只露目。古文
完全象形。"（《古籀補補》卷七）此作🔲,从人與从目同意,象人戴頭盔之形。
朱駿聲曰:"冑所以蒙冒其首,故謂之兜。"（《說文通訓定聲》兜字）

《古文字研究》1,頁 252

○**朱德熙、裘錫圭**(1979)　　我們認爲🔲很可能是"冑"字。方壺銘 25 行"身蒙
甲冑"的"冑"字作🔲,下邊也从"人"。如果省去🔲下的🔲,就跟🔲字很相近
了。按照這種分析,🔲字上方所从的🔲也應該代表"冑"字。因爲"冑"和"周"
古音相近,所以把🔲字所从的🔲換成🔲以取其聲。

　　以上主要是考釋文字,至於"百僚竹冑無疆"一句到底是什麼意思,現在
還難以確定。訊鞫的"鞫"《說文》作"籀",从"竹"聲。"竹冑"可能當讀爲
"鞫囚"。銘文蓋謂百僚訊囚無有界畔,濫施刑罰,先王日夜不忘此事,故大去
刑罰以憂民之不辜。一說"竹冑"當讀爲"祝壽"或"祝禱"。

《文物》1979-1,頁 44

○**李學勤、李零**(1979)　(編按:集成 9734 猷盎壺)"竹倜",當讀爲篤周。篤,義爲厚。周,義爲信。這個"倜"字上半與第十五行睭字上半完全相同。

《考古學報》1979-2,頁 161

○**于豪亮**(1979)　(編按:集成 9734 猷盎壺)竹讀爲畜,胄讀爲育。(中略)育與胄音義俱近,故可通假。因此竹胄讀爲畜育。(中略)"竹(畜)胄(育)亡(無)彊(疆)",意思是養育無數之民,與《周易·臨》"君子以教思無窮,容保民無疆",《坤》"坤厚載物,德合無疆"的意思略同。

《考古學報》1979-2,頁 181

○**張克忠**(1979)　(編按:集成 9734 猷盎壺)"竹胄亡(無)疆",《説文》:"竹,冬青草也。"胄假借爲壽。此句意爲萬古長青。

《故宫博物院院刊》1979-1,頁 46

○**徐中舒、伍仕謙**(1979)　冕。

《中國史研究》1979-4,頁 87

○**黃盛璋**(1982)　胄:"竹胄無疆",朱、裘讀"囚",張讀"壽",于讀"育",李更釋爲"倜",如此分歧,關鍵在"胄"字未得確解。胄在古籍,皆爲胄裔之意,《左傳》:"是四嶽之胄裔也。"《國語·周語》:"懷公無胄。"《楚辭·達紛》:"伊伯庸之未胄分。"注皆解胄爲"後",在此亦爲"萬世無疆"之意,通假反失真意,"竹"當讀"竺",《説文》《爾雅·釋詁》都説:"竺,厚也。"《釋詁》釋文:"竺又作篤,後'篤'行而'竺'廢。"《釋名》:"篤,築也。""竹、竺、篤、築。"古音都在幽部舌尖音,也可能讀"築",總之是世代綿延無疆一類之意。他解皆不可通。

《古文字研究》7,頁 80

○**商承祚**(1982)　胄,盂鼎等皆作𩵋,爲蒙冒頭部的頭盔,亦謂之"兜鍪",从目,表示僅露面部。

《古文字研究》7,頁 68

○**裘錫圭、李家浩**(1989)　"韋"爲甲胄之"胄"的異體,見《説文》,《荀子·議兵》作"䩺"。(中略)簡文"韋鞁執事人"似是指管理人馬甲胄和車馬器的辦事人員。

《曾侯乙墓》頁 501

○**劉彬徽、彭浩、胡雅麗、劉祖信**(1991)　胄字古文。胄,頭盔。

《包山楚簡》頁 65

△**按**　《説文》:"胄,兜鍪也。从冃,由聲。䩺,《司馬法》胄从革。"西周甲骨

文作（參看徐錫臺《周原出土卜辭試釋》，《古文字論集》（一），1983 年），金文冑作、、、等形（參看《金文編》546 頁）。丁佛言（《説文古籀補補》36頁）曰：“古兜鍪皆兼面具施之，故只露目。古文完全象形。小篆當爲从目由聲。”中山方壺“身蒙荅（甲）冑”，字从冑从人，人爲贅加意符，讀爲冑。

冒 冃

 包山 135　　　 郭店・唐虞 26　　　 上博四・曹沫 60　　　 睡虎地・語書 11

○**睡簡整理小組**（1990）　（編按：睡虎地・秦律 147）冒，頭上覆蓋。

《睡虎地秦墓竹簡》頁 54

○**劉彬徽、彭浩、胡雅麗、劉祖信**（1991）　　冒。

《包山楚簡》頁 26

○**荊門市博物館**（1998）　（編按：郭店・唐虞 26）冒（帽）。

　　（編按：郭店・唐虞 26）冒，簡文下部作，係“目”之誤，讀作“冃”，《説文》：“小兒及蠻夷頭衣也。”《禮記・曲禮》：“二十曰弱冠。”簡文“二十而冒”，係言年二十加冠爲成人。

《郭店楚墓竹簡》頁 145、159

○**李零**（1999）　（編按：郭店・唐虞 26）實即楚“蒙”字，與“冒”同義。

　　（編按：郭店・唐虞 26）按古人習稱“二十而冠”，此字从冂从自，似乎與“冒”有別，疑是“冠”字的異體。

《道家文化研究》17，頁 494、500

○**周鳳五**（1999）　（編按：郭店・唐虞 26）古者聖人廿而冠。簡文：“古者聖人廿而冠，卅而有家，五十而治天下，七十而致政。”與《禮記・曲禮上》：“人生十年曰‘幼’，學；二十曰‘弱’，冠；三十曰‘壯’，有室；四十曰‘強’，而仕；五十曰‘艾’，服官政；六十曰‘耆’，指使；七十曰‘老’，而傅。”除用詞不同外，大旨無異。細察簡文此言，似概括唐堯的生平而終結以禪讓，可以視爲先秦經師理想中的聖人典型，而與虞舜的生平有相似之處。虞舜生平見《尚書・堯典》：“舜生三十徵庸，三十在位，五十載陟方乃死。”《正義》引鄭玄本作“舜生三十，登庸二十，在位五十載，陟方乃死”。其説云：“舜生三十，謂生三十年也；登庸二十，爲歷試二十年也；在位五十載，陟方乃死，謂攝位至死爲五十年，舜年一百歲也。”則舜亦年五十而治天下，與簡文所述聖人的理想同，可以參看。

《史語所集刊》70 本 3 分,頁 755

○**李天虹**(2000) (編按:郭店・唐虞 26)從傳世文獻來看,該字不當爲曰,而應是冠。從字形分析,該字下部的"首",可能不是目之誤,而是首,天星觀楚簡首字有與此形近似者;上部所從即冠帽形,所以它可能就是冠字的一種異體。

《江漢考古》2000-3,頁 83

○**李守奎**(2003) (編按:郭店・唐虞 26)冒 從百疑爲借筆。

《楚文字編》頁 473

○**楊澤生**(2009) (編按:郭店・唐虞 26)我們懷疑,此字仍是從"自",從"尹"聲或"君"省聲,因爲所從的"尹"像冠,所以還兼作意符。由於"冒(帽)"和"冠"在戴的時候都在眼睛(即"目")和鼻子(即"自")之上,因此"目"可以用作"冒"的意符,而"自"和"目"也都可以用作"冠"的意符,所以我們不必把冒所從的"自"看作"首"或"目"之誤。古音"尹"在喻母文部,從"尹"得聲的"君"在見母文部,而"冠"在見母元部。"君"和"冠"的讀音比較接近。根據汪啟明先生的研究,在先秦兩漢的有關文獻中,"元文兩部相通,例子多達近四十個","這是齊語中一種較爲常見的現象"(汪啟明《先秦兩漢齊語研究》121—123、128 頁,巴蜀書社 1998 年)。《唐虞之道》是儒家文獻,即使不是出自魯人之手也和魯人相關,由於地域鄰近,魯語和齊語也應當很接近,所以簡文"冠"字從"尹"聲或"君"省聲,一點都不奇怪。因此,冒很可能就是"冠"字的另外一種寫法。

《戰國竹書研究》頁 80

△**按** 上博四《曹沫之陳》簡 60"毋冒以陷,必過前攻","冒"與郭店簡《唐虞》字同,下從自。準此,郭簡整理者"自""係'目'之誤"的意見正確。"二十而冒(帽)",帽即冠。《慧琳音義》卷九十二"帽簪"注引《文字典説》:"帽,冠也。"

【**冒抵**】睡虎地・語書 11

○**睡簡整理小組**(1990) 冒抵,冒犯。

《睡虎地秦墓竹簡》頁 16

△**按** 睡虎地《語書》簡 11 説惡吏"無公端之心,而有冒抵之治,是以善斥事,喜爭書"。

最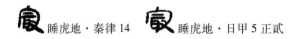

 睡虎地·秦律 14　　 睡虎地·日甲 5 正貳

○**睡簡整理小組**（1990）　（編按:睡虎地·秦律 13）最，成績優秀。古代考核成績的優劣稱爲殿最，《漢書·宣帝紀》注:"殿，後也，課居後也。最，凡要之首也，課居先也。"《文選·答賓戲》注引《漢書音義》:"上功曰最，下功曰殿。"

（編按:睡虎地·日甲 5 正貳）最衆，即聚衆。《禮記·月令》:"孟春三月，毋聚大衆，毋置城郭。"

（編按:睡虎地·日甲 56 背叁）最（撮）。

《睡虎地秦墓竹簡》頁 23、182、216

△按　《說文》:"最，犯而取也。从冃从取。"小徐本作:"犯取。又曰會。从冃，取聲。"宀部:"冣，積也。从宀从取，取亦聲。""最、冣"二字古多糾葛，前賢多以文獻中訓聚之"最"爲"冣"之訛，如《公羊傳·隱公元年》"會，猶最也"何休注:"最，聚也。"《史記·殷本紀》"大最樂戲於沙丘"，《集解》引徐廣曰:"最，一作聚。"王引之（《經義述聞》572 頁，江蘇古籍出版社 2000 年）即謂最當作冣。以秦漢簡材料觀之，"最、冣"本或爲一字。睡虎地秦簡《日書》甲簡 5 正"以祭，最（聚）衆必亂者"，甲 56 反"旦而最（撮）之，苟以白茅"，"最（聚）、最（撮）"字形相同;居延漢簡詞"最凡"（即總計）最作冣、冣（參看《秦漢魏晉篆隸字形表》529 頁）。古"宀、冃"同字，"最、冣"在聚這一義項上音、形皆同。

兩 两

 集成 10478 中山兆域圖　　侯馬 200:15　　曾侯乙 43　　曾侯乙 160　　信陽 2·2
包山 111　　包山 119　　上博一·詩論 13　　貨系 4071　　貨系 4073

○**張光裕**（1970）　那麼三孔圓足布背文的"宀"字能否讀作"兩"呢？從字形上來說，它們是頗有分別的，因爲所有"兩"字中閒的一豎筆都直抵字頂，而絕不往下延長復加一橫或二橫的。故舊說把"宀"字釋作"宰"或"宰"（李佐豐釋"宰"，羅伯昭釋"宰"），但宰字从辛，和"宀"的形體結構不類，無須深論。

“宰”字契文作□,金文亦有□(爵文)字,俱从羊,和“□”相似;不過“□”字所从的“𦍌”不是羊字,只是形體上相近似而已。由金文的對證下,它卻與“鬲”的字形最爲接近。(中略)但是表現在圓足布背文的“□”字,卻不能徑釋爲“鬲”。因爲根據泉幣學家們把背文鑄“□”字的大圓足布與背文鑄“十二朱”的小圓足布稱量後的結果,大致上是相差一倍。《淮南子·天文訓》云:“其以爲重,十二粟而當一分,十二分而當一銖,十二銖而當半兩。”那麼十二朱的圓足小布正是差當半兩,大圓足布則是恰當一兩。因此,從實物重量比較的證明,“□”無疑就是“兩”字的異形。

《中國文字》36,頁25—27

○**山西省文物工作委員會**(1976) □ 宗盟類參盟人名。

《侯馬盟書》頁317

○**中大楚簡整理小組**(1977) (編按:信陽2·2)一兩,即一雙。《説文》緉,“履兩枚也”。

《戰國楚簡研究》2,頁20

○**張克忠**(1979) (編按:集成10478中山兆域圖)宰即庠字,从宀从广同意,但庠是養老教學之所,此當爲享的假借字,是祭祀的地方。

《故宫博物院院刊》1979-1,頁48

○**商承祚、王貴忱、譚棣華**(1983) 宰。

《先秦貨幣文編》頁16

○**曹錦炎**(1984) 傳世的圓肩圓足三孔布,有大小兩種,一作“十二朱(銖)”,一作“□”,前者重量是後者的一半。無論從字形上還是從貨幣本身的重量上,可以肯定此是“兩”字無疑。

《中國錢幣》1984-2,頁67—68

○**吴振武**(1984) (編按:侯馬200:15)我們認爲此字可釋爲“兩”。在戰國文字中,从𦍌作的“兩”字並不罕見。如鄲孝子鼎銘文中的“兩”字作□或□(《三代》3·36);趙三孔布背文中的“兩”字作□(《發展史》139頁);中山王兆窆圖銘文中的“兩”字作□,均从𦍌。此外,信陽楚簡202號簡中的“兩”字作□或□(《文物參考資料》1957年9期),亦與此近似。□字上部所从的□,似可視爲“宀”旁。在侯馬盟書中从“宀”的字很多,幾乎每個从“宀”的字都可把“宀”旁寫作□形,而中山王兆窆圖銘文中的“兩”字也同樣从“宀”,同銘中从“宀”的“宫、宗、官”等字均可證。因此,把□字釋爲“兩”从字形上來看當比釋爲“幸”更合理些。當然，“兩”字發展到戰國時代變爲“从宀从羊”乃是一種“訛變”。

《中國語文研究》第 6 期，頁 13—14

○**黃盛璋**(1989)　　“兩”字寫法“兩”，中从“羊”，乃東周文字寫法，見金村出土甘孝子銀盃及銀像銘，舊誤釋爲“鬲”。

《文博》1989-2，頁 30

○**王毓銓**(1990)　　《説文解字》“兩，再也”。《廣雅·釋詁》“凡數成偶成雙通曰兩”。所以車有兩輪曰兩，帛二端曰兩，軍制二伍也叫兩。重量或由重量而來的貨幣單位兩，也必是由兩個較小的單位組成的；這較小的單位就是“十二朱”。這正是戰國秦國布錢的貨幣單位叫兩的緣故。第四章中已經説過，秦以“兩”爲布錢貨幣單位的制度，大概是秦惠文王二年（公元前 336）統一秦貨幣制度時制定的。

《中國古代貨幣的起源和發展》頁 131

○**郭若愚**(1994)　　兩，通緉。《説文》：“履兩枚也，一曰絞也。”《通訓定聲》：“繩兩股曰纆，亦曰緉。”一緉即一雙，蔞翣飾棺之左右，每成雙，故曰一緉。

《戰國楚簡文字編》頁 66

△**按**　《説文》：“兩，二十四銖爲一兩。从一；网，平分，亦聲。”金文作 ⅯⅯ、ⅢⅢ、兩 等形。戰國文字或變爲从羊，劉釗（《古文字構形學》113 頁，福建人民出版社 2006 年）稱之爲變形音化。

兩　兩

兩 陶彙 3·356　　兩 陶彙 3·357　　兩 陶彙 3·361

○**顧廷龍**(1936)　　兩。

《古匋文香録》卷 7，頁 4，2004

○**何琳儀**(1998)　　兩。

《戰國古文字典》頁 1537

网　网

綱 九店 56·31　　网 睡虎地·爲吏 35 肆　　网 璽彙 2459

○**吳振武**(1983)　网。

《古文字學論集》(初編)頁 507

○**睡簡整理小組**(1990)　(**編按**:睡虎地·爲吏 35 肆)罔,讀爲輞,車輪的外周。

《睡虎地秦墓竹簡》頁 173

○**何琳儀**(1998)　网,甲骨文作(乙三九四七),象魚網之形。金文作(仲网父簋),已有省簡。或作(兮甲盤罝作),上加一横。戰國文字承襲金文。燕系文字作,由演變。楚系文字作,由演變(中略)。

晉壐网,人名。

《戰國古文字典》頁 730

○**李家浩**(2000)　罔(網)。

《九店楚簡》頁 48

△**按**　《説文》网或从亡作罔,與楚簡、秦簡字同。睡虎地秦簡《爲吏》簡 35 肆"觀民之詐,罔服必固",整理者讀詐爲作,謂整句大意是説要考察百姓所製作的車輛,使之堅固耐用(《睡虎地秦墓竹簡》頁 173)。

罕 

秦文字集證 138·91

△**按**　《説文》:"罕,网也。从网,干聲。"即"罕"字。

【罕士】秦文字集證 138·91

○**王輝、程華學**(1999)　"狡士"管理王犬,則"罕士"可能是管理秦王田獵所用網畢之人。《周禮·春官·序官》:"羅氏下士一人,徒八人。"其職"掌羅烏鳥,蜡則作羅襦,中春羅春鳥……"。羅亦網。"罕士"職責大概近於羅氏。

《秦文字集證》頁 167

【罕丞】

○**周曉陸、陳曉捷**(2002)　《風》153 頁,《續》41。釋首字爲"旱",不確,當爲"罕"字。即罕、罕字。罕做旌旗解,《玉篇·网部》:"罕,旌旗也。"《史記·周本紀》:"百夫荷罕旗以先驅。"張衡《東京賦》:"云罕九斿,闟戟轇輵。"罕丞約爲掌旌旗之官吏。又説罕爲捕鳥之網,《説文·网部》:"罕,網也。"張衡《西京賦》:"飛罕潚箾,流鏑擂㩧。"吕向注:"罕,鳥網也。"罕丞又約爲捕禽之吏。

《秦文化論叢》9,頁 269—270

罻

珍秦 53　　　中國古文字研究 1,頁 146

○**裘錫圭**(1993)　罻。

《珍秦齋古印展》53 號

○**董珊**(1999)　罻。

《中國古文字研究》1,頁 140

△**按**　《説文》:"罻,魚网也。从网,剻聲。"珍秦齋"罻",人名。

罟 罔

石鼓文·作原　　守丘石刻　　璽彙 0424　　璽彙 0708

○**吳大澂**(1884)　古罟字　石鼓。

《説文古籀補》頁 33,1988

○**强運開**(1933)　古鉢史罔,疑即罟字。

《説文古籀三補》頁 79,1986

○**羅福頤等**(1981)　罟。

《古璽文編》頁 204

○**何琳儀**(1998)　守丘石刻罟,疑與《周禮·天官·獸人》"掌罟田獸"有關。

《戰國古文字典》頁 477

△**按**　《説文》:"罟,网也。从网,古聲。"古璽罟用作人名。石鼓文"徵徵罟",《周禮·天官·獸人》"掌罟田獸",鄭玄注:"罟,罔也。以罔搏所當田之獸。"

羅 罹 累 緌

考古 1988-5,頁 468 圖 2 武羅戈　　包山 24　　仰天湖 10　　上博三·周易 56
上博四·柬大 1　　睡虎地·日乙 223　　陶彙 3·954　　陶彙 5·367　　璽彙 2613

○**丁佛言**(1924)　(編按:古璽)羅。

《説文古籀補補》頁 37,1988

○**中大楚簡整理小組**（1977）　（編按：仰天湖 10）羅字兩見，其一繁化爲纙。羅的頭部作夂，即网字之省變。考兩周及戰國金文网字偏旁作囜、囚、囜，古鈢作囜、皿，貨幣文作心，研究貨幣者不瞭解心爲网之省變，於是把地名的䍐平釋爲纙平、纕（襄）平的，即使有釋爲羅平的，亦是臆測，談不出形體遞變之迹。簡文从夂，是由囜而變，貨幣文再加省變，相去遂遠。

　　"促羅之緲"當指佩劍之帶，用細羅織成。"促羅纕之緅"的"羅纕"，爲羅與纕的混紡。

《戰國楚簡研究》4，頁 8

○**羅福頤等**（1981）　嫋。

《古鈢文編》頁 204

○**睡簡整理小組**（1990）　羅。

《睡虎地秦墓竹簡》頁 251

○**劉彬徽等**（1991）　羅。

《包山楚簡》頁 18

○**高明、葛英會**（1991）　羅。

《古陶文字徵》頁 190

○**郭若愚**（1994）　纙，即羅。仰天湖竹簡繁簡兩體均見者有"絟"之與"疋"，"繏"之與"組"，及此"纙"之與"羅"等。《楚辭·招魂》："羅幬張些。"注："羅，綺屬也。"《釋名·釋采帛》："羅，文羅疏也。""促羅之緲"謂以粗疏之綺所製之帶也。

《戰國楚簡文字編》頁 124—125

○**何琳儀**（1998）　包山簡羅，姓氏。羅氏子爵，熊姓。一曰，祝融之後，妘姓。初封宜城，徙枝江，爲楚所滅，周末居長沙。見《通志·氏族略·以國爲氏》。包山簡 83 羅，地名。

《戰國古文字典》頁 870

　　嫋，从攴，羅省聲。疑羀之異文，即羅之異文。《篇海》："羅，舊藏作羀。"古鈢嫋，人名。

《戰國古文字典》頁 870

○**白於藍**（1999）　（編按：包山 83）从邑从羅省聲。

《中國文字》新 25，頁 191

○**施謝捷**（2000）　戈銘爲"武羅"二字，"武"字古文字習見，而"羅"字的這種寫法在出土古文字資料中屬首次出現。此字下半所從爲“糸”,上半所從爲“网”字省構。出土古文字裏的“网”或“从网”或作下列諸形:

可資比較。戈銘“羅”从 應該是 、 等形的進一步簡省。傳抄古文中“羅”或“从羅”或作:

从“宀”也是“网”的省形(參看《説文》網字)。傳世古文刻石《急就篇》殘存有“及就……與衆異羅……”六字,“羅”字作:

雖下半从“糸”大部已殘去,上半从“网”與上揭戈銘寫法全同。因此可見釋戈銘爲“武羅”當無問題,這種寫法的“羅”可能是齊文字所特有的。

《古文字研究》22,頁 158—159

○濮茅左(2003)　(編按:上博三·周易56)羅(離)。

《上海博物館藏戰國楚竹書》(三)頁 211

○濮茅左(2004)　(編按:上博四·柬大1)羅,鼀尹名。

《上海博物館藏戰國楚竹書》(四)頁 195

△按　《説文》:“羅,以絲罟鳥也。从网从維。古者芒氏初作羅。”甲骨文羅从网从隹,會捕鳥之意。包山簡 22 姓氏羅當隸定作䍜,白於藍(1999)以爲从邑从羅省聲,可從。包山簡 83“酈(羅)之壃里人”,䍜即酈之省。上博三《周易》簡 56“上六:弗遇過之,飛鳥羅之,凶”,帛書本、今本羅作離。

罘 罟

陶彙 3·1320

○丁佛言(1924)　罘。

《説文古籀補補》頁 37,1988

○顧廷龍(1936)　罟,《説文》:“兔罟也。从网,古聲。臣鉉等曰:隸書作罟。”

《古匋文香録》卷 7,頁 4,2004

○**金祥恆**(1964)　　兔罟也。从网,否聲。

《匋文編》頁 58

○**高明、葛英會**(1991)　　罟。

《古陶文字徵》頁 190

○**何琳儀**(1998)　　罘,从网,不聲。罘之省文。《集韻》:"罘,《説文》兔罟也。或省。"《説文》:"罘,兔罟也。从网,否聲。"

　　齊陶罘,人名。

《戰國古文字典》頁 119

署　署

署 睡虎地・雜抄 34　　　署 睡虎地・雜抄 41　　　署 睡虎地・爲吏 20 伍

○**睡簡整理小組**(1990)　　當時守城,分段防守,稱爲署。

《睡虎地秦墓竹簡》頁 48

【署人】睡虎地・答問 196

○**睡簡整理小組**(1990)　　署人,站崗防衛的人。

《睡虎地秦墓竹簡》頁 140

【署君子】睡虎地・雜抄 34

○**睡簡整理小組**(1990)　　署君子,防守崗位的負責人。

《睡虎地秦墓竹簡》頁 88

△**按**　《睡虎地・法律答問》:"可(何)謂'署人'……? 耤(藉)牢有六署,囚道一署籬,所道者命曰'署人'……或曰……原者'署人'殹(也)。"整理小組(《睡虎地秦墓竹簡》140 頁)譯文:假設牢獄中有六處看守崗位,囚犯經過一處崗位的地段出入,經由出入的崗位名爲"署人"……一説……進行督察的是"署人"。

罷　罷

罷 睡虎地・答問 133

○**何琳儀**(1998)　　罷,从能,网聲。罷,並紐;网,明紐;均屬脣音。能、熊一字分化,故罷應爲羆之初文。(中略)古文从能,皮聲,與罷从能、网聲結構相同。

不僅可證能、熊一字,亦可證皮、网確爲音符。罷从网聲與皮聲屬音轉(聲紐均屬脣音,韻部由陽部轉入歌部)。

《戰國古文字典》頁 887

【罷癃】睡虎地·答問 133

○**睡簡整理小組**(1990)　癃,即罷癃,意爲廢疾。

《睡虎地秦墓竹簡》頁 87

△按　《説文》:“罷,遣有辠也。从网、能。”古与疲通。罷癃,段玉裁(《説文解字注》352 頁)曰:“凡廢置不能事事曰罷癃。《平原君傳》:‘躄者自言不幸有罷癃之病。’然則凡廢疾皆得謂之罷癃也。”亦作“疲癃”。

置　

△按　《説文》:“置,赦也。从网、直。”

【置吏律】睡虎地·秦律 158

○**睡簡整理小組**(1990)　置吏律,關於任用官吏的法律。

《睡虎地秦墓竹簡》頁 56

罵　

○**山西省文物工作委員會**(1976)　罵　委質類參盟人名。

《侯馬盟書》頁 345

羈　

○**睡簡整理小組**(1990)　羈(羈)　讀爲寄,請托。

《睡虎地秦墓竹簡》頁 62

○**郭子直**(1986)　羈　“史羈”　小篆作羈,《説文》:“羈,馬絡頭也。从网从馬;馬,馬絆也。羈或从革作羈。”七下网部今隸省作羈,《玉篇》正文作羈,重文列《説文》畢。本銘作𦥯，馬下加𠃑，正象絆馬腿形，可證小篆之𨏠乃其簡化。秦簡隸書同此作羈。《漢故穀城長蕩陰令張君（遷）表頌》“西羈六戎”仍作羈，是傳承秦簡的寫法。

《古文字研究》14，頁 190

○陳偉武（1998）　秦簡作羈者，羈之異構。羈本指馬絡頭，引申可指牽制、拖延，如《呂氏春秋・決勝》：“幸也者，審於戰期而有以羈誘之也。”高誘注：“羈，牽也。”因此，律文“毋羈請”如字讀即可，並譯爲“不要拖延請示”。（原譯文：“也不要托人代爲請示。”）

《胡厚宣先生紀念文集》頁 205

△按　秦封宗邑瓦書史官名羈，或釋爲罵（參看陳直《秦右庶長歜封邑陶券》，《讀金日札讀子日札》193 頁，中華書局 2008 年）。

罘

○丁佛言（1924）　古鉢“麥田家鉢”，陳簠齋釋。

古鉢“□□𡊋鹵”。《玉篇》鹵作壂。此从𠀙，疑下義，猶土也。

《説文古籀補補》頁 25、51，1988

○羅福頤等（1981）　（編按：璽彙 0265）家　（編按：璽彙 0336）罘。

《古璽文編》頁 181、204

○裘錫圭（1992）　（編按：璽彙 0336）罘。

《古文字論集》頁 58

○吳振武（1996）　（編按：(1)指《璽彙 0245》，(2)指《璽彙》0336，(3)指《璽彙》0312，(4)指《璽彙》0334，(5)指《鄭庵所藏泥封》24 下）我們認爲，《古璽文編》把(2)中的圂字看作从“网”是不錯的。上引各璽中的圂字實際上都从“网”。這樣寫的“网”，從商代到秦漢一直是有的，讀者可參看《甲骨文編》（332—333 頁）、《古文字類編》（219、344、380 頁）、《秦漢魏晉篆隸字形表》（531—535 頁）等書中的“网”和从“网”之字。但《古璽文編》把璽(2)圂字的下部看成“又”，卻是大有問題的。這個偏旁在璽(1)—(5)中作：

(1)又　(2)又　(3)𠂇　(4)𠬝　(5)又

如果單看(2)，説它是"又"旁或許還勉强可通；但綜合另外四璽，尤其是從璽(4)看，即可知道它在筆勢上跟一般的"又"旁並不同(其特點是多有一個向上的折角)，把它看作"又"是很牽强的。

筆者曾在《試説齊國陶文中的"鐘"和"溢"》(《考古與文物》1991 年 1 期)一文中指出，戰國時"豕、豕"二旁(常混用不別)往往省去頭部作义、又、弓形，並舉出下面一些例子：

豖　　[字形]金村銅器(《洛陽故城古墓考》圖版 186-6)

塚　　[字形]齊璽(《璽彙》516·5678)

隊　　[字形]韓璽(同上 18·0103)

豠　　[字形]齊璽(同上 166·1588)

墜(地)　　[字形]　[字形]齊陶(《季》39 下、52 下)

瘵　　[字形]　[字形]齊璽、陶(《璽彙》84·0599、《季》22 上)

跟這些例子比較，图字所從的又顯然可以看作是"豕"旁的省寫。那麼，图字應該釋爲"罔"是没有問題的。

"罔"字不見於《説文》，但它早在殷商甲骨文中即已出現，其字作[字形]或[字形] (《甲骨文合集》4761、10721)，"象以網蒙豕之形"(《甲骨文字典》語，857 頁)。《篇海》中有"罔"字，音蒙，訓"覆網"，看上去就是甲骨文和璽文中的"罔"字。

《盡心集》頁 157—158

○李家浩(2003)　　(編按：璽彙 0265)我認爲此字應該寫作"罞"，從"又"，"网"聲。唐中牟縣丞樂玄墓志"罔"作"罔"(見秦公《碑別字新編》58 頁，文物出版社 1985 年)，不知與璽文是否有關。"罔"是"网"後起的形聲字，從"亡"聲。"望"也從"亡"聲。故知璽文"罞"可以讀爲"望"。

《第四屆國際中國古文字學研討會論文集》頁 567

△按　璽文罞前字作[字形] (璽彙 0265)、[字形] (璽彙 0273)等形。此字異説甚多(參看徐在國《釋齊官"祈望"》，《第四屆國際中國古文字學研討會論文集》565—566 頁)，徐文在贊同李家浩釋坐的基礎上，將坐罞讀爲祈望。李家浩《包山 266 號簡所記木器研究》(《著名中年語言學家自選集·李家浩卷》237 頁)中釋作坐的[字形] (《璽彙 2286》)字，或據新蔡簡穴作空而將其釋爲空(賈連敏《戰國文字中的"穴"》，《楚文化研究論集》6，湖北教育出版社 2005 年)。另外，以罞從网得聲似仍需材料支撐。坐罞是否就是齊官祈望，待考。

罜

　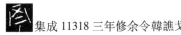

○**何琳儀**(1993)　《説文》:"罜,罜麗,小魚罜也。从网,主聲。"三年修余戈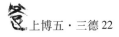,應釋"罜"讀"主",姓氏。

《第二届國際中國古文字學研討會論文集》頁 255

○**張亞初**(2001)　罜(罜)。

《殷周金文集成引得》頁 169

○**湯餘惠等**(2001)　罜。

《戰國文字編》頁 540

△**按**　字从网从于,湯餘惠等説是。

罜

靈彙 3888

○**何琳儀**(1998)　罜,从网,云聲。

《戰國古文字典》頁 1314

△**按**　古璽罜,人名。

罜

上博五·三德 22

○**李零**(2005)　罜。

《上博(五)頁 303》

△**按**　曹峰(《〈三德〉零释》,簡帛網 2006 年 4 月 6 日)懷疑"罜"是"夏"的假借字或異體字,因爲从"土"(或从"今")从"罒"从"疋"的字,《康熙字典》説是"夏"的古文,"夏"有可能是"中"的意思;王蘭(《上博五〈三德〉編聯》,簡帛網 2006 年 4 月 15 日)認爲此字从网疋聲,可能讀作"疏"。此簡前端殘損,字形分析蓋以王説是,具體意思待考。

罣

 上博四·曹沫 54

○李零（2004）　罣（束）。

《上海博物館藏戰國楚竹書》（四）頁 279

△按　上博四《曹沫》簡 54"收而聚之，罣（束）而厚之"，字從网，束聲。

剾

剾 璽彙 0562　　剾 璽彙 2826　　剾 璽彙 5686

○何琳儀（1998）　剾，從刀，罒聲。
燕璽剾，人名。

《戰國古文字典》頁 478

覓

覓 璽彙 3459

○羅福頤等（1981）　覓。

《古璽文編》頁 204

○何琳儀（1998）　覓，從見，网聲。《字彙補》："覓，覓也。"覓爲覓之訛變。
晉璽覓，人名。

《戰國古文字典》頁 1469

△按　覓，從网，見聲。

澇

澇 包山 149　　澇 包山 149

○劉彬徽、彭浩、胡雅麗、劉祖信（1991）　澇。

《包山楚簡》頁 28

○劉信芳（2003）　"汸"字簡 149 作"澇"，字從网從汸，並讀爲"防"，古代捕魚用防,又稱梁,故字又从网作,《左傳》襄公二十五年:"蒍掩書土田……町原防。"杜預《注》:"防,堤也。"《周禮・天官・獻人》:"獻人掌以時獻爲梁。"鄭司農《注》:"梁,水偃也,偃水爲關空,以笱承其空。"賈公彦《疏》:"謂偃水兩畔,中央通水爲關孔,笱者,葦簿,以葦簿承其關孔,魚過者以簿承取之。"按簡文"源防"與《左傳》"原防"同。

《包山楚簡解詁》頁 94—95

△**按**　包山簡 149"與其羿:女謠一賽,涅羿一賽、漾羿一賽、旂羿一賽",賽,劉信芳(《包山楚簡解詁》153 頁)讀爲塞,認爲應是作爲行政管理區劃的一定水域。

罦

○**劉彬徽、彭浩、胡雅麗、劉祖信**(1991)　罦,簡文作🜚,與弅字古文🜚形近。弅,借作籃。《説文》:"籃,大篝也。"

《包山楚簡》頁 60

○**袁國華**(1993)　"罦"應爲計量單位,疑字同"邾夌君三器"銅豆之一盤外底銘的🜚字,確實意義待考。

《第二届國際中國古文字學研討會論文集》頁 443

○**李運富**(1996)　罦即罨之省變(以曰代畢),在此讀爲籃筐之籃。"菆酭一罦"者,即"菆酭一籃"也,餘可類推。(罦亦可分析爲从◎象形,罙或罨省聲;則其爲籃筐之專字,即後世籃之初文。)

《古漢語研究》1996-3,頁 7

○**劉信芳**(1997)　"罦"字从网,弅聲,"罜"字異體,讀爲"藍"。古音"弇、弅、監"通。《爾雅・釋器》:"鼎圜弅上謂之鼒。"《説文》:"鼒,鼎之圜掩上者。"是"弅上"即"掩上"。又《廣雅・釋器》"濫"即"淹",《釋名・釋飲食》:"桃濫,水漬而藏之,其味濫濫然酢也。""濫"亦"淹"之假。簡文"罦"(籃)謂竹笱。

《中國文字》新 23,頁 91

○**何琳儀**(1998)　罨,从网,具聲。

包山簡罨,讀梟。《説文》:"梟,舉食者。从木,具聲。"

《戰國古文字典》頁 419

○**劉信芳**（2003）　字从网，从弇省聲，字形可參郭店簡《六德》31“𥦎”（弇、掩）。簡文“罸”謂陶罐，該墓出土陶罐十二件，而簡文所記“缶”六件，“罸”六件，其數相合。十二件陶罐中，直口陶罐六件，應即簡文作記之“缶”，侈口陶罐六件（標本2:14，2:69，2:107，2:15，2:13，2:74），即簡文所記之“罸”。此類器物古稱爲“罌”，“罌”古音在耕部影紐，弇古音在談部影紐。不過“罸”是否讀爲“罌”，尚有待更多的例證。

《包山楚簡解詁》頁260

○**陳劍**（2009）　按郪陵君王子申豆（《集成》9.4694.1）有“𣇧”字作㝵，在銘文中是一個重量單位。李家浩先生已經指出其字“似从‘网’从‘日’”（**原注**：李家浩《關於陵君銅器銘文的幾點意見》，《江漢考古》1986年第4期第85頁）。“𣇧”既然是可獨立成字的，則“罸”就當分析爲从“奴”从“𣇧”得聲。（**中略**）

　　據有學者研究，包山簡遣册的器物“罸”對應於包山二號楚墓中出土的5件磨光黑陶罐。包山遣册簡255、256此文所記“缶”和“罸”以及所盛之物，與馬王堆漢墓遣册所記名物和計量器物單位多可對讀。馬王堆一號漢墓遣册簡98—102和三號漢墓遣册簡110—121都有“某物若干坑”，“坑”顯然是器物名。唐蘭先生正確地釋出“坑”字，並指出“坑即瓨字”（**原注**：唐蘭《長沙馬王堆漢侯妻辛追墓出土隨葬遣策考釋》，《文史》第十輯第25頁，中華書局1980年）。馬王堆漢墓遣册中“坑（瓨）”用以盛“醢”（三號墓遣册116）、“醬”（三號墓遣册118）、“肉醬”（三號墓遣册119）、“酂”（馬王堆三號墓遣册110）、“肉䰞（醢）”（三號墓遣册111）、“魚䰞（醢）”（112），也用以盛魚（三號墓遣册113、一號墓遣册100“鰅一坑（瓨）”、一號墓遣册99、三號墓遣册114“魴一坑（瓨）”）等，也跟包山簡的“罸”大致相合。“罸”所从的幾個偏旁都看不出跟器物義的聯繫，它表示器物名應該是一個假借字。頗疑“罸”就應讀爲“瓨”。“罸”之聲符“𣇧”可分析爲“从日网聲”，“瓨”字亦作“𤬭”或“甌”，其聲符“岡”本从“网”得聲；“亢”聲字與“岡”聲字多音近可通。楚文字中雖已有“瓨”字，如郭店簡《語叢四》簡26的“䰞”，但其字从義符“缶”，乃“瓨”之本字。而“罸”用爲“瓨”則係假借字，二者並不衝突。

《簡帛》4，頁158—159

△**按**　陳劍（2009）認爲“罸”从奴，𣇧聲，其説可從。然其具體表示的器物名則待考。

罞

 新蔡甲三 237-1

○**賈連敏**（2003）　罞。

《新蔡葛陵楚墓》頁 196

○**徐在國**（2007）　我們認爲此字應隷定爲“罞”，分析爲从“网”，“弁”聲，讀爲“緐”。《説文》：“緐，馬髦飾也。”緐字或體从“糸”从籀文“弁”，作綝。《左傳·僖公二十八年》：“初，楚子玉自爲瓊弁、玉纓。”《文選·張衡〈西京賦〉》“天子乃駕雕軫六駿駮，戴翠帽，倚金較，璿弁玉纓，遺光儵爚。”薛綜注云：“弁，馬冠也，叉髦以璿玉作之。纓，馬鞅也，以玉飾之。”“弁纓”，或作“樊纓、繁纓”。《周禮·春官·巾車》：“王之五路：一曰玉路，錫，樊纓，十有再就。”《禮記·禮器》：“大路，繁纓一就。”繁多訓爲馬大帶，纓爲馬當胸之帶。孫詒讓有不同意見，他説：

> 蓋纓雖即胸膺之革，而緐則當於馬鞍具之外，別爲盛飾。緐者弁也，猶人之有冠也……凡馬額有錫，則似冠武；緐前屬於錫，落馬髦而後接於馬背之革，則似冠梁；又以削革綴於緐，而下復繞胸而上，則似冠纓；纓下有垂飾，則似冠緌。緐落髦而纓落胸，縱橫上下，互相貫屬，古馬、賈以爲一物也。凡經典言緐纓者，義並如此。緐或借作樊，作鞶，説者遂失其義。

孫説可從。緐、纓均指馬飾。故可相對爲文。簡文“玉緐”，與張衡《西京賦》“璿弁”同，指飾玉的馬冠。“一紛玉緐”，義爲一件粉白色的飾玉的馬冠。

甲三 237-1 還可與包山簡、牘相比照。包山 271 簡：

> 一乘正車：……絑（青）絹之純；多鞏緅緄……

包山竹牘：

> 一乘正車：……絑（青）絹之純；其枔紛秌之綝，緤純。

包山簡“絑（青）絹”可與葛陵簡“黃䌷（絹）”比對。包山“鞏”，或認爲上部从“刃”，誤。或讀爲“芬”，亦誤。此字應讀爲“紛”。包山竹牘“綝”字或釋爲“緅”，誤。此字多硬性隷定，何琳儀先生認爲此字當分析爲从“糸”，“弁”聲，即《説文》“緐”字或體（原注：《戰國古文字典》第 1067 頁，中華書局 1998 年）。包山竹牘“綝”字位置與葛陵簡“罞”字同，可證何先生之説是正確的。

《簡帛》2，頁 355—356

△按　新蔡簡甲三 237-1"一觕玉翠□□"。字下部所從,就字形説可以是弁,也可以是史(參看陳斯鵬《楚簡"史"、"弁"續辨》,《古文字研究》27 輯,中華書局 2008 年)。據包山竹牘"其杉紛秋之絉",徐在國(2007)説似可從。

麂

新蔡甲三 13

○賈連敏(2003)　麂。

《新蔡葛陵楚墓》頁 189

△按　《新蔡》甲三 13"□麂夜遂先人"。

罬

上博四·東大 12　　上博四·東大 12

○濮茅左(2004)　"罬",從网,型聲,疑"刑"之或體。《商君書·畫策》:"以刑去刑。"本句讀爲"而刑之以旱"。"罬"或釋爲"罰"。

《上海博物館藏戰國楚竹書》(四)頁 205

△按　上博四《東大王》簡 12"而罬之以旱""此爲君者之罬",罬似均當讀爲刑,意爲罰。

陻

璽彙 0011　　璽彙 0191

○何琳儀(1998)　陻,從阜,岡聲。工爲土收縮豎筆所致,乃疊加形符。參陘字阜下所從工形。陻爲岡之繁文。《正字通》:"陻,俗岡字。"

　　燕璽"陻陰",讀"强陰"。《説文》剛古文作弜(强),是其佐證。强陰,地名,見《漢書·地理志》雁門郡。在今内蒙涼城東。

《戰國古文字典》頁 730

圓

璽彙 1666　　璽彙 3370　　璽彙 3371

○**何琳儀**(1998)　劕,从刀,買聲。

　　燕璽劕,人名。

《戰國古文字典》頁 779

△**按**　字可分析爲从网,則聲。

罼

璽彙 3523　　　包山 140　　　包山 173

○**劉彬徽、彭浩、胡雅麗、劉祖信**(1991)　　罼。

《包山楚簡》頁 27

○**李運富**(1996)　因疑罼不可釋罼,而應釋羅,蓋罼乃羅字異構。甲骨文羅字作 、、 等形(《甲骨文編》332 頁),从网罩隹或雉,正爲网鳥之義,動詞。《説文・网部》:"羅,以絲罟鳥也。从网从維。"其實當云:"从糸从网从隹。"這才符合"以絲罟鳥"之義,糸乃後增,其構形功能與网同,亦爲捕鳥之具。儘管文獻用字罼、羅相通,名、動兩可,然其造字之意罼(罼)指名物,羅(罹)則指行爲,實相別異。《甲骨文編》725 頁附録列有 、 兩形,正象人舉臂持网以捕鳥之意,即罹(羅)字異構,增人張臂舉手形,其動詞之義更明。簡文之罼从廾,蓋即源自於此。网與罼同類,持其一即可會其意,故甲文从网不从罼。

《古漢語研究》1996-3,頁 6

○**劉釗**(1998)　按字从""从"",""乃楚國"网"字的特有寫法。如楚簡羅字作""(包山簡二二),羿字作""(包山簡一三〇反)可證。""乃"罼"字。金文罼字作"、、"(《金文編》第 267 頁),與""形結構相同。如此""字應釋爲"罼"。即罼字的繁體異構。罼訓爲"网",故又可加"网"爲義符作。《玉篇》:"罼,卑蜜切,罔小而長柄也。"包山楚簡字作""(一五八)、(一七三),與古璽""字完全相同。罼字在楚簡和楚璽中都用作"畢"姓之"畢"。又印典(三)2145 頁收有一方楚璽作:。其中""字應隸作"點",釋爲"點"。""字同上釋""字應爲一字,也應釋爲"罼"字,讀爲畢姓之"畢"。

《考古與文物》1998-3,頁 81

○**何琳儀**(1998)　罼,从网,畢聲。《玉篇》:"罼,罔小而柄長也。"

楚器（編按：“器”爲“璽”之誤）𨊠，讀畢，姓氏。見畢字。包山簡一四〇、一四〇反𨊠，地名。

《戰國古文字典》頁 1104

△按　上博二《容成氏》簡 9“畢能其事，而立爲天子”，讀爲畢之字作形，整理者（《上海博物館藏戰國楚竹書》［二］257 頁）釋爲遲。其所从之畢與包山簡字同。

罵

集成 11354 三年汪陶令戈

○郝本性（1992）　又見於《三代》20・24 所載戟銘，上从网，《徵》6・3 的買字从此，而石買戈則从冈。小篆网，隸變爲冂，故此字爲罵，隸古定爲罵。

《古文字研究》19，頁 124

○何琳儀（1998）　罵，从网，离聲。疑羅之省文。《玉篇》：“羃，羅也。”《廣韻》：“羅，接羅，白帽。”

新鄭兵器罵，人名。

《戰國古文字典》頁 871—872

罷

包山 35

○劉彬徽、彭浩、胡雅麗、劉祖信（1991）　罷。

《包山楚簡》頁 19

○白於藍（1999）　从网，彪聲，即《説文》罟字異構。彪、包均是幫母幽部字，可相通假。《易・蒙》“包蒙”陸德明《經典釋文》作“苞蒙”，云：“鄭云‘苞當作彪’。”（中略）是故罟亦可从彪聲。

《中國文字》新 25，頁 191

○何琳儀（1998）　包山簡罷，人名。

《戰國古文字典》頁 242

罝貼

陶彙 3·673　　陶彙 3·674　　陶録 2·285·2

○**顧廷龍**（1936）　罝，《説文》所無。

《古匋文香録》卷 7，頁 4，2004

○**高明、葛英會**（1991）　此从買，古聲，亦貫字。

《古陶文字徵》頁 226

○**周寶宏**（1994）　陶文此字從字形結構上分析當爲从貝从罟，罟亦聲，貝應是後加的意符，如市字从貝作䘵，府字从貝作賡等，因此陶文此字當隷作罝，釋爲罟。

《古陶文形體研究》頁 144

○**楊澤生**（1996）　226 頁"罝"和"貫"都是"賈"的異體字，應合併。

《江漢考古》1996-4，頁 80

○**王恩田**（2007）　罟。陶文贅增貝，無義。

《陶文字典》頁 215

○**陳直**（2008）　罝字疑爲"沽買"二字的合義。

《讀金日札 讀子日札》頁 183

△**按**　字或可分析爲从网，貼聲。貼字見於古璽（《璽彙》585、3107 等），人名。陶文罝亦爲人名用字。

罷

集成 2361 公廚右官鼎

○**何琳儀**（1998）　罷，从网，㠯聲。《廣韻》："罷，百囊魚網。"
　公脒右㠯鼎罷，人名。

《戰國古文字典》頁 1264

縭

璽彙 0456　　璽彙 1768

○**何琳儀**（1998）　羉,从网,縭聲,疑縭之繁文。見縭字。或説从糸,羀聲,疑羅之異文。見羅字。

晉璽"斬羉",讀"漸離"。《史記·刺客列傳》有"高漸離"。

《戰國古文字典》頁 872

羅

新蔡甲三 41

○**賈連敏**（2003）　羅。

《新蔡葛陵楚墓》頁 190

△**按**　字左下所从爲舟,非肉。新蔡簡甲三41"☐氏(是)日,彭定習之以鳴羅☐",鳴羅,筮具,宋華强(《新蔡葛陵楚簡初探》80—81 頁)讀爲"烏鏴",指一種用鏴竹做的黑色筮具。

覆　覆

覆睡虎地·封診 7　　覆睡虎地·封診 21

○**睡簡整理小組**（1990）　（編按:睡虎地·封診 7）覆,《考工記·弓人》注:"猶察也。"《華嚴經音義》引《珠叢》:"重審查也。"《史記·六國年表》秦始皇三十四年有"覆獄故失"。

《睡虎地秦墓竹簡》頁 148

【覆衣】睡虎地·封診 21

○**睡簡整理小組**（1990）　覆（複）　複衣,夾衣或綿衣,《説文》:"複,重衣也……一曰褚衣。"《釋名·釋衣服》:"有裏曰複,無裏曰單。"桂馥《説文解字義證》:"一曰褚衣者,本書:'褚,製衣',製當爲裝,《玉篇》《廣韻》併作裝……顏注《急就篇》:'褚之以綿曰複。'"长沙马王堆三號漢墓遣策列有"複衣"多種。

《睡虎地秦墓竹簡》頁 151

△**按**　秦簡《封診式》簡 7"或覆問毋(無)有",覆意或爲審。《爾雅·釋詁下》:"覆,審也。"審、察義近。

巾 巾 帠

帠 信陽 2・5　　帠 包山 272　　帠 包山 277　　帠 望山 2・49

○**中大楚簡整理小組**（1977）　　（編按：信陽 2・5）"赤綿之幊"的"赤綿"，指幊是赤色的，裏面以綿鋪之，故曰"綿幊"，不作赤色的綿來解釋。

《戰國楚簡研究》2，頁 25

○**李家浩**（1983）　　"帞"字从"巾"从"首"，信陽楚簡常見。據文義"帞"的意思與"巾"相當，可能是"巾"的別名，也可能是"巾"的異文。巾多用於飾首或洗面，故字或从"首"。

《著名中年語言學家自選集・李家浩卷》頁 202，2002；原載《中國語言學報》1

○**劉雨**（1986）　　帠（幎）。

《信陽楚墓》頁 129

○**湯餘惠**（1983）　　信陽楚簡帠字數見，是一種隨葬品的名稱，比較清楚的簡文辭例是：

屯（純）黑□之帠（二〇五號簡）

紫緅之帠（二〇六號簡）

七布帠（二一五號簡）

這個字舊釋爲"幊"，想來是把上方的偏旁當成"面"字了，這種意見是值得商榷的。

這個字下方的偏旁从巾是没有問題的，同出的簡文中還有"常、綿"等字所从巾旁也都加有橫畫；楚邶陵君銅器銘文我們也見到了與此完全相同的寫法；長沙仰天湖楚簡中的巾旁（布字所从）加點不加橫，寫作巾，從古文字形體演變的一般規律來看，其次序應在加橫者之前，這對於我們推斷兩批簡的時代先後，提供了一個文字方面的線索。"巾"字豎畫之上加點或加畫的寫法，列國文字中僅見於楚，可見是楚文字的特有風格。

這個字上面的偏旁值得仔細推敲。我們認爲它不大可能是"面"，而應該是"𦣻"，即"首"字。早在西周金文中就出現了"面"字，師遽方彝銘文中"面"字作⬧（珛字所从），是在"𦣻"前加〈，小篆"面"字在"𦣻"外加囗，作圓，構形相去猶不算遠。許慎《説文》："面，顔前也。从𦣻，象人面形。"段玉裁闡明許意："謂囗也，左象面。"其實，用"六書"的標準來衡量，金文"面"字並非象形字而是一個指事字。揆其造字初誼,乃是在象形的"百"前加上一個⌐作爲指事符號,表示顏面是在頭的前邊,小篆加⌐於"百"之外,"百"反而居中,背離了造字的初誼。通過金文及小篆的"面"字構形的探討可以明確,"面"字並非獨體,而是由"百"和一個指事符號兩部分組成的;反過來再看簡文上的這個偏旁分明是一個獨體,因此不會是"面"字。

我們認爲這個偏旁應是"百(首)"字,下面揭舉四個從"百"的字作爲證明:

1. 望山 M2 楚簡"項"字 　　 2. 信陽一一六號簡"道"字

3. 長沙帛書"慢"字 　　 4. 楚"垂莫囂"璽"囂"字

例 4 是一個舊所不識的字,羅福頤釋爲"囂"(**原注**:《近百年來古璽文字之認識和發展》,《古文字研究》第五輯第 250 頁。)讀爲"傲",認爲"莫囂"即典籍記載的楚職官"莫傲",可信。由以上四例觀之,"百"作✆乃是楚文字的通常寫法,與傳統的寫法✆、✆等形相比較,顯然是由後者演變而來的。因此,簡文上的✆可以隸定爲"帛"。

"帛"字不見於《説文》,從字形分析,殆從百、巾會意,或許就是楚人頭上某種服飾的名稱。"帛"很可能就是《玉篇》上的"幀"字。古文字的"百、首、頁"往往可以互作,如《説文》"頤"字的籀文作䪞,從"首"不從"頁";又"髮"字的或體作"䰙"而古文作"頖",從"頁"不從"首";古璽文字有"頁"字,丁佛言釋爲"頭"是正確的(**原注**:《説文古籀補補》九·一),這個"頁"字不僅易"頁"爲"百",而且把左右結構變成上下結構,這跟"帛"和"幀"的關係可謂毫無二致,因此"帛"和"幀"也應該是同一個字。

"幀"字音"須",異體又作"霈",變會意爲形聲。《玉篇》"霈"字訓爲"帕",是一種用以束髮的布帛製品。解放前,長沙楚墓曾經出土過一些彩繪木雕人象,無論男女頭上都戴有一種束髮織品,其狀略呈碟形,覆於頂髮之上,兩邊各垂一條狹帶,繫結於頷下。這會不會就是楚人的頭霈?希望今後能得到進一步證實。

如果上面的推測不誤的話,那麼從簡文可知楚人的頭霈確有用布製成的,而且還有純黑、紫緇等多種顏色。

《古文字研究》10,頁 285—287

○劉彬徽、彭浩、胡雅麗、劉祖信(1991)　帽。

《包山楚簡》頁 39

○**郭若愚**（1994）　幎，从巾，面聲。《廣韻》《集韻》並音緬，《玉篇》：“幕也。”本作冂。《説文》作幎：“覆也。”《儀禮・鄉飲酒禮》：“尊綌幎，賓至徹之。”注：“幎，覆尊巾。”《周禮・天官》：“幎人奄一人，女幎十人。”注：“幎人掌共巾幎，祭祀以疏布巾幎八尊，以畫布巾幎六彝。”亦作幦。《國語・周語》：“靜其巾幦。”注：“巾幦所以覆尊彝。”此謂十個簠並大紅色絲帛的巾幎。

《戰國楚簡文字編》頁 71

○**劉信芳**（1997）　按“帞”字簡文从市从頁，首、頁古本一字，故隸定作“帞”。字應分析爲从市，首聲，讀如“翿”。“翿”从壽聲，壽、首古音同在幽部，知系章組聲紐。“翿”字古多異體，或作“翢”、作“翻”、作“纛”，且注家多與“幢”相混。《爾雅・釋言》：“翢，纛也。纛，翳也。”郭注：“今之羽葆幢。”《方言》卷二：“翿、幢，翳也。楚曰翿，關東關西皆曰幢。”《廣雅・釋器》：“幢謂之翿。”“翿”本古代舞者持以翳首的束羽之類，又作爲車衡、馬首之飾物。《漢書・高帝紀》：“紀信乃乘王車，黃屋左纛。”師古《注》：“李斐曰：天子車以黃繒爲蓋裏。纛，毛羽幢也，在乘輿車衡左方上注之。蔡邕曰：以犛牛尾爲之，如斗，或在騑頭，或在衡。應劭曰：雉尾爲之，在左驂，當鑣上。師古曰：纛音毒，又徒到反。應説非也。”

按應劭之説是也。包山二號墓出有一子母口漆奩，奩之中部有一周漆畫，漆畫上的服車之馬項下皆束有綠色的纓狀物，其頭部偏後處亦有一束綠色的纓狀物。簡文所記“需光結帞”應指馬項下之纓，“絑絵之縑”應指馬頭上之束錦。“絑絵”即綠色錦。

包牘：“四馬晧菖（衡），繙芋結項。”“結項”與“晧衡”連帶述及（簡文與之類同），謂結於馬項下之“帞”（翿）也。“結帞、結項”爲互文，所指爲一物甚明。望簡“緶纀項”，亦指馬項下之結纓。《儀禮・士冠禮》：“賓右手執項。”注：“項，結纓也。”“繙芋”是聯綿詞，謂結翿之絲帶。惟楚人稱馬項下之束錦爲“帞”，爲“項”，馬頭上之束錦爲“縑”，知縑、翿混稱則一，析言則有別，此先秦物有專名之例也。“帞”字又屢見於信陽簡，二・五：“十笑（簠），屯赤綿之帞。”二・六：“四十笑（簠），屯紫緅之帞。”二・一五：“七布帞。”二・二九：“首善米，紫緅百囊，米純緅帞。”其“帞”皆指覆蓋器物的絲織品，以讀爲“幬”爲義長。《左傳》襄公二十九年：“如天之無不幬也。”杜預注：“幬，覆也。”《廣雅・釋器》：“帷、幔、幬、幕、帟，帳也。”《招魂》：“羅幬張些。”幬本爲帳名，引申則覆蓋器物之絲巾亦謂之幬。

望二・四九：“舍帞廿二。”“舍”字原報告釋爲“啇”，不確。按字與包二一九“舍”字同形。“舍帩”與“緅帩、布帩”相類。疑“舍”讀如“釋”，“釋帩”乃祭祀用幬。

《中國文字》新 22，頁 184—185

○**何琳儀**（1998）　帞，从巾，頁聲（或首聲）。《五音集韻》：“帞，頭帞也。”楚簡帞，巾類。

《戰國古文字典》頁 196

○**李守奎**（2003）　首巾之專字。

《楚文字編》頁 476

△**按**　字从巾从首，當爲頭巾之類的專用字。

帥 帥

石鼓文·作原　侯馬 16：3

睡虎地·日甲 7 正貳　睡虎地·日乙 19 壹

○**睡簡整理小組**（1990）　（編按：睡虎地·日甲 7 正貳）帥，應爲師字之誤。《左傳·成公二年》“興師”，唐石經作“興帥”，也是“師”字誤爲“帥”字。

《睡虎地秦墓竹簡》頁 182

○**劉樂賢**（1994）　《日書》乙種第一篇有“平達之日，利以行師徒”，與本簡的“利以行帥”相當，也可證本簡的帥字是師字的誤寫。

《睡虎地秦簡日書研究》頁 26

○**何琳儀**（1998）　侯馬盟書“帥從”，讀“率從”，見達字。

石鼓帥，見《禮記·王制》“簡不帥教者以告”，注：“帥，循也。”睡虎地簡帥，讀師。《禮記·月令》“賞軍帥武人於朝”，《釋文》：“帥或作師。”《漢書·谷永傳》“帥舉直言”，注：“帥字或作師。”是其佐證。

《戰國古文字典》頁 1286

○**王子今**（2003）　“帥”本有“率”之義。《易·師》：“長子帥師，以中形也。”《左傳·隱公元年》：“命子封帥車二百乘以伐京。”“行帥出正”當解作“行率出征”。

《睡虎地秦簡〈日書〉甲種疏證》頁 32—33

○**徐寶貴**（2008）　帥，通率。《易·師·六五》“長子帥師”，漢帛書“帥”作“率”。《詩·大雅·緜》“率西水滸”，《文選·晉紀總論》引“率”作“帥”。

《詩・小雅・沔水》"率彼中陵",鄭箋:"率,循也。"

《石鼓文整理研究》頁 788

△按　《説文》:"帥,佩巾也。从巾、自。帨,帥或从兑。"段玉裁注:"後世分文析字,帨訓巾,帥訓帥導、訓將帥,而帥之本義廢矣。"金文帥作𢂷、𢂷、𢂷,不从自。《九店》簡 30"利以行帀(師)徒",可證睡虎地簡《日書》甲種簡 7"帥"確爲師之誤字。

幅 幅

睡虎地・日甲 13 背

○睡簡整理小組(1990)　幅(富)。

《睡虎地秦墓竹簡》頁 210

○劉樂賢(1994)　敦煌本《白澤精怪圖》作"興大福",然本篇下云"非錢乃布,非繭乃絮",幅似宜從整理小組讀爲富。

《睡虎地秦簡日書研究》頁 212

△按　《説文》:"幅,布帛廣也。从巾,畐聲。"睡虎地秦簡《日書甲》簡 13 背"賜某大幅,非錢乃布",幅讀爲富。

帶 帶

近出 1193 七年上郡守閒戈　睡虎地・日甲 13 正貳　睡虎地・日乙 125

陶彙 5・410　珍秦 48　曾侯乙 138

○陶正剛(1987)　(編按:近出 1193 七年上郡守閒戈)工鬼薪之名,不識,暫隸定爲帶。

《文物》1987-8,頁 61

○裘錫圭、李家浩(1989)　𦄼𦄼(帶)。

《曾侯乙墓》頁 497

○高明、葛英會(1991)　帶。

《古陶文字徵》頁 90

○裘錫圭(1993)　帶。

《珍秦齋古印展》48 號

○何琳儀(1998)　帶,从巾(或市),其上象大帶的中閒、兩側打結之形,巾(或

市)爲下垂之紳。合體象形。楚系文字帶與粖形體頗易相混。參見粖字。（中略）

秦璽帶,姓氏。見《姓苑》。睡虎地簡"寇帶","冠帶"之誤。

《戰國古文字典》頁 916

韅,从二帶。疑帶之繁文。

楚系簡韅,讀帶。

《戰國古文字典》頁 916—917

△按　《説文》:"帶,紳也。男子盤帶,婦人絲帶,象繫佩之形。佩必有巾,从巾。"韅爲帶之繁體。又有作絥、繛者,均爲帶之異體。詳卷十三糸部。

常　𣄣　裳

集成 4695 鄬陵君王子申豆　　陶彙 3・424　　信陽 2・13　　睡虎地・日乙 23 壹

包山 199　　包山 244　　上博二・容成 47

○劉雨（1986）　（編按:信陽 2・13）常（裳）。

《信陽楚墓》頁 129

○裘錫圭、李家浩（1989）　（編按:曾侯乙 123）常（裳）。

（編按:曾侯乙 6）"常"字所从的"巾"旁原文作"市"。

《曾侯乙墓》頁 496、510

○睡簡整理小組（1990）　（編按:睡虎地・日甲 13 正貳）常（裳）。

《睡虎地秦墓竹簡》頁 181

○劉彬徽、彭浩、胡雅麗、劉祖信（1991）　裳。

《包山楚簡》頁 32

○葛英會（1992）　圖二・1-8（編按:圖略,下同）所録陶文,舊不識。《古匋文香録》《陶文編》皆入附録。此字諸形雖小有差異,然均爲一字之變體。按此字應即常字,从巾尚省聲。尚,从八向聲字。此陶文所从聲符部分,八字均明白無疑,其下的向皆省去口字。簡省爲稍稍向上弓起的弧行筆畫（圖二・1、2、3）。圖二・4 的這一筆收縮爲極短小的一筆,然仍不失其形。齊陶文堂字作圖二・9、10 所録之形,从土向省聲,向字的這一筆與此大體相同。圖二・5、8 兩例,此一筆完全略去,聲符尚僅餘八字。齊陶文賞字（圖二・11）之聲符尚字即爲近似的例證（唯其不省口）。另外，圖二・4所从八字之閒所夾的圓點亦與圖二・11賞字相同。均屬裝飾性筆畫。凡此，皆證明此陶文所从即尚字之省。

《説文》常：“下裙也，从巾，尚聲。裳，常或从衣。”段注云：“《釋名》曰上曰衣，下曰裳。裳，障也，以自障蔽也。”裙（《説文》裙从巾作帬）字條下又注云：“若常則言下裙，言裙之在下也者，亦集衆幅爲之。如裙（下裙爲常，單言裙則指披肩）之集衆幅披身也。”此陶文下部所从，或作三筆下垂（圖二・5、6），或作四筆下垂（圖二・7、8），其相連則爲巾字（圖二・1、2、3、4），皆“集衆幅”之形，殆古之“下裙”之象形。

常、裳古通，後世常僅用爲恆常之常，衣裙之常今只作裳。

《文物季刊》1992-3，頁46—47

○**袁國華**（1993）　《包山楚簡》圖版一五二第六行“常”條下共收三字，除第三字見簡222的“常”字爲从“示”的“常”字外，其餘簡203的“常”，與簡214的“常”，字皆不从“示”乃从“巾”。《包山楚簡》“示、巾”二字字形相近，而寫法稍異，“示”字置於字的下半部，書體或作五筆作常，或作四筆作常，其中四筆的寫法與“巾”字字形頗易混同。戰國楚簡文字的“巾”字亦作四筆，或作帀；或作帀；或作帀。“示”“巾”兩字寫法分別在於“示”字𠃌畫必然斷開；“巾”字𠃌一畫而成，這是辨別楚簡文字“示”“巾”二字的重要筆畫。簡203、214的“常、常”二字實从“巾”，故應入十一畫“常”條。由簡文的詞例看，《包山楚簡》“常”字與从“衣”的“裳”字可通用。

《第二屆國際中國古文字學研討會論文集》頁434—435

○**楊澤生**（1997）　　A1 常《古陶》3・430

此字又見於《古陶》3・423、3・424和3・426、3・429，《陶徵》130頁釋爲“棠”。按A1下部的帀與古文字“木”的寫法有別，釋爲“棠”非是。古文字“常”字或作如下二形：

　　　　　A2 常《曾侯乙墓》六號簡　　　A3 常《包山楚簡》214號

在古文字中，“巾、市”二字作爲形旁經常通用（**原注**：參裘錫圭、李家浩《曾侯乙墓竹簡釋文與考釋》(56)，《曾侯乙墓》510頁，文物出版社1989年），所以A2將“巾”旁寫作“市”。因“市”與“帀”形近，A2寫作从“市”，A3寫作从“帀”。A1與A3寫法相同，顯然應該釋爲“常”字。

《中國文字》新22，頁249—250

○**何琳儀**（1998）　齊陶"孟常"，讀"孟嘗"，地名。

郲陵君豆常，讀嘗，或作裳。參裳字。

《戰國古文字典》頁682

裳，从衣，尚聲。常之異文，《説文》常或作裳。

包山簡裳，或作常。見常字。

《戰國古文字典》頁682

△**按**　《説文》："常，下裙也。从巾，尚聲。裳，常或从衣。"郲陵君豆"歲常"，或作"歲裳"。

帬 𢁳

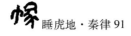　集成9514公子裵壺　　信陽2·15　　睡虎地·封診58　　睡虎地·封診68

○**劉雨**（1986）　（編按：信陽2·15）裙。

《信陽楚墓》頁129

○**何琳儀**（1998）　裙，从衣，君聲。帬之異文。《廣韻》："帬，《説文》曰，下裳也。裠，上同。亦作裙。"

公子壺裙，人名。

《戰國古文字典》頁1341

○**睡簡整理小組**（1990）　帬。

《睡虎地秦墓竹簡》頁157

△**按**　《説文》："帬，下裳也。从巾，君聲。裠，帬或从衣。"

幪 幪

幪　睡虎地·秦律91

△**按**　《説文》："幪，蓋衣也。从巾，冡聲。"桂馥《義證》："字或作幪。""通作蒙。"

【幪布】睡虎地·秦律91

○**睡簡整理小組**（1990）　幪（音蒙）布，頭巾。古時成年男子有冠，覆蓋頭巾是一種刑辱，《尚書大傳》："下刑墨幪。"注："幪，巾也，使不得冠飾以恥之也。"

《睡虎地秦墓竹簡》頁42

△按　睡虎地秦簡《秦律十八種》簡 91:"幨爲布一,用枲三斤。"

幬　幬

禕 曾侯乙 122　　禕 曾侯乙 137　　禕 曾侯乙 138

○裘錫圭、李家浩(1989)　"幬"字所從"巾"旁原文作"市"。簡文"常"字所從"巾"旁亦作"市",與此同。此"幬"字疑讀爲皮韋之"韋"。

《曾侯乙墓》頁 522

△按　《説文》:"幬,囊也。从巾,韋聲。"

席　席　箬　簝　若

箬 望山 2·20　　箬 仰天湖 13　　箬 包山 259　　箬 上博五·君子 4

簝 曾侯乙 6

簝 信陽 2·19

席 陶彙 9·18　　席 睡虎地·雜抄 4　　席 睡虎地·日甲 157 背　　席 睡虎地·日甲 31 背叁

○饒宗頤(1957)　"箬"字,字書所無。下從石,即石字。《説文》:"席,籍也。古文作厏,从石省。"此从竹从石,而石形不省,知是簝字。

《金匱論古綜合刊》1,頁 62

○林澐(1986)　《説文》:"磬,樂石也。从石,殸象縣虡之形,殳擊之也……磬,古文从巠。"則后之爲古文石字,不言自明。又,《説文·水部》:"砅,履石渡水也。从水从石。《詩》曰:深則砅。濿,砅或从厲。"按今本《詩經·匏有苦葉》作"深則厲"。東周子仲匜(三代 17.39.2)"厲孟姬"之厲字作厲。字中之后,石也。从石从止,正與《説文》"履石"之説合。《汗簡》以厲爲礪之古文,云"見《説文》"(按今本《説文》無礪字。礪當即砅或體濿之誤),當有所本,非向壁虛造。又,庶字本从石从火,于省吾、陳世輝兩位先生合著《釋庶》一文(見《考古》1959 年 10 期),論之甚詳。東周時,者汈鐘庶字作庶,蔡侯鐘庶字作庶(參見《金文編》9.15)。東周文字中廿每作廿,則厈之作厈,猶石之作后。因此,信陽竹簡所見字簝之爲从竹从石,可以無疑。

　　《説文》：“席，籍也。禮，天子諸侯席有黼繡純飾。从巾庶省。[席古文]，古文席从石省。”徐鉉以爲“席以待賓客之禮，賓客非一人，故从庶”，純屬望文生義，牽强附會。近時隨縣曾侯墓出土竹簡有[篧]字，从竹。[石]顯係[席]之省；[合]即[席]，象席形，由毛公鼎弻字作[弻]而番生簋弻字作[弻]可證。故曾侯墓竹簡之[篧]字，僅較《説文》席之古文[席]多加一竹符。[篧]即席，又反證《説文》“古文席从石省”之説確有根據。而席字《説文》正篆作[席]者，上部之[庐]，乃由東周時代作[石]形之石訛變而成，與庶字同。石、席古韻同在鐸部，且均爲齒音字，席之从石，乃以石爲聲符。庶字古韻在魚部，與鐸部陰入對轉，亦以石爲聲符。許慎已不知庶字古本从石，僅據席、庶上部篆形相同而云席从“庶省”。實於席字不必言“从巾庶省”，徑謂“从巾石聲”可也。曾侯墓竹簡另有[帾]字，从巾从石（按，曾侯墓竹簡文字巾作[巾]，如常字作[常]，可爲明證），正小篆席字从巾所本。

　　據以上分析，既已知席字以石爲聲符，又知席之異體有作[篧]者，則信陽竹簡之[篧]，當是席字之另一種異體，其言“羊綿（帛）之純”，正與《説文》謂席有“純飾”合。原編號219號簡“裯[篧]”連舉，亦[篧]即席字之有力佐證。推測席字作爲形聲字，當先由席形之[合]加注聲符“石”，然因席爲竹編，故可从竹；與巾同類，故可从巾。最後从巾从石的席字流行，而其他諸異體便被淘汰了。

《林澐學術文集》頁 8—9，1998；原載《中國語文研究》8

○裘錫圭、李家浩（1989）　[篧]字原文多作[篧]，从“竹”从“[席]”，“[席]”即《説文》“席”字的古文“[席]”。“[席]”从“囚”从“石”省。《古文四聲韻》昔韻“席”字下引《古孝經》作[饀]，所从“石”旁不省。“席”字本从“石”聲，故長沙仰天湖二十五號墓竹簡、長臺關一號墓竹簡和望山二號墓竹簡“席”字多作“笿”（原注：參看饒宗頤《戰國楚簡箋證》，《金匱論古綜合刊》第一期）。簡文此字加“竹”頭，當是“[席]”的繁體。

《曾侯乙墓》頁 510

○高明、葛英會（1991）　席。

《古陶文字徵》頁 89

○劉彬徽、彭浩、胡雅麗、劉祖信（1991）　笿，讀如席。

《包山楚簡》頁 62

○李家浩（1995）　“笿”字亦見仰天湖及信陽楚簡，饒宗頤釋作“席”，可信。“席”本从“石”聲，“席、庶”二字所从之“庐”皆“石”之變形。

《望山楚簡》頁 122

○荊門市博物館(1998)　笘(席)。

《郭店楚墓竹簡》頁 168

○何琳儀(1998)　笘,從竹,石聲。若之異文。參若字。
　楚簡笘,讀席。

《戰國古文字典》頁 548

　籍,從竹硆聲。笘之繁文,參見笘字。硆,席之古文,參見席字。
　隨縣簡籍,讀席。

《戰國古文字典》頁 548

　席,金文作帀(九年衛鼎)。從巾,石省聲。秦文字從巾,石聲。

《戰國古文字典》頁 549

△按　《説文》:"席,籍也。禮,天子諸侯席有黼繡純飾。從巾,庶省。𡊁,古文席從石省。"楚簡席或從竹從石,石亦聲。

布　𢁪

　𢁪 信陽2·15　𢁪 九店56·20　𢁪 仰天湖4　𣏳 曾侯乙122　𢁪 郭店·六德27

○裘錫圭、李家浩(1989)　簡文常見"紫市之縢",疑"牧"即"市"的異體,蓋是在"市"上加注聲符"父",與簡文"𢁪"或加注聲符"翼"同類(參看注108)。"市"與"父"的聲母同屬脣音。或疑"牧"即"布"字。"布"從"巾""父"聲,簡文"巾"旁寫作"市"(參看注56)。

《曾侯乙墓》頁 522

○何琳儀(1998)　信陽簡布,見《莊子·山木》"爲其布與",釋文:"布,謂貨財也。"
　詛楚文布,列。見《廣雅·釋詁》一。

《戰國古文字典》頁 594

△按　金文布作𢁪、𢁪,戰國文字與之同,或從市作。《説文》:"布,枲織也。從巾,父聲。"

幬

　幬 睡虎地·秦律147

○睡簡整理小組（1990）　幝（氈）。

《睡虎地秦墓竹簡》頁 53

△按　秦簡“城旦舂衣赤衣,冒赤幝（氈）”,《説文》毛部：“氈,撚毛也。”段玉裁注：“撚毛者,蹂毛成氈也。”

希

睡虎地·日甲 69 背　　　　睡虎地·日甲 71 背

○睡簡整理小組（1990）　希（稀）。

《睡虎地秦簡·釋文注釋》頁 219

△按　包山簡 184 人名作𦁗,何琳儀（《包山楚簡選釋》,《江漢考古》1993 年 4 期）釋爲郗。劉釗（《包山楚簡文字考釋》,《出土簡帛文字叢考》25 頁,台灣古籍出版社 2004 年）謂字左旁从爻从巾,爲希字。

市　市

曾侯乙 125　　　　望山 2·13

○李家浩（1983）　“市”當讀爲“旆”,曾侯乙墓竹簡“旆”字即从“市”聲可證。

《著名中年語言學自選集·李家浩卷》頁 204,2002;原載《中國語言學報》1

○李家浩（1995）　“市”亦作“𩎟”,从“发”聲,古音與“旆”相近。旆是古代旌旗正幅之下所接的一段旗的名稱。《詩·小雅·六月》“白旆央央”,毛傳：“白旆,繼旐者也。”

《望山楚簡》頁 121

○何琳儀（1998）　市,金文作市（免簋）。从巾,上加一橫分化爲市。或作市（盂鼎）,豎筆上加圓點爲飾。戰國文字承襲金文。（中略）

　　隨縣簡市,讀綬。《玉篇》：“綬,綬也。或作紼。”《漢書·匈奴傳》“授單于印綬”,注：“綬者,印之組也。”

《戰國古文字典》頁 950

△按　《説文》：“市,韠也。上古衣蔽前而已,市以象之。天子朱市,諸侯赤市,大夫蔥衡。从巾,象連帶之形。韍,篆文市从韋从发。”金文市作市、市等形,陳夢家謂字从巾从一,一像繫巾之橫帶（《西周銅器斷代》上册 431 頁,中

華書局 2004 年）。

純

曾侯乙 65

○**裘錫圭、李家浩**（1989）　純，从"市"，"屯"聲。據 67 號簡相類文句，此字當是"純"的異體。

　　　　　　　　　　　　　　　　　　　　　　　　《曾侯乙墓》頁 518

○**何琳儀**（1998）　純，从市，屯聲。
　　隨縣簡純，讀純。見純字。

　　　　　　　　　　　　　　　　　　　　　　《戰國古文字典》頁 1329

△**按**　曾侯簡 65"紫錦之純"，簡 67 純作純。

袥

曾侯乙 123

○**裘錫圭、李家浩**（1989）　袥。

　　　　　　　　　　　　　　　　　　　　　　　《曾侯乙墓》頁 496

○**何琳儀**（1998）　袥，从市，石聲。疑紽之異文。見紽字。
　　隨縣簡袥，讀縸。見紽字。

　　　　　　　　　　　　　　　　　　　　　　《戰國古文字典》頁 550

△**按**　糸、市作爲偏旁常換用，曾侯簡 124 紫即紫之異體，是其證。何説可從。

帗

曾侯乙 170　　曾侯乙 171

○**劉彬徽**（1995）　帗。

　　　　　　　　　　　　　　　　　　　　　　《楚系簡帛文字編》頁 645

○**张光裕等**（1997）　杧。

　　　　　　　　　　　　　　　　　　　《曾侯乙墓竹簡文字編》頁 45

○**徐在國**（1998）　此字應分析爲从"市"，"㐬"聲，釋爲"幌"。《古今韻會舉要》

卷八“幠”：“《周禮》：‘幠氏,掌練絲帛。陸音茫。《集韻》或省作‘忼’,亦作‘忙’。”

《安徽大學學報》1998-5,頁 82

○**李零**(1998)　按：从市从充,不从先。充同望。

《出土文獻研究》5,頁 148

○**李守奎**(2003)　忼。

《楚文字編》頁 480

△**按**　蕭聖中(《楚地出土戰國簡册》[十四种]369 頁)指出字右旁與《上博
一・緇衣》簡 2 望(𢼸)字所从相近。

【忼甫】曾侯乙 171

△**按**　曾侯乙簡 170“忼甫子之醬爲右驂”,簡 171“忼甫之騮爲左驂”,“忼甫
子、忼甫”均爲賵贈者。

【忼甫子】曾侯乙 170

△**按**　參看【忼甫】條。

紕

曾侯乙 124

○**裘錫圭、李家浩**(1989)　此字从“市”从“此”,当是“紫”字的異體。“紫”或
寫作从“市”,猶“純”或寫作从“市”(參看注 142)。

《曾侯乙墓》頁 523

△**按**　楚簡“紫”或作“緅”,此从市作,則如裘、李所説猶“純”或寫作从“市”。

絅

曾侯乙 43　　　曾侯乙 123

○**裘錫圭、李家浩**(1989)　絅。

《曾侯乙墓》頁 496

○**何琳儀**(1998)　絅,从市,回聲。疑絅之異文。《集韻》：“絅,纐縈也。”
隨縣簡絅,讀絅。

《戰國古文字典》頁 1180

△**按**　裘錫圭、李家浩(《曾侯乙墓》515 頁)指出曾侯簡“絅貼”或作“幃貼”,

“回、韋”古音相近。

𢄸

曾侯乙 190　　曾侯乙 191

○**裘錫圭、李家浩**（1989）　𢄸　義與賵、贈相當。

　　　　　　　　　　　　　　　　　　　　　　《曾侯乙墓》頁 521

○**何琳儀**（1998）　𢄸，从助（《篇韻》：“助，與旨同。”疑詣之異文。《小爾雅・廣詁》：“詣，進也。”），市聲。

　　隨縣簡市，讀賻。《山海經・北山經》“其中多鮒鮒之魚”，注：“鮒，或作鯆。”是其佐證。《說文新附》：“賻，助也。从貝，尃聲。”《禮記・檀弓》上“使子貢說驂而賻之”，注：“賻，助喪用也。”

　　　　　　　　　　　　　　　　　　　　　　《戰國古文字典》頁 951

△**按**　曾侯乙簡 119“鄴君𢄸一乘路車”、簡 190“王𢄸一乘路車”、簡 191“大子𢄸三乘路車”等“𢄸”字義均與“賵、賻”相當。

𢂷

曾侯乙 58

○**裘錫圭、李家浩**（1989）　𢂷。

　　　　　　　　　　　　　　　　　　　　　　《曾侯乙墓》頁 493

○**何琳儀**（1998）　𢂷，从市，良聲。
　　隨縣簡𢂷，讀帗。《廣韻》：“帗，蒙掩。”

　　　　　　　　　　　　　　　　　　　　　　《戰國古文字典》頁 695

△**按**　田河（《出土戰國遣册所記名物分類匯釋》105 頁，吉林大學 2007 年博士學位論文）認爲“𢂷”可能是一種製作席面的材料，讀爲莨，《說文》艸部：“莨，草也。”類似茅草，可以爲席。

𢂰

曾侯乙 42　　曾侯乙 54

○**裘錫圭、李家浩**（1989）　仰天湖二十五號墓竹簡，長臺關一號墓竹簡和望山二號墓竹簡均以“綌”爲“錦”。“錦、綌”並从“金”聲。簡文“襝”亦从“金”聲，故可讀爲“錦”。

《曾侯乙墓》頁 514

△**按**　襝，从市，金聲，讀爲錦。曾侯乙簡 65“紪（紫）襝之純”，望山簡“綌純”多見。綌、襝並讀爲錦。

轉

 曾侯乙 53

○**裘錫圭、李家浩**（1989）　轉。

《曾侯乙墓》頁 493

○**何琳儀**（1998）　轉，从市，專聲。

　　隨縣簡轉，讀轉。《説文》：“轉，車下索也。从革，專聲。”

《戰國古文字典》頁 600

襮

曾侯乙 4　　曾侯乙 8　　曾侯乙 45

○**裘錫圭、李家浩**（1989）　“襮”字亦見於 8 號、45 號、53 號、55 號等簡，从“市”从“舁”。“舁”即“暴（曝）”的初文。《説文》有“暑、暴、曓”等字，均从“舁”聲。“襮”亦當从“舁”聲。簡文以“紡襮，紫裏”對言，是“襮”即“襮”字異體，義同“表”。《文選・幽通賦》：“單治裏而外凋兮，張修襮而内逼。”李善注引曹大家曰：“襮，表也。”古代“襮、表”音近。《説文》“暴”字古文作“麖”，“表”字古作“襻”，均从“麃”聲，故“襮”可以用爲“表”。

《曾侯乙墓》頁 508—509

△**按**　楚簡中被釋爲暴的字有《郭店・性自》簡 64 的和《上博二・從政》簡 15 的（“不修不武謂之必成則△”，《論語・堯曰》有“不戒視成謂之暴”），參看周鳳五《郭店〈性自命出〉“怒欲盈而毋暴”説》（《新出土文獻與古代文明研究》，上海大學出版社 2004 年），《讀上博楚竹書〈從政（甲篇）〉札記》（簡帛研究網 2003 年 1 月 10 日）；陳劍《上博簡〈子羔〉、〈從政〉篇的拼合與遍連問題

小議》(《文物》2003 年 5 期;收入《戰國竹書論集》)。《上博三・彭祖》簡 2 的
燮字(文例作"若經與緯,若△與里"),整理者李零(《上海博物館藏戰國楚竹
書》[三]305 頁)讀爲表,徐在國(《上博竹書(三)札記二則》,簡帛研究網
2004 年 4 月 26 日)釋爲襮讀爲表,《吕氏春秋・忠廉》"臣請爲襮",《新序・
義勇》"襮"作"表"。參見卷八衣部"襮"字條。

霖

望山 2・15

○朱德熙、裘錫圭、李家浩(1995)　霖。

《望山楚簡》頁 109

△按　字當分析爲从市,毳聲。《説文》毳部:"毳,獸細毛也。"

聑

曾侯乙 62　　 曾侯乙 62

○裘錫圭、李家浩(1989)　聑,从"市","聑"聲,讀爲攝。
　　簡文"聶"或作"聑"(62 號),从"市","聑"聲。"聶、聑"二字古音相近,
可以通用。王莽年號居攝之"攝",居延漢簡有時就寫作"聑"(《居延漢簡》甲
編 898、乙編圖版拾玖 25・4,《文物》1981 年 10 期圖版貳,9)。(中略)"聑"从
與服飾有關的"市"旁(从"巾"之字簡文或从"市",參看注 56。"純"字亦有
从"市"之異體,參看注 142),可能是當緣飾講的"攝"的專字。

《曾侯乙墓》頁 518、503

○何琳儀(1998)　聑,从市,聶省聲。疑繼之異文。《六書故》:"繼,絲接
歧也。"
　　隨縣簡聑,讀攝。見聶字。

《戰國古文字典》頁 1433

△按　曾侯簡 62"貍蟊之聑",聑,讀攝可從。《儀禮・既夕禮》"白狗攝服"鄭
玄注:"攝,猶緣也。"即緣飾。

霴

 曾侯乙 210

○**裘錫圭、李家浩**（1989）　霴。

《曾侯乙墓》頁 500

○**何琳儀**（1998）　霴，从市，歐聲。

隨縣簡霴，讀驅。《説文》：“驅，馬馳也。从馬，區聲。”

《戰國古文字典》頁 350

△**按**　曾侯簡 210“所霴□□□兩馬”“七大夫所霴大宰匹馬”。

橢

橢 上博一・詩論 29

○**馬承源**（2001）　角橢。篇名。今本所無。

《上海博物館藏戰國楚竹書》（一）頁 159

○**周鳳五**（2002）　按，此字左旁从市，右旁疑臽之訛，當讀爲“豔”。《包山楚簡》簡一三八、簡一六五、簡一七七、簡一九三有从臽之字，可以參看。

《上博館藏戰國楚竹書研究》頁 165

○**馮勝君**（2002）　簡文中，“角”下一字，从市从釆从臼，似乎可以理解爲从臼，幣省聲。我們懷疑《角橢》相當於今本《陳風・澤陂》。角，上古音屬見紐屋部字；澤，上古音屬定紐鐸部字。上面已經説過，見紐和端系字關係密切，屋部爲侯部入聲字，鐸部爲魚部入聲字，而戰國時期，魚、侯二部已經開始合並，所以“角、澤”二字讀音是相近的。橢，从幣省聲，上古音屬並紐月部字；陂，上古音屬幫紐歌部字。並、幫均爲脣音，歌、月爲對轉，所以橢、陂讀音也相近。皮、幣聲系相通，典籍中亦有例證，參看《古字通假會典》689 頁。

《古籍整理研究學刊》2002-3，頁 12

○**何琳儀**（2002）　“橢”，可讀“廾”。“關”从廾得聲，與“䜌”聲系相通。《韓詩外傳》六“彎弓而射之”，《新序・雜事四》“彎”作“關”。《左傳・昭公廿一年》“豹則關矣”，《釋文》：“關，本又作彎。”而“䜌”聲系又與“番”聲系相通。《書・堯典》“黎民於變時雍”，《漢書・成帝紀》引“變”作“蕃”。是其佐證。

簡文“角幡”應讀“角廾”，見《詩·齊風·甫田》“婉兮孌兮，總角廾兮。未幾見兮，突而弁兮”，傳：“總角，聚兩髦也。廾，幼稚也。”

《上博館藏戰國楚竹書研究》頁 256—257

○**廖名春**（2002）　“角幡”，即“角幡”，讀爲“角枕”。《禮記·檀弓下》：“爲榆沈。”《釋文》：“沈，本又作潘。”《説文·釆部》：“審，篆文宷从番。”《唐風·葛生》：“予美亡此，誰與獨息。角枕燦兮，錦衾爛兮。”此是取詩文“角枕”爲篇名。

《上博館藏戰國楚竹書研究》頁 270

○**許全勝**（2002）　簡文“枕”字，左从巾，右上从釆，右下从臼。《説文》讀若“辨”之“釆”字，與此字所从不同（字頭起筆方向相反）。而“審”字，《説文》作“宷”，“潘、沈”通。李學勤先生曾指出青銅器中習見“番尹”或“番君”即文獻中楚國之“沈尹”，“番”字亦从釆聲，“番、潘”與“潘”古音同，故疑此字从宷（審）省聲，乃枕頭之“枕”之專字，其所从之臼，正像枕凹陷之狀。另外，車軫亦曰枕。《方言》卷九、《小爾雅·廣器》皆云“軫謂之枕”，《釋名·釋車》亦云“軫，枕也”，故“枕”似本爲車枕之“枕”之專字，假借爲枕頭之“枕”。又，信陽楚簡遣策有“枕”字，左从木不从巾，而右下从臼則與上博簡文同。

《上博館藏戰國楚竹書研究》頁 369

○**魏宜輝**（2002）　我們也懷疑“幡”是個訛體字，如周鳳五先生所分析的，其右旁可能是“臽”。“臽”爲“陷”之初文，像人陷於坑中，但楚系文字中的“臽”一般都寫作“𠂤、𠂤”，从尢、从臽，尢當是人形的訛變，又因爲尢與臽音近的緣故，尢充當臽的聲符。但幡字右上所从的“釆”很明顯和“尢”不類，但也不像是从幣省的“釆”。因爲簡二十第一字即爲“幣”字，雖然有殘缺，但可見其上部的寫法與“釆”是不同的。我們懷疑這個字可能是“宷”的訛體字。“宷、尢”皆爲書母侵部字。“幡”，可以讀作“枕”。“角幡”即《角枕》。《唐風·葛生》有：“角枕燦兮，錦衾爛兮。”我們懷疑《角枕》是一首與《葛生》相類似的詩。

《上博館藏戰國楚竹書研究》頁 392

○**李學勤**（2002）　瞀。

《中國哲學史》2002-1，頁 7

○**季旭昇**（2004）　我們贊成本詩可能是《角枕》，即《唐風·葛生》，但認爲“幡”是“枕”字的誤寫，《信陽》2·23“枕”字作“𣏓”，本簡此字作“𥾊”，二形相似，確實有寫錯字的可能。左旁的“木”替換成“市”，右上的“尢”訛成

"采"。

《〈上海博物館藏戰國楚竹書(一)〉讀本》頁 67

△按　此字待考,可依字形隸定作幡。角幡,詩篇名。

帛　帛

![帛]集成 980 魚鼎匕　　![帛]石鼓文 · 汧殹　　![帛]信陽 2 · 13　　![帛]郭店 · 性自 22

![帛]上博一 · 詩論 20　　![帛]上博二 · 魯邦 2　　![帛]睡虎地 · 封診 22　　![帛]璽彙 3495

○**吳大澂**(1884)　　石鼓文以爲白,假借字。

《説文古籀補》頁 33,1988

○**丁佛言**(1924)　(編按:古璽)帛。

《説文古籀補補》頁 37,1988

○**羅福頤等**(1981)　帛。

《古璽文編》頁 205

○**何琳儀**(1998)　燕璽帛,姓氏。紀大夫裂繻,字子帛,其後以王父字爲氏。見《姓譜》。

　　魚顛匕帛,讀迫。

《戰國古文字典》頁 602

○**李零**(1998)　(編按:集成 980 魚鼎匕)帛(薄)。

《李零自選集》頁 78,1998;原載《學人》5

○**徐寶貴**(2008)　帛,羅振玉説:"古文'白''帛'同字。《西清續鑒》卷十七載鎛鐘銘曰'不帛不羊','不帛不羊'即'不白不垟',此'白''帛'同字之證。古采色字,多取義於染絲。如'紫、絳、絑'之類。'帛'亦其比矣。"

《石鼓文整理研究》頁 770

△按　《説文》:"帛,繒也。从巾,白聲。"甲骨文帛作,金文同。西周九年衛鼎"帛金"之帛用法與石鼓文同,讀爲白。

錦　錦

![錦]睡虎地 · 答問 162

△按　《説文》:"錦,襄邑織文。从帛,金聲。"

【錦履】睡虎地·答問 162

△按　睡虎地秦簡《法律答問》簡 162：“毋敢履錦履。履錦履之狀何如？律所謂者，以絲雜織履，履有文，乃爲錦履，以錦緱履不爲，然而行事比焉。”整理小組（《睡虎地秦墓竹簡》131 頁）注：“用不同色彩的絲織鞋，鞋上有花紋，才算錦履，用錦做鞋幫，不算錦履。”

皪

石鼓文·汧殹

○ **强運開**（1933）　石鼓文帛魚皪皪，《説文》所無字。《字彙》皪同皪。以鼓文白字作帛例之，當爲古文皪字無疑。

《説文古籀三補》頁 40，1986

○ **徐寶貴**（2008）　皪，章樵説：“按‘皪’即‘皪’字，音歷。‘的皪’，白貌。”潘迪説：“今按皪字音皪，白貌。帛即白字。言白魚皪皪然潔白。”皪，《集韻》或作“皪、皪”。

《石鼓文整理研究》頁 770

△按　皪，從白，樂聲。石鼓文“白魚皪皪”，皪即皪，《廣韻》錫韻：“皪，的皪，白狀。”

白　白

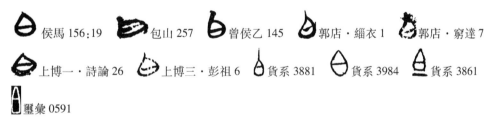

○ **羅福頤等**（1981）　白。

《古璽文編》頁 205

○ **裘錫圭、李家浩**（1989）　“白”指白色的馬，猶“黄”指黄色的馬。

《曾侯乙墓》頁 525

○ **劉彬徽、彭浩、胡雅麗、劉祖信**（1991）　白，《周禮·天官·籩人》“白黑形鹽”，注：“稻曰白。”

《包山楚簡》頁 60

○蔡運章（1995） 春秋中晚期青銅鑄幣。鑄行於周王畿。屬大型空首布。面文"白"。背無文。一般通長 9.9、身長 6.3、肩寬 5、足寬 5.1 釐米，帶銎内範泥重 30.9 克。罕見。

《中國錢幣大辭典・先秦編》頁 92

○石永士（1995） 【白・直刀】戰國中晚期青銅鑄幣。鑄行於趙國，流通於燕、中山等地。面文"白"，形體稍異。"白"疑是"白人"的省寫，古地名，在今河北隆堯西。

《中國錢幣大辭典・先秦編》頁 595

○何琳儀（1998） 白，甲骨文作❺（佚四二七）。白與兒均屬脣音，疑爲一字之分化。金文作❺（作册大鼎）。戰國文字承襲商周文字。或訛作❺與日形混，或加飾筆作❺、❺、❺。（中略）晉璽白，讀百。

《戰國古文字典》頁 601

○荊門市博物館（1998） （編按：郭店・緇衣 1）白（伯）。

《郭店楚墓竹簡》頁 129

○顏世鉉（2000） （編按：郭店・窮達 14）簡文"母之白"讀爲"毋之，怕（泊）"，《說文》："怕，無爲也。"《廣雅・釋詁四》："恬、倓、憺、怕、安，靜也。"

《江漢考古》2000-1，頁 40

○湯志彪（2005） （編按：上博三・彭祖 6）"白"似當讀爲"泊"。"泊"從"白"得聲，則"白"自可讀爲"泊"。"泊"有淡泊、恬靜義。《老子》二十章："我獨泊兮其未兆，如嬰兒之未孩。"河上公《章句》："我獨泊然安靜，未有情欲之形兆也。"《後漢書・蔡邕列傳》："明哲泊焉，不失所寧。"李賢《注》："泊，猶靜也。"

《江漢考古》2005-3，頁 90

○陳斯鵬（2007） （編按：上博三・彭祖 6）"白"與"素"意近。

《簡帛文獻與文學考論》頁 88

△按 《說文》："白，西方色也。陰用事，物色白。从入合二。二，陰數。"字形分析不可信。甲骨文白，字同戰國，郭沫若（《甲骨文字詁林》1018—1019 頁）以爲拇指之象形初文，拇指居首位，故引申爲伯仲之伯，又引申爲王伯之伯，白色爲其假借義。上博三《彭祖》簡 6"遠慮用素，心白深澤（釋）"，心白或與《管子》篇名"白心"意同，黎翔鳳（《管子校注》788 頁，中華書局 2004 年）謂"白心"之白即《老子》"大白若辱"，心清淨也。郭店簡《窮達以時》簡 14"聖之弋母之白"，陳劍（《郭店簡〈窮達以時〉、〈語叢四〉的幾處簡序調整》，《國際簡帛研究通訊》2 卷 5 期 3—4 頁，2002 年；收入《戰國竹書論集》）謂"母之"誤

抄倒，"母白"讀爲梅伯。

【白人】_{貨系3887}

○**石永士**（1995）【白人·直刀】面文"白人"，形體多變，"白人"即柏人，古地名，春秋晉邑，戰國屬趙。《左傳·哀公四年》：齊國夏伐晉，"會鮮虞，納荀寅於柏人"。《史記·張耳列傳》："漢八年，上從東垣還，過趙，貫高等乃壁人柏人，要之置廁。上過欲宿，心動，問曰：'縣名爲何？'曰：'柏人'。'柏人者，迫於人也！'不宿而去。"在今河北隆堯西。

《中國錢幣大辭典·先秦編》頁595—596

【白父】_{侯馬156:19}

○**山西省文物工作委員會**（1976）　通伯　委質類伯父。

《侯馬盟書》頁303

【白里】_{郭店·窮達7}

△**按**　即百里傒（或作奚）。

【白舟】_{上博一·詩論26}

○**馬承源**（2001）　北白舟　即今本《詩·國風·邶風》篇名之《柏舟》，"白"讀"柏"。

《上海博物館藏戰國楚竹書》（一）頁156

【白飴】_{包山257}

○**劉信芳**（2003）　或引《周禮·天官·籩人》記籩之實有"白，黑"，鄭玄《注》："稻曰白，黍曰黑。"按：簡文"蜜飴、白飴"對舉，"蜜、白"皆味道用語，"白"猶今俗語所謂"白味"。典籍凡"白丁、白徒"，"白"皆空素之意。

《包山楚簡解詁》頁264

【白釋】_{包山262}

△**按**　右字李零（《出土文獻研究》5輯154頁，科學出版社1999年）認爲从單从毛，讀爲氊。

【白金】_{仰天26　包山272}

○**郭若愚**（1994）　《爾雅·釋器》："白金謂之銀。"《漢書·食貨志》："金有三等：黃金爲上，白金爲中，赤金爲下。"注："白金，銀也。"按此處"金"乃指銅而言。"白金"可能指銅錫合金。

《戰國楚簡文字編》頁121

○**唐友波**（2000）　綜合各種實物文字的材料來看，本銘之"白金"仍應指青銅合金，只不過由於銅錫配比的不同，顯得較爲色淺一些，特別是在本器有紅銅爲錯嵌的色澤對比情況下（和包山墓的錯嵌器有類似之處）。所以“白”僅是相對於較淺的色澤，如同鏡銘之“白銅”（“三羊作明鏡自有方，白銅清明復多光”），及本器自稱之“白金”。這些都表明了古人是籠統地根據顏色來稱呼金屬的，即“白金”也可能包括了銀，但並不是非銀莫屬。

《上海博物館集刊》8，頁 154

【白犬】包山 208

○劉彬徽、彭浩、胡雅麗、劉祖信（1991） 白犬，白狗。《史記·封禪書》“磔狗邑四門，以禦蠱菑”，索隱按：“《左傳》云‘皿蟲爲蠱’，梟磔之鬼亦爲蠱。故《月令》云‘大儺，旁磔’，注云‘磔，禳也，厲害爲蠱，將出害人，旁磔於四方之門’。故此亦磔狗邑四門也。《風俗通》云‘殺犬磔禳也’。”

《包山楚簡》頁 55

【白市】望山 2·13

○朱德熙、裘錫圭、李家浩（1995） “市”亦作“㦿”，從“戈”聲，古音與“斾”相近。斾是古代旌旗正幅之下所接的一段旗的名稱。《詩·小雅·六月》“白斾央央”，毛傳：“白斾，繼旐者也。”

《望山楚簡》頁 121

【白柔】望山 2·9

○朱德熙、裘錫圭、李家浩（1995） 白柔（鞣）。

《望山楚簡》頁 108

△按 《説文》革部：“鞣，矞也。”即熟皮。

【白㲚】曾侯乙 9

○裘錫圭、李家浩（1989） “㲚”當從“毛”聲。古代旗杆之首或繫牦牛尾。《書·牧誓》“右秉白旄以麾”，陸德明《釋文》引馬融云：“白旄，旄牛尾。”《文選·東京賦》“朱旄青屋”，薛綜注：“朱旄，旄牛尾赤色者也。”

《曾侯乙墓》頁 511

△按 㲚，讀爲旄。詳卷三支部。

【白翠】曾侯乙 81

○裘錫圭、李家浩（1989） 白翠（羽）。

《曾侯乙墓》頁 494

【白珪】郭店·緇衣 35 上博一·緇衣 18

△按 珪，《説文》玉部以爲圭之古文。土部：“圭，瑞玉也。”白珪，今本《詩·大雅·抑》作白圭。

【白水】秦封一·四·26

○**王輝**（2001） 《漢書·地理志》廣漢郡有“白水”縣，因白水流經而得名。顏師古注引應劭曰：“出徼外，北入漢。”漢指嘉陵江上源西漢水。《封泥彙編》123·2“白水尉印”，123·3“白水左尉”，應即此縣。不過名白水之地有多處，如湖北棗陽發源之水，流經南陽入唐白河者，古亦稱白水。封泥之“白水”指何處，暫不能定，不過以前者的可能性爲較大。

《四川大學考古專業創建四十周年暨馮漢驥教授百年誕辰紀念文集》頁303

【白狼】秦封泥彙考1626

○**傅嘉儀**（2007） 白狼，縣名。《漢書·地理志》右北平郡有白狼縣。顏師古注曰：“有白狼山，故以名縣。”今在遼寧喀喇沁左翼西南。

《秦封泥考略》頁267

【白牛】吉林出土古代官印11·181

○**吳振武**（1998） 按“白牛”氏不見於古書和漢印。不過三晉私璽和漢印中有“白羊”氏（《璽彙》3099、《吉林大學藏古璽印選》51·295，亦不見於古書），古姓氏書中有“白馬、白鹿、白象、青牛”等姓氏，可資比較。

《出土文獻研究》3，頁87

○**施謝捷**（1998） “白牛”複姓，諸姓書無載，其來源值得研究。《後漢書》卷十四《安城孝侯賜傳》載：

> （建武）三十年，（光武）帝復封閔弟嵩爲白牛侯，坐楚事，辭語相連，國除。閔卒，子商嗣，徙封爲白牛侯。商卒，子昌嗣。

李賢注：“白牛，蓋鄉亭之號也，今在鄧州東也。”很可能“白牛”這一地名在漢以前就已存在，複姓“白牛”即源自“白牛”地名，屬於《通志·氏族略》中的“以鄉爲氏、以亭爲氏”這種情況。

《南京師範大學報》1998-1，頁116

【白羊】璽彙3099

○**吳振武**（1989） 戰國陶璽中有“白羊城”（《季木藏匋》一一一·五），漢印中有“白羊並印”（吉林大學文物陳列室藏），可知白羊是複姓。

《古文字研究》17，頁276

○**何琳儀**（1998） 白羊，讀“白象”，複姓。《説文》象讀若養。《楚辭·遠遊》“沛罔象而自浮”，考異：“罔象，釋文作潤瀁。”《玉篇》：“様，栩實也。橡，同上。”是其佐證。白象先生，古賢，蓋隱者也。見《風俗通》。

《戰國古文字典》頁1488

【白膚】信陽 2·11

△按　膚,劉彬徽等(《包山楚簡》59 頁)謂借作觳,《説文》角部:"承觶巵也,一曰射具。"。詳卷五虍部。

【白蘁】新蔡乙三 20

△按　卜具名。蘁,詳卷十三黽部。

【白黿】新蔡零 244

△按　卜具名。黿,詳卷十三黽部。

【白鼆】新蔡甲三 233、190

△按　同【白黿】。

【白粱】睡虎地·日甲 157 背

○睡簡整理小組(1990)　白粱,一種好小米。《爾雅·釋草》:"芑,白苗。"注:"今之白粱粟。"

《睡虎地秦墓竹簡》頁 228

【白粲】睡虎地·秦律 56

○睡簡整理小組(1990)　白粲,刑徒名,男爲鬼薪,女爲白粲。

《睡虎地秦墓竹簡》頁 34

尚

九店 56·44　　 郭店·老乙 14　　 上博一·詩論 20　　 新蔡甲三 350

貨系 1371　　 貨系 1372

○吳大澂(1884)　(編按:貨幣文)尚。

《説文古籀補》頁 3,1988

○李家浩(1980)　(編按:貨幣文)按此字上部寫作"小"字形,與"寽"上"尚"字或其它古文字中的"尚"字上部寫作"八"字形、或在"八"字形下加一點或一短横者不同。與(1)(2)形態相同的其它兩種梁布,面文作:

(3)梁(梁)夸釿五十尚(當)寽。(關百益《方城幣譜》)(見 376 頁圖二·1)(編按:圖略,下同)

(4)梁(梁)夸釿百尚(當)寽。(同上)(圖二·2)

此二布"釿"字所處的語法位置與(1)(2)第三字相同。"釿"本來是重量單位,在此作爲貨幣的名稱。因此,(1)(2)第三字也應該是貨幣的名稱。(中略)

根據有關的古文字資料參互比較,我們認爲此字是"冷"字,讀爲"幣"。

我們先來看見於漢印的兩個字:

〔圖〕(羅福頤《漢印文字徵》新版 12·15 下)　　　〔圖〕(同上,10·19 上)

第一個字當釋爲"嫳",《萬象名義·女部》"嫳"字即从敝可證。漢印此字用爲人名。春秋時齊國有人名"盧蒲嫳","盧蒲"是複姓,"嫳"是名。可見古人確有以"嫳"字作爲名字的。上引第二字是"憋"字。"敝"字作爲偏旁時寫作"敝",與"軒敝"之"敝"同形,這種習尚一直保留到唐代。下面舉幾個字作爲例子:

　　蘖(蘖)齊雋敬碑　　　　　　　　　瞥(瞥)唐李從證墓志

　　幣(幣)唐濟瀆北海壇祭器碑　　　　蔽(蔽)唐敦煌寫本《六韜》

此外,《萬象名義》所收从"敝"之字多數也寫作敝。如:邑部"蹩"、女部"嫳"、手部"撆"、廾部"弊"、足部"蹩"、死部"斃"、艸部"蘇、蔽"、金部"鐅"、水部"潎"、犬部"獘"、鳥部"鷩"、虫部"蟞"、黽部"鱉"、貝部"贇"、巾部"幣"等字。由此可見梁布這個字當是"冷"字而非"尚"字。《古文四聲韻》卷四祭韻"獘"字下引《古老子》作〔圖〕　〔圖〕

《汗簡》卷中之一"弊"字作〔圖〕,與此當是一字。這種寫法當是由幣文"冷"字變而成。"米、火、小"三字形近易混。金文里有一個从"尾"从"小"的字:〔圖〕(曾子斝瑚,郭沫若《兩周金文辭大系圖録考釋》4·209 上)。此當即《說文》古文"徙"字所從出。《說文》古文"徙"字作〔圖〕,《汗簡》卷上之一辵部从"辵"作〔圖〕,前者訛"小"爲"米",後者訛"小"爲"火",與此同例。

由於幣文"冷"字這種寫法與"尚"字相近,所以在戰國文字里"尚"字作爲偏旁有時與"冷"相混,如下引古鉨"堂、堂"二字所从"尚"的上部即寫作"小"字形:

　　〔圖〕:高堂眛(市)鈢(陳介祺《簠齋手拓古印集》19 上)　　　〔圖〕:堂亳(?)(《秦漢印統》8·33)

爲了避免與"冷"字相混,戰國文字常常在"尚"字上加一個聲符"上",例如

　　〔圖〕《文物》1979 年 1 期 20 頁圖 22

　　〔圖〕羅福頤《古鉨文字徵》附 33 下

　　〔圖〕同上

前面我們已經說過,(1)(2)"冷"字所處的語法位置與(3)(4)"釿"字相同,應該是貨幣的名稱。因此,幣文"釿"字當讀爲"幣"。"幣"从"敝"得聲,而"敝"又从"冷"聲,故"冷"可讀爲"幣"。(1)"正冷"與(2)"半冷"對文,過

去認爲"正"用爲"整"。"梁整幣百當乎"意思是説一百枚"整幣"相當一乎。
"梁半幣二百當乎",意思是二百枚"半幣"相當一乎。

《中國語文》1980-5,頁 373—374

○**李零**(1997)　簡文"枈"從巾,采聲,似是從尚訛變的新形聲字,采是並母元部字,敝是並母月部字,讀音很相似。簡文"枈"加攴旁,應即"敝"字。

《第三屆國際中國古文字學研討會論文集》頁 761

○**荆門市博物館**(1998)　簡文"幣"字從"巾","采"聲。金文"番"上部所從之"采"與簡文形同。《古文四聲韻》引《古老子》"獎"字從"采"從"巾"從"口",僅比簡文多出"口"。幣,讀作"敝"。"采"屬元部並母,"敝"屬月部並母,古音相近。

　　幣,今本作"敝",鄭注:"敗也。"

《郭店楚墓竹簡》頁 119、136

○**何琳儀**(1998)　尚,敝之省文。晉系文字尚,省巾内豎筆而加口旁,與《萬象名義》擊、嫛作擊、嫛所從尚旁吻合。

《戰國古文字典》頁 956

○**陳高志**(1999)　同簡,第二句中的"枈"字應隸定爲"枈",整理小組以今本對校,釋之爲"幣",用作"敝",並引鄭玄之説:"敝,敗也。"(中略)由文句表達的義理來看,鄭玄的説解是不妥適的。今本首句爲"苟有車必見其軾",簡本作"苟有車必見其楢"。文義順暢,不難理解。若依鄭玄之説,將敝説成"破敗",則覺扞挌牴牾,敝字絶不能釋作"敗壞",甲骨文有"帇、帇",此即敝字原始形構,從攴從巾,或從市,以物擊尚以會"破敗"之意。(中略)簡本上的"枈"字,上從采下從巾,其字形雖不見於今之字書,但從巾是對字義歸屬的確認,故絲毫不影響對文字分析的結論。它是從巾采聲的形聲字,在楚系文字中,已被辨認出來的從采之字,如《緇衣》簡文中的播字作𥄎,《包山楚簡》中的𤳥、𤳥。《信陽》簡中的𦥑(此字同《説文》播字古文),都是讀雙脣音,枈字從采,或許是文字與語言密切配合後文字聲化的結果。因此,今本的"敝"字若視之爲名詞,訓之爲衣飾,則上下文脈一貫無礙。

《張以仁先生七秩壽慶論文集》頁 369—371

○**李家浩**(2000)　"尚"字原文僅存下半少部分筆畫,釋文據下文"塈尚芳糧"語而定。簡文"尚"作𥄎形,上半從"采",下半從"市"。此字作爲偏旁見於包山楚墓竹簡:𤳥(二六○號)、𤳥(二一三號)。按古文字"敝"或作下列諸形:

A 〔甲骨〕《甲骨文編》337 頁

B 〔甲骨〕同上

C 〔金文〕《金文編》782 頁

D 〔帛書〕《馬王堆漢墓帛書［壹］》老子乙本及卷前古佚書圖版一三下

E 〔帛書〕同上圖版二九下

A、B 都是甲骨文。A 即《説文》篆文“敝”所從出。B 是 A 的簡體。《説文》説
“敝”從“㡀”聲。甲骨文“㡀”所从的點表示“巾”上的灰塵（參看裘錫圭《古文
字論集》638 頁）。C 是金文，D、E 是馬王堆漢墓帛書文字。E 也是簡體，與 B
不同之處只是把“㡀”旁所從的“巾”寫作“市”。“巾、市”二字形近。在古文
字中屢見把“巾”旁寫作“市”的情況（參看裘錫圭、李家浩《曾侯乙墓竹簡釋
文與考釋》，《曾侯乙墓》上册 510 頁）。C、D 的寫法比較特别。C 把“㡀”旁
上部寫作“釆”字形，D 把“㡀”旁上部寫作“米”字形。“釆、米”二字字形十
分接近，在古文字中作爲偏旁可以通用。例如“番”字所從的“釆”旁，古璽
文字就有寫作從“米”的（見羅福頤《古璽文編》20 頁）。C 與 D 顯然是同一
個字的不同寫法，舊把 C 釋爲“散”，非是。“㡀、釆”二字古音十分相近。
“㡀”屬並母月部，“釆”屬並母元部，二字聲母相同，元、月二部陽入對轉。
古文字“㡀”或把上部改寫作與它形近的“釆”，顯然是爲了使它聲符化。上
揭楚簡文字的〔字〕與 C 形近，當是同一個字的不同寫法，也應該是“敝”字。據
此，〔字〕、〔字〕二字應該分別釋爲“㡀、箆”。楚簡把“㡀”寫作從“市”，與 E 相同。
古文字“㡀”所從的“釆”既然已聲符化，簡文把“釆、市”分開書寫也是很自
然的事。

《九店楚簡》頁 107—108

○ **曹錦炎**（2002）　按注文分析〔字〕字構形甚是，其引《古老子》弊字構形證明其
音讀，也是没有問題的。但將此字直接看成是“幣”之本字，則可商。〔字〕，下部
作〔字〕，即“巾”，上有飾筆，可參見楚簡從“巾”旁之字。上部作〔字〕，即“釆”，注
文已經指出，金文“番”字上部所從之“釆”與簡文形同。因此，此字可隸定作
“帗”，實即“幡”字之省形。“番”從“釆”聲，故可省寫。（中略）《郭店》注文已
經指出“釆”屬元部並母，“敝”屬月部並母，古音相近。所以在簡文中“幡”可
以假借爲“敝”或“弊”，與今本合。

《揖芬集》頁 325

△ **按**　貨幣文〔字〕即㡀，讀爲幣，李家浩（1980）説當可定論。《説文》：“㡀，敗衣
也。從巾，象衣敗之形。”甲骨文敝作〔字〕、〔字〕、〔字〕等形，象擊巾之形，巾旁小點表

示擊布時揚起的灰塵（參看《裘錫圭學術文集·金文及其他古文字卷》411頁）。楚簡帗字可隸定作帗，从巾，采聲，變爲形聲字，多讀爲幣。

【帗帛】上博一·詩論 20

○**馬承源**（2001）　帗帛　讀爲“幣帛”，“帗”从巾从采，今寫作“幣”。《説文》云：“幣，帛也。”經籍或解釋爲錢、貨、圭璧。帛爲繒、縑素之類。《周禮·天官·大宰》“幣帛之式”，鄭玄注：“幣帛所以贈勞賓客者。”則是禮品的泛稱。

《上海博物館藏戰國楚竹書》（一）頁 149

敝　敝

包山 260　 上博五·鮑叔 4　 睡虎地·秦律 15

○**睡簡整理小組**（1990）　銷敝，破舊。

《睡虎地秦墓竹簡》頁 23

○**李零**（1999）　應釋“敝”，讀爲“敝”。裘錫圭《説字小記》（收入其《古文字論集》）以爲甲骨文“敝”字像以物打掉或拂去“巾”上之塵土。此字从巾从攴，采與敝古音相近（采是並母元部字，敝是並母月部字），應即聲旁。

《出土文獻研究》5，頁 154

△**按**　甲骨文敝象擊巾之形（參看裘錫圭《説字小記》，《古文字論集》638 頁，中華書局 1992 年），秦簡敝承襲之。楚簡敝字左旁从巾采聲，李家浩釋爲帗（參看《九店楚簡》107—108 頁）。上博五《鮑叔牙》簡 4 敝字形不甚清晰，整理者（《上海博物館藏戰國楚竹書》[五] 186 頁）隸定作巚，以爲其上部不清，並讀爲敝，李守奎等（《上博一——五文字編》384 頁）將字形摹作巚。

【敝毛】睡虎地·日甲 5 背

○**睡簡整理小組**（1990）　毛，《國語·齊語》注：“髮也。”敝毛，指年長髮衰。

《睡虎地秦墓竹簡》頁 209

○**吳小强**（2000）　敝毛，頭髮稀落。

《秦簡日書集釋》頁 114

○**王子今**（2003）　“敝毛”就是“敝髮”。“敝髮”的説法見於古籍。後蜀彭曉《周易參同契通真義》卷中：“二女共室，顏色甚姝。令蘇秦通言，張儀結媒，發辯利舌，奮舒美辭，推心調諧，合爲夫婦，敝髮腐齒，終不相知。”宋陳顯微《周易參同契解》卷中沿襲此説。又清張次仲《周易玩辭困學記》卷一、刁包《易酌》卷一、毛奇齡《易小帖》卷四也有相類同的内容,其中"敝髮腐齒,終不相知"語完全相同。

《睡虎地秦簡〈日書〉甲種疏證》頁 316

△**按** 睡虎地秦簡《日書甲》5 背壹"庚辰、辛巳,敝毛之士以取妻,不死,棄",敝毛,即頭髮稀少。

【敝扈】包山 260

○**李家浩**(1997) "敝扈"是器物之名,疑應該讀爲"蔽户"。古人把遮蔽膝的巾叫"蔽膝"。"蔽户"與"蔽膝"文例相同,當是遮蔽門户的簾子。

《著名中年語言學家自選集·李家浩卷》頁 287,2002;
原載《第三屆國際中國古文字學研討會論文集》